宁乡年鉴

（2015）

中共宁乡县委
宁乡县人民政府　主办

宁乡县史志档案局　承办

方志出版社

图书在版编目（CIP）数据

宁乡年鉴. 2015/宁乡县史志档案局编. ——北京：方志出版社，2015. 10
ISBN 978－7－5144－1743－2

Ⅰ.①宁…　Ⅱ.①宁…　Ⅲ.①宁乡县—2015—年鉴
Ⅳ.①Z526. 44

中国版本图书馆 CIP 数据核字（2015）第 245695 号

宁乡年鉴（2015）

编　　者：宁乡县史志档案局
责任编辑：冯　松

出 版 人：冀祥德
出 版 者：方志出版社
地址　北京市朝阳区潘家园东里 9 号（国家方志馆 4 层）
邮编　100021
网址　http：//www. fzph. org
发　　行：方志出版社发行中心
电话（010）67110500
经　　销：各地新华书店
印　　刷：湖南天闻新华印务有限公司

开　　本：889×1194　1/16
印　　张：21. 5
字　　数：732 千字
版　　次：2015 年 10 月第 1 版　2015 年 10 月第 1 次印刷
印　　数：0001～1000 册

ISBN　978－7－5144－1743－2　定价：180 元

编 辑 说 明

一、《宁乡年鉴》是中共宁乡县委、县人民政府主办，县史志档案局承编的综合性年刊，记述宁乡自然、政治、经济、文化、社会等方面情况的年度资料性文献。《宁乡年鉴(2015)》记载2014年全县各乡、镇，各单位，各行业的主要工作、重要事例，收录了若干文献和统计资料，反映了宁乡改革开放和经济、社会发展的新成绩、新经验以及存在的问题。所载资料全面、系统、翔实、准确，是社会各界人士了解宁乡的工具书。

二、本年鉴采取部目、分目、条目的编辑体例，条目标题统一用黑体【】加标示。部目设置基本沿袭前卷，将军事改为武装，依次是：中共宁乡县委、宁乡县人民代表大会常务委员会、宁乡县人民政府、政协宁乡县委员会、中共宁乡县纪律检查委员会、民主党派和工商联、群众团体、武装、政法、经济综合管理、城建环保、农业、工业、园区经济、交通·邮政·电信、贸易、旅游、财政·税务、金融·保险·证券、科技教育、文体·新闻、卫生、社会生活，乡镇等24个部目，另设附属资料7个，分别是特载、概述、大事记、先进人物、荣誉在册、文件选登、附录。个别分目较上卷有所增加。全书共有156个分目和920个条目。书中插排彩色专版。

三、本年鉴所载稿件，均由各乡镇各单位撰稿人提供，领导审核，年鉴编辑部编辑整理，经编辑委员会审阅定稿。统计数据主要源于县统计局。由于统计口径不同等原因，书中有些乡镇、部门的数据与统计局公布的可能不完全一致，请读者在查阅和引用时注意。

四、各单位和各乡镇的领导职务名单，收录至2014年12月31日，有任免的分别予以括注。县直单位收录党政的正副职、纪检书记(组长)、工会主席和二级机构副科级以上的负责人。乡镇收录党政正副职、大大正副主席、政协工作联络处主任、党委委员。名单先由各单位报送，年鉴编辑部初审、再经组织部门审定；部队和驻宁单位一般收录副职以上领导人员，名单均由各单位提供。

五、《宁乡年鉴》的编辑出版，得到各级领导、各个单位和撰稿人的大力支持与通力协作，在此，一并致谢。由于编者水平有限，难免有疏漏、错误之处，敬请读者批评指正。

编　者

中共宁乡县委

2015年6月30日，宁乡经开区党工委书记、中共宁乡县委书记谭小平获“全国优秀县委书记”荣誉称号，出席在北京人民大会堂举行的表彰大会，受到习近平总书记等党和国家领导人的集体会见

宁乡经开区党工委书记、中共宁乡县委书记谭小平获“全国优秀县委书记”称号

2014 年 7 月 29 日，省委书记、省人大常委会主任徐守盛(右一)到宁乡经开区，深入园区、企业和项目工地，调研经济运行、民生保障等情况。省委常委、省委秘书长韩永文，省委常委、市委书记易炼红陪同调研(蔡何赞摄)

2015 年 1 月 12 日，国家宗教事务局局长王作安(前右五)深入沩山调研

2015年6月16日，水利部副部长李国英（右二）率领中央涉农专项督导组到宁乡就涉农资金专项整治情况进行督查，并走访加加食品集团有限公司(蔡何赞摄)

2014年8月19日，省委常委、市委书记易炼红（左四）等领导深入沩山调研

2015 年 6 月，中共长沙市委副书记、市长胡衡华（右二）到宁乡调研小城镇建设，宁乡经开区党工委书记、县委书记谭小平（右一），县委副书记、县长周辉（右四）等领导陪同调研

2014 年 7 月 10 日，毛泽东女儿李敏（左三）到沩山参观调研，县委副书记邓杰平等（左二）陪同调研

2015 年 11 月 10 日，“美丽中国·长沙文化产业示范园”在宁乡县沩东新城开工。省委常委、长沙市委书记易炼红，长沙市委副书记、市长胡衡华及宁乡县主要领导谭小平、周辉、邓杰平、贺应辉、喻亚军等出席

省委督导组常务副组长孙在田（左二）视察县交通展示中心

时任宁乡经开区党工委书记、宁乡县委书记黎春秋亲临法律宣传现场指导

县委副书记邓杰平慰问一线环卫工人

县委常委、组织部部长、统战部部长汤智斌出席首届青年创业大赛工作部署会

长沙警备区政委李春艳(中)到宁乡县人武部调研，县人武部部长谢圣彬(右)政委田剑(左)陪同调研

宁乡县人民代表大会

宁乡县人大常委会主任 贺应辉

县人大常委会开展集体视察调研

县人大代表视察评议县公安局工作

县人大常委会及其机关党的群众路线教育实践活动征求意见座谈会

县人大常委会组织开展“百名代表进社区”活动

县人大常委会组织开展《中华人民共和国矿产资源法》执法检查

县人大常委会组织开展“百名代表助企业”活动

2014 年 4 月 25 日，省人大常委会副主任徐明华（右三）到宁乡县调研代表活动平台建设工作

市人大常委会主任会议成员到宁乡调研

人大代表走访慰问敬老院

县人大常委会组织开展沩江源水资源保护工作调研

县人大常委会调研小瓦窑整治工作

宁 乡 县 人 民 政 府

县委副书记、县长周辉

县委副书记、县长周辉(左二),县委常委、常务副县长刘亮(左三)检查办公信息化建设工作

县长周辉(左三)调研教育工作

县委副书记、县长周辉为市劳模颁奖

副县长刘俊武(右一)带队检查宁乡商贸市场安全生产工作

2014年1月15日，省委常委、政法委书记、公安厅厅长孙建国(左二)深入宁乡县公安局调研

2014年11月5日，副省长黄兰香(中)率调研组到宁乡加加集团新厂区调研新型工业化发展情况

2014年11月27日,财政部领导深入宁乡验收玉米基地

宁乡美丽乡村建设

2014 年 10 月 31 日，中央编办三司副司长王岐海（左二）一行调研宁乡经开区

2014 年 7 月 18 日，长沙市委副书记、市长胡衡华深入宁乡经开区走访调研

2014 年 6 月 27 日，宁乡经开区举行小微企业入园集中签约暨园区产业扶持政策新闻发布会

2014 年 3 月 25 日，宁乡经济技术开发区能源利用信息化管理中心正式启动

2014 年 6 月 13 日，宁乡经开区举行“蓝月谷之夏”食品饮料产业活动季启动仪式暨中国(长沙)现代农业产业化示范园重点项目签约仪式

2014年7月31日，康师傅方便面及饮品湖南生产基地正式落户宁乡经开区

2014年7月28日，宁乡经开区举行金融与实体经济对接会暨中国农业银行宁乡经开区支行开业仪式

县长周辉带队检查重大火灾隐患

宁乡县第二届青少年科技创新县长奖总结表彰大会

2014年竣工通车的长韶娄宁乡段

2015年宁乡至长沙梅溪湖的岳宁大道溜子洲大桥竣工通车

花鼓戏唱腔大赛

优秀民间文艺节目巡演

宁乡县第二届“我爱读书”学习竞赛总决赛举行

6月15日,“湘茗茶业杯”2014中国（湖南）茶仙子立志大赛总决赛在沩山举办

“欢乐潇湘·幸福宁乡”大型群众文艺汇演

2014 年 12 月 11 日，长沙市项目建设流动观摩现场会观摩宁乡经开区格力电器综合生产基地项目

2014 年，长沙大河西农产品物流中心项目被市政府批准为长沙湘江以西唯一的一级农产品批发市场和长沙市现代服务业试点项目

2014 年，宁乡在全省首创电召服务平台，全年累计为 30 万群众提供安全便捷出行

竣工通车的金（洲）朱（良桥）公路

建设中的宁乡县城未来方舟外景（蔡何赞摄）

中国人民政治协商会议宁乡县委员会

县政协主席喻亚军作政协常委会工作报告

政协宁乡县第十一届委员会第三次会议在玉潭镇召开

县政协主席会议成员与部分政协委员到资福镇进行“三看三促”服务活动

县政协机关组织召开党的群众路线教育实践活动动员会

县政协召开调研工作会议

县政协召开社情民意工作座谈会

宁乡县政协主席会议成员服务委员企业发展

成功举办“情系政协，履职为民”演讲比赛

县政协主席会议成员率部分政协委员视察“三资企业”

县政协举办 2014 年迎春茶话会

县政协委员义务植树

县政协成功承办长沙市第二届“政协杯”男子篮球赛

中共宁乡县纪律检查委员会

中央纪委领导到宁乡调研

县委常委、纪委书记张武

第五届廉政文化周启动式

宁乡县举行第十一届纪委第四次全会暨反腐败工作会议

宁乡县举办行政审批领域廉政风险培训班

目　　录

宁乡年鉴编辑委员会
编辑说明
彩页插图

特　载

强化高效执行　聚焦项目建设
全力谱写引领新常态、奋勇走前列的壮丽篇章
——在全县党政负责干部大会暨重大项目推进大会上的讲话 …………… 黎春秋(1)
宁乡县人大常委会工作报告
2015 年 1 月 14 日在宁乡县十六届人民代表大会第四次会议上 ………… 贺应辉(7)
政府工作报告
2015 年 1 月 13 日在宁乡县第十六届人民代表大会第四次会议上 …… 周　辉(11)
推进协商民主　服务县域发展
不断提升新形势下政协工作科学化水平
——在政协宁乡县第十一届委员会第四次会议上的工作报告 ………… 喻亚军(17)

概　述

概述 ……………………………………………… (21)

大事记

2014 年宁乡大事记 ………………………… (24)

中共宁乡县委

县委常委会会议综述 ……………………… (33)
县委十一届五次全会概述 ……………………… (34)
2014 年度督查工作概述 ……………………… (34)
政研工作概述 ……………………………… (35)
县委县政府接待办工作 ……………………… (36)
2014 年度信息工作概述 ……………………… (36)
县委发文目录 ……………………………… (37)

组织工作 ………………………………… (37)
概况 ……………………………………… (37)
党的群众路线教育实践活动扎实推进 … (38)
领导班子和干部队伍建设全面加强 …… (38)
干部素质提升“四五”工程深入实施 …… (38)
基层基础进一步夯实 ……………………… (38)
人才强县战略稳步推进 …………………… (38)
绩效考核指挥棒作用明显 ………………… (39)

宣传工作 ………………………………… (39)
概况 ……………………………………… (39)

统战工作 ………………………………… (40)
概况 ……………………………………… (40)

党校工作 ………………………………… (41)
概况 ……………………………………… (41)
干部培训 ………………………………… (41)
教学科研 ………………………………… (41)
机关党建 ………………………………… (41)

老干部工作 ……………………………… (41)
概况 ……………………………………… (41)
老干部工作地位不断提升 ………………… (42)
老干部“两项待遇”从优落实 ……………… (42)
老干部“两项建设”得到加强 ……………… (42)
老年教育事业快速发展 …………………… (42)
老干部活动丰富多彩 ……………………… (42)
关心下一代工作亮点纷呈 ………………… (42)
“五老四教”活动纵深推进 ………………… (42)
召开老干关协工作大会 …………………… (42)

开展“进百老门、知百老情、暖百老心”活动 …… (42)
开展“农商情·爱在深秋”活动 …… (42)

机构编制工作 …… (43)
概况 …… (43)
县政府机构改革 …… (43)
行政审批制度改革 …… (43)
事业单位分类改革 …… (43)
事业单位登记管理 …… (43)
机构编制管理 …… (43)
机构编制监督检查 …… (43)
服务发展有新成效 …… (44)
机构编制干部队伍建设 …… (44)

史志档案工作 …… (44)
概况 …… (44)
入选中国出版协会年鉴工作委员会 …… (45)

信访工作 …… (45)
概况 …… (45)
县级领导接访 …… (45)
信访积案化解 …… (45)
信访援助 …… (45)
信访联席会议 …… (46)
信访事项复查 …… (46)
网上信访 …… (46)
“一推行四公开”工作 …… (46)

宁乡县人民代表大会及其常务委员会

概况 …… (47)
宁乡县第十六届人民代表大会常务委员会会议 …… (48)
宁乡县第十六届人民代表大会第四次会议 …… (49)

宁乡县人民政府

县政府常务会议研究事项 …… (50)
县长办公会议研究事项 …… (50)
经济研究工作 …… (51)
政务督查工作 …… (51)
政府法制工作 …… (52)
政务值班工作 …… (53)
安全生产职能职责督查工作 …… (53)
政务信息工作 …… (54)
财务老干工作 …… (54)
外事侨务工作 …… (54)
人防工作 …… (54)
应急管理工作 …… (55)
校车安全工作 …… (55)
对外联络工作 …… (56)
2014年宁政发文件目录 …… (56)

政务服务中心 …… (57)
概况 …… (57)

机关事务 …… (58)
概况 …… (59)
公共机构节能 …… (59)
机关文明创建 …… (59)
机关服务管理 …… (59)
机关综治安保 …… (60)
中心工作 …… (60)

政协宁乡县委员会

概况 …… (61)
政协宁乡县第十一届委员会第三次会议 …… (61)
政协宁乡县第十一届常务委员会会议 …… (61)
提案工作 …… (62)
调研视察 …… (62)
民主评议 …… (62)
联络联谊 …… (62)
文史宣传 …… (62)

中共宁乡县纪律检查委员会

概况 …… (63)
第十一届纪委第四次全会暨全县反腐败工作会议 …… (64)

举办第五届"廉政文化周"活动 …………（64）
中央纪委到宁乡县调研 …………（64）
举办"三转"研讨班 …………（64）

民主党派和工商联

中国民主促进会长沙市委员会宁乡县工委 …（66）
概况 …………（66）

中国农工民主党长沙市委员会宁乡县总支 …（66）
概况 …………（66）
队伍建设 …………（66）
参政议政 …………（67）
社会服务 …………（67）

县工商业联合会 …………（67）
概况 …………（67）
发挥平台作用 …………（67）
开展主题活动 …………（68）
筑牢工作抓手 …………（68）
突出创业富民 …………（68）

群众团体

工会工作 …………（69）
概况 …………（69）
劳动竞赛享誉三湘 …………（69）
职工技术创新掀新高 …………（69）
"双百"服务成效明显 …………（69）
职工普惠服务 …………（69）
搭建用工招录桥梁 …………（69）
工会特色活动 …………（69）
工会维权建设 …………（70）

青年工作 …………（70）
概况 …………（70）
特色亮点精彩纷呈 …………（70）
本职工作有声有色 …………（70）
基层基础不断夯实 …………（71）

妇女工作 …………（71）
概况 …………（71）
深化"创业富民·巾帼示范在行动"系列活动 …………（71）
创建"文明和谐家庭" …………（71）
推进《规划》的贯彻实施 …………（71）
做好日常维权工作 …………（71）
婚姻家庭纠纷调解工作 …………（72）
预防未成年人性侵教育工作 …………（72）
农村妇女"两癌"检查 …………（72）
开展爱心"衣加衣"活动 …………（72）
关爱妇女儿童群体 …………（72）
基层妇女组织建设 …………（72）

残疾人工作 …………（72）
优化发展环境 …………（72）
基层组织建设 …………（73）
实施党的群众路线教育实践活动 …………（73）
为残疾人扶贫解困 …………（73）
康复实事 …………（73）

武　装

人民武装 …………（74）
概况 …………（74）
抓好党委班子建设 …………（74）
加强思想政治建设 …………（74）
推进军事斗争准备 …………（74）
安全稳定和"四反"工作 …………（75）
党管武装 …………（75）
参建参治 …………（75）
征兵工作 …………（75）
后勤保障 …………（76）

武装警察 …………（76）
概况 …………（76）
参加宁乡县山火扑救任务 …………（78）

武警消防 …………（78）
概况 …………（78）

政　法

政法综治工作 …………（81）
概况 …………（81）

社会治安综合治理 …… (81)
维护社会稳定 …… (81)
服务经济发展 …… (81)
平安建设 …… (82)
政法队伍建设 …… (82)

防范和处理邪教工作 …… (82)
概况 …… (82)
打击处置工作 …… (82)
警示教育活动 …… (82)
反邪教阵地建设 …… (82)
反邪教基层基础工作 …… (83)

公安工作 …… (83)
概况 …… (83)
孙建国调研视察宁乡政法公安工作 …… (83)
李介德深入双江口派出所指导工作 …… (83)
省、市离退休老领导莅临公安局 …… (83)
政治建警 …… (84)
从优待警 …… (84)
从严治警 …… (84)
文化育警 …… (84)
国内安全保卫 …… (84)
刑事侦查 …… (84)
禁毒严打 …… (84)
扫黄禁赌 …… (84)
打击食品安全犯罪 …… (85)
缉枪治爆 …… (85)
巡逻防控 …… (85)
交通管理 …… (85)
内部单位保卫 …… (85)
优化经济发展环境 …… (85)
人口与出入境管理 …… (85)
消防管理 …… (85)
基础设施建设 …… (85)
信息化建设应用 …… (85)
执法规范化建设 …… (85)
部督“5·26”申博太阳城网站开设赌场案 …… (86)
部督宋某某全国一级建造师考试舞弊案 …… (86)
部督邓某某团伙生产、销售有毒有害食品案 …… (86)

检察工作 …… (86)
概况 …… (87)
服务经济社会大局 …… (87)
刑事检察工作 …… (87)
查办和预防职务犯罪工作 …… (88)
诉讼监督工作 …… (88)
县检察院加强队伍建设 …… (88)

法院工作 …… (89)
概况 …… (89)
发挥审判职能 …… (89)
多途径服务群众 …… (89)
加强法治队伍建设 …… (90)
自觉接受人大监督 …… (90)

司法行政工作 …… (90)
概况 …… (90)
矛盾纠纷调解和信访问题化解 …… (91)
法制宣传教育 …… (91)
法律服务管理 …… (91)
法律援助 …… (91)
社区矫正和安置帮教 …… (91)
公证工作 …… (91)

经济综合管理

发展和改革 …… (92)
概况 …… (92)
重大战略谋划 …… (92)
深化体制改革 …… (92)
政府投资管理 …… (92)
“两型社会”建设 …… (92)
产业发展 …… (93)
行政审批服务 …… (93)
能源建设管理 …… (93)
公共资源交易管理 …… (93)
价格监督监测 …… (93)
价格管理 …… (94)
价格认证 …… (94)

人力资源和社会保障 …… (94)
概况 …… (94)
社会保障 …… (94)
就业服务 …… (95)
人事人才管理制度改革 …… (95)
劳动监察维权 …… (95)

质量技术监督 …………………………………… (96)
概况 ………………………………………………… (96)
质量兴县战略 ……………………………………… (96)
名牌战略 …………………………………………… (96)
标准化战略 ………………………………………… (96)
地理标志产品 ……………………………………… (96)
计量惠民 …………………………………………… (96)
打假治劣 …………………………………………… (97)
食品质量安全监管 ………………………………… (97)
特种设备安全监管 ………………………………… (97)
烟花鞭炮质量安全监管 …………………………… (97)
优化质监发展环境 ………………………………… (97)

审计工作 ………………………………………… (97)
概况 ………………………………………………… (97)
财政预算执行审计 ………………………………… (98)
经济责任审计 ……………………………………… (98)
专项审计 …………………………………………… (98)
投资审计 …………………………………………… (98)
审计整改 …………………………………………… (98)
审计公告破冰前行 ………………………………… (98)
完善内部审计机制 ………………………………… (99)

国土资源 ………………………………………… (99)
概况 ………………………………………………… (99)
规划用地 …………………………………………… (99)
资源保护 …………………………………………… (99)
土地市场 …………………………………………… (99)
地灾防治 …………………………………………… (99)
征地拆迁和群众利益 ……………………………… (100)
国土资源管理执法监察 …………………………… (100)
国土资源基础工作 ………………………………… (100)
国土资源管理队伍建设 …………………………… (100)

统计工作 ………………………………………… (100)
概况 ………………………………………………… (100)
统计基础 …………………………………………… (100)
统计服务 …………………………………………… (101)
统计队伍建设 ……………………………………… (101)
统计执法 …………………………………………… (101)

食品药品监督管理 ……………………………… (101)
概况 ………………………………………………… (101)
食品药品市场秩序 ………………………………… (101)
企业自律意识 ……………………………………… (102)
规范执法行为 ……………………………………… (102)
化妆品市场流通规律 ……………………………… (102)
食品药品质量保证 ………………………………… (102)
不良反应监测 ……………………………………… (102)
食品药品安全知识宣传 …………………………… (102)
服务中药材产业 …………………………………… (102)

工商行政管理 …………………………………… (102)
概况 ………………………………………………… (103)
工商行政管理服务 ………………………………… (103)
市场监管 …………………………………………… (103)
消费维权 …………………………………………… (103)
工商行政管理基层基础建设 ……………………… (103)
商事登记制度改革 ………………………………… (103)

食品安全管理 …………………………………… (103)
概况 ………………………………………………… (104)
食品安全体制建设 ………………………………… (104)
食品安全综合监管 ………………………………… (104)
食品安全宣传教育 ………………………………… (104)
食品安全规范建设 ………………………………… (105)

安全生产监督 …………………………………… (105)
概况 ………………………………………………… (105)
建立健全责任体系 ………………………………… (105)
创新监管工作方式 ………………………………… (105)
优化安全发展环境 ………………………………… (105)
专项整治工作 ……………………………………… (105)
“打非治违”专项行动 ……………………………… (106)
安全生产标准化建设 ……………………………… (106)
安全生产宣传教育 ………………………………… (106)

城建环保

城乡建设 ………………………………………… (107)
概况 ………………………………………………… (107)
建筑市场管理 ……………………………………… (107)
建设工程质量安全管理 …………………………… (107)
房地产开发管理 …………………………………… (108)
市政公用事业管理 ………………………………… (108)
新型城镇化建设 …………………………………… (108)
住房和城乡建设服务 ……………………………… (108)
表1:2014年湖南省建筑施工安全质量标准化示范工程项目名单 ……………………………… (109)
表2:2014年度“长沙市建筑施工绿色工地”项目名单 ……………………………………… (110)

城乡规划 …… (111)
概况 …… (111)
城乡规划编制 …… (111)
市政基础设施建设 …… (111)
优化行政审批服务 …… (111)
规划信息化建设 …… (111)
加强规划提升县城品质 …… (111)
坚持城乡规划服务和民生保障工程 …… (112)

城市管理 …… (112)
概况 …… (112)
扬尘污染治理 …… (112)
市容市貌整治 …… (113)
环卫清扫保洁 …… (113)
园林绿化管理 …… (113)
规范城市管理权力运行 …… (113)
服务发展大局 …… (113)

爱国卫生 …… (113)
概况 …… (113)
开展城乡环境卫生整治 …… (114)
推进农村改厕项目工程 …… (114)
开展除害防病、健康教育工作 …… (114)

项目工程建设 …… (114)
概况 …… (114)
项目建设 …… (114)
项目督导与协调 …… (114)
创新项目管理机制 …… (115)
百日大会战 …… (115)
重点项目观摩 …… (115)

重点工程 …… (116)
概况 …… (116)
长韶娄高速宁乡段 …… (116)
沪昆高铁宁乡段 …… (116)
益娄高速宁乡段 …… (117)
石长铁路复线宁乡段 …… (117)

征地拆迁 …… (117)
概况 …… (117)
征地拆迁和社保安置工作 …… (118)

住房保障 …… (118)
概况 …… (119)
房产市场 …… (119)
住房保障 …… (119)
房政服务 …… (119)

住房公积金管理 …… (120)
概况 …… (120)
公积金资金管理 …… (120)
公积金政策宣传 …… (120)
公积金综合服务 …… (120)

城市建设投资开发 …… (121)
概况 …… (121)
实现融资工作新突破 …… (121)
促进项目效益新提升 …… (121)
建立招商经营新模式 …… (121)
落实征拆安置新政策 …… (121)
取得内部管理新成效 …… (121)

环境保护 …… (121)
概况 …… (121)
环保宣传教育 …… (122)
环保队伍建设 …… (122)
环境执法 …… (122)
污染减排 …… (122)
环保项目服务 …… (122)
环境监测 …… (123)
环保作风建设 …… (123)

农　业

农村工作 …… (124)
概况 …… (124)
城乡一体化和美丽乡村建设 …… (125)
重大现代农业项目建设 …… (125)
扶贫开发 …… (125)
现代农业领军人才培训 …… (125)
农业招商引资 …… (125)
小瓦窑整治和投肥养殖整治工作 …… (126)

种植业 …… (126)
概况 …… (126)
粮食生产保障与服务 …… (126)
经济作物产业发展 …… (127)
农产品加工业与休闲农业 …… (127)

农业执法与农产品质量安全 …………… (127)

农业广播电视学校 ………………………… (127)
概况 ……………………………………… (127)
职业农民培育 ……………………………… (128)
农业职业技能鉴定 ………………………… (128)

烟叶生产 ………………………………… (128)
概况 ……………………………………… (128)
烟叶生产保障与服务 ……………………… (128)
烟基工程 ………………………………… (129)
烟草项目招商引资 ………………………… (129)
袁建尧督促检查宁乡烟叶工作 …………… (129)
国家烟草质检专家到宁乡培训从烟干部 ……………………………………… (129)

养殖业 …………………………………… (130)
概况 ……………………………………… (130)
养殖业生产 ……………………………… (130)
动物防疫和检疫 ………………………… (131)
水产和渔政 ……………………………… (131)
畜牧水产执法 …………………………… (131)
畜牧水产特色工作 ………………………… (131)

林业 ……………………………………… (132)
概况 ……………………………………… (132)
造林绿化 ………………………………… (132)
森林资源管护 …………………………… (132)
民生林业 ………………………………… (133)
林业服务 ………………………………… (133)
林技推广及科研 ………………………… (133)
湿地公园验收筹备 ………………………… (133)

水务 ……………………………………… (133)
概况 ……………………………………… (133)
水利建设 ………………………………… (134)
防灾减灾工作 …………………………… (134)
水生态治理 ……………………………… (134)

黄材水库灌区管理 ………………………… (135)
概况 ……………………………………… (135)
防汛抗旱 ………………………………… (135)
水利经济 ………………………………… (135)
工程建设 ………………………………… (135)
灌区管理 ………………………………… (136)
水利改革 ………………………………… (136)

农业机械管理 …………………………… (136)
概况 ……………………………………… (136)
新机具推广 ……………………………… (136)
农机产业发展 …………………………… (136)
农机安全监管 …………………………… (137)
农机购置补贴 …………………………… (137)
农机技术培训 …………………………… (137)

农村经济经营管理 ………………………… (137)
概况 ……………………………………… (137)
维护农村稳定大局 ………………………… (137)
引导新型农业经营主体健康发展 ………… (137)
打造家庭农场示范片 ……………………… (137)
推进土地确权登记试点工作 ……………… (137)
维护农民权益 …………………………… (137)

农村能源 ………………………………… (138)
概况 ……………………………………… (138)
农村沼气国债项目建设 …………………… (138)
为民办实事工作 ………………………… (138)

气象 ……………………………………… (138)
概况 ……………………………………… (138)
气候综述 ………………………………… (138)
汛期气象服务 …………………………… (139)
农业气象服务 …………………………… (139)
气象现代化建设 ………………………… (139)

工 业

工业经济 ………………………………… (140)
概况 ……………………………………… (140)
园区建设 ………………………………… (140)
企业发展 ………………………………… (140)
五送服务 ………………………………… (141)
淘汰落后产能 …………………………… (141)
全县工业经济大会 ………………………… (141)

电力工业 ………………………………… (141)
概况 ……………………………………… (141)
提升电力优质服务 ………………………… (141)
服务经济发展 …………………………… (142)

安全用电宣传 …………………………… (142)
农电建设发展 …………………………… (142)

园区经济

国家级宁乡经济技术开发区建设 ………… (143)
概况 ……………………………………… (143)
楚天科技登陆创业板 ……………………… (144)
经建投公司 12 亿元企业债券成功发行 …………………………………………… (144)
“蓝月谷之夏”食品饮料产业活动季 …… (144)
出台“产业扶持 30 条”政策 …………… (144)
玉屏山国际产业城开工 …………………… (144)
康师傅湖南饮品及方便面生产基地项目签约 …………………………………………… (144)
晶弘冰箱生产基地项目入园 ……………… (145)

金洲新区开发建设 …………………………… (145)
概况 ……………………………………… (145)
金洲新区工业集中区品牌建设 …………… (146)
湖南省大学科技园和湖南科技成果转化和知识产权交易服务中心成功落户 …… (146)
金洲新区工业集中区 2 家企业成功上市 …………………………………………… (146)
中国金洲锂电谷品牌打响 ………………… (146)

交通·邮政·电信

交通运输 ……………………………………… (147)
概况 ……………………………………… (147)
交通项目建设 …………………………… (147)
运输市场监管 …………………………… (147)
公共交通服务 …………………………… (147)
交通党建工作 …………………………… (148)

公路管理 ……………………………………… (148)
概况 ……………………………………… (148)
公路工程建设 …………………………… (148)
公路养护管理 …………………………… (149)
路政管理 ………………………………… (149)
党风廉政建设 …………………………… (149)

汽车客运 ……………………………………… (149)
概况 ……………………………………… (150)
规范管理 ………………………………… (150)
运输生产管理 …………………………… (150)
车站服务管理 …………………………… (150)
三产业管理 ……………………………… (150)
安全管理 ………………………………… (150)
党群建设 ………………………………… (151)

邮政 …………………………………………… (151)
概况 ……………………………………… (151)
邮务类业务发展形势良好 ………………… (151)
平台运营水平有效提升 …………………… (151)
企业文化建设不断推进 …………………… (151)

电信 …………………………………………… (152)
概况 ……………………………………… (152)
电信市场经营 …………………………… (152)
电信网络建设 …………………………… (152)
电信网络维护 …………………………… (152)
电信企业服务 …………………………… (153)

移动通信 ……………………………………… (153)
概况 ……………………………………… (153)
信息化应用 ……………………………… (153)
移动客户服务 …………………………… (153)
移动网络建设 …………………………… (153)

联通通信 ……………………………………… (154)
概况 ……………………………………… (154)
联通综合管理 …………………………… (154)
联通客户服务及回馈活动 ………………… (154)

贸　易

招商合作 ……………………………………… (155)
概况 ……………………………………… (155)
节会招商引资 …………………………… (155)

商务工作 ……………………………………… (155)
概况 ……………………………………… (155)
举行宁乡首届名优农特产文化交流会 …………………………………………… (156)
举行宁乡第三届国际名车展暨汽车宝贝选拔赛活动 ………………………………… (156)

意大利品牌吉科菲拉落户宁乡 …………（156）

供销合作 …………（157）
概况 …………（157）
扶贫助困 …………（157）
创建全国农民专业合作社示范社 …………（157）

粮食业 …………（157）
概况 …………（157）
切实解决农民“卖粮难” …………（158）
推进精深加工 …………（158）
引领产业发展 …………（158）
开展党的群众路线教育实践活动 …………（158）
强化监督检查 …………（159）

中央储备粮宁乡直属库 …………（159）
概况 …………（159）

烟草专卖 …………（161）
概况 …………（161）
烟叶生产 …………（161）
卷烟营销 …………（162）
烟草专卖市场整治 …………（162）
烟草基础管理 …………（162）
烟草队伍建设 …………（162）

石油业 …………（162）
概况 …………（162）
石油综合服务 …………（163）
石油安全监管 …………（163）
加油站建设 …………（163）

盐业 …………（163）
概况 …………（163）
盐务经营工作 …………（163）
盐务市场管理 …………（164）

旅游业

旅游工作 …………（165）
概况 …………（165）
景区景点开发建设 …………（165）
旅游宣传促销 …………（165）
旅游市场管理 …………（165）
花明楼景区获国家AAAAA级授牌 …………（165）
宁乡沩山旅游节再掀高潮 …………（165）
“五养之乡·中国宁乡”旅游推介会走进娄底 …………（166）
关山借力文化打造旅游名牌 …………（166）
CCTV财经频道《消费主张》宣传“五养宁乡” …………（166）
中国旅游日宁乡优惠多 …………（166）
中国灰汤第一届神农生态旅游节开幕 …………（166）
召开县旅游产业发展工作委员会第一次全会 …………（166）
抢滩张家界市场 …………（166）
长韶娄高速通车宁乡借机推介旅游资源 …………（166）

刘少奇故里管理局 …………（166）
概况 …………（167）
开展党的群众路线教育实践活动 …………（167）
开展“三送六进”活动 …………（167）
开展清明主题教育 …………（167）
《周恩来风采》摄影展览在刘少奇同志纪念馆开展 …………（167）
举办刘少奇诞辰116周年纪念活动 …………（167）

湖南电力职工温泉疗养院 …………（167）
概况 …………（168）
精神文明建设成果丰硕 …………（168）
物质文明建设成绩突出 …………（168）
优质服务水平不断提升 …………（168）
企业管理水平持续提高 …………（168）

沩山风景名胜区开发管理委员会 …………（169）
概况 …………（169）
成功创建省级生态旅游示范区 …………（169）
成功举办全国汽车场地越野锦标赛 …………（169）
省级生态文明风景名胜区试点工作取得阶段性成果 …………（169）
完成景区总体规划编制和申报工作 …………（169）
资源保护进一步加强 …………（169）
取消风格保证金 …………（169）
设立村民建房指导员 …………（169）
改革护林员管理制度 …………（169）
探索景点经营方式的创新 …………（170）
教育实践活动收到实效 …………（170）

限时办结制得到落实 …………………… (170)
引进项目取得进展 …………………… (170)
服务项目见成效 …………………… (170)

凤凰山国家森林公园 …………………… (170)
概况 …………………… (170)
景区资源保护 …………………… (171)
景区项目建设 …………………… (171)
景区招商引资 …………………… (171)
举办宁乡漂流文化节暨龙凤峡漂流首漂庆典 …………………… (171)

财政·税务

财政 …………………… (172)
概况 …………………… (172)
收入征管 …………………… (172)
支出保障 …………………… (172)
改革管理 …………………… (172)
财政队伍建设 …………………… (172)

国家税务 …………………… (173)
概况 …………………… (173)
国税收入 …………………… (173)
国税依法治税 …………………… (173)
国税税收征管 …………………… (173)
国税纳税服务 …………………… (173)
国税队伍建设 …………………… (174)

地方税务 …………………… (174)
概况 …………………… (174)
地税干部队伍建设 …………………… (174)
税费收入 …………………… (174)
地税依法治税 …………………… (175)
优化地税征纳关系 …………………… (175)

金融·保险·证券

县金融证券工作办公室 …………………… (177)
概况 …………………… (177)
信贷规模逆势扩张 …………………… (177)
组织体系逐步优化 …………………… (177)
优质企业竞相挂牌上市 …………………… (177)
政府融资渠道拓宽 …………………… (177)
银企对接成效明显 …………………… (177)
金融创新大胆有为 …………………… (177)
金融环境持续优化 …………………… (177)

中国人民银行宁乡支行 …………………… (177)
概况 …………………… (177)
促进信贷总量有效增长 …………………… (177)
推动信贷结构合理调整 …………………… (178)
提高金融服务实体经济效能 …………………… (178)
推进金融生态环境建设 …………………… (178)
反洗钱工作 …………………… (178)
开展金融综合执法 …………………… (178)
加强现金流通管理,优化货币流通环境 …………………… (179)
提升服务质量,改善窗口形象 …………………… (179)
落实金融服务理念,推进金融消保工作 …………………… (179)
践行群众路线活动,组织为民服务创新 …………………… (179)
推进办公规范化 …………………… (179)
加强培训,提高素质 …………………… (179)
提供基层央行履职保障 …………………… (179)
加强后勤工作 …………………… (180)
人行党风廉政建设 …………………… (180)

中国工商银行股份有限公司宁乡支行 …………………… (180)
概况 …………………… (180)
工行综合业务 …………………… (180)
工作亮点 …………………… (180)

中国农业银行股份有限公司宁乡支行 …………………… (180)
概况 …………………… (180)
明确适应新常态的发展策略 …………………… (181)
业务发展快速推进 …………………… (181)
农行队伍建设加强 …………………… (181)
渠道建设增强 …………………… (181)
完善考核机制 …………………… (181)

中国建设银行股份有限公司宁乡支行 …………………… (181)
概况 …………………… (181)
建行负债业务 …………………… (181)
建行信贷业务 …………………… (182)
建行内控管理 …………………… (182)
建行优质服务 …………………… (182)

建行团队建设 …………………………… (182)

中国农业发展银行宁乡县支行 ……………… (182)
概况 ……………………………………… (182)
业务发展情况 …………………………… (182)
完善信贷业务系统 ……………………… (182)
开展“十看十查” ………………………… (183)
履行农发行职能 ………………………… (183)
支持农业基础设施建设 ………………… (183)
建设文明窗口 …………………………… (183)
学习教育 ………………………………… (183)

中国银行股份有限公司宁乡县支行 ………… (183)
概况 ……………………………………… (183)
中行业绩 ………………………………… (184)
中行工作措施及成效 …………………… (184)
传导内生动力机制,推进“三个达标”,带动网点发展 ……………………………… (185)
加强内控管理,落实安全保卫 ………… (185)
中行自身建设 …………………………… (186)

长沙银行宁乡支行 ………………………… (186)
概况 ……………………………………… (186)
业务稳步拓展 …………………………… (186)
网点加快转型 …………………………… (186)
严抓内控案防 …………………………… (187)
坚守安全保卫 …………………………… (187)

湖南宁乡农村商业银行股份有限公司 ……… (187)
概况 ……………………………………… (187)
信贷投放呈现新特色 …………………… (187)
金融创新迈出新步伐 …………………… (188)
风险管控优中求进 ……………………… (188)
商行队伍素质持续提升 ………………… (188)

中国人民财产保险股份有限公司宁乡支公司 ……………………………………… (188)
概况 ……………………………………… (188)
规范经营保险工作 ……………………… (188)
开拓保险市场 …………………………… (188)
做好保险服务 …………………………… (189)
提高保险队伍素质 ……………………… (189)

中国人寿保险股份有限公司宁乡支公司 …… (190)
概况 ……………………………………… (190)
个险、团险、银保业务 …………………… (190)
临柜业务和团队建设 …………………… (190)

方正证券股份有限公司宁乡营业部 ………… (191)
概况 ……………………………………… (191)

科技·教育

科技管理 …………………………………… (192)
概况 ……………………………………… (192)
科技发展环境 …………………………… (192)
科技自主创新平台建设 ………………… (192)
科技计划与成果工作 …………………… (192)
高新技术企业 …………………………… (192)
参加中国(长沙)“科交会” ……………… (192)
科技特派员工作 ………………………… (192)
科技活动周 ……………………………… (193)
知识产权工作 …………………………… (193)
科技统计工作 …………………………… (193)
“一园、一中心”建设工作 ……………… (193)

科技普及 …………………………………… (193)
概况 ……………………………………… (193)
科普示范村(社区)项目建设 …………… (193)
青少年科技创新县长奖评选 …………… (193)
实施“科普惠农兴村计划” ……………… (193)
开展科普宣教活动 ……………………… (194)
项目建设与双百服务 …………………… (194)
“一推行四公开”工作 …………………… (194)
党的群众路线教育实践活动 …………… (194)
服务园区助推发展 ……………………… (194)

教育 ………………………………………… (194)
概况 ……………………………………… (194)
教育强县率先创建 ……………………… (194)
科研课题国家奖励 ……………………… (194)
职教改革全国示范 ……………………… (194)
教学质量省市领先 ……………………… (194)
督导经验全省推介 ……………………… (195)
队伍建设成效突出 ……………………… (195)
阳光服务全市推广 ……………………… (195)
招考改革稳步推进 ……………………… (195)
办学条件持续改善 ……………………… (195)
安全管控全省首创 ……………………… (195)

县职业中专学校 …… (196)
概况 …… (196)
教学工作 …… (196)
科研工作 …… (196)
管理工作 …… (196)
德育管理成效明显 …… (197)
拓宽校企合作平台 …… (197)

宁乡一中 …… (197)
概况 …… (197)
教学质量再创新高 …… (197)
德育工作领跑全省 …… (197)
保障平安筑就新防线 …… (198)
一中党建与队伍建设 …… (198)
科研课改有突破 …… (198)
特色品牌更壮大 …… (198)
其它工作亮点纷呈 …… (198)

宁乡四中 …… (199)
概况 …… (199)
办学品位提升 …… (199)
德育品牌彰显 …… (199)
教育质量提高 …… (199)
内部机制逐步完善 …… (199)

文体·新闻

文化体育 …… (201)
概况 …… (201)
公共文化服务体系建设 …… (201)
阵地建设 …… (201)
文体服务 …… (201)
文化遗产保护 …… (201)
产业发展 …… (201)
文化市场 …… (202)
文体党建和队伍建设 …… (202)
表 3:2014 年宁乡县县级以上非物质文化遗产代表性项目名录 …… (203)

图书发行 …… (205)
概况 …… (205)
教材发行 …… (205)
教辅读物发行 …… (205)
一般图书发行 …… (205)
文化用品销售 …… (205)
新华书店内控管理 …… (205)
新华书店队伍建设 …… (205)

广播电视 …… (206)
概况 …… (206)
电视宣传 …… (206)
网络覆盖 …… (206)
电台发展 …… (206)
农村广播 …… (206)
媒体经营 …… (207)
新媒体平台 …… (207)
采编设备 …… (207)
服务群众 …… (207)

《今日宁乡》信息中心 …… (207)
概况 …… (207)
队伍团结　战斗力强 …… (207)
教育实践活动报道 …… (208)
经济社会民生报道 …… (208)
办报质量稳步提高 …… (208)
提高员工素质和采写水平 …… (208)
办好新媒体 …… (208)

卫　生

卫生工作 …… (210)
概况 …… (210)
基层综合医改 …… (210)
县级公立医院改革 …… (210)
基层医疗卫生机构标准化建设 …… (210)
公共卫生服务 …… (210)
卫生队伍建设 …… (211)
卫生服务能力 …… (211)
红十字会工作 …… (212)
卫生系统党建工作 …… (212)
卫生行业作风建设 …… (212)

县人民医院 …… (212)
概况 …… (212)
落实便民措施和细节服务 …… (212)
体现公立医院公益性 …… (212)
打造名医名科 …… (212)
加强专科对接 …… (213)
加强科教研工作 …… (213)
发挥区域医疗中心作用 …… (213)

加强作风建设和职业道德教育 …………（213）
国家级荣誉 ……………………………（213）
文明创建 ………………………………（213）

县中医院 ……………………………（213）
概况 ……………………………………（213）
开展党的群众路线教育实践活动 ………（214）
内涵建设 ………………………………（214）

县疾病预防控制中心 …………………（217）
概况 ……………………………………（217）
成功创建省级慢性病综合防控示范县 ……………………………………（217）
传染病防控 ……………………………（217）
突发公共卫生事件处置 ………………（217）
免疫规划 ………………………………（217）
艾滋病防治 ……………………………（217）
卫生监测 ………………………………（218）
健康教育 ………………………………（218）
绩效考核 ………………………………（218）

县精神病医院 …………………………（218）
概况 ……………………………………（218）
开展党的群众路线教育实践活动 ………（218）
加强行风作风及医德医风建设 …………（218）
医疗质量管理 …………………………（218）
项目工程建设及固定资产归档管理 ……（219）

县妇幼保健院 …………………………（219）
概况 ……………………………………（219）
妇幼保健工作 …………………………（219）
落实国家重大妇幼公共卫生服务项目 ……………………………………（219）
残疾儿童抢救性康复项目 ……………（219）
医疗管理工作 …………………………（219）
妇幼保健专科建设 ……………………（219）
医保农合 ………………………………（220）
妇幼保健院党建群团工作 ……………（220）
妇幼保健院基础项目建设 ……………（220）

社会生活

民政工作 ……………………………（221）
概况 ……………………………………（221）
第九次村民委员会换届选举 ……………（222）
开展宁乡县首次烈士纪念日公祭活动 ……………………………………（222）
资福乡撤乡建镇 ………………………（222）
区划调整 ………………………………（222）
县民政局被评为国家 AAA 级婚姻登记机关 ……………………………………（222）

移民开发 ……………………………（223）
概况 ……………………………………（223）
移民后期扶持 …………………………（223）
移民资金管理 …………………………（223）
移民收入增长 …………………………（223）
项目投入加大 …………………………（223）
自身建设加强 …………………………（223）

人口和计划生育 ………………………（223）
概况 ……………………………………（223）
开展计划生育大型宣传活动 ……………（224）
开展“生育关怀·情暖万家”春节慰问活动 ……………………………………（224）
开展国家流动人口卫生计生服务流出地监测调查 ………………………………（224）
开展党的群众教育路线实践活动 ………（225）
推进应用人口网格化信息系统试点工作 ……………………………………（225）
百户幸福家庭获奖部分困难家庭受助 ……………………………………（225）
宁乡县再次破获一例“两非”典型案件 ……………………………………（225）
避孕药具自助发放机“亮相”宁乡 ………（225）
推进“单独两孩”政策宣传 ……………（226）
启动爱心助孕行动 ……………………（226）
实施城镇独生子女父母奖励 ……………（226）
全县 65 人获计生家庭大病医疗救助 …（226）
举行计划生育“三结合”创业发展项目启动仪式 ……………………………………（226）

民族宗教 ……………………………（227）
概况 ……………………………………（227）
服务中心有新进展 ……………………（227）
民族团结有新亮点 ……………………（227）
宗教管理有新突破 ……………………（227）
宗教慈善有新建树 ……………………（228）
宗教文化有新品牌 ……………………（228）

乡　镇

大屯营镇 …… (229)
概况 …… (229)
烟叶生产全县第一 …… (230)
“1121”工程奠基 …… (230)

道林镇 …… (230)
概况 …… (230)
创建市级标准化政务服务大厅 …… (232)
创市级示范性敬老院 …… (232)
确保长韶娄高速道林段建设 …… (232)
县道宗准公路改造升级 …… (232)
教师公租房落地生根 …… (232)

花明楼镇 …… (232)
概况 …… (232)

东湖塘镇 …… (234)
概况 …… (234)

夏铎铺镇 …… (235)
概括 …… (235)
亮之星“谷力新能源”在湖南股交所挂牌 …… (237)
范小新一行莅临龙凤山村开展建设扶贫工作 …… (237)
中国残联调研夏铎铺镇无障碍设施建设工作 …… (237)

金洲镇 …… (238)
概况 …… (238)
关山旅游景区 …… (239)
招商引资项目喜人 …… (239)

双江口镇 …… (239)
概况 …… (239)
长沙大河西农产品物流中心项目建设 …… (240)
梅双公路及樊周公路路面改造 …… (241)

朱良桥乡 …… (241)
概况 …… (241)
加强水利建设工作 …… (242)
全力推进农业项目 …… (242)
举行文艺会演和温暖微行动 …… (242)

菁华铺乡 …… (242)
概况 …… (243)
全省水利现场会在菁华铺乡召开 …… (244)
打造国道319菁华铺段文明样板路 …… (244)
乡机关升级改造 …… (244)

回龙铺镇 …… (244)
概况 …… (244)
获全国离退休干部先进集体称号 …… (245)
助力金玉工业集中区增质增效 …… (245)
现代农业高位发展 …… (245)
建设教育强镇步伐加快 …… (245)

煤炭坝镇 …… (245)
概况 …… (246)
举办第三届群众文化艺术节 …… (247)
湖南黑金时代长沙矿业有限公司退出 …… (247)
中央纪委课题调研组到煤炭坝镇调研视察 …… (247)
重金属污染耕地修复治理替代种植工作获经验推广 …… (248)

坝塘镇 …… (248)
概况 …… (248)
荣获湖南省新型城镇化建设明星单位称号 …… (249)
全县水库退出投肥养殖工作推进会在坝塘召开 …… (249)
创建省级文明卫生单位 …… (249)
创建市级示范性敬老院 …… (249)

资福镇 …… (249)
概况 …… (249)
撤乡建镇 …… (251)
撤销窑里村设立窑里社区 …… (251)
创建湖南省“四化两型”明星乡镇 …… (251)
创建长沙市集镇建设管理先进单位 …… (251)
承办宁乡县禁毒工作社会化现场推进会 …… (251)
省一级档案室通过验收 …… (251)

南田坪乡 …… (252)
概况 …… (252)

山塘水库退出投肥养殖 …………………… (252)

偕乐桥镇 ………………………………… (253)
概况 ………………………………………… (253)
荣获长沙市 2014 年度“十快乡镇” …… (255)
创建长沙市 2014 年度文明村镇 ……… (255)
县委书记黎春秋调研偕乐桥镇 ……… (255)
立体农业“五基地一走廊”特色彰显 …… (255)
群众工作“三联十到户”模式 ………… (255)

灰汤镇 …………………………………… (255)
概况 ………………………………………… (256)
召开村“两委”换届选举动员部署会议 ……………………………………………… (256)
召开灰汤镇首届融资洽谈会 ………… (257)
召开镇第十五届人民代表大会第三次会议 ………………………………………………… (257)
易炼红调研灰汤旅游产业规划建设 …… (257)

双凫铺镇 ………………………………… (257)
概况 ………………………………………… (257)
中部鞋都十里鞋城建设 ……………… (258)
加强全国重点小城镇建设 …………… (258)
“百千万”超级杂交稻高产攻关示范工程 ……………………………………………… (259)

大成桥镇 ………………………………… (259)
概况 ………………………………………… (259)
大成桥煤矿与长凤煤矿关闭 ………… (260)
鹊山村探索土地流转 ………………… (260)
启动小农水项目建设 ………………… (260)
获评全国农村五保供养综合先进单位 ……………………………………………… (260)

喻家坳乡 ………………………………… (260)
概况 ………………………………………… (261)
中国科协、中科院领导视察喻家坳乡 … (262)
朱崇州到喻家坳乡调研 ……………… (262)
何寄华到喻家坳乡调研 ……………… (262)
举办第二届群众文化艺术节 ………… (262)
田间水利扩容提质 …………………… (262)

老粮仓镇 ………………………………… (262)
概况 ………………………………………… (262)
田间水利扩容提质全县第一 ………… (263)
优化村支委班子结构见成效 ………… (263)

枫木桥乡 ………………………………… (264)
概况 ………………………………………… (264)
“网格化”管理 ………………………… (265)
财政消赤减债 ………………………… (265)
飞地招商 ……………………………… (265)
综治工作 ……………………………… (265)

流沙河镇 ………………………………… (265)
概况 ………………………………………… (265)
赵白鸽到流沙河镇调研博爱家园项目实施情况 ………………………………… (267)
张迎龙视察流沙河镇城乡一体化和农业产业化工作 ……………………………… (267)
夏文斌等领导到流沙河镇交流学习城乡一体化建设 ……………………………… (267)
启动流沙河商业街建设 ……………… (267)

青山桥镇 ………………………………… (267)
概况 ………………………………………… (268)
创建长沙市小城镇管理示范镇 ……… (269)
启动实施地域文化建设 ……………… (269)
推进生态文明建设 …………………… (269)

横市镇 …………………………………… (269)
概况 ………………………………………… (269)
高危企业安全管理经验全县推广 …… (270)
危房改建获评市一等单位 …………… (271)
蝉联市残疾人工作明星乡镇 ………… (271)

黄材镇 …………………………………… (271)
概况 ………………………………………… (271)
中央电视台到黄材录制节目 ………… (272)
获市级安全生产示范乡镇称号 ……… (272)
获评长沙市绿化工作先进单位 ……… (272)
师合大桥建成通车 …………………… (272)
庆祝第三十个教师节 ………………… (272)

沩山乡 …………………………………… (273)
概况 ………………………………………… (273)
沩山公租房建设 ……………………… (274)
开福路延伸线 ………………………… (274)
太阳庙安置区基础设施 ……………… (274)
举行“湘茗茶业杯”2014 中国(湖南)茶仙子立志大赛总决赛 ………………………… (274)
建“全市海拔最高”的党代表工作室 …… (274)
沩山乡荣获中华宝钢环境奖 ………… (274)

巷子口镇 …………………………………… (274)
概况 ……………………………………… (274)
建设扶贫联系点 ………………………… (275)
推进新型城镇建设 ……………………… (276)

沙田乡 ……………………………………… (276)
概况 ……………………………………… (276)
民意调查工作全县第一 ………………… (277)
招商引资和项目工程 …………………… (277)
突出安全生产 …………………………… (277)
开展红色旅游活动 ……………………… (278)

龙田镇 ……………………………………… (278)
概况 ……………………………………… (278)
李军调研龙田镇石屋村建设扶贫工作 …………………………………………… (279)
创新工作方法,环境卫生整治见成效 … (279)

玉潭镇 ……………………………………… (279)
概况 ……………………………………… (279)
获“全国综合实力100强乡镇(街道)” …………………………………………… (280)
工商税收突破10亿元 ………………… (281)
完成第三次全国经济普查工作 ………… (281)

城郊乡 ……………………………………… (281)
概况 ……………………………………… (281)
创建国家级生态乡镇 …………………… (283)
创建省级安全生产示范乡镇 …………… (283)

白马桥乡 …………………………………… (283)
概况 ……………………………………… (283)
启动建设宁乡一中白马桥中学 ………… (285)
金龙公路建设竣工 ……………………… (285)
烂坝子改造 ……………………………… (285)

历经铺乡 …………………………………… (285)
概况 ……………………………………… (285)
获“国家级生态乡镇” ………………… (286)
首次跻身长沙市经济社会发展十快乡镇 …………………………………………… (287)
历经铺乡财政所创建省级标准化财政所 …………………………………………… (287)
举行“十大项目集中开工仪式” ……… (287)
征拆工作再创“历经铺速度” ………… (287)
水利建设接受县现场观摩 ……………… (287)

先进人物

周竞 ……………………………………… (288)
陶力成 …………………………………… (288)
徐进军 …………………………………… (288)

荣誉在册

表4:获国家(部委)奖励(命名)单位名表…… (290)
表5:获国家(部委)奖励(命名)个人名表…… (291)
表6:获省(厅局)奖励(命名)单位名表……… (291)
表7:获省(厅局)奖励(命名)个人名表……… (293)
表8:获长沙市委、市政府奖励(命名)单位名表 …………………………………………… (294)
表9:获长沙市委、市政府奖励(命名)个人名表 …………………………………………… (296)
表10:获宁乡县委、县政府2014年度奖励的部分单位 …………………………………… (296)

文件选登

中共宁乡县委　宁乡县人民政府关于全面建成小康社会的实施意见(2014—2017年)…… (298)
中共宁乡县委关于全面深化改革的实施意见 …………………………………………… (303)
宁乡县人民政府关于推进2014年市级农村土地整治项目的实施意见 ……………… (311)

附　录

表11:宁乡县2014年主要经济指标………… (313)
表12:2014年乡镇基本情况和主要经济指标 …………………………………………… (314)

索　引 …………………………………… **(315)**

特 载

强化高效执行　聚焦项目建设
全力谱写引领新常态、奋勇走前列的壮丽篇章
——在全县党政负责干部大会暨重大项目推进大会上的讲话

黎春秋

（2015 年 3 月 4 日）

同志们：

春风春雨润春色，新年新景展新貌。今天，我们隆重召开全县党政负责干部大会暨重大项目推进大会，旨在盘点总结 **2014** 年工作，表彰奖励先进单位和先进个人，安排部署 **2015** 年和当前一个时期的工作，号召全县上下强化高效执行，聚焦项目建设，全力谱写引领新常态、奋勇走前列的壮丽篇章！刚才，智斌同志宣读了 **2014** 年度工作考核评定结果通报；刘亮同志通报了领导班子考核、机关事业单位工作人员考核、工作绩效考核情况；**33** 个乡镇和 **2** 个主体园区递交了责任状；**6** 个单位上台作了典型和表态发言；周辉县长就全县重大项目建设作了总结部署，充分体现今天的大会既是一次盘点总结会，更是一次鼓劲动员会，以这次会议为标志，新一年工作全面进入加速推进的新阶段。下面，我讲四点意见。

一、回首 2014 年，我们顺应新常态，实现新突破

1.过去一年，是经济社会好中求快发展的一年。全县上下紧紧围绕“省会次中心、幸福新宁乡”目标，团结一心、克难奋进，开创了转型创新发展的崭新局面。保持了层级提升、品牌彰显之势。金洲新区获批国家新型工业化示范基地。金玉工业集中区获批全省唯一跨乡镇“飞地经济”试点园区。获评省全面小康经济强县奖。全省新型工业化现场会在宁乡召开。成功申报国家知识产权强县工程试点县。获全国县级文明城市提名资格。宁乡作为湖南唯一代表参加了李克强总理主持召开的全国新型城镇化座谈会。一批特色鲜明的中心城镇获评全国重点镇和国家级生态乡镇。成为全国三个万亩超级杂交稻高产攻关示范县之一。全省农田水利建设现场会议在宁乡召开。现代农业科技示范园启动国家级农业科技园区申报。各级各部门争创国家、省市荣誉 **202** 项，其中国字号荣誉 **26** 项；市级以上主流媒体宣传推介我县 **829** 篇次。县域经济基本竞争力跃居全国 **50** 强。蓄积了项目支撑、后劲增强之势。湖南现代粮食精深加工园、金洲金荣科技创新区、杉杉新材、康师傅、晶弘冰箱、盼盼食品、中山利和城市综合体、绿城宁乡文化城等一批优质项目相继落户。格力电器、洋河酒业、万鑫精工、雅居乐等重大产业项目加快建设。全年新增资本投放达 **90** 亿元，同比净增 **20** 亿元。宁乡经开区和城投集团成功发行债券 **25** 亿元，融资规模居全省县级首位。长韶娄高速、金洲西线、溜子洲大桥竣工通车。岳宁大道、**1121** 工程、益娄衡高速等重大战略项目加快建设。构建了保障民生、稳定和谐之势。发展成果共创共享，新增财力的 **77**％以上用于民生。农村危房改造、保障性住房建设、就业技能培训等十大民生工程加快推进。坚持两手抓、两不误、两促进，深入扎实开展党的群众路线教育实践活动，积极抓好“发展、作风、民生”三大清单整改，群众“三最”问题有效解决，党风政风为之一新，群众对“四风”问题解决情况好评率达 **98.6**％。“村村响”广播工程实现村级全覆盖。获批全国义务教育均衡县，教育强县成功创建。获批全省公立医院改革试点县。安全生产责任事故大幅下降，全县

没有发生一起重大以上安全事故。信访总量大幅下降，进京非访同比下降74.5%，社会大局保持和谐稳定。

2.过去一年，是全县上下奋勇争先的一年。回顾**2014**年工作，全县各个领域、各条战线、各项工作点上出彩、线上开花、面上成景，涌现出一大批锐意进取的先进典型，充分展现了敢拼敢干、勇立潮头的时代风采。一是争当先锋，勇走前列。玉潭镇财税迈上**10**亿元台阶，全国综合实力百强乡镇排名跃升至第**41**位。历经铺乡强化争先进位意识，镇域经济社会跨越发展，绩效考核跃居全县第一。沩山乡突出债务化解，放大生态特色，产业培育、集镇建设、社会治理齐头并进，绩效考核首次跃居三甲。白马桥乡全力服务重大项目建设，持续创新社会治理方式，连续三年获评全市综合实力十强乡镇。人民法院践行司法为民、树立司法权威，获评“全国优秀法院”。水务局扎实作为，精心组织，再掀**30**年来农村田间扩容提质工程建设的高潮，获评全国水利系统先进集体。农办、农业局、粮食局积极推进现代农业发展，再创全国粮食生产先进县荣誉。机关事务局注重细节管理，获评全国公共机构节能示范单位。宁乡电视台新闻专题《把粮食存到“银行”》获评中国新闻奖一等奖。二是精准发力，突破升级。宁乡经开区招大引强持续突破，产业升级步履坚实，发挥了经济建设的主战场和开放发展的“桥头堡”作用。金洲新区强力推进经济转型升级，加快园区产业倍增和品质倍升，为全县转型创新发展提供了强力支撑。城郊乡坚持服务与发展并重，全力服务主体园区，潜心做大经济总量，积极探索产业转型升级新路径。煤炭坝镇直面煤炭产业转型退出，全力打造门业产业基地，积极应对复杂局面、有力维护了大局稳定。金洲镇积极服务金洲新区发展，狠抓项目建设，财税收入突破**5000**万元。财政、国税、地税聚财有方，理财有序，为完成全年财税任务做出了重要贡献。三是干在实处，彰显特色。回龙铺镇积极服务金玉工业集中区建设，促推湘中南机电市场项目，镇域经济北工南农格局初显。大屯营镇集中精力服务**1121**工程建设，经济社会事业全面进步。灰汤镇围绕国家级旅游度假区创建，全力推动雅居乐项目，温泉品牌效应持续放大。沙田乡特色农业产业化持续推进，飞地招商力度加大，民调工作排名前列。资福乡晒烟种植全县领先，食材产业园项目加快引进，集镇建设彰显新貌。菁华铺乡加大园区服务力度，加快全面融城步伐，休闲农业特色初显。青山桥镇放大区位优势，突出产业培育，集镇形象品位大幅提升。坝塘、枫木桥等乡镇以项目招商、产业经济、环境提质为抓手，苦练内功，转型发展。沩东新城完成总体规划，积极推动骨干路网建设，招商融资工作取得突破。城投集团、国资公司全力促推项目，城建主平台作用充分发挥。住建局紧扣民生热点，城区内涝治理、背街小巷改造等扎实推进。发改局加大向上争取力度，直接争资到位**6.05**亿元，创历史新高。人社局坚持保障惠民，社会保障覆盖扩面，保障水平不断提高。交运局、公路局推进安全交通建设，全省率先完成县域内农村公路安保示范工程项目。审计局切实加强政府重点投资项目的审计，主动对接通过国家土地专项审计。四是尽职履责，服务大局。绩效办强化考核监管，绩效考核导向作用充分发挥。征地办以改革精神力推依法拆迁、三榜公示，阳光征拆新政逐步提高群众满意度，加快推动失地农民社保纳入。国土资源局协调有力，全年批回城镇建设用地**8926**亩，为县域发展提供了坚强的用地保障。招商局成功策划各类招商活动，积极开展招商洽谈对接，招商引资取得新突破。项目办深入开展“双百服务”活动，推行重大项目限时办结和“三位一体”调度，全县共有投资**1000**万元以上项目**692**个，完成项目投资**586**亿元。金融证券办服务引进北京银行、民生银行，促推企业上市。统计局以数据质量为中心，统计业务水平不断提升。环保局严格环保审批，节能减排和污染治理取得实效。住保局加快推进城市棚户区改造步伐，深入开展平安物业创建，房产外向度达**20.1**%。工商局实施商标战略，有力推进商事登记改革。科技局服务扶持高新技术产业发展，专利申请连续两年过千件。公安局依法严厉打击各类违法行为，为全县和谐稳定做出了重要贡献。民政局务实有效推进“县改市”工作，创新低保年审和社会救助管理方式，以实际行动诠释了民生为本理念。工信局指导服务创新，全力助推企业装备升级，获加速推进新型工业化一等奖。编委办积极推进政府职能转变和机构改革，机构编制管理规范化法制化建设成效明显。烟办、烟草局推进烟叶生产质效管理，烟叶产业稳健发展。民宗局立足宗教资源禀赋，加强对接协调，得到国家层面的关注和支持。人民银行、农商银行、长沙银行、电力、气象、质监、人保公司、新华书店等部门单位主动融入宁乡发展大局，实现业绩与惠民双提升。五是加压奋进，后发赶超。夏铎铺镇以工业平台激活内生动力，经济社会事业统筹发展，绩效考核排名前移**18**位，跃居全县先进行列。龙田镇突出抓队伍、促项目、扶产业，绩效考核排名前移**23**位，跃居全县先进行列。双江口、道林等乡镇不甘人后，奋力赶超，绩效考核排名大幅前移。巷子口镇抢抓建设扶贫机遇，推动农业提质增效，夯实基层党建。老粮仓镇积极服务益娄衡高速建设，基层治理彰显特色。偕乐桥镇全力打造“立体农业”，创新推进“三联十到户”群众工作，绩效考核跃居先进。政务中心推进“模拟审批”，行政审批效能整体提速**50**%，全力打造高效低成本的服务环境。城管局和城区乡镇注重源头控制，敢于动真碰硬，控建拆违取得新成效。成绩来之不易，凝聚了大家的心血和智慧。在此，我代表县四大家，向为宁乡发展和稳定付出了聪明才智和辛勤汗水的同志们诚挚地道一声：大家辛苦了！感谢你们！

在充分肯定全县整体工作和干部队伍主流的同时，我们更应该具有浓烈的“问题意识”，经济总量不够大、产业结构不够优、可用财力不够多、体制机制不够活等仍是宁乡发展深层次问题。同时，少数单位和个人存在的一些问题和不足，虽非普遍现象，但以小见大，绝不容忽视。一是奋勇走在前列的意识不强。认为宁乡已经挺进全国**50**强了，小进即满的心态抬头，对“标兵”渐行渐远、“追兵”越追越紧的竞争格局存在麻痹思想，缺少积极进取的争先意识，在其位不担其责、不谋其事、不建其功，在项目引进、产业培育上不主动、不争抢，有的甚至连续几年考核排名靠后。二是功成不必在我的胸怀不够。有的拍脑袋决策、拍胸脯表态，不按照经济规律办事，盲目铺摊子、上项目，搞面子工程，“功成只能在我”，导致“一任政绩三任还”。有的抓工作浮光掠影，搞调研蜻蜓点水，心态浮躁，无心正事，整天想着怎么去谋人、进“圈子”。三是务实高效执行的力度不大。对县委、县政府安排部署的工作选择性执行、附加性执行，拈轻怕重，顾此失彼，对项目建设、中心工作不想作为、不敢作为、不善作为，导致工作推进不平衡。少数党员干部存在职业倦怠，人到中年认为升迁无望就消极怠工，甚至连“钟都不想撞”。四是守规矩讲纪律的敬畏不重。“四风”问题有所收敛，但雨过地皮湿现象仍然存在。有的党员干部心里“小九九”越打越精、心存侥幸，思想亚健康导致“四风”问题反弹。个别党员干部无视规矩与纪律，个人意识膨胀，戾气、傲气较重，是非观念不清，言行失范。这些问题与当前宁乡发展形势不相适应，与上级要求和群众期盼不相适应，希望大家揽镜自照，对号入座，有则速改，无则自警。

二、强化发展定力，我们要引领新常态，谋求新跨越

经济社会发展进入新常态，是中央、省市审时度势做出的战略判断。**2015**年，我们要把握大势，保持定力，以率先走前列的勇气，全力推动新常态下的转型创新发展一年一个样，不断迈上新台阶，切不可坐而论道、错失良机。新常态下，要做到明目更张胆。脚步已进入经济发展新常态，头脑不能还停留在过去时。要清醒地认识到新常态的实质就是彻底摒弃过去拼资源、拼环境、拼消耗的发展老路，重点在转型、创新、升级上着力。要以远看十年的战略眼光，把准方向、明确目标，运用超常规的思路和手段，在不违反法律的前提下，不顾一切强力推进。新常态下，要学会危中能寻机。不唯GDP论，发展换挡，经济增速放缓表象明显，但增长更趋平稳，动力更为多元，预期更加稳定，要辩证看到有利于我们优化产业结构，培育增长极点，淘汰落后产能，将更多精力集中到提高创新能力、促进经济发展转型升级上来。新常态下，要善于以小去窥大。去年规模工业经济增长**20%**，对县域经济的贡献率达**74.7%**，房地产全年销售达**104**万平方米，“常青树”与“速生林”均传递出市场景气上升的积极信号，说明企业的投资信心没有失。只要我们因势利导，抓住全面深化改革契机，加快理顺束缚县域发展的体制，加大简政放权力度，就能激活全民创新创业热情，由线及面为县域发展注入动力。新常态下，要能够厚积而薄发。国家对中西部发展实施定向调控，宁乡“县改市”作为中部唯一试点今年启动实施，我们置身“中国强县、中部明珠、三湘首善”的战略谋划，加之近年来锲而不舍提升的区位优势、精心运作形成的产业布局、真帮实促培育的优势企业、克难攻坚引进的重大项目、匠心独具打造的发展平台，促成县域发展势能愈加强劲，初步显现辐射效应、虹吸效应和井喷效应，这种由内而外的发展能量一旦释放，必将有利于集聚更多投资机会、争取更多项目布局、拓展更大市场空间。

机遇叠加，我们更要紧紧围绕中央“四个全面”的战略布局，紧扣总基调：继续坚持稳中向好，好中求快，加快转型创新发展和更好惠及民生的发展。要紧盯主目标：县域生产总值增长**10%**；财政收入增长**12%**以上；规模工业增加值增长**15%**；固定资产投资增长**18%**；社会消费品零售总额增长**12%—14%**；城乡居民人均可支配收入增长**10%—12%**。要紧抓着力点：坚持加快建设活力宁乡、美丽宁乡、幸福宁乡的发展定向，主攻兴工强县、双轮驱动、东进融城、平台支撑四大战略，聚焦项目建设，合力攻坚，乘势奋进，加快打造省会次中心、构建幸福新宁乡。

目标已经明确，任务已经下达，要圆满超额完成既定目标任务，关键还在于处理好“五个关系”。

1.转型不转向，提升价值链。经济转型升级要始终把握调优经济增长结构，拉伸产业链，培育创新链，最终提升价值链，加快传统产业转型升级和战略性新兴产业崛起壮大，以增量促优、以存量促好，推动县域经济持续好中求快发展。要敢于“无中生有”。当前，沿海产业转移正在孕育新一轮突破，战略性新兴产业正在全国加速选点布局，我们务必抓住重大契机，发挥“两区一园”的竞争优势，加快培育新能源、智能家电、光电信息等新兴产业，引进扶持一批发展前景好、科技含量高、品牌影响大的重点企业，积极构建绿色、循环、高效的现代产业体系，让新兴产业“新芽长成大树”，尽快形成规模效益。要勇于“有中生新”。要推动食品、新材料、先进装备制造等产业向高端化、低碳化、智能化迈进。宁乡经开区要大力发展食品、家电、再制造产业，确保每年有一个投资过**50**亿元的项目，加快打造全国安全食品示范园区。金洲新区要放大国家新型工业化示范基地带动效应，全力推动“一园一中心”建设，每年要有两个投资过10亿元的项目,加快创建省级高新区。金玉工业集中区要用活用足全省飞地经济试点园区政策,既加强向上对接,又注重内外兼修,以一个个项目实物量来支撑高强度、高效益开发建设。要紧紧围绕"千亿级产业集群"建设,深化与高等院校、科研院所的合作,加快科研成果转化和产业化,通过不断提升产业科技含量、产品附加价值,推动价值链条"从低端向高端攀升",让传统产业"老树开出新花",形成新的生产力。

2.统筹又聚焦,找准着力点。抓工作既要统筹全盘,又要选准重点,抓住重点,矢志发力。要把握大局、协调各方。始终强化"四大战略"引领,将现代化理念、人本化理念和可持续化的理念融入宁乡发展全局,以全面建成小康为总揽,补齐经济短板的同时,基层民主法治、城乡品质提升、民本民生保障等不可偏废,要通盘考虑、统筹兼顾,理顺各种关系,凝聚各方力量,形成转型创新发展的"最大公约数"。要突出重点、逐个击破。紧扣"县改市"实施、1121工程等战略交通项目推进、农业科技示范园等国家级平台创建一系列事关宁乡发展层级提升的大事、要事,积极争取国家、省市战略层面的支持。紧扣现代产业体系构建、集群式项目满园扩园、航母型企业培育等经济工作重点,切实强化产业转型升级、结构调优调好的举措。紧扣城乡规划品质、建设品质、生态品质、管理品质的提升,加快推进以工促农、以城带乡、工农互惠、城乡一体进程,推动城乡品质大提升。紧扣人民群众的"三最"问题,坚持以民生为导向,突出保基本、保重点、保稳定,让不断增进的民生福祉成为全县广大人民群众生活润泽的鲜明写照。

3.敢破还善立,激活驱动力。深化改革就像潜艇下潜,每下潜一米,压力就会增加十分。要始终坚定改革意识。自觉把我县的改革放在全市、全省的大局中来谋划,既把准节奏节点,又紧扣宁乡实际,从最紧迫的事项改起,从人民群众最期盼的领域改起,从制约宁乡转型创新发展最突出的问题改起,抓住民生的热点、社会的焦点、体制机制的结点,以改革的深层次突破释放县域发展更大潜能。要科学铺排改革任务。2015年重点实施行政审批、财税体制、投融资体制、医药卫生、商事制度、城市建管、土地流转等方面改革,不贪大求全,不零打碎敲,不单兵突进,切实增强预见性、针对性和实效性,使改革举措有效转化成发展动力。要全面放大改革成效。要以先行者的担当,分类分项推进改革,一项一项抓出实效。把落实改革举措作为重中之重,实行项目化运作、动态化管理和绩效化评估,真抓实改。各主体园区和载体平台都要大胆探索实践,联动抓改革,确保全县改革成体系推进,形成全面改革的聚合与叠加效应。

4.循规不蹈矩,尽责敢担当。要严字当头,实字打底,以夙兴夜寐的责任担当,对已经部署的县域改革发展任务全面"施工",努力打造宁乡县域经济社会发展升级版。制度要更健全。制度要去弹性,强刚性。更加强化依靠制度管人、管事、管权意识,进一步加大建章立制力度,填补制度真空,减少制度盲点。针对行政审批、国有资产资源交易、工程建设、土地出让、征地拆迁等容易滋生腐败的重点领域,要加大纪律约束和制度治本力度,用制度堵住监管漏洞。担当要更到位。要清醒地认识到,担当尽责不是畏首畏尾,而是既遵循原则制度、把握规律特点,又要跳出条条框框、灵活运作。全县广大党员干部要坚决纠正"宁愿不做事,不愿干错事""宁愿悠着点,不愿踩错点"等消极思想,善于运用作风建设释放的红利,从推杯换盏、灯红酒绿中解放出来,集中有限的时间精力,沉心工作,抢抓资源、人才、资金、土地、项目、技术等发展要素。县委对裹足不前的"太平官",决不姑息养懒,全力支持甩开膀子一心干事的干部,营造敢想敢干、会想会干的创业氛围,形成鼓励探索、大胆突破的良好风气。

5.成势更得分,舞活指挥棒。要重点聚焦新常态下的转型创新发展,把握好绩效考核做与说、势与分、上与下三个重点,及时总结提升好的经验和做法,赢得组织和群众的支持、认可;继续保持招商引资、项目建设的良好态势,把这种势转化成绩效考核的争先进位;扮演好双重角色,上级要客观评价下级,下级要坚决服从上级,真正做到上下一盘棋,让绩效考核发挥重要的引领、激励、推动和倒逼作用。一是科学构建考核体系。要改进和完善考核制度,使之更加科学规范、客观公正,使之真正成为检验和衡量工作的标尺和杠杆,使每一个干部都能在考核体系中找到位置,在考核评价中受到激励,真正做到人人心中有目标、人人肩上有担子,确保责任落实到位、压力传递到位。二是常态推进考核实施。要更加突出平时考核、过程考核、群众考核,对项目建设、招商引资、城市管理等能够见到阶段性成效的工作,实行季考核,定期通报考核结果。坚持领导考评与群众评议相结合,让群众来评判和打分,全面提升群众的参与度,真实反映群众对各级各部门工作的满意度。三是刚性运用考核结果。按照有权必有责、权责相统一的要求,建立健全岗位责任制,做到事有专管之人、人有明确之职、责有限定之期。按照奖优、治庸、罚劣的原则,真正使安于现状的干部"不安",四平八稳的位子"不稳",让懈怠者受到鞭策,平庸者感到汗颜,充分发挥问责的激励作用和约束作用。

三、紧盯项目建设,我们要强化总抓手,全力固根基

推进转型创新发展,总抓手是项目,着力点也是项目。全县上下要对照目标任务,拧紧发条加压力,坚持不懈抓项目,打牢转型创新发展的根基。

1.强化审批提速促项目。项目建设的前期手续

办理一定要开“绿色通道”、开“特别快车”，形成快人一步的“宁乡速度”。激发简政放权活力。去年以来，我们紧跟省市加快下放审批权限的步伐，对宁乡经开区、金洲新区下放了**60**项审批权限，通过简政放权，行政审批提速了**50%**以上。今年项目建设的手续办理也要相应地提速**50%**以上，要对重大项目一个一个地实行跟踪问效、监察问责。推进行政审批改革。在实行“模拟审批”的基础上，要实行清理减量、再优化，变“串联”为“并联”，变“接力跑”为“齐步跑”，通过网上联审、会议联审等方式，做到快办事与好办事一起抓、显规则与潜规则一并规范。特别是要抓紧制定责任清单、监管清单，形成与权力清单、流程清单相配套的制度体系，确保项目建设手续办理“一路绿灯”。提升审批服务效能。大力倡导“干事讲境界、遇事敢担当、办事重高效”的精神，疏通各种“肠梗阻”，对机关服务效能，要实行最严格的监督、最精细的考核，深化企业、群众参与的第三方评价机制。对不作为、慢作为、乱作为的，不仅要追究直接责任人的责任，还要追究相关单位领导人的责任。

2.强化加快速度建项目。始终坚持县域经济就是项目经济的理念，以钉钉子的精神去盯、去跟、去抓，推动项目由图纸变为工地、变为厂房、变成写字楼、变成生产线。重大产业项目要加快建设和达效。前年以来引进的**12**个投资过**10**亿元的产业项目要重点保障、重点推进，其中格力电器要确保今年**7**月实现竣工投产；洋河酒业要加快建设，力促今年投产；杉杉新材一期今年**7**月份要实现投产达效；中联重科要力促尽快正式投产达效；雅居乐一期今年**6**月要如期竣工；康师傅生产基地要加快建设进度，确保**2016**年**5**月竣工投产；湖南粮食集团宁乡基地、绿城宁乡文化城、利和城市综合体、“一园一中心”等重大签约项目要加快落地开工建设。重大基础设施项目要加快谋划和推进。岳宁大道要尽快完成用地补征任务，按照施工计划推进建设；**1121**工程安置区花大联合集镇要加快建设；益娄衡高速宁乡段今年要全面完成征拆任务；尽快对接长沙南、北横线建设；启动城西出城新通道规划建设。项目建设决不能以牺牲质量换取进度，坚决不要“豆腐渣”工程、“包袱项目”和半拉子工程，确保项目建设每天都有新形象，每天都有新成效。

3.强化认真较真帮项目。要严格按照“责任到人、时间倒排、跟踪督办、综合考核”的要求，常态化督查，实名实景制通报，助推项目建设。推动责任落实到位。坚决落实领导干部联系服务百大重点项目制度，对县领导牵头联系项目、县直部门服务项目、乡镇和园区推进项目的责任，要到人、到岗、到时间节点，做到“不挂空挡”。各级领导干部要做到项目策划、项目争取、项目拆迁、项目建设全过程参与，靠前指挥，一线推动，争当“项目书记”“项目局长”。发挥项目考核效用。要重点考核项目审批、项目建设、服务保障等环节，把项目完成情况作为对各级领导和各乡镇、各部门绩效考核的重要依据，严格兑现奖惩。对重点项目建设中务实创新、圆满完成目标任务的单位及个人要论功行赏；对所联系项目进展情况不明、底数不清、问题久拖不决的单位领导要坚决通报、问责。浓厚比拼赶超氛围。要把比项目、赛实绩落到实处，加大调度、通报、督查、讲评的频率和力度，形成各类项目强势推进的浓厚氛围。要进一步健全评项目、晒项目、推项目的有效机制，让项目建设成为各级干部展示能力、展示作为、展示实干精神的大舞台。

四、潜心干事创业，我们要提振精气神，拿出新状态

当平常心、进取心、自信心、责任心成为宁乡广大党员干部的新状态时，这一束精神之光就会照亮我们脚下的转型创新之路，幸福新宁乡就会成为宁乡人民生活的新常态。全县广大党员干部要时刻做到心中有党、心中有民、心中有责、心中有戒，始终明晰为官做人、谋事创业的方向和路径，干在今天，思考明天，谋划后天，为县域发展提供强力保障和持久动力。

一要提升引领力，高举信仰之旗。思想是行动的指南。大家虽然身处基层，但所从事的职业、所承担的事业、所肩负的责任，注定了与“党”密不可分，所作所为直接关系党的执政基础。广大党员干部要以“忠于追求、忠于良心、忠于操守”的新状态，把对党忠诚作为政治上的“定海神针”，忠诚信仰、严于律己，把爱党、忧党、兴党、护党落实到一言一行中，体现到自己的政治方向、政治立场、政治言论和政治行为中，体现到具体的岗位工作中，时刻与县委高度保持一致，时常问问自己，党性弱了吗、信仰淡了吗、追求忘了吗？要把忠诚作为一种政治信仰来追求，面对县域发展中的各种困难和挑战，始终保持积极向上的心态；要把忠诚作为一种政治品格来彰显，以对事业的忠诚度来衡量人生境界与人生价值。

二要锤炼创造力，永葆进取之境。厦无柱将倾，人无柱必险。责任就是广大党员干部的人生之柱、追求之柱。广大党员干部要以“进取钟不停摆、奋斗芯不熄火”的新状态，始终保持一颗奋斗进取之心，有“功成不必在我”的境界，以对发展“涛声依旧”的焦虑、对事业“久久为功”的韧劲、对责任“舍我其谁”的担当，不等待、不观望，坚持问题导向，积极主动作为。大家要迅速从过节放假的氛围中走出来，从春节迎来送往的应酬中解脱出来，主动顺应新常态，把心思和精力用在突破项目建设瓶颈、优化发展环境上，用在推进科技创新、转变经济增长方式上，用在统筹城乡区域发展、提高均衡发展水平上；保持对理想信念和发展大业的孜孜以求，不论顺境逆境，激情不退、斗志不衰、拼劲不减，用心找到完成任务、实现目标、到达彼岸的“桥”和“船”，想方设法把上级和县委的各项决策部署变成县域发展成效，全力推动崇尚实干、反对空谈，守土有责、失责必纠成为宁乡政治生态的大趋势。

三要树立公信力，践行为民之本。“金奖银奖不如群众夸奖”。党员干部的公信力来源于为群众所办的一桩桩好事，所做的一件件实事，所解的一个个难事。新常态下，广大党员干部要以“民之所好好之，民之所恶恶之”的新状态，牢记党的宗旨理念，树立正确政绩观，把人民群众的安危冷暖放在心中最高位置，坚持做群众“贴心人”的标准，面向一线，面向群众，以务实的举措解决好人民最关心最直接最现实的利益问题，下大气力解决好人民不满意的问题，多做雪中送炭的事情，解决各项工作落实“最后一公里”问题；应注重实效抓落实，不贪一己之功、不图一时之名，多办固根本、利长远的大事，多办惠民生、得民心的实事，多办强基础、稳基层的好事，努力创造经得起历史、实践和群众检验的实绩。

四要强化约束力，常怀敬畏之心。人无规矩则废，党无规矩则乱。要正风肃纪、强化约束、严格问责，从“恶小而为”的人和事抓起，从上下班纪律抓起，使党员干部将严规矩、严纪律内化于心，做到言有所戒、心有所畏、行有所止，让作风建设常态化真正成为干部清正、政府清廉、政治清明的重要保障。广大党员干部要以“时刻有敬畏、干净干事业”的新状态，讲规矩、守纪律，重品行、作表率，自觉成为道德的楷模、德治的先锋、廉政的标杆，以优良作风和德行引领全县的党风政风和社会风尚，以高尚的人格魅力管好自己、感召他人，引导群众共襄实干兴县伟业。

当前是全国两会特护期，要切实抓好信访维稳和安全生产工作，确保“五个不发生”：不发生大的进京、赴省、到市非正常集访事件，不发生恶性刑事案件，不发生暴力恐怖事件，不发生重特大安全生产事件，不发生大的敏感性舆情事件。全国两会期间坚决落实“谁主管谁负责”，切实做到守土有责、守土尽责，确保宁乡在全国两会期间平安、和谐、祥和。

同志们，新的使命重任在肩，新的征程催人奋进！我们要在市委、市政府的坚强领导下，紧扣转型创新、致力好中求快，在加快建成全面小康的伟大征程上，奋力抒写“省会次中心、幸福新宁乡”的崭新篇章！

宁乡县人大常委会工作报告

2015 年 1 月 14 日在宁乡县十六届人民代表大会第四次会议上

宁乡县人大常委会主任　　贺应辉

各位代表：

我受宁乡县人民代表大会常务委员会的委托，向大会报告一年来的工作，请予审议，并请列席人员提出意见。

2014 年主要工作回顾

过去的一年，县人大常委会在上级人大的指导和中共宁乡县委的领导下，在全体人大代表和“一府两院”的支持配合下，在党的群众路线教育实践活动中，围绕中心，关注民生，创新求实，积极作为，依法履行宪法和法律赋予的各项职责，为加快推进依法治县进程，促进全县经济和社会各项事业持续健康发展做出了应有贡献，充分发挥了地方国家权力机关应有的职能作用。

一、加强监督工作，在服务大局、促进发展中积极作为

一年来，县人大常委会始终坚持依法履职，紧紧围绕县委重大决策部署，不断完善监督方式，增强监督实效，使人大工作始终与党心民意同频共振，与“一府两院”合力并进。全年共召开主任会议 10 次、常委会会议 6 次，先后听取和审议了法院、检察院等 16 个部门的各项工作汇报 37 项；对县人民政府 8 个工作部门进行了视察评议；全县各乡镇人大主席团全部建立完善了代表活动室；组织常委会组成人员和省、市、县各级人大代表开展了视察活动 500 余人次，对 4 部法律进行了执法检查；依法任命国家干部 319 人次，免职 50 人次，增补县人大代表 4 人，较好地完成了县十六届人大三次会议确定的各项目标任务。

（一）围绕中心，监督和支持经济发展

县人大常委会先后听取和审议了县人民政府关于《2013 年财政决算（草案）的报告》《2013 年度同级预算执行审计情况的报告》《2013 年同级执行审计问题整改情况的报告》；听取和审议了县人民政府关于《2014 年上半年财政预算执行情况的报告》《2014 年元至 9 月财政预算执行情况及 2014 年财政预算调整（草案）的报告》《2014 年财政预算执行情况及 2015 年财政预算（草案）的报告》《2014 年上半年国民经济发展计划执行情况的报告》《2014 年国民经济发展计划执行情况和 2015 年国民经济发展计划（草案）的报告》，提出了一系列建议意见，督促县人民政府进行专题研究。一年来，全县财政实现了全口径预算管理，财政预决算、三公经费预决算以及重大民生项目资金情况实现公开，“四费”同比下降 60%以上，全县经济做到了健康有序运行；始终把重点项目建设作为监督和支持工作的重点，对全县重点项目建设载体平台，需要人大大力支持的，都及时做出了决议和决定；先后组织常委会组成人员和人大代表对城建、公路、水利、农业、工业、房地产等方面全县重点建设项目进行跟踪视察调研，掌握工程进度，助力支持推进，促进了全县经济社会均衡协调发展。

（二）关注民生，保障和维护社会和谐

县人大常委会高度重视民生民本，努力回应群众关切的热点、难点问题，民生监督上取得明显成效。一年来，先后开展了城乡生态环境保护一体化、水质保护、食品安全、禁毒等方面的调研视察并听取了相关部门的工作汇报；组织开展了对采矿企业地质环境情况、农村禽畜养殖污染情况、黄材水库水源水质保护情况、城市供水管理情况的调研视察；深入开展了沩江北源踏勘及沩江突出环境问题检查回访活动。督促落实了《宁乡县退出投肥养殖三年行动实施方案》，全年开展调研视察 3 次，专题会议 6 次，暗访督查 20 余次，至 2014 年年底，全县水库全部退出投肥养殖并拆除部分库区违建养殖场；督促启动了耐火材料生产导致大气污染整治行动、农村小瓦窑整治行动、城乡餐厨垃圾收集处理整治等一系列专项整治，全年共计整治耐火材料企业 34 家、关闭小瓦窑 58 家；继续督促开展了打击毒品犯罪专项行动,全年破获的涉毒案件数量、刑拘的涉毒犯罪嫌疑人数均有提高;继续督促开展食品安全生产专项整治,全年食品安全形势总体可控;在敬老院建设、殡葬改革、全县村卫生室提质建设和乡村医生全员培训工作等方面加大了督促力度,取得了较好的成绩。同时,县人大常委会坚持把做好群众来信来访作为畅通民情、维护稳定的一项重要工作常抓不懈。一年来,共接待群众来访 275 人次、来信 129 件,其中受理上级转批件 12 件。对这些群众反映的问题,及时督促"一府两院"依法妥善处理,有效化解了一批信访积案,切实维护了社会稳定。

(三)依法治县,践行和助推法治建设

一年来,县人大常委会围绕宪法和法律的正确贯彻实施,选择群众普遍关心的热点难点问题认真开展执法检查和调研视察。先后听取和审议了《矿产资源法》《旅游法》《禁毒法》《食品安全法》等法律法规贯彻执行情况的汇报;开展了规范性文件备案审查工作;扎实开展了"宁乡环保世纪行""三湘农民健康行""民族团结进步行""农产品质量安全行"等活动,督促相关部门进一步健全长效机制,加大执法力度,提升执法水平,有力推进了执法效能、环境和秩序的改善优化;深入开展"司法公正长沙行"活动,评选了一批优秀案件和承办人,督促司法部门利用庭审公开日、检察开放日、警民联系互动活动及法律援助、社会调查评估等形式积极扩大群众知晓面和参与面;深入落实人民陪审员制度,共聘任 220 人担任人民陪审员,有效推进了司法公正、切实维护了社会公平正义。

二、加强代表工作,在搭建平台、创新机制中强化服务

一年来,县人大常委会坚持以代表为主体,不断创新工作机制,丰富活动内容,切实为代表履职创造条件,提供服务,人大代表的职能和作用得到有效发挥。

(一)以培训为重点,着力提升代表履职能力

县人大常委会始终把代表培训作为一项基础性工作来抓。按照总体筹划、突出重点、阶段安排、层层展开的原则,分期分批组织实施。一年来,共计举办代表履职培训和学习交流活动 20 多场次,县人大常委会指导授课 10 多场次;及时向代表发放、邮寄各类人大刊物、文件、公报,确保代表的知情权;深入开展代表述职评议活动,以乡镇人大主席团为主体,及时进行业务指导,共组织 150 多名县人大代表向选民公开述职一次以上,接受选民直接打分考评,代表依法履职、为民代言的使命感和责任感得到较好提升,受到省、市人大领导的高度评价。

(二)以活动为载体,充分发挥代表主体作用

"五百活动"深入开展。一年来,县人大常委会深入开展以"百名代表助企业、百名代表促环保、百名代表入社区、百名代表评部门、百名代表当院长"为主题的"五百"活动,组织各级代表先后围绕禁毒、食品安全、环境保护等问题开展调研视察 10 余次;参与了全国人大代表、格力电器董事长董明珠,省人大代表、楚天科技董事长唐岳等企业界优秀代表进行的集中授课并组织企业界代表参观学习重点企业;组织各级代表参与视察调研、执法检查、部门评议、专题座谈、项目观摩等活动 42 次;聘任 100 多名人大代表担任敬老院名誉院长,全年累计捐款捐物 200 多万元。"双联"活动扎实推进。一年来,进一步整章建制,制定了《宁乡县人大常委会"双联"活动考核办法》;全县乡镇代表活动室建设日趋完善,阵地平台作用逐步发挥,得到上级人大的充分肯定,并向全省推介;常委会组成人员联系代表、代表联系选民日益紧密.全年共邀请 24 名县人大代表列席县人大常委会会议。

(三)以满意为标准,着力提高建议办理质量

2014 年是县人大常委会"代表建议办理质量促进年"。由于县委、县政府的高度重视,把 206 件代表建议列为党的群众路线教育实践活动的实事进行集中交办,各相关部门单位高度重视、积极办理,截至 2014 年年底,已全部有效办理,金河水库污染治理工程等一系列民生工程得以顺利启动;县人大常委会正副主任牵头督办重点建议 24 件,已经全部办结。在县人大常委会、县人民政府及有关工作部门、各级人大代表的共同努力下,代表建议办理实效明显提高,问题解决率达 58.25%,较过去一年提高五个百分点。一大批久拖不决、难度较大,事关老百姓切身利益的代表建议得到较好的解决,得到了社会各界的广泛赞誉和老百姓的衷心拥护。

三、加强自身建设,在改进作风,提升素质中树立形象

县人大常委会以党的群众路线教育实践活动为载体,以学习贯彻党的十八大和十八届四中全会精神及省、市、县委相关文件精神为切入点,着力增强服务大局的凝聚力,干事创业的内驱力,促进发展的推动力,自身建设取得明显提高。

(一)加强机关建设,履职能力不断提高

一是狠抓学习提素质。以深入开展党的群众路线教育实践活动为契机,采取专题学习和自学相结合的方式,机关学习氛围日趋浓厚。二是严格制度强管理。先后建立健全了视察评议办法、公务接待制度、信访工作机制等 7 个方面 17 项规章制度,进一步加强和规范了机关管理。三是改进作风求实效。常委会班子成员带头深入乡镇、村、社区、企业、学校,广泛了解群众所思所想、所忧所盼,共排查梳理了 6 个方面 37 条建议意见,提出了 34 条整改措施,积极协调督促有关方面切实抓好整改落实。四是服务大局促发展。县人大常委会一班人按照县委安排部署,积极参与全县各项重点工作,坚持"同台唱戏"、坚持深入工作一线协调指导,全力促进了中

心任务顺利完成。

（二）注重联系指导，乡镇人大成绩突出

县人大常委会不断加强对乡镇人大工作的指导和联系，全县各乡镇人大主席团注重“耕好责任田”“谱好主题曲”，在依法履职、服务中心、加强监督评议、组织人大代表开展活动方面有新的进步和新的提高。一年来，各乡镇人大主席团积极组织开展部门评议和执法检查，人大监督职能得到充分发挥；积极组织代表学习培训，代表履职意识和能力进一步增强；以代表活动室为平台，积极组织代表开展各项主题活动，代表的带头示范作用进一步彰显。特别是精心组织开展“代表向选民述职”活动，进一步密切了代表与选民的关系，增强了代表的责任感。

（三）加强对外宣传，综合影响日益提升

县人大常委会及时宣传报道人大工作重点、代表工作亮点、日常工作特点。一年来，在省、市、县各级主流媒体进行宣传报道70余次；在宁乡电视台、《今日宁乡》开辟专栏，拍摄了《代表力量》专题宣传片，大力推介优秀代表先进事迹和报道人大民生监督工作；参与组织实施了首个“国家宪法日”系列宣传活动。同时，不断加强纵向联系和横向联系。一年来，省、市人大领导多次莅临我县考察指导；邀请了4位宁乡籍全国人大代表回家乡视察指导工作；宁乡县作为全省唯一的代表出席全国人大工作交流会议，我县人大工作整体水平和综合影响力得到进一步提升。

各位代表，过去的一年，县人大常委会恪尽职守，依法履职，各项工作取得了新的成绩。这些成绩的取得，是县委正确领导的结果，是全体代表辛勤付出的结果，是“一府两院”密切配合的结果，也是社会各界和全县人民信赖支持的结果。在此，我谨代表县十六届人大常委会，向大家表示崇高的敬意和衷心的感谢！

肯定成绩的同时，也清醒地认识到，我们的工作与人民群众的期盼和形势发展的要求相比，还有一定差距。创新人大工作、增强监督实效、充分发挥代表作用等方面还存在薄弱环节。在今后的工作中，我们将认真正视不足，采取有效措施，切实加以改进，努力使人大工作更加与时俱进，更加贴近民意，更加富有实效。

2015年总体工作思路

2015年，县人大常委会工作的指导思想是：深入贯彻党的十八届三中、四中全会精神，在中共宁乡县委的正确领导下，以科学发展为主题，以民主法治为主线，以民生民本为重点，积极履职行权，服务发展大局，为实现“省会次中心，幸福新宁乡”的宏伟目标做出新的贡献。

根据以上指导思想，新的一年，县人大常委会要积极履职行权，着重抓好以下四个方面工作：

一、以法治为主题，全面推进依法治县

常委会将按照十八大和十八届四中全会提出的全面推进依法治国的要求，紧紧围绕推进依法治县，充分发挥监督职能作用，在推进政府依法行政和“两院”公正司法上积极作为，全面加快“法治宁乡”建设。切实强化执法检查。开展对《广告法》贯彻实施情况的执法检查，规范城区和集镇广告经营秩序；开展对《药品管理法》的执法检查，规范药品经营秩序，保障群众利益；开展对《渔业法》的执法检查，力促我县渔业生产发展良性有序；开展对《兵役法》的执法检查，进一步提高全民的国防意识；开展对《物业管理条例》的执法检查，规范物业管理。助力推进司法公正。继续深入开展“司法公正长沙行”活动和“六五普法”活动，听取法院、检察院、公安局、司法局四家单位工作汇报；开展新任国家工作人员向宪法宣誓就职活动；特别是在“六五”普法、全民守法的工作中起到人大的推动作用，有力、有效地推进法治政府建设，不断加快依法治县进程。深入开展部门评议。今年将对县住房和城乡建设局、国土资源局、文化体育广播电视局、审计局、交通运输局、安全生产监督管理局、食品药品监督管理局、人力资源和社会保障局等8个部门单位开展视察评议。着力监督执法部门和执法人员不作为、乱作为，有法不依、执法不严、违法不究等问题，力促执法人员自觉树立法治理念，增强法律意识。

二、以履职为重点，切实突出监督实效

紧紧围绕县委部署的目标任务，以全县经济社会发展为重点，综合运用视察、调研、工作评议、专题询问以及质询等多种方式，切实强化监督职能。继续加强财政监督。进一步监督县人民政府规范好、管理好“钱袋子”。在做好计划、预算审查监督工作的基础上，重点关注政府采购，听取和审议县人民政府关于《中华人民共和国政府采购法》和《中华人民共和国预算法》执行情况的工作汇报。继续突出民生监督。继续突出水质保护、食品安全、禁毒工作这三大监督重点。继续听取县人民政府关于《宁乡县退出投肥养殖三年行动方案》落实情况、《食品安全法》和《禁毒法》贯彻实施情况的汇报；听取和审议县人民政府关于《环境保护法》修改后贯彻实施情况及生态环境保护一体化工作的汇报；组织开展关于城乡规划专题调研；继续深入开展“三湘农民健康行”“宁乡环保世纪行”“农产品质量安全行”“民族团结进步行”等活动。继续改进信访工作。进一步加强和改进人大信访工作，不断完善人大信访接待机制，认真组织实施人大常委会正副主任信访接待办理制度，积极办理人民群众来信来访，切实解决人民群众反映的实际问题。

三、以代表为中心，充分发挥主体作用

坚持以代表为主体，不断创新工作机制，丰富活动内容，切实为代表履职创造条件，提供服务，人大代表的职能和作用得到有效发挥。深入推进“双联”活动。2015年，继续深入推进“双联”活动，进一步扩大代表在常委会活动中参与的广度和深度，深化常委会组成人员联系代表、代表联系选民等制度；以代表活动室为平台，认真组织代表开展各类主题活动，充分发挥代表桥梁纽带作用。认真开展“五百”活动。继续深入开展以“百名代表助企业、百名代表促环保、百名代表入社区、百名代表评部门、百名代表当院长”的“五百”活动，引导和激励代表当发展的推动者、人民利益的代言者、带头示范的实践者、社会和谐的促进者、民生实事的参与者，充分发挥代表引领示范作用。着力提升代表能力。继续抓好代表学习培训，以代表带头学法、带头守法为要求，进一步拓宽代表履职途径；继续坚持和完善代表列席常委会会议制度，精心组织代表参加调研、视察和执法检查等活动，支持和规范代表依法履行职责，保障代表的知情权、参与权、表达权和监督权；继续推进代表向选民述职机制，增强代表依法履职和接受选民监督的自觉性；继续完善代表议案、建议办理及督办机制，扎实做好代表议案、建议的办理工作，切实提高办理质量和水平。

四、以党建为抓手，努力提高自身建设

2015年，进一步深入学习党的十八大及十八届三中、四中全会精神，牢固树立“为人民服务“的宗旨意识和群众观点；不断学习法律及人大业务知识，着力提高依法履职能力。进一步加强作风建设，大兴求真务实之风，认真开展调查研究；进一步加大监督工作力度，要在处理突出问题、难点问题、焦点问题上敢于作为、善于作为；进一步加强制度建设，促进常委会工作制度化、规范化。进一步加强人大宣传工作。深化宣传内容，拓宽宣传渠道，推动人大宣传工作不断发展；进一步加强与乡镇人大的联系和业务指导，充分发挥基层人大组织作用，推进基层民主政治建设沿着规范化、法制化轨道运行。

各位代表，时代的发展催人奋进，人民的厚望重于泰山！我们肩负的责任重大，使命光荣。让我们在中共宁乡县委的坚强领导下，紧紧依靠全县人民，以昂扬向上的精神状态，坚定信心，同心协力，开拓创新，真抓实干，充分发挥地方国家权力机关的职能作用，为实现“省会次中心，幸福新宁乡”的宏伟目标做出新的更大的成绩！

政府工作报告

2015年1月13日在宁乡县第十六届人民代表大会第四次会议上

宁乡县人民政府县长 周 辉

各位代表：

现在，我代表县人民政府向大会报告工作，请予审议，并请各位政协委员和其他列席人员提出意见。

一、2014年工作回顾

2014年是全面深化改革的开局之年。一年来，我们积极应对宏观环境的新压力，主动把握经济发展的新常态，着力落实转型创新的新要求，较好地完成了县十六届人大三次会议所确定的各项目标任务。全年实现县域生产总值931亿元（预计值，下同），增长12%；财政总收入55.68亿元，增长15.09%，其中公共财政预算收入35.3亿元，增长15.09%；全社会固定资产投资729.6亿元，增长20%；社会消费品零售总额196.7亿元，增长14%。县域经济基本竞争力挺进全国五十强。

（一）产业倍增发展凸显新成效。完成规模工业总产值1750亿元，增长20%，连续三年稳居全省第二。宁乡经开区深入开展集群式项目满园扩园行动，"蓝月谷之夏"食品饮料产业活动季精彩纷呈，新引进亿元以上项目20个。金洲新区致力于创新型园区建设，"一园一中心"（湖南省大学科技产业园、湖南科技成果转化和知识产权交易服务中心）成功落户。金玉工业集中区签约项目57个，启动建设20个，成为全省跨乡镇"飞地经济"试点园区。夏铎铺机械工业园企业达到103家，煤炭坝门业园引进门业项目20个，大成桥、双凫铺、老粮仓等乡镇园区加速发展。继续支持企业装备升级，31家企业62台套先进设备获得补贴691.4万元，实现投入1.05亿元，并以此带动技术升级、管理升级和品牌升级。44家企业获得一流专家技术支持。楚天科技成为今年IPO（首次公开发行股票）开闸以后首家上市湘企，飞翼股份等3家企业挂牌新三板，懋天新材料创建国家级实验室。新增高新技术企业15家，共计达到90家，成功申报国家知识产权强县工程试点县。推动落后产能的淘汰，关停煤矿8家，小水泥、小纸厂12家。依托全省首批特色县域经济重点县建设，全县农副产品加工企业达到1620家，其中产值过亿元企业74家，实现产值391亿元。现代农业科技示范区建设有序推进，隆平高科、山东寿光等项目成功引进。粮食生产连续七年全国先进，成为全国三个超级杂交稻"百千万"（百亩连片平均亩产1000公斤、千亩连片平均亩产900公斤、万亩连片平均亩产800公斤）高产攻关示范工程基地县之一。扎实推进烟叶生产精益管理，以17.69万担的收购规模稳居全省第二。宁乡花猪地理标志证明商标统一使用，产品多元化开发成效显著。成立全省首家县级蔬菜协会。沩山黄茶研制成功，金洲茶叶打入俄罗斯市场。新增中药材种植面积6000亩。机插秧推广居全省前列。启动危旧粮仓改造，新增粮食仓容5.9万吨，有效解决了农民的"送粮难"。休闲农业企业突破300家，专业合作社农户入社率达50%。大成桥鹊山村试点土地整村流转。成立旅游产业发展委员会，天紫漂流获批国家3A级景区，炭河里青铜博物馆主体竣工，谢觉哉故居全面修缮，龙凤峡漂流正式运营，沩山旅游公交专线开通，全国汽车场地越野赛激情上演，旅游接待人数和收入增幅稳居全市第一。湘中南物流园一期建成开业，普洛斯物流园一期竣工运营，香港盛大百货入驻春城万象，大河西农副产品物流中心、湘中南农机机电大市场等项目加速推进，大河西汽车城启动建设，新建乡镇农贸市场4个，电子商务交易额突破2.5亿元。房地产业持续健康发展，实现商品房销售104万平方米，平安物业创建深入开展，房产外向度达到20.1%。

（二）重大项目建设取得新突破。全年新引进产业项目243个，其中10亿元以上15个，工业类141个，实际到位县域外资金253.8亿元。湖南现代粮食精深加工园和金洲金荣科技创新区合同投资均达到50个亿，杉杉新材将建设全球最大的动力电池材料研发生产基地,康师傅成为今年全省最大的外资食品项目,晶弘冰箱填补省内冰箱生产企业的空白,盼盼食品、万鑫机电、晟誉科技等一批优质项目相继落户。全年共有投资千万元以上项目692个,完成投资586亿元,格力电器、雅居乐、宇业东方红郡等项目加速推进,加加食品产业园、先导电子陶瓷、小洋人乳业等建成竣工。全面清理"三类"(违法违规用地、闲置用地和协议用地)用地,科学安排用地指标,项目建设用地保障到位。征拆新政顺利实施,一批征拆难题迎刃而解。北京银行、民生银行、浦发银行、华融湘江银行等成功进驻,新引进中国风险投资基金,成立全省首家实体金融超市,林权、知识产权和集体土地房屋抵押取得突破,金融机构贷款余额突破300亿元,净增90亿元。经开区12亿元园区债券成功发行,城投集团13亿元债券已获批复。

(三)城乡建设管理展现新形象。成功创建全国卫生县城,获得全国县级文明城市提名资格。县城控制性详规实现全覆盖。沩东新城完成总体规划。长韶娄高速、金洲西线建成通车,溜子洲大桥基本竣工,岳宁大道、"1121"工程启动建设。文体中心对外开放,新康东路改造一新,站前路、春城北路、花明北路等城区道路加速完善。南苑棚改克难推进。利和综合体、绿城文化城启动建设。城区12个社区主次干道路灯改造到位。完成县城40平方公里排水管网普查,整治城区积涝点33处。改造背街小巷7条。新建公共站厕12座。建成公交站点84处,更新环保公交车14辆,率先全省组建电召中心。新建市政消火栓100个。成立城市管理委员会,环卫市场化运作正式实施,城区绿化管养实现常态化。规范路面管理,超限运输治理取得重大突破。控建拆违保持高压态势,开展拆违行动74次,累计控拆违近17万平方米,清理破损广告2.4万平方米,县城规划区实现在建违法建筑、已完成法定程序的违法建筑和项目工程范围内的违法建筑三项"清零"。宁乡作为湖南唯一代表参加了李克强总理主持召开的全国新型城镇化座谈会。玉潭镇跃居全国综合实力百强镇第41位,财税收入迈上10亿元台阶。花明楼、灰汤、双凫铺入列全国重点镇,沩山荣获中华宝钢环境奖,流沙河商业步行街展现新姿。铁冲水库扩容升型完成主体工程,17座小二型水库除险加固,农村田间水利扩容提质经验全国推广,以全省总分第一的成绩成功申报全国第六批小型农田水利重点县,被推荐为全国水利建设先进单位。横益干线、宗准公路改造加速推进。率先全省铺开农村公路安保工程,改造建设农村公路400公里、危桥45座,为960多公里农村危险路段安装了防护栏、减速带,建设了会车坪。新建茆田、坝塘、沙田3座变电站。成为全省气象现代化建设第一县。解决13.7万人安全饮水问题。建成户用沼气池1120口。农村改水改厕2400座。切实抓好全民植树、护水、清整三个三年行动计划。宁沩绿道建设全面完成,新增营造林面积17万亩。关闭河道砂场71家,楚江全线完成治理。161座小一、小二型水库退出投肥养鱼。取缔东南板块乡镇的非法小瓦窑58家,耐火材料企业整治经验全国推广。建成乡镇污水处理厂4家。治理养殖栏舍污染6.2万平方米,畜禽污染资源化治理模式全省推广。耕地重金属污染治理全面启动。黄材、城郊、历经铺、大屯营获评国家级生态乡镇。

(四)社会民生事业实现新发展。全年用于民生的公共财政预算支出50.7亿元,占总额的77.07%,增长16%。省市为民办实事任务圆满完成。劳动力资源信息完成采集,新增城镇就业1.23万人,农村劳动力转移就业1.11万人,零就业家庭保持动态清零,获批全国首批新型职业农民培育示范县。五大保险新增参保单位303家、人数12.3万人。被征地农民纳入社保人数累计达到1.4万人。率先全省建设边远乡镇教卫公租房,启动乡村教师、医生和城区集镇公租房项目55个、6638套(户),再获全省保障性安居工程先进单位。改造农村危房1842户,花明楼整镇推进和巷子口黄鹤村整村推进成为省市试点。地质沉陷区避险安置523户。新建和改扩建乡镇敬老院3所。建成33个乡镇社会救助工作站。以五项全优的成绩成功创建全省第一个教育强县,白马桥中学启动建设,改造薄弱学校33所,建设公办幼儿园20所,职业中专成为省市首批国家中职改革发展示范校。县级公立医院改革稳妥推进,中医院制剂大楼投入使用,提质改造南田坪卫生院、双凫铺麦田分院、沙田分院,完成116家村卫生室标准化建设,人均基本公共卫生服务经费提高到35元,成功创建全省慢病防治示范县。县图书馆、文化馆喜迁新址。提质改造6家乡镇综合文化站、70家农家书屋和10家村(社区)文化活动室,建成30个全民健身工程点和13个固定电影放映点。完成1.5万户有线电视改造。"村村响"广播工程实现村级全覆盖。《把粮食存进"银行"》荣获中国新闻奖一等奖。县人民政府网站荣获"2014年度中国政务网站优秀奖"。新增强制火化区乡镇12个,殡仪服务进社区活动取得实效。"单独二孩"生育政策有序实施,人口计生工作荣获全省先进。烈士陵园改造一新,首次烈士纪念日公祭活动庄重举行。退役军人养老关系转移接续工作经验全国推广。老年事业全国先进。社会大局保持稳定。深入开展信访援助,一批信访积案有效化解。社区矫正实现全覆盖。开展"春雷行动""禁毒会战"等专项行动,"5·26"全国特大网络赌球案成功侦破,查破毒品违法犯罪案件814起,"两抢两盗"案件下降14.3%。强化企业安全生产主体责任,扎实开展打非治违,全县没有发生一起较大以上安全事故。校园安全率先全省实现远程智能监管。建成全省首个豆制品集中规范生产基地。工会、共青团、妇联、文联、关协、计生协、老科协等工作创造了新的业绩。

（五）政府自身建设取得新进步。自觉接受县人大及其常委会的法律监督，主动接受县政协的民主监督，共办理人大代表建议201件、政协委员提案205件，办复率达到100%。深入开展党的群众路线教育实践活动，共列举问题26类54条，已整改到位52条，会风文风有效转变，首批公务用车成功拍卖，四项费用下降53.74%。坚持向改革要活力，稳步推进重点领域改革。清理精简行政审批项目111项，精简率达到39.8%。对171项审批事项进行流程再造，采取模拟审批、并联审批，行政审批整体提速50%以上。理顺园区管理体制，60项县级职能授权下放经开区和金洲新区。成立投融资管理办公室，13家政府平台公司纳入管理。推进商事登记制度改革，新增商事主体1.1万户，同比实现翻番，总量突破4万户。实行全口径预算改革，财政预算、“三公”（公务出国经费、公务用车购置及运行费、公务接待费用）经费预算及重大民生项目资金公开到位。地方政府性债务清理甄别全面完成。审计政府投资项目513个，审减率14.09%。县长热线和“12345”政府服务热线成为便民纽带。行政问责力度加大，全年共办理作风、执法、效能等案件103件，问责106人次。干部素质提升“四五”（5年时间，投入5000万元，实施5项计划，培训5万人次干部人才）工程培训1.3万人次，公职人员管理培训进入常态化。政府机构改革稳步推进。机关事务局成功创建全国物业管理示范单位。第九次村民委员会换届选举圆满完成。第三次全国经济普查顺利推进。国防动员深入扎实，兵役工作走在前列。对台、侨务、人防、质监、水文、供销、移民、石油、通信、海事、盐业、民族宗教、史志档案等工作取得新成绩。

各位代表，这些成绩的取得，是县委科学决策、正确领导的结果，是县人大、县政协有效监督、鼎力支持的结果，是全县上下同心协力、顽强拼搏的结果。在此，我谨代表县人民政府向各位人大代表、政协委员，向离退休老同志，向驻宁部队、武警官兵，向所有关心支持宁乡发展的朋友们，致以衷心的感谢和崇高的敬意！

在总结成绩的同时，我们也清醒地看到工作中存在一些问题和不足：一是去年《政府工作报告》的130项目标任务中，121项全部落实，5项经县政府常务会议研究决定调整了任务，县域生产总值、城乡居民收入增幅等4项没有实现预期目标。二是经济结构不够优、创新能力还不够强，加快转变经济发展方式的任务依然艰巨。三是影响社会和谐稳定的因素仍然较多，加强社会管理、维护社会稳定的任务十分繁重。四是政府行政效能和工作人员的素质、能力、作风与人民群众的期望还有差距。针对这些问题，我们一定采取有效措施，切实加以改进。

二、2015年工作安排

2015年是全面深化改革的关键之年，也是“十二五”规划的收官之年。中央经济工作会议确定了稳中求进的工作总基调，经济发展迈向增速换挡、结构调整、动力切换的新常态。但是我们要清醒地看到，今天的宁乡，承载担当全市转型创新发展排头兵的时代使命，加快发展的要求没有变；经过这些年全县人民的共同努力和艰苦奋斗，后发赶超的优势没有变；面对发展的困境和增长的压力，难以为继的挑战没有变。挑战是前行的动力，奋进是时代的强音。我们必须坚持发展不减势、民生不减量、干部不减压，全力稳住增长速度、稳控经济风险、稳定社会大局，努力实现新常态下的新发展！今年政府工作的总体要求是：深入贯彻党的十八届三中、四中全会和中央、省市经济工作会议精神，按照县委十一届五次全会的总体部署，以加快全面建成小康社会为总揽，以全面深化改革为主题，坚持兴工强县、双轮驱动、东进融城和平台支撑四大战略，着力抓好项目投入、产业培育、城乡统筹、民生保障、改革创新和自身建设，坚定信心、矢志图强，聚力攻坚、乘势奋进，为加快实现“省会次中心、幸福新宁乡”宏伟目标而不懈奋斗！全年经济社会发展的预期目标是：县域生产总值增长10%；财政总收入增长12%以上；规模工业增加值增长12%－15%；固定资产投资增长18%；社会消费品零售总额增长12%－14%；城乡居民收入增长10%－12%；单位地区生产总值能耗降低率及污染物排放标准达到省市要求。

为实现上述目标，我们要突出重点，抓好以下六个方面的工作：

（一）要突出抓招商、上项目。今年确保引进投资亿元以上产业项目50个，到位县域外资金240亿元以上，其中经开区至少要引进一个投资50亿元以上的项目，金洲新区至少要引进一个投资10亿元以上的项目，每个飞地乡镇都要有一个以上项目落户金玉工业集中区；确保全年新开工项目300个、竣工200个，其中完成投资亿元以上项目60个，项目投资增长15%以上。抓紧建立“六个一”（一个产业规划、一个承载平台、一批招商政策、一支产业基金、一套招商班子、一套考核调度办法）的招商机制，常态化推进驻点招商、委托招商、以商招商和小分队招商，迅速掀起新一轮招商引资热潮。更加突出产业特别是工业招商，进一步加大总部企业和产业龙头项目的引进力度。坚持抓大不放小，决不放松优质中小微企业和产业链关键项目的引进和培育。成立招商项目评审委员会，创新和完善项目的决策、监管、调度、服务、保障、环境和考评机制，做实项目前期，提升项目质效。放开社会投资项目的招投标限制，加强政府投资项目的全程监管，进一步强化“三查三比”（查前期，比谁的项目准备工作做得实；查审批，比谁的审批服务效率高；查服务，比谁的项目建设进度快）、限时办结、项目观摩等行之有效的举措，破解瓶颈制约，加快项目建设的进度。要保障要素供应。

鼓励金融机构创新金融产品、扩大信贷投放，全年新增信贷投放80亿元以上，直接融资40亿元以上。全面落实林权抵押、集体土地房屋抵押和知识产权质押等办法，积极开展转贷试点，推广年审制循环贷款，建立产业基金、股权基金和续贷基金，降低企业融资成本。引导有条件的企业通过上市融资和再融资，提高直接融资比重。坚持用好增量与盘活存量并举，加强“三类”用地清理，推动闲置低效用地二次开发，优先保障重点产业项目和民生事业项目的用地需求。严格执行征拆新政，依法公平开展征地拆迁，竞购商品房源做好拆迁安置。实施“四千”人才引进计划(引进乡镇、县直部门单位基层人才1000名；引进企业人才1000名；重点培育各类高层次、高技能人才1000名；推动主导产业科技成果转化1000项)，支持企业引进和培训新型专业人才。

(二)要突出抓产业、稳增长。坚持工业强县不动摇。努力实现全年新增工业项目100个、培育优势企业200家(100家产值倍增的规模企业和50家新入规企业、50家高新技术企业)、补贴先进装备300套、建设标准厂房400亩。加快企业“小转规”“规转股”“股转高”(中小微企业转变为规模企业，规模企业转变为股份制企业，股份制企业转变为高新技术企业)，高新技术产值占规模工业产值达到40%。围绕“两区一园”新格局，支持经开区加快食品饮料产业集成式公共服务器—玉屏山国际产业城建设，打造全国安全食品示范园区；推动金洲新区以“一园一中心”建设为契机，创建省级高新技术产业开发区和国家新型工业化示范基地；支持金玉工业集中区打造全省飞地经济示范园区。探索“以区带园”新模式，依托经开、金洲和金玉，带动老粮仓的珠宝园、夏铎铺的制造园、煤炭坝的门业园、双凫铺和大成桥的鞋业园等乡镇特色园区协同发展。加快格力电器、杉杉新材、洋河酒业、康师傅等重大工业项目建设，全年新增工业投资80亿元以上。稳步推进现代农业发展。着力抓好全省首批农副产品加工特色县建设，实现“三年五百亿、产业国家级”的目标。深入实施超级杂交稻“百千万”高产攻关示范工程，建设10万亩优质稻示范基地，鼓励发展种粮大户、农民专业合作社和农机合作社，建设全国新型职业农民培训试点县，进一步巩固产粮大县的地位和优势。积极发展新型经营主体，全年实现土地流转100万亩以上，专业合作社总计2200家以上，家庭农场500家以上，新型经营主体经营面积达到60万亩。大力打造有机米、宁乡花猪、沩山茶、灰汤鸭、生态鱼、高山果等六大农业品牌，加快蔬菜、中药材等特色基地建设。开展烟叶精益化生产管理，提升烟叶生产整体水平。着力提升第三产业。加快创建灰汤国家旅游度假区，支持凤凰山森林公园创建国家4A级景区，整改提质回龙山景区，全面开放沩山景区，打造等级旅游景区资源第一县；加强整体策划、统一拓展和对外营销，着力提升“宁乡游”的知名度和美誉度。加快推进中部物流中心建设，支持龙头电商企业发展，打造电子商务集聚区。积极培育医疗、度假、教育等特色地产，完善小区配套，加强物业管理，促进房地产业转型发展。推进建筑业现代化发展，引导建筑企业不断完善经营管理机制和激励机制，进一步强化经营风险和资质品牌的管理，努力抢占行业制高点。

(三)要突出抓建管、提品质。强化规划引领，完善县城75平方公里控制性详规。对接“三纵两横”(“三纵”即京珠西、宁韶株、益娄衡，“两横”即长益常、长韶娄)高速路网，形成快速干线互联互通，构建以汇集资源要素、人流物流为取向的综合交通体系。全力推进岳宁大道建设，启动滨江大道、曾家河路拆迁，建设沩江大道，加快南苑、滨江等片区的棚户改造，打造“生态沩东、智慧沩东、财富沩东”。聚焦行政新区、玉潭新城开发，建设宁乡大道北延线和溜子洲大桥至老宁横路连接线，畅通出城通道。启动“引黄入玉”(将水资源从黄材水库引入玉潭镇，提高城区供水能力和供水质量)工程，推动南太湖水厂建设。建成市民之家和规划展示馆、雕塑公园、八家湾水景公园、鳝鱼洲廉政文化公园。建设公交总站，优化城区公交线路，确保城区公交通达率达90%以上。继续做好停车位增加、背街小巷改造、公共站厕建设等民生工程，建设紫金广场和人人乐路口人行天桥。完善“大城管”调度机制，落实“门前三包”(包环境卫生、包绿化管护、包市容秩序)责任制度，抓实城市保洁、市容美化、控建拆违、文明劝导工作，巩固全国卫生县城成果。加速新型城镇建设。依托长韶娄高速的建成通车和“1121”工程的启动建设，支持东南板块融城发展；全力推动益娄衡高速建设，带动西部旅游资源开发。主动对接南北横线规划工作，启动横雷、流大、花石等县域公路改造。新建改造农村公路200公里、危桥20座，抓好农村公路养护管理和“安保工程”。推进农村客运站和招呼站建设，年内完成朱良桥、双江口区域公交化改造。完成铁冲水库扩容增蓄，除险加固小二型水库54座，改造珍洲坝等4座水闸，稳步推进农村田间水利扩容提质。解决7万人安全饮水问题。新建改造全民等4个变电站。试点推进村民集居点建设，严控农村违规建房。切实加强生态环境保护，继续推进“全民植树、全民清整、全民护水”三个美丽宁乡行动计划，实施三年造绿大行动，创建省级园林县城和国家级生态县。提质改造县城污水处理厂，完成沩东污水处理厂一期工程，抓好沙河片区、金玉工业集中区污水管网铺设。开展沩江流域治理，整县推进城乡环境整治，建成5个美丽集镇、10个美丽村庄、100个美丽集居点、1000户美丽庭院。巩固挖山取土洗砂、水体投肥养鱼的治理成果，限制生猪规模养殖，禁批非煤矿山开采。规划论证乡镇垃圾焚烧中心建设，做好城乡爱卫工作。

（四）要突出抓民生、促和谐。扎扎实实地办好省市交办的各项民生实事工程。把解决群众的"就业难"和企业的"招工难"统筹起来，加大对口培训力度，新增城镇就业1万人，转移农村劳动力1.1万人，零就业家庭保持动态清零。启动城市棚改三年行动，改造城市棚户区4023套，新建公共租赁住房3615套、教师公租房1541套、乡村医师公租房783套、集镇公租房1291套。健全保障性住房管理机制，确保公平分配和舒适安居。新增五大保险参保人数13万人次，加大大病医疗救助力度。解决5000名失地农民社保问题。推广社会保障"一卡通"，全县持卡人数达到77万人。着力"善行楚沩"建设，健全社会救助体系，做好精准扶贫工作。改造农村危房1200户。地质沉陷区避险安置300户。新建和改扩建乡镇敬老院3所，推进农村社区居家养老服务中心建设，推行基本养老服务补贴。启动实验小学、蓝月谷小学、东城中学建设，建成白马桥中学，提质改造薄弱学校33所，建设公办幼儿园16所，建成青少年素质教育训练基地。全面加强养成教育，培养学生的社会责任感、创新精神和实践能力。强力推进基层医疗机构标准化建设三年行动，启动妇幼保健院整体搬迁，完成城郊等6家乡镇卫生院建设，改扩建113家村卫生室。推进食品、药品安全诚信建设，整合资源建好食品安全检验检测中心。强化计生优质服务，提升计生工作水平。整治城区治丧秩序，规范推进殡葬设施和农村公益性墓地建设。构建治超治限常态化机制。启动第二次全国地名普查。更加注重挖掘县域文化资源，保护和传承历史文化遗存，以城乡建设彰显文化特色，以文化建设提升城市品质，推动文化、经济和社会融合发展。深入开展"书香楚沩""欢乐楚沩"文化活动，完成影剧院装修并对外开放，建成炭河里青铜博物馆和蓝月谷工人文化宫，建设和提质4家乡镇综合文化站，打造10家示范性村（社区）文化活动室、100个示范性农家书屋。积极倡导社会主义核心价值观，弘扬健康向上、明礼诚信的社会风尚。进一步加强社区建设，提升社区管理服务水平。坚持依法办访，引导依法维权，认真化解信访问题，全力做好重点人群的稳控和非法上访的处置。定期开展隐患排查整治，强化对事故灾难、公共卫生、食药安全、环境安全等各类事件的预防预警、督促检查和应急处置，坚决遏制重特大安全事故的发生。扎实推进"平安宁乡"建设，深入开展社会矛盾纠纷排查化解，加大各类暴力案件、盗抢等多发性侵财案件的侦破力度，全面做好禁毒工作，打击涉黄涉赌等社会丑恶现象，维护社会大局的和谐稳定。

（五）要突出抓改革、强动力。加快政府职能转变，稳步推进政府机构改革。深化行政审批体制改革，认真做好省市下放权限的承接工作，实行重大项目模拟审批全覆盖，逐步以事中事后监管代替事前审批，决不让企业和群众磨破嘴、跑断腿。推进财税体制改革，完善税收分成，明晰支出责任，健全转移支付、债务管理等机制，采取财政资金资本化运作模式促进经济发展、转型升级，提高财政资金使用的精准性和实效性。加速推进政府融资平台的合并重组，推动国有资产向重点行业和重点领域集中，加快主体园区管理机构的公司化运营。推进社会化投资体制改革，积极探索运用PPP（公私合作关系）等模式，支持社会资本参与市政公用事业和基础设施投资。推进医药卫生体制改革，深化县级公立医院改革，鼓励社会资本多形式投资医疗服务业，大力引进知名医疗机构在宁乡设立分院，形成多元化办医格局。推进镇村卫生机构一体化管理，提升公共卫生综合防控能力。深化商事制度改革，清理和废除妨碍公平竞争的规定和做法，保障各类市场主体依法平等使用生产要素、公平参与市场竞争、同等受到法律保护，努力形成万众创新、大众创业的新浪潮。探索城市公共设施建管分离，进一步理顺市政设施的建设、管理和运营机制。推进农村宅基地使用权登记，建立城乡统一的建设用地市场，促进土地有序流转。

（六）要突出抓执行、重实干。复杂的经济形势、繁重的发展任务，对政府工作提出了新的更高要求，迫切需要我们加强政府自身建设，方能担当起时代赋予的历史使命。要以"本领恐慌"的态度加强学习。坚持在学中干、干中学，认真研究在新常态下如何去立足县情、把握机遇、创新思路，如何运用改革创新的办法解决发展中的困难和矛盾，如何谋划好事关宁乡发展大局的重要决策、重点工程和重大项目，做好"十三五"规划编制工作，不断增强政府工作的预见性、主动性和针对性。要以"法无授权不可为、法律规定必须为"的准则依法行政。加强法治政府建设，以新的预算法、环保法、安全生产法和行政诉讼法的实施为契机，把政府工作全面纳入法治轨道，用法治思维和法治方式履行职责。严格执行重大行政决策程序规定，确保决策科学化、民主化。切实提高人大代表议案、建议和政协委员提案办理质量，广泛听取各民主党派、工商联、无党派人士和各人民团体的意见，认真贯彻执行人大及其常委会的决议决定，自觉接受人大法律监督和政协民主监督，主动接受社会公众和新闻舆论的监督。推进重点领域信息公开，实行政务服务"流程清单"，规范行政执法行为，让权力在阳光下运行。要以"钉钉子"的精神狠抓落实。坚持干在一线、干在实处，坚持从一做起、一抓到底，坚决纠正不作为、乱作为，坚决克服懒政、怠政。全面落实限时办结制，进一步完善绩效考评办法，实行更加严格的效能问责，以科学、有效的激励手段，奖出积极性，罚出责任心，提高执行力。要以"打铁还需自身硬"的自觉廉洁从政。做到按制度办事,严格遵守土地、合同、资金、项目和人事等方面的管理规定,最大限度压缩权力寻租和自由裁量的空间。支持审计机关依法独立开展工作,加强重点项目建设、社会民生领域和领导干部经济责任的审计。认真执行党风廉政建设的各项规定,健全廉政风险防控机制,增强拒腐防变能力。坚持厉行节约,反对铺张浪费,改进文风会风,减少应酬庆典,提倡轻车简从,努力形成艰苦奋斗、勤俭节约的良好风气。

各位代表,党的十八大和三中、四中全会为我们指明了奋斗方向,县委十一届五次全体(扩大)会议为我们吹响了奋进号角。让我们在上级党委、政府和中共宁乡县委的坚强领导下,紧紧团结和依靠全县人民,聚精会神搞建设,一心一意抓发展,为圆满完成这次大会确定的目标任务而不懈努力,共同开创更加灿烂美好的明天!

推进协商民主　服务县域发展
不断提升新形势下政协工作科学化水平

——在政协宁乡县第十一届委员会第四次会议上的工作报告

喻亚军

（2015年1月12日）

各位委员，同志们：

我受政协宁乡县第十一届委员会常务委员会委托，向大会报告工作，请予审议，并请列席会议的同志提出意见。

2014年工作回顾

一年来，在中共宁乡县委的正确领导和市政协的具体指导下，县政协认真学习贯彻党的十八大，十八届三中、四中全会精神和习近平总书记系列重要讲话精神，科学履行工作职能，积极服务改革发展，广泛凝聚各方力量，深入开展党的群众路线教育实践活动，各项工作特色鲜明，成效彰显。

一、忠诚履职，广泛开展协商议政

政治协商规范有序。一年来，县政协召开全体会议1次，主席会议12次，常委会议4次，政联处主任会议6次，各类专题座谈会近50次。县政协十一届三次会议期间，全体委员以高度的政治责任感和强烈的主人翁精神，通过分组讨论、界别活动、调研座谈、撰写提案等形式围绕全面深化改革、转型创新发展提出了48条建设性的意见，得到了县委、县政府及有关部门的重视和采纳，在社会各界产生了良好影响。有12位委员在大会上作了发言，分别从优化金融环境、提升城乡品质、关爱留守儿童等方面提出了许多具有前瞻性和可操作性的建议，黎春秋书记对委员发言材料作了重要批示。县委常委会专门听取政协工作汇报，县政府及时向县政协常委会议通报全县经济社会发展情况并听取意见和建议。各乡镇党委政府定期邀请政协委员列席相关会议，共同协商地方发展大计，全县协商议政的氛围日益浓厚。

民主监督扎实有力。一是委派民主监督员进行集中监督。县政协继续组织开展委派民主监督员工作，60位民主监督员分成12个小组，委派到县发展和改革局等12家单位。各民主监督小组分别就重点项目招投标、城市公交运营、师德师风建设等群众关心关注的热点难点问题进行了有序监督，促进了相关问题的及时解决。各委派单位虚心听取意见，认真整改落实，及时整理反馈，切实增强了民主监督实效。二是组织民主评议进行重点监督。6月份，县政协启动民主评议全县林业工作，在县林业局等部门和相关乡镇的积极配合下，县政协主席会议成员带队，组织部分政协委员和政协工作者分成5个评议小组，历时4个多月，调查走访了全县33个乡镇、10多个部门，召开不同形式的座谈会50多场次，掌握了大量的一手资料，形成了近8000字的评议报告。评议活动得到了县委、县政府的充分肯定，黎春秋书记批示，评议报告客观地反映了全县林业工作现状，提出了很好的工作建议，县政府及林业部门可很好借鉴，以推动全县林业事业更好发展。周辉县长批示，县政协及各位委员对政府工作给予了有力支持，尤其为林业工作加油助力、建言献策，付出了心血和智慧，令人钦佩。县委副书记邓杰平，县委常委、纪委书记张武，副县长彭韬等领导对评议组提出的相关问题和建议进行了现场交办，切实保障了民主评议的工作成效。三是开展视察活动进行专项监督。先后组织委员对“三资”企业、铁冲水库、凤凰山森林公园、炭河里遗址公园、农村医疗卫生工作等进行了专项视察，并召开座谈会提出了许多可操作性的意见建议，有效解决了相关问题。

参政议政积极有为。一是切实提升建言水平。县政协启动以“县域经济转型创新发展”为主题的调研活动后，广大政协委员和政协工作者积极开展调研，收到调研报告50多篇，已择优在《宁乡政协》会刊上刊发，其中《关于治理县城下水道问题的调研报告》引起了县委、县政府的高度重视，目前县城地下排水设施得到有效完善，排水防涝能力显著增强。二是切实做好提案工作。县政协十一届三次会议以来，共收集、立案政协委员提案213件。县委、县政府高度重视提案办理，将其纳入全县绩效考核和教育实践活动内容，进行集中交办、统一考核。县委、县政府主要领导领衔督办重点提案，县政协主席会议成员专题督办重点提案，有力促进了提案办理和落实。截至2014年11月底，提案全部办理完毕，答复率100%，满意和基本满意率98%。三是切实加强合作共事。加强与各民主党派、工商联和无党派人士的联系交流，积极为他们建言献策、参政议政搭建平台，努力营造出畅所欲言、生动活泼、合作共事的良好政治氛围。民进宁乡工委、农工宁乡总支、县工商联和广大无党派人士积极参政议政，认真调查研究，撰写的《关于促进我县民办教育持续健康发展的建议》《重视中药材产业，精心培育我县新的农业品牌》等调研文章为县委、县政府科学决策提供了重要参考。

二、围绕中心，聚力服务改革发展

深入开展“三服务”活动。按照市政协服务率先建成“三市”、服务民生民利、服务社会和谐的“三服务”主题活动要求，组织开展了“看项目、促发展，看委员、促提升，看民生、促和谐”为载体的“三看三促”系列活动。县政协主席会议成员率相关职能部门负责人和部分政协委员先后深入菁华铺乡、资福镇、南田坪乡、坝塘镇等乡镇调研，帮促乡镇解决项目和企业发展难题，鼓励委员为地方经济社会事业发展献计出力；多次深入夏铎铺镇龙凤山村、双江口镇长兴村、回龙铺镇塅家桥村开展服务活动，协调解决了镇、村反映的10多个问题。今年以来，继续开展“百名政协委员帮扶百名优秀贫困学子”活动，县政协主席会议成员带队，采取进校入户的方式，按时将资助款发放到127名优秀贫困学子手中。玉潭镇政联处按照“三服务”活动要求搭建了“委员进社区”活动平台，10名政协委员分别联系全镇9个社区，协助解决失地农民养老保险、下水道建设等群众关心的热点难点问题10多个。在10月29日召开的市政协“三服务”主题活动经验交流会上，宁乡县政协和玉潭镇政联处进行了典型发言，得到了与会单位的普遍认同。

主动参与重点工作。按照县委要求，县政协主席会议成员深入各自联系的益娄高速、东城区污水处理项目等18个重大项目和16个重点企业进行帮扶，协调解决具体问题42个。认真组织“心连心”主题活动，机关24名党员干部分别与回龙铺镇8户困难家庭进行结对帮扶；扎实开展基层党组织结对共建和“一推行四公开”群众工作，进一步密切了党群干群关系，推动帮扶联系村的各项工作有序开展。3月份，县政协组织部分政协委员、政协工作者，先后在双江口镇檀树湾植树基地、巷子口镇黄鹤村水果基地开展义务植树活动。

不断彰显委员作为。县政协常委会鼓励委员立足本职岗位，履行职能，服务发展，委员在各自的岗位上都做出了突出贡献。潘继斌委员创建的华程建筑公司连续五年被评为省、市“守合同重信用单位”。陈科军、杨瑞祥等委员全力服务城市开发建设，为我县城镇品质的提升做了大量富有成效的工作。谭震委员用心当好“电管家”，为县域发展提供精细化用电服务。周朝阳委员创建的万寿建设公司被国家住建部授予市政公用工程施工总承包和建筑装修装饰工程专业承包壹级资质。汤亚平、周国勇、于子长等委员用心开发高品质楼盘，靓化了城市形象，提升了城市品位。易勇委员积极投身职教事业，在规范办学行为、加强校企合作、提升职教品牌等方面务实作为。夏汗青委员积极为状元楼文化馆展陈、历代宁乡书画作品陈列等文化项目建设献智出力。胡宇委员加强和创新宗教事务管理，积极引导宗教界人士和信教群众服务社会发展。何峰委员所在的沪农商村镇银行积极构建支持中小企业的融资体系，拓展了中小企业的直接融资渠道。罗灿光、张海斌等委员成功组织策划中美篮球对抗赛，为广大体育爱好者提供了一场具有国际水准的篮球盛宴。杨炳涛委员身残志坚，创办星辰康复医院，自主研发的两种药方荣获国家专利。苏尚中委员情系鲁甸灾民，将价值23万元的物资捐赠到灾区。姜志强委员成立“爱心工作室”连续七年参与扶贫帮困、爱心助学、支残助残等公益活动，还有姜配良、任贵山、廖喜冬等委员热心公益事业，在扶贫、助学、关爱孤寡老人中发挥了表率作用，受到社会各界的交口称赞。玉潭建筑的唐春明、沙龙畜牧的李述初、精密量具的肖英伟、拜特生物的彭建宗、长河机械的胡均平、邦普循环科技的李长东等一大批委员积极兴办实业，日益成为县域发展的主力军。

三、把握主题，积极构建社会和谐

广泛联络联谊，增进团结友谊。今年以来，接待了省、市政协及兄弟县(市)政协20多批次来宁乡指导交流工作。9月份，组织部分政协常委和政协工作者分成四个小组，分赴江苏如东、四川大竹等县(市)政协进行了考察交流，营造了联络联谊的良好氛围。先后举办迎春茶话会、中秋联谊会，邀请各界人士欢聚一堂，庆佳节、话和谐、谋发展。7月份，县政协成功承办了长沙市第二届“政协杯”男子篮球赛，并取得全市第一名的佳绩；10月份，组织举办了“情系政协·履职为民”主题演讲比赛，进一步展示了宁乡政协良好的精神风貌。

反映社情民意，服务民生民利。3月份，研究出台《关于加强社情民意工作的办法》，组建社情民意信息员队伍，组织委员开展座谈、调研、视察等活动，广泛收集、适时反馈社情民意。2014年以来，共编辑《社情民意》信息85期，及时送达县委、县政府及上级有关部门，其中《普通高校大幅度上调学费的做法要慎重》《关于延长村民委员会任期的建议》《重拳打击利用私宅开设赌场行为》等15条社情民意被国家、省、市政协采用，促进了基层人民群众的意愿和心声更好更快捷地表达，有效维护了广大人民群众的切身利益。

深化文史宣传，扩大社会影响。广泛开展文史资料的征集整理，出版了《宁乡政协志》《宁乡文史》等文史专刊。成功创建宁乡政协网站，精心办好《宁乡政协》会刊，并在《人民政协报》《湘声报》《长沙政协》等国家、省、市报刊发表宣传宁乡的文章58篇，其中《宁乡中药材如何“走出深闺众人识”》的新闻稿件在8月11日《人民政协报》的新闻版刊发。在市政协组织的理论征文活动中，县政协获评“优秀组织单位”，县政协办公室报送的理论文章《加强民主监督，彰显政协价值》荣获优秀奖。

四、夯实基础，全面加强自身建设

教育实践活动成效彰显。按照中央和省、市、县委的统一部署，县政协党组和政协机关围绕“为民务实清廉”主题，深入开展党的群众路线教育实践活动，聚焦“四风”找准突出问题，敞开心扉进行谈心谈话，触及灵魂写好对照检查，严肃认真召开民主生活会，建章立制狠抓整改落实，取得了改进作风、推动工作的积极成效，实现了党员干部能力更强、作风更实、形象更好、党群干群关系更密切的教育实践活动目标。

专委会工作水平不断提升。各专委会按照“热情、规范、效能、和谐”的工作要求，精心组织好各项活动。办公室积极发挥参谋服务作用，进一步强化办文、办会、办事的归口管理和精细服务，促进了机关工作质量和办事效率的提升。经科委牵头负责民主评议、专题调研工作，精心选择调研课题，真正做到沉下去、蹲得住，问计于基层，求知于实践，使调查研究的成果具有很强的针对性和可操作性。群团联络委统筹协调委派民主监督员工作，认真组织迎春茶话会、中秋联谊会和“双百”爱心助学活动，促进了民主监督和联络联谊工作的有序开展。文教卫体委成功承办湖南·江苏书画篆刻名家精品展，编辑出版《潮汐与船》《香榧树下》系列丛书，为推动全县文化建设发挥了积极作用。提案法制委创新提案征集办法，规范提案的提交和办理程序，抓实抓细提案交办、催办、督办工作，进一步提升了提案工作实效。人资环委就城乡生活垃圾处理、资福陶业文化等深入开展调查研究，撰写的《资福陶文化值得保护传承》的调研文章在市政府《决策咨询》上刊发。

政联处作用充分发挥。各乡镇政联处在当地党委政府的领导支持下，为地方经济社会事业发展做了许多卓有成效的工作。白马桥乡政联处以“思民生、访民情，思发展、作贡献”为平台，组织开展了扶残助残、助学助教等公益活动，为民生改善作出了积极贡献。夏铎铺镇政联处抓住市政协建设扶贫工作契机，向市发改委、财政局等市直部门单位争取了4个项目和500多万元对口扶持资金。金洲镇政联处积极参与宁乡现代服务业示范区建设，有效推动了电子商务、文化创意、教育研发等一批新型业态的发展。回龙铺镇政联处积极助推金玉乡镇工业集中区建设，协调解决因征地拆迁和环境维护产生的民事纠纷近10起。双江口镇政联处积极参与特色县域经济发展重点县建设，为长沙大河西农产品物流中心项目建设做了大量基础性工作。朱良桥乡政联处积极助推花卉苗木等特色经济林产业发展，促进了赤龙岛水果庄园项目建设的加速推进。偕乐桥镇政联处、横市镇政联处高效服务烟叶生产工作，促进了烟叶提质、烟农增收。双凫铺镇、灰汤镇、城郊乡、菁华铺乡、历经铺乡、沙田乡等乡镇政联处强化“三化”建设，积极组织委员反映社情民意，撰写调研报告，委员活动富有特色。

过去一年，县政协常委会工作取得的进展和成绩，是中共宁乡县委正确领导的结果，是市政协精心指导的结果，是县人大、县政府及各部门、乡镇大力支持的结果，是广大政协委员和政协工作者共同奋斗的结果。在此，我谨代表政协宁乡县第十一届委员会，向所有关心和支持政协工作的同志们、朋友们致以崇高的敬意和衷心的感谢。

在肯定成绩的同时，也要看到我们的工作还存在一些薄弱环节，如政治协商领域的探索实践有待进一步增强，委员整体履职能力有待进一步提升，专委会的基础性作用有待进一步发挥，机关效能建设有待进一步加强。这些我们都应在今后的工作中认真加以研究，切实予以改进。

2015年工作部署

2015年县政协工作的总体要求是：高举中国特色社会主义伟大旗帜，以科学发展观为指导，认真贯彻党的十八大以及十八届三中、四中全会精神，深入学习习近平总书记在人民政协成立65周年大会上的重要讲话精神，按照《中共宁乡县委关于进一步加强人民政协工作的意见》要求，在中共宁乡县委的正确领导下，认真履行政协职能，广泛凝聚改革共识，主动服务经济发展，全力促进民生改善，切实加强自身建设，不断提高人民政协协商民主制度化、规范化、程序化水平，为加快实现“省会次中心、幸福新宁乡”宏伟目标做出新的更大贡献。

一、坚定政治方向，弘扬时代主旋律

人民政协是中国共产党领导的多党合作和政治协商的重要机构，只有坚持党的领导，才能保证政协工作正确的政治方向。在中共宁乡县委的正确领导下，充分发挥政协党组的核心作用和政协组织中党员的先锋模范作用，保证党的路线方针政策得到贯彻落实，推动政协事业不断向前发展。自觉把政协工作置于党的领导之下，坚持重要工作及时请示，重点建议及时报送，重大活动及时邀请党政主要领导出席，努力形成“党委重视、政府支持、政协主动、部门配合”的工作格局。坚持围绕全面深化改革各项目标任务，善于从法治角度分析研究改革中出现的矛盾和问题，最大限度调动一切积极因素，最大限度汇聚改革合力，使各项履职活动更加契合中心任务，更加符合决策需要，更加体现人民心声。

二、深化理论学习，增强履职原动力

全面贯彻党的十八届三中、四中全会精神和习近平总书记系列重要讲话精神，组织开展专题学习活动，准确理解精神实质，深刻领会丰富内涵，全面把握工作要求，切实把思想和行动统一到中央决策部署上来，把智慧和力量汇集到建设活力宁乡、美丽宁乡、幸福宁乡上来，不断提升服务大局的能力和水平。进一步完善政协主席会议、常委会议、机关干部职工会议等学习制度，认真组织政协委员的理论学习和政协机关每月一次的集体学习，不断提高政协委员、机关干部职工的思想政治素质和业务水平。扎实抓好《宪法》《党章》《政协章程》和委员履职知识的学习培训，举办"楚沩发展大讲堂"、法律知识竞赛等特色活动，切实增强委员履职的责任感和使命感。

三、推进协商民主，唱响政协好声音

加强协商民主制度化、规范化、程序化建设，制订和落实好年度"双月"协商计划，促进政治协商更加规范有序；注重对县委"三重一大"事项进行决策前的协商和执行中的监督，促进民主协商更加有力有效；围绕经济社会发展中的重大问题和事关群众切身利益的重要问题，开展专题协商、对口协商、界别协商、提案办理协商，促进协商议政更加富有成效。定期邀请党政负责同志到政协通报全县经济社会发展情况，精心组织资政议政会议等有政协特色的建言活动。由政协常委会议协商，对政府职能部门开展民主评议。深入推进委派民主监督员工作，做到监督而非监管，参与而不干预，更好地促进部门工作提高监督实效。抓好调研和民主监督成果的转化运用，加大对重要协商意见的督办力度，推动各类协商建议的跟踪落实。探索组织部分政协委员、常委对政府相关职能部门进行"信任度"测评，更有效地提高参政议政的实际成效。

四、助推经济发展，汇聚改革正能量

认真落实市政协"三服务"主题活动要求，找准着力点、把握关键点、突出创新点，切实提高活动成效，努力实现为发展献计，为改革支着，为民生解难，为和谐助力的"四为"活动目标。按照县委统一部署，积极参与"联百大建设项目，进百强生产企业"等全县重点工作，在促进发展中出实力、办实事、求实效。继续开展"政协领导乡镇行，三看三促谋发展"活动，引导广大政协委员和政协工作者，积极投身经济社会发展的主战场，切实为推动县域经济转型创新发展献智出力。着力推进提案提质、办理增效、服务升级，继续提请县委、县政府主要领导领衔督办重点提案，着手启动对承办单位提案办理情况的复后评议，更好地运用提案服务地方发展。组织政协委员和政协工作者积极参与"全民植树、美丽宁乡"活动，切实维护好"政协林"基地，以实际行动助推秀美幸福宁乡建设。

五、服务社会和谐，彰显民生大情怀

继续开展"百名政协委员帮扶百名优秀贫困学子"的"双百"活动，积极引导委员参与扶贫帮困、爱心救助、社区服务等社会公益活动，为民生改善多作贡献。通过委员调研、视察、大会发言等形式，全面反映民思、民盼、民忧，推动党委政府和职能部门把事关民利的实事办实、好事办好。坚持把增进团结、协调关系、化解矛盾作为履行职能的重要着力点，积极促进政党关系、宗教关系、阶层关系和海内外同胞关系更加和谐。多渠道、多领域、多形式地加强同各地宁乡知名人士的联系，认真组织好迎春茶话会、中秋联谊会等各种联络联谊活动，动员更广泛的力量参与宁乡建设。围绕群众思想认识困惑点、利益关系交织点、社会矛盾易发点，及时了解并准确反映社情民意，有效维护团结稳定的社会大局。进一步强化政协文史宣传工作，重视与新闻媒体的合作，做好《宁乡文史》《宁乡政协》会刊的编辑出版工作，办好宁乡政协网站，努力做到报纸上有文章，电视上有画面，网络上有信息。

六、强化自身建设，树立队伍新形象

严格落实中央和省、市、县委改进工作作风、密切联系群众的各项规定，扎实抓好党的群众路线教育实践活动整改方案的落实。进一步健全常委会工作机制，创新工作方式，激发履职活力，提高新形势下政协常委会工作水平。积极探索委员分类服务、管理、考核的科学办法，指导和组织委员每年至少提出一件有较高质量的提案，反映一条有价值的社情民意信息，参加一次政协组织的调研或视察活动，不断增强委员履职责任感。注重发挥专委会的基础性作用，各专委会要结合工作实际，按时完成一个课题调研，组织一次对口协商并以专委会名义向政协全体会议、常委会议作工作发言，进一步彰显专委会的履职成效。按照"政治强、业务精、工作实、纪律严"的工作要求，切实加强机关思想、作风、制度、能力建设，努力提高机关干部队伍整体素质；科学调整工作机构，增设研究室和后勤科，努力提升机关服务水平和工作质量。开展委员评先评优、优秀调研报告评比等一系列评选表彰活动，充分调动委员履职的积极性和主动性。进一步加强对乡镇政联处工作的指导，适时组织各乡镇政联处同志研讨交流、述职测评，不断提升乡镇政协工作整体水平。

各位委员，同志们，协商民主汇聚改革合力，议政监督推动科学发展。让我们紧密团结在以习近平同志为总书记的中共中央周围，在中共宁乡县委的坚强领导下，忠诚履职，务实作为，顺应新常态，增强新动力，朝着省会次中心、幸福新宁乡的宏伟目标阔步前进！

概　述

2014年，宁乡县辖10个乡23个镇，面积2905.92平方千米。年末全县总户数45.35万户，户籍总人口139.35万人。宁乡地势由西向东呈阶梯状逐级倾斜，属亚热带季风性湿润气候，2014年年平均气温17.8摄氏度，降水量1470.7毫米，日照时数1425.9小时。全年，宁乡经济发展好中求快，社会大局稳定，各行各业都有发展。

县域经济。2014，宁乡县域生产总值（GDP）910.23亿元，增长（比2013年，下同）12.4%。其中第一产业实现增加值99.64亿元，增长5.2%；第二产业实现增加值620.33亿元，增长13.7%；第三产业实现增加值190.25亿元，增长11%。按常住人口计算，人均GDP7.51万元。县域经济基本竞争力前移6位，跃居全国百强第50位，中部第3位。全县三次产业结构由上年的11.2∶68.9∶19.9调整为11.1∶68.2∶20.7，工业增加值占GDP的比重为61.7%。第一、第二、第三产业对经济增长的贡献率为4.1%、78.7%、17.2%，分别拉动GDP增长0.5、9.8、2.1个百分点。宁乡GDP总量、工业增加值、全社会固定资产投资、社会消费品零售总额占全市的比重分别为11.6%、15.7%、13.1%、6.2%。全年新增城镇就业1.19万人，新增农村劳动力转移1.24万人，失业人员再就业2713人，其中就业困难对象再就业1054人，零就业家庭动态就业援助100%；年末城镇登记失业率为2.69%，同比下降0.36个百分点；培训失业人员1.21万人，其中开办创业班11期，培训人数316人。农业：全年实现农林牧渔业总产值152.88亿元，增长5.3%。其中农业产值83.48亿元，增长9.6%；林业产值4.85亿元，增长6.9%；牧业产值56.68亿元，下降0.6%；渔业产值5.5亿元，增长7.3%；农林牧渔服务业产值2.37亿元，增长10.5%。全年粮食种植面积198.55万亩，增长0.3%，其中稻谷播种面积182.04万亩，下降0.7%，优质稻种植面积所占比重为79%；蔬菜种植面积69.22万亩，增长5%；烟叶种植面积8.55万亩，下降14.4%。主要农产品产量有增有减，全年粮食总产量85.57万吨，增长0.5%；烟叶1.26万吨，下降13.7%；蔬菜161.1万吨，增长5%；出栏肉猪222.5万头，出笼家禽3909.2万羽，分别下降7.4%、5%。全县年末农机总动力164.65万千瓦，增长3%。共有联合收割机4784台，大中型拖拉机1842台，小型拖拉机7650台，插秧机507台，分别增加456台、191台、485台、89台。水稻耕、种、收综合机械化水平达到70%，比上年提高0.4个百分点。农村基础条件不断夯实，全年累计清淤山塘3427口，新建291口，整修河道1313公里，改造河坝383座。改造建设农村公路400公里、危桥45座，建成户用沼气池1120口，农村改水改厕2400座。全年实现工业总产值1929.1亿元，增长17.2%，其中规模工业总产值1742.55亿元，增长17.8%。实现工业增加值620.38亿元，增长13.9%，高于全市2.5个百分点，工业对经济增长的贡献率为72.6%；其中规模工业增加值439.7亿元，增长15.2%，高于全市3.2个百分点。在规模以上工业中，股份制企业实现增加值322.52亿元，占规模工业增加值的比重73.4%。港澳台投资企业和股份合作企业增速较快，分别增长26.9%和22.6%。全县园区规模以上工业实现产值1204.01亿元，占全部规模工业的69.1%，增长20.4%；实现增加值307.73亿元，增长16.2%。先进装备制造、食品、新材料新能源三大主导产业共实现产值1238.01亿元，占全部规模工业比重71.1%，增长20.4%。全县规模工业实现主营业务收入1628.73亿元，增长15.1%；利润总额167.16亿元，增长30.1%；利税总额257.91亿元，增长30.6%。

全年全县建筑业增加值58.98亿元，增长13.3%。23家具有资质等级的总承包和专业承包建筑业企业实现总产值61.84亿元，增长4.4%；房屋建筑施工面积622.15万平方米，下降4.2%；竣工面积207.17万平方米，下降19.1%。

固定资产投资和招商引资。全年完成固定资产投资713.52亿元，增长20.2%。完成投资超过5000万元的在建项目148个，全年完成投资245.8亿元，占全社会投资总额的34.4%。在固定资产投资中，第一产业完成投资29.22亿元，下降8.5%；第二产业完成投资378.88亿元，增长45.7%；第三产业完成投资305.42亿元，增长3.4%。基础设施建设投资203.12亿元，增长29%；房地产开发投资33.97亿元，下降16.6%；商品房销售面积90.14万平方米，下降14%；其中住宅78.13万平方米，下降20.5%；商品房销售额39.7亿元，下降8.5%；其中住宅29.5亿元，下降20.6%。全年引进1000万元以上项目259个，其中亿元以上项目94个。实际到位县域外资金253.8亿元，增长5.8%；实际到位省外境内资金58.22亿元，增长11.7%；实际到位境外资金2.41亿美元，增长16.8%。

商贸和旅游。全县全年实现社会消费品零售总额197.27亿元,增长14.4%。按经营地统计,城镇消费品零售额155.78亿元,增长15%;乡村消费品零售额41.49亿元,增长11.9%。按消费形态统计,批发业实现23.17亿元,增长18.5%;零售业实现149.19亿元,增长13.8%;住宿业实现1.7亿元,增长11.2%;餐饮业实现23.21亿元,增长14%。在限额以上企业商品零售额中,电子出版物及音像制品类增长198.2%,日用品类增长44.6%,石油及制品类增长44.5%,汽车类增长29.1%。全年共接待海内外游客1441.6万人次,增长19.4%;实现旅游收入150.4亿元,增长41.9%。

交通和邮电。全年全县年末县内公路里程4317.45公里,其中国道24.72公里,省道447.88公里;境内铁路里程68公里;全年旅客周转量增长2%,货物周转量增长6%。全年完成邮电业务总量3.04亿元,增长13.4%。年末本地固定电话用户10.1万户,下降8.2%;移动电话用户106.1万户,增长3.4%;互联网宽带用户10.41万户,增长18.2%。

财政和金融。全县全年实现财政总收入80.56亿元,增长13.6%,其中地方财政收入55.68亿元,增长15.1%,公共财政预算收入35.31亿元,增长15.1%,税收收入占财政收入比重80.3%。公共财政预算支出65.78亿元,增长13.3%。年末全县金融机构各项存款余额399.06亿元,比年初增加74.95亿元,增长23.1%。其中城乡居民储蓄存款余额252.89亿元,比年初增加37.23亿元,增长17.3%;企业存款余额146.16亿元,比年初增加37.72亿元,增长34.8%;金融机构各项贷款余额299.29亿元,比年初增加61.64亿元,增长25.9%;金融机构利润总额9.86亿元,增长38%。

科学技术和教育。全年全县拥有高新技术企业和生产高新技术产品的企业94家,全年实现高新技术产值689.63亿元,增长18.3%;实现增加值214.83亿元,增长13.8%,占地区生产总值的比重23.6%,同比提高11.1个百分点。全年申请专利1141件,增长9.7%;其中发明专利309件,增长31.5%;授权专利868件,其中发明专利85件。成功申报国家、省、市各级科技项220项,转化科技成果200项,被评为国家知识产权强县工程试点县。全县已有国家高级技术产业化基地1个、国家级科技企业孵化器1个,博士后科研工作站2家、国家级工业设计中心1家、国家级企业技术中心2家、省级工程技术研究中心7家、省级企业技术中心14家、省级工业设计中心1家、市级工程技术研究中心15家。全年全县共有普通中小学320所,中职学校6所,特教学校1所。在校中小学生15.14万人,其中高中学生3.2万人(含中职学生7260人),初中学生4.2万人,小学学生7.72万人,特教学生139人。全县中小学教职工9293人,其中专任教师8532人。全县共有幼儿园218所,在园幼儿3.97万人,教职工1975人,其中专任教师956人。适龄儿童入学率100%,九年义务教育完成率100%,小学升学率100%。高考一本上线1296人,上线率15.8%;二本上线3915人,上线率47.8%,连续4年上线人数、上线率、录取人数、录取率居全省农村县、市第一。中考合格率92.4%,比去年提高1.3百分点。

文化、卫生和体育。全县拥有广播电台1座,电视发射台和转播台1座,公共图书馆1座,藏书量21万册。广播、电视综合人口覆盖率均达98%,有线电视用户15万户。全县共有130支群众文艺团队,全年组织公益演出55场,公益电影放映4580场,捐赠图书1.6万册。共查处违法违规经营文化场所78家,收缴非法出版物1.5万册。全县拥有医院、卫生院48个,其中县直医卫单位7个,乡镇卫生院33个,民营医院8个。全县医疗机构床位总数5054张,其中县直医疗单位2780张,乡镇卫生院1317张。在编在岗卫生工作人员3647人,其中执业医师及执业助理医生2756人(含临聘人员),注册护士2217人(含临聘人员)。全年孕产妇住院分娩率100%,死亡率11.91/10万,5岁以下儿童死亡率5.6‰。全县共有体育场馆6座,400米田径场12个,乡镇门球场15个,拥有14个体育协会。承办中美篮球对抗赛、全国青年男子篮球联赛、长沙市第八届运动会老年人气排球比赛等高水平文体活动和比赛,参与人数超过50万人。在"欢乐潇湘长沙篇·舞动星城歌涌湘江"第二届全民广场舞大赛中获得2金1铜的好成绩。

环境保护和安全生产。全年全县工业废水排放达标率87.5%,"三同时"执行合格率100%,城镇生活垃圾无害化处理率100%,农村饮用水源达标率100%。全年空气质量优良天数352天,城区环境空气质量优良率96.4%。全县各类安全生产事故15起,死亡18人。其中:铁路交通事故1起,死亡1人;道路交通生产性经营事故10起,死亡11人;工矿商贸等八大行业事故3起,死亡5人;农机事故1起,死亡1人。

人口、人民生活和社会保障。年末全县人口性别比为104.1∶100。年末常住总人口121.84万人,增长1%。人口出生率14.71‰,死亡率5.32‰,自然增长率为9.39‰。城镇化率50.1%,比上年提高3.15个百分点。全年城镇居民人均可支配收入3.11万元,增长9.1%,其中人均工资性收入、经营净收入、财产净收入、转移净收入分别为1.66万元、4019元、4615元、5851元。城镇居民人均消费性支出2.1万元,其中食品、居住、交通通信、教育文化娱乐支出分别占比28.7%、23.1%、12.9%、12.8%。全年农村居民人均可支配收入1.97万元,增长10.2%,其中人均工资性收入、经营净收入、财产净收入、转移净收入分别为9355元、6789元、419元、3156元。农民人均生活消费支出1.29万元,其中食品、居住、交通通信、教育文化娱乐支出分别占比33.2%、19.3%、17.4%、12.8%。全县承办的30个省、市为民办实事项目全部超额完成全年目标任务。五大社会保险参保总人数36.65万人，增长4.8%；新增参保人数12.37万人，增长3.3%。城乡居民基本医疗保险和养老保险参保人数分别为120万人、78万人。

大　事　记

2014年宁乡大事记

1月

2日—3日　宁乡县在县文体中心举行首届“一镇一品·欢乐乡村”乡村民俗文化艺术展演活动。

3日—5日　政协宁乡县第十一届委员会第三次全体会议在县城召开，大会通过政协宁乡县第十一届委员会第三次会议政治决议、政协宁乡县第十一届委员会第三次会议关于第十一届常务委员会工作报告的决议、政协宁乡县第十一届委员会第三次会议关于政协宁乡县第十一届二次会议以来提案工作情况报告的决议。

4日—6日　宁乡县第十六届人民代表大会第三次会议在县城召开，大会通过关于宁乡县人民政府工作报告的决议、宁乡县2013年国民经济和社会发展计划执行情况与2014年国民经济和社会发展计划草案的报告的决议、宁乡县2013年财政预算执行情况与2014年预算草案的报告的决议，宁乡县人民代表大会常务委员会工作报告的决议、宁乡县人民法院工作报告的决议、宁乡县人民检察院工作报告的决议，选举产生县人民检察院检察长。

7日　国家旅游局在京通报2013年度创建国家AAAAA级旅游景区情况，宁乡县刘少奇故里花明楼景区被批准为国家AAAAA级景区，刘少奇故里管理局局长罗雄接受授牌。

15日　省委常委、政法委书记、公安厅厅长孙建国率领长沙、株洲、湘潭、益阳、岳阳等市县公安机关相关人员到宁乡县，召开全省部分市县公安工作座谈会，面对面听取基层的意见和建议。

▲　省人大代表、楚天科技董事长唐岳一行到金洲镇敬老院慰问，并将10万元现金交到敬老院院长手中。

15日—16日　国家卫生和计划生育委员会流动人口司动态监测处处长胡强强、中国人口发展研究中心专家郭维明、中国人民大学教授郭静在省、市计生部门领导的陪同下，到宁乡县对流动人口监测工作检查指导。

▲　省乡镇企业局局长肖彬等领导一行到宁乡县农产品加工企业进行调研，并先后到加加食品二期、乐来福、洽洽食品等农产品加工企业实地查看，了解有关情况。

▲　宁乡县召开全县电子公文传输系统开通启动暨操作应用培训工作大会。

▲　浦发银行宁乡支行在宁乡经济技术开发区创业大楼开业运营，这是第15家落户宁乡的银行。

17日　宁乡经济技术开发区工委书记、县委书记黎春秋深入玉潭镇、花明楼镇走访慰问困难群众，并送上油、米、棉被等基本生活保障物资和慰问金。

19日　长沙市委常委、组织部部长程水泉，市委常委、政法委书记钟钢到宁乡县走访慰问困难老党员、老村干部、特困户、退伍军人和敬老院五保老人，并送上市委、市政府的亲切关怀和新春祝福。

20日　湘合作循环工业总部及生产基地签约仪式在玉潭镇举行。

▲　宁乡县举行2014年迎春茶话会，全县老干部代表、民主党派及派人士代表、三胞及三胞眷属代表、工商界代表、先进模范代表、专家学者代表、县直单位及乡镇代表等100余人共商发展大计。

21日　楚天科技(300358)正式在深交所创业板挂牌上市。

22日　市委副书记、市长胡衡华带领市直相关部门负责人，深入宁乡县东城汽车站、煤炭坝镇贺家湾煤矿、天祺·佰潮汇建筑施工项目现场等实地督查宁乡节前安全生产工作。

▲ 市政协主席范小新等领导，到宁乡县夏铎铺镇龙凤山村走访慰问困难户，送去慰问物资与新春祝福，并就该村扶贫工作召开座谈会。

▲ 市委顾问、市两烟领导小组组长余合泉等领导到宁乡县黄材镇黄材村视察指导烟叶工作，并走访慰问贫困烟农。

29日 省水利厅厅长、党组书记詹晓安等领导一行到宁乡县调研水利工程建设情况，并先后查看朱良桥乡张公坝、双江口镇草溪渔场、菁华铺乡嶂山村和煤炭坝镇楷树村水源整治工程等水利工程建设情况，对宁乡县水利建设工作给予高度肯定。

31日 武警黄金第十一支队派出52名兵力，两台车辆(一台指挥车，一台运兵车)，到宁乡县东湖塘区域参与扑灭山火(之前20日和25日武警黄金第十一支队分别派出50名和30名兵力到宁乡县横市与东湖塘麻山村参加扑灭山火)。

2月

7日 湖南省农田水利建设现场会在宁乡召开，学习推广宁乡县农村田间水利工程扩容提质的先进经验，推进全省农田水利建设工程进度。省委副书记孙金龙，省人大常委会党组成员杨泰波，副省长张硕辅，市领导张迎龙、黎石秋等领导参加会议。

▲ 全县召开党政负责干部大会，县委书记黎春秋号召全县各级各部门和广大干部群众率先转型创新、致力好中求快，谋在长远、干在实处、走在前列，在加快建成全面小康的伟大征程上，奋力抒写“省会次中心、幸福新宁乡”的崭新篇章。

13日 全县召开村党组织和第九次村民委员会换届选举工作会议，此次换届选举范围覆盖全县368个村党组织、村民委员会以及23个社区党组织和社区居民委员会。

14日 全县举办2014年元宵节系列文化活动，包括摄影展、宁乡县非物质文化遗产保护展、花鼓戏、皮影戏、灯谜竞猜等。

▲ 中华人民共和国农业部公告(第2061号)公布《国家级畜禽遗传资源保护名录》，“宁乡猪”为国家级畜禽遗传资源保护品种。

20日 全县召开2014年度安全生产工作大会，会议总结回顾2013年工作，分析形势，安排部署2014年全县安全生产工作任务。

▲ “杂交水稻之父”、中国工程院院士袁隆平到宁乡县双江口镇，考察超级稻基地的选址情况。

24日 中共宁乡县第十一届纪委第四次全会暨全县反腐败工作会议召开，县委书记黎春秋在会上号召，全县上下要认真落实中央和省、市的决策部署，全面推进全县党风廉政建设和反腐败工作，不断巩固昂扬向上的干事氛围和风清气正的发展环境，为开创宁乡转型创新发展做出贡献。

▲ 宁乡县召开学习贯彻中央纪委十八届三次全会精神专题辅导报告会，邀请中国纪检监察学院副院长李永忠教授作题为《三中全会为何高度重视反腐败》的专题讲座。

▲ 宁乡县召开2014年教育工作大会，回顾总结2013年的工作情况，安排部署2014年教育工作。

27日 宁乡县在行政中心第一会议室举办“清华·宁乡大讲堂”，邀请格力集团董事长、格力电器董事长兼总裁董明珠女士，以《创新改变世界》为题，为全县政、商各界的1500多名代表授课。

28日 省委党的群众路线教育实践活动督导组常务副组长孙在田、副组长傅世武一行到宁乡县，就深入开展的党的群众路线教育实践活动准备情况进行调研指导。

▲ 宁乡县召开2014年度首轮特色县域经济重点县建设工作大会，会上，表彰奖励2013年度首轮省特色县域经济重点县建设服务先进单位和先进个人，奖励补助2507万余元给第一批特色县域经济重点县建设的55家企业的66个项目，加加集团、亮之星米业、沙龙畜牧负责人作典型发言。

3月

5日 全县召开政法工作暨政务公开优化环境工作会议，对政法工作和政务公开优化环境工作进行安排和部署。

6日 宁乡县举行各界妇女庆祝“三八”妇女节汇报会，汇报形式有情景剧、歌舞、快板、访谈、小品、诗朗诵、音诗画等。

▲ 长沙市人大常委会主任袁观清率市人大常委会主任会议成员一行到宁乡县，结合《长沙市水资源管理条例》执法检查审议意见贯彻落实情况，对宁乡农村田间水利建设情况进行调研，实地查看宁乡县双江口镇草溪渔场扩容提质项目进展和东湖塘镇小湖塘山塘、花明楼镇枞木坝清淤建设情况，对宁乡农村田间水利建设给予高度肯定。

7日 县直机关、学校、企业、社会团体的1000多名干部群众到玉潭公园，参加“全民植树·美丽宁乡”生态建设三年行动2014年春季义务植树活动。

10日 国家卫生和计划生育委员会人事司巡视员付伟一行到宁乡县，就基层卫生人才队伍建设、改进卫生系列职称评审和全科医生特设岗位计划试点工作进行调研，并先后实地察看县人民医院、大成桥卫生院和双凫铺中心卫生院工作情况，实地了解基层卫生院人才队伍建设工作。

▲ 在北京出席十二届全国人大二次会议的宁乡籍全国人大代表何寄华(长沙市副市长，流沙河人)、刘德辉(中国化学工程第四建设有限公司董事长、党委书记，朱良桥人)、彭建武(中航工业南方董事长、总经理，流沙河人)及潘润兰(花明楼镇花明楼

社区党支部书记)齐聚一堂,共话宁乡发展。

13日 全县党的群众路线教育实践活动动员大会在行政中心第一会议室召开,会议提出:县党的群众路线教育实践活动在全县各级党组织和全体党员中开展,活动安排8个月时间,并按照学习教育、听取意见,查摆问题、开展批评,整改落实、建章立制三个环节推进。

▲ 团省委副书记、党组副书记汤立斌一行深入宁乡县调研指导青年就业创业工作和团县委建设工作。

20日—26日 "宁乡农商银行"杯2014年李宁全国青年篮球联赛在宁乡县文体中心体育馆举行,江苏同曦、四川金强、南京部队、广西威壮、新疆、河南、湖北7支篮球队进行比赛,四川金强代表队夺得冠军。

宁乡县被国务院教育督导委员会授予"全国义务教育基本均衡县"。

22日 中央办公厅调研组到宁乡县就税法工作展开调研并召开座谈会,中央办公厅正局级督查专员魏守礼对宁乡县税法工作给予充分肯定。

25日 省委常委、市委书记易炼红一行深入宁乡县花明楼镇就长韶娄高速公路建设工作进行专题调研,省交通运输厅厅长刘明欣,市领导陈泽珲、赵文彬、何寄华、刘明理等一同调研。

▲ 全市党的群众路线教育实践活动座谈会在宁乡县召开,省委常委、市委书记易炼红与全市基层党组织负责人代表进行座谈,直接听取基层声音、解决群众难题。

▲ "杂交水稻之父"、中国工程院院士袁隆平到宁乡县双凫铺镇,深入田间地头考察超级稻基地的选址情况。通过考察,袁隆平对超级稻基地选址双凫铺镇表示充分的肯定,双凫铺镇被袁隆平院士遴选为全国仅有的两个万亩示范基地之一。

▲ 宁乡经济技术开发区获批湖南首家能源利用信息化管理示范园区。

28日 省委组织部副部长、省人社厅厅长胡伯俊等领导一行到宁乡县对人力资源和社会劳动保障工作进行调研,并先后到夏铎铺镇夏铎铺社区服务大厅及忘不了公司考察。

29日 宁乡县人民医院获"2013年中国县级医院竞争力排行榜百强医院"(之67位)。

31日 溜子洲大桥全线通车,大桥有23个桥墩,主桥720米,宽30米,双向六车道。

3月 中国研究中心公布2013年中国260大最佳高中榜单,宁乡一中全国排名第65位,在湖南省排名第4位。

▲ 县行政中心被住房和城乡建设部颁发"2013年度全国物业管理示范大厦"牌匾。

4月

1日 首辆"陕甘专列"停靠长沙站后,27台大巴车载着1200余人到湖南宁乡,开启宁乡县首个旅游专列市场,并参观花明楼少奇故里和关山古镇。

2日 省委督导组常务副组长孙在田一行到宁乡县,就党的群众路线教育实践活动开展情况进行调研指导。

▲ 省纪委副书记李政科一行到宁乡县调研纪检监察工作,并察看金玉乡镇工业集中区,询问项目投资建设及入园企业等情况,随后参观煤炭坝镇农村公共资源交易中心,详细了解该镇村(社区)物资、服务采购、工程建设项目、产权等交易流程,充分肯定宁乡县党风廉政建设取得的成绩。

▲ 长沙市综合治理委员会在宁乡县召开长沙市"三调联动化矛盾、息诉息访促平安"现场经验交流会,会上,宁乡县、雨花区、天心区就"三调联动"工作经验进行介绍。

8日 宁乡县举行2014年重大投资项目发布会,会上发布32个重大投资项目,湖南粮食集团、杭州绿城、香港九龙仓、盼盼食品、江苏宇业、香港利和等100多家国内外知名企业的150余名人员参会,有16个重大招商项目在发布会后签约。

▲ 全国人大代表、农工党湖南省委专职副主委蒋秋桃等一行到宁乡县,就化解医患纠纷工作进行调研。

8日—9日 在北京中国国际展览中心,国家级宁乡经济技术开发区与中国食品工业协会食品物流专业委员会联合举办第二届中国(宁乡)安全食品产业论坛,本届论坛有茅台、伊利、加加等150余家知名食品企业参加。

14日 全国人大代表、中国佛教协会副会长、湖南省佛教协会会长圣辉大和尚到宁乡县调研佛教工作,察看白云寺的建设和管理情况,并肯定宁乡县委、县政府重视和关心佛教工作。

▲ 县人大常委会开展"五百"(即百名代表助企业、百名代表促环保、百名代表入社区、百名代表评部门、百名代表当院长,下同)活动,是日,启动"百名代表助企业"活动,深入企业、生产车间了解企业生产经营情况。

15日 市政协主席范小新率相关市直部门负责人到宁乡县夏铎铺镇,就所联系的龙凤山村建设扶贫工作召开现场办公会。

16日 副省长李友志率省发改委、教育厅、科技厅等省直单位负责人到宁乡,就湖南省大学科技产业园等相关项目的选址进行调研。

18日 "中国移动4G"杯宁乡第25届春季马路赛在县文体中心举行,全县各乡镇、县直单位、企业、学校等部门单位的80多支代表队、5000多名干部群众参加比赛。

21日 宁乡经济技术开发区建设投资有限公司首期12亿元企业债券正式发行，成为宁乡县首支地方公债。

24日 县人大常委会在县人民法院向179名新选任的人民陪审员颁发任命书，至此，县人民法院共有253名人民陪审员参与案件的庭审。

▲ 宁乡经济技术开发区政务服务中心启动，12家入驻单位、16个服务窗口，一站式办理涉及企业与群众的78项行政审批和公共服务事项。

25日 省人大常委会副主任徐明华到宁乡县调研人大代表联系群众平台建设情况，在参观菁华铺乡代表活动室建设、并听取宁乡人大工作情况汇报后，对宁乡人大以“五百”活动为载体，充分调动代表履职积极性、充分彰显人大力量的做法给予高度肯定。

26日 刘少奇女儿刘爱琴、周恩来侄儿周秉和、任弼时女儿任远征和任远芳等23位革命元勋后代一同到花明楼，追思一代伟人刘少奇。

27日—28日 美国威蒙·积泰汽车公司董事长兼总裁王晓麟一行到宁乡县考察，先后考察宁乡经济技术开发区、金洲新区工业集中区，以及县城城市建设发展情况，并就相关合作事宜展开洽谈。

28日 宁乡县举行庆祝“五一”国际劳动节表彰大会，一批新评定的市劳动模范、县工人先锋号班组、县职工技术能手、县职工科技创新项目获得表彰。

▲ 全县办公用房清理交办会召开，会上通报第一批县直部门办公用房清理调配方案，研究部署下阶段工作方案，至此，全县各级党政机关办公用房共腾退34094.3平方米。

▲ 全省农村危房改造暨村镇建设工作会议在宁乡县召开。

30日 根据《湖南省民政厅关于撤销宁乡县资福乡设立资福镇的批复》(湘民行发〔2014〕2号)、《长沙市人民政府关于宁乡县资福乡撤乡建镇的通知》(长政函〔2014〕78号)精神，撤销资福乡设立资福镇。

4月 县民政局被国家民政部授予“国家AAA级婚姻登记机关”。

5月

5日 美国湖南商会副会长刘进杰一行到宁乡县双江口镇长兴新区，考察长沙大河西农产品物流中心项目，并对项目给予高度评价。

6日 雅居乐地产控股有限公司斥资200亿元，在宁乡举行建造灰汤国际度假小镇奠基仪式。

8日 省委巡视组第一组组长余长明一行带着对农村五保老人的深切关怀，到宁乡县双江口镇敬老院开展以“密切联系基层，关爱孤寡老人”为主题的走访慰问活动，以实际行动践行党的群众路线教育实践活动要求。

11日 总投资2亿元的湖南懋天世纪新材料有限公司在宁乡经济技术开发区开工建设。5月17日，省道209线52千米处老粮仓镇楚江村境内发生山体塌方，有80多米长的公路被掩埋，将近1万立方米的土石造成该处交通中断，塌方未造成人员伤亡。

13日 在第八届中华环境奖颁奖典礼上，宁乡县沩山乡荣获“中华环境奖城镇环境类优秀奖”。

14日 县人民武装部组织民兵舟桥分队共70人在坝塘镇乌江段演练模拟河道堤防决口等险情发生时的应急处置以及水上搜救等科目。

▲ 宁乡举行首届名优农特产文化交流会，加加集团、湘茗茶叶、都友食品等农特产协会会员单位参加活动。

19日 市纪委相关负责人、全市各区县(市)纪委书记等市纪检监察系统负责人一行到宁乡县，就党风廉政建设和纪检监察特色工作进行调研。

22日—23日 邵东县委书记黎仁寅带队的100多名党政干部代表团到宁乡县就招商引资、平台建设、城乡一体化展开考察，实地调研园区企业、玉潭公园、关山古镇。

27日 省委督导组组长、全国人大内务司法委员会委员，省人大常委会原党组书记、原副主任李江，省委督导组常务副组长，省人大常委会原秘书长、办公厅原主任孙在田一行到宁乡县调研党的群众路线教育实践活动开展情况。

▲ 湖南省庆“六一”暨“温暖微行动·宁乡行”三下乡活动在宁乡县朱良桥乡举行。

6月

5日 副省长张硕辅一行到宁乡县双江口、夏铎铺等镇实地调研“危仓老库”维修改造进展和早稻收购工作准备情况等相关粮食工作。在调研中，张硕辅强调，当前重点工作要抓紧维修“危仓老库”，确保早稻收购仓储库容够用、充足。

▲ 湖南省财政厅、水利厅共同组织开展第六批中央财政小型农田水利重点县遴选工作，宁乡县最终以总分91.52分的高分名列全省第一，成功入选湖南省第六批中央财政小农水重点县。

10日 宁乡县召开房地产业发展工作会议，出台《2014年首次刚需购房和首次改善购房优惠政策实施办法》，从2014年6月15日至8月15日，首次刚需购买商品房和首次改善购房(原住房已转让)的业主，由县房地产协会给予相当其所缴契税50%的标准进行补贴。

11日 省委常委、市委书记易炼红一行到宁乡县金洲新区工业集中区，就园区企业发展和重点项目建设情况进行专题调研。他指出，金洲新区工业集中区发展要始终坚持创新驱动，走“小企业、大集群”“高科技、快融合”的发展路子，打造产城融合、宜居宜业的现代城市工业经济综合体，并希望园区在长沙“产业倍增”的推进过程当中，承担更大的责任，做出更大的贡献。

12日 华融湘江银行宁乡县支行在玉潭镇新康路中源·凝香华都开业。

13日 省法制办党组书记、主任陈雪楚到宁乡县调研法制工作，对宁乡法制工作进行深入了解后，给予充分肯定。

▲ 宁乡经济技术开发区“蓝月谷之夏”食品饮料产业活动季启动仪式暨中国(长沙)现代农业产业化示范园重点项目签约仪式举行，签约仪式上，湖南粮食集团宁乡产业园项目、长沙仙翔食品、湖南印象麓山现代农业项目、湖南七味食品、长沙市德群食品、长沙红惠食品、长沙红太阳食品共7个项目签约，合同引资近70亿元。

▲ 市委顾问余合泉一行到宁乡县青山桥镇，调研中药材产业及中药材生态产业园区项目建设情况。

15日 2014中国(湖南)茶仙子总决赛在沩山举行。

16日 市人大常委会主任会议成员袁观清、刘新程、张建国、王国海、黄佳惠、谭杭生、芮英姿、柳美景到宁乡县，进园区，入企业，就工业经济和项目建设情况进行调研。

17日 湖南省建设厅原厅长匡彦博、湖南建设工程质量安全监督管理总站站长石灿琪一行到宁乡绿地·中央花园施工现场考察指导工作。

19日—20日 由国家统计局湖南调查总队党组成员、纪检组长欧阳美嫔带队的省检查组一行到宁乡县检查粮食产量抽样调查工作，先后深入到偕乐桥、资福、黄材、双江口等乡镇检查粮食生产情况以及城乡住户调查样本点粮食生产情况，通过实地走访调研，对宁乡县粮食产量抽样调查工作给予肯定。

19日—21日 何叔衡、姜梦周、谢觉哉的后人及董必武、吴玉章、周总理办公室原主任童小鹏的后人到宁乡沙田、花明楼等处开展故里行活动。

20日 市公安局在宁乡县大成桥镇举行毒品集中销毁行动，公开销毁全市公安机关缴获的毒品近1吨。

▲ 宁乡开展渔业资源增殖放流活动，200万尾鱼苗被放入沩江，包括青、草、鲢、鳙、鲤、鲫、鳜等品种。

21日 宁乡县民间文艺家协会成立大会召开，会议选举产生县民间文艺家协会第一届理事会，同时选举产生协会主席、副主席和秘书长。

24日 位于宁乡金洲新区工业集中区的全国首家家装工厂——鸿扬木制工业园正式投产。

26日 宁乡县农民企业家侯建良投资的中国首部公共安全防范意识微电影《一分钟英雄》在豪德汽车站开拍。

7月

5日 由碧桂园教育集团总投资4亿元修建的全县首家国际学校——宁乡碧桂园学校举行落成仪式暨“剑桥国际学校”授牌大典，剑桥国际考试中心中国部主任李娜为学校授牌。

7日—8日 中共宁乡县委常委会召开党的群众路线教育实践活动专题民主生活会，省委常委、市委书记易炼红，省委督导组常务副组长、省人大常委会原秘书长、办公厅原主任孙在田等领导出席指导。

10日 毛泽东之女李讷夫妇一行到宁乡县考察，先后考察圣得西服饰、三一重工宁乡产业园、加加酱油、华润怡宝、格力、楚天科技等项目和碧桂园外国语学校、沩丰坝大桥滨江风光带，对宁乡县的经济发展与城市建设给予肯定和赞赏。

14日 宁乡企业家商会承办的“企业家商会杯”中美篮球对抗赛在县文体中心体育馆举行，最终由中国篮球第一人王治郅领衔的八一双鹿电池队以120∶97战胜美国飞鹰NCAA明星篮球队。

15日 益阳市委书记魏旋君率领党政考察团到宁乡县，考察楚天科技股份有限公司，并进生产车间、文化广场等地了解情况。

▲ 宁乡县召开市领导建设扶贫联系点和县委常委联系点党的群众路线教育实践活动工作推进会议，会议要求做出标杆和示范。

16日 中央纪委研究室副局级纪律检查员、监察专员方小文率中纪委课题调研组及省、市纪委领导一行到宁乡，就“强化对农村基层党组织监督执纪问责工作”课题进行专题调研，广泛征求意见建议，在听取各方意见后，对煤炭坝镇农村基层党组织监督执纪问责工作表示肯定。

17日 湘阴县县委书记黎作凤率领的湘阴县党政代表团到宁乡县就工业园区建设、城市建设、融资平台建设、干部队伍建设等相关情况进行考察。

▲ 县林业局请来“120”直升机，对凤凰山国家森林公园及周边竹林2000公顷翠竹遭竹青虫啃食洒药治虫一遍，并取得满意的灭虫效果。

18日 市委副书记、市长胡衡华率相关市直部门负责人到宁乡，就工业园区如何寻找新的发展动力、寻求新的比较优势以及如何破解发展瓶颈进行专题调研，先后深入宁乡经济技术开发区和金洲新区工业集中区进行详细了解，勉励企业不断加大投入，注重科技创新，通过提升竞争力实现产能倍增。

19日 “醉”美关山葡萄采摘季活动正式启动，湖南卫视主持人李锐、数百名闻讯赶来关山采摘葡萄的市民和20名《潇湘晨报》小报童及家长涌入葡萄园体验采摘的快乐。

21日 住房和城乡建设部、国家发展改革委、财政部、国土资源部、农业部、民政部、科技部公布3675个全国重点镇名单，宁乡县花明楼镇、灰汤镇、双凫铺镇当选。

22日 省长株潭"两型"实验区工委委员、管委会副主任陈晓红带队的省、市"两型"办调研组，到宁乡县调研"两型"社会建设基本情况和花明楼镇省级"两型"综合示范片区建设情况。

24日 县人民检察院举行"检察开放日"活动，活动以"公平正义在侦监"为主题，邀请人大代表、政协委员以及县内机关、学校、社区的群众代表30余人，旁听公开审查，听取意见和建议，公开展现检务工作。

28日 长沙市第二届"政协杯"男子篮球赛在宁乡县举行，共10支代表队参加比赛，经过8天的激烈角逐圆满落幕，宁乡县政协代表队获得本次比赛冠军。

29日 省委书记、省人大常委会主任徐守盛到宁乡经济技术开发区，深入园区、企业和项目工地，调研经济运行、民生保障等情况。省委常委、省委秘书长韩永文，省委常委、市委书记易炼红陪同调研。

▲ 省发改委主任谢建辉一行到宁乡县就金玉乡镇工业集中区规划建设工作进行调研，并实地察看金玉乡镇工业集中区规划展示及项目建设情况，表示将把金玉乡镇工业集中区的发展模式作为全省试点，在集中区用地、基础配套、资金政策等方面给予大力支持。

31日 康师傅湖南饮品、方便面生产基地项目签约仪式在长沙举行，宁乡经济技术开发区工委副书记、管委会主任戴中亚与康师傅集团华中区董事长张百清代表双方签署协议，该项目落户宁乡经济技术开发区。

▲ 宁乡县举行首届婚庆文化节暨婚庆博览会。

7月 宁乡县被认定为湖南省第一批教育强县（市、区）。

8月

6日 市人大常委会主任袁观清到宁乡县督查安全生产工作，重点检查高危行业的生产、运输安全和建筑工地的作业安全。

8日 团中央书记处书记汪鸿雁与团省委、团市委领导一同到宁乡县检察院和宁乡青年创业者协会，调研宁乡县青年工作，称赞宁乡县青年工作在各个方面都可圈可点，值得借鉴与推广。

13日 中国红十字会党组书记、常务副会长赵白鸽一行到宁乡县流沙河镇合兴村，考察调研"红十字博爱家园"建设情况。

▲ 民生银行宁乡支行在宁乡大道开业运营。

15日 县委发出《中共宁乡县委关于全面深化改革的实施意见》。

16日 省民族宗教事务委员会主任徐克勤一行到宁乡县调研民族宗教工作，先后察看"切糕王子"阿迪力·买买提吐热创办的湖南梦想起航电子商务有限公司和沩山密印寺。

19日 省委常委、市委书记易炼红到宁乡县巷子口镇黄鹤村，全程参与指导黄鹤村合坪党支部专题组织生活会暨民主评议党员大会，与基层党员干部一起查摆问题、剖析原因，共同研究深入推动教育实践活动的思路和举措。

20日 贵州省铜仁市人大常委会主任雷甘霖带队的党政考察团一行到宁乡县，就工业园区建设与管理等相关工作进行考察。

▲ 省林业厅党组书记、厅长邓三龙到宁乡县，就大成桥湘都生态农业公司林下经济发展、青羊湖国有林场高山井水生产以及青羊湖酒店改造升级等工作进行调研。

21日 县关工委联合县农商银行共同举办"农商情·爱在深秋"关爱失亲少儿公益活动启动仪式，县农商银行现场对103名失亲少儿进行捐助，爱心捐助款项总计10万多元。

26日 县总工会举行"金秋助学"暨禁毒宣传进企业启动仪式，募集114家单位、319位爱心人士爱心款34.5万元，用于资助困难职工和困难农民工子女。

26日—27日 省政协常委、省政协人口资源环境委员会主任胡伟林率调研组一行到宁乡县视察《湖南省小型农田水利条例》贯彻实施情况，并先后到双江口镇草溪水库、东湖塘镇东湖社区小湖塘、花明楼镇杨林村枞木坝等地，实地察看宁乡小型农田水利基本建设情况。

29日 宁乡县举行2014年希望工程"圆梦行动"爱心助学金发放仪式，部分贫困学生代表从爱心人士手中接过助学金，并从即日起，将50.7万元爱心款陆续送达到303名贫困学子手中。

9月

1日 金洲西线全线贯通，金洲西线东起宁乡大道，西抵益阳银城大道，全长5.4公里，宽度为115米（路幅65米，两侧背景林各25米），标准为城市主干道Ⅰ级，主车道为双向6车道，非机车道为双向4车道，全程改性沥青路面，设计时速为80公里每小时，总投资7.04亿元。

2日 全县烟叶收购工作现场推进会在大屯营镇召开，会议就烟叶收购工作进行研究和部署，确保全县烟叶收购工作有序推进。

2日—3日 长沙市第二十届农业劳模经验交流会在沩山乡召开,宁乡劳模管理经验在全市推广。

3日 市人大常委会主任袁观清到宁乡县走访看望市人大代表,勉励代表立足本职、积极履职,回报社会。

10日 宁乡县在行政中心一会议室举行庆祝第30个教师节暨创建教育强县总结表彰大会。

15日 忘不了服饰有限公司在长沙举行忘不了公益元基金成立暨创业30周年成果汇报会,省人大常委会副主任陈叔红、中国航天基金会顾问孙保卫等领导出席。

17日 2014年"欢乐潇湘—长沙篇·舞动星城歌涌湘江"长沙市第二届全民广场舞大赛暨第三届全民健身舞总决赛在中南林业科技大学体育馆举行,宁乡县派出的广场舞代表队获得两个金奖和一个铜奖。

▲ 市第八届老年人运动会气排球比赛在宁乡县举行,全市各区、县(市)和市老年人体协直属单位的老年人男、女代表队共23支队伍、200多名运动员参加比赛。

18日 由中国残联副主席、党组成员吕世明,全国老龄工作委员会办公室巡视员唐振兴等领导组成的国家无障碍环境建设调研组,到宁乡县调研无障碍环境建设相关工作。

▲ 省政府副秘书长、省安监局局长邓立佳率省市安监部门负责人到宁乡县,就非金属矿山安全生产工作进行调研,与矿长进行面对面谈心对话。

22日 中国工程院院士、省政协副主席、"杂交水稻之父"袁隆平专程考察宁乡县双凫铺镇超级稻"百千万"高产攻关工程示范基地。

23日 省委常委、长沙市委书记易炼红到宁乡县关山村村部,督促指导宁乡县党的群众路线教育实践活动第三环节工作。

25日 全县23台超编超标公车在县财政局会议室举行专场拍卖。

26日 宁乡籍全国人大代表彭建武(中航工业南方董事长、总经理)、刘德辉(中国化学工程第四建设有限公司董事长、党委书记)、潘润兰到宁乡视察,先后到关山古镇、行政中心、文体中心、楚天科技参观调研。

27日 宁乡举行湖南春城置业与香港盛大百货集团战略合作签约暨品牌发布会,同时春城万象广场更名为香港盛大购物广场。

28日 长沙市市级老干部座谈会在宁乡县召开。

30日 县委、县政府在宁乡县烈士陵园举办烈士公祭活动,参加公祭活动的500多名各界代表深切缅怀为国捐躯的革命先烈。

10月

10日 由省人口计划生育委员会人口发展研究处处长尹晖带队的省计划生育工作检查组一行到宁乡县检查计划生育工作,并对宁乡县计划生育工作特点给予充分肯定。

16日 中央编办电子政务中心主任伏宁一行在省、市编办领导陪同下,就宁乡机构编制核查和实名制管理工作进行督导。

19日 "沩山·密印寺禅茶"在2014第六届湖南茶叶博览会上获金奖。

20日 省发改委湘西办副主任、专题研究小组组长彭清辉率省委党校"深化经济体制改革"专题研究小组到宁乡县,就城乡一体化工作和县域特色产业发展情况进行调研,先后到金洲镇关山村、大成桥镇湘都产业园、灰汤镇金太阳现代农庄调研,并对宁乡的经济社会又快又好发展给予肯定。

21日 省人大常委会副主任谢勇率省人大常委会执法检查组,到宁乡县检查《大气污染防治法》贯彻实施情况。

▲ 预防职务犯罪图片展览在宁乡一中进行,展览共有20块展板,分为动漫展板、预防职能宣传、案例警示宣传三部分。

22日—23日 茶陵县委书记彭新军率茶陵县党政代表团到宁乡县进行为期两天的新型工业化、城市建设、招商引资、旅游产业等相关情况考察。

24日 由科技部、教育部、中国科学院、湖南省人民政府主办,科技部发展计划司、科技部火炬高技术产业开发中心、湖南省科学技术厅、湖南省教育厅、中国科学院武汉分院、长沙市人民政府承办的2014中国(长沙)科技成果转化交易会落下帷幕,在此次会上,宁乡县签约项目20个,签约金额95.7亿元。

28日—29日 宁乡县召开重点项目建设现场观摩会,宁乡经开区工委书记、县委书记黎春秋率县领导、县直部门单位以及各乡镇主要负责人到宁乡经济技术开发区、金洲新区、金玉乡镇工业集中区、城投集团、国资公司、沩东新城以及玉潭、白马桥、城郊等9个乡镇,对27个重大项目、重点工程建设进行集中观摩。

29日 国家农业综合开发办公室主任卢贵敏一行到宁乡县调研农业综合开发工作,先后到尚益园农业开发公司、关山葡萄种植专业合作社、隆平高科关山科研核心基地、2013年双江口高标准农田建设项目、长沙沃尔德农产品科技股份有限公司、大河西农产品物流中心,详细了解宁乡县国家农业综合开发产业化经营项目实施情况,并充分肯定宁乡县农业综合开发工作。

31日 中央编办三司副司长王岐海一行就中央

编办对国家级经济技术开发区管理体制批复后的落实情况到宁乡经济技术开发区实地调研。

11 月

1 日　2014 年第十四届全国“县域经济与县域基本竞争力百强县(市)”排名揭晓,宁乡县比上年前进 6 个名次,排名第 50 位。

4 日　省委常委、市委书记易炼红到宁乡县就长韶娄高速公路宁乡段建设情况以及灰汤镇规划建设情况进行调研。

5 日　省人大常委会委员、内务司法委委员、省残联理事长肖红林,省人大常委会委员、内务司法委主任委员李平率调研组一行,到宁乡县专题调研孤残儿童保障和农村“五保”供养工作。

▲　中国作家协会副主席、湖南省文联荣誉主席谭谈,到宁乡六中讲学。

5 日—6 日　全省工业及国企改革工作调度会在宁乡县召开。会议期间,副省长黄兰香率领与会人员深入宁乡经济技术开发区、金洲新区工业集中区和金玉乡镇工业集中区,实地考察企业,详细了解企业生产和产业园区建设情况,并对宁乡县工业发展取得的成效给予充分肯定。

6 日　湘西土家族苗族自治州州委副书记、州长郭建群率湘西土家族苗族自治州党政代表团到宁乡县考察园区发展建设情况。

6 日—7 日　慈利县委书记邱初开带队的慈利县党政代表团到宁乡县进行以新型工业化、工业园区建设管理、工业招商引资、优化经济发展环境等相关情况为主题的考察。

7 日　长沙市庆祝第十五届记者节暨广电宣传创优表彰大会在宁乡召开。

▲　宁乡县人民政府发出《关于强制关闭退出落后小煤矿的通告》。

▲　中国出版协会年鉴工作委员会中版协鉴批字〔2014〕第 081 号,同意宁乡县史志档案局(《宁乡年鉴》)加入中国出版协会年鉴工作委员会。

▲　宁远县县委书记刘卫华率宁远县党政代表团到宁乡县考察,了解宁乡工业园区建设管理和招商引资等方面情况。

▲　“亚欧食品安全产业合作推广周”活动嘉宾、亚欧基金总干事张炎及匈牙利、日本等国内外专家及业内人士一行到宁乡经济技术开发区,对加加食品、华润怡宝等优秀食品企业园区进行考察。

8 日　全县 19 位干部启程赴美国(旧金山、洛杉矶、纽约)进行为期 21 天的专题学习培训,学习其现代农业、社区管理、城镇建设、园区建设四个方面的主要经验和做法。

7 日—9 日　宁乡在人人乐广场举行第四届宜居文化节房产交易展示会。

10 日　长沙市总工会正式批复同意成立宁乡经济技术开发区总工会。

12 日　县文明办、县残联在宁乡人人乐广场,首次为 7 对残疾人举办集体婚礼。

13 日　省知识产权局局长肖祥清率调研组一行到宁乡县调研金洲新区工业集中区“湖南省大学科技产业园”“湖南科技成果转化和知识产权交易服务中心”工作。

14 日　大屯营镇徐进军获 2013 年度湖南省见义勇为先进个人表彰并荣记一等功。

20 日　县人民武装部组织全县 33 个乡镇 99 名民兵营长集训。

▲　全国对外友好协会副会长谢元带领全国对外友好协会领导干部国情调研培训班成员,到宁乡县金洲镇南洲村就新农村建设情况进行考察。

▲　省人大常委会委员、省社科联党组书记周发源一行走访宁乡县部分省十二届人大代表、加加食品集团董事长杨振和楚天科技公司董事长唐岳,了解两位代表的履职情况,听取他们对省人大常委会和“一府两院”工作的意见和建议,并走进生产车间,了解企业发展情况。

▲　在“长沙现代农业与城乡融合发展投资洽谈会”上,宁乡县一举签下 7 个投资过亿元的重大农业项目,1 个投资 5000 万元的农业项目,合同签约金额达 31.66 亿元。

24 日　县举行刘少奇诞辰 116 周年纪念活动,“中国梦・赶考行”革命元勋后代(刘爱琴、周秉钧、任远芳、罗东进、马晓文、吕彤羽、杨雪征、李彤妍等)走进刘少奇故里,向刘少奇铜像敬献花篮,共同缅怀革命先辈。

26 日　望城区人大常委会主任喻金平率考察团到宁乡县考察城乡一体化工作,并先后考察金洲镇关山村、花明楼镇。

▲　省人大常委会党组副书记杨泰波一行到宁乡县龙田镇,调研该镇民生事业建设,并先后实地察看龙田镇中药材加工厂、敬老院、九年制学校、卫生院等民生事业项目。

26 日—28 日　宁乡县举行 2014“景仓杯”全国汽车场地越野锦标赛,72 位赛车手参赛,5 个参赛组 20 位赛车手进入决赛,CCTV—5 对决赛进行全程直播。

27 日　娄底市委书记龚武生率党政代表团到宁乡县考察新型工业化和城乡一体化建设,实地考察宁乡县雅居乐、金玉乡镇工业集中区等新型工业化和城乡一体化建设项目。

▲　国家财政部农业司司长王建国率调研组到宁乡县,就重金属污染耕地修复治理和农业改革工作进行调研,先后考察煤炭坝镇东山村玉米替代种植基地、大成桥镇湘都生态农业园和回龙铺镇农业生产全程社会化服务试点项目。

28 日 县老龄协会举行第二届会员大会，选举产生新一届理事会成员，陈朝晖当选为县老龄协会会长。

29 日 省人大代表、省兴旺集团总裁、董事长侯兴旺率兴旺集团管理层一行 11 人，到宁乡县考察投资环境。

12 月

6 日 湖南省孕婴童用品行业协会批复宁乡经济技术开发区设立“湖南省孕婴童产业示范园区”。

8 日 “感动中国之感动湖南”人物评选 2014 年度启动仪式暨 2013 年度颁奖典礼在长沙举行，宁乡县巷子口镇仙龙潭村檀树小学教师陈宋瑜获奖。

▲ 省军区政治部副主任刘明建、省民政厅双拥办常务副主任张甲凤率省双拥模范县考核组到宁乡县考核验收“双拥模范县”创建工作，并对宁乡县“双拥模范县”创建工作成效给予肯定。

9 日—10 日 武冈市人大常委会主任彭嘉明率考察团到宁乡县考察学习城乡一体化和城市建设，并先后考察金洲镇关山村、文体中心、玉潭公园和少奇故里。

10 日 省落后小煤矿关闭退出领导小组负责人一行到宁乡县验收煤矿关停工作，实地抽查团山塘、金泉山、青山二工区等多处已经关闭的煤矿，并对宁乡落后小煤矿关停工作给予肯定。

11 日 全市项目建设流动观摩现场会全体与会人员在省委常委、市委书记易炼红，市委副书记、市长胡衡华的率领下到宁乡，对格力电器宁乡生产基地、杉杉新能源两大项目进行观摩，并获好评。

▲ 中国质量认证中心湖南评审中心评审组同意宁乡经济技术开发区管委会通过 ISO 9001 质量管理体系和 ISO 14001 环境管理体系认证现场审核。

12 日 国务院侨办副主任庄荣文等领导一行到宁乡县经济技术开发区、金洲新区考察经济社会发展等情况，先后实地考察星邦重工、邦普循环科技、长沙天宁热电和楚天科技，并对宁乡工作给予肯定与赞赏。

15 日—19 日 宁乡县 2014 年度普法考试拉开帷幕，全县县直机关事业单位(含各中小学教师)，33 个乡镇共 2.1 万余人分批次参加考试。

18 日 省委督导组常务副组长孙在田一行到宁乡县，就党的群众路线教育实践活动整改落实和建章立制，以及经济社会发展情况进行调研。

23 日 湘潭市委书记陈三新率党政代表团，到宁乡县考察上市企业加加酱油和楚天科技，长沙市委副书记、市长胡衡华等领导陪同。

▲ 由中共湖南省非公有制经济组织工作委员会组织的全省非公党建品牌工作集中展示活动在长沙举办，宁乡县唯一一家参加展示的精量重工，通过初赛和决赛，取得总分 97.5 分，成为全省四个一等奖之一。

25 日 国家发改委下发《关于湖南省宁乡县城市建设投资集团有限公司发行公司债券核准的批复》(发改财金〔2014〕2921 号)，正式批准宁乡县城市建设投资集团有限公司发行 13 亿元企业债券。

26 日 长沙市集镇管理示范乡镇创建工作现场观摩会在宁乡县青山桥镇举行。

27 日 在北京举行的第六届全国敬老爱老助老主题教育活动表彰大会上，宁乡县老年事业发展中心获得“全国敬老模范单位”。

29 日 宁乡县在县行政中心第一会议室召开 2014 年优化经济发展环境暨政风行风千人测评大会。

▲ 长(长沙)韶(韶山)娄(娄底)高速公路全线所有收费系统全面启动，正式通车运行，该路在宁乡县境内总长 47 公里，途经宁乡县道林、花明楼、东湖塘、偕乐桥、灰汤、大屯营等 6 个乡镇，涉及 20 个行政村，分别在道林、花明楼、灰汤各建有一个互通。

▲ 宁乡县在县会议中心二会议室召开县委第十一届五次全体(扩大)会议，会议回顾总结 2014 年工作，审议通过 2015 年工作要点，县委书记黎春秋号召全县上下顺应新常态，奋力新作为，加快实现省会次中心、幸福新宁乡宏伟目标。

是年 全年实现地区生产总值 910.23 亿元，农林牧渔业总产值 152.88 亿元，工业总产值 1928.4 亿元，财政收入 55.68 亿元，社会消费品零售总额 197.27亿元，固定资产投资 713.52 亿元，金融机构各项存款余额 399.06 亿元，城镇居民人均可支配收入 3.11 万元，农村居民人均可支配收入 1.97 万元。

(蔡水林)

注:“▲”表示同月或同日。

中共宁乡县委

中共宁乡县委员会

书　　记　黎春秋
副 书 记　周　辉　邓杰平
常　　委　黎春秋　周　辉
邓杰平
胡德强(9月免)
刘　亮
汤智斌
龚　畅
张　武(9月任)
谢圣彬
刘莉霞(女,2月免)
陈永高
刘　平
吴文海
王湘云(2月任)
督 办 员　徐国斌(3月免)
胡新华
李泽斌(3月免)
李石岩(3月免)
肖放军(3月免)
刘仕强(3月免)
彭兵良　陈文旭
文跃军　戴鹏飞
黄　进　颜春泉
陈小平

【县委常委会会议综述】　2014年共召开县委常委会议12次。会议坚持以加快县域经济转型创新发展为发展路径,以激活增长极、培育增长点、确保增长率的"三增原则"筹谋全局,以新型工业化推动新型城镇化,以新型城镇化支撑城乡一体化为目标,致力建设活力宁乡、美丽宁乡、幸福宁乡,为加快打造省会次中心、构建幸福新宁乡做出科学部署。

关于村"两委"换届选举工作。会议强调,2014年村"两委"换届选举是第二批党的群众路线教育实践活动中进行的一次换届选举,是全县政治生活中的一件大事,备受关注。做好本次村"两委"换届选举工作,对于夯实基层基础、积聚正能量、推动县域经济转型创新发展、构建和谐宁乡具有重要意义。

关于群众路线教育实践活动工作。会议认为,开展党的群众路线教育实践活动,是新形势下坚持党要管党、从严治党的重大决策,是顺应群众期盼、加强学习型、服务型、创新型马克思主义执政党建设的重大部署。会议要求,要按照"严格程序、环环相扣、力创特色、务求实效"的原则,精心组织,统筹兼顾,强化保障,务求实效。会议讨论通过《关于成立中共宁乡县委党的群众路线教育实践活动领导小组的通知》《中共宁乡县委关于深入开展党的群众路线教育实践活动的实施方案》等8个文件材料。

关于传达学习习近平总书记兰考讲话精神、易炼红书记讲话精神。会议认为,学习习总书记兰考讲话精神、易炼红书记讲话精神是当前一项最重要的政治任务。会议要求,要把学习贯彻习总书记和易炼红书记重要讲话精神摆在突出位置,纳入学习教育的重要内容,将其作为开展好群众路线教育实践活动的首要任务和更高标尺。要着力落实"三大清单",以焦裕禄精神为镜子,对照"负面清单"整肃"四风"问题;以焦裕禄精神为标杆,按照"愿望清单"解决群众关切的热点问题;以焦裕禄精神为动力,依照"改革清单"推进转型创新发展。

关于离任村(社区)干部、县直单位联系村(社区)以及软弱涣散基层党组织整顿工作。会议认为,做好离任村(社区)干部、县直单位联系村(社区)以及软弱涣散基层党组织整顿三项工作,事关基层组织建设和全县经济社会发展大局。会议要求,要注重整合资源,加大工作力度,着力解决农村党员信念信仰、身份意识、基层党员职责和不合格党员处置四个问题。各乡镇和县直各单位要充分认识加强农村基层党组织和村(社区)干部队伍建设的重要性,强化工作职责,抓好工作落实,不断夯实基层基础。

关于全面深化改革和全面建成小康社会工作。会议认为,全面深化改革和全面小康建设是中央、省、市重大战略决策和重要工作部署,必须按照上级要求,成立宁乡县全面深化改革和全面建成小康社会组织领导机构,负责与上级的衔接和部署推进相关工作。会议同意成立县委全面深化改革工作领导小组和县全面建成小康社会推进工作领导小组,领导小组下设县委改革办和县小康办。

关于党校地块旧城改造项目和蓝月谷国际五星级酒店项目工作。会议认为,党校地块旧城改造项目和蓝月谷国际五星级酒店项目对于提升县城开发建设品质和区域经济带动方面具有标杆性意义,要求各部门单位全力支持,加快推动两个项目建设。

关于宁梅大道项目工作。会议认为,宁梅大道是宁乡人进入长沙的一个重要通道,项目的推动上升到市级层面,在全市道路交通项目中被列为首要建设项目,全线规划设计正式确定。宁乡段征地拆迁进展顺利,具备启动建设的基本条件。会议要求,招标工作要进一步拓宽视野,实行择优中标,招标公告要力求科学、准确。

关于民调工作。会议认为，民调工作意义重大，是省、市检验宁乡工作成效的重要手段，是检验党的群众路线教育实践活动成效的重要指标，是加强作风建设、畅通干部群众联系渠道、树立干部良好形象的重要途径。会议要求，全县上下要突出领导带头，带头整改“四风”方面的问题，带头开展大走访活动；要综合施策，突出整改；要纾解民忧，检验成果；要加强宣传，营造氛围；要完善考核，强化工作。通过全面加强各项工作，力争实现作风建设民调进入全省前60名，社会管理综合治理民调力争进入全省前20名。

关于议军工作。会议认为，县人武部围绕全县发展大局，在维护全县的发展稳定、维护人民群众的生命财产安全、维护县域发展形象方面做出了突出贡献。会议要求，全县各级各部门要增强责任意识，牢记“党管武装”的使命；要聚焦强军目标，提升“拥军兴武”水平；要突出问题化解，强化“拥军支武”保障。

关于全面深化改革和全面建成小康社会工作。会议充分肯定县委改革办和县小康办的前段工作。会议要求，全县上下要瞄准小康目标，强化改革意识，主动寻求创新与突破；改革要突出重点，在发展领域多创特色，建成全面小康要以项目为载体，以项目建设支撑全面小康社会建设；全面深化改革和建成全面小康都要注重任务分解，各部门单位都要明确各自的任务和职责，完善考核办法。会议明确以全面小康统揽全县绩效考核工作，将全面建成小康社会各项指标、全面深化改革工作任务融入绩效考核体系。

关于经开区设立总工会工作。会议认为，宁乡经开区工会联合会自2003年成立以来，在工会组建、职工维权、技术创新、扶贫帮困、积极推进厂务公开、活跃园区企业文化等方面发挥积极作用。会议指出，随着宁乡经开区升格为国家级开发区，工会工作面临新要求，根据《工会法》《中华全国总工会关于进一步加强开发区、工业园区工会工作的意见》以及《中华全国总工会关于新形势下加强基层工会建设的意见》等法律、法规文件精神，成立宁乡经开区总工会很有必要。

关于学习传达中央党的群众路线教育实践活动总结大会精神。会议认为，学习传达中央党的群众路线教育实践活动总结大会精神是当前一项重要的政治任务，要深刻领会学习教育活动取得的成效和从严治党的明确要求。会议要求，抓好学习宣传；抓好贯彻落实。着力推动落实管党责任制度化，着力推动党内政治生活规范化，着力推动联系服务群众常态化，着力推动从严管理干部具体化。（李志勇　陈芳）

【县委十一届五次全会概述】 县委十一届五次全体(扩大)会议于2014年12月29日在县会议中心二会议室召开，县委委员、县委候补委员、县纪委委员，不是县委委员、县委候补委员、县纪委委员的县人大、县政府、县政协副职，县人民武装部政委，县法院院长、县检察院检察长、县人大正处级干部、县政府副调研员，县人大办主任，县政协秘书长，县委办、县政府办、县委统战部、县委政法委、县检察院排名第一的副职，乡镇党委书记、乡镇长，县直单位党政一把手(包括改任第一副职的原书记)，垂直管理单位党政一把手参加会议。会议听取县委书记黎春秋所作的《顺应新常态，奋力新作为，加快实现省会次中心、幸福新宁乡宏伟目标》的工作报告。审议通过2015年工作要点，确定2015年的工作思路和目标任务。

会议明确2015年工作的指导思想是：深入贯彻党的十八届三中全会、四中全会和中央经济工作会议精神，紧扣省、市委部署要求，顺应发展新常态，以加快全面建成小康社会为总揽，以全面深化改革为主题，以党的建设为保障，以加快建设活力宁乡、美丽宁乡、幸福宁乡为发展定向，继续坚持“五民五感”的工作重点，主攻兴工强县、双轮驱动、东进融城、平台支撑四大战略，提速转型创新发展步伐，朝着加快实现“省会次中心、幸福新宁乡”宏伟目标阔步前进。

会议明确2015年工作的总基调是：继续坚持稳中向好，好中求快，加快转型创新发展和更好惠及民生的发展。

会议明确2015年的主要预期目标是：县域生产总值增长10%；财政收入增长12%以上；规模工业增加值增长12%—15%；固定资产投资增长18%；社会消费品零售总额增长12%—14%；城乡居民人均可支配收入增长10%—12%。

会议要求全县上下要在省委、市委的坚强领导下，开拓创新、奋发作为，顺应新常态、塑造新动力，引领新常态、赢得新希望，奋力谱写“省会次中心、幸福新宁乡”的壮丽篇章！

（李志勇　陈芳）

【2014年度督查工作概述】 2014年，宁乡县委督查室紧扣县委中心工作，突出工作重点，务实作为，在督促重大决策落实，加速重点工作推进，提高督查实效等方面颇有成效，为县域经济社会转型创新凝聚精力，注入正能量：撰写的《加大督查力度，推进项目建设》经验文章，9月3日被省委督查室专题推介，宁乡督查经验在全省范围内得到推广，宁乡县委督查室被评为全省督查系统先进单位。

一、将大事督在“要害处”。紧贴全县战略性、阶段性工作部署，抓住县域经济转型创新、重大项目建设、新型城镇化建设等重大课题，将责任进一步明确到单位、细化到岗位、落实到人，实行月督查、季通报，进行全过程动态跟踪、全方位督促检查、综合量化考核，确保将大事督在关键处。

二、将实事督在“心坎上”。把督办好人民群众的实事、难事作为督查工作的出发点和落脚点。紧紧围绕危房改造、新型农村社会养老保险、田间水利、教育医疗等民计民生热点难点问题，深入群众了解真实情况，细化进度目标，建立工作台账，按照时间节点督促问题解决，把实事督在点子上。

三、将要事督在“节骨眼”。对于上级党委及县委主要领导批示件，制定严格的批示件报告办理、反馈、通报等制度，从督办、催办、整理到反馈，每一个环节做到一丝不苟，确保件件有着落、事事有结果。全年共开展综合性督查52次，印发县委《督查通报》《督查专报》35期，办理红网《问政湖南》栏目市委书记信箱网友留言52件，县委书记信箱网友留言60件，办理省、市、县委领导批示件和交办件42件，加速立行立改群众最期盼解决的20个问题的解决进程，确保县委重大决策和工作部署的贯彻落实。

（陶志高　于彪）

【政研工作概述】 2014年，宁乡县委政研室围绕当好县委主要领导参谋、提供文字服务这一根本任务，按照“三新”定位（即“新思想的狂想者，新制度的梦想家，新经济的追梦人”），立足“四出”标准（即“出精品，出成果，出影响，出人才”），认认真真学习，扎扎实实工作，努力提升个人文字水平和综合能力，较好地完成各项工作任务，全年撰写或协助撰写报告、讲话和各类材料328篇135万字以上，撰写领导署名文章15篇，编印《崛起》4期。

一、立足于实，构建一个实干团队。以“六种人”为要求，致力打造精英型团队，努力使大家拥有哲人的思想、文人的气质、工人的标准、商人的精明、女人的细腻、军人的作风。2014上半年，在县委领导的特殊关心下，从乡镇科局借调纪卓佳、颜小平、徐建华、聂凯、陈芳五位同志，从整体素质看五人都拥有培养的潜质和潜力，具备成为一名优秀文秘人员的成长空间，人人都坐得住、作风实、好学上进，进步非常明显。形成一个年龄结构、知识水平、个性特长和综合能力搭配合理、优势互补的团队。

二、立足于学，形成一套工作机制。把加强学习、加速入门作为基本要求，结合自身实际创新形成一套针对性强的学习方式。其一，扎实开展业务“四环学习法”，严格落实“五个一”机制，做到一人一条线、一线一精品、一周一交流、一月一课题、一季一比武，坚持每月逢十召开业务学习会议，按照“学习、反思、探讨、总结”四个环节，相互交流前段学习体会、借鉴他人成功经验，针对经典材料进行深入研讨，先后就如何撰写署名文章、工作汇报、各类致辞统一标准，总结出基本要素和相关要求，明晰努力方向。其二，苦练业务“五项基本功”，致力记牢基础数据、提升基本技能、形成基本常识、构架基本结构、储备基本素材，将近十年来宁乡的主要经济指标、各线基本情况、各类专有名词建档收藏，将各类名言、警句和经典演讲、经典美文储备，形成一个信息丰富、针对性强的数据库系统，并要求大家将一些主要指标和常用信息牢记于心。致力构架“思路树”，将以往领导录音和县外领导各类讲话稿提纲提炼汇总，将办文、办会、接待等基本常识形成一套流程。努力提高综合素质，加强电脑、速记等方面技能的训练，为工作效率提高、为材料写作水平提升打下坚实基础。全年基本实现文稿核对零错误、数据事例零失真、信息上报零失误、材料提供零延误、常识错误零重犯的“五个零”目标。

三、立足于精，撰写一批讲话稿。全面优质完成年初、年终几个重要报告，撰写的县委十一届四次全会报告《深化改革创新，践行“五民五感”，奋力实现省会次中心、幸福新宁乡宏伟目标》赢得各级各界的高度肯定。全县党政负责干部大会报告较好地统一思想，凝聚人心。圆满完成年初公安、政法、纪委全会和金洲新区办公调研大会书记讲话材料，较好地完成田间水利扩容提质工程建设情况汇报、中央第一巡回督导组来长督导调研座谈会发言提纲、省委十届十次全会分组讨论会发言提纲和每季度经济形势分析会讲话以及县委书记述职述廉鉴定材料，群众路线系列汇报材料得到省、市、县领导地充分肯定，格力电器宁乡综合生产基地开工仪式、全市“三调联动化矛盾息诉息访促平安”现场经验交流会、经开区“蓝月谷之夏”食品饮料产业活动季启动仪式暨中国湖南现代粮油食品基地签约仪式、重阳节市级离退休干部考察宁乡等系列致辞赢得大家一致好评。

四、立足于新，刊发一批署名文章。撰写系列理论文章，先后在《湖南日报》《新湘评论》《长沙晚报》《长沙通讯》等主流媒体上刊发《坚持转型创新发展，加快全面建成小康社会》《在转型创新伟大征程中共圆美好的人生梦想》《宁乡县党外干部文集——序》《以强烈的“项目意识”推动转型创新发展》《以干部素质提升助推转型创新发展》《把群众利益嵌入发展蓝图》《把准群众工作“三点”，提升教育实践活动实效》《让群众增强“五感”》等署名文章。

五、立足于活，开展一系列工作调研。围绕县委的重大决策和工作部署，先后组织开展多次专题调研，集中近一个月时间深入乡镇、企业和园区进行深入了解，撰写两篇近两万字的调研报告，为县委制定决策较好地摸清底子、当好参谋。先后前往沩山、沙田开展服务性调研，真实、及时、准确掌握一线材料，挖掘和推介工作典型，提高政研室的影响力。

六、立足于好，办好一本崛起刊物。创新办刊思路，对内部刊物《崛起》进行大力度改版，扩大刊物容量,增加可读性;精选有影响力的照片,有针对性地约稿,刊物质量进一步提升,得到领导肯定和兄弟区县的好评。

七、立足于快,完成一系列交办任务。积极服务于县委办公室工作,随时随地听从陈永高常委的安排,在关键时候挺身而出,在急重任务中任劳任怨。为完成年初党政干部大会报告、全省农田水利建设现场观摩会、全县村“两委”换届暨群众反映突出问题集中交办等工作,政研室全体人员春节期间仅休息三天;县委务虚会期间,组织编印各线各单位材料,做到高效优质,营造出浓厚会议氛围。（李志勇　陈芳）

【县委县政府接待办工作】 2014年,是县委、县政府实施“八项规定”更加深入的一年,宁乡县接待办认真贯彻落实党的十八大精神,紧紧围绕县委中心工作,创新思路,强化措施,圆满完成县委和上级交办的各项外联接待任务。

一、提高思想认识,更加科学规范的行使接待职能。在“八项规定”以及省市关于改变作风,规范接待工作的各项规定出台以来,“制度”成为宁乡贯穿接待的重要命脉。制度的完善和落实,不断推动政务接待工作地完善及规范。宁乡从“依规乘坐交通工具”到“科学制定经费开支标准”等,都始终遵循规定开展各项接待工作。同时,接待办充分认识政务接待工作的重要作用,抓建设、强保障,抓制度、强职能,抓协调、强合力,不断推进政务接待工作向科学化、规范化迈进。政务接待工作逐步成为宁乡加强对外联系、凝聚人气、招商引资和展示形象的大平台。

二、加强制度管理,确保工作成效。国内公务接待坚持有利公务、务实节俭、严格标准、简化礼仪、高效透明、尊重少数民族风俗习惯的原则。具体做法是结合宁乡实际,完善国内公务接待管理制度,制定国内公务接待标准,严格审批控制,实行公函制度。县接待工作严格实施中央八项规定的要求,公务接待工作规范有序,接待效率不断提升。2014年接待概况如下:全年宁乡共接待来宾169批次。其中,党中央、国家各部委7批次;省级领导、省直各部门接待22批次;市级领导、市直各部门接待51批次;外地考察团队11批次;重要客商6批次;专家学者、新闻媒体记者及各界知名人士5批次;其他接待67批次。成功地接待民政部区划地名司司长一行,省委书记徐守盛一行,“宁乡四髯”后代到宁参观和李讷夫妇一行。另外多批次诚心接待重要嘉宾和知名乡友,宁乡政务接待工作展示县域形象,汇聚发展资源,带来良好的综合效益。

三、坚持创新服务,不断探索具有地方特色的政务接待。全面提高接待水平,坚持“以人为本”,追求特色化服务,树立品牌意识,更好地适应新时期政务接待的发展需要。全年,县委接待办继续精心打造“特色接待”品牌,努力丰富其内涵。一方面,本着“以客为尊、用心服务”的理念从“客随主便”转变为“主随客便”,既按程序、按标准操办,又针对来宾在民族、职务、性格、生活习惯等方面的差异,开展个性化服务。另一方面,以“五养宁乡”为中心,突出接待宁乡文化。第一突出餐饮文化。第二突出旅游文化。第三突出工业文化,致力凸显以国家级宁乡经济开发区、金洲新区、玉潭新城、关山新农村建设示范点等为代表的展示县域发展成果的接待场地。（王坚　资贝贝）

【2014年度信息工作概述】 2014年,随着信息工作的重要性不断提升,县委办新设立信息科,信息科坚持“小信息、大作为”的理念,紧扣全县发展大局,加强领导、完善制度、强化队伍,着力提升信息工作质量和水平,使信息成为宁乡发展的“晴雨表”和领导决策的“预警器”,为领导决策和全县经济社会事业的发展做出积极贡献。

一、以亮点特色工作为抓手,加强信息编报工作。根据省、市委办公厅信息处的报送要求,围绕宁乡县在全国、全省首创或者领先的亮点特色工作,切实提高报送信息的数量和质量,全年向省、市党委报送综合信息6931条,被采用各类信息100余条,其中两篇被中共中央办公厅采用,《用“玛仁糖”架起维汉一家亲的桥梁——记励志创业的“切糕王子”阿迪力·买买提吐热》荣获湖南省党委系统好信息活动二等奖。

二、以县委中心工作为指南,积极创新信息载体。信息科努力在“定位高、选题准、处理精”三个方面狠下功夫,不断提高信息工作服务领导决策的整体水平,全年向县委主要领导报送《领导专供信息》119期,宁乡剪报210期,紧急信息59条,领导批示30余次,为县委及时准确了解情况、科学决策、指导和推动工作发挥重要作用。

三、以构建工作平台为目标,加强信息网络建设。强化党委的牵头作用,统筹各方资源,加快建立覆盖广泛、渠道畅通的县、乡(镇)、村三级信息网络体系。加大培训力度,全年举办信息员培训班四次。通过建立信息业务通报机制、信息工作“第一时间”报送机制、信息预约机制,全年全县未出现迟报、漏报、瞒报、压报重大紧急信息现象。

四、以信息工作绩效为导向,建立健全工作制度。根据年初县委的考核标准,年底对各乡镇、各县直部门进行考核,考核成绩纳入年终绩效考核。对问题信息或调研信息被省市采纳的兑现奖励,2014年度评选信息工作先进单位33个,优秀个人47个,对工作不得力的单位进行通报批评,形成“人人关心信息、人人参与信息”的良好氛围。（彭智勇　黄奕）

【县委发文目录】

▲宁发〔2014〕1号　中共宁乡县委2014年工作要点(2013年12月24日县委十一届四次全体扩大会议讨论通过)(1月3日)

▲宁发〔2014〕2号　县委关于转发《政协宁乡县第十一届委员会2014年工作要点》的通知(1月22日)

▲宁发〔2014〕3号　县委、县政府关于深入开展"联百大建设项目进百强生产企业活动"的通知(1月28日)

▲宁发〔2014〕4号　县委关于贯彻落实《建立健全惩治和预防腐败体系2013年—2017年工作规划》的实施意见(2月19日)

▲宁发〔2014〕5号　县委、县政府关于印发《创建平安宁乡三年行动计划(2014年—2016年)实施方案》的通知(3月3日)

▲宁发〔2014〕6号　县委关于转发《宁乡县人大常委会2014年工作要点》的通知(3月3日)

▲宁发〔2014〕7号　县委印发《关于深入开展党的群众路线教育实践活动的实施方案》的通知(3月10日)

▲宁发〔2014〕8号　县委关于印发《中共宁乡县委常委会深入开展党的群众路线教育实践活动实施方案》的通知(3月10日)

▲宁发〔2014〕9号　县委、县政府关于表彰2013年度工业经济工作先进单位和先进个人的通报(4月15日)

▲宁发〔2014〕10号　县委关于印发《县委常委党的群众路线教育实践活动立行立改"八带头"》的通知(5月23日)

▲宁发〔2014〕11号　县委、县政府关于明确金洲新区工业集中区管理体制及职能权限的意见(8月1日)

▲宁发〔2014〕12号　县委、县政府关于印发《宁乡县党政领导班子和领导干部绩效考核办法》和《宁乡县乡镇和县直单位领导班子及成员绩效考核实施细则》的通知(8月15日)

▲宁发〔2014〕13号　县委、县政府关于全面建成小康社会的实施意见(2014年—2017年)(8月15日)

▲宁发〔2014〕14号　县委关于全面深化改革的实施意见(8月18日)

▲宁发〔2014〕15号　县委、县政府关于进一步做好征地拆迁安置工作的意见(9月24日)

▲宁发〔2014〕16号　县委关于议事协调机构清理调整的通知(12月26日)

中共宁乡县委办公室

主　　任　陈永高

副 主 任　陶志高(常务)　王　坚　陈　全　胡乾山　刘庆丰　彭智勇　李志勇

县委常委会秘书

曹一航

县委政策研究室

主　　任　李志勇

副 主 任　贺志亮(3月免)　周妹香　彭　舜(3月任)

县委督查室

主　　任　陶志高

副 主 任　杨一帆　王宁波

县保密局

局　　长　陈国红

副 局 长　彭劲松　戴　懿(女)

县委机要局

局　　长　陈泽军

副 局 长　徐　翔

县委县人民政府接待办公室

主　　任　王　坚

副 主 任　谢建华　资贝贝(女)　郑光辉(9月任)

改革办

主　　任　陈永高(9月任)

副 主 任　陈　骁(9月任)

组织工作

县委组织部

部　　长　汤智斌

副 部 长　刘骥扬(常务)　陈科军　黎国希　袁国华(兼)　詹爱芝(兼,女)　赵龙希(兼)

县直机关工委

书　　记　汤智斌(兼)

副 书 记　黎国希(兼)　曾铁坚(兼,9月任)

委员、纪工委书记　李　龙

委员、工会主席　杨　洋(女,3月任)　王　凯(3月离任)

委　　员　周金国　胡乾山(兼)　钟炳权(兼)

县委基层办

主　　任　陈科军(兼)

常务副主任　梁继荣

县人才工作局

局　　长　詹爱芝(女)

副 局 长　周步荣

县党员干部现代远程教育中心

主　　任　吴山川(9月任)　唐　迎(9月离任)

县绩效考核工作办公室
(2014年8月成立)

主　　任　刘寄华(9月任)

副 主 任　宋太军(9月任)

【概况】　2014年,按照中央、省市委要求和县委部署,宁乡县组织工作深入开展党的群众路线教育实践活动,全面推进人才引进、教育培训、忠诚履职、创先争优、选人用人"五位一体"干部人才队伍建设新模式,以基层党建"双先”工程为重点，统筹抓好领导班子、干部队伍、人才队伍、基层党组织和党员队伍建设，多项作法得到中央活动办和《人民日报》等专题推介；干部素质提升“四五”工程得到省市相关领导的高度肯定和《光明日报》《湖南日报》等媒体的重点推介；人才工作“四千”人才计划、“三评四查五找”调整不胜任现职领导干部等经验作法得到省市组织部门高度肯定。

【党的群众路线教育实践活动扎实推进】 全县114个乡镇和县直部门单位、3209个基层党组织、6.63万名党员参与活动、接受教育、改进作风。精心设计“五个一”和“心连心”等特色主题活动，认真开展学习教育，深入听取意见建议，严肃认真召开专题民主生活会和组织生活会，扎实开展民主评议党员工作，切实增强党员干部贯彻群众路线的思想自觉和行动自觉。聚焦“四风”问题，深入推进整改落实和专项整治，公款吃喝、公费送礼、违规职务消费等现象得到有效遏制，乱收费、乱罚款、乱摊派等关系群众切身利益问题得到坚决纠正。着力建章立制，围绕改进文风会风、规范选人用人等出台48项制度，初步构建作风建设长效机制和刚性约束。宁乡县开展活动的多项经验作法，得到中央活动办及《人民日报》等专题推介。

【领导班子和干部队伍建设全面加强】 不断加强班子思想政治建设，扎实抓好县直部门单位和乡镇“五好”领导班子创建活动的督查、考评，评选“五好领导班子”55个，“较好”班子50个，“一般”班子2个。评选优秀领导干部456人，评定称职的领导干部734人，基本称职的领导干部5人，不称职的领导干部1人，不定等次领导干部7人。切实规范干部选拔任用和交流工作，按照“好干部”标准对县管领导班子进行调整，领导班子的凝聚力和战斗力得到增强。在全县公开选拔200名正副科级后备干部，进一步激发干部队伍活力。认真执行《关于试行“三评四查五找”调整不胜任现职领导干部工作暂行办法》，进行领导干部甄别考察284人次，12名“为官不为”、不在状态的领导干部被免职，18名领导干部调整交流。从严管理监督干部，对全县机关和事业单位进行作风建设明察暗访，开展乡镇干部“走读”和上下班纪律专项督查，全县共查处“为官不为”问题140个、“走读”干部12名，通报违犯上下班纪律问题77例。扎实推进“三超两乱”专项治理，纠正超编制领导职数35个、非领导职数82个、超范围分设党政职务28个，清理在编不在岗人员1396人，核减临聘人员773人，清理“吃空饷”对象128名，追回全部空饷资金269.92万元。对领导干部兼职现象进行全面清理纠正，共清理在企业或社会组织兼职领导干部129名。

【干部素质提升“四五”工程深入实施】 先后邀请董明珠、葛滨等国内外著名企业家教授到宁乡进行专题讲座；组织579名干部人才到清华、人大、浙大、中南大学等高校进行10期专题研修；选派20名优秀正科级领导干部赴美国，进行为期21天的专题学习；选派4名正科级领导干部到浙江余杭进行2个月的挂职锻炼；在县委党校举办专题培训班29期，培训干部人才5927名；组织160多名科级领导干部进行考学。教育培训工作得到省、市相关领导的高度肯定和《人民日报》等主流媒体的重点推介。

【基层基础进一步夯实】 大力实施基层党建“双先”工程，牢固树立抓基层强基础的导向，严格落实各级党组织抓基层党建的责任，认真开展“三级联述联评联考”工作，对基层党建工作情况进行全面调研核实，管党治党责任不断强化。高标准选拔储备村(社区)后备干部1037名，圆满完成391个村(社区)“两委”换届选举工作，村干部队伍结构不断优化。加大基层保障力度，村级运转经费平均每村达到14万元。深入推进城乡基层党组织结对共建工作，38个软弱涣散基层党组织得到整顿提高。深入开展“心连心”活动，组织1.06万名党员干部深入基层，帮扶6671名困难群众，捐资捐物达210多万元，收集意见3400余条，解决具体问题2200多个。严格党员发展工作，在控制发展党员数量的同时，不断提高发展党员质量，2014年新发展党员716名，其中高中及以上学历的党员634名，占88.55%；女性党员265名，占37%；35岁及以下的451名，占63%。举办培训班9期，培训积极分子近1000名。稳妥开展不合格党员处置工作，加大对老党员和困难党员的慰问帮扶力度，党员队伍管理和服务切实加强。从大学生村官中选聘事业编工作人员3名，择优解决12名大学生村官的事业编制；从优秀村(社区)主职中考录乡镇公务员2名。提高离任村主职困难补助金标准，从60元/月提高至100元/月，并按任职年限每增加1年补助增加5元/月，树立重视基层、关心基层的良好导向。

【人才强县战略稳步推进】 深入实施“四千”人才计划，加大基层人才引进力度，面向全国选调公务员21名，公开选聘事业单位专业人才27名。突出企业高端人才培养培育，首次举办清华、浙大“企业家现代管理”高级研修班。强化科技成果转化平台建设，研究制定《科普服务园区企业“十百千”计划》。创新企业高素质人才引进方式，组织全县重点企业到省人才市场和省内高校举行专场招聘会。积极做好“5127”人才跟踪管理服务工作，择优解决160名引进人才的事业编制。推进人才服务基层，积极做好科技特派员等工作，人才对县域转型创新发展的支撑作用日益凸显。

【绩效考核指挥棒作用明显】 全面对接市绩效考核体系，成立由县委组织部管理的县绩效办，精心出台新的考核指标体系，坚持全程监测、半年督查、年终集中考核“三管齐下”，做好信息反馈、预警提醒、调度分析、督查督办工作，增强全县各级领导班子和领导干部引领科学发展的自觉性，推动全县经济社会发展各项目标任务完成，促进全县上下务实干事良好风气形成。2014年度市对县绩效考核实现争先进位。

（宋尚红）

宣传工作

县委宣传部

部　　长　刘莉霞（女，2月免）
　　　　　　王湘云（3月任）
副 部 长　易光辉（常务）
　　　　　　邹素武（3月调离）
　　　　　　邓利良
　　　　　　汤命强
　　　　　　刘建威（兼）
　　　　　　李洪波（兼 9月任）
　　　　　　李锡泉（兼）

县文明办

主　　任　李洪波（9月任）

县新闻中心

主　　任　邓利良

【概况】 2014年，全县宣传思想文化战线围绕中心、服务大局，适应新常态、奋力新作为，理论武装形式新颖引领学习风尚，舆论引导能量强劲打造宁乡名片，文明创建大刀阔斧提升城乡品质，文化发展蹄疾步稳形成可喜态势。

一、推进理论武装升级工程，营造“书香楚沩”的浓厚氛围。第一理论宣教方式升级。组织举办7期县委中心组（扩大）学习班。开展“两讲五进”理论宣讲、微宣讲活动200余场，县内两名宣讲员在长沙市“微宣讲”竞赛中获二等奖。县委中心组成员深入开展课题调研，共有20余篇调研文章在中央、省、市主流媒体刊发。第二全民读书氛围升级。组织开展“我爱读书”学习竞赛、你读书我买单、爱心阅读、好书美文推荐等全民读书活动。编印散文读本《品味经典Ⅲ》，免费发放给全县党员干部。第三学习典型影响升级。深入开展“五创四评”活动，城郊乡党委、菁华铺乡党委、县委党校、县交运局、县公安局被评为长沙市学习型组织示范单位。荣阳物资实业发展有限公司董事长郑桂良被评为“全省党员学习明星”，经开区湖南梦想起航电子商务有限公司董事长阿迪力·买买提吐热被评为“全省学以创业先锋”。

二、推进舆论引导提质工程，展示“精彩楚沩”的靓丽风采。第一内宣策划提质。策划“践行党的群众路线，彰显为民情怀”“加快转型创新·提速幸福宁乡”等主题宣传活动，浓厚发展氛围。县内媒体不断提质，宁乡电视台电视专题《把粮食存到“银行”》获评第24届中国新闻奖一等奖。宁乡网被评为全省优秀网站，宁乡手机报被评为全省优秀手机报。第二外宣品质提质。1月至10月，在中央、省、市等各级媒体刊播各类稿件达800多条。在《人民日报》上稿5条、人民网首页上稿2条、中央电视台推出专题宣传推介宁乡，《湖南日报》头版头条上稿2条、市州版头条6条，《长沙晚报》头版头条上稿11条。“我爱读书”学习竞赛、“道德宁乡”系列活动、“一镇一品欢乐乡村”民俗文化活动、“幸福宁乡欢乐楚沩”群众文化活动等多次被中央、省、市主流媒体推介。第三涉宁舆情平稳。2014年，监测并协调处置各类突发敏感舆情超过三百条，至年末全县未发生较大影响的舆情。

三、推进文明创建惠民工程，提升“善行楚沩”的文明高度。第一，争创全国文明县城成效显著。在市对县文明程度指数半年测评中，宁乡县获得全市第一。在省对县文明程度测评中，顺利拿到全国文明城市提名资格，进入“全国文明城市提名城市（县级）”行列，全省仅有6个城市获此荣誉。第二，精神文明创建活动如火如荼。白马桥乡被评为第四届全国文明村镇。城投集团、人民医院、大屯营镇被评为湖南省文明单位。第三，“道德宁乡”品牌持续彰显。以“道德宁乡”建设为总揽，加强“四德”教育。2014年，坝塘镇的胡桂香、资福乡的喻达武、经开区的湖南梦想起航电子商务有限公司董事长阿迪力·买买提吐热荣登中国好人榜。2人获得长沙“十大孝星”称号和提名奖，6人入选长沙市“我身边的雷锋榜样”。第四，“志愿者服务之城”逐渐成形。启动建立志愿者县级工作总站和60个社区工作站，建立县级志愿服务网络平台。广泛开展“文明交通”“邻里守望”和“三关爱”等志愿服务活动，培育志愿服务的文化自觉。第五，未成年人思想道德建设创新推进。多层面加强社会主义核心价值观宣传教育，全力承接筹办全市乡村少年宫项目建设现场推进会。举办“做一个有道德的人”“青春情·中国梦”“文明办网、文明上网”等主题活动，营造有利于未成年人健康成长的社会文化环境。

四、推进文化发展实力工程，谱写“欢乐楚沩”的发展篇章。第一，扩大公共文化供给，满足文化惠民之需。新建乡镇文体活动中心3个，提质乡镇文体活动中心3个，提质村（社区）文体活动室17个。全县规模最大、功能最全的文化体育民生项目——县文体中心正式交付并对外开放。文化馆、图书馆已迁入并实施免费开放。新成立民间文艺家协会，新发展注册民间文艺团队15支。

第二,开展群众文化活动,满足文化乐民之需。举办“欢乐潇湘”大型群众文艺会演、校园文化进社区、“一镇一品”优秀民间文艺节目巡演、花鼓戏唱腔大赛、广场舞大赛以及全国篮球青年联赛湖南赛区比赛等活动。第三,加强文艺精品创作,满足文化育民之需。原创歌舞《青铜怨》获省“欢乐潇湘”大型群众文艺展演二等奖、市一等奖,2支广场舞队伍获“欢乐潇湘”广场舞大赛市金奖。小品《有空来家坐》获得湖南省群艺馆、文化馆业务人员技能大赛金奖。宁乡“诗散文”研究获得中国作协新创作论坛创新奖。宁乡对子花鼓、黄材山歌等4个项目成功入选长沙市非物质文化遗产名录。第四,加快文化产业发展,满足文化富民之需。引入绿城宁乡文化园、县文体中心影剧院、道林古镇、灰汤温泉景观公园等重大文化产业项目。其中,绿城宁乡文化园签约金额达30亿元。2014年全县7个项目成功争取省市扶持资金2300万元。积极争取华强集团“美丽中国”文化产业园落户宁乡。

五、推进队伍建设动力工程,夯实“活力楚沩”的整体水平。第一,加大培训力度。举办全县宣传干部培训班,邀请省市宣传文化部门的专家领导授课。派出新闻媒体记者到省市主要媒体一线岗位学习体验。第二,切实转变作风。结合群众路线教育实践活动要求,大力倡导短、实、新、深、活的文风会风。结合群众反映强烈的突出问题、34项专项整治等工作,坚持边查边改,取得实效。

(彭威)

统战工作

县委统一战线工作部

部　　长　汤智斌

副 部 长　邹素武(3月任,常务)　唐志强　周名生

【概况】 2014年,全县统战工作坚持以实施“同心工程”为抓手,以群众路线教育实践活动为动力,稳固基础抓重点,突出特色创亮点,各项工作整体推进,获得全市区县(市)绩效考核第二名。

一、“四同创建”取得初步成效。将“同心工程”纳入乡镇、县直单位绩效考核,推出以奖代补、领导联点、部门共建等措施,将创建工作与民主党派社会服务、非公经济转型创新发展、民族宗教界慈善等相结合,全县乡镇、园区共确立“四同创建”示范点42个。妙盛工业园、大河西农产品物流中心分别荣获省级同心示范园区、市级同心示范项目。年终,按照省级3万元、市级2万元、县级1万元的标准实行以奖代补,共计发放奖补资金15万元。

二、合作共事实现更大进展。公开选拔党外后备干部20名,新提拔重用党外领导干部4名,龙田镇党外镇长陈庆通过公选提拔为副县级领导干部。通过定点培训、自主办班等方式,培训党外干部140余人次。加强党外干部培养管理,制定实施部长谈心日制度和党外干部年度履职报告制度,集结编辑出版《同心聚力·宁乡县党外干部文集》。农工党宁乡总支成功升格为基层工作委员会。深入开展中国特色社会主义学习实践活动,举办各类学习报告会、宣讲会和培训讲座5场次,推出红色之旅、同心创建、课题调研等12大主题活动。各民主党派、工商联和无党派人士“两会”期间,提交议案提案30多件和意见建议50多条。

三、经济统战培育硕果累累。积极牵线搭桥,组织参与各类招商活动10余次,投资3亿美元的康师傅正式进驻经开区,莱拓福、宏全等项目新增投入1亿多元;出台《创业富民表彰奖励办法》,组建10对创业帮扶对子,推出青年创业大赛、创业富民在基层等活动,向市申报2015年创业富民扶持项目318个,为102家初创企业争取市级扶持资金459万元;邀请格力集团董事长董明珠、著名经济学家张早平教授等主讲高端讲座,组织100名非公企业业主及高层管理人员赴浙大、清华培训,提高创新创业能力;开展“为非公有制企业解难题办实事”集中走访调研活动,“三联三促”“双百服务”活动,为非公企业解决各类问题10多个,搭建银企对接平台,为中小企业与银行融资约50亿元,协助易呼百应在湘交所成功上市融资。引导非公企业承担社会责任,全年捐款捐物660万元。

四、“两新”党建展现更高水准。全县371个“两新”组织党组织,4725名党员全部参加群众路线教育实践活动,覆盖率达100%。先后成立13个督查组,对全县进行3次全面督查,下发督查通报2期。新建“两新”组织党支部5个,整顿软弱涣散党支部20个,全县有5名党员被提拔为高管,7名党员被提拔为中高层干部,11名中高层管理人员和核心技术人员被发展为党员。精量重工党总支荣获全省非公有制经济组织党建品牌展示一等奖。

五、和谐统战谱写崭新篇章。举办“世界侨领侨商看宁乡”活动,邀请五大洲30多个国家和地区的100多名侨领侨商到宁乡参观考察。组织赴台湾宗教文化交流考察团,全年接待台侨商务考察、回乡省亲15批次。积极引进海外公益项目,“亲情中华”李丽主题演讲活动走进黄材月山完小,香港“阅读·梦飞翔”基金在宁乡捐建图书馆36家并组织25名教师学生前往香港观摩进修。积极开展台侨企业走访调研、维权服务,协调处理台侨企业问题10多个。沩山大佛手续完善工作取得重大进展。出台《宁乡县宗教(含民间信仰)活动场所管理办法(试行)》,全省首创宗教场所划等定级、培优汰劣。帮助买买提切糕入驻经开区妙盛工业园,阿迪力获评“全国民族团结感动

人物”，成为民族团结进步新典型。成立“千年密印·万福助老”慈善基金，深化沩山密印寺慈善文化品牌。（邓旺）

中共宁乡县新经济新社会组织工作委员会

书　记　汤智斌
副书记　邹素武（3月任）
　　　　唐志强　廖　斌
委　员　谢　政　刘志强
　　　　黄海泉

县委台湾工作领导小组办公室

主　任　周名生
副主任　王智茹（女）

县归侨侨眷联合会

主　席　秦　硕
副主任　周志文

党校工作

县委党校

校　长　邓杰平（9月任）
副校长　胡志平
　　　　（9月任，常务）
　　　　陈小冬　刘学武
　　　　黄学君
校务委员　朱锡宁（女）

【概况】　2014年，中共宁乡县委党校在职干部职工32人，其中教学人员19人（高级职称6人，中级职称10人，助讲和教员3人）。内设办公室、教务科、教研室、后勤科四个科室。县委党校以党的群众路线教育实践活动的深入开展为契机，转作风、振精神，务实进取，开拓创新，积极主动开展工作，圆满完成各项工作任务。年内，党校被评为县党风廉政建设工作、宣传思想工作、计生工作先进单位，领导班子被评为县“五好领导班子”，学校支部被评为市级“学习型党组织”。

【干部培训】　2014年，县委党校认真贯彻落实县委提出的干部素质提升“四五”工程，着力发挥干部培训的“主渠道、主阵地”作用，全力承担起全县干部培训的主力军职责。2014年，先后举办村社区建党积极分子培训班、办公室主任培训班、“五老四教”金牌讲师团培训班、妇干班、全县离退休党总支书记培训班、新型工业化以及交通运输执法高级研修班等各类主体班次32期，培训学员4000多人。同时，与县人社局、教师进修学校等部门联合举办部门培训班14期，培训各类人员2000多人次。对外交流培训进一步拓展，先后有岳阳县、邵阳县、醴陵市、安化县、茶陵县等地领导干部400多人到宁乡党校进行交流培训，有效宣传推介宁乡工作。党校充分发挥自身优势，组织骨干老师送课进机关、入社区、到村组达80多堂，提高党校办学的声誉和影响力。

【教学科研】　2014年，党校在校内深入开展“六个一“活动（即一份笔记、一个课堂、一篇文章、一个栏目、一次汇报、一场考试），学习氛围不断浓厚。进一步加大选送培训力度，先后有11名教师到浙江大学、北京大学、复旦大学等高校以及省、市党校进行业务培训，开阔视野，更新知识。同时，以课题为基础，组织教师到部门、社区、企业、乡镇开展专题调研，让教师转作风、接地气，营造良好风气。学习促提高，教研出成果。2014年，以党校教师牵头编写的《宁乡县党政干部简明经济读本》和《学法用法简明读本》进入较稿阶段。为灰汤镇编写《村民行为规范读本》《好行为、好习惯、好人生》两本手册。省级课题《宁乡水环境治理研究》成功结项。党校干职员工撰写的40多篇文章在《今日宁乡》刊发。在全省理论研讨会中，获3个二等奖，6个三等奖；4名教师的文章获全省党建学会征文一等奖；在全市“三市三倍”征文活动中，获得1个二等奖，3个三等奖；并有多篇文章在省、市、县级刊物发表。2名年轻老师代表宁乡参加全市微理论宣讲双双获得二等奖；继2013年1名教师摘取“我爱读书”知识竞赛特等奖之后，年内2名教师又分别获得二、三等奖，党校成功创建市级学习型党组织，一名教师获评“学习型标兵”。

【机关党建】　“三会一课”、党员春训、七一表彰、机关党员进社区等日常工作开展扎实、有效。重视党员思想教育工作，年内组织机关党员到彭德怀同志故居、何叔衡、谢觉哉同志故居接受党性教育。党风廉政建设工作不断加强，民主集中制、“三重一大”等制度进一步健全，落实有力。党建带团建、带妇建、带工建作用明显，举办机关首届乒乓球比赛，党员干部参加环城马路赛、十公里徒步、志愿者活动等有声有色。整顿帮扶软弱涣散基层党组织有措施，有成效。利用春节、七一等时机，慰问困难群众33人，困难党员12人，支持扶助村级资金4万多元。同时，组织帮扶村党员、村民代表等60多人免费到党校进行为期4天的集中学习培训，为基层党组织建设尽责出力，探索出新的途径和方法。（朱灵）

老干部工作

县委老干部局

局　长　袁国华
副局长　孙向京（女）　蒋才良
　　　　金章国
　　　　（关工委秘书长）

【概况】　2014年，县老干部局以科学发展观为指导，紧紧围绕县委、县政府“打造省会次中心、构建幸福新宁乡”的目标，全面落实老干部“两项待遇”，统筹抓好老干部“两项建设”，优化提升老干部服务管理水平，引导老干部发挥作用，老年教育实现延点扩面，全县老干部事业创新发展。县委老干部局被评为“全省老干部宣传工作红旗单位”,局领导班子被评为县“五好领导班子”。县关工委被评为“中国关心下一代工作委员会宣传工作先进集体”。县老年大学微霞艺术团被评为县金牌艺术团、市五星文艺团队和最佳文艺团队。

【老干部工作地位不断提升】 县委拨专款近90万元开展春节走访慰问老干部活动,先后主持召开老干部迎春茶话会、全县老干关协工作大会和老干部重阳节座谈会,县委常委会议听取老干部工作情况汇报,增设20万元作为宁乡县老干部事业发展专项配套补助资金,将老干关协工作纳入全县绩效考核范畴。老干部工作做到政治上给地位、待遇上给保障、生活上给关怀、活动上给支持,全县老干部工作地位不断提高,工作氛围不断浓厚。

【老干部“两项待遇”从优落实】 全年组织老干部听取报告3次,召开座谈会12次,发放调查问卷200多份。重阳节老干部座谈会上,县长通报全县经济发展形势,听取老干部对宁乡发展的建议和意见,县委书记作重要讲话。年内看望老干部24人次,老干部整生祝寿2人,悼念老干部21人。精心组织450名老干部进行健康体检。组织老干部赴娄底红色之旅、青海原子能爱国教育基地考察。县委邀请7名老领导全程参与党的群众路线教育实践活动,县委组织部部长汤智斌深入6名老干部家中听取意见和建议。春节走访老干部600多名;“七一”慰问新中国成立前入党的14名老党员2.8万元;建军节走访慰问抗战老干部15人共6000元。离休干部护理费由800元/月提高到1000元/月,按政策规定及时发放离休干部生活补贴、无固定收入配偶遗孀生活补助,为接管国企移交离休干部报销医药发票3万余元,为10多名特困离休干部和配偶(遗孀)送去帮扶资金4万多元。

【老干部“两项建设”得到加强】 在全县离退休人员党组织和党员中开展党的群众路线教育实践活动和市、县两级“五好”离退休人员党支部示范点创建活动,成功创建市级示范点10个,县级示范点19个,发放县级配套补助资金9.5万元,成功申报回龙铺离退休干部党总支为全国离退休干部先进集体。开展以“我看党的十八大以来的新变化”和“我的群众路线教育实践活动学习心得”为主题的老干部征文活动。编印《学习党的十八大,共建幸福新宁乡》《同心共筑中国梦》优秀心得和征文选编。组织对130多名离退休干部党组织书记进行为期两天的培训。引导老同志参加网宣工作,有50多名老干网宣员在省局网站、红网、新浪网等10多个网络平台发文50多篇、跟帖1500多条。

【老年教育事业快速发展】 县老年大学全年开班68个,招收学员2000多人(次),新办青山桥镇等乡镇级分校4所、沙田乡双溪村等村(社区)老年学校9所。积极推广老年网络教育,全县20多个点、学员近5000人次收看老年教育网络课堂,成功创建市级示范点10个、县级示范点8个。

【老干部活动丰富多彩】 举办宁乡县首届老干部运动会,共有16个县直单位、144名运动员参加;组织参加市第二届老干部运动会,广场舞、乒乓球获团体二等奖,象棋、门球获团体三等奖;举办“唱响中国梦、高歌新宁乡”老年大学第二届声乐赛;编排的广场舞、民族舞在县比赛中均获一等奖,原创节目快板舞《群众路线是法宝》获县奖并巡回演出10场。县老年保健协会举办保健讲座6场;县老干部书画协会举办建党93周年大型书画展,展出作品140多幅,在“廉政”书画展示活动中20位书画高手临场泼墨、展现作品600余幅。

【关心下一代工作亮点纷呈】 县关工委主办宁乡县“美丽中国、幸福生活、多彩宁乡”青少年书画赛。为提高广大青少年的法律意识和安全意识,组建6个普法小组先后深入33个乡镇普法68场次,受益青少年学生达8.94万人。重点部署第二批民营企业关工委组织建设工作,全县新增民营企业关工委35家。

【“五老四教”活动纵深推进】 举办全县“五老”宣讲交流赛和四次“五老”宣讲员集中培训。开展“五老”宣讲心得体会征集活动,进行表彰奖励并编印成册。组织开展“百、千、万”(即100名金牌讲师、1000堂报告、10000户青少年家庭受益)宣讲活动,全县有1587名“五老”参与宣讲报告4590场次,其中青少年禁毒宣讲2200多场次,共有10.28万人次受教育。

【召开老干关协工作大会】 4月17日,全县老干关协工作大会顺利召开,会议高度肯定2013年工作成绩,对105个先进集体和207名先进个人进行表彰。会议由县委副书记邓杰平同志主持,县委常委、组织部部长、统战部部长汤智斌作大会工作报告,县长周辉通报全县经济工作情况,县委书记黎春秋作重要讲话。

【开展“进百老门、知百老情、暖百老心”活动】 县老干部局走访全县150多名离休干部和遗孀,听取意见、建议7条,建立工作台账,发放《离休干部生活待遇一览表》,开展全县离休干部待遇督查,解决问题4个。

【开展“农商情·爱在深秋”活动】 结合贫困少儿调研情况,联合县农商银行开展“四个一”(即举办一场德育教育宣讲报告、参观一所名校、赠送一批学习用品、发放一笔慰问款)的“农商情·爱在深秋”关爱失亲少儿公益活动。摸排确定103名关爱对象,组织媒体进行集中采访,于8月21日举行“农商情·爱在深秋”关爱失亲少儿公益启动仪式,并组织开展“一对一”上门赠送防寒物资的“农商情·暖冬”行动。(戴娇龙)

机构编制工作

县机构编制委员会办公室

主　　任　戴晓成

副 书 记　周光仕　何志文(女)

【概况】　2014年,县机构编制办公室全面贯彻落实科学发展观,积极推进政府职能转变和机构改革;完善实名制管理,规范机构编制审批程序,建立健全机构编制管理制度,强化机构编制监督检查,充分发挥机构编制保障作用;深入开展党的群众路线教育活动,全方位开展专项治理,机构编制管理规范化法制化建设成效显著、亮点纷呈。先后获得县委、县政府授予的“绩效考核先进单位”“五好领导班子”“计划生育先进单位”等荣誉称号。

【县政府机构改革】　做好与上级政府职能转变和机构改革衔接工作,在深入调查研究基础上,从宁乡实际出发,制订《宁乡县人民政府职能转变和机构改革方案》,明确加快政府职能转变、深化政府机构改革、严格控制机构编制三大改革任务,并明确任务时间安排。改革方案已呈报市委、市政府审批。

【行政审批制度改革】　全面清权确权,推动依法行政。省、市下放的134项经济社会管理权限事项承接到位。完成县本级行政权力清理,公布行政审批事项目录,经过清理和精简,保留行政审批项目176项,其中县本级147项,垂直管理单位29项。在2012年的基础上精简111项,精简率为39.78%。积极推进行政职权清理。县本级行政职权事项6499项,通过初审,精简3060项,拟保留3439项。开展商事改革,激发市场活力。2014元月实施商事登记制度改革,前置审批事项由212项减为34项,全县新设立商事主体同比增长100.4%,注册资本总额同比增长72%。狠抓流程优化,提升行政效能。坚持“三抓”(抓授权到位、抓环节简化、抓限时办结),所有审批事项实现在法定审批时限一半的基础上再压缩20%。

【事业单位分类改革】　全面开展事业单位清理,完成事业单位分类工作。按照分门别类、区别对待,先进笼子、逐步明确,成熟一个、处理一个,平稳过渡、逐步规范的思路,适时进行调整规范。撤销县财源建设公司、县政府招待所、长沙市保安公司宁乡分公司、县安全防范服务中心、县水电工程队5家从事生产经营活动的事业单位。

【事业单位登记管理】　深入贯彻落实《事业单位登记管理暂行条例》和《实施细则》,建立健全事业单位登记管理的各项规章制度。认真做好年检工作,严格规范年检程序,严把审验项目关,全面推行网上登记管理。全县事业单位2013年度应年检数566个,已年检数566个,年检率达100%,年检合格率达100%。规范日常管理,逐步将工作的重心转移到完善登记管理程序、加强事业单位监督管理上。全年办理变更登记115家,涉及变更事项132项,接受各类咨询700多人次,为法院、检察院、统计局、人社局等单位提供各类服务350多人次。

【机构编制管理】　实施规范化管理。加强机构编制管理制度建设,根据县情相继出台《宁乡县规范机关事业单位工作人员管理若干规定》《宁乡县机关事业单位借调公职人员管理办法(试行)》和《宁乡县机关事业单位聘用临时工作人员管理办法(试行)》等一系列制度文件,有效堵塞制度漏洞,形成较为规范的长效机制。实施规范化管理。从紧从严控制机构编制,确保机构编制总量和财政供养人员只减不增。坚持“三个一”审批制度,严格集中统一管理,把好机构编制审批关。推进精细化管理。全面推进实名制管理,建立全县机关事业单位机构编制数据库,完成900多家机关事业单位机构编制和2.3万多名正式工作人员的信息录入,机构编制数据库并入省机构编制内网,并正式运行。完善编制和实有人员的动态管理工作,及时办理编制变动手续,确保在编在岗实有人员与财政供养人员相一致。完善约束机制。坚持组织部、编办、人社局、财政局等部门的协调配合、联合控编,凡是机关事业单位申请使用编制,必须在核定的编制内按照编制性质进行核编,未经编办出具《县机关事业单位编制使用通知单》的,组织部、人社局等部门一律不得办理调动手续,财政部门一律不予核发经费,形成环环相扣、层层把关的约束机制。

【机构编制监督检查】　强力推进专项治理。根据省、市、县干部人事和机构编制领域突出问题专项治理工作的相关文件,针对部分单位存在人员超编、在编不在岗、擅自借调等突出问题,县专项治理办多措并举,成效显著。截至2014年12月,全县辞职辞退各类人员384人,督促返岗412人;责成有关单位退回借调人员37人;体检审批病休288人,返岗61人;全县66名内退离岗人员中,返岗44人、退休3人、待办退休17人、轮岗待岗2人;对到龄拒不退休的102人,全部责成办理退休手续;29家党政分设单位全部整改到位、清理超职数配备领导干部33名;清理吃空饷人员128人,追缴"空饷"资金269万元。编外用人清理规范。宁政办发〔2014〕3号文件下发后,全县规范管理编外用人取得一定的成效。全面摸清底数,全县机关事业单位共聘用编外人员6426人。严控新增编外人员,各单位严格执行聘用编外人员相关程序,没有发生擅自聘用编外人员的现象。聘用管理逐渐规范,劳动合同签订率达85%。在做好大量前期工作的基础上,对现有编外人员,按照单位申报,严格计划审批(原则上计划控制在单位已核编制的10%以内),制定清理方案,逐步清退规范到位。清退编外人员773人。

【服务发展有新成效】 始终坚持从全县发展大局出发,深入开展调查研究,及时审核、审批、呈报县绩效办、县改革办、县职业中专等单位有关机构编制事项,理顺金洲新区、县广播电视台等单位管理体制,为相关单位顺利开展工作创造良好的条件。加强编制资源调控,对教育系统、卫生系统的人员编制进行重新核定;增加县人社局、县统计局、县老干局、县法制办、县政务中心等单位编制;根据乡镇环境保护监管、社会救助管理偏弱情况,分别设立乡镇环境保护站和社会救助工作站。创新机制,盘活现有编制资源,全力破解人才瓶颈,积极参与中小学教师和卫技人员招聘、公务员选调、事业单位人才招聘工作,2014年累计引进各类人员300多名。

【机构编制干部队伍建设】 班子合力进一步提升。坚持"一岗双责",将党风廉政建设与机构编制工作同部署、同检查、同考核;认真贯彻民主集中制,执行议事规则,坚持重大决策、重点工作、经费开支等问题,集体讨论,统一思想,形成合力,干部综合素质进一步提升。积极参加市县组织的培训活动,制定编办业务知识学习考试计划,督促工作人员积极学习,主动学习。积极开展调研活动,有针对性地选择专题,深入基层破解机构编制工作的重点、难点,切实提高机构编制队伍管理能力。机关工作效能进一步提升。创新管人管事机制,不断完善机关管理制度,推进机关效能建设,促进干部作风不断改进,工作效率不断提高。增强服务意识,及时研究解决部门和基层提出的有关问题,更多地为县直各部门提供服务和支持。增强协作意识,改进工作方法,切实加强与职能部门的沟通和联系,主动争取各方面的理解、关心和支持,形成良性联动机制。 (喻国栋)

事业单位登记管理局
局　　长　杨　艳(女)

史志档案工作

县史志档案局
局　　长　谢仲舒
副 局 长　姜政军　张合民

【概况】 2014年,县史志档案局夯实基础,服务民生,不断完善档案资源体系与利用体系建设,开创全县档案工作新局面。宁乡档案、党史、年鉴工作均走在长沙市的先进行列。金洲新区、经开区两家单位档案工作规范化管理晋升省特级,资福镇、坝塘镇晋升省一级;全文近60万字的《鲁涤平专题文史研究》已完成80多章30万字的写作;中国出版协会年鉴工作委员会批复同意宁乡县史志档案局(《宁乡年鉴》)加入中国出版协会年鉴工作委员会;查档利用窗口以优质的服务获评"县级巾帼文明岗";宁乡档案信息网完成资料录入800万字。

一、达标升级工作攻坚克难。档案室升级达标工作是档案业务指导工作取得成效的亮点标志。2014年,金洲新区、经开区档案工作晋升省特级,资福镇、坝塘镇档案工作晋升省一级。农商银行、卫生局、教育局省二级通过复查验收。档案局加强业务指导,确保档案工作升级达标如期顺利完成。该项工作既得到市档案局领导和专家的肯定,也树立宁乡档案工作的新典范。

二、档案执法及业务指导全面展开。2014年,开展全县档案工作大检查,受检单位150(个)。督促检查的同时普及档案法律法规知识,加强对部门单位档案工作的业务指导。应科局和部门的需求,全年对国资公司、金融证券办、政法委、中医院、征拆办、总工会等多家单位进行业务指导,促进档案工作的规范与提升。

三、深化机关档案工作。以科学发展观为指导,坚持基础工作不放松,认真组织基层档案室人员学习国家档案局"8"号令,明确工作要求,熟悉工作流程,提高档案室业务水平。6月9日是"国际档案日",档案局围绕"走进档案"这个宣传主题,组织工作人员15人,现场发放各种档案宣传资料1000多份。深入宣讲《中华人民共和国档案法》《中华人民共和国档案法实施办法》等法律法规知识,重点宣讲《档案管理违法违纪行为处分规定》,进一步增强公众档案意识,扩大档案工作影响力。

四、加强村级档案室建设。举办乡村档案员培训班,培训人员130人。把提升农村档案工作的整体水平作为重点,把村级文书档案、科技档案、会计档案的归档与立卷作内容,在指导过程中严把案卷质量关,使村级档案工作得到了较好的延续和发展。

五、党史工作全面开展。2014年,党史编修相关工作取得实质进展,在局领导的引领下,拓展党史研究领域。自2014年上半年开始,集中精力加强对鲁涤平平生资料的收集和论证,着手编撰《鲁涤平专题文史研究》，该文史专题资料已完成80多章30万字的写作，进入初稿扫尾阶段。同时，继续加强媒体对党史工作宣传力度，在《今日宁乡》开辟党史专栏，做好宁乡档案信息网党史专栏的补充完善工作，加强党史数字化建设。

六、地方志工作成绩突出。高质量、高标准完成2014年《宁乡年鉴》的编纂工作。全书涉及156个单位，947个条目，收集资料200余万字，成书68.7万字，制作彩页100多个版面、600多张照片，印刷1000册，由方志出版社于12月出版发行。为方便读者检索，该书前有中英文目录，后有索引。该书的出版为各级领导决策提供参考依据，为开展对外交往、招商引资以及全民创业提供窗口和平台。

七、做好档案征集、接收工作。依照《湖南省档案管理条例》要求，有计划地接收除文书档案以外的其他专业档案，包括婚姻、公证、名人、科技、审计、地名档案等。同时开展对地域内招商引资、重要会议。重大活动、突发事件档案资料的征集接收工作。馆藏资料内容丰富，价值含量高，极大提高社会利用率。

八、积极开展档案馆基础业务工作。第一，坚持以热情、优质、高效的服务理念和工作态度，认真做好档案服务利用工作，为每一位利用者排忧解难。全年共计接待查阅人员2318人次，调卷3291卷，复印、摘抄档案提供证据6493页，利用档案解决问题取得良好的社会效益和经济效益，查找率为98%。第二，认真做好馆藏档案的抢救、保护及鉴定工作。第三，建立健全了档案的接收、保管、整理、编目、保密、利用、统计、鉴定、安全保卫等各项管理制度，严格做好库房安全工作，未发生安全事故和失密事件。

【入选中国出版协会年鉴工作委员会】 2014年11月7日，中国出版协会年鉴工作委员会中版协鉴批字〔2014〕第081号，同意宁乡县史志档案局(《宁乡年鉴》)加入中国出版协会年鉴工作委员会。《宁乡年鉴》2004年创刊，是由中共宁乡县委、宁乡县人民政府主办，县史志档案局编纂，方志出版社出版发行的综合性年刊，是一部全面系统反映宁乡自然、政治、经济、文化和社会的百科全书，也是展示宁乡改革开放和全面建设小康社会成果的一个窗口。到2014年末《宁乡年鉴》已连续出版发行11部。 （程燕）

信访工作

县信访局

党组书记、局长 赵龙希
党组副书记、副局长 欧阳定良
党组成员、副局长 黄菊彬
冯伏坚
谢 文(女)
唐 华
张勇波
党 组 成 员 杨青兰(女)

【概况】 2014年，县信访局认真贯彻省、市关于做好信访工作的一系列重要精神，严格落实党的群众路线教育实践活动相关要求，不断创新信访工作机制，规范信访秩序，进一步畅通信访渠道，密切党群干群关系，赢得群众的理解信任和支持，为全县经济社会发展创造良好的社会环境。全年共接待群众来访2297批7369人次、群众来信308件，召开协调会52场次，办理上级交办公开办理的信访案件32件，党的群众路线教育实践活动省委督导组交办信访事项13件，党的群众路线教育实践活动省委派驻长沙市督导组第九组交办信访问题105件。县信访局获得2014年度县绩效考核一类单位、“五好领导班子”，并被长沙市联席办授予“红旗单位”和“非访治理先进单位”，被市委、市政府评为信访工作目标考核优秀单位。

【县级领导接访】 2014年，共有38位县级领导接待群众796批2269人次，批示交办件601件信访件，所有批示交办件及时督促各责任单位按期办结，按期答复率为100%。为更好地保证办结效果，信访局创新工作举措，对县领导接待信访问题定期报送值班县领导审阅，并由县领导对各责任单位的办理结果进行评价，将评价结果作为年底考核各责任单位的重要依据。

【信访积案化解】 2014年，信访局继续将信访积案化解工作作为工作的重中之重来抓，明确“信访积案全面清零，信访总量下降50%”的目标。在全市率先开展“宁乡县化解信访积案专项活动”，在全面摸清信访老户底数后，于3月26日召开由各责任单位一把手参加的全县信访维稳工作会议，向各责任单位交办信访积案213件，通过明确县领导包案、局领导分片联乡、各部门单位责任上户积极作为，经过一年卓有成效的工作，共有127件信访积案无上访记录，签订停访息诉协议34人，效果良好。

【信访援助】 2014年，宁乡在信访积案化解工作的实践中，创新工作方法，打破常规工作模式，推行信访援助工作模式，由周辉县长亲自部署，组建专门班子，以县联席办牵头，县司法局、信访局、法院、检察院、公安局、法制办等相关科局和乡镇共同参加，聘请政法战线退休老同志成立10人组成的信访援助工作小组，以信访老户为援助对象，站在信访当事人的角度思考问题、梳理问题、分析问题，真正解决一些群众的实际问题。援助小组全年共接触信访事项35起，协调解决12起，程序性结案5起，进入协调程序11起，调查进行中4起，仅有3起暂未进入情况。通过信访援助的介入,宁乡部分重点信访对象如彭某、陈某、刘某均已停访息诉。

【信访联席会议】 2014年,县集中处理信访突出问题及群众性事件联席会议有效发挥作用,召集领导定期组织召开联席会议,分析信访工作形势,研讨重大信访问题,部署后段工作。年内共召开联席会议20多次,研究处理荣转复退、非法集资、失地农民社保等群体性突出问题以及谭某、姜某、吴某、赖某等重点个案。

【信访事项复查】 2014年,县信访事项复查委员会办公室受理信访复查19起,通过集体办案、组织法律专家会诊等形式,对2件信访事项进行复查,做出17起不予受理决定,解决信访争议,提高行政效率,推动信访案件依法终结。

【网上信访】 2014年,共办理长沙市网上信访件21件,省长信箱信访件64件,国家投诉中心交办件40件,国家投诉中心网上直转来访件11件、直转来信件71件,办结率100%,切实做到网络畅通,办理迅速,查询方便。

【"一推行四公开"工作】 2014年,宁乡县群众工作紧密结合党的群众路线实践教育活动开展,严格按照《长沙市"一推行四公开"群众工作要点》要求,围绕"真""实"二字做文章,开展三大主题活动,统筹谋划,高效落实,积极创新,全县群工队员共走访群众47万余户次,收集群众反映问题1.9万多件,化解矛盾纠纷近1万件,为民办实事好事1.7万多件,提供帮扶救助资金近230万元,切实解决一批广大人民群众最关心、最直接、最现实的利益问题,营造和谐稳定的发展环境,为加快构建幸福新宁乡进程注入强大正能量。 (马莹)

宁乡县人民代表大会及其常务委员会

宁乡县人民代表大会常务委员会

主　任　贺应辉

副主任　周泽祥　谢文军　熊志扬　闵志平　彭曦明(女)

委　员　(以姓氏笔画为序)

王春林　王碧玲(女)　刘义军　刘信群　刘晴明　刘骥扬　杨　振　肖水平　吴　彪　宋志宏　张　莹(女)　易光辉(1月任)　赵建华(女)　钟　鑫　夏国勋　唐　正(1月任)　陶文英(女)　彭晓静(女)　释贤心　曾子文　詹亮明　蔡跃武　黎卫华(女)

【概况】 2014年,县人民代表大会常务委员会围绕中心,关注民生,创新求实,积极作为,依法履行宪法和法律赋予的各项职责,为加快推进依法治县进程,促进全县经济和社会各项事业持续健康发展做出应有贡献,充分发挥地方国家权力机关应有的职能作用。

2014年,县人大常委会始终坚持依法履职,紧紧围绕县委重大决策部署,不断完善监督方式,增强监督实效。全年共召开主任会议10次、常委会会议6次,先后听取和审议法院、检察院等16个部门的各项工作汇报37项;对县人民政府8个工作部门进行视察评议;全县各乡镇人大主席团全部建立完善代表活动室;组织常委会组成人员和省、市、县各级人大代表开展视察活动500余人次,对4部法律执行情况进行执法检查;依法任命国家干部319人次,免职50人次,增补县人大代表4人,较好地完成县十六届人大三次会议确定的各项目标任务。

一、加强监督工作,在服务大局、促进发展中积极作为。2014年,县人大常务委员会围绕中心,监督和支持全县经济发展。全县财政实现全口径预算管理,财政预决算、三公经费预决算以及重大民生项目资金情况实现公开,“四费”同比下降60%以上,全县经济做到健康有序运行;始终把重点项目建设作为监督和支持工作的重点,对全县重点项目建设载体平台,需要人大大力支持的,都及时做出决议和决定;先后组织常委会组成人员和人大代表对城建、公路、水利、农业、工业、房地产等领域中全县重点建设项目进行跟踪视察调研,掌握工程进度,助力支持推进,促进全县经济社会均衡协调发展。关注民生,保障和维护社会和谐。县人大常委会高度重视民生民本,努力回应群众关切的热点、难点问题,民生监督上取得明显成效。全年先后开展城乡生态环境保护一体化、水质保护、食品安全、禁毒等方面的调研视察并听取相关部门的工作汇报;组织开展对采矿企业地质环境情况、农村禽畜养殖污染情况、黄材水库水源水质保护情况、城市供水管理情况的调研视察;开展沩江北源踏勘及沩江突出环境问题检查回访活动。督促落实《宁乡县退出投肥养殖三年行动实施方案》,全年开展调研视察3次,专题会议6次,暗访督查20余次,至2014年年底,全县水库全部退出投肥养殖并拆除部分库区违建养殖场;督促启动耐火材料生产导致大气污染整治行动、农村小瓦窑整治行动、城乡餐厨垃圾收集处理整治等一系列专项整治,全年共计整治耐火材料企业34家、关闭小瓦窑58家;继续督促开展打击毒品犯罪专项行动,全年破获的涉毒案件数量、刑拘的涉毒犯罪嫌疑人数均有提高;继续督促开展食品安全生产专项整治,全年食品安全形势总体可控;在敬老院建设、殡葬改革、全县村卫生室提质建设和乡村医生全员培训工作等方面加大督促力度,取得较好的成绩。同时,县人大常委会坚持把做好群众来信来访作为畅通民情、维护稳定的一项重要工作常抓不懈。全年共接待群众来访275人次、来信129件,其中受理上级转批件12件。对这些群众反映的问题,及时督促“一府两院”依法妥善处理,有效化解一批信访积案,切实维护社会稳定。依法治县,践行和助推法治建设。县人大常委会围绕宪法和法律的正确贯彻实施,选择群众普遍关心的热点、难点问题认真开展执法检查和调研视察。先后听取和审议《矿产资源法》《旅游法》《禁毒法》《食品安全法》等法律法规贯彻执行情况的汇报;开展规范性文件备案审查工作;扎实开展“宁乡环保世纪行”“三湘农民健康行”“民族团结进步行”“农产品质量安全行”等活动,督促相关部门进一步健全长效机制，加大执法力度，提升执法水平，深入开展“司法公正长沙行”活动，评选一批优秀案件和承办人，督促司法部门利用庭审公开日、检察开放日、警民联系互动活动及法律援助、社会调查评估等形式积极扩大群众知晓面和参与面；深入落实人民陪审员制度，共聘任220人担任人民陪审员。

二、加强代表工作，在搭建平台、创新机制中强化服务。县人大常委会坚持以代表为主体，不断创新工作机制，丰富活动内容，切实为代表履职创造条件，提供服务。第一，以培训为重点，着力提升代表履职能力。县人大常委会始终把代表培训作为一项基础性工作来抓。按照总体筹划、突出重点、阶段安排、层层展开的原则，分期分批组织实施。全年共计举办代表履职培训和学习交流活动20多场次，县人大常委会指导授课10多场次；及时向代表发放、邮寄各类人大刊物、文件、公报，确保代表的知情权；深入开展代表述职评议活动，以乡镇人大主席团为主体，及时进行业务指导，共组织150多名县人大代表向选民公开述职一次以上，接受选民直接打分考评，代表依法履职、为民代言的使命感和责任感得到较好提升。第二，以活动为载体，充分发挥代表主体作用。全年县人大常委会深入开展以“百名代表助企业、百名代表促环保、百名代表入社区、百名代表评部门、百名代表当院长”为主题的“五百”活动，组织各级代表先后围绕禁毒、食品安全、环境保护等问题开展调研视察10余次；参与全国人大代表、格力电器董事长董明珠，省人大代表、楚天科技董事长唐岳等企业界优秀代表进行的讲座并组织企业界代表参观学习重点企业；组织各级代表参与视察调研、执法检查、部门评议、专题座谈、项目观摩等活动42次；聘任100多名人大代表担任敬老院名誉院长，全年累计捐款捐物200多万元。“双联”活动扎实推进，制定《宁乡县人大常委会“双联”活动考核办法》；全县乡镇代表活动室建设日趋完善，阵地平台作用逐步发挥，得到上级人大的充分肯定，并向全省推介；常委会组成人员联系代表、代表联系选民日益紧密.全年共邀请24名县人大代表列席县人大常委会会议。第三，以满意为标准，着力提高建议办理质量。2014年是县人大常委会“代表建议办理质量促进年”。206件代表建议集中交办，各相关部门单位高度重视、积极办理，截至2014年年底，已全部有效办理，金河水库污染治理工程等一系列民生工程得以顺利启动；县人大常委会正副主任牵头督办重点建议24件，已经全部办结。代表建议办理实效明显提高，问题解决率达58.25%，较上年提高五个百分点。

三、加强自身建设，在改进作风、提升素质中树立形象。改进作风求实效，常委会班子成员带头深入乡镇、村、社区、企业、学校，广泛了解群众所思所想、所忧所盼，共排查梳理6个方面37条建议意见，提出34条整改措施，积极协调督促有关方面切实抓好整改落实。注重联系指导，乡镇人大成绩突出。县人大常委会不断加强对乡镇人大工作的指导和联系，全县各乡镇人大主席团在依法履职、服务中心、加强监督评议、组织人大代表开展活动方面有新的进步和新的提高。2014年，各乡镇人大主席团积极组织开展部门评议和执法检查，人大监督职能得到充分发挥；积极组织代表学习培训，代表履职意识和能力进一步增强；以代表活动室为平台，积极组织代表开展各项主题活动，代表的带头示范作用进一步彰显。加强对外宣传，综合影响日益提升。县人大常委会及时宣传报道人大工作重点、代表工作亮点、日常工作特点。全年在省、市、县各级主流媒体进行宣传报道70余次；在宁乡电视台、《今日宁乡》开辟专栏，拍摄《代表力量》专题宣传片，大力推介优秀代表先进事迹和报道人大民生监督工作；参与组织实施首个“国家宪法日”系列宣传活动。同时，不断加强纵向联系和横向联系。全年省、市人大领导多次莅临宁乡考察指导；邀请4位宁乡籍全国人大代表回家乡视察指导工作；宁乡县作为全省唯一的代表出席全国人大工作交流会议。

【宁乡县第十六届人民代表大会常务委员会会议】 2014年2月24日，召开县十六届人大常委会第九次会议。审议《2014年宁乡县人大常委会工作要点(草案)》；会议进行有关人事任免。

4月14日，召开县十六届人大常委会第十次会议。听取和审议县人民政府关于《中华人民共和国矿产资源法》贯彻实施情况的汇报；听取和审议关于2013年上半年常委会会议审议意见落实办理情况的汇报；听取和审议县人民政府关于《中华人民共和国旅游法》贯彻实施情况的汇报；听取和审议《宁乡县人民法院关于成立未成年人案件综合审判庭的议案》；听取代表资格审查委员会关于恢复周光信代表职务的报告；会议进行有关人事任免。

6月27日，召开县十六届人大常委会第十一次会议。听取和审议2013年宁乡县财政决算(草案)的汇报；听取和审议2013年宁乡县同级预算执行审计情况的汇报；听取和审议对县统计局视察评议工作的汇报；听取和审议对县公安局视察评议工作的汇报；听取和审议对县教育局视察评议工作的汇报；听取和审议对县林业局视察评议工作的汇报；会议进行有关人事任免。

8月11日，召开县十六届人大常委会第十二次会议。听取和审议2014年上半年宁乡县财政预算执行情况的报告；听取和审议2014年上半年宁乡县国民经济发展计划执行情况的报告；审议《宁乡县人民政府关于提请审议我县国省干线公路建设项目银行贷款还本付息资金列入县级财政预算的议案》；听取县人民政府关于《中华人民共和国禁毒法》贯彻实施情况的汇报；听取县人民政府关于《中华人民共和国食品安全法》贯彻实施情况的汇报；听取和审议县人民政府关于城区餐厨垃圾的收集与处理办法和管理措施工作情况的汇报；听取县人民政府关于《宁乡县退出投肥养殖三年行动实施方案》落实情况的汇报。

10月30日，召开县十六届人大常委会第十三次会议。听取和审议2014年1月至9月县财政预算执行情况及2014年财政预算调整（草案）的汇报；听取和审议2013年宁乡县同级预算执行审计问题整改落实情况的汇报；听取和审议对县财政局视察评议工作情况的汇报；听取和审议对县民政局视察评议工作情况的汇报；听取县人民法院、县人民检察院、县公安局、县司法局关于“司法公正长沙行”工作情况的汇报；听取和审议对县科技局视察评议工作情况的汇报；听取和审议对县规划局视察评议工作情况的汇报；听取和审议宁乡县人民政府关于推进城乡生态环境保护一体化工作情况的汇报；听取关于代表活动室工作情况的汇报；审议《关于接受彭海华同志辞去宁乡县第十六届人大代表职务的议案》；审议《关于提请审议决定增补四名宁乡县第十六届人大代表的议案》。

12月30日，召开县十六届人大常委会第十四次会议。听取和审议县人民政府关于2014年宁乡县国民经济和社会发展计划执行情况及2015年国民经济和社会发展计划（草案）的汇报；听取和审议县人民政府关于2014年宁乡县财政预算执行情况及2015年财政预算（草案）的汇报；听取和审议县人民政府关于黄材水库水资源保护情况的汇报；听取和审议县“一府两院”关于代表建议办理工作情况的汇报；听取和审议代表资格审查委员会关于张征等四位同志代表资格的审查报告；听取和审议县十六届人大四次会议大会筹备方案（草案）；听取县十六届人大四次会议人大常委会工作报告（草案）。

【宁乡县第十六届人民代表大会第四次会议】 2014年1月4日至6日，宁乡县第十六届人民代表大会第四次会议在县城召开。会议共进行七项议程：一是听取和审查县人民政府县长周辉关于政府工作的报告；二是审查县发展和改革局局长蒋鹏海关于宁乡县2013年国民经济和社会发展计划执行情况与2014年国民经济和社会发展计划草案的报告（书面），批准宁乡县2014年国民经济和社会发展计划；三是审查县财政局局长谭启良关于宁乡县2013年预算执行情况与2014年预算草案的报告（书面），批准宁乡县2014年财政预算；四是听取和审查县人大常委会主任贺应辉关于县人大常委会工作的报告；五是听取和审查县人民法院院长张帅关于县人民法院工作的报告；六是听取和审查县人民检察院代理检察长罗斌关于县人民检察院工作的报告；七是选举事项。

会议认为，过去的一年，县人民政府在中共宁乡县委的坚强领导下，在县人大和县政协的监督支持下，凝心聚力、真抓实干，产业转型升级步伐加快，重大项目建设取得突破，城乡建管力度持续加大，民生社会事业扎实推进，政府自身建设不断深化，圆满完成县第十六届人大第二次会议确定的各项任务。

会议指出，2014年政府工作要深入贯彻党的十八届三中全会和中央、省、市委经济工作会议精神，按照县委十一届四次全会的总体部署，着重抓好产业倍增、城乡建管、扩大投资、民生事业和改革创新五大重点，进一步加强自身建设，改进工作作风，务实高效，创业有为，确保全面完成这次大会确定的目标任务，全力推动县域经济社会新一轮又好又快发展。

会议号召，全县上下要紧密团结起来，在中共宁乡县委的坚强领导下，积极投身“四比四抓争先锋”活动，聚力攻坚，乘势奋进，努力在全市“六个走在前列”大竞赛中争当先行者、勇做排头兵，为建设省会次中心、幸福新宁乡、全国一流现代经济强县而努力奋斗。

（喻波）

县人大常委会工作机构

办公室

主　任　詹亮明

副主任　姜夕兰（女）　黎　明　喻　波

教育科学文化卫生工作委员会

主　任　赵建华（女）

副主任　邬明华

财政经济工作委员会

主　任　曾子文

副主任　刘南科

内务司法工作委员会

主　任　夏国勋

副主任　李金龙

代表联络任免工作委员会

主　任　刘信群

副主任　王京湘（女）

农业与农村工作委员会

主　任　钟　鑫

副主任　李文杰

城乡建设环境与资源保护工作委员会

主　任　彭晓静（女）

副主任　欧阳练兵

宁乡县人民政府

宁乡县人民政府

县委副书记、县长 周　辉
县委常委、常务副县长 刘　亮
县委常委、副县长 龚　畅
吴文海（挂职）
副县长 钟利仁
王湘云(2月免)
刘俊武　漆曙光
冯智君
彭　韬(2月任)
副调研员 周明山　吴国强
孔秋生
胡　长(3月任)
县长助理 刘润乾
主任督学 杨旭东
督办专员 喻东武
(11月退休)
督办员 李新铭(3月免)
王伯乾(3月免)
丁诗远(3月免)
姚普良(3月免)
王导成　胡明德
文金凤　戴向军
周进军　黎成吉
王社平
廖非平(2月任)

【县政府常务会议研究事项】 2014年，县人民政府共召开常务会议13次，主要研究事项如下：

1月7日，研究市政府支持推进的相关工作，加强基础设施建设相关问题，2014年军转干部和随调，随军家属安置工作，地质沉陷区综合治理相关工作等。

1月14日，研究教育强县验收申报工作，研究2014年退伍士兵安置工作，学习贯彻市政府全会和两会精神等。

2月25日，研究政府投资项目工程变更、花猪产业发展，审议行政事业单位资产管理实施办法送审稿和县企业国有资产监督管理暂行办法(送审稿)等。

3月6日，研究审议促进农民专业合作社发展方案、食品安全工作、公路体制改革工作等。

3月19日，研究东城区污水处理厂项目建设模式、S327长沙梅溪湖至宁乡公路建设开发模式、全县行政审批制度改革、县城投集团1212地块用地性质调整、政府党组深入开展党的群众路线教育方案等。

4月2日，研究安全生产相关工作、金洲新区政府投资项目投资模式及招标事宜、县政府申报长沙市依法行政示范单位相关工作等。

6月24日，研究2014年预算执行和其他财政收支审计结果，研究审议2014年度财政决算(草案)等。

7月31日，研究审议关于进一步加强全县物业管理工作的意见、人防工作、政府投资建设项目管理、行政审批制度改革、S327长沙梅溪湖至宁乡公路(宁乡段)招商工作，审议《宁乡县集体土地房屋抵押贷款暂行办法》等。

8月27日，研究支持大河西农产品物流中心、大河西汽车城项目建设和楚天科技发展工作、研究县城区人行信号灯安装工作，研究审定2014年政府投资项目工程变更，研究审议《关于进一步促进建筑业发展的意见》，研究调整政府工作报告相关工作，研究金融工作等。

9月25日，研究审议加大车辆超限超载联合整治工作方案、国庆节前安全生产、豆制品集中规范生产经营相关问题，研究资福流沙河等公安基层所队业务用房建设，研究审议政府投资建设项目审计监督办法，研究1121工程征地拆迁安置补偿政策等6个议题等。

10月13日，研究征地拆迁工作，审议《县知识产权质押贷款管理办法》、保障性住房项目工作等。

10月23日，研究同级预算执行审计整改情况、2014年财政预算调整草案，清理和规范各类评比表彰达标活动和规范各类考核工作等。

11月27日，研究公立医院改革工作、医疗保险、司法所规范化建设相关问题、宁乡融龙小额贷款公司设立有关事项，研究政府职能转变和机构改革方案等。

【县长办公会议研究事项】 2014年，由县委副书记、县长周辉主持召开县长办公会议27次，主要纪要如下：

2月18日，县长周辉在县行政中心十二楼会议室主持召开落实市重大项目建设推进工作办公会议。

2月26日，县长周辉在县行政中心十二楼会议室主持召开落实市工业和信息化会议精神办公会议。

3月1日，县长周辉在沩山乡政府会议室主持召开该乡建设发展工作办公会议。

3月6日，县长周辉在县行政中心十二楼会议室主持召开安全生产工作办公会议。

4月1日，县长周辉在县行政中心十二楼会议室主持召开卫生工作办公会议。

4月8日，县长周辉在县行政中心十二楼会议室主持召开政务公开和政务服务工作办公会议。

5月15日，县长周辉在县行政中心十二楼会议室主持召开保障性安居工程和棚户区改造办公会议。

5月21日，县长周辉在县行政中心1201会议室主持召开卫生教育工作办公会议。

5月26日，县长周辉在县行政中心十二楼会议室主持召开促进房地产业发展办公会议。

6月18日，县长周辉在县行政中心十二楼会议室主持召开宇业项目用地整合和金洲新区科技成果转化与知识产权交易中心建设工作办公会议。

7月9日，县长周辉在县行政中心十二楼政府常务会议室主持召开百江城市广场项目、学校建设等工作办公会议。

7月14日，县长周辉在县行政中心十二楼政府常务会议室主持召开大河西汽车城和大河西农产品物流中心项目建设办公会议。

7月28日，县长周辉在县行政中心十二楼会议室主持召开小煤矿关闭和粮食生产工作办公会议。

8月4日，县长周辉在县行政中心十二楼会议室主持召开支持楚天科技发展及殡葬改革工作办公会议。

8月5日，县长周辉在县行政中心十二楼会议室主持召开巷子口镇黄鹤村建设扶贫工作办公会议。

8月7日，县长周辉在县行政中心十二楼会议室主持召开老百姓医药与县人民医院合作创办医院、交通建设工作办公会议。

8月20日，县长周辉在灰汤镇游客中心会议室主持召开灰汤镇项目推进办公会议。

8月21日，县长周辉在县行政中心十二楼会议室主持召开"六打六治"打非治违专项行动办公会议。

10月9日，县长周辉在县会议中心五会议室主持召开县城区人行天桥和地下通道规划建设工作办公会议。

10月16日，县长周辉在县行政中心十二楼会议室主持召开服务和推进金洲新区项目建设工作办公会议。

10月17日，县长周辉在青山桥镇友园村主持召开该村建设扶贫工作办公会议。

10月27日，县长周辉在县行政中心十二楼会议室主持召开县长办公会议。

10月28日，县长周辉在县行政中心十二楼政府常务会议室主持召开金洲污水处理厂建设工作会议。

11月5日，县长周辉在县行政中心十二楼会议室主持召开城投集团项目建设工作办公会议。

11月8日，县长周辉在沙田乡主持召开该乡发展工作办公会议。

11月13日，县长周辉在县行政中心十二楼会议室主持召开岳宁大道项目建设工作县长办公会议。

12月1日，县长周辉在县行政中心十二楼会议室主持召开招商引资领导小组会议。

【经济研究工作】 2014年，县政府经济研究室紧紧围绕政府中心工作，积极参谋，强化服务，狠抓落实，切实保障各项工作高质高效完成，树立和维护政府机关勤政、高效、廉洁、务实的良好形象。

一、高标准、严要求，完成各类文稿起草。以"快、精、准"为工作要求，确保高质量高标准完成领导交办的各类文字综合材料。认真学习领会上级重要会议精神，了解和研究主要领导的思路和想法，并准确融入文字综合工作中；对各类综合材料做到精雕细琢，反复推敲，内容上力求观点正确、表述精准、条理清楚、用词生动；紧跟县委、县政府的重大决策和干部群众普遍关心的热点、难点问题，深入基层，深入实际，周密开展调研，圆满完成2014年政府工作报告起草，全年撰写经济形势分析材料及各类汇报、情况介绍、致辞演讲、论文材料等300余篇，每个材料都反复修改，仔细核对数据，确保综合工作高质量、无差错、无纰漏、无延误，全年各种材料的综合采用率达93%以上。

二、走乡镇、访企业，积极开展各类调研。开展课题研究和参与重大调研活动是研究室的一项主要职能，也是研究室贴近政府中心工作、贴近领导决策需要的有效途径。全年政府经济研究室紧紧围绕全县经济社会发展中的重点、难点和热点问题，深入开展调查研究，提出切实可行的对策建议，为政府决策提供有力的政策依据。2014年针对粮食生产、政府融资、中药材产业开发、沩山旅游开发等课题，形成调研材料16篇。

三、突亮点、强特色，做好县域经济社会发展服务。在做好本职工作的基础上，县政府研究室围绕宁乡经济社会发展，做好调研工作。包括：县级公立医院改革，县政府研究室全程参与医院调研、方案起草等工作，推动改革有序开展；城乡接合部综合整治，加强工作调度，推动城市管理年度考核获全市综合排名第二的好成绩；"双百"服务工作，政府研究室相关成员利用业余时间，走基层、进车间，为企业排忧解难，推动项目落地、建设、达产。

【政务督查工作】 2014年，县政府督查室突出以政府决策事项、会议决定事项、《政府工作报告》目标任务、省市和县长交办事项、为民办实事、建议提案办理等方面为督查重点，不断丰富督查工作内涵，提高督查服务质量，建立健全运行机制，较好地发挥督促检查职能。全年共编发《督查通报》32期；受理市长信箱170件，办复170件，办复率100%；受理问政湖南信访件180件，已全部办复，办复率100%。

一、抓住《政府工作报告》目

标任务不放松。根据宁政办发〔2014〕1号《关于对2014年县〈政府工作报告〉目标任务和长沙市〈政府工作报告〉涉及我县目标任务实施责任分解的通知》文件，对目标任务完成情况实行一季一督查，一季一通报，及时掌握各项工作进展情况、存在的问题，采用表格的形式汇报各责任领导，通报各责任单位。经过督促检查，有力地推进各项工作的开展，确保政府工作目标地贯彻落实。

二、抓住重点工作专项督查不放松。针对安全生产、重点项目、“双百”服务、烟叶生产、动物防疫、城乡环境卫生整治、城乡绿化补植补造、地质沉陷区危房核查、长韶娄公路建设、建议提案办理等重点工作开展专项督查，确保各项工作落到实处，共开展专项督查70次。

三、抓住群众关心的热点、难点问题解决不放松。认真抓好为民办实事工作。2014年，省市为民办实事工作涉及宁乡指标任务30项，其中省20项、市10项，涉及主要责任单位18个。12月，30项为民办实事任务已全面完成，其中有11项超额完成。认真做好人大代表建议、政协提案的办理工作。政府督查室全程参与建议提案的办理工作，在收到建议提案后，提出建议承办单位交县政府领导审定，及时将建议提案交由有关部门办理，并跟踪督办，开展专项督查，对答复件进行审查把关，不断提高办理工作质量。2014年，县政府共承办省政协提案1件(会办1件)，市人大代表建议10件(主办9件、会办1件)，政协委员提案4件(会办4件)，县人大代表建议201件，县政协提案205件。421件建议提案全部按期办复完毕。其中，会办的6件省市建议提案的会办意见均及时报送主办单位；主办的9件市建议已全部办结。201件县代表建议得到解决或基本解决的118件，占58.71%；正在解决或列入规划逐步解决的75件，占37.31%；受条件和政策限制暂不能解决的8件，占3.98%，均已向代表做出书面说明。205件县委员提案得到解决或基本解决的114件，占55.61%；正解决或列入规划逐步解决的85件，占41.46%；受条件和政策限制不能解决的6件，占2.93%，均已向委员做出书面说明。

四、抓住会议议定事项和领导批示落实不放松。对县政府常务会议、专题会议决定事项的落实情况及时进行督查，并对个别落实不力的单位和进展缓慢的工作进行跟踪督查，及时向县政府领导报告督查结果并定期发出通报。对省、市领导和县政府领导的批示件、交办件落实情况及时跟踪督查并反馈结果，全年共办理省、市、县领导批示交办件700件。

【政府法制工作】 2014年，县政府法制办公室强力推进依法行政各项工作，落实党风廉政建设，做好办公室编制、计生、档案、精神文明创建等日常事务，及时完成领导交办的各项任务。

一、强化制度建设，提高依法行政决策水平。第一，建立政府法制工作责任机制。完善责任体系，明确工作职责，细化岗位职责，内设综合科、行政复议应诉科、合同科三个科室，各项法制工作明确责任人。第二，行政决策机制不断完善。出台《宁乡县委办公室关于及时向社会公开县委重大决策重要举措的实施办法》(宁办字〔2014〕10号)，通过门户网站、媒体报纸等方式及时向社会公开县委重大决策，接受社会各界监督。举行《宁乡县新增出租车运力实施方案听证会》等重大行政决策听证，通过民主决策新增运力，满足宁乡市民的交通出行需求，赢得公众的普遍支持。第三，规范性文件管理标准更严。全县所有规范性文件一律按要求“统一登记、统一编号、统一公布”。2014年，共审查政府规范性文件15件，规定时间备案率100%。定期在门户网站上公布县政府规范性文件效力动态报告和部门规范性文件“三统一”目录，改造完善门户网站上规范性文件的有效期显示系统，即时显示文件有效期，解决规范性文件时效期不明确问题。第四，政府合同管理与审查更加细致。对2003年1月1日于2014年所签订100万以上的923件合同进行全面清理；创新合同监管方式，主动参与合同谈判和合同草稿征求意见会，全程参与项目签约；修订完善工业招商示范文本，细化合同监管流程；深入部分单位督查政府合同管理制度执行情况。2014年对40余份政府性合同进行法律审查，对近70份合同进行事后审查备案，提出合同修改意见达200余条，涉及标的额约130亿元，有效维护政府作为签约方的合法权益。

二、规范文明执法，提升全县行政执法水平。宁乡切实把严格规范公正文明执法的要求落实到执法实践中。第一，发布行政执法指导案例。6月初发布《关于报送行政执法指导案例的通知》，7月底已完成了组织编撰工作，遴选卫生、药监、公安、国土、环保、教育6部门的6个案例作为指导性案例，并在宁乡县公众信息网上公布《宁乡县2014年度行政执法指导案例》。第二，案卷评查标准更高。2014年组织抽查147个行政执法案卷，对照长沙市评查标准严格实行扣分制，下发《宁乡县人民政府办公室关于2014年行政执法案卷评查情况的通报》，对全部执法单位的评查结果进行通报，引起县直执法单位的高度重视。第三，加强行政执法人员资格管理和培训。加强对行政执法人员的轮训，对新进执法人员实行岗前通用法律知识和专门法律知识培训，离开执法岗位的及时回收并注销执法证件。2014年共组织培训18次，培训人员1246人，其中，发放执法证件 195 本，注销执法证件 70 本。全面完成执法人员数据库核对清理工作，实现 46 个单位 1744 名行政执法人员网上在线管理，方便公众查询。

三、完善复议机制，确保复议应诉工作质量。依法履行行政复议职责，完善行政复议应诉机制，畅通行政复议受理渠道，妥善化解行政争议。第一，强化建章立制。建立完善复议案件立案审批制度、案件集体评议制度、档案管理制度。第二，严格依法受理。凡符合受案条件的行政复议申请，一律依法受理。第三，积极组织应诉。每件行政应诉案件，都组织相关部门按时提交行政答辩和证据材料，及时出庭应诉。法院判决生效后，及时通知相关部门配合执行。2014 年收到行政复议申请 81 件，逾期未补正视为撤回申请 2 件，不予受理 7 件，立案复议 72 件，经复议后审结 55 件，其中维持 41 件，驳回 6 件，撤销 1 件，撤回申请 7 件，法定时间结案率达 100%。全年办理行政民事诉讼案件 47 件。

四、创新方式方法，积极开展示范单位创建和民主评议工作。政府法制办积极组织推进全县依法行政示范单位创建和执法单位民主评议工作。第一，组织推进依法行政示范单位创建活动。制定创建方案，明确工作标准。下发《关于开展依法行政示范单位创建活动的通知》和《关于印发〈宁乡县创建长沙市依法行政示范单位标准及责任分工〉〈宁乡县依法行政示范单位标准细则〉的通知》，将创建任务分为 8 个方面、37 项考核指标，对创建工作任务进行分解。协调指导创建，加强监督检查。查找薄弱环节，督促各单位查漏补缺，及时推广先进经验，发挥典型带动作用。并在全县开展行政执法人员“建设文明执法队伍，争做依法行政标兵”专项活动，深化依法行政理念，提高依法执政水平。3 月 31 日，县级依法行政示范单位的创建工作已完成验收，向市政府申报首批市级依法行政示范单位形成良好的示范效应。第二，充分发挥行政执法评议工作监督作用。为了加强对县直单位行政执法行为的监督，政府法制办和纪委一起开展行政执法评议工作。通过发放问卷、电话调查、网上征求意见等方式，收集群众对各执法单位在行政执法方面的意见建议，分类汇总备案。定期召集评议工作会议，对各部门行政执法工作进行评议，督促各部门开展整改落实工作，监督效果显著。

【政务值班工作】 2014 年，宁乡县政务值班室严格落实上级部门精简会议的要求，做好会议、信访相关工作。第一，统筹会议安排，严格控制会议数量、会议规模。出台《政府公文处理和会议召开温馨提示》，建立会议提前申报、严格审批制度，能采用其他方式部署工作的，一般不开会部署，工作内容相近、能合并召开的会议，一律合并召开、套开。同时，严格审批参会人员数量、级别，控制会议会期。第二，提高会议质效。下发《关于规范政府常务会议有关事项的通知》等会议规范性要求，按照政府决策机制和重要事项会前协商机制改革要求，做好会前研究、协商工作。第三，信访接待工作。热情接待来信来访群众，大胆工作，灵活处事，尽最大的能力为来访群众排忧解难，切实维护稳定。全年接待来访群众 450 多批次，1120 多人，办理中央、省、市领导信访督办件 47 件，信访批转件 30 余件，办理结案率 95%以上。

【安全生产职能职责督查工作】 2014 年，县安全生产职能职责督查室联合安监局等部门对全县 34 个部门、33 个乡镇、两个园区管委会的安全生产职能职责落实进行督查、督办，全年开展安全生产专项督查 20 次，下发督办函 46 份，督促整改较大隐患 52 处。全县安全生产形势进一步稳定，安全生产工作排名全市第一，全年没有发生一起重特大安全生产事故。

一、完善安全生产监管体系。年初，县委、县政府召开安全生产大会，各乡镇随后召开安全生产专题会议，层层签订责任书。督查室联动安监局、食药监局、食安办等部门一同排查安全隐患，定期指导督查安全工作。对《安全生产目标管理考核细则》进行修改，将对乡镇安监站的考核纳入对乡镇政府的安全生产考核中，细化县直有关部门安全生产考核内容，加大安全生产在县绩效考核中的权重；完善安全生产述职制度，各乡镇政府和负有安全监管职责的县直单位在安全生产季度例会上进行述职，县安委办每季对各行业领域的安全形势进行分析、点评，以提高其抓安全生产的主动性。

二、规范安全生产秩序。建立“打非治违”联席会议制度，协调安监、公安、国土、工信、住建、质监、交运、交警、消防、海事等县直部门，开展大排查、大整治、大督查集中行动暨重点行业（领域）专项整治和“六打六治”打非治违两个专项行动，在煤矿、金属与非金属矿山、危险化学品、油气管网、交通运输、建筑施工、消防等重点行业领域中对全县所有生产经营单位、人员密集场所全面开展安全生产大检查。检查出存在超深越界行为的矿山 18 家，采矿许可证过期的 17 家和安全生产许可证过期的矿山 20 家（均为未生产企业），对存在安全生产较大隐患的 24 家矿山责令进行停产整顿，其中 4 家停产停业，20 家函告公安部门减半供应火工产品专项用于整改。2014 年，县人民政府已行文关闭非煤矿山 7 家，关闭取缔非法开采陶瓷土、砂岩的矿山 8 家。

三、夯实安全生产基层基础。结合宁乡县实际情况，持续开展企业安全标准化创建、示范乡镇创建、职业卫生基础建设和示范创建，大力宣传《安全生产法》。2014年，创建省级示范乡镇4个，市级示范乡镇20个，128家企业通过标准化评审，50家企业通过职业卫生基础建设验收。

【政务信息工作】 2014年，县电子政务管理办公室通过采取一系列有力措施，加快硬件建设，健全管理制度，强化管理服务，实现新的业绩。

一、完成政府门户网站改版升级。宁乡县人民政府公众信息网始建于2001年，为全面提升宁乡网上政务服务水平，更好地为全县人民提供全程化、个性化的网上政务服务，经过深入研究和精心策划，推出内容与功能全新的宁乡县人民政府公众信息网。新网站围绕公众、企业和政府三大用户群体进行功能设计，提供政务公开、网上办事和互动交流等全方位用户服务体验，具有“七大板块彰显服务”“三类需求精准对接”“双重评议激活动力”等特点，为全县人民提供方便、快捷、高端的网上政务服务。

二、健全电子政务网络结构布局。2014年，宁乡电子政务网络平台通过租用移动、电信、中信等运营商的网络，基本实现全县130家单位接入电子政务内网和外网，共享2G宽带光纤互联网和物理隔离专用内网。既为各单位提供高速优质的网络环境，同时，节约宁乡各乡镇和县直各单位单独接入网络的费用。县电子政务管理办公室完成长沙商事登记平台的网络布设工作。实现电子政务外网延伸到422个村(社区)，让村(社区)一级能访问和办理相关资源和业务。建设统计直报专用网络，为宁乡统计工作提供安全优质网络服务。制定宁乡县电子政务内网管理办法，规范电子政务内网的日常管理工作，为宁乡机关事业单位的政务信息交换和资源共享提供安全高效的网络服务平台。

三、全面运行电子公文传输平台。宁乡县电子公文传输系统是全市首个实现省、市、县、乡四级联通的电子公文传输系统。即时的公文发送能够提高公文的运行效率、详细的流转记录能够方便公文的跟踪办理、科学的分类归档能够加强公文的存储管理，对加速建设高效节约型政府机关提供有效支撑。长沙晚报以“长沙公文传输进入数字化时代”为题进行报道、长沙市人民政府研究室以“宁乡县在全市率先实现公文的无纸化传输”为题刊发专题简报，长沙市人民政府电子政务管理办公室主任易石军带队专程考察宁乡电子公文传输工作。

四、完成其他工作。完成市对县绩效考核指标。对市长信箱有效信件的回复率为98.7%。按要求报送涉税信息。检查出机关事业单位网站存在高风险安全漏洞，已按要求整改到位或停机整改。网上政务服务系统数据同步率达到100%。

【财务老干工作】 2014年，政府财务科以“保证运转、促进工作”为目标，量力而行，尽力而为，千方百计为领导和机关工作人员改善办公条件，提供优质服务，创造良好的工作和生活环境。接待上，严格贯彻中央、省、市厉行节约相关条例规定，坚持热忱接待、从俭招待的原则，强调以精细、优质化的服务动人心，既使访问团体满意，又有效节约行政开支。全年共计接待各市、区、县考察团队84批次，协助相关单位顺利完成大型庆典活动22场，有效促进对外交往与协作。严格落实党风廉政建设的相关规定，严禁公车私用，周末及国家法定节假期间政府办所有公车均要求有序停放在机关大院内。通过制度的严格实施，公车油料费相比去年减少15%，维修费相比去年减少18%。

【外事侨务工作】 2014年，接待21个国家的海外侨领侨商到宁乡参观观摩，接待海外华侨华人社团到宁乡考察项目。联系协调，接受侨界捐赠救护车、资助贫困中小学生就读、捐资办学近50万元。

【人防工作】 2014年，县人防工作全面贯彻中央、省、市人防工作会议精神，坚持“长期准备、重点建设、平战结合”的方针，紧紧围绕“战区一流、全国领先”目标，遵循人防建设与经济建设协调发展、与城市建设联动结合的原则，依法行政，积极主动、创造性开展工作，取得一定的成绩。

一、全面执行人防新政策。按照省市主管部门要求，主持召开相关职能部门联席会。7月31日，召开政府常务会议，专项研究人防工作，会议一致通过全面执行“一令一文件”，原宁政发〔2010〕26号文件有关人防的优惠政策即日废止。

二、积极完善指挥通信系统。新增电声警报器3台，对全县所有警报器进行检测维修维护，截止到年末，宁乡城区共配备21台人防警报器；圆满完成市人防办组织的各项指挥通信拉练任务，与天心区等兄弟区县开展指挥通信联合训练，移动指挥通信的实战取得成效；全面加强海事卫星系统的硬、软件建设，与市人防办保持统一步调，确保通信畅通。

三、开展早期人防工程摸底清查。组织专门人力物力，历时一年对全县七十年代以来的55处早期人防工程进行彻底摸底清查，以文字、照片、录影等方式进行整理，并针对30处较完好的工程提出整改意见，为以后的维修维护奠定基础，也为项目报建用地审批提供参考。

四、完善行政审批程序。宁乡自2014年8月1日起全面执行省政府令270号、湘价费〔2014〕60号文件，严格按照人防法要求，坚持“以建为主”的原则，严把审批关，人防行政审批全面规范。为规范审批程序和案卷管理，县人防办选派一位工作人员赴市办工程处跟班学习，参照市办的审批案卷资料，补充完善各项审批程序。

五、大力加强人防工程建设。受大环境经济影响，宁乡很多在建项目进度乏力，报批项目进度放缓，年度目标任务完成压力大。人防办主动出击，宣讲政策，全力服务项目报建报批工作。2014年，报批人防工程3.19万平方米，易地建设费收取530万元。

六、广泛开展宣传教育工作。圆满完成“11·1”全省防空警报试鸣和宣传教育活动；助推宁乡县青少年素质教育基地运营，人防宣传教育点面全线铺开。联合乡镇、教育部门在社区、学校开展各类人防宣传教育活动，玉潭镇花明社区、通益社区，白马桥白马社区、白龙村成为首批人防宣传教育示范社区，玉潭中小、十三中、四中、菁华铺中小、大街岭小学等成为学校人防宣传教育的示范校，以学校带动家庭，全面提高全县公民的国防、人防意识。

【应急管理工作】 2014年，宁乡县应急管理工作始终按照省、市应急办的统一部署和工作要求，坚持促经济发展和保安全稳定相结合，不断加强全县应急管理体系建设，应急管理联动机制、应急管理基础设施不断完善，应急管理队伍建设得到加强，基层组织自救互救能力明显提高。

一、加强应急队伍建设。按照“一专多能、一队多用、一岗多职”的要求，33个乡镇和18个职能部门以公安、消防、武警等骨干队伍为主体，以基层民兵、企业、乡镇综合应急队伍为基础，整合现有专业救援力量，加强应急救援演练，强化应急处置能力培训，形成适应时代要求的应急救援队伍格局。

二、开展宣传培训和演练。坚持认真履行政府社会管理和公共服务职能，把保障公众生命财产安全作为应急管理工作的出发点和落脚点，把应对突发事件的各项工作落实到日常管理之中，举办危化品事故救援，疾病防控，非煤矿山应急救援，大面积停电，森林火灾，学校、医院、宾馆、大型企业、敬老院等重点单位防火及应急疏散等应急演练40余次。举办生产安全、金融安全、消防安全、道路交通安全等各类知识讲座和培训66期。按照“防患于未然，确保万无一失”的要求，各乡镇和应急成员单位充分利用新闻媒体、广播电视，组织开展形式多样应急知识科普宣教活动，向公众宣传应急法律法规和预防避险、自救互救、防灾减灾等知识，增强公众的公共安全意识和自我防范意识。加强业务培训，提高应急管理工作人员的综合素质，共培训各类应急管理工作人员500人，公务员应急管理知识培训3万余人。免费发放防灾救灾手册和宣传资料10余万份。

三、做好突发事件的协调处置。构建应急联动机制，协调处置偕乐桥镇森林火灾、楚沩鞭炮厂爆炸事故、历经铺乡和城郊乡家庭聚餐食物中毒事件；预防和处置2月份低温雨雪冰冻气候灾害；协调和参与禽流感疫病防控、手足口病、埃博拉出血热等传染病防治工作；参与春冬森林防火的防范和督查；协调处置经开区“3·24”意外溺亡事件和“5·20”触电事故、历经铺“4·6”杀人案事故、长沙矿业公司停电事件处置等工作；协调处置群体事件、非法上访事件及出租车罢运等事件12次。

四、抓好风险隐患排查整治。各乡镇及应急成员单位定期或不定期地进行风险隐患排查，建立台账，确保突发事件早发现、早报告、早处置。根据多年来应急处置经验，每年对突发事件进行年度评估分析，提出相应工作建议，便于领导决策，采取相应的预防预警和监督检查措施，确保重大事故的零发生。同时对重大事故或灾害的监测，实行日报告、零报告和有事即报告制度，一旦发生突发事件，第一时间上报并及时处置。

五、实施绩效考核。制定2014年宁乡县应急管理考核细则，对33个乡镇和50个县直部门单位实行年度考核制度，考核等次分为优秀、良好、一般、较差。应急管理工作被上级通报批评的，考核年度发生人为因素造成一般突发事件2起以上的或较大以上突发事件1起以上的，不能评为优秀、良好等次。综合情况，在年终县绩效考核中实行乡镇倒扣3分、部门单位倒扣2分的考核计分。

六、完善应急避护场所建设。按照长沙市应急工作管理办法，依托公园、绿地、广场、体育馆、人防工程建设应急避难场所，2014年，宁乡县具备基本生活能力，有明显标志的应急避难场所10处，可容纳15万余人。对照工作要求，对白马桥乡白马社区、玉潭镇花明社区、城郊乡茆田社区、大成桥镇青泉等社区应急避护场所重新进行标示标牌和基础设施的完善，在原有宁乡一中、县城市民广场两个应急避护场所的基础上，新增县城玉潭公园、文体中心为应急避护场所，新制作大型标示标牌10块。

【校车安全工作】 2014年，县校车安全管理工作领导小组全面落实省、市精神，根据疏堵结合、标本兼治的工作思路，在全县300多台校车运行1.2万余学生幼儿乘车往返的情况下，全年保持校车安全零事故、零伤亡，校车安全管理工作取得良好成效。

一、全员大教育，进一步筑牢思想防线。县委、县政府十分重视关注校车安全。第一，层层落实召开安全培训专题教育会。2014年，县组织全县性教育大会3次。相关部门单位行动迅速、落实高效，县交警、交运先后组织专题会议12场次，各乡镇、各校车公司组织专题培训教育80场次。教育局组织师生及家长交通安全专题教育集会400场次,发放致家长安全教育信2.6万份,受教育人数5.2万人次。第二,层层把关严审校车运行方案及相关资质。根据国务院《校车安全管理条例》相关规定,对校车标牌核发逐一严格审核,不符资质要求的校车坚决不予审批。在湘潭校车事故后,宁乡校车安全管理工作领导小组重新设计校车审批运行方案,严把四个关口:即学校(幼儿园)用车需求关、乡镇中心学校初核关、交通线路关、乡镇校车办审查关。特别是对运行线路从严把关,没有核定线路或不按核定线路运行的,不予审批运行,真正做到以需定车、以路核车、以责治车。第三,层层落实签订责任书。县政府与所有乡镇、相关部门签订校车安全管理责任状,客运公司与学校、与驾驶员签订安全协议,通过压力传导、责任强化,安全观念进一步加强。

二、全力大投入,进一步夯实安全基础。第一,开展大排查、大整治工作,有效治理校车安全隐患。2014年7月,宁乡县组织开展校车安全管理工作大排查大整治工作,制定工作方案、下发实施办法等,对宁乡校车安全管理工作进行规范管理。针对行动中排查出来的安全隐患,县里投入2100多万元(一年建设,三年投入),启动通校公路安全保障工程,主要包括波形护栏、防撞墩、反光镜、减速标线、标志牌、警示桩的建设。第二,设立安全奖励,建立校车专项经费补助制度。2014年全县用于家庭困难学生乘车补贴、专用校车购车补贴、营运补贴、客运公司服务补贴等校车安全管理经费达360多万元。第三,发挥多方力量,出台鼓励扶持政策。鼓励非标校车退出更换为国标校车,全年非标车退出106台,新购国标车54台,进一步改善硬件设施。

三、全要素大联动,进一步巩固联合战线。第一,统筹调度作用得到强化。县校车安全管理工作领导小组多次组织教育、公安、交通等相关部门的负责人,专题研究校车安全管理工作,制定实施意见、考核办法,全面加强对校车安全管理工作的组织领导。第二,属地主体作用得到强化。各乡镇政府对辖区内校车安全管理工作负总责,均成立校车安全领导小组,在乡镇政府成立校车办,乡镇中心学校、交警中队、交管站、安监站等部门积极参与,专人负责日常监督、打非治违,构建完善的管理网络。第三,部门共管作用得到强化。县教育局通过制定幼儿分区域招生的相关政策,实施学生就近入学,加大农村寄宿制学校建设力度,有效缓解学生上学、放学困难问题;落实学生上学、放学交通组织和护导交接工作,县公安局交警大队在核发校车驾驶人准驾证和校车标识标牌,依法查处校车交通违法行为方面做了大量的工作。县交通运输局对发展城市公共客运和农村短途班线运输,核发校车道路运输证和从业资格证,排查治理校车通行线路安全隐患方面做了卓有成效的工作。

四、全方位大服务,进一步优化运营模式。通过不断的探索和实践,基本形成一套行之有效的校车安全管理体系。第一,结合县域实际制定切实可行的运营模式。农村客运模式,在有限财力支持的情况下,实现花少钱办大事的目标,得到国家、省、市各级的高度肯定和大力推广。第二,实施公司管理,逐步实现专业化、规范化的管理。2014年9月,县批准成立三家专营校车服务公司,新购50多台专用校车,投入校车运营市场。第三,教育部门与校车服务公司细化措施,实现全时段护导。通过家长、照管员和教师三方签字,形成无缝隙、无空档的全时段监管,确保学生乘车安全。

五、全覆盖大督查,进一步强化责任红线。第一,县校车办常年组织督查组对全县进行全覆盖专项督查。不留盲区、不留死角,真正发现问题解决整改问题,县校车办组织相关人员,每周至少下乡镇和学校督查一次以上,每个学期对各乡镇至少督查两轮以上,全年下发整改通知20多份。第二,充分利用好监控平台实行全时段动态监管督查。2014年,由县人民政府投入100多万元,对全县400多台校车统一安装车载北斗星定位装置和实时监控系统,建立监控平台。第三,落实奖惩制度。严格落实"一日一登记、一月一考核、一年一评比"制度,客运公司、学校对校车运营相关情况进行逐日登记,对每月管理情况进行考核和评比。

【对外联络工作】 2014年,驻外工作联络处和驻广州、深圳办事处立足平台,宣传推介宁乡,加强政务联络;强化工作职能,提升接待服务质量,圆满完成各项接待任务;全力以赴抓招商信息发布,竭尽心智做招商项目对接。

(王维富)

【2014年宁政发文件目录】

▲宁政发〔2014〕1号　关于加强审计发现问题整改工作的实施意见

▲宁政发〔2014〕2号　关于公布实施城镇基准地价更新成果的通知

▲宁政发〔2014〕3号　关于辞退喻敏的决定

▲宁政发〔2013〕4号　关于认真做好2013年军队转业干部和随调随军家属安置工作的通知

▲宁政发〔2014〕5号　关于推进2014年市级农村土地整治项目的实施意见

▲宁政发〔2014〕6号　关于辞退李君的决定

▲宁政发〔2014〕7号　房屋征收补偿决定书

▲宁政发〔2014〕8号　关于宁乡医疗器械研发中心项目房屋

征收补偿方案征求意见的通告

▲宁政发〔2014〕9号 关于下达2014年政府投资项目计划的通知

▲宁政发〔2014〕10号 关于辞退胡齐杏的决定

▲宁政发〔2014〕11号 关于宁乡县医药器械研发中心项目房屋征收补偿方案(征求意见稿)修改情况的通告

▲宁政发〔2014〕12号 关于进一步加强教育督导工作的意见

▲宁政发〔2014〕13号 关于正农路旧城改造项目第二批房屋征收补偿方案(征求意见稿)修改情况的通告

▲宁政发〔2014〕14号 关于宁乡县医药器械研发中心项目房屋征收决定的通告

▲宁政发〔2014〕15号 关于辞退宋志军的决定

▲宁政发〔2014〕16号 关于辞退张鹰的决定

▲宁政发〔2014〕17号 关于整合和关闭部分非煤矿山企业的决定

▲宁政发〔2014〕18号 关于维护校园及周边秩序的通告

▲宁政发〔2014〕19号 关于正农路旧城改造项目第二批房屋征收决定的通告

▲宁政发〔2014〕20号 关于辞退彭慧的决定

▲宁政发〔2014〕21号 关于维护高考秩序的通告

▲宁政发〔2014〕22号 关于辞退黄跃兵的决定

▲宁政发〔2014〕23号 关于加快推进宁乡花猪产业发展的意见

▲宁政发〔2014〕24号 关于加强农村安全用电管理的通告

▲宁政发〔2014〕25号 征兵通告

▲宁政发〔2014〕26号 关于全面开展低压电力客户集抄采集系统建设的通告

▲宁政发〔2014〕27号 关于印发《宁乡县2014年度行政执法指导案例》的通知

▲宁政发〔2014〕28号 关于做好2014年烟叶收购工作的通告

▲宁政发〔2014〕29号 关于命名首批依法行政示范单位的决定

▲宁政发〔2014〕30号 关于进一步扩大强制火化区的通告

▲宁政发〔2014〕31号 关于规范沩东新城等区域建设管理秩序的通告

▲宁政发〔2014〕32号 关于公布县本级行政审批项目的决定

▲宁政发〔2014〕33号 关于大力培育新型农业经营主体的意见

▲宁政发〔2014〕34号 关于进一步加强全县物业管理工作的意见

▲宁政发〔2014〕35号 关于进一步促进建筑业发展的意见

▲宁政发〔2014〕36号 关于关闭宁乡县金泉山等8家煤矿的决定

▲宁政发〔2014〕37号 关于辞退王子中的决定

▲宁政发〔2014〕38号 关于印发《宁乡县征地补偿安置实施办法》的通知

▲宁政发〔2014〕39号 关于对宁乡县双凫铺九如塘采石场等14家非煤矿山企业资源资产进行整合的决定

▲宁政发〔2014〕40号 关于强制关闭退出落后小煤矿的通告

▲宁政发〔2014〕41号 关于辞退张冬初的决定

▲宁政发〔2014〕42号 关于关闭贺家湾煤矿和大成桥联合煤矿的决定

县人民政府办公室

主　　任 赵光辉
副主任(常务) 周铁军
副 主 任 胡胜长
唐朝晖　叶　辉
邹志平(3月调)
黎正明　刘宇雄
陈　浩(4月调)
姜佳宏　范建强
胡以红(兼)
周旭文(兼)
蒋平波(兼)
江海斌(兼)
刘跃华(兼)

县人民政府督查室

主　　任 欧阳立
副 主 任 黄胜男　蒋建华

县人民政府法制办公室

主　　任 罗桂华
副 主 任 吴泽平　黄俊峰

县外事侨务办公室

主　　任 杨文斌
副 主 任 欧志雄　刘　霞(女)

县人民防空委员会办公室

主　　任 隆志申

县人民政府驻广州深圳联络处

主　　任 陈　健

县电子政务管理办公室

主　　任 徐　文

县人民政府研究室

主　　任 邓旺华(9月任)
副 主 任 贺俊军　江　波(女)

县应急管理办公室

主　　任 何立辉

政务服务中心

县政务服务中心

主任、党组书记 蒋平波
副　主　任 杨红秀(女)
副主任、党组成员 青小华
周永清
易鹏志
党 组 成 员 李春香(女)

【概况】 宁乡县政务服务中心成立于2001年,2004年与县优化经济发展环境领导小组办公室合署办公，并对县行政效能监察中心(因职能“三转”工作人员已调回县纪委)、县治理经济环境110中心和县收费管理中心实行统一管理，对外合称“一办四中心”。中心领导班子成员1正5副共6人，中心下设办公室、政务公开科、业务指导科、优化环境科、县长热线服务科，履行政务公开、行政审批服务、优化经济发展环境、县长热线(包括“12345”市民服务热线)等工作职能。县政务大厅进驻窗口25个，进驻审批服务事项171项，工作人员72人。

2014年，县政务服务中心和各派驻县政务服务中心大厅的部门(单位)，紧紧围绕全县中心工作，以改进工作作风为重点，以“打造全省一流政务服务中心”为目标，以深化行政审批制度改革为抓手，“一站式”办公的服务体系基本建立，各项工作得到领导和群众的高度认可。政务服务取得绩效考核党群政务类第一名的成绩。

2014年，政务服务大厅共接待办事群众5.38万人次，共受理各类事项约3万件，共办结各类事项约3万件，办结率为99.8%。窗口收费402万元，一家收费1.48亿元。平均每天接待220余人次，平均每天办理各类事项120余件。实行商事登记制度改革以后，县工商局窗口服务群众的效果非常突出，业务量明显增大。全年全县新设立商事主体1.1万户，同比增长93.6%，新设商事主体注册资本总额109亿元，同比增长72.2%，全县新设商事主体共吸纳就业人员7.8万人。网上政务服务系统共接待人数8410人次，共受理办结8385件事项，办结率100%，接受咨询67件，咨询答复59件，答复率88%，接受投诉14件，投诉答复14件，答复率100%。

一、倾力服务发展，审批办件优质高效。第一，办件数量多。2014年，政务大厅共接待办事群众5.38万人次，办结事项3.00万件；一家收费中心共收取1.48亿元。县在线行政审批系统共受理事项8385件，接受咨询67件，相比往年大幅增加；全年为湖南视光电信产业园、创金空调、伟亿新材、雅居乐等51个项目办理模拟审批手续。第二，审批速度快。对171项进窗审批事项逐一进行梳理和流程再造，出台《关于进一步优化建设项目审批流程的实施意见》，建设项目审批时间从158天提速到57天，环评等中介机构服务时间从123天压缩到100天，进驻政务大厅的审批服务事项审批效率已整体提速50%；出台《宁乡县建立重大项目“绿色通道”的通知》，简化审批手续3项、合并审批环节3项、取消或限制审批事项6项；制定模拟审批的政府投资项目年度计划，引导符合模拟审批条件的项目走模拟审批程序，实现项目建设审批提速；先后召开全县项目代理员会议，进行专门业务培训，对25个项目进行实地联合踏勘，确保全县重点项目按时开工。

二、创新测评载体，工作抓手有效增强。第一，当场测评做到“不留情面”。2014年的测评，实行“三二一”原则，首次引入现场测评质询环节，对排名最后的单位负责人，进行“面对面”的质询。第二，调查问卷做到“多多益善”。除通过环境监测点、监督员和优化经济发展环境评议员收集的意见问题以外，还在宁乡县汽车南站、东站等地向社会发放1万份优化经济发展环境调查问卷，共整理出涉及32个部门单位共306个问题，全部反馈整改到位。第三，政风暗访做到“实话实说”。委托媒体拍摄2014年政风行风暗访片，发挥警示的作用，发挥教育的作用。

三、真情服务群众，满意程度不断提高。第一，便民平台深入推进。夏铎铺、回龙铺等20个乡镇政务中心先后通过全市的标准化建设验收；编制2013年政府信息公开年度报告，共受理、办结462项依申请公开事项。建立县长热线管理平台，承办“县长热线领导接听日”活动8次，全年共接听电话8000多个，有效诉求2196件，受理办结长沙市“12345”热线转办工单1751件，满意度在90%以上。县优化办和县经济环境110中心成功处置福临门因拖欠农民工工资阻工、夏铎铺聚思农业科技有限公司堵门事件、东湖塘佳浩机械厂新建厂房村民阻工事件等11个问题。

四、强化自身建设，队伍形象充分展示。第一，组织建设动作多。通过开展工间操、拓展训练，不定期召开大厅科长会议等一系列措施，凝聚干部队伍忠诚履职的正能量；通过政务服务之星评选、红旗窗口评比、“三查三比”等评先评优活动，结合具体的工作任务进行考核排名，在实战中培养锻炼干部。狠抓大厅作风建设。中心采用指纹打卡进行考勤管理，建立外出公示制和AB岗制，开展大厅纪律考勤管理志愿者活动，发现问题及时整改。第二，党的群众路线教育实践活动开展有力。政务中心领导高度重视，34项专项整治、20个群众期盼解决的问题整治到位，班子及成员收到的意见建议整改到位。第三，中心工作积极落实。做好文明创建工作，大厅配备充电器、针线包、医疗箱等设施方便群众；按要求组织人员做好无偿献血工作；做好“一推行四公开”工作，帮助联系点白龙村做好电网改造、全村水系疏通工作、环境卫生工作、蝗虫治理工作，白龙村荣获长沙市十佳卫生村。 (付珍玲)

机关事务

县机关事务管理局

局　　长　刘寄华(9月免)
何春章(9月任)
副 主 任　肖知义　朱红斌(女)
胡铁文　胡　晓

【概况】 2014年，县机关事务局坚定“市样板、省示范、国一流”的工作目标，自觉强化“五精”理念，着力打造服务精品，紧紧围绕县委“打造省会次中心，构建幸福新宁乡”目标，以深入推进党的群众路线教育实践活动为抓手，锐意进取、奋发作为，全面落实管理服务职能，为机关各项工作的正常运转提供强有力的后勤保障。

2014年，局党总支获评长沙市机关基层党建示范点；公共机构节能工作连续四年保持市对县考核排名第一。继续保持“省公共机构节能示范单位”“省物业管理示范大厦”“省两型示范单位”“省机关事务工作先进集体”“省文明单位”“省巾帼文明示范岗”等荣誉称号；成功创建“全国公共机构节能示范单位”“全国物业管理示范大厦”，机关事务局公共机构节能工作得到《人民日报》《湖南日报》《长沙晚报》、新华社、湖南卫视、湖南经视等10多家主流媒体推介；国家级刊物《精神文明导刊》以《“节约型机关”创建凸显“三有”》为题推介，机关事务局文明创建工作经验。

【公共机构节能】 机关事务局积极作为，坚决贯彻落实中央、省、市精神，将公共机构节能工作摆到事关科学发展、两型发展、长远发展的高度，紧紧围绕“市样板、省示范、国一流”的目标，坚持示范带动，鼓励先行先试，积极探索创新管理模式，扎实有效地推进全县公共机构节能各项工作。第一，强化意识引领，着力营造节能氛围。在干部职工中普及节能知识，提高能源忧患意识、节约意识和环保意识。在县内电视台、报纸开设专栏，在宁乡机关事务网上设立专题，大力宣传《节约能源法》《公共机构节能条例》等法律法规；举办节能宣传周活动，在行政中心播放节能公益宣传片，利用标语、横幅、宣传画、显示屏等开展节能宣传，积极倡导“节能环保，从我做起”的志愿者活动，开展节能“绿色公务”和“地球一小时”行动，组织开展多种形式的节能环保公益活动，营造节能工作良好的社会环境和舆论氛围。第二，坚持榜样示范，打造党政机关节能示范样板。节能降耗，公共机构理应率先垂范。将县行政中心作为全县公共机构节能样板工程打造，坚持典型引路，榜样示范，积极做好水电等日常管理工作。聘请专业公司对行政中心中央空调和电梯进行维护维修，确保设备耗能零增长。设立后勤服务热线和专职督查员，坚持每日对水、电运行巡检，定期检查及时更换老化供水管路和零件，防止水源“跑、冒、漏、滴”。强化物业管理考核，要求物业人员及时关闭公共区域灯光、空调，将节能与其业绩直接挂钩。2014年4月，结合节约型机关建设要求，聘请专业公司检测论证，对办公楼中央空调供电母线排进行改造，年度节约电费20万元。第三，积极争取上级支持，引导部分公共机构先行先试。主动协调向上级部门及各级财政争取节能专项资金80万元.采取以奖代补的形式对一批节能项目给予补助和奖励，有效调动各单位的积极性，推动公共机构节能由点向面铺开。6月，机关事务局代表湖南迎接国家节能考核组考核，行政中心总节电率在20%以上的成果，得到考核组领导的一致好评，节能经验在全国推介。

【机关文明创建】 坚持把机关文明创建作为机关作风建设和内部管理的重要抓手，不断创新工作机制，充实创建内容，完善创建举措。第一，坚持督查制度，夯实创建基础。设立专人督查，坚持以明察暗访相结合的方式开展日常督查工作，及时温馨提示，定期通报情况，对所发现的问题及时纠正和解决。全年共发放温馨提示条42张。第二，创新活动载体，确保活动开展有声有色。将文明机关创建与机关作风建设有机结合，创新活动载体，开展“创建节约型机关”系列主题活动，积极开展“创建节约型机关”征文比赛，有效推动各单位积极配合参与行政中心的节能降耗工作。第三，正确把握舆论导向，努力创建文明强县。明确三名干部为网络文明宣传志愿者，共发表转载微博300余篇，博客40余篇，努力提高舆论引导能力，更好地服务经济发展大局，成功创建全县示范性道德讲堂。

【机关服务管理】 紧紧围绕“四个零”优质服务目标，“五精”服务模式(即高效服务零障碍、优质服务零投诉、用心服务零失误、安全服务零事故，目标精准、管理精细、服务精心、方法精巧)，着力提升服务水平，打造服务精品。第一，物业管理不断优化。引入企业售后服务管理模式，以客户满意度为标尺，将绩效考核与物业管理经费支付直接挂钩；坚持日督查、周讲评、月考核、季满意度测评，并将考核与测评相结合，有力地提升物业管理服务水平。第二，会务服务高效优质。坚持会前准备充分，会中服务周到，会后清整有序，每一次会务接待任务完成后，请服务对象就服务满意度进行评价，有效提升服务质量。上半年共接待各类会议1100多场次，参会人数10多万人次，实现“零失误”，受到县级领导及与会人员一致好评，继续保持省级“巾帼文明示范岗”的荣誉称号。第三，保洁绿化常抓不懈。严格按照标准监管物业公司、花卉公司做好行政中心保洁、绿化，定期聘请技术专家指导绿化工作，确保整洁、舒适的办公场所。第四行政中心第二办公区管理规范有序。服务范围继续拓展，原县政府机关装修启用后，先后有20家单位约600余人进驻办公。根据需要，积极协调，整合资源，统筹配置，规范管理，为进驻单位提供高效优质的服务保障。第五，食堂满意率稳步提升。2014年,机关事务局在食堂管理服务上下最大力气,根据干群意见,扩大就餐场地,添置农药残留检测器,安装净水设备,增加菜式品种,完善管理设备,有效确保食品安全。完善质量监督机制,增加服务质量满意度测评次数,服务质量满意率逐月提升,达到90%。

【机关综治安保】 为确保行政中心安全稳定,构建和谐宁乡,机关事务局突出“四项创新”,有效地破解机关安保工作中普遍遇到的难题,着力构建党政机关和谐示范窗口。第一,创新意识,筑好防线,正确把握上访人员心态。针对日益增多的上访事件,积极应对,按照“优质服务、积极引导、主动疏通、分类处理”四个步骤,及时做好秩序维持和矛盾疏导,引导群众文明上访、正确表达诉求。面对伤残人士等特殊上访对象,实行专人引导,陪同上下电梯,及时疏导协调;面对群体性上访,第一时间掌握和反馈情况,置身一线配合维护秩序,安排专门场所进行接待,协助上访群众选派代表,消除对立情绪。第二,创新举措,加强培训,激发安保队伍状态。强化进驻单位的安全责任制,与行政中心41家单位签订安全责任书,明确相关责任,形成工作合力。狠抓安保人员整体素质的提升,督导物业公司坚持对安保队伍进行仪表和各种指挥技巧培训,基本的消防操作技能培训,强化安保意识,增强安保技能。第三,创新常态,强化硬件,确保形成安保机制常态。积极争取领导重视,不断改善硬件装备,新增行政中心入口身份证电子识别系统化,对行政中心消防报警系统、安全监控系统进行维护和升级改造,对办公楼消防水系统进行改造完善。

【中心工作】 第一,加强群众工作。认真落实县委关于“一推行四公开”活动要求,扎实开展群众工作。年初局主要领导与南田坪乡党政负责人到宜坪村召开座谈会,专题研究群众工作。3月,局机关干部职工带着万余元树苗到南田坪乡进行义务植树活动。4月,局机关27名党员多次深入“心连心”帮扶活动联系点南田坪乡横田村、宜坪村,分别上门慰问帮扶对象,共献爱心款一万余元及部分物资。6月,根据宜坪村意见,在其村部办公条件完善及计生工作经费上给予支持。11月,在局领导的带领下,全体干部职工前往南天坪乡军里村帮扶兴修水利工程,得到全村人民的一致好评。由于成效突出,机关事务局的群众工作被评为全县红旗单位。第二,强化服务中心工作。负责组织格力净水器推广工作,一阶段推广工作已基本完成;积极协助县纪委完成办公用房清理整改工作,全县已全面停止新建楼堂馆所,办公用房共腾退3.41万平方米,其中:行政中心腾退1405.55平方米,县直外围部门腾退1.07万平方米;乡镇及其所辖二级单位腾退1.56万平方米;县直部门单位所辖二级单位、派出机构腾退6410.01平方米。全县共有处级以上干部63人,整改前只有11人办公用房符合要求,52人办公用房面积超标,人均使用面积为25平方米;整改后全部达标,人均使用面积为14平方米。整改前全县共有18人多处占用办公用房,面积为396平方米,按照要求全部整改到位。第三,招商引资成效显著。始终把“两个唯一”摆在重要位置,跟踪服务湖南吉永胜汽车零部件有限公司,项目投资1亿元,2014年累计到位资金1000万元;跟踪服务龙仙寺旅游项目落户枫木桥乡,项目投资2000万元;跟踪服务键桥投资有限公司花明国际文化旅游度假城项目,招商引资工作成绩显著。

(李洁)

政协宁乡县委员会

中国人民政治协商会议
宁乡县委员会

主　　席　喻亚军
副 主 席　喻立明　胡日新(兼)
程万谋(兼)
李　纯(女)
杨志武
秘 书 长　何雨春(3月免)
梁正文
(3月任秘书长候选人)
常　　委　(按姓氏笔画排名)
于子长　王乔明
王泽良　邓红梅(女)
邓跃平　左志华
刘细平(1月任)
刘颖　刘瑞山
汤亚平　许　晖(女)
许东山
朱红斌(女,1月任)
李　纯(女)　李述初
李曙光　杨红秀(女)
杨志武　杨瑞祥
杨建新(1月任)
何志文(女)　何雨春
邹庆林　张　奇
张彩霞(女)
陈科军(1月任)
欧志坚　易　勇
周国勇　周常青(女)
周朝阳　胡　宇(女)
胡日新　胡强辉
贺　敏　贺永中
秦　硕　秦友良
袁志青　袁雪梅(女)
夏汗青　唐凤华(女)
唐志强　唐春明
唐春艳(女)　黄立志
彭建宗　喻立明
喻亚军　喻国军
喻昭强　程万谋
曾含玲(女)
廖蓉燕(女)
谭　震　谭强凯
黎正明　黎伟明
潘继斌　戴　琼(女)
戴克难　戴事雄
魏善军(1月任)

【概况】 2014年,县政协科学履行工作职能,积极服务改革发展,广泛凝聚各方力量,深入开展党的群众路线教育实践活动,各项工作特色鲜明,成效彰显。全年,县政协共召开全体会议1次,主席会议12次,常委会议4次,政联处主任会议6次,各类专题座谈会近50次。围绕社会各界关心的热点、难点问题进行广泛深入的协商讨论,促进有关工作的落实,各乡镇定期邀请政协委员列席相关会议,协商讨论地方发展大计,乡镇政协工作活跃有序。

【政协宁乡县第十一届委员会第三次会议】 政协宁乡县第十一届委员会第三次会议于2014年1月2日至1月5日在玉潭镇召开。这次大会在中共宁乡县委的领导下,通过全体委员和与会同志的共同努力,圆满完成各项议程。会议听取和审议喻亚军同志代表政协宁乡县第十一届常务委员会所作的工作报告,听取和审议杨志武同志代表政协宁乡县第十一届委员会所作的关于十一届二次会议以来提案工作情况的报告。会议期间,委员们列席宁乡县第十六届人民代表大会第三次会议,听取并协商讨论《政府工作报告》及其他有关报告,协商有关人事。委员们提出很多科学的建议和意见,统一思想,形成共识。

会议指出,2014年是深入学习贯彻党的十八届三中全会精神的重要之年,是各项改革措施全面安排部署的关键之年。人民政协作为推进改革、促进发展、维护稳定的一支重要力量,要不负时代使命,就经济社会发展重大问题和涉及群众切身利益的实际问题广泛协商、广集民智,增进共识、增强合力,更好地协调关系、汇聚力量、建言献策、服务大局。会议号召全体委员和社会各界人士要以党的十八大和十八届三中全会精神为指导,在中共宁乡县委的正确领导下,高举科学发展旗帜,弘扬务实高效作风,朝着加快实现"省会次中心、幸福新宁乡、全国一流现代经济强县"的宏伟目标阔步前进。

【政协宁乡县第十一届常务委员会会议】 2014年3月20日,县政协十一届五次常委会议在县政协常委会议室召开,会议由县政协副主席喻立明主持。会上,学习县政协2014年工作要点;安排部署专题调研、社情民意、委派民主监督员等工作。县政协主席喻亚军就做好2014年政协工作,全面提升履职能力提出了几点具体要求。2014年7月16日,县政协十一届六次常委会议在县交通运输局会议室召开,会议由县政协副主席喻立明主持。会上,组织全体常委进行专题学习;协商讨论全县上半年经济运行情况;协商有关人事。喻亚军主席对上半年政协工作进行回顾,对下半年工作进行安排部署,要求全体政协常委认真贯彻文件精神,进一步创新政协工作;要抓好调研、视察、评议及"三服务"工作,进一步推进经济社会发展;要统筹做好相关工作,进一步确保全年工作任务顺利完成。2014年10月23日,县政协十一届七次常委会议在城郊乡政府会议室召开，会议由县政协副主席喻立明主持。会上，组织全体常委学习习近平同志在政协成立65周年大会上的讲话精神；通报委员学习培训和十一届四次会议委员大会发言的相关事宜；协商确定民主评议总评报告。2014年12月30日，县政协十一届八次常委会议在县城建投会议室召开，会议由县政协副主席喻立明主持，会上，听取县政协十一届四次会议筹备工作情况汇报；协商确定县政协十一届四次会议日程、议程；协商讨论县政协常委会工作报告和提案工作报告；协商确定优秀提案和提案办理先进单位；组织政协各委办进行书面述职。县政协主席喻亚军要求全体常委认真学习贯彻党的十八届四中全会精神，不断提升政协工作科学化水平。

【提案工作】 县政协十一届三次会议以来，共收集、立案政协委员提案213件。县委、县政府高度重视提案办理，将其纳入全县绩效考核和教育实践活动内容，进行集中交办、统一考核。县委、县政府主要领导领衔督办重点提案，县政协主席会议成员专题督办重点提案，有力促进提案办理和落实。截至2014年11月底，提案全部办理完毕，答复率100%，满意和基本满意率98%。《关于加强公交建设的几点建议》等20件提案获评优秀提案；县交通运输局等13个单位获评提案办理先进单位。

【调研视察】 2014年，县政协组织开展“县域经济转型创新发展”为主题的调研活动，共收集调研报告50多篇，已择优在《宁乡政协》会刊上刊发。民进宁乡工委、农工宁乡总支、县工商联和广大无党派人士积极参政议政，认真调查研究，撰写的《关于促进我县民办教育持续健康发展的建议》《重视中药材产业，精心培育我县新的农业品牌》等调研文章为县委、县政府科学决策提供重要参考。2014年，先后组织委员对“三资”企业、铁冲水库、凤凰山森林公园、炭河里遗址公园、农村医疗卫生工作等进行专项视察，并召开座谈会提出许多可操作性的意见建议，有效解决相关问题。

【民主评议】 2014年6月，县政协启动民主评议全县林业工作，在县林业局等部门和相关乡镇的积极配合下，县政协主席会议成员带队，组织部分政协委员和政协工作者分成5个评议小组，历时4个多月，调查走访全县33个乡镇、10多个部门，召开不同形式的座谈会50多场次，掌握大量的一手资料，形成近8000字的评议报告。评议活动得到县委、县政府的充分肯定，黎春秋书记批示，评议报告客观地反映全县林业工作现状，提出很好的工作建议，县政府及林业部门可很好借鉴，以推动全县林业事业更好发展。周辉县长批示，县政协及各位委员对政府工作给予有力支持，尤其为林业工作加油助力、建言献策，付出心血和智慧，令人钦佩。县委副书记邓杰平，县委常委、纪委书记张武，副县长彭韬等领导对评议组提出的相关问题和建议进行现场交办，切实保障民主评议的工作成效。

【联络联谊】 2014年，接待省、市政协及兄弟县(市)政协20多批次来宁乡交流指导工作。9月，组织部分政协常委和政协工作者分成四个小组，分赴江苏如东、四川大竹等县(市)政协进行考察交流，营造联络联谊的良好氛围。7月，县政协成功承办长沙市第二届“政协杯”男子篮球赛，并取得全市第一名的佳绩；10月，组织举办“情系政协·履职为民”主题演讲比赛，进一步展示宁乡政协良好的精神风貌。先后举办迎春茶话会、中秋联谊会，邀请各界人士欢聚一堂，庆佳节、话和谐、谋发展。

【文史宣传】 广泛开展文史资料的征集整理，出版《宁乡政协志》《宁乡文史》等文史专刊。成功创建宁乡政协网站，精心办好《宁乡政协》会刊，并在《人民政协报》《湘声报》《长沙政协》等国家、省、市报刊发表宣传宁乡的文章58篇，其中《宁乡中药材如何“走出深闺众人识”》的新闻稿件在《人民政协报》的新闻版刊发。在市政协组织的理论征文活动中，县政协获评“优秀组织单位”，县政协办公室报送的理论文章《加强民主监督，彰显政协价值》荣获优秀奖。 (文勇)

政协宁乡县委员会工作部门

办公室

主　任　沈迪斌

副主任　李雨璇(女)　罗　杰

提案法制委员会

主　任　颜曙琦(女)

副主任　王笑佳(女)

经济科技委员会

主　任　张小平

副主任　李德良

文教卫体委员会

主　任　夏汗青

副主任　贺小平

群团联络委员会

主　任　陈美连(女)

副主任　严配坤(女)

人口资源环境委员会

主　任　王智琦(女)

副主任　严国元

中共宁乡县纪律检查委员会

中共宁乡县纪律检查委员会

书　　记　胡德强(9月离任)
　　　　　　张　武(9月任)

副 书 记　袁德强　肖水平
　　　　　　张　毅(12月任)

纪委常委　张　毅(12月免)
　　　　　　高波良(5月另任)
　　　　　　胡利元　孙意谋
　　　　　　廖国珍(11月任)
　　　　　　易建芳(女)
　　　　　　张益华(5月任)

宁乡县监察局

局　　长　袁德强

副 局 长　刘望平

宁乡县预防腐败局

局　　长　袁德强(兼)

副 局 长　郑香平(女)

【概况】　2014年,是宁乡县纪检监察机关转职能、转方式、转作风的启动之年。全县纪检监察系统以"三转"为主线,围绕中心、服务大局,聚焦主业、积极作为,党风廉政建设和反腐败各项工作取得新成效。

一、作风建设持续深入。针对群众反映强烈的"四风"突出问题,结合群众路线教育实践活动,加大作风建设整治力度,一批"四风"顽疾得到有效解决,群众满意度明显提升。督查问责常态推进。县委成立作风建设常年督查组,组织开展全方位、常态化督查,全县共查处违反作风建设规定问题218个,问责单位20个、问责个人121人,通报典型案件9起。组织开展作风建设民意调查,定期通报民调排名结果,以民意调查推进作风改进。专项治理扎实开展。全县开展6轮办公用房清理督查,清理面积2.36万平方米;清理超标超编公务用车106台、违规借(换)车41台,对23台收缴车辆进行公开拍卖。开展公款送礼及收受红包礼金问题、违规职务消费和公款大吃大喝问题专项治理,全县64人次上交红包礼金70.74万元,"四费"同比下降53.53%。纠风治乱不断深化。对村级公费订阅报刊进行规范,退还村级报刊费86万余元;对强农惠农资金、涉农收费情况开展专项检查,发现问题123个,逐一进行销号处理。督促相关部门开展教育事业、医疗卫生、食品药品等方面损害群众利益行为的专项整治,严肃查处煤炭坝中心幼儿园、菁华铺中心小学违规收费等问题。

二、行政监察强力推进。紧扣县委政府重大决策部署,加强行政监察,严肃行政问责,提升工作执行力。全年共办结效能、执法问责案件19起,问责单位9个、问责个人22人,有力推动各项任务部署的落实。强化效能监察。组织开展"优化发展环境年"收费专项检查和行业协会、市场中介组织收费行为专项治理,围绕"两帮两促""三集中三到位"等重点工作开展专项效能监察,及时查处、督促整改并通报个别单位执行"三集中三到位"规定不到位等问题,服务项目建设和企业发展。按照"三二一"测评模式,创新开展政风行风千人测评活动,督促加强对暗访片反映问题的整改,促进政风行风进一步好转。强化执法监察。加大政府投资项目工程结算再抽审力度,改一年一审为全年滚动抽审,全年共完成再抽审项目7个。加大招投标监管力度,对大屯营镇敬老院、流沙河镇国土所等未招投标进行建设的问题进行严肃处理。切实规范农村公共资源交易平台管理运行,对工作滞后的14个乡镇党委书记进行集体约谈,全年各乡镇平台共计交易项目431个,节约资金382万多元。统筹推进综合执法监察工作,严肃查处流沙河镇金盆水库非法采砂洗砂、城乡规划局干部违规审批等问题,促进全县行政执法工作的规范开展。

三、案件查办不断加强。加大办案力度。全年共受理群众举报230件,立案查处违反党纪政纪案件185件,其中纪委、监察局(简称委局)机关自办案件19件,移送司法机关8人。认真做好经开区拆迁腐败系列案后续工作,严肃查处大成桥镇青泉社区干部违纪案。强化线索管理。认真落实案件线索"双报告"制度,对委局取得的案件线索,在报告县委的同时按月上报市纪委。在坚持行政执法单位移送党员、国家工作人员违纪案件线索制度的基础上,建立《宁乡县纪检监察案件线索管理制度(试行)》,要求基层纪委严格按制度规定及时上报案件线索,实现案件线索的集中归口管理。出台信访举报工作管理办法,开通网上举报平台,信访举报渠道更加畅通。提升治本功效。在全面落实典型案件通报制度的基础上,制定出台违纪人员自行量纪制度,在违纪案件审理过程中,要求违纪人员对照党政纪律、条例、规定先自行量纪。全年185件案件中,量纪意见采纳178个,达到既保护相对人权益,又使之在自行量纪过程中充分认识错误的目的。

四、源头治腐效果明显。教育更加深化。举办第五届"廉政文化周”活动，县级层面集中开展千人徒步等五大主题活动，各单位自行开展相关主题活动130多场，参与人员共计12万人次，中纪委网站、《湖南日报》等媒体进行深入报道。深入开展“党纪条规教育年”活动，举办工程建设、行政审批等专题廉政培训班，培训6000多人次。深入开展廉洁文化“十进”活动，利用宁乡廉政网、廉政短信平台、纪检监察工作内刊等平台载体加强廉政宣传教育，浓厚廉洁社会建设氛围。制度更加完善。下发《宁乡县国家工作人员防止利益冲突暂行规定》，全县共有59家单位的186名干部申报265项利益冲突事项。组织召开规范权力运行工作现场推进会，督促公布行政职权目录及办事流程，推动行政权力的规范透明运行。监督更加到位。认真落实预防腐败谈话制度，对27名新提拔科级领导干部进行任前廉政谈话，对78名廉政测评靠后的科级领导干部进行关爱提醒谈话，全县共实施预防腐败谈话2800多人次。认真落实新提拔领导干部财产收入申报制度，共有27人在公示期内申报个人财产，172人申报财产变化情况。建立廉政账户，自4月份开通以来共有43人次上缴难以拒退的红包礼金。开展对村级财经制度执行情况的专项检查，及时查处存在的问题，有力推动相关制度的执行落实。

五、组织保障全面夯实。狠抓“两个责任”（在落实党风廉政建设责任制过程中，党委负主体责任，纪委负监督责任）。印发“两个责任”告知书，科学分解党风廉政建设和反腐败工作任务，及时组织开展对任务落实情况的全面督查和对重点领域的专项检查，严肃追究领导班子、领导干部在党风廉政建设方面的失职渎职行为。全年共有10名领导干部被追究责任，有效推动各项工作的落实到位。深入推进“三转”。全面清理委局机关议事协调机构，取消或退出49个，保留或继续参与12个。下发《关于进一步加强基层纪检组织建设的通知》，就基层纪检组织主要职责、纪委书记（纪检组长）分工、纪委副书记专职化等做出明确规定，并明确纪委书记（纪检组长）、副书记的提名、考察和年度考核以县纪委会及县委组织部或县人社局为主。充分发挥纪委委员在执纪监督中的作用，为委员履职搭建有效平台，《中国纪检监察报》就此进行专题报道。强化教育监督。组织全县纪检监察干部深入开展“三转”研讨，邀请湖南省廉政教育基地执行主任、湖南大学袁柏顺教授等专家教授进行专题辅导，转变观念，增强自信。开辟“周五学堂”，定期组织集中业务学习，全年共举办党纪条规业务课程8堂。深入开展党的群众路线教育实践活动，继续开展“网上评议”工作，出台《宁乡县纪检监察干部适岗性评价办法（试行）》，促进纪检监察干部队伍的自我优化提高。

【第十一届纪委第四次全会暨全县反腐败工作会议】 2月24日，中共宁乡县第十一届纪委第四次全会暨全县反腐败工作会议召开。会议回顾总结2013年全县党风廉政建设和反腐败工作，安排部署2014年工作任务。2014年全县深入贯彻落实党的十八大，十八届三中全会，习近平总书记系列讲话和中央、省、市纪委全会精神，坚持党要管党、从严治党，聚焦中心任务、推进改革创新，以建设“廉洁宁乡”为目标，以服务发展为主题，严明党的纪律，深化作风建设，坚决惩治腐败，强化权力监督，注重教育预防，坚定不移将党风廉政建设和反腐败工作引向深入，为打造省会次中心、建设幸福新宁乡提供坚强保障。会前，原中国纪检监察学院副院长李永忠教授就如何学习贯彻中央纪委十八届三次全会精神进行专题讲座。

【举办第五届“廉政文化周”活动】

10月20日至24日，宁乡县成功举办第五届“廉政文化周”活动，以“廉洁·你我同行”为主题，集中开展启动仪式暨楚沩清风讲堂第300期、党纪条规知识抢答赛、千人徒步、预防职务犯罪图片展、老干部书廉、长沙监狱参观警示、原创廉政小品晚会等活动。同时，各乡镇和部门单位还结合实际自行开展丰富多彩的活动。

【中央纪委到宁乡县调研】 7月16日，中央纪委课题调研组及省、市纪委领导到宁乡对农村基层党组织监督执纪问责工作进行调研。县纪委从宁乡县纪检监察工作情况、纪检监察系统推进“三转”情况及宁乡农村党风廉政建设情况三个方面进行汇报。中纪委课题调研组对宁乡纪检监察工作及农村基层党风廉政建设工作给予高度肯定。

【举办“三转”研讨班】 3月3日至4日，县纪委举办全县纪检监察干部“三转（转职能、转方式、转作风）”研讨班。全体县纪委委员、乡镇纪委书记、县直各单位纪委书记（纪检组长）、县纪委监察局机关全体干部共120多名人员参加此次研讨班。“三转”研讨班采取专家讲座、分组讨论相结合的方式，深入探讨、认真查找当前纪检监察机关在思想观念、职能定位、工作方式、工作作风等方面存在的问题，就如何落实“转职能、转方式、转作风”，提出具体意见和建议。研讨班的举办，标志着宁乡县纪检监察机关“转职能、转方式、转作风”三转工作正式启动。

（李俊）

办公室主任 张益华（5月另任）
宣传教育室主任 陈必文
信访室主任 夏新华
党风廉政建设室主任 姜赛男
行政效能监察室主任
周景云（9月另任）

纪检监察室主任　唐可夫
执法监察室主任　杨旺斌
案件审理室主任　杨　中
纠正行业不正之风室主任　刘俐华（女）
干部监督检察室主任　成素芬（女）
县纪委派出纪工委书记（县监察局派出分局局长）　罗建宇
县纪委派出纪工委副书记（县监察局派出分局副局长）　刘利兵
派驻县卫生局纪委书记　彭立平
派驻交通运输局纪委书记　张慧明
派驻民政局纪委书记　姜　伟
派驻教育局纪委书记　符灿阳
派驻住保局纪委书记　颜　剑
派驻住建局纪委书记　孟友良
派驻城建投纪检组长　欧腊梅（女）
派驻城乡规划局纪检组长　陈鹏飞
派驻财政局纪检组长　何　欣
派驻水务局纪委书记　容胜强

民主党派和工商联

中国民主促进会长沙市委员会宁乡县工委

主　　委　程万谋
副 主 委　夏　时　彭　飞
　　　　　　张超明
委　　员　王碧玲　杨红菊
　　　　　　姜笑澜

【概况】 2014年，民进宁乡县工委下设四个支部，即宁乡一中支部、玉潭教育支部、宁乡十三中支部、综合支部，会员67人。

一、抓活动开展，同心思想不断巩固。中国民主促进会长沙市委员会宁乡县工委和各支部以同心思想、十八届四中全会会议精神、中国经济新常态发展理论为主要内容，开展多种形式的学习活动。工委班子成员召开会议5次，组织会员参与民进市委、县委统战部各类培训活动5次、学习活动3次。同时，精心组织特色活动，工委组织庆“三八”女会员游关山活动，工委委员和各支部委员赴桑植县参观贺龙故居和贺龙纪念馆，一中支部组织赴虎山特教学校献爱心活动，十三中支部举行赴南县大通湖区一中交流活动等。

二、抓参政议政，履职水平不断提高。加强调研和信息工作，会员报送信息、新闻稿等20篇，张锡俊撰写的信息被省委统战部采用，姜笑澜撰写的文章和关于社情民意的信息稿被《湖南统一战线》、市政协采用。在县委统战部编辑的《宁乡县非党干部文集》中，宁乡工委4篇会员作品入选。夏时委员深入调研思考，撰写《继续推进炭河里文化建设》和《基层医疗卫生机构三年行动计划落实情况》等大型调研报告。张超明、朱爱英等会员撰写的多篇调研报告得到县委统战部及相关部门重视。加大参政议政力度。“两会”前，工委组织召开相关座谈会，发挥集体智慧。“两会”期间会员共提交建议提案14件，其中王碧玲提交的《办好宁乡一中附属初中，巩固教育强县丰硕成果》被列为重点督办建议，另有多件提案被县政协评为优秀提案。

三、抓社会服务，同心品牌不断成熟。双江口镇山园村是民进省委的联系点，也是“四同创建”中工委的“同心乡村”建设点。程万谋多次到山园村调研，争取民进市委支持该村捐赠3万元图书，争取省环保厅支持30万元环保资金。各支部社会服务活动经常开展，如宁乡一中支部、宁乡十三中支部多次举行送课下乡活动。各会员发挥优势为社会作贡献。程万谋、夏时组织的湖南·江苏书画篆刻名家提名精品展在宁乡书画院成功举办；张超明负责的宁乡旅游工作再创佳绩，接待旅游人数及旅游收入居9区(县市)之首；彭飞为引进康师傅、盼盼、好彩头等重大项目做出突出贡献；朱爱英推进沩江流域治理及“村村亮、路路亮”项目，为宁乡争资近3亿元；刘建琼负责的宁乡一中教学工作被评为全县2014年度高考学考教学质量评价特等奖；张小明、李跃明、廖海文的论文分别获得国和省级一等奖。

（姜笑澜）

中国农工民主党长沙市委员会宁乡县总支

主任委员　谢文军
副主任委员　贺小平　杨曙光
　　　　　　　陈胜

【概况】 2014年，农工民主党宁乡基层工作委员会发展新党员8人，共有党员46名，有人民医院、中医院、综合支部等3个支部。所有党员均具有大专以上文化程度，包括医药卫生、政协、农业、乡镇、企业等各界人士，其中副教授以上职称11人，教授职称6人，市、县人大代表、政协委员9人，党员素质普遍较高。2014年，农工党宁乡基层工委加强自身建设，发挥政党职能，积极参政议政，开展系列社会服务活动。

【队伍建设】 农工党宁乡基层工委注重学习培训，提高党员各项能力。坚持每个季度进行一次集中学习，学习内容包括党章、时事、科学发展观等。2014年11月9日至16日，陈巨友、张欢、罗芳、曾子玲、陶文英、周学清六位党员参加由中央社会主义学院举办的农工党湖南省骨干培训班的学习，并参加在农工党中央举行的党员座谈会。

全体党员积极上进，在各自岗位上取得成绩。贺小平主编“潮汐与船”丛书一套10本，由湖南人民出版社出版，主编“香榧树下”丛书一套9本，由团结出版社出版，主编《沩水涛声》宁乡作家作品集，出版个人体育评论集《体坛观潮》、随笔集《凭栏听雨》，在

《今日宁乡》开设“小平论剑”评论专栏，并有数十件作品在《中国政协》《湖南日报》《长沙晚报》等报刊发表；杨曙光团结带领县中医院全体员工努力进取，全院工作取得长足进展，全年实现业务收入1.8亿元，为历年之最；陈胜在“两会”上作大会发言，工作上创新思路，攻坚克难，全县各类医患纠纷大幅下降；刘晓川代表县人民医院参加湖南中医药大学举办的运动会，夺得60米短跑第二名，400米短跑第二名，4×100米接力赛第一名；周娉撰写的新闻稿件《将粮食存进银行》获2014年中国新闻奖一等奖，为湖南唯一获一等奖作品。曾子玲调研文章《千万元装备补贴带动6亿产值》在《长沙晚报》发表。陈巨友在《人民日报》及其官方网站上发表《宁乡探索城市管理新体制见成效》《加快产业转型，推动科学发展》两篇文章；陶文英荣获“湖南省农业致富女带头人”“长沙市十大创业女性”“长沙市十大最美女性人物”“长沙市劳动模范”等荣誉，杨跃清散文集《走过滇藏线》由团结出版社出版，并获长沙市文联重点扶持。

【参政议政】 农工党宁乡基层工委组织的一系列调研和向市、县政府部门提交的一批议案、提案都具参考价值。谢文军、陈胜、张彩霞撰写的《关于推动我县西部地区中药材发展的意见建议》作“两会”发言，并被县政协列为第四号提案。贺小平参与撰写调研报告《稳步有序推动炭河里建设》《关于基层医疗卫生机构标准化建设三年行动计划实施情况的调研报告》，为县委政府决策提供重要依据。张彩霞撰写的社情民意作为政协第一号社情民意刊出，得到主要领导批示。人民医院支部反映社情民意10余条。周学清文章《关于改善党外领导干部现状的建议》被长沙市统战部采用。贺小平、陈巨友分别在农工党长沙市委刊物发表《家在白云深处边》《加强城市民族管理，促进民族大团结》文章。

【社会服务】 2014年，农工党宁乡基层工委积极参加县委统战部组织开展的“坚持和发展中国特色社会主义学习实践活动”。8月24日，宁乡县中医院支部组织全体党员开展毛泽东、彭德怀故居红色之旅活动，全体党员沐浴红色阳光，接受心灵洗礼，深受教育和启迪。人民医院支部积极开展服务社会活动，对全县13个社区进行救护知识免费培训，培训人数4000余人；10月10日人民医院支部组织全体党员前往青山桥甘江村开展送医送药义诊活动，共为300余人进行义诊，送药4000余元。11月28日，综合支部组织全体党员开展食品安全监督管理主题调研活动。（罗芳）

县工商业联合会

政协副主席、工商联主席、总商会会长 程万谋

党组书记、副主席(副会长) 唐志强(兼)

副主席(副会长) 谢志远 罗新文

党组成员 宋海波(2月任) 李玉梅(女)

兼职副主席 尹俐(女) 罗文亮 罗美元(女) 王新华 刘义军 杨振 廖跃飞 王青山 蔡跃武 熊正明 徐建民

兼职副会长 方忠杰 赵宇 汤亚平 陈基良 陈小亮 罗赞村 易石洪 贺凯良 胡均平 徐世玉 黄德宏 曾凡云 梁晓斌 谢寄彪 谢晓楠 颜桂华

【概况】 2014年，县工商业联合会组织认真贯彻落实党的十八大、十八届三中全会和全联关于非公经济人士理想信念教育实践活动精神，立足“两个健康”工作主题，积极践行“六个走在前列”和“四比四抓争先锋活动”要求，围绕中心，服务大局，深化创业富民工作，努力推进非公经济创新转型发展，较好地完成各项工作任务。

【发挥平台作用】 其一，发挥帮扶平台作用。开展“三联三促”活动，全年共下基层、访企业120多次；开展“双百”服务活动，帮扶戴斯光电、赛恩斯环保、中崛水务重点项目3个，帮扶易呼百应、宁爱网络、百人忆重点企业3个，为戴斯光电、百人忆等企业解决各类难题4个，协助易呼百应在湘交所上市融资；开展招商服务，积极为会员企业牵线搭桥、商务洽谈提供各类信息服务。引进长沙市鑫川五金制品有限公司落户白马桥。其二，发挥融资平台作用。召开基层会长会、工商联常委会，邀请县农业银行、民生银行与企业对接，加强企业与银行的联系，达成合作意向3个，为鞭炮商会融资4000多万元。引导惠元农业、沩山茶业在湖南深交所上市、引导长河机械在境外上市。其三，发挥联谊平台作用。接待常宁市工商联考察团和浏阳市工商联考察团。组织部分企业赴冷水江工商联考察学习，组织乡镇商会会长和部分企业人员赴浏阳工商联考察学习，组织工商联组、园区组政协委员赴江苏洋河酒业考察学习，组织部分企业参加深圳市宁乡商会成立大会。组织举办中美国际篮球对抗赛。其四发挥参政议政平台作用。引导会员积极撰写提案议案、社情民意，共撰写提案24件，议案10件，社情民意4条。其中《提升自来水质确保民众饮水健康》等3个提案被评为全县重点提案。

【开展主题活动】 其一,同心工程活动。成立"同心工程"领导小组,并制定《宁乡县工商联深入开展"同心工程"工作方案》,多次到妙盛工业园指导同心创建。2014年年底,妙盛工业园被市委统战部授予"同心园区"称号。其二,社会主义学习实践活动。成立领导小组,制定《县工商联开展坚持和发展中国特色社会主义学习实践活动工作方案》,明确10项活动内容,确定从2014年开始到2016年,以"自觉、自主、自为"为原则,在工商联非党干部、全县基层商会和非公经济代表人士中开展学习实践活动。其三,"四信"教育活动。在非公有制经济人士中开展以"信念、信任、信心、信誉"为主要内容的"四信"教育活动,以"开展学雷锋活动"等9项活动为内容,各基层商会、各非公经济组织广泛参与,增强非公有制经济人士对中国特色社会主义的信念、对党和政府的信任、对企业发展的信心以及对社会的信誉。其四,光彩事业活动。组织开展"心连心"活动,定点帮扶联建对象;组织开展"春节慰问活动",为枫木桥特困群众捐款3万多元;组织开展"衣加衣"送温暖活动,募捐衣物6.24万件;组织企业家商会开展"字画义卖"活动,筹集40多万元;开展"大爱宁乡,拯救生命"活动,为大学生王李思娜筹集骨髓移植手术费用80多万元。2014年,全县会员在各类社会公益事业中捐款捐物达648万元。

【筑牢工作抓手】 其一,培训学习抓手。配合举办《清华·宁乡大讲堂》专题讲座。组织全县会员企业参加格力集团董事长董明珠主讲《创新改变世界》专题讲座,给会员企业带来智慧和诸多启示;举办《企业商誉与信用——如何打造百年企业》与《非上市公司股权激励总裁导入研讨会》专题讲座。邀请湖南省人大法制委委员、经济学家、博士研究生导师张早平教授和王平教授授课。其二,走访调研抓手。与县委统战部联合开展"为非公有制企业解难题、办实事,集中走访调研"活动,分成4个调研组,集中利用一个月左右的时间,对全县工商联副主席、副会长企业和部分重点台侨企业进行一次大调研、大走访,取得明显效果。其三,组织建设抓手。抓党的建设。深入开展"一推行四公开""心连心"和"基层党组织结对共建"等主题活动,为困难群众送去慰问金3200余元,协助联建村、双井村做好村部改建;为村部争资近10万元,协助做好山塘清淤工作,清理於塘20亩;指导创建县级科普示范村;抓非公党建。组织副会长单位湖南精量重工参加市委组织部、市非公党工委举办的全市非公党建成果展示会,并以96.65分的成绩获得长沙市一等奖;规范商会建设。进一步规范基层商会和行业商会组建,行业商会做到成熟一个发展一个,成立宁乡邵阳商会,指导成立宁乡县众筹协会。

【突出创业富民】 其一,抓创业富民项目申报。在2014年创业富民项目申报中,共为102家争取市级创业富民资金459万元。其二,抓"创业手牵手,帮扶一加一活动"。组织陶胜利、曾建国等10名企业家指导10个初创企业进行创业,组织召开专题结对仪式,通过签约和开展各种帮扶活动,让成功企业家带动初创企业创新创业,使一批初创企业迅速成长起来。其三,开展创业富民大竞赛活动。联合多家县直单位举办"农商银行"杯首届青年创业大赛,激发广大青年创业热情,搭建青年创业平台。其四,主办"初创企业财务培训"。举办初创企业"项目企业绩效评价和财务管理培训班"。专门邀请宁乡著名财务老师王新华就财务制度、战略财务管理、绩效评价自评报告的填报等内容进行现场授课。

(李玉梅)

群众团体

工会工作

县总工会
党组书记、副主席　刘晴明
党组成员、副主席　文珍(女)
　　陈桂荣
党组成员、纪检组长　贺立军
经费审查委员会主任　邹利红(女)
女职工委员会主任　戴琼(女)

【概况】 2014年,宁乡县共有基层工会组织3195个,工会会员14.99万人。县总工会现有机关干部职工19人,离退休人员11人,下辖二级事业机构工人文化宫。县总工会认真践行党的群众路线,着力构建"四型"工会组织,精心展示"技工大县"品牌。2014年,工会工作无论是在广大职工群众中的认同度,还是在省、市工会工作中所取得的成绩,都有明显提升。职工劳动竞赛被省总工会、省人社厅授予优秀组织奖,职工医疗互助工作在全市专项工作会议上作经验交流,《湖南工人报》12月5日头版头条报道《宁乡工会擦亮"技工大县"品牌》,12月12日《湖南工人报》以《做"经济强县"的"助推器"》为题,对县总工会服务发展工作亮点进行专版介绍,其他各项工作在《工人日报》《湖南工人报》《长沙晚报》、湖南经视、FM105、长沙新闻、政法频道等新闻媒体报道20余次。

【劳动竞赛享誉三湘】 为贴近中心促发展,县总工会积极擦亮"技工大县"品牌,组织开展"十万职工岗位大练兵,千场竞赛技术大比武"劳动竞赛活动,引导职工掀起技术比武热潮,成绩斐然。标志有三:第一,宁乡数控机床工人唐少锋代表湖南赴京参加2014年中国技能大赛第六届全国数控技能大赛决赛,这是宁乡职工新中国成立以来首次走出湖南参加全国性技能比武;第二,在全市职业技能大赛上,宁乡职工获得全市四个比赛项目、24个奖项中的三个冠军、15个奖项;第三,市总工会组织24人的职工队伍参加全省数控技能大赛,15名选手来自宁乡。

【职工技术创新掀新高】 4月28日晚,在楚天科技大剧院隆重表彰全县第四届工人先锋号班组、宁乡县技术能手和宁乡县职工中的5名市级劳动模范,县四大家主要领导亲自为一线工人颁奖,青年职工"比学赶超"的积极性不断迸发。11月5日《工人日报》以"数控班的男神们"为题,报道楚天青工在技术上的钻劲;7月25日湖南《经视新闻》"劳动最美丽"栏目报道宁乡职工刘健从一线职工成为长沙市劳动模范、湖南省技术能手的成长经历。

【"双百"服务成效明显】 县总工会紧贴中心工作,力促企业和项目发展。积极推动省总工会灰汤职工疗养院的改扩建工程,全年为此项目召开各类办公会和专题会议8次,解决各类问题22个,职疗建设进展顺利,一个投资5亿元,占地2公顷,建筑面积达6万平方米的全国劳模疗休基地即将竣工;扎实开展"双百服务"活动,工作队员的"倾四心·展真情"服务举措在全县推介;湖南新中岩项目7月正式投产运营,长沙特耐金属材料有限公司运行平稳;积极参与"一推行四公开""心连心"、农村田间水利建设、"支部共建""平安宁乡"等中心工作,以实际行动践行群众路线。

【职工普惠服务】 全年办理工会服务卡2.5万张,组织1.92万名职工参加在职职工医疗互助,为1028名因病住院职工发放医疗互助金和大病救助金152万余元,为28名住院医疗费用超过5万元的重特疾病职工争取大病特困救助。

【搭建用工招录桥梁】 积极搭建企业招、用工桥梁。一方面积极参与园区企业的用工招聘20多场,协助企业招录用工1200多人,和企业共同树立宁乡企业依法用工的形象。另一方面积极建设《宁乡工会服务网》,搭建用工招录平台,为企业发布招聘公告,为农民工提供就业信息。

【工会特色活动】 7月31日下午,县总工会组织购买25万多元防暑降温药品、物品,前往园区企业和项目工地,向高温期间坚守岗位的职工送去党和政府的关心和慰问。县总工会积极组织全县基层组织和职工会员"献爱心",筹资50余万元,于8月22日在县会议中心公开集中资助142名困难职工子女圆梦大学。组织资金50万元,先后深入困难企业、劳模和下岗职工家中,为全县682名困难职工送去党政的关心、工会的温暖。应园区大龄单身职工要求,为来自全县的600多名职工搭建婚恋交友平台,成功牵手40余对;全年县总工会组织开展企业职工安全生产知识抢答赛、万名职工禁毒知识竞赛、职工篮球赛、经典名篇诵读、"中国梦·劳动美”女职工趣味体育比赛等活动,有效地丰富职工的文化生活。

【工会维权建设】 总工会在维权机制建设上,注重源头参与,坚持维权与维稳的有机结合,千方百计畅通劳资双方对话渠道,有效地化解劳动关系中的不和谐音符。全年按要求签订集体合同、女职工权益保护专项合同、工资集体协商协议1000余份,覆盖大小企业1065家,覆盖职工5万余人,形成良好的职工利益诉求表达机制。认真做好“12351”职工信访维权服务热线、来信来访、劳资争议调解、息访息事工作,全年接待职工来信来访72次,调处劳资纠纷14例,参与人力资源和社会保障局关于职工权益案件仲裁调处2起,帮助协调解答职工权益问题近千次,参与安全生产监督管理局关于安全生产责任事故处理12起。(文珍)

青年工作

共青团宁乡县委员会

书　记 唐　正

副书记 严　玲(女)　周海滨　唐鹰尼(女,挂职)

【概况】 2014年,全县共有青年(14周岁至35周岁)38.4万人,其中共青团员18.5万人。专职团干部8人,兼职团干部1702人,基层团委79个,团总支60个,团支部1462个。2014年共青团宁乡县委紧扣全县发展要务,紧贴青年成长需求,团结带领全县广大团员青年在转型创新发展征程中奋力担当,圆满完成年初既定任务,共青团事业取得新发展。团县委2014年获评团市委和县委绩效考核先进单位,团县委班子获评县“五好领导班子”。

【特色亮点精彩纷呈】 其一,预防维权工作全面推广。充分发挥县预防工作领导小组、、未成年人保护委员会协调联动作用,联合县检察院、县司法局、县公安局、县教育局等部门开展“送法制进校园”“模拟法庭”“校园无毒·阳光生活”等主题宣传活动,全年编印发放《青少年安全与法律常识读本》《安全手册》《青少年防性侵手册》等书籍12万册,有效保障全县未成年人的合法权益。开展法制宣传活动,组织青年志愿者在首个国家宪法日开展宪法精神集中宣讲,对《未成年人保护法》《宪法》进行现场解说。县法院团委组织向宪法宣誓、遵宪守宪百人签名等活动,影响广泛。全县各乡镇开展法制宣传课150堂,听课人数达9800多人,全面提升知法懂法、遵纪守法的意识。12月,《中国青年报》分别刊登《湖南宁乡封存保密未成年人犯罪档案》《未成年人涉黄赌毒案件增加》两篇文章专题推介宁乡县未成年人保护工作。其二,创新创业工作全省领先。发展壮大县青年创业者协会,充分整合各方资源,为有创业意愿的青年搭建一个交流学习的平台。协会运作模式得到团中央、团省委高度肯定,经验材料《积极搭建平台发挥协会作用——促进青年创业上台阶》一文在团省委《三湘团讯》和《湖南青年》刊登。组织开展首届青年创业大赛,以大赛为平台,争取县人社局、县创业办、县农商银行等单位对创业青年的合力支持,帮助青年解决政策、资金等方面的问题。同时,邀请多名企业家为广大创业青年、基层团组织讲述创业故事,分享创业心得。以创业带动就业,联合县人社局举办“放飞梦想,助你启航”高校毕业生现场招聘会,提供岗位3000多个,现场1000多人达成就业意向。其三,宣传思想工作全面加强。全新改版宁乡共青团工作网站,开通官方微博、微信等媒体宣传平台,信息发布更加快捷高效。其中,仅《心得乐》爱心活动网络转发量就达10万次。组织全县广大青少年参与“我为核心价值观代言”“红领巾相约中国梦”“寻找乡村好青年”“美德少年评选”等活动。教育局团委积极开展以“青春·责任·梦想”为主题的十八岁成人宣誓仪式,全县2万多名青年学生深受教育。宁乡一中600班开展的为社会主义核心价值观代言活动在《湖南青年》整版刊登。青年企业家李振江、叶锋入选2014年度“湖湘青年英才”,刘朝霞、杨鹏等7名优秀行业青年入选长沙市青年岗位能手。立足县域开设《今日宁乡》“青春正能量”专栏,先后报道万斤切糕支援灾区的“切糕王子”买买提、残疾创业青年唐伟等青春榜样20多人,通过典型示范,引导广大青年树立正确的人生观、价值观。

【本职工作有声有色】 其一,在联系群众中争当先锋。扎实开展“一推行四公开”群众工作,深入窑里村走访、慰问群众20户,发放慰问金近3万元,团县委全体班子成员、办公室、组宣科分别与村上5户贫困学生家庭长期结对认亲。积极整合各方资源,解决农田灌溉、入学等具体问题6个。支持资福乡群众工作经费2万元。创新开展2014年宁乡基层共青团“走转改”大调研大宣传活动。分板块联组对全县79个基层团组织进行走访调研,深入基层了解青年需求、解决具体困难。务实开展“心连心·百团联百户”活动。组织号召100个基层团组织帮扶100户困难青少年家庭,在学习、生活上提供关怀和扶助。其二,在服务发展中勇挑重任。积极开展“双百服务”活动,全年帮促青少年励志教育基地、长沙华泰涂料有限公司20余次,为项目解决办学资质、注册、审批等难题。全年向上争资65.19万元,超额完成目标任务。深入开展“文明宁乡共建共享”志愿服务活动,招募并组织干群志愿者开展文明清扫、文明劝导、清洁青洋湖、"清洁宁乡·全民健康"大宣讲等集中活动2000余次。全面启动全民保山护水添绿志愿行动,积极开展"共青林"建设。在全国文明城市测评中,宁乡县志愿者工作居全省第一,得到团省委高度评价。楚沩社区志愿者工作站成功创建省级"雷锋号"志愿者工作站,通益社区志愿者工作站成功创建市级"雷锋号"志愿者工作站。精心组织"廉洁·你我同行"千人徒步活动,吸引来自全县各行各业的1200多名志愿者报名参加。其三,在品牌打造中积极作为。扎实开展希望工程公益行动,通过爱心倡议、上门拜访、慈善拍卖等形式不断争取宁乡企业家商会、县建筑协会、民生银行、骏马队等爱心单位和团体的支持,壮大"圆梦大学""建筑学子""芙蓉学子""茅台学子""蜡笔·小心意"等助学品牌,全年累计帮扶学生345人,发放助学资金59.8万元。精心组织《心得乐》面对面爱心资助活动,通过广泛宣传发动,活动得到加加集团、农商银行、县企业家商会、暖心义工等100多个单位和团体的鼎力支持,2万多名爱心市民伸出援手,活动现场共募集爱心善款228.77万元。同时,83名学生现场获得长期结对帮扶。持续推动青年文明号创建行动,全年创建市级青年文明号4家,县级青年文明号12家。

【基层基础不断夯实】 其一,基层组织有效覆盖不断扩大。坚持党建带团建,全年新增团组织131家,其中非公团组织20家。与县委组织部联合下发《关于开展宁乡县村级团组织集中换届工作的通知》,有效推动村级团建工作。不断加强板块联组制度建设,鼓励板块联组内部加强交流,以板块的形式开展志愿服务和文体活动。加大对青联、青企协、青创会、暖心义工、环保志愿者协会等组织的联系、交流和指导,通过协会组织影响和服务广大青少年群体。其二,队伍素质不断优化。创新开设团干培训班。将团委书记培训班纳入县委组织部"四五工程"培训计划,11月对基层团干、青年文明号集体负责人等110人开展为期一周的培训。先后推荐王伦飞、黄小玲等5名基层团干到省委党校、市委党校学习,进一步提高团干部的综合素质和能力水平。其三,工作内容不断充实。突出基层活力,开展第三届基层共青团工作创新项目研究,引导基层团组织以创新项目为抓手,科学设计工作项目,在服务党政中心、服务广大青年中找准切入点,找到突破口,在具体工作实践中形成具有基层推广意义的好经验好方法。来自全县的两个县级项目、一个联合项目、17个单独项目通过立项评审。20个基层创新项目紧贴实际,围绕青年就业创业、预防维权、社会主义核心价值观等方面展开研究,创新性强、成效显著。创新项目共拨付经费20万元,为基层团组织提供有力的资金保障,有效激发基层团组织的活力。(孙小芳)

妇女工作

县妇女联合会

党组书记 李　庆(女)

主　　席 张　莹(女,4月另任)

副 主 席 周常青(女)

王　书(女)

【概况】 2014年,宁乡县有33个乡镇妇联会,77个县直科局和垂直管理单位妇委会,8个私营企业妇委会,383个村妇代会,37个社区妇联会,基层网络健全。各级妇联紧紧围绕党政中心工作,积极履行维护妇女儿童合法权益的职责,凝心聚力,扎实工作,妇女工作取得新进展。宁乡是湖南省妇联关爱留守妇女项目首批试点县、湖南省妇联婚姻家庭纠纷人民调解工作试点县,宁乡县妇联获评"湖南省宣传工作先进集体""长沙市妇联系统绩效考核先进单位"。

【深化"创业富民·巾帼示范在行动"系列活动】 成立全县女企业家协会,吸纳会员145人,组织召开会员大会。组织"春风行动"女性专场招聘会,1611名女性成功就业。做好妇女小额担保贴息贷款工作宣传,64名妇女获小额贷款资金719万元。湖南林盛林业科技开发有限公司等四个单位被评为长沙市"巾帼现代农业科技示范基地"。加强巾帼文明岗创建和管理,推荐县农商银行成功创建全国巾帼文明岗。县法院流沙河人民法庭等8家单位获县级巾帼文明岗。

【创建"文明和谐家庭"】 推进五好文明家庭创建,表彰100户县级五好文明家庭。开展"廉政文化进家庭"示范单位创建工作。"三八"期间,对层层评选出来的50户"和美家庭"、50名"美丽女性"进行表彰奖励。玉潭镇杨炳涛家庭被评为长沙市"最美家庭",沩山乡程纳家庭被评为长沙市"两型"示范家庭。

【推进《规划》的贯彻实施】 召开妇儿工委成员单位会议,进一步分解《规划》[妇女儿童发展规划(2011—2015)]目标任务,对《规划》进行监测评估。组织教育局、卫生局等成员单位对幼儿园、校外辅导、免费婚检等热点难点指标进行调研,推动规划指标的落实。承接湖南省妇儿工委业务培训班暨母亲健康快车项目现场交流会,全省14个地州市的85名妇女儿童工作者在宁乡举行3天的培训,县妇幼保健院"母亲健康快车项目"经验在会上作典型发言。

【做好日常维权工作】 接待来信来访案件212件,接处率100%,

回访率100%,有效处理率达82%。认真做好"三八"维权周、"6·26"禁毒日、"12·4"宪法宣传日宣传咨询活动,发放各类宣传资料1万余册。成功介入处理10个典型案例,调处家庭暴力案件31件,提供法律援助100多起。双凫铺镇双桂村成功创建市级"妇女之家"反家暴示范点。

【婚姻家庭纠纷调解工作】 宁乡是湖南省妇联婚姻家庭纠纷人民调解工作试点县,县妇联联合县司法局、县民政局成立宁乡县婚姻家庭纠纷人民调解委员会,在全省率先出台《宁乡县婚姻家庭纠纷人民调解工作方案》,在民政局婚姻登记大厅新设立婚姻家庭纠纷调解室,全年成功调解1400对夫妻,被誉为宁乡婚姻危机干预模式。CCTV－12、《中国妇女报》等多家媒体作专题报道。

【预防未成年人性侵教育工作】 精心编印并发放6.5万册《预防未成年人性侵犯手册》《预防未成年人性侵害知识读本》,免费发放给全县中小学家长和学生。联合湖南英萃律师事务所开发针对女生的预防性侵害课程,为滨江小学、百灵鸟小学、金洲中小等21所学校送课,参与人员达1万余人。《今日女报》、宁乡电视台、《今日宁乡》等媒体进行专题报道。

【农村妇女"两癌"检查】 继续做好"两癌"免费检查宣传发动工作,完成宫颈癌检查4.1万人,乳腺癌检查2100人,争取全国、省、市"两癌"救助资金20.2万元,救助40人。

【开展爱心"衣加衣"活动】 与企业家协会联合开展爱心"衣加衣"温暖行动,成立爱心"衣加衣"捐赠中心,在丽达酒店举行活动启动仪式,县长周辉,县委副书记邓杰平为爱心"衣加衣"捐赠中心揭牌。共收到市民捐赠的棉衣和毛衣1.13万余件,组织60名爱心志愿者将冬衣分送到喻家坳、枫木桥、黄材等乡镇敬老院和贫困家庭,得到社会各界的一致好评。

【关爱妇女儿童群体】 开展关爱留守妇女工作,成为湖南省关爱留守妇女项目首批试点县。为朱良桥中学申请到全国妇女发展基金"水印计划"项目,对学校进行改水改厕。承接省庆"六一"暨"温暖微行动·宁乡行"三下乡活动,现场捐赠44万元,救助50名贫困妇女儿童。举行宁乡县"播种爱心成就梦想"——庆"六一"关爱贫困学生捐赠帮扶活动,21名贫困学生每人获赠2000元助学金。全年向上争资52.26万元,其中33.26万元用于救助贫困妇女儿童。全县妇联干部结对帮扶贫困留守儿童210人,帮扶物资3万余元。

【基层妇女组织建设】 妇女联合会基层组织建设进一步加强。开展示范"妇女儿童之家"创建,玉潭镇楚沩社区等4个单位成功创建市示范妇女儿童之家,双凫铺镇双桂村创建市反家暴示范妇女之家。积极配合做好女性进村"两委"换届选举工作。全县新一届村"两委"干部中,有女干部528人,确保村支两委至少有1名女性,有女村长12人,女书记13人,比上届增加5人,换届选举中有2名女大学生村官当选为村支书。圆满完成新一届村妇代会换届选举工作。注重女干部素质提升。将妇联干部素质建设纳入全县干部素质建设"四五"工程,举办为期5天的全县基层妇联干部能力建设专题研修班。举办多期女领导干部素质提升讲座。全年,县妇联班子成员相继到高校参加培训学习。选送10名基层妇联干部参加省、市妇干调训。 (喻胜华)

残疾人工作

县残疾人联合会

理 事 长 刘要军
副理事长 姜艳阳(女)
张宗藩(3月免)
喻灿平
党组成员 谢晓南

2014年,在上级残联组织的具体指导下,在各级部门和社会各界的大力支持下,宁乡县残疾人联合会(以下简称县残联)努力推进残疾人全面小康进程,为改善残疾人生活状况和维护社会稳定发挥积极作用。

【优化发展环境】 宁乡县残疾人联合会争取湖南省、长沙市残疾人联合会支持,共争取居家托养、重残补助等到位资金1285.58万元;争取社会助残资金89万元。宁乡县托养康复中心建设全面启动。全年刊播信息新闻91条,在宁乡县电视台《关注》栏目制作残疾人康复工作专题宣传片一期。《浅谈加强宁乡县智力残疾儿童康复工作的思考》《勤基层走走,常下村看看,努力为基层残疾人事业发展聚集正能量——浅谈关于在残疾人工作中运用"一线工作法"的思考》《关于基层残疾人辅助器具适配工作抽样调查报告》三篇调研论文被经济日报出版社《中国社会保障创新与发展》刊载。残疾人工作地位提升,宁乡县代表湖南省迎接中国残疾人联合会、国家住房建设部、中国老龄工作委员会办公室考察调研残疾人无障碍环境建设;中国残疾人联合会、国务院扶贫办第五督导检查组到宁检查《农村残疾人扶贫开发纲要(2011－2020年)》执行情况,对宁乡县残疾人事业给予高度肯定。争取宁乡县委组织部支持,抓住支村两委换届时机,实现村村都有残疾人参政议政。根据基层优秀残疾人入党迫切的需求,县委组织部特批为杨忠远、高祥元等5名残疾人解决入党指标。

【基层组织建设】 开展“践行四家法，当好娘家人”活动，规范化建设乡、村两级残联，成功创建10个市级残疾人工作明星乡镇、14个明星社区和20个县级温馨之家。选聘、调整33个乡镇、422个村(社区)残疾人专职委员，进行严格的管理考核，目标量化到人、责任明确到人，充分发挥专职委员作用。加强五个专门协会建设，实行专门协会委员轮流值班制度。

【实施党的群众路线教育实践活动】 深入贯彻党的群众路线教育实践活动，推行领导下乡、部室联乡和干部职工下乡“三下乡”制度，零距离接触、零距离服务残疾人，2014年领导干部下乡88次，部室开展联乡71次，干部职工下乡256人次，走访残疾人家庭851户，解决问题41个，赢得对象的满意和信任。创新开展“三个一”活动:即发放一张连心服务卡，记好一本民情日记本，向残疾人送一封公开信，效果显著。县委党的群众路线教育实践活动领导小组将残疾人工作纳入重要内容，下发宁群组办发〔2014〕9号《关于在党的群众路线教育实践活动中开展“四爱四家”扶残助残活动的通知》，在全县掀起新一轮扶残助残新热潮。5月15日，举办第二十四次“全国助残日”暨“四爱四家”扶残助残活动启动仪式，51名爱心妈妈结对帮扶51名残疾儿童，效果突出。“爱的表达·残疾人法律救助”调理残疾人各类纠纷案件12件，其中跨省1件，跨市1件，挽回损失230余万元。“爱的传递·残疾人就业创业工程”落实康复扶贫贷款贴息补助95万元，271名残疾人接受职业技能实用技术培训，指导、扶持南田坪乡自强水稻专业合作社、光权水果种植专业合作社等残疾人就业基地8个，新增帮扶残疾人就业创业125名。选送12名残疾人参加长沙市残疾人职业技能竞赛，获7个一等奖和2个二等奖，玉潭镇肢体残疾人贺珊获得全国残疾人职业技能竞赛参赛资格。

【为残疾人扶贫解困】 为1.04万名重残人员发放重残补助750万元。26名残疾人个体工商户享受养老保险补贴;“阳光家园”托养救助242人;危房改造209户;扶助新录取残疾人大学生46名，扶助残疾人高中生、大学生和残疾人家庭高中生、大学生268名;残疾人机动轮椅车燃油补贴330名，申报2015年补贴对象385名;无障碍设施改造进家庭30户;开展“连千村帮万户”工程和“农村基层党组织助残扶贫工程”，结对帮扶残疾人380户。春节、助残日期间慰问残疾人6000余户，慰问资金98万元。

【康复实事】 130名残疾儿童参加抢救性康复项目，显效率达100%;免费发放辅助器具573件，开展辅具适配进家庭50户;“义肢助残”62例;人工耳蜗救助4例;“光明·关爱”完成低弱视力救助364例;为28名残疾人申请康复救助9.5万元。 (姜涛)

武　装

人民武装

中国人民解放军湖南省宁乡县人民武装部

部　　长　谢圣彬
政　　委　田　剑
副 部 长　黄文钦（兼军事科长）
政工科长　罗向东
后勤科长　曾佑良

【概况】 宁乡县人民武装部(以下简称县人武部)位于县城玉潭镇香山巷,为正团级单位,负责全县的国防动员和全民国防教育、民兵工作、征兵工作,参与地方经济社会建设。2014 年,县人武部按照习主席“努力建设一支听党指挥、能打胜仗、作风优良的人民军队”重要指示精神,遵循“固牢根本,狠抓中心,夯实基础,积极作为,安全发展”的思路,扎扎实实地开展工作,圆满完成年度各项任务,被长沙市征兵办评为“征兵工作先进单位”,被长沙市警备区评为“安全工作先进单位”“新闻报道工作先进单位”。田剑被长沙警备区授予优秀主官称号。

【抓好党委班子建设】 按照“抓工作先抓班子、强素质先强班子、用工作成效检验班子”的思路,狠抓党委班子自身建设,党委核心领导作用不断增强。一是抓学习。年初,制定政治理论学习和个人自学计划,建立健全学习、考勤和验收制度,结合党课党日学习、召开形势分析会、阶段工作总结等时机,组织个人自学和学习评议。二是讲民主。6 月,召开以“为民务实清廉,反‘四风’改作风”为主题的民主生活会,重点解决班子成员自身建设和集体领导能力的问题。三是树形象。“一班人”严于律己,自觉遵守廉政建设规定,在处理重大事项和敏感问题上坚持公道正派,无私心杂念,自觉接受监督。

【加强思想政治建设】 第一,深入开展党的群众路线教育实践活动。年初,拟制活动方案,进行思想动员和学习教育。4 月,开展“以治庸提能力、以治懒增效率、以治散正风气”的作风纪律教育整顿活动,通过设立群众来访接待室和举报信箱、开展民主测评、撰写自查报告、征求群众意见建议、定期总结讲评等形式,组织党员干部分析查找存在问题,认真进行整改落实。6 月,结合党委专题民主生活会及“回头看”,深入查找问题,认真落实整改,活动成效明显。第二,扎实开展党委专题民主生活会。6 月 24 日至 25 日,围绕“为民务实清廉,反‘四风’改作风”主题,在前期征求意见、个人自查、民主测评的基础上,认真分析党委班子建设形势,联系实际进行对照检查,积极开展批评与自我批评,研究制定整改措施,并逐一整改落实到位。第三,认真抓好党的十八届四中全会和全军、军区政治工作会议的学习贯彻。党的十八届四中全会召开之间组织大家收看收听十八届四中全会,了解会议进展进程,学习有关会议精神。会议召开后,通过召开党委会、干部职工会议、专武干部大会、民兵营长集训政治教育等形式,集中组织全体干部职工、专武干部进行学习教育。全体干部职工参加省军区和警备区组织的电视会议,会后,组织全体党员干部职工进行再学习、再讨论,撰写心得体会。召开部党委扩大会,认真分析工作形势,查找问题与不足,理清工作思路,平时,结合专武干部和民兵营长集训,组织进行会议精神的传达学习和教育。

【推进军事斗争准备】 坚持军事斗争准备龙头地位不动摇,有效履行使命任务,持之以恒推进军事斗争准备拓展深化。第一,抓好战备建设。积极开展形势政策、战备常识以及职能使命教育,强化广大民兵预备役人员“兵”的意识。深入贯彻湘潭会议精神,积极协调县委、县政府投入 40 多万元对四楼三室两库进行整治改造,对战备值班系统和国防动员资源信息管理系统进行升级完善,进一步正规战备秩序,促进战备工作落实。与公安、林业、水利、卫生等部门会审,修订森林防火、抗洪抢险、应急处突、军警民联防等行动预案,形成种类齐全、衔接配套、实在管用的预案体系。第二,抓好民兵整组。4 月前,组织县直科局、经开区、金洲新区等二十多家行政部门和企事业单位调查摸底,进行国防教育和民兵整组宣传,与编组单位进行对接,掌握辖区兵员潜力,及时调整基干民兵组建方案。针对宁乡县农村劳动力向城区转移的情况,及时将民兵编组向行业系统、城区和企事业单位拓展,提高支援队伍在行业系统和企事业单位的编兵比例。2014 年,867 人支援队伍基本编在企事业单位和城区,提高专业对口率和人员在位率,从源头上提高编组质量。4 月 9 日,县民兵应急连、应急排和住建局民兵道路工程抢修分队接受市民兵整组点验，受到较高评价。采取“一套人马、两块牌子”的办法，将县森林消防队伍编入县民兵应急连，将各乡（镇）林业站森林消防队伍编入乡（镇）应急排，由军事机关统一组织训练和管理，地方政府部门提供保障，实行军地合建、共同使用。7月，参加全市森林消防比武成绩优异。第三，抓好军事训练。区分现役军官、基层专武干部和民兵分队三个层次，拟制下发年度军事工作指示和训练计划。现役干部侧重搞好体能、技能训练和战术标图。民兵及专武干部训练，突出应急维稳、森林救火、抗洪抢险、冲锋舟操作等科目训练，2014年共完成7期民兵训练，训练544人，整体应急能力不断提高。10月，县人武部7名干部参加警备区年度集训，全部达标。

【安全稳定和“四反”工作】 安全稳定工作方面，以“百日安全无事故”活动为契机，强调时时讲安全、事事抓安全、处处保安全，确保不发生任何问题。加强人员动态管控，落实请销假、点名查岗制度，确保人员不失控。严格落实“双人双锁”、一日一查一报和弹药消耗实时登记制度，不定期对库存物资、出入库登记、调拨手续进行核查，确保武器装备安全。突出涉密载体和车辆管控，强化安全保密意识，及时查找安全隐患，杜绝发生任何问题。投入2万余元购置拒马、警铃、对讲机、警棍、手电等，完善营院妥防设施。“四反”工作方面。第一，抓好教育引导。积极开展“四反”专题教育，让干部职工始终保持高度的政治警觉性。上半年，在上级统一安排下，认真开展针对邪教“法轮功”制作反宣传专项整治和“全能神”邪教专项整治及“百日会战”行动教育，对照活动要求，抓好教育动员和宣传，对部队人员及家属涉邪教问题进行排查登记。第二，摸清驻地社会环境。值班干部负责当日舆情收集和联络工作，及时发现掌握驻地社、民情动态和涉军信息。第三，加强安全防范。针对人武部接触地方多，与地方人员交往频繁的实际，及时健全制度，完善设施，严把人员交往关。投入10万元，规范保密室、文印室、资料室等重点涉密场所，加强安全防范。建立涉密人员档案，严格进行政治考核。

【党管武装】 宁乡县党管武装氛围十分浓厚，各级领导对武装工作支持有力。公务员招录连续3年单列1名专职武装干事指标，走在长沙地区的前列，历年来转业干部和家属安置都很圆满。7月4日召开全县国防教育委员会全体会议，总结2013年国防教育工作并对2014年工作进行动员部署，调整全民国防教育领导小组，明确职责分工；解决小学阶段国防教育读本经费28.32万元。7月31日召开县委常委议军会，解决营院整修、民兵训练基地及靶场改造施工，国防教育经费落实，乡（镇）武装部政治教导员及乡（镇）武装部长的任命等诸多问题。

【参建参治】 第一，执行应急任务在一线。春节期间，部领导亲自带队，组织森林消防分队抢救山火5次，出动民兵500余人次。全年共参加维稳处突20多次。第二，“双带双促”活动进展顺利。按照长沙市委、市政府、长沙警备区政治部《关于在全市退役军人中广泛开展“双带双促”活动的实施意见》，借鉴常德军分区的经验做法，协调有关部门召开“双带双促”活动部署会，并与人社局、民政局下基层对6个退役军人创业场地进行调查摸底，确定在银腾塑印有限公司、喻家坳乡神武村进行先行试点。第三，学雷锋扶贫帮困有成效。2月5日，人武部和民政局工作人员一同到大屯营看望慰问20户参战特困退伍军人，共发放慰问金8000余元；3月14日，组织人武部干部和湘核华府干部职工向资福乡大红村红旗仑完全小学捐款3万余元，发放1800多元学习用品；4月，协调驻宁部队和广大民兵预备役人员为双凫铺镇双凫村蔡家湾共植树1000余棵并建立民兵义务植树基地；支援大屯营乡扶贫资金4万元。第四，联点帮扶工作有实效。积极帮建大屯营镇、双江口镇和老粮仓双舞村，扶持银腾塑印包装、东鑫环保、邦普汽车回收等企业搞好项目建设。第五，涉军维权工作接地气。注重发挥涉军维权机构作用，联合司法、法院、政法委和民政等部门，成立涉军维权机构，指定维权律师，对涉军维权的人和事，能做到主动介入、积极作为，确实为基层群众分忧解难。全年共接待处理涉军维权事件34起，调处率100%。

【征兵工作】 第一，加大征兵宣传力度。按照“一季征兵、四季准备”的要求，广泛深入开展全民国防教育。3月，协调县委宣传部组织召开国防教育和征兵宣传专题部署会，整合教育局、民政局、公安局等部门的宣传资源。在宣传方式上，采取上门宣传、设立咨询站、流动宣传、政策解答等形式，在《今日宁乡》和宁乡电视台开设国防教育专栏，开通电子手机报等，进一步增强宣传发动效果。2014年，人武部共制作发放征兵宣传册1.5万余份、征兵宣传挂图350套、征兵公告1400张，群发短信2万余条，征兵宣传发动氛围浓厚。第二，严格规范征兵流程。3月，成立县征兵领导小组，明确责任分工。4月下旬，组织全体专武干部进行“全国征兵网”操作使用培训，在基层武装部设立网上报名服务站，发动适龄青年报名登记。7月4日，组织各乡镇镇长、武装部部长、卫生院院长、派出所所长召开全县征兵工作大会。针对今年体检标准和政治考核政策的变化，专门组织县征兵工作人员、乡(镇)专武干部和医护人员进行集中培训。第三,从严抓好廉洁征兵。成立县廉洁征兵领导小组,聘请县人大代表、政协委员担任监督员。各乡(镇)设立廉洁征兵办公室,专人负责征兵举报和信访工作。召开廉洁征兵工作会议,传达学习总参、总政、军委纪委等文件精神,就廉洁征兵问题进行宣传教育。通过张贴宣传海报、制作廉洁征兵手册和监督卡、发放廉洁征兵信息、下发廉洁征兵宣传通知等形式,广泛宣传廉洁征兵相关规定,做到入村入户、人人皆知。成立廉洁征兵巡查小组,采取电话询问、座谈了解、下基层听取群众意见、设立廉洁征兵举报箱等,加强对廉洁征兵的监管,积极预防不正之风。利用征兵政治考核走访调查、组织家长座谈等时机,组织群众对征兵工作人员进行测评,及时了解掌握情况,搞好意见反馈。严格查处徇私舞弊、无原则照顾关系、索拿卡要和收受贿赂等行为;将廉洁征兵与乡(镇)绩效考评和干部评功评奖挂钩。由于人武部主动作为,群策群力,圆满完成上级交办的征兵任务。

【后勤保障】 坚持党委集体理财制,研究拟制年度经费预算,严格控制行政消耗性开支和预算外经费支出,努力提升综合保障能力。从人武部实际出发,建立物资采购管理、接待、经费开支等制度,进一步规范和加大对物资监管力度。投入经费2万余元检修民兵训练基地线路和消防设施,完善相关设施设备。积极搞好人武部干部职工生活保障,对人武部公寓楼破旧设施进行改造装修。组织全体干部参加警备区体检。"八一"前后,组织对宁乡退伍老军人、老党员进行慰问。做好民兵训练和征兵过程中的后勤保障工作,确保各项工作有序开展。

(黄祖同)

武装警察

中国人民武装警察部队黄金十一支队

支队长 蔡有良(上校)
政治委员 刘晔(上校,1月转业)
袁华章(上校,1月任)
副支队长 曹正旺(中校)
沈明军(中校)
副政治委员 余彦忠(中校)
总工程师 张建国(上校)
参谋长 杨运生(中校)
政治处主任 杨应斌(中校,1月调走)
张自强(少校,1月任)
后勤处处长 杨天胜(少校)

【概况】 中国人民武装警察部队黄金第十一支队(简称武警黄金第十一支队),其前身为湖南省冶金地质二三七队。1980年4月,湖南省冶金地质二三七队整编为中国人民解放军基本建设工程兵第五一六大队。同年大队改团,番号不变。1985年1月1日,改为中国人民武装警察部队黄金第十六支队。2002年4月1日,改为武警黄金第十一支队。部队主要任务是黄金地质找矿和维稳处突。机关驻地湖南省宁乡县城郊乡。

2014年,武警黄金十一支队围绕建设现代化国家地质野战军总目标,按照指挥部、总队党委总体部署,结合支队大事多、要事多、难事多等实际,聚焦转型抓中心,聚精会神抓建设,改进作风抓落实,各项任务出色完成。

一、紧贴实际抓教育,政治建警富有成效。紧贴军队改革、部队迁藏给官兵职工思想带来的巨大冲击,大力加强和改进思想政治工作,为部队转型发展提供强大精神动力。第一,搞好理论武装。抓好十八届三中、四中全会和习主席系列重要讲话精神的宣传普及,系统掌握基本内容和内涵。第二,抓好教育引导。扎实开展"拥护支持改革"教育先行,配合开展参观见学、互动访谈、知识竞赛、演讲比赛等"十三个一"活动,效果明显。教育先行做法被指挥部推广。以中央查处军内外领导干部贪腐案件为契机,及时抓好警示教育,强化官兵职工的法纪意识。严密组织第十个"法律服务到基层"活动,抓好重要岗位人员政治考核。第三,做好任务中政治工作。针对提交区矿调成果、支队迁藏时间紧、任务重的实际,深入开展思想调查和逐级大谈心活动,召开出队誓师和迁藏动员大会,举办入营仪式和落成典礼,进一步提振军心士气。第四,加强干部队伍建设。严格落实干部日常教育管理制度,督导各级干部发挥表率作用召开干部讲评大会,举一反三查找解决干部队伍建设存在的突出问题,强化事业心责任感。大力宣扬进藏大学生干部群体典型事迹,为7名进藏干部举办"牵手警营、相约雪域"集体婚礼,进一步激发广大干部转型进藏工作热情。第五,打造特色警营文化。创作传唱支队队歌,与湖南宁乡、安徽池州等驻地联合开展"多读书、读好书"主题实践活动,为官兵办理团体借阅证和购书卡,大力培养官兵摄影摄像、象棋围棋、体育裁判等兴趣爱好,组织"话改革当先锋"人生辨析,提升文化育人层次;扎实开展基层文化建设达标活动,拿出10万元为基层补充文体器材,持续抓好军乐队、电声乐队和威风锣鼓队等文化骨干队伍建设,与湖南省杂技剧院联办"高雅艺术进警营"文艺会演,两次举办"强军战歌"歌咏赛,组织官兵参加自治区"援藏工作20年事迹报告会",参观西藏军区军史馆,丰富官兵精神文化生活。

二、聚焦转型抓中心,履行使命成绩突出。按照"主攻西藏求发展、暂守皖南稳过渡"思路,奋力推进中心工作可持续发展。第一，优化找矿布局。落实“收缩战线、转型西进”要求，将一线技术力量的78%投入藏区主攻“两调”；在地堪项目和经费投入上，2014年承担区矿调项目5个，经费投入2360万元，分别占支队地勘项目总数、经费总投入的71.4%、77.7%。第二，加强专业技术培训。出队前，广泛开展“学专业、学规范、学操作”活动，举办地质、钻探、内燃工、驾驶员等10个培训班，共培训技术骨干467人次；抓好区矿调标本磨片“比石识别”考核实战化训练，做到人人过关。第三，严密组织地勘作业。加强中心工作组织领导，继续实行地勘作业量化管理，区矿调中队全面推行任务绩效管理和“六定”措施（定填图框架、定技术标准、定个人方向、定工作定额、定进度节点、定问责奖惩），持续开展专家帮带、师徒结对、一专多能等岗位练兵和“优秀地质组”评比活动，细化野外津补贴标准，激发工作热情，提升作业效率。狠抓地勘质量管理，落实三级质量检查制度，选派大队主管工程师，对所属中队进行技术指导、现场帮带、质量检查等，基础地质工作质量大幅提升。第四，做好报告设计编制工作。认真抓好两个区矿调结题项目成果提交，成立由外聘专家、项目负责人和技术骨干组成的攻关小组，制定任务图、时间表、责任书。6月，总队组织预验收，9月，顺利通过指挥部和中国地调局野外检查验收，圆满实现提交优质成果目标。第五，抓好化验室扩项认证工作。选派11名技术骨干到廊坊参加培训，先后完成ICP－MS、X荧光仪、纯水系统等设备安装调试、无污染加工间改造和新增元素方法测试，7月，化验室顺利通过湖南省质量监督局考核论证和总队检查验收。

三、依法从严抓管理，正规化建设水平不断提升。加大依法从严治警力度，推动正规化建设向更高层次发展。第一，突出软件建设。修订《支队标准制度汇编》，用制度规范官兵的学习和生活；结合形势任务，组织依法从严治警大讨论；坚持从严执纪，严肃处理13名官兵违纪问题，强化各级依法从严治警理念。扎实开展“条令学习月”活动和作风纪律教育整顿，坚持训练与管理、训练与培养相结合原则，落实日检查调度、周讲评通报制度，做到每周有会操、结束有考核；地勘准备期，每周开展政治教育、军事训练、作风纪律和内务卫生检查评比，正规部队“四个秩序”。第二，狠抓安全管理。举办班长和安全员培训，组织安全工作巡考巡展巡查，观看军队保密警示教育片，强化全员防事故保安全观念。制定《地勘作业期基层单位安全管理四项规定》和《迁藏任务转换期加强部队安全管理的措施》，深入开展安全大检查活动，突出抓好人员管控、车辆管理、“三禁”（禁酒、禁赌、禁野泳）和“五防”（防袭击、防蛇咬、防高原病、防警民纠纷、防工程作业事故）。大力推行走动式管理，各级领导坚持每天对所属人员、场地走动检查一遍，及时发现解决问题，确保部队安全稳定。第三，加强战备和军事训练工作。结合国际国内形势和驻地环境，定期开展形势任务教育，强化官兵战备观念。完善应急预案，补充战备物资，举办防袭击演示观摩会，组织抗洪抢险演练，抓好应急棍、警棍盾牌术和防暴队形经常性训练。利用早操、施工间隙和每天下午后一个小时，加强军事共同科目和体能训练，每季度支队统一组织考核，结果与年底称职等级评定挂钩，激发官兵参训热情。

四、跟进任务抓保障，后勤综合保障效能不断增强。加强现代后勤建设，不断提升后勤工作规范化、标准化、精准化水平。第一，严格经济管理。加大党委（支部）理财力度，强化预算法规意识，年初常委会研究全年费用预算，每月首长办公会审定经费开支计划，按工程进度拨付费用，加强过程管控。实行经费指标包干责任制，修订不同类型单位成本标准和管理办法，抓好钻探单机单孔成本核算，内地钻探米成本由2013年347元降为328元。强力推行公务卡结算，机关使用率达到80%。第二，搞好综合保障。物资材料保障上，出队前投入120万元，检修车辆和各类设备155台（套），出队后钻探材料和配件供应实行社会化保障，统筹协调车辆检修、粮秣配送等保障工作，保证施工生产所需；伙食保障上，扎实开展“伙食管理年”活动，出台《地勘作业期野外中队伙食管理办法》和《地勘准备期伙食保障办法》，收队后每周检查评比、每月讲评通报伙食管理情况，提高伙食满意率；卫勤保障上，组织高原病防治培训和进藏官兵体检，藏区各大队设立卫生室，每月到所属中队巡诊送药，畅通紧急情况下病员后送渠道。第三，加强职工管理。召开职工代表会议，修订《职工管理办法》，选举产生职工管理机构，进一步优化定岗，明晰职责，激发活力，职工队伍在基地自治、营区绿化、槽探施工等方面作用发挥明显。完成第六批移交职工审档工作，认真做好发放职工住房公积金和住房补贴准备工作。

五、着眼经常抓基层，部队建设质量稳步提升。树立大抓基层鲜明导向，推进基层建设整体上台阶。第一，增强抓建能力。采取授课辅导、模拟演练、解疑释惑等形式，举办《纲要》应用性培训和指导员研讨式培训；广泛开展“学纲要、用纲要”活动，认真学习《纲要》集训精神；机关每周组织业务学习，提高抓建能力。第二，正规抓建秩序。坚持用“三会一线”统揽抓建基层工作，制定《年度按纲指导服务基层计划》，完善季分析、月计划、周安排、日督导工作机制，规范蹲点帮建、检查考核、“双向讲评”、形势分析等工作，先后下派4批次工作组下基层蹲点帮建。特别是每季度派出一个工作组,按照统一的标准、内容和程序,对基层单位进行全面检查考核,增强抓建效益。总结推广区矿调任务部队按纲抓建试点成果,区分区矿调、勘查、钻探中队和直属队四种不同类型单位,梳理细化日、周、月、季经常性主要工作,正规抓建秩序。第三,突出抓建重点。坚持把野外"五能四有"、文化活动、伙食管理和事务公示作为基层建设的重点,基层建设整体水平有了大幅提升,发展不均衡的问题得到明显改观。第四,建强基层组织。选准配强基层主官,优选责任心强、素质较为全面的干部担任大中队主官;扎实开展党支部班子岗位练兵活动和指导员队伍建设试点,为每个中队选配2名副中队长,明确1名协助指导员工作,强化基层组织功能。

六、突出作风抓班子,党委班子建设进步明显。以深入开展党的群众路线教育实践活动为契机,全面加强党委班子自身建设,不断增强创造力、凝聚力、战斗力。第一,抓学习。持续推进学习型党委机关建设,制订落实党委中心组学习和个人自学计划,每季配发学习书籍,组织班子成员结合职责分工、围绕调整转型带来的新情况、新问题开展专题调研,"一班人"理论素养进一步提升,提交调研报告11篇。第二,严制度。狠抓民主集中制再学习、再教育,修订《党委常委会议事规则》,完善重大决策征求领导、专家、群众意见制度,坚持议事先学法、先议政、先对表,讨论决定事项实行"票决制",坚持"四公开",部队风清气正。第三,重团结。班子成员之间深入谈心交心,深度沟通磨合,特别是正副书记遇到重大敏感问题,坚持勤走动、勤商量、勤交流,既提高工作效率,又增进班子团结。第四,转作风。出台《党员干部廉洁自律"八个不准"》,抓好学习教育、听取意见和对照检查、整改落实各环节工作,特别是高质量召开党委常委专题民主生活会和组织生活会,强力推进制度立、改、废,废止31项,修订32项,新出台4项,活动取得阶段性成果。

【参加宁乡县山火扑救任务】 2014年1月20日16时50分,应宁乡县武装部请求,武警黄金十一支队抽调50名兵力,出动车辆三台(一台指挥车,两台运兵车),前往宁乡县横市抢扑山火,经过兵、民五小时的英勇奋战,终于将山火扑灭。支队先后三次扑灭宁乡驻地山火,受到当地老百姓、政府的高度赞誉和指挥部通报表扬。

(殷明)

武警消防

宁乡县公安消防大队

大 队 长 肖云峰
教 导 员 丁德局
副大队长 申俭生
副教导员 周志钢

【概况】 宁乡县公安消防大队正式组建于1996年,为副团级编制,辖区面积2906平方公里(含33个街道、55个社区),辖管宁乡县消防中队、蓝月谷消防中队,现有86人,其中大队干部8人、中队干部7人、现役战士26人、政府专职消防队员37人、政府专职消防文员8人,配有行政车辆2台。

一、以"官兵满意"为标杆,班子和队伍建设成效明显。第一,全面规范党委(支部)工作,提升大队党组织建设水平。大队党委以支队党委2014年1号文件《长沙消防品牌战略规划》为指引,从健全制度、规范程序入手,严格落实七项组织生活制度,全面规范大队党建工作,确保组织建设的先进性、纯洁性,建立健全大、中队共青团组织、武警委员会等机构,充分发挥桥梁纽带和辅助作用。第二,扎实深入开展政治教育,增强官兵荣誉感和使命感。组织大队官兵深入学习贯彻党的十八届三中全会及"两会"精神,观看党史影片、阅读红色书籍、重温入党誓词,共撰写学习笔记200余篇,按照支队要求认真开展"为何从警、如何做警、为谁用警"大讨论,撰写心得体会100余篇,进一步增强官兵的责任意识和大局意识。积极参加支队组织的政工干部"四会"授课比赛及经常性思想教育教案课件制作评比活动。第三,切实加强党风廉政建设,提高队伍纯洁性。开展"讲党性、守党规、严党纪"反腐倡廉教育活动。一方面强化廉政教育,组织官兵集中学习上级党风廉政建设文件,开展集中整治消防执法腐败专项行动等活动,通过召开民主生活会、警示教育、谈心等多种方式,不断提高廉洁从警意识;另一方面多方借力促进党风廉政建设,建立警务公开制度,提高大队消防监督工作的透明度,开展面向社会单位的述职述廉、自觉接受县政府的效能监察等。

二、以"能打胜仗"为准绳,现代化公安消防铁军活动扎实推进。第一,依法带兵,部队管理正规有序。宁乡县大队作为全市消防部队正规化建设试点单位,依托正规化建设试点工作,紧紧围绕"努力建设一支现代化公安消防铁军"的目标,部队管理严格落实"谁主管谁负责,谁组织谁负责,谁指挥谁负责"的责任制。制定《精细化管理手册》《内务设置标准细则》《政府专职文员考评办法》,严格对照手册规定实施精细化考评和奖惩,扎实抓好作风建设。加强大队对中队的督促检查,2014年,共组织开展督察活动20余次,及时发现和处理各类问题。第二,从难从严,执勤战斗力大幅提升。在日常训练中广泛开展体能、技能和合成训练,打牢官兵体能、技能基础,有针对性地开展模拟训练和操法、战法训练,坚持装备知识"每月一考"、保证每天1小时体能训练、每周2次队列训练，每月组织对体能和常规项目进行考核，奖优罚劣，官兵训练热情和效果明显提高。积极备战支队比武，有针对性地扎实开展比武项目训练，取得成效，宁乡县中队在支队举办的成建制比武竞赛中获得第四名的良好成绩。认真开展"六熟悉"和实战演练，年内对辖区市政消火栓进行全面检查，制作辖区重点单位和水源分布图，对240家重点单位进行灭火演练及灭火预案的修订完善，结合宁乡县特点开展救生结绳、水中救人、个人防护等消防疏散应急演练12次，有效提高部队执勤灭火、应急救援能力。努力构建一支听党指挥、能打胜仗、作风优良的铁军部队。第三，防微杜渐，安全之弦始终紧绷。大队始终把安全工作当成重点工作来抓，明确大、中队军政主官为安全工作第一责任人，逐级、逐岗明确安全职责，量化任务分工，形成安全工作体系。大队牢牢抓住"人、车、酒、赌"等重要环节，开展以"安全工作大于天"为主题的安全"五无一创"活动，定期召开安全形势分析会和安全警示教育，大队成立安全监察小组，每月定期对中队开展安全隐患检查，深入查摆部队管理中存在的隐患和漏洞，及时整改落实，有效地杜绝了各类事故的发生。

三、以"经费保障效能化"为目标，后勤保障水平跨越提升。第一，经费保障渠道拓宽、增量喜人。加强财务管理，严格经费开支审批，规范财务行为。第一，科学合理编制预算，严格执行预算，彻底改变预算与制度"两张皮"。第二，大队党委牢固树立"过紧日子"的思想，精打细算。第三积极推行厉行节约反对浪费，压缩"三公"经费，加强对日常消耗性经费的管理和控制。坚持精打细算、勤俭办事，营造崇尚节约的良好风气，让有限经费发挥出最大效益，推行食堂接待、汽修定点等措施，"三公"经费的开支比上年下降30%，大队在支队的多次后勤检查评比中，获得一致好评。第二，基础建设全面铺开、进展提速。2014年，消防大队努力推进宁乡县第三消防站文书路老消防站重建工作，积极协调争取政府专项改造资金800万元，文书路消防站的立项、规划、设计、评审等相关工作已办理完毕。年末宁乡县第四消防站(灰汤消防站)已完成选址工作，蓝月谷中队营房、设施已全部到位。根据宁乡县县城消火栓总体建设规划，提请县政府在2014年新增市政消火栓200个。8月15日，长沙市政府在县消防大队召开消防装备建设评估论证现场会，此次评估论证会是对宁乡消防装备建设的一次大检阅，有力助推宁乡消防装备建设，为提升宁乡消防装备水平赢得重要契机。

四、以"人民满意"为归宿，监督执法规范化不断提高。第一，消防安全形势保持平稳。县委、县政府高度重视消防安全工作，主要领导多次带队开展消防安全检查、督察，定期听取消防工作汇报。县委、县政府每季度组织召开一次消防安全工作会议、应急救援工作联席会议、公安派出所消防工作会议等，强化部门协调联动机制，县政府、县公安局分别将消防工作纳入政府目标责任考核、综治工作考评和全县公安工作考评范围，建立健全考评体系，乡镇消防安全网格化管理建设全面铺开，定期组织乡镇分管领导、社区负责人和民警开展消防培训，基层消防专干消防业务知识和实践运用能力明显提高。开展火灾隐患举报投诉工作，进一步健全工作机制，加大火灾隐患查处力度，2014年共受理举报投诉25起，举报投诉查处率100%，满意率100%。消防安全专项整治扎实有效。大队先后开展"清剿火患"战役、"3·15"消防产品专项整治、区域性火灾隐患专项整治、重大火灾隐患集中整治、秋季校园消防安全集中整治、六打六治、打非治违、劳动密集型企业消防安全专项整治等行动，有效处理各类消防安全违法行为。检查单位1.14万家，发现火灾隐患1.35万处，督促整改火灾隐患1.38万处，临时查封20家，责令"三停"18家，拘留10人，政府挂牌重大火灾隐患单位4家。开展消防产品专项整治活动，共检查消防产品使用单位25家，抽查检验12批次，经现场判定消防产品质量不合格的案件30起，责令限期改正单位25家，查处消防产品违法案件5起，罚款4.5万元，消除消防产品类火灾隐患30处。第二，执法监督工作持续提升。不断提高消防监督水平。大队定期召开执法工作例会，及时通报执法质量考评情况，定期组织消防监督员集中业务学习，以讲促学，经验互通，积极开展每日监督执法临超期跟踪提醒，采取有针对性的集中检查、突击检查、执法回访和暗访检查方式，年内共开展督导检查30多次，及时掌握工作进展，解决监督业务工作中的难题。严格依照火灾高危单位、重点单位界定标准，确定并重点监管240家单位，全部实现"户籍化"管理，并实行培训与检查验收、单位主体操作与自我评估动态监管模式，实现消防安全监管体系的全覆盖。依法加强消防监督工作。严格依照《长沙市公安消防支队消防监督执法程序和权限暂行规定》和《关于明确集体议案、集体会审会议有关事项的通知》要求规范执法监督、行政审批工作，制作规范化执法公示板，确保消防执法零失误、零差错、零投诉。2014年，第一，二季度大队消防监督执法质量网上考评获得全市第一名。根据公安部的要求，切实加强公安派出所消防监督管理工作，推动执法检查"回头看"，全面提升辖区派出所办案人员消防监督执法水平。6月24日，大队组织全县33个派出所分管消防工作副所长和专兼职民警开展消防执法案卷办理培训和评比,有效提升公安派出所消防执法水平。宁乡县率先在全市启动由公安民警主导的派出所消防工作培训机制,由经验丰富、业务精湛的主管消防工作所长担任主讲师,全县33个乡镇84名社区民警参加培训。此举得到了市、县有关部门的高度评价与肯定,并在全市推广。第三,全民消防意识得到增强。消防大队积极打造群众、部门、媒体和培训四大消防宣传平台,创新宣传教育方式,突出地域特色,开展群众喜闻乐见的消防宣传活动。增强全县公民防灾减灾意识,普及推广全民防灾减灾知识和避灾自救技能,5月12日(防灾减灾日),6月26日(反毒品日),11月9日,消防大队先后3次在宁乡县步行街商业中心精心组织公益消防宣传活动,将消防宣传结合特殊行业特点,大大提高消防宣传效果。全年大队先后110余次走进企业、学校、重点单位、审批单位开展上门宣传,邀请80余家单位到警营参观体验消防工作。分别组织宾馆、酒店、网吧、学校、加油站、公安机关等来自各行各业消防安全岗位从业人员近1.5万人进行消防安全知识培训,发放宣传资料5000余份;吸引500多名“小嘉宾”走进红门消防,让师生零距离体验消防、感受消防;通过监督检查、日常走访等形式,督促、帮助各消防安全重点单位挖掘自身资源,打造具有特色的消防宣传亮点,形成良好的消防宣传氛围。

(张林霞)

政 法

政法综治工作

县委政法委员会
县委常委、政法委书记 刘 平
副 书 记 潘顺秋(常务)
徐鹏飞
周定兴(兼)
向觉前
程志坚(4月任)
喻钢伟(兼)

县社会管理综合治理委员会办公室
主 任 潘顺秋(兼)
副 主 任 刘克强 刘宁湘
杨建兵

县维护稳定工作领导小组办公室
主 任 徐鹏飞(兼)
副 主 任 杨文杰 邓铭心

【概况】 县委政法委员会与县社会管理综合治理委员会办公室及县维护稳定领导小组办公室合署办公,担负着全县政法、社会治理及维护稳定等职能。2014年,宁乡县获全省“铁路护路联防工作先进集体”,宁乡六中获“全省平安校园”称号,1人获“省见义勇为先进个人”;宁乡县被评为“市综治工作优秀区(县)和市维护社会稳定工作优秀区(县)”,龙田镇被评为“市综治维稳工作红旗单位”,资福镇、夏铎铺镇、东湖塘镇、枫木桥乡、沩山乡被评为“市先进单位”,12个村(社区)被评为“市级平安村(社区)”,5所学校被评为“市级平安校园”,4人被评为“市社会管理综合治理优秀个人”,6人被评为“市维稳优秀个人”;县评出综治维稳工作红旗乡镇5个,先进乡镇7个,优秀单位26个,县级平安村(社区)45个,记三等功人员9人,嘉奖人员54人,先进个人96人,专业型人才培养计划带头人、精英、能手共44人,见义勇为先进个人4人。

【社会治安综合治理】 进一步明确乡镇“民情责任区”,落实“三调联动”机制,把矛盾化解在基层,化解在萌芽状态,全县共化解各类矛盾纠纷6158件,预防民转刑案件31件,预防群体性械斗16件,预防自杀事件27件。进一步健全专业性行业性人民调解委员会,成功调解医患纠纷12件,婚姻纠纷208件,交通事故纠纷483件,物业纠纷49件。针对群众反映强烈的黄赌毒等违法犯罪行为,由县综治办牵头,开展城区扫黄专项行动,集中对步行街及周边地区进行重点整治;开展边界禁赌专项行动,打击边界乡镇聚众赌博和地下“六合彩”赌博,查处涉黄涉赌案件359起,打击处理1573人;开展重点乡镇禁毒专项行动,查破毒品违法犯罪案件589起,破毒品刑事案件170起,捣毁贩毒团伙6个,缴获毒品18公斤,逮捕直诉142人,行政拘留涉毒人员850人,强制隔离戒毒217人,社区戒毒289人。在城区继续推进网格化治理,不断完善集视频监控网、街面巡防网、社区防控网、内保单位防控网“四位一体”的网格化治安防控体系建设。落实网格化巡防,坚持“一网多格,一格多点”,确保无缝化;加强“天网工程”建设,新增视频监控点750个;常态化开展设卡盘查、集中清查和定点清除突击专项行动,2014年,全县“两抢两盗”立案2314起,同比下降65.28%,利用“天网工程”等视频图像破案共140余起,盗抢破案率同比上升12.72%,全县社会治安秩序进一步优化,人民群众满意度不断提高。

【维护社会稳定】 全县维稳工作进一步强化和落实党政领导一把手责任制,进一步健全社会稳定风险评估机制。建立情报信息预警系统,对有可能影响稳定的事件坚持主动介入、提前介入,收集有效信息826条,成功化解一批赴省进京等多起群体性上访事件;建立防控群体性事件工作机制和群体性事件快速维稳处置工作机制,妥善处理集体上访95起;建立信访援助机制,信访援助工作组全年共参与援助信访积案35起,协调解决12起,程序性结案5起,进入协调程序11起,调查进行中4起,彭某某、陈某某等12名重点信访对象已停访息诉。

【服务经济发展】 开展政法系统联点活动,实行政法单位联系重点项目或企业制度。政法各单位每个党支部至少联系一个村(社区)、一个项目或企业,每个派出所均联系所在乡镇的一个重点项目或企业,全年共走访企业160多家,解决问题90多个,调处各类项目工程矛盾纠纷100多起,有力维护所联点村(社区)、项目或企业的社会秩序、生产秩序和经营秩序。开展整治阻工闹事专项行动。启动企业(项目)110报警追踪、督办制。全年开展两次专项整治行动,重点打击阻工闹事、强装强卸、强买强卖、强揽工程等行为,为项目和企业提供优良的施工环境和有序的经济秩序。继续推行法官联系服务企业制,选派资深法官“一对一”联系经开区、金洲新区企业,为园区提供零距离、全方位法律服务,帮助企业解决法律上的实际困难。金洲法庭审结涉企案件242件,通过法律程序为企业追加资金2017万元,县法院依法审结涉及银行等金融机构的借款合同1140起,为金融机构追加资金9756万元。

【平安建设】 从2014年年初开始,启动实施“平安宁乡”建设三年行动计划,以政法工作“四比四抓争先锋”活动为载体,开展“平安宁乡,从我做起,一月一主题”活动,掀起“平安宁乡”建设高潮。在宁乡电视台和《今日宁乡》开设“政法在线”栏目,积极宣传宁乡政法工作情况以及社会治安现状;编印《平安手册》45万册,用浅显易懂的文字和图片,教给群众简单实用的安全知识,由政法干警、综治干部上门发放,确保每户一册。举办“平安宁乡建设”征文比赛,评选一等奖1篇,二等奖5篇,三等奖10篇。每个乡镇成立禁毒协会,发挥社会组织的力量宣传禁毒知识。通过方式多样的创建活动鼓励群众人人参与平安建设,提高平安创建的知晓率和参与率。

【政法队伍建设】 扎实开展党的群众路线教育实践活动,开展政法系统抓整改、促提高专项活动,政法各单位以查摆解决执法司法中的突出问题为重点,开展一次“自清”活动。整治“慵懒散奢”等问题,重点整治“为警不为”和“为警乱为”,严肃查处“人情案”“关系案”“金钱案”,县法院发布作风督查通报52期,县公安局办理违纪违规案件5起,禁闭1人,停止执行职务1人,行政处分3人,查处辅警违法行为5人次。开通政法干警违纪违规举报电话、设立举报信箱,并在宁乡电视台和《今日宁乡》进行公布,接受群众监督,凡经举报查实的,均对涉事人员进行严肃处理。实施政法系统专业型人才培养计划,按照政法队伍职业化、专业化的要求,结合“四五工程”,从政法各单位中选送一批业务骨干,组织到人民大学进行订单式业务培训,着力提高队伍业务能力和职业操守。

(蒋婧)

防范和处理邪教工作

县委防范和处理邪教问题领导小组办公室

主　　任　周定兴
副 主 任　姜婕华(女,3月另任)
　　　　　吴素婵(女,3月任)
　　　　　杨旺兴

【概况】 县委防范和处理邪教问题领导小组办公室有干部8人。2014年,宁乡县防范和处理邪教工作充分发挥组织、指挥、协调的工作职能,以党的群众路线教育实践活动为中心,打击处置有力,警示教育活动丰富多彩,阵地建设突出加强,基层基础进一步夯实,开创防范和处理邪教工作新局面,确保全县社会政治大局稳定。2014年度宁乡县“无邪教创建”工作获“全省先进示范县”称号。

【打击处置工作】 2014年,县委采取多种措施对各类邪教组织违法犯罪行为进行打击和整治。共破获“法轮功”邪教组织违法案件3起,处理涉案人员9人,其中判刑2人,拘留5人,教育训诫2人。3月29日,成功捣毁法轮邪教地下制作窝点,缴获各类反宣品(设备)2216份(件、台),重挫“法轮功”邪教组织地下活动的嚣张气焰。全县通过金融机构收缴反宣币1206张,面值1240元,兑换反宣币3500张,面值5500元,及时消除反宣币对社会的不良影响。

【警示教育活动】 2014年,县委防范和处理邪教办牵头组织一系列形式多样的警示教育活动。第一,进村入校进行宣传。老粮仓镇政府于9月17日组织毛公桥中学、唐市中学、老粮仓中学、宁乡六中开展反邪知识讲座,4所学校共3155名师生接受培训。9月18日组织全体镇村干部开展反邪知识讲座,共计175名干部接受培训。第二,采取多种形式开展宣传实践活动。选取老粮仓镇、青山桥镇作为警示教育示范乡镇,以“反邪教警示教育一条街”等形式不断推进警示教育的深入开展;玉潭、城郊、老粮仓、横市、双凫铺等20多个乡镇都建设户外广告牌或电子宣传屏,充分发挥宣传媒介作用;夏铎铺镇通过村(社区)广播滚动播放防邪反邪知识;巷子口、玉潭、道林、东湖塘、灰汤、资福等乡镇结合“6·26”禁毒日利用宣传车、横幅、标语等形式向广大人民群众宣传邪教的危害性;夏铎铺镇夏铎铺社区宣传队的反邪教快板在重阳节演出;宁乡电视台《政法在线》栏目专题报送《理性铲除邪教土壤》;县委办利用短信平台全年共发送短信2万多条,效果明显,有效遏制邪教的蔓延。

【反邪教阵地建设】 2014年,县委防范和处理邪教办全面加强阵地建设。全县33个乡镇、422个村(社区)、300余所学校的“一橱一窗”宣传栏、2平方米以上的永久性宣传牌年内均建设到位,统一印发478套4302张宣传挂图悬挂张贴,基层反邪教阵地建设得到不断巩固。强化反邪教资料的完善和建档,建立台账,确保情况清,底子明,使工作真正做到有的放矢。对7个乡镇、16个县直单位、167个村(社区)继续推行“无邪教创建”活动,均已通过市防范处理邪教办验收。在夏铎铺镇(原十二中校内)建成一个县级反邪教警示教育基地,在夏铎镇政府建成一个警示教育室。反邪教警示教育基地的建立,将以点带面,整体推进宁乡县反邪教警示教育的开展，同时也为进一步开展教育活动，净化社会环境提供一个良好的工作平台。

【反邪教基层基础工作】 2014年，县委防范和处理邪教工作基层基础工作不断加强，队伍建设不断完善。第一，加强队伍建设。全县各乡镇、单位均设立防范办，配备防邪反邪专干；村(社区)均设立防范站，配备专(兼)干，3月20日，对专干进行如何开展防邪反邪工作，如何当好专干的专题辅导。4月18日，组织各乡镇政法书记及专干就如何做好特护期防控工作及完善室内资料进行辅导。第二，网宣斗争。积极向凯风网、中国反邪教网、岳麓红枫网投稿，2014年共计发表文章45篇，通过涉网斗争，引导正确的社会舆论，输送社会正能量。

(*石爱兵*)

公安工作

县公安局

副县长、党委书记、局长 漆曙光
副书记、政委 陶 述
副书记、常务副局长 肖学强
副书记、副政委、政工室主任 刘海波(女)
党委委员、副局长 罗继元
肖文亮
沈新宇
刘志良(兼任安监局副局长)
曾宁汉
唐朝阳
党委委员、纪委书记 张文辉
工会主席 张文辉(12月免)

【概况】 宁乡县公安局机关驻地为玉潭镇二环西路。机关内设科室5个：指挥中心(办公室、加挂县人民政府反恐怖领导协调小组办公室牌子)、政治工作办公室、纪委(监察室，加挂警务督察大队牌子)、法制科、后勤保障科；设直属大队10个：国内安全保卫大队、刑事侦查大队、治安管理大队(加挂爆炸危险物品监管大队牌子)、交通警察大队、巡逻警察大队、禁毒大队、经济犯罪侦查大队、人口与出入境管理大队、网络安全保卫大队、单位内部安全保卫大队；设监管场所2个：看守所、拘留所；设行政派出所34个；2014年度有干警679人，女民警职工68人，职工7人，副科职以上干部145人。

2014年，宁乡县公安局坚持以构建平安、和谐、幸福宁乡为目标，以开展党的群众路线教育实践活动为载体，顽强拼搏，奋发进取，奏响一曲“保一方平安、促一方发展、赢百姓满意”的和谐新乐章。四项工作荣获全国优秀：交通警察大队车管所被评为全国优秀车管所；拘留所被授予全国监管场所社会矛盾化解工作先进单位；经侦大队被公安部评为一级经侦大队；全国公安国保战略支撑点。八项工作全省优秀：全省公安机关命案侦破先进单位；全省县级公安机关执法质量考评优秀单位；全省道路交通安全管理评估工作先进单位；省春运道路交通安全工作先进单位；湖南农村交通安全宣教工作先进单位；全省禁毒工作先进区县市；来信来访办公室被评为全省公安机关信访接待示范窗口；全省县级DQB工作试点单位。七项工作全市先进：国保大队荣获全市国保工作年终综合考评第一名；交警大队荣获全市目标管理优胜单位；内保大队荣获全市内保工作优胜单位；人口与出入境管理大队荣获全市公安人口与出入境管理“示范窗口”；公安人口与出入境管理正规化建设先进集体；“三治三防三优”专项行动示范单位；消防监督执法质量网上考评全市第一。公安业务综合考评进入全市优秀行列，县政府绩效考核二等奖。工会、妇联、共青团、老干(关协)等工作扎实推进，县局离退休党支部被评为“全县示范党支部”，县局妇委会被评为“全县巾帼文明岗”。

【孙建国调研视察宁乡政法公安工作】 1月15日下午，省委常委、政法委书记、公安厅厅长孙建国在厅党委委员、副厅长赵立民、警令部副主任戴纲等领导陪同下，深入宁乡调研视察政法公安工作。孙建国书记亲自主持召开部分市、县公安机关负责人座谈会，当面听取基层的意见和建议，宁乡县党政负责人和长沙、株洲、湘潭、益阳、岳阳五市公安局局长、县区公安局局长代表、宁乡县公安局全体党委成员、基层所队代表陪同调研参加座谈会。

孙建国书记率众暗访督察县局梅家田派出所、参观视察县局110指挥中心、局史陈列馆(档案室)、刑事科学技术室、执法办案中心、人口与出入境窗口服务中心后，在局会议室召开座谈会，听取漆曙光副县长就宁乡公安工作的汇报。

孙建国书记对宁乡县委、县政府高度重视政法公安工作给予充分肯定，对宁乡县局近年来工作的先进经验和好的做法表示高度赞赏，要求与会各地加强学习交流，结合实践认真吸纳，最终形成自己特色。

【李介德深入双江口派出所指导工作】 6月20日下午，副市长、市公安局党委书记、局长李介德率市政府办公厅、财政、水务等部门负责人一行到宁乡县双江口镇，重点视察指导新民垸防汛工作，县局陶述政委全程陪同视察。李市长一行到双江口派出所，实地视察派出所基础建设、窗口服务等工作情况。李市长着重对户政窗口便民服务情况、执法办案区信息采集情况进行深入考察，会见户政、社区民警，询问干警们相关工作情况。最后，李市长对双江口派出所全面建设提出具体要求。

【省、市离退休老领导莅临公安

局】 12月3日下午，湖南省委原副书记文选德，湖南省政协原副主席、省公安厅原厅长李贻衡，湖南省政协原副主席王克英等一些省、市离退休老领导，莅临宁乡县公安局视察指导公安工作。宁乡经开区工委书记、县委书记黎春秋，副县长、公安局党委书记、局长漆曙光，局党委副书记、政委陶述及全体在家局领导全程陪同。下午4点，省、市离退休老领导们首先到县局警察文化沙龙与全体在家局领导进行座谈，局长漆曙光向老领导们汇报2009年至2014年宁乡县公安局全力维护社会稳定，着力加强基层基础建设、信息化建设、执法正规化建设等工作情况，并真诚地希望老领导们多到宁乡县公安局视察指导，一如既往地关心支持宁乡公安工作。老领导们对县公安局开展各项公安业务工作和队伍建设中取得的优异成绩给予高度赞誉。老领导们先后视察110指挥中心、局史陈列馆、刑事科学技术室、执法办案中心、地下室内射击场现场。

【政治建警】 扎实开展党的群众路线教育实践活动，着力解决党员干部"四风"问题和群众反映强烈的突出问题。党建工作推进有力，局党委率先垂范，连续五年被评为全县"五好领导班子"。深入开展创先争优活动，注重典型推介引导，局中83个集体、408人次受到表彰奖励。强化经常性思想政治教育，不断夯实基层党建工作，深入开展"五个一"、党员评议及支部联点结对、"党员进社区""大手拉小手""心连心"等主题实践活动，共走访慰问困难群众600余户，送去慰问金30余万元，"警爱民、民拥警"蔚然成风。

【从优待警】 切实关注基层，科学分配警力资源，最大限度精简机关、充实基层，实现派出所警力达到总警力的45%、刑侦民警达到11%。协辅警的清理、招录和志愿兵安置工作得到有序推进，基层所队警力得到有益补充。依法处理侵权违法犯罪嫌疑人45人，慰问因公负伤、患病、困难民警300余人次，发放互助基金、维权抚慰金50余万元。

【从严治警】 加强党风廉政建设，发挥警风警纪监督员作用，严格执纪监督，督察警务人员1582人次，主动处理民警6人，辅警因违法违纪或违反管理规定被辞退8人，劝退7人。及时受办电话投诉200余起，受办信访件241件，办结上级交办件167件，省厅督办的3起信访积案全部化解。

【文化育警】 举办"金盾杯"篮球赛、首届警务技能比武竞赛等文体活动，获评"全市学习型组织示范单位"；强化公安宣传和舆情引导，各级新闻媒体报道400余篇次，"宁乡公安勇救4名落水群众"的感人事迹，在全国各大家新闻媒体、网站、QQ群、微信群等广为传播，受到社会各界和广大人民群众的高度赞誉。

【国内安全保卫】 第一，强化情报预警。重点围绕"两会""六四""十八届四中全会""APEC峰会"等重要时期和重大活动，搜集上报情报信息1160条，书面上报403条，编报网上政治安全专刊159期，省厅采用83条，采用量居全市前列。第二，推进专案侦查。成功侦破部督"F1307"专案，查获邪教"法轮功"现行案件3起，捣毁法轮功窝点1个，抓获3人，缴获邪教"法轮功"反宣资料4000余份，作案工具电脑及附属设备8台，手机30余台。"531"专项反制、技术反制等行动成效突出，受到中央及部厅领导充分肯定。第三，夯实反恐基础。全面部署全县反恐工作，严格落实反恐成员单位责任，积极开展涉疆、涉藏、涉恐人员专项调查，反恐工作基础不断夯实。第四，严打涉访违法犯罪。成功瓦解"2·25"民办教师、"2·27"志愿兵赴省进京等多起非法上访事件，依法打击处理违法人员64人，教育训诫90余人。第五，强化应急处置。及时稳妥处置出租车车主"5·9""6·5"罢运、征地拆迁群体聚集堵路等群体性事件95起。切实加强保卫活动组织，确保全国山地越野车赛等66项安保任务顺利完成。2014年国保工作再次夺得全市第一、全国公安国保战略支撑点。

【刑事侦查】 深入开展"清霾行动""春雷行动""大走访、大整治、大会战、大宣传、大整顿五大活动""金盾创安"等专项行动，有力提升打击实效，打击多发性侵财犯罪和类案侦查经验先后两次在全省推介。全年共刑事拘留1142人，逮捕直诉1280人，摧毁涉恶团伙9个，打掉侵财团伙79个。12起现行命案全破，县局连续两年被评为"全省公安机关命案侦破先进单位"。成功侦破"1415""1193""5·26"特大跨国赌博网站开设赌场案等部督专案3起，其中"5·26"特大跨国赌博网站开设赌场案，涉及20余个省市，涉案100余人、2亿多元，受到公安部表扬。

【禁毒严打】 深入开展禁毒会战专项行动，查破毒品违法犯罪案件871起，捣毁贩毒团伙6个，缴获毒品21.5公斤，移送审查起诉207人，行政拘留1065人，强制隔离戒毒255人，社区戒毒339人。成功侦破部督张某某贩毒团伙案、省督左某某贩毒团伙案等专案2起。集中开展清查摸排"社区戒毒人员""涉毒重点人员"专项工作，社会化禁毒基础得到夯实。

【扫黄禁赌】 强力开展城区扫黄、边界禁赌专项行动，查处涉赌案件293起，抓获涉赌人员1431人，其中移送审查起诉126人，行政拘留853人；查处涉黄案件90

起，抓获涉黄人员244人，其中移送审查起诉34人，行政拘留185人。

【打击食品安全犯罪】 侦办各类食品案件6起，抓获涉案人员18人，捕诉17人。成功侦破公安部督办的邓某某等制售有毒有害食品案，打击处理10人，封存冻库一间，缴获毒镖200支，销毁处理毒狗123条，斩断横贯宁乡、株洲、湘潭等地生产、销售毒狗肉链。

【缉枪治爆】 持续推进"治爆缉枪"专项行动，共破涉枪涉爆案件47起，抓获涉案人员58人，摧毁涉爆犯罪团伙2个，端掉窝点6个，收缴各类枪支715支、管制器具787把，查处非法运输烟花爆竹案件9起，治安拘留12人，罚款3.2万元，没收鞭炮2274间，导火线4.86万米。加强危险品隐患排查，协助环保部门完成2吨遗存剧毒化学物品氰化钠的押送与集中处理工作。

【巡逻防控】 落实网格化巡逻，严密立体化防控，配置移动警务车4台，设置岗亭4个，常态开展设卡盘查、集中清查和定点清除突击专项行动，始终保持严打严防严查严管高压态势，取得整体发案下降工作成效。全年刑事立案4943起，同比下降5.51%，破案1735起，同比上升5.22%，两抢两盗立案2502起，同比下降14.26%，破案716起，同比上升8.81%。

【交通管理】 大力开展交通整治专项行动，全力优化城乡交通管理，推进指挥平台建设，健全交通设施配置，及时指挥疏导，快速处置交通事故，有效改善全县交通环境。共接处警1.41万起，现场查获交通违法行为2.10万起，快处快赔交通事故3106起，破交通肇事逃逸案94起，及时成功侦破"9·24"重大交通肇事逃逸案件。农村道路交通安全宣教工作经验在全省现场会议上作典型推广。创新车管工作，简化程序、提高效率、优化服务，交警大队车管所被评为全国优秀县级车管所。

【内部单位保卫】 全面加强银行营业网点、金银珠宝商行等金融场所的安全指导，实现金融场所"零发案"；不断健全完善"三电"联席会议制度，警企联动联防有力，"三电"案件得到有效遏制，全年共发案27起，同比下降58%；严格指导、监督，全面加强"平安校园"建设，经验全省推介。

【优化经济发展环境】 始终把全力维护县域经济社会发展环境作为公安工作第一抓手，走访企业160余家，解决问题90余个，积极调处各种项目工程矛盾纠纷100起，成功调解九龙寺旅游事业有限公司拖欠承包方保证金一案，平息集访事件。优化经济环境"两建三抓一评比"工作经验被全市推广。侦破"三星机房"刘某职务侵占案等涉稳型、涉企型经济犯罪案件32起，打击处理79人，有力维护辖区经济发展环境。

【人口与出入境管理】 推广使用二代身份证指纹信息移动采集，为行动不便、急需用证的特殊人群上门办证348人次，服务高考典型事迹被中央电视台《新闻联播》专题报道。启用电子往来港澳通行证，实现无纸化审批，推行一次性办结制。全年办理二代居民身份6.17万张，办理户口迁移3.54万人次，办理出生登记2.10万人，户口变更50.64万人次，受办因私出国（境）申请材料4.75万份，清查登记流动人口2.43万人，清查登记出租房屋6595户，查处非法出租776户。人口与出入境大队被评为全市正规化建设先进集体，人口与出入境窗口被评为全省"示范窗口"。

【消防管理】 全年共接火警600起，出动613次，抢救被困人员180人，疏散人员1172人，抢救财产价值510万元。加强对沙河市场、金满地商场的专项整治，检查社会单位4445家，发现火灾隐患及违法行为4576处，督促整改2079处，临时查封14处，责令"三停"13家，罚款13万元，行政拘留2人。全年未发生一起较大以上火灾事故，无人员伤亡，消防监督执法质量网上考评全市第一。

【基础设施建设】 投入259.9万元，建成集科技化、实战化、规范化于一体的地下靶场1个；投入47万元，建成应急物资储备仓库1个；投入300余万元，为基层所队建成警用装备室46个，添置八大件、执法记录仪等警用装备700余套；完成枫木桥派出所业务用房建设招投标工作；顺利完成为期三年基本业务装备配备实施计划，得到省厅充分肯定。全面完成"天网工程"、网技工作站二期建设，建成10个电子卡口、6个治安卡口。采集涉案视频1580余个，破案350余起，抓获犯罪嫌疑人120余人。

【信息化建设应用】 强化24小时网上巡查，健全网络舆情引导处置工作机制，共上报各类舆情信息787条，被市局全部采用，省厅采用230条，公安部采用4条；发现、处置有害信息2388条，其中涉警涉稳信息829条，上报违法信息网络舆情简报47期，进行舆情导控183次、1830余条。加强对网吧日常巡查和管理，狠抓网吧实名制登记，检查网吧300余次，开展集中清查行动15次，整改29家，处罚30家。

【执法规范化建设】 出台《执法办案重要环节、重点事项执法规定》《重大疑难复杂案件集体研究工作制》等文件，落实案件"日清周结月考评制度"，进一步完善执法考评机制，执法质量不断提高，批捕起诉率同比上升，行政复议、行政诉讼案件胜诉率达100%，被省公安厅评为全省县级公安机关执法质量考评优秀单位。强化行政执法与刑事司法“两法”衔接，共受理行政机关移送案件21起，打击处理违法犯罪人员21人，追回民工工资100余万元，追缴违法所得300余万元。

【部督“5·26”申博太阳城网站开设赌场案】 2013年7月1日，宁乡县公安局受理群众匿名举报“申博太阳城”网站通过百家乐、轮盘、骨骰等项目，吸引网民进行网上赌博，涉案金额巨大，涉案人员众多。经初查，宁乡县吴某等人担任该网站代理，与网站共同坐庄，并接受下线会员投注赌博。2013年7月3日，县公安局对申博太阳城网站开设赌场案立案侦查。2014年5月26日，经湖南省公安厅领导批示，从省公安厅治安总队、网技总队和宁乡县公安局抽调精干警力，联合成立“5·26”专案组，开展专案侦查。2014年9月5日，“5·26”专案获批公安部督办案件，省厅副厅长谭和平、阳红光、治安总队、网技总队、宁乡县局主要领导多次组织相关专家召开案情分析会，为“5·26”专案指明正确的侦查方向。

“5·26”专案组成员往返浙江、四川、广东、安徽、上海、重庆、陕西、福建、山东、北京等20多个省、市、自治州，广泛开展调查取证。通过多种侦查手段的合成作战，专案组充分掌握申博太阳城网站开设赌场的违法犯罪事实。

2014年10月30日，专案组将申博太阳城网站一级代理吴某、戴某、唐某、李某等人抓获归案。后通过专案组的艰苦工作，先后在湖南、广东、山东等地抓获涉案犯罪嫌疑人黄某、许某、齐某、丁某等人。各大商业银行总行根据公安部的要求，对全国各地的1000个涉案银行账号统一冻结，冻结涉案资金额约1.4亿元。年末，犯罪嫌疑人戴某、李某、许某因涉嫌开设赌场罪被县公安局执行逮捕，犯罪嫌疑人黄某、丁某被依法取保候审，犯罪嫌疑人齐某被依法监视居住，犯罪嫌疑人吴某、唐某因另案已判刑，专案组准备将其提回依法重新提请批准逮捕，其余涉案人员正在积极抓捕之中。

【部督宋某某全国一级建造师考试舞弊案】 2014年5月，在全国二级建造师考试岳阳考场中，发现有人利用QQ等即时通信工具传送考试答案舞弊，这是一起利用无线电设备、电脑网络等手段进行舞弊的高科技犯罪案件。经过省厅网技支队初查，考试答案是由宁乡县双江口镇的范某所发，经过传唤范某，其交代答案来源于QQ号码为672423229、网名叫“助考专家”的人，后经查实该人叫宋某，长沙市人。2014年5月27日，长沙市公安局指定该案由宁乡县公安局办理。宁乡县公安局立即组织刑侦、网安精干力量成立专案组进行侦查。2014年6月，公安部将此案挂牌督办。

经过历时三个月的侦查，专案组掌握宋某团伙成员的基本情况、手机号码、QQ号码、活动轨迹等情况，并掌握该团伙将在2014年9月20日、21日全国一级建造师考试中继续利用无线电设备、电脑网络等手段进行舞弊犯罪。2014年9月21日下午，在省厅统一指挥下，湖南长沙、河南郑州、广东广州同时开展收网行动，抓获犯罪嫌疑人宋某、黄某、李某、朱某、钟某，扣押用于考试作弊的电脑和无线电作弊器材14台件。犯罪嫌疑人宋某、黄某、李某、朱某、钟某已被宁乡公安局依法逮捕，犯罪嫌疑人黄某被取保候审。侦查终结，宁乡公安局于2014年4月将该案依法移送审查起诉至长沙县人民检察院。

【部督邓某某团伙生产、销售有毒有害食品案】 2014年3月，宁乡县公安局治安大队接群众匿名举报称：家住宁乡县大成桥镇玉河村的黄某某专门从事毒狗肉的生产、销售。接到报警后，县局治安大队立即成立专案组进行侦查。经过几个月的前期侦查，专案组掌握该案团伙成员的活动规律、社会关系及部分犯罪事实，一个以黄某、邓某、李某、付某、贺某等人为首的生产、销售有毒有害食品的犯罪团伙终于浮出水面。同时，专案组获悉犯罪嫌疑人黄某某将于2014年5月3日在其家中进行其50岁寿宴，届时相关犯罪嫌疑人均会前来祝贺，专案组立即向相关领导进行汇报并制定详细抓捕方案。5月3日，由县公安局副局长刘志良带领数十人的专案抓捕人员悄悄进驻到大成桥，伺机进行抓捕。11时30分许，副局长刘志良下达行动命令，专案组成员马上对黄某的住所进行包围，现场抓获黄某、贺某、付某等犯罪嫌疑人，查获毒狗肉1000多公斤，收缴毒标300支，扣押脱毛机等作案工具若干。后专案组又转战宁乡、湘潭、株洲等地，先后抓获犯罪嫌疑人邓某、晏某、李某、罗某、喻某、任某、戴某、陈某等8人。此案于2014年6月12日被公安部列为2014年深化“打四黑除四害”工作第二批157起督办案件之一。经侦查终结，县公安局将该案依法移送起诉。

(钟文彬)

检察工作

县人民检察院

党组书记、检察长 罗斌

党组副书记、副检察长

张罗文(3月另任)

姜灿辉(3月任)

副检察长 易为志

喻昭强

李　闽

陈卓平

政工室主任 章　洪(女)

纪检组长 周文武

工　会　主　席　余晓玲(女)
反贪污贿赂局局长　谢旭辉
反渎职侵权局局长　戴文平
检察委员会专职委员　周国华
钟晓利(女)

【概况】　2014 年,县检察院内设科、局、室、队 13 个:政工室、办公室、纪检监察室、侦查监督科、公诉科、反贪污贿赂局、反渎职侵权局、监所检察科、民事行政检察科、控告申诉检察科、职务犯罪预防科、案件管理科、司法警察大队。全院有检察官及其他工作人员 120 人,其中政法编制干警 90 人,中层正职 13 人,副职 13 人,研究生以上学历 7 人,本科以上学历 61 人。2014 年,县检察院深入贯彻党的十八大和十八届三中、四中全会精神,紧紧围绕全县工作大局,忠实履行宪法和法律赋予的职责,主动服务宁乡经济社会又好又快发展,取得新的成绩。保持或获评"全国检察机关文明接待室""全国检察宣传先进单位""全省档案工作规范化管理省特级""全省二级规范化驻所检察室""全市先进基层检察院""全市文明窗口示范单位""县绩效考核先进单位"等多项国家和省、市、县级荣誉;"四位一体"司法模式、案件管理、环境保护、服务园区经济发展等多项工作机制或经验被高检院、省委、省检察院等上级单位肯定推介;反渎工作经验被高检院在全国推广,反贪工作在全省反贪工作会上作典型发言。

【服务经济社会大局】　县检察院坚持"司法打击与司法预防并举,司法保护与司法救济结合,司法办案与司法服务同步"的工作思路,探索"打、防、保、助"四位一体司法服务模式,得到最高人民检察院肯定并向全国推介。打击危害经济发展的严重犯罪。其一,把人民群众反映强烈和对社会有重大影响等危害经济发展的问题,作为执法办案的重点。全年共立案查办以权钱交易为特征的商业贿赂犯罪案件 10 件,经济监管活动中不作为、乱作为的职务犯罪案件 2 件;提前介入并批捕金融诈骗、侵犯知识产权、制假售假等破坏市场秩序类犯罪 24 人、起诉 109 人。成功办理全国"扫黄打非"办公室督办的黄某等 4 人非法经营、侵犯著作权案,得到国家版权局的肯定。其二,有效防范刑事犯罪侵害风险。在审查涉及经营投资者人身侵害、"坑农""坑企"等刑事案件时,以案例分析形式,制作风险防控资料 30 余份,公布典型案例 6 个,帮助企业及员工依法维权,提高防范意识。如在办理刘某等 3 人生产销售假冒兽药案时,通过《潇湘晨报》和本县媒体提醒养殖户,认准商标购买农资产品,谨防上当受骗。针对生产经营中的信用销售风险,主动上门指导楚天科技等优秀企业改进内部管理。其三,依法维护各类经济主体的合法权益。在执法中坚持做到私营与国有、集体与个体、本地与外地经济主体一视同仁,在确保诉讼顺利进行的前提下,慎重适用强制措施,不损害企业招商引资形象。2014 年共对涉罪的企业员工使用取保候审等非羁押强制措施 36 人,不批准逮捕 27 人,不起诉 6 人。如张某因工作纠纷盗窃公司送货车辆,县检察院积极引导双方达成调解协议,对其做出不起诉决定,有效维护双方当事人的权益。其四,积极助推优化生产经营秩序。通过发挥检察职能,及时关注并妥善处理涉企矛盾纠纷。针对企业与职工之间的劳动报酬纠纷,以检企合作、检民互动等形式,协调支持 95 名民工追回薪酬 160 多万元,处理结果得到企业和劳动者的一致认同。在办理职务侵占、挪用资金案时,认真听取涉案企业诉求,先后帮助 5 家企业追回资金 130 多万元。在办理县经开区征地拆迁系列案件时,主动上门做好拆迁户的安抚工作,劝导退还多领取的拆迁补偿款 200 余万元,做到执法办案、维权和维稳的有机统一。

【刑事检察工作】　认真履行审查批捕、审查起诉等职责,全年共受理审查批准逮捕案件 777 件 1087 人、审查起诉案件 776 件 1216 人。其一,惩罚严重刑事犯罪。打击严重暴力、多发性侵财等群众反映强烈的犯罪,批捕该类犯罪嫌疑人 272 人,起诉 381 人,该类案件批捕率达 91%、起诉率达 95%、建议法院判处实刑率达 90%。打击"黄赌毒""两抢一盗"和危害食品安全等犯罪,批捕涉黄犯罪嫌疑人 10 人,起诉 34 人;批捕涉赌犯罪嫌疑人 27 人,起诉 118 人;批捕涉毒犯罪嫌疑人 155 人,起诉 157 人;批捕抢劫、抢夺、盗窃犯罪嫌疑人 201 人,起诉 283 人;批捕生产、销售危害食品安全犯罪嫌疑人 11 人,起诉 17 人。对蔡某强迫介绍幼女卖淫案和黄某等 10 人生产销售有毒有害食品案等一批影响恶劣的案件,提前介入,快捕快诉,有力地维护公共安全和群众切身利益。其二,注重化解社会矛盾。贯彻宽严相济刑事政策,对邻里纠纷、初犯、偶犯、未成年人犯、当事人达成和解的轻微刑事犯罪,决定不批捕 311 人,不起诉 31 人。其中,不批捕未成年犯罪嫌疑人 30 人,附条件不起诉 7 人,并推行未成年人犯罪记录封存、回访帮教等制度,帮助 5 名涉案未成年人实现复学或就业,得到团中央肯定,《中国青年报》进行重点报道。完善检调对接、刑事和解机制,对符合法定条件、达成和解协议的轻微刑事案件,依法决定不批捕 50 人、不起诉 28 人,建议法院从宽处罚 96 人,和解率达 35%。其三,积极参与社会治理。加强检察环节社会综合治理,全力参与突出治安问题专项整治。积极推进信访制度改革,强化诉访分离,检察长全年接访 24 次,共引导 16 件信访案件走入法治轨道,成功息诉历时 5 年的聂某信访积案,对生活的确有困难的7名刑事被害人及其近亲属提供司法救助。在办理肖某非法集资案时,积极引导公安机关侦查取证,引导债权人参与资产处置,全力做好稳控工作。加大生态环境司法保护力度,办理破坏环境资源案件4件4人。强化对未成年被害人的司法保护,依法批捕、起诉猥亵儿童和性侵幼女犯罪5件5人。

【查办和预防职务犯罪工作】 全年共立案查办职务犯罪案件20件26人,大要案比率达95%,法院已判决21件22人(含往年积案),有罪判决率达100%。其一,严肃查办严重贪贿犯罪。立案15件19人,立案数连续两年位居全市第一,2人被判处10年以上有期徒刑,9人被判处5年以上有期徒刑,为国家挽回经济损失1000余万元。其中在县经开区和基层乡镇立案11件13人,查办经开区征拆组长任某、王某等10人行、受贿窝案,有效规范拆迁秩序;查办横市镇政府干部秦某挪用117万元公款大案,秦某被判处有期徒刑2年6个月,对基层公职人员规范行使职权起到良好的警示作用。依法办理市检察院交办案件3件5人,其中处级干部1人。8月,县检察院作为唯一基层院,在全省反贪工作会议上作典型发言。其二,着力强化反渎职侵权工作。立案5件7人,围绕税费违规减免的问题,查办县国税局煤炭坝分局副局长张某、税管员刘某涉嫌玩忽职守案;围绕政府专项补贴被非法套取的问题,查办县商务局原纪委书记符某、市场建设科科长周某涉嫌玩忽职守案;围绕征地拆迁中虚增面积、虚假拆迁的问题,查办城郊乡政府重点办主任肖某、副主任姜某和经开区干部王某等人滥用职权、受贿案。5人被判处有期徒刑以上刑罚,其中肖某、王某数罪并罚均被判处有期徒刑14年6个月,为历年宁乡县查办的涉案金额最大、判处最重的职务犯罪案件。反渎工作综合考核连续两年位居全市第一,办案经验被最高人民检察院在全国推广。其三,深入开展职务犯罪预防工作。通过案件剖析警示、“预防职务犯罪宣传月”等方式增强职务犯罪预防实效。全年共提供行贿档案查询776次,开展警示教育6场,受教育人次达3060人,发出检察建议6份,完成年度惩防职务犯罪分析报告,为党委、政府提供决策参考。结合办案,向经开区发出的建立拆迁档案的建议,有效遏制虚增拆迁面积等违规现象的出现。全年共有4项预防工作获得市级以上表彰,1起案例被省检察院评为全省“优秀个案预防”。

【诉讼监督工作】 深入开展“司法公正长沙行”活动,通过规范监督行为、健全监督机制、完善监督方式提高监督水平,有效防范冤假错案。其一,强化刑事诉讼监督。对公安机关应当立案而未立案的,监督立案19件23人,对不应当立案而立案的,监督撤案11件11人;对事实不清、证据不足以及不构成犯罪的,依法不批捕178人、不起诉57人;对侦查机关遗漏的犯罪嫌疑人,追加逮捕19人、追加起诉11人,追加犯罪事实50笔;对侦查和审判活动中存在的违法行为发出《纠正违法通知书》35份;向法院发出《量刑建议书》512份。为回应人民群众对缓刑适用的关注,县检察院在提出量刑建议时,对重点案件明确提出是否适用缓刑的具体意见,收到明显效果。其二,强化刑罚执行和监管活动监督。组织开展减刑、假释、暂予监外执行专项检察活动,办理相关控告申诉案件80件,纠正监管违法12人次;加强刑罚执行监督,审查减刑107件,对19人提出纠正意见;加强社区矫正工作监督力度,考察社区矫正人员583人,373名社区服刑人员回归社会,建议收监9人,6人已收监到位。其中,被判处11年6个月有期徒刑的罪犯邓某,在保外就医条件消失之后,未收押长达5年,在县检察院监督之下被依法收监。其三,强化民事行政诉讼监督。全年共办理审判违法行为调查案件3件,执行监督案件2件,提请抗诉2件并得到改判;对侵害国家、社会公共利益的民事行为督促起诉32件;加强行政执法监督,督促行政执法机关移送涉嫌犯罪案件10件19人。通过监督发现县法院在一起民事案件执行中,时隔11年未将执行款交付给当事人,依法发出检察建议后,法院将该款交付给当事人,并对违纪法官进行纪律处分。

【县检察院加强队伍建设】 以法律监督能力建设为主线,牢固树立“监督者更要接受监督”意识,不断强化队伍教育、管理和内部监督。其一,主动接受人大及社会各界监督。全年向县人大及其常委会报告工作3次,专题汇报了“司法公正长沙行”活动开展情况。邀请人大代表、政协委员联络视察检察工作4次。深入开展“联系群众,执法为民”专项活动,院领导分片到乡镇通报检察工作。上网公开法律文书、案件信息共338件(份),接受各类查询226人次。率先在全市开通官方微博、微信。开展以“公平正义在侦监”为主题的“检察开放日”活动,邀请各界群众40余人“零距离”参与和监督检察工作。其二切实改进工作作风。深入开展党的群众路线教育实践活动,广泛征求人大代表、政协委员和社会各界的意见建议100多条。开展“门难进、脸难看、事难办”和“纠正涉法涉诉中损害群众利益行为”专项整治,着力解决“四风”和执法办案中的突出问题,完善车辆管理等10项内部管理制度。通过建立干警电子廉政档案、制作廉政书架和廉政警示牌,切实规范干警执法行为。其三有效提升执法素能。以“宁检大讲堂”为依托，推进学习型检察院建设。公开招录和选调干警5人，选派干警参加各类培训120人次，开展专家授课、青年干警列席检委会等学习活动16次，20篇检察业务调研论文获市级以上表彰。坚持科技强检，实现办案全程网上流转和监控，建立检察长案件质量评查机制，集中评查6次，及时督促整改执法瑕疵，案件质量评查得分位居全市第二。

（罗善芝　蒋长庚）

法院工作

县人民法院

院长　党组书记　张　帅
副书记　副院长　姜灿辉（3月另任）
张罗文（3月任）
陶力成
副　院　长　贺永中
张　示
刘舟舟（女）
易定君（挂职）
纪　检　组　长　胡敬阳
工　会　主　席　石克家
政　工　室　主　任　谢细珍（女）
审判委员会专职委员　刘佑成
姜夏宁（女）

【概况】　宁乡县人民法院机关设有政治室、办公室、纪检监察室、研究室、审判管理办公室、刑庭、民一庭、民二庭、行政庭、审判监督庭、立案庭、执行警务局、非诉执行局、法警大队14个庭室局，下设金洲、花明楼、双凫铺、灰汤、黄材、流沙河6个基层人民法庭。法官和其他工作人员241人，其中政法专项编制干警150人，有院领导11人，中层正职20人，副职28人，研究生以上学历33人，本科以上学历128人。

2014年，宁乡县人民法院以“让人民群众在每一个司法案件中都感受到公平正义”为目标，以党的群众路线教育实践活动为契机，以“司法公正长沙行”和“服务群众与行为文化建设年”活动为载体，充分发挥审判职能，深入践行群众路线，各项工作取得新进展。全年审、执结各类案件9290件，同比上升26%，法官人均结案136.6件。2014年，宁乡县人民法院年度工作考评蝉联全市法院第一名，案件质量和效率的各项指标均居全省法院前列，先后获得“全国司法宣传先进集体”“全国法院人民法庭工作先进集体”“长沙市法院系统2014年度工作考评先进法院”“五好领导班子”等16项国家、市、县级荣誉称号。

【发挥审判职能】　2014年，宁乡法院积极履行审判执行职责，精心做好各项审判执行工作。第一，加强刑事审判，宽严相济惩治犯罪。共受理刑事案件805件（含旧存案件，下同），审结732件1136人。对严重危害社会治安的抢劫、抢夺、盗窃等犯罪保持打击态势，共审结210件332人；加大对危害食品安全、破坏环境资源保护犯罪的打击力度，共审结14件26人，对涉案罪犯全部判处监禁刑；依法惩处黄赌毒犯罪，共审结涉黄犯罪案件31件64人，涉赌犯罪案件42件111人，其中149名涉黄、涉赌罪犯被判处监禁刑。审结毒品犯罪127件184人，坚持对涉毒罪犯一律判处监禁刑，在国际禁毒日组织对毒品犯罪案件进行集中宣判；发挥刑事审判惩治腐败的职能，对职务犯罪案件严格规范量刑，共审结21件22人，其中被判处5年以上有期徒刑的12人；重视刑事附带民事诉讼调解工作，共调解刑事附带民事诉讼案件55件，调解率达96.5%，另案外调解附带民事争议89起。第二，加强民商事审判，定纷止争促进发展。共受理民商事案件6397件，审结5367件。积极维护金融安全，审结金融借款合同纠纷1140件，民间借贷纠纷535件，涉及金额1.28亿元；充分发挥人民法庭服务基层的前沿阵地作用，5个农村人民法庭共审结婚姻家庭、侵权纠纷和劳动争议等案件2966件，诉前化解纠纷325件，促进农村和谐发展。金洲法庭开通法庭微信平台，为辖区企业提供客服式法律服务，并审结涉企案件242件，为企业追回资金2017万元；针对交通事故多发问题开展调研，交通巡回法庭共审结交通事故责任纠纷547件，为受害人兑现医疗费、伤残赔偿金等4700万元。第三，加强行政审判，监督支持依法行政。共受理行政诉讼案件114件，审结94件，同比增长154%。在审理中既维护行政相对人合法权益，又注重通过辨法析理引导行政机关依法行政。审查行政机关申请执行的非诉行政执行案件866件，其中审、执结土地房屋征收案件16件。组织开展社会抚养费征收专项集中执行活动，共执结社会抚养费征收案件910件，共计征收928万元，带动全县征缴入库6300余万元，为行政机关依法实施社会治理提供司法保障。第四，加大执行力度，切实保障胜诉权益。共受理执行案件1346件，执结1310件，执行到位金额达2.5亿元。集中开展维护金融安全执行等专项活动，执结涉银信部门案件328件，为银信部门追回逾期贷款2156万元；探索实施分权执行模式，加大执行工作的人力、物力投入，提高执行工作效率；完善失信被执行人名单信息库建设，通过媒体发布悬赏执行公告38人次，联系媒体开展民生案件专项执行集中报道活动，营造全方位的威慑机制；依托信息技术手段推进执行模式改革，筹备建设内外联动、反应快捷的执行指挥中心，努力解决被执行人难找、执行财产难寻等问题。

【多途径服务群众】　2014年，宁乡法院认真开展党的群众路线教育实践活动，务实解决关系群众切身利益存在的突出问题。第一,紧扣实际开展活动,强化司法为民宗旨。完成机关安保设施更新,便利人民群众经安检无障碍进入审判区,将立案大厅升级为诉讼服务中心,安排导诉员专职引导群众办理各类事务,切实解决“门难进”问题。大力倡导高效文明的工作作风,规范司法形象与礼仪,坚决杜绝“脸难看”现象。落实人民法庭直接立案制度,安装“POS”机缴费系统,明确起诉人可书面申请法院依职权调取被告身份证明,实现群众就地立案、一站办结,扎实整改“事难办”问题。第二,着眼制度机制创新,升级诉讼便民服务。制定《关于进一步服务群众的二十项措施》,深化便民利民的制度机制。开通网络预约立案平台,减少当事人往返奔波;开通电子触摸查询仪,设立诉讼服务电话,为群众自助查询、远程咨询事务提供便利;发挥速裁程序简便快捷的特点,全年适用速裁化解各类纠纷 186 件,平均办案周期仅为 20 天;实行院领导值周、中层领导值日接待制度,全年共接待来访当事人 4800 余人次,当事人反映的问题均能得到有效解决或及时反馈;加大司法救助力度,为当事人缓、减、免诉讼费 17.8 万元,为 13 名因侵权遭受损失的特困申请人提供执行救助 18.5 万元。第三,深入推进司法公开,传递公平正义能量。着力推进审判流程、裁判文书、执行信息公开。对依法可以公开审理的案件 100%公开审理,开展庭审网络直播和报道 22 场次;全年上传互联网公开裁判文书 3622 份,实现符合公开条件的裁判文书 100%上网;实施阳光执行沟通制度,承办法官在办案每一阶段主动向申请执行人告知执行进展情况;在每月第一个工作日开展公众开放日活动,在首个国家宪法日组织“尊宪守宪”签名、宪法知识竞赛等活动,努力传播法治文明、弘扬宪法精神。

【加强法治队伍建设】 2014 年,宁乡法院努力构筑以公正为核心、以能力为保障、以业绩为导向的管理机制,推进法院队伍正规化、专业化、职业化建设。第一,狠抓廉政作风建设。深入开展作风问题集中整治,实施上下班电子刷卡考勤,不定期进行作风纪律巡查及视频抽查,发布《作风督查通报》52 期。开通违纪违法网上举报中心,向 4753 名当事人随案发放廉政监督反馈卡,就司法作风等情况回访案件当事人 548 件 800 余人次。开展司法廉洁教育专题活动,每周通过短信平台发送廉政格言警句,引导法官和其他工作人员恪守职业道德。第二,注重司法能力提高。在县委支持下,先后选送 74 名法官赴中国人民大学、中南大学参加司法能力提升高级研修班。常态化开展庭审和案件质量评查,组织优秀裁判文书、优秀案例、优秀调研报告评选,创办《宁乡审判》,加强业务交流,先后有 3 名法官的论文在国家级学术讨论会中获一等奖。第三,强化司法绩效考核。对办案法官的司法绩效指标实行每月排位公示,将司法绩效考评结果与绩效奖励、选送培训、评优评先、晋职晋级挂钩。通过精细管理,县法院案件上诉率、发回重审和改判率均保持低位运行,成为全省法院审限管理效果最好、案件办理周期最短的法院之一,受到省高级人民法院通报表扬。全年办案法官人均结案 136.6 件,平均结案时间仅 48.9 天,两项指标均居全省基层法院前列;民事案件结案 200 件以上的法官达 7 人,结案数量最多的法官达到 291 件,在全省法院民事案件结案数量排前 100 名的法官中县法院有 9 人;刑事案件结案 150 件以上的法官有 2 人,均跻身全省法院刑事案件结案数量前 10 名;执行案件结案 100 件以上的法官达 7 人,其中结案数量最多的达 303 件。

【自觉接受人大监督】 主动接受人大及其常委会的监督。坚持重大工作主动向县人大常委会报告,办结代表建议 1 件及人大交办、督办案件 23 件。把开展“司法公正长沙行”活动作为接受人大监督的重要载体,通过落实活动要求,创新活动方式,达到推进司法公开、提升审判质效的目的。全面、主动、积极接受人大监督,邀请人大代表视察法院、旁听庭审、参与执行 200 余人次。自觉接受民主监督和诉讼监督。认真听取政协委员对法院工作的意见建议,邀请政协委员评议庭审、监督执行 100 余人次。邀请检察长列席审判委员会 3 次,邀请检察机关现场监督执行 3 次,主动接受检察机关的诉讼监督。进一步落实人民陪审员制度。率先在全市实现人民陪审员“倍增计划”,使县法院现有人民陪审员达到 253 人。设立人民陪审员办公室,配备专人负责人民陪审员工作,共邀请人民陪审员参审各类案件 1810 件,普通程序案件人民陪审员参审率达 99.9%。(易赞)

司法行政工作

县司法局

局长、党组书记 喻友明
副书记、副局长 邓永红
副　局　长 张桂华
程再强
许利军
钟海君
工 会 主 席 眭　佳

【概况】 2014 年,宁乡县司法行政工作全面贯彻落实党的群众路线教育实践活动要求,立足为民办实事,不断创新社会管理,狠抓队伍建设,充分履职履责,各项工作齐头并进。2014 年,荣获“全国人民调解宣传先进单位”“县关心下一代工作先进集体”“县综治维稳优秀单位”;夏铎铺司法所被评为“省模范司法所”,流沙河司法所被评为“省规范司法所”；全市“三调联动化矛盾，息诉息访促平安”现场经验交流会在宁乡县召开；中央电视台十二频道《社会与法》《小区大事》栏目对宁乡婚姻家庭纠纷调解工作进行专题报道。

【矛盾纠纷调解和信访问题化解】 2014年，全年共调处各类矛盾纠纷8219件，调解成功8030件，成功率97.7%，其中道路交通事故纠纷、医患纠纷、婚姻家庭纠纷、房产物业和市场经营纠纷等专业调委会及驻法院、驻检察院调解室共调处各类矛盾纠纷1172件，落实赔偿补偿金2亿余元。选聘专业素质高、业务能力强的人员成立一支专业的信访援助工作队伍，认真开展信访援助工作，成功化解老粮仓镇的谭某、夏铎铺镇的贺某、大屯营乡的蒋某和金洲镇的刘某等疑难信访问题30多件。

【法制宣传教育】 2014年，宁乡创新普法途径，不断提升普法效果。开展“订单式”“针对性”法制讲座241堂；深入全县86所初、高中学校开展“学法守法·飞扬青春梦”主题青少年法制宣传教育活动。组织律师、法律服务工作者453人次在全县33个乡镇举办法律咨询活动74场，免费发放法制宣传资料16.75万余份，书籍4.91万余册，接受法律咨询1.64万人次，解决法律问题2370个。利用LED视频宣传车进行巡回法制宣传100多次。整合资源、联合相关职能部门在“3·15”“5·20”“6·26”“7·28”“12·4”等重要时节开展形式多样的宣传活动，在全县构筑大普法格局。

【法律服务管理】 加强对县域律师行业日常监管，成立宁乡县律师管理委员会。宁乡县基层法律服务工作者协会实现改制，并选举产生新一届理事会、常务理事会、会长、副会长及第三届协会领导班子，局机关工作人员不再在协会中担任职务，将协会交由会员自主管理，协会与行政机关彻底脱钩。加大对投诉案件的处理力度，及时查处违法、违规、违纪行为案件2件。

宁乡县目前共有合伙律师事务所3家，注册执业律师42人，公职律师2人，援助律师2人。基层法律服务所10家，基层法律服务工作者77人。全县律师和基层法律服务工作者担任政府、企事业单位法律顾问311家，律师和基层法律服务者共办理各类诉讼代理案件1811件，办理非诉法律事务387件，解答法律咨询3365人次。

【法律援助】 全年共办理法律援助案件656件，完成市年度目标任务的152%，解答法律咨询1650件，跟踪监督案件480件，开展重大疑难法律援助案件讨论54件。在残联、人社局、老龄委、看守所、经开区、交警大队设立法律援助工作站，县法律援助中心、各乡镇法律援助工作站、村（社区）法律援助工作站联合协作，为弱势群体搭建较为完整的援助网络。完善刑事法律援助工作协作机制，加强与法院、检察院和公安局在刑事法律援助案件办理中的协作配合，推动刑事法律援助案件办理工作顺利开展，共办理刑事援助案件100件。

【社区矫正和安置帮教】 2014年，全县共接收社区矫正人员403人，解矫423人，累计接收社区矫正人员1654人，累计解矫1021人，在册633人。进行审前社会调查评估450件。对30个司法所进行集中点名、人员和档案比对清查工作，对66人给予警告，建议收监10人，实收监7人。共接收刑满释放人员464人。开展服刑人员信息核查356人次，核查率达100%。对2248名刑满释放人员实行一对一帮扶，绝大部分实现重新就业，重新犯罪率一直1.5%以下。

【公证工作】 2014年，县司法局立足于服务群众，不断规范公证管理，在积极拓展公证业务的同时，通过案卷评查、回访当事人和疑难案件探讨等手段不断提升公证质量，全年县公证处受理并办结各类公证事项9036件，宁乡公证质量检查评比在全市排名第一。

（彭丹）

经济综合管理

发展和改革

县发展和改革局
局长、党组书记 蒋鹏海
副书记、副局长 邓干平
副书记、纪检组长 左志华
副　局　长 陈小文
吕大伟(9月免)
田奇晖(女,3月另任)
王　凯(3月任)
李　明
胡　浪

县资源节约型和环境友好型社会建设综合配套改革领导小组办公室
主　　任 蒋鹏海(兼,9月免)
邓干平(9月任)
副主任 文　强

【概况】 2014年,宁乡县发展和改革局(加挂县物价局牌子,以下简称县发改局)有正式干部职工51人。内设办公室、国民经济运行综合科、政府投资管理科、“两型社会”(资源节约型、环境友好型。下同。)建设科、产业发展科、行政审批科、价格管理科、项目综合监管和稽查科、资源环境管理科等9个科室,及公共资源交易中心、价格监督检查局、能源局和价格认证中心等4个归口管理单位。在县委、人大、政府、政协的坚强领导及部门、乡镇配合支持下,县发改局紧扣以科学发展为主题和转变经济发展方式为主线,以全面深化改革为动力,以全面建成小康社会为引领,深入开展群众路线教育实践活动,积极投身“六个走在前列”(在加快转型创新发展中起在前列,在城市规划建设和管理中走在前列,在加快两型社会建设中走在前列,在共建共享全面小康中走在前列,在维护社会稳定中走在前列,在提高党的科学化水平中走在前列。下同。)大竞赛及宁乡县“四比四抓”(比产业抓转型,把经济做大做强。比平台,抓提质,把城镇做精做美。比民生,抓保障,把民生做实做好。比作风,抓实干,把队伍做优做能。下同。)争先锋活动,各项工作取得新成就,重点工作取得重大突破。

【重大战略谋划】 2014年,县发改局发展谋划水平不断提高。出台国家新型城镇化试点方案、宁乡率先走转型创新发展之路三年行动计划等重大发展方案;研究并衔接湘江新区规划、长株潭城市群规划等重大规划和长沙市重大空间产业和基础设施布局、三产业空间布局、市服务业集聚区布局等专项规划。主要发展指标保持前列;制定率先全面建成小康社会年度指标分解计划、2015年度主要经济指标预测、2015年国民经济和社会发展计划(草案)等县域经济重大计划。推动经济社会平稳运行。完成经济形势分析3次,投资形势分析11次,半年和年度向人大及其常委会、政府报告国民经济和社会发展计划执行情况。确保主要发展指标保持前列。全县GDP实现910.23亿元,比2013年增长12.4%;固定资产投资713.52亿元,比2013年增长20.2%,总量居全市和全省县市区第二;第三产业增加值、节能降耗、城乡居民收入等指标和省市重大项目重点工程、两型社会建设均走在省市前列。牵头六大项17分市对县考核任务列四区县第二,有力助推宁乡荣获全省全面建成小康社会“经济强县”奖励。

【深化体制改革】 2014年,县发改局推进撤县设市,已获国务院批准。全面开启经济体制改革,研究提出全县经济体制改革工作要点,着力推进行政审批、投融资体制、公立医院改革,放开基础设施和公共服务领域,发布20个鼓励社会资本进入项目,推动公共卫生中心成为宁乡县第一个代建制项目,稳妥推进水、电等资源性产品阶梯价格改革。重点推动生态文明改革,牵头制定年度生态文明体制改革要点与责任分工,成功申报省级畜禽污染治理试点县,第三方污染治理模式全省推广。

【政府投资管理】 2014年,县发改局在政府投资计划、前期审批、招投标、变更签证等方面管理取得显著突破,有效节约财政资金8亿元以上,招投标节资率由1.31%升至5.01%。争取保障性住房配套基础设施建设资金4700万元,超其他三县市之和。全面进行项目施工现场关键岗位人员变更备案,现场施工日志、监理日志、安全日志等检查与整治,力促项目建设规范,全年共踏勘工地100多个,下发整改通知书30余份。试点推进宁乡第一个代建制项目公卫中心项目建设。

【“两型社会”建设】 2014年,县发改局推动两型示范创建,推动关山社区创建省两型示范社区,沩山创建省两型集镇,大成桥永盛村、灰汤宁南村等创建省级两型创建村,花明楼镇示范片区获评省级两型示范片区，9个单位成功申报省级两型示范创建储备项目。统筹推进民生工程建设，统筹争取近1亿元资金用于薄弱学校、教师周转房、公办幼儿园、农村安全饮水、乡村医生公租房、就业服务中心、社会救助中心建设。

【产业发展】 2014年，县发改局积极研究政策、明晰路径、分解责任，印发《宁乡县2014年争取重大品牌重大项目重大政策重大资金责任分解表》，全县到位上级资金37亿元，其中县发改局直接争资6.05亿元。专项争资千万元以上项目12个，资金结构和投向更趋合理，有效缓解项目建设资金压力。直接融资开创新纪元。经开区12亿元债券全部到位，实现宁乡县债券融资零的突破；城投集团13亿元债券正式获批，有效缓解县域重点平台的融资压力。深入研究未来发展趋势和市场业态，牵头做好宁乡县率先全面建成小康社会项目支撑研究及项目库、宁乡县"十三五"重大项目库、宁乡县湘江新区三年行动计划重大项目库。重点做好特色县域经济（农副产品加工和食品）、服务业、物流等产业规划与政策研制。协助楚天科技在深交所创业板成功挂牌上市，牵头推进沙龙畜牧1.8亿元意大利政府贷款项目纳入国家外贷备选项目计划。牵头推进高标准农田建设2011－2020年规划。引进投资8000万元的教育设备生产基地落户夏铎铺镇；协助引进投资2.7亿元的湖南锦湘锰业年产3万吨电解金属锰生产线落户龙田镇。强力推进金洲新区国家新型工业化产业示范基地和省级高新区申报，牵头推动金玉工业集中区获批全省唯一乡镇飞地经济试点园区。积极研究对接省政府"135"工程(2015—2016年，在全省100个园区新建3000万平方米标准厂房，引进5000家创新企业。下同。)，推动金洲新区和金玉工业集中区申报省创业创新园区。积极培育创新型企业，推进飞翼股份申报国家级企业技术中心、松井新材料申报省级工程研究中心，推进绝味食品、特种金属材料成功认定为省级企业技术中心，占全省名额的9.1%；推进桑铼特、天和钻具、先导电子、倍康等企业申报市级企业技术中心。协助做好宁乡县综合交通规划，推动论证和报批空军长沙机场军民合用，进入湖南民航和全国民航中长期发展规划，在建军用机场预留军民合用空间。积极协调南北横线调规工作，成功将北横线由白石塘西起点延伸至黄材，并争取进一步延伸经巷子口至龙田与南横线会合。完成岳宁大道、岳麓区莲花至花明楼公路、煤双公路（煤炭坝镇至双凫铺镇）报批，推动南谷互通至东湖塘公路、韶（山）灰（汤）公路等重大交通项目报批前期工作。

【行政审批服务】 2014年，县发改局行政审批服务遵循"热情、高效、规范、廉洁"的宗旨，切实履行窗口承诺，努力优化办事程序，全面提升办事效率和服务水平，模拟审批将政府投资项目审批由158天压缩到57天，一般性社会投资项目资料齐全的一天办结；重大政府投资审批前组织专家、部门联合评审；200万元以上投资项目呈报县人民政府，审批前后均向社会公示。积极为优化宁乡县经济发展环境、促进经济社会跨越式发展做好服务，加大重大项目服务力度，多次深入工业园区、重点乡镇进行项目帮扶、集中服务。严格执行"三集中三到位"，实行精细化管理。全年共计办理各类审批事项870件，固定资产投资项目审批270个，估算投资128亿元，其中备案类项目98个，核准类2个，政府投资项目170个。办理节能审查登记项目171个，招投标核准150个，支持融资项目35个，报批土地109处，共计406.73公顷，办理模拟审批事项38个，有力地服务宁乡县项目建设，窗口获评"三查三比"项目服务优秀单位1次，优秀个人1次。

【能源建设管理】 2014年，县发改局全面完成年度节能目标任务，单位GDP能耗下降5.77%。突出抓好节能减排示范，成功推动金洲新区、沩山社区分别获省级低碳试点园区、社区。为沩山、花明楼、流沙河、灰汤四个绿色小城镇争取奖励资金4190万元。牵头沩江流域综治项目、"村村亮、路路亮"工程挤进节能减排财政政策综合示范调整的3亿元争资申报范围。牵头组织省级清洁低碳技术推广试点县。率先开展县级节能监察，率先开展固投项目节能审查后期监管。花明楼观音阁、龙田、金盆山三个风电项目建设取得省能源局"路条"，东湖塘镇、沩山乡风电项目完成测风。

【公共资源交易管理】 2014年，县发改局制定《关于进一步规范政府投资项目和公共资源交易招标代理行为的通知》和完善《宁乡县公共资源交易中心评标专家库管理办法》等一系列制度，进一步规范招投标工作的各环节，基本遏制招投标不良行为。严格落实招投标"三不准"制度，严格项目前期调度，严把招投标核准和入场交易关，实行项目标前抽查制，从源头堵住"先动后招"现象，立项项目招标率大幅提升至96.9%。全年为409个项目标段提供服务，交易总额24亿元，其中政府投资项目240个，交易额10.8亿元，民营投资项目51个，交易额11.7亿元，政府采购项目118个，交易额1.5亿元。

【价格监督监测】 2014年，县发改局着力抓好涉农、涉企、市场价格行为监管，突出"发展环境优化年"收费专项检查，通过自查自纠和取得市政府及市监察、物价支持，上缴财政1676万元；加强专项执法检查，确保节假日和特殊时期市场稳定。围绕群众密切关注的民生问题，持续开展中小学校食堂、生猪饲料价格监测、行业协会和中介组织收费等专项整治，赢得社会各界一致好评。

【价格管理】 2014年，县发改局成功推进县级公立医院医药改革，完善公立医院补偿机制，疏导医疗服务价格结构性矛盾；完成全县59个行政事业性单位收费项目和收费标准的核查清理，取消、免征和降低51项行政事业(服务)性收费；价调基金征收入库1117万元，比2013年增长30%；规范的士和城市公交价格行为；制定宁乡县乡镇集中供水价格标准，规范农村集中供水价格行为。获评“全省价格成本调查工作优秀集体”。

【价格认证】 2014年，县发改局价格认证工作履职充分，推进有力。完成各类价格认定、鉴证、鉴定和评估912件，认定金额2.95亿元；制定宁乡县价格认证中心收费管理制度，严格和规范收费行为；完成长韶娄高速、沪昆高铁复线等重大项目的300多户受损房屋补偿评估，力促项目建设如期推进；完成2013年价格鉴证案卷的整理和归档工作。获评国家“2013—2014年价格认证工作先进单位”称号。 (罗开来)

县公共资源交易中心

主　　任　吕大伟(9月免)
　　　　　匡乐红(9月任)
副 主 任　戴奔奇

县价格监督检查局

局　　长　李大志
党支部书记　高开程

县能源局

局　　长　朱爱英(女)

人力资源和社会保障

县人力资源和社会保障局

局长、党组书记　蔡立军
副书记、副局长　丁　健
副　书　记　陈再强
副　局　长　张四清
　　　　　　夏美善
　　　　　　李启智
　　　　　　刘魁佚
　　　　　　姜安民
　　　　　　孙　树(女)
纪检组长　谭菊初

【概况】 2014年，宁乡县人力资源和社会保障局(以下简称县人社局)有188位在职干部职工(其中聘任人员25名)，48位离退休干部。内设办公室、财务科、纪检监察室、信息科、公务员管理科(事业单位人事管理科)、职业能力建设科、专业技术人员管理科、工资福利科、社保科、大厅管理办(信访办)10个职能科室，下设就业服务中心、人力资源公共服务中心、劳动保障监察大队、城镇职工养老保险中心、城乡居民养老保险中心、城镇职工医疗保险中心、城乡居民医疗保险中心、工伤保险中心、失业保险中心、劳动人事争议仲裁院10个二级机构(其中7个副科级事业单位)，一个驻园区派出机构。

2014年，县人社局党的群众路线教育实践活动开展启动早，推进快，如质完成各环节的规定动作，开展丰富多彩的特色活动。开展党员党性定期分析评议和严肃处置不合格党员工作，评议认定不合格党员1名。6月底，在全局系统组织举行“人社人为人民”主题演讲比赛，14名党员干部参加演讲角逐，展示人社人的精神风采。组织举行庆祝建党93周年活动，表彰一批“先进党支部”和“优秀共产党员”。局机关党委所属8个党支部上半年联系帮扶花明楼镇二桥、竹湖村39户生活困难家庭，下半年根据县委的统一部署安排，调整到双树村，联系帮扶31户困难家庭。全局系统党员干部捐助现金3.2万元及捐赠学习用品、被褥等物资计2万多元。2名预备党员如期转正，1名顺利通过批预，选送1名参加建党积极分子培训学习。组织9个党支部书记进行《中国共产党发展党员工作细则》专题辅导学习和长沙党员志愿服务E平台的操作培训。机关建设进展顺利，档案室改造按照省特级档案室硬件建设，档案室面积达到700平方米；建设高标准的社会保险征缴管理中心，达到方便群众在一个大厅集中经办所有保险业务的要求；搬迁机关食堂，提质改造机关路面，扩大人力资源市场。通过完善局机关内部管理制度，严格贯彻执行“服务承诺制”“限时办理制”“首问首办责任制”，机关内部管理规范有序，政令畅通，办事效率、服务意识、服务质量均得到服务对象认可，在2014年8月、9月、10月连续三次的群众满意度调查中，县人社局分别获得全县第四、第二、第四的名次。宁乡县政府2014年的十大实事中，被征地农民参保和就业技能培训工程被列为其中两件实事。8月25日县人社局作为全国唯一县级单位代表应邀参加全国军人退役养老关系转移接续工作经验交流座谈会，作题为《落实好拥军安民新举措》的经验介绍，宁乡县工作模式在全国推广。

【社会保障】 2014年，宁乡县新增参保单位303家，新增参保12.37万人次，基金总收入为19.12亿元，与2013年总收入16.53亿元同比增长16%，其中征缴12.52亿元，与2013年10.28亿元同比增长21.77%，向上争取配套资金6.6亿元，与2013年6.25亿元同比增长5.6%。到12月底，企业职工参保7.4万人，机关事业养保参保2.36万人，城镇职工医保参保8.15万人，生育保险参保4.94万人，工伤保险参保8.33万人，失业保险参保5.48万人，城乡居民养保参保78万人，城乡居民医保参保120万人。全县社保基金累计存量达到21.28亿元。2014年全县1.41万名被征地农民参加社会保险，近4000名被征地农民办理退休并享受待遇。被征地农民社保工作的迅速启动，标志着宁乡县被征地农民社保工作进入一个新阶段，为全县社会稳定起到助推作用。企业退休人员经过11次调资，平均月退休金1633元，城乡居民月基础养老金年内两次上调达到人均105元。城镇职工医保最高支付限额达到20万元，报销比例由75%提高至78%—80%。城乡居民医疗保险享受特殊门诊病种待遇5664人，补助19.3万人次，较2013年增长8%，继续对住院大额医疗费用实施二次补助，新增三次补助，封顶线分别由12万元调至18万元。2014年补助额超过4万元1297人，补助额超过6万元621人，补助额达到封顶线85人，进行三次补助49人；儿童白血病、妇女“两癌”(乳腺癌、宫颈癌)等8种列入重大疾病救治范围的病种补助比例70%—80%，惠及2278名参保患者。工伤保险开启老工伤人员管理统筹和职业病防治工作，为全县639名旧伤复发医疗长期依赖的老工伤人员开展老工伤检查，对需要长期门诊治疗的老工伤人员提供及时的诊治，为县内24家企业的176名职业病高发岗位职工进行健康检查。失业保险确定12家符合条件的企业，发放岗位补贴106万元，为4640名失地农民发放生活费等待遇1.2亿元，确保失地农民待遇及时到位。社保服务对象近三年来快速拓展，已覆盖至全县近130万人口。2014年，县人社局增加独生子女费、退职民办教师和乡村老医生生活补助、失地农民生活补贴、涉军人员岗位援助等资金发放和离退休社会化管理等多项服务职能。

【就业服务】 2014年，宁乡县城镇新增就业1.23万人，完成长沙市为民办实事目标任务9000人的136.67%，联合各大职校与奔地圣、三一、步步高等15家企业开展合作就业前岗位培训3200余人，举办育婴员、叉车工等多期培训班，结合宁乡县情，将制鞋工、食品检验工等14个工种作为主要的培训工种。培训失业人员1433人，举办创业培训班11期共计316人。县人社局“逢五、逢十招聘会”深入人心，全年共召开招聘会82场，提供就业岗位4万余个，2万余人找到满意的工作。2014年7月，开展劳动力资源信息采集“百日会战”行动，对全县城乡劳动力的就业现状、技能特长、培训需求、就业意愿等情况进行全面详细的入户调查、登记造册，并全部录入劳动力资源信息平台。此次信息采集共录入劳动力61.77万人，用人单位1606个，做到全县劳动力资源底子清、情况明。全年累计发放小额贷款1284万元，其中个体工商户无息小额贷款784万元，劳动密集型小微企业贴息贷款500万元，直接或间接带动543人实现再就业。对3268名就业困难人员发放社会保险补贴1369万元，安排公益性岗位下岗涉军人员136人，其他困难就业人员421人，发放公益性补贴570余万元。发放高校毕业生见习补贴36.4万元。

【人事人才管理制度改革】 2014年，县人社局积极推动人事人才管理制度改革。一、干部人事专项治理工作前，宁乡县在编不在岗应清理人数1396人，其中涉及“长期离岗”62人、“停薪留职”729人、“长期病休”349人、“擅自借调”190人、“内退离岗”66人。2014年底，宁乡县已清理到位1344人，全年全县共辞职辞退389人。二、招聘招录选调工作实现“零投诉、零失误”，完成全县事业单位专技人员3批次共306人的招聘，面向全国公开选调机关事业单位人员共46人，协助相关部门公开招聘编外人员86人。三、事业单位改革中完成全县160余家事业单位的岗位设置方案的核准和绩效工资的审核发放。四、通过摸底清理评比达标表彰专项治理，对202项评比达标表彰活动和192项考核项目和业务评定项目进行清理规范，仅保留38项考核项目、16项业务评定项目。五、职评引智工作力度加大，在做好日常职称评审的同时，面向企业推出特别评审工作，为众多企业提供人才支撑，全县有195名企业人员获得初级职称，11人获得中高级职称。有马克菲尔、春江养鱼合作社日本白鲫等22个项目被评为省市级引智项目(其中7个为省级引智项目)，获得71万元引智项目经费。六、逐步规范人事代理和档案管理，全县共有近10万份档案全部集中在县人社局进行统一规范管理，其中企业人员8万份，机关事业单位及代理人员近2万份，大部分实现档案电子化管理。2014年接收全县机关事业单位工人档案。七、公职人员培训进入常态化。2014年对全县信访干部、行政执法的中层干部、政工人事干部、企业人力资源干部等系列人员进行轮训，培训18期3397人，达到高起点、高水平、高质量的培训效果。

【劳动监察维权】 2014年，县人社局全面推进劳动用工备案制度建设，全县规模企业动态劳动合同签订率95%。创新健全劳动关系三方协调机制，深入开展和谐劳动关系创建活动，做实工资集体协商工作。接待举报5422人次，办结172起，日常巡视企业60家，移送法院强制执行2起，移送公安18起，督促补缴社会保险费168万元，为劳动者追回工资8654.28万元，其中建设领域民工工资8202.06万元。处理劳动争议案件528件，其中受理案件426件，不予受理102件，结案

381件,到期结案率为100%,为劳动者挽回经济损失2500余万元。全年办理领导批转信访件113件,办理网络信访件共87件(其中网上县长信箱43件,县长热线、"12345"市民服务热线39件,红网《百姓呼声》5件),开通"12333"人社业务热线,接答和办处咨询投诉电话2200多人次,做到事事有回音,件件办落实。

(杨进平)

就业服务中心
主　　任　王遏飞

人力资源公共服务中心
主　　任　吴瑞华(女)

城镇职工养老保险中心
主　　任　喻铁强

城镇职工医疗保险中心
主　　任　向　前

城乡居(村)民养老保险中心
主　　任　陈春枚(女)

城乡居(村)民医疗保险中心
主　　任　向灿芳

劳动保障监察大队
大 队 长　谢宴朋

质量技术监督

县质量技术监督局
局长、党组书记　潘志武
副书记、副局长　洪建良
副　局　长　魏　忠
　　　　　　罗剑斌
纪检组长　刘万祥
工会主席　彭冬莲(女)

【概况】　2014年,宁乡县质量技术监督局(以下简称县质监局)共有干部职工62人,内设办公室、政工科、监督科、计量科、标准质量科、食品安全监管科、特种设备安全监察科7个科室,下设宁乡县质量监督检验及计量检定所、宁乡县质量技术监督局稽查大队2个直属事业单位。2014年,县质监局以"发展质监事业,服务经济社会"为主线,求真务实,科学履职,开拓创新,工作亮点频现,成效显著,先后荣获"2014年度长沙市质量技术监督系统绩效考核先进集体""2014年度宁乡县党政领导班子绩效考核先进单位"2014年度依法行政先进单位、县级文明单位等称号。

【质量兴县战略】　2014年,县质监局围绕县委,县政府的中心工作,以深入开展"质量振兴"活动,充分发挥质监工作服务县域经济转型、创新和发展的职能作用。以优化服务为抓手,为"质量强企"助力。积极服务企业质量提升,指导企业走"依靠质量取胜"的发展道路。一、贴心服务,全程指导。主动深入企业加强服务,在食品企业申办食品生产许可证过程中,积极组织县质监局3名国家级食品审查员组成办证指导工作小组,为每一家申请新办证的食品企业现场指导服务不少于4次,对企业在工艺流程、厂房布置、设备购买、人员要求、质量管理制度等进行全方面指导,力保企业达到办证条件和要求,严格把关宁乡县食品企业准入门槛,确保宁乡县食品生产环节的质量安全,企业基本上实现一次审查通过。二、班子带头,服务提质。结合群众路线教育实践活动,开展"领导干部带头走企业,服务解忧助发展"的活动,县质监局每位领导班子带头联点服务2家企业,13次到各联点企业生产一线和现场、厂房实地指导,邀请省、市质监局和社会上相关领域和行业的专家组成专家小组,对每家企业质量管理进行有针对性的"一对一"问诊式帮助。

【名牌战略】　2014年,县质监局积极开展品牌价值评价活动,建立面向社会可查询的企业质量信用评价体系,提升宁乡县企业产品品牌知名度。指导涌金铝业、海大铝材、龙丰铝业、雅城新材料、双华纸业等11家企业申报"湖南名牌",申报牌数量在长沙市9区、县、市排名第一。

【标准化战略】　2014年,宁乡县人民政府下发《关于实施宁乡县标准化战略的意见》文件,以标准化促进新型工业化、农业产业化。在工业生产方面,协力、海大铝材、族兴、博浪沙、五里量具、龙丰铝业等6家企业被评为长沙市中小企业标准化战略推进工程示范点企业;星港家居、族兴、博浪沙3家企业申报湖南省标准化战略项目6个;审查备案企业标准50个,执行标准33个,制修国标2个,行业标准5个;新办代码1466家,换证1019家,年检1461家。在服务现代农业上,大力推进农业标准化示范项目。沩山有机茶省级农业标准化示范基地,宁乡土花猪国家级农业标准化示范基地顺利通过年度验收。积极为烟叶种植、烤晒、收购提供标准化服务,推动烟叶产业发展。

【地理标志产品】　2014年,县质监局为助推特色县域经济发展,擦亮宁乡县茶叶产业名片,大大提升"沩山毛尖"的品牌声誉和市场竞争力,经过县质监局积极向县人民政府汇报和省质监局衔接协调,2014年8月宁乡县向国家质检总局申报"沩山毛尖"为国家地理标志保护产品工作正式启动,各项申报工作有序推进,通过省质监局专家指导帮助,所有申报资料全部上报待批。

【计量惠民】　2014年,县质监局积极开展计量进学校、进医院、进市场、进社区"四进"服务活动,让人民群众真切感受计量服务。2014年完成各类计量器具检定3154台次,其中对全县418台出租车计价器进行检定,对全县974台加油机进行周期检定,检定62台30吨以上的大衡器，检定民用电能表、燃气表、水表、热量表等仪表294台，食品定量包装抽查138批次，对县城交通信号的电子抓拍系统进行100%计量校准。经省质监局审批和授权，宁乡县出租车计价器检定站于2014年建好，2015年可开展检定工作。

【打假治劣】 2014年，县质监局针对群众反映强烈的假冒伪劣侵权现象，开展“质监利剑”行动，全力维护群众合法权益。重点开展食品、农资、建材、特种设备、液化气、烟花爆竹、饲料及原材料等涉及民生的消费品安全专项执法检查，出动人员356人次，检查企业254家，发现质量风险隐患56起，对检查中发现的无证生产、不按标准生产、假冒厂名厂址、标签标识不规范、不符合强制产品认证等质量违法违规行为严厉查处，切实维护广大消费者的切身利益。严格执行产品监督检验机制，2014年完成各类食品、工业产品监督检验495批次，委托检验1011批次，对监检不合格的产品严格按程序进行后处理。

【食品质量安全监管】 2014年，县质监局强化食品质量安全监管。一、加强市场准入。发放21家QS证，发放宁乡第一张“湖南省制售分离食品小作坊生产许可证”。二、强化证后日常监管。成立3个食品安全巡查小组，由班子成员带队，对宁乡县200多家食品生产加工企业进行地毯式排查，巡查216家次，60多次回访，发现问题125个，要求24家食品小作坊停产、停业，提出整改意见105条，有110家企业完成整改。三、严格执法整治。开展食品安全百日执法“春雷”行动，重点打击非法添加非食用物质和滥用食品添加剂、学校及校园周边食品安全、白酒、地沟油及散装油、豆制品、桶装水等14个方面违法行为，立案34起，涉及货值80余万元。

【特种设备安全监管】 2014年，县质监局成立特种设备安全稽查支队，深入开展“打击非法、违法生产经营行为”和对涉氨制冷企业、气瓶“两站”及油气管网、电梯、娱乐设施等专项治理工作，对100余家单位的600余台特种设备进行安全检查，下达特种设备安全监察指令书15份，制定特种设备现场安全监督检查记录53份，签订安全责任书共53份，举办锅炉司炉、起重机械等4期特种设备作业人员培训班，194个从业人员参加。通过举办安全生产月、特种设备知识“四进”活动（进单位、进社区、进景区、进校园），发放2000本手册，广泛进行《特种设备安全法》知识宣传，使相关人员充分掌握特种设备安全操作技能。

【烟花鞭炮质量安全监管】 2014年，县质监局对84家全县烟花鞭炮生产企业建立动态管理档案，确保及时掌握和监测每一家企业的安全生产情况，2014年抽检47家企业的52个产品，针对部分产品存在的标注不够规范、生产达不到国家标准、没有出厂检验、假冒浏阳烟花标识、产品抽检质量不合格等问题，下达责令整改通知书17份。

【优化质监发展环境】 2014年，县质监局以打造“服务质监，阳光质监”为目标，不断加大服务力度，创新服务举措，提速服务效能。开展职权清理，将县质监局的行政职权由300多项梳理简化后精减为240多项，工业生产许可证年检改为湖南省质监局办理，组织机构代码证年审改为企业自查制。缩短行政审批时间，在法律范围内缩短审批时限，将业务流程办理进一步提速，行政审批服务事项办结时限比法定时限缩短50%。组织机构代码新发证由7天压缩为3天。搭建审批办事绿色通道，积极向省市相关部门汇报，建立省市绿色通道，为县内政务中心代办项目、重大招商引资项目特事特办。2014年，组织机构代码办结1.07万件，受理咨询业务5516人次。

（邓良）

审计工作

县审计局

局长、党组书记	洪瑞强（女）
副书记、副局长	杨伟斌（3月另任） 唐凤才（3月任）
副书记	刘抒
副书记、副局长	邓光辉
副局长	叶剑军
副局长、工会主席	彭国良（女）
纪检组长	廖华中（9月另任） 周景云（9月任）

【概况】 2014年，宁乡县审计局（以下简称县审计局）有在职干部职工45人，其中中级及以上专业技术职称人员29人。机关内设办公室、审计一科、审计二科、审计三科、综合法规科、县领导干部任期经济责任审计办公室和县政府投资审计中心挂靠县审计局。2014年，共完成审计项目28个，查出主要问题资金34.61亿元，其中：违规资金4371万元，管理不规范资金34.17亿元。审计发现非金融计量问题106个，发现侵害人民群众利益1877万元，审计期间督促被审计单位整改金额7335万元。审计处理处罚9239万元，其中：上缴财政93万元，应减少财政拨款或补贴8969万元，应归还原渠道资金135万元。核减政府投资额1.98亿元。移送案件线索3起，移送处理人员9人，提出审计建议125条，向社会公告审计结果1篇。扎实开展党的群众路线教育实践活动，征求意见环节共收集到对领导班子意见97条，班子成员299条，全部

进行整改落实、整章建制。通过群众路线教育实践活动,有效地转变机关工作作风,党员干部提高为民务实清廉的紧迫感和责任感。全局共有5人次通过专业(职称)考试,其中:3人通过省审计厅计算机审计中级水平考试、1人通过审计署计算机审计中级水平考试、1人通过会计师中级职称考试。有3篇计算机审计方法、2篇AO(Auditor Office的简称,即审计师办公室)实例获得省审计厅嘉奖,县审计局选送的经济责任讲评项目获得市三等奖。

【财政预算执行审计】 2014年,县审计局对本级预算执行情况审计,以真实性、合法性审计为基础,加强对财政资金的监督,注重规范财政收支行为,优化财政支出结构,促进财政部门进一步加强对资金的管理,推进公共行政管理体制及公共财政体制的建立和完善,提高财政管理水平,使财政资金更加合理、有效地使用。2014年预算执行审计项目3个,查出问题资金234.95亿元。财政决算审计项目4个,查出问题资金1.11亿元。行政事业单位审计项目14个,查出问题资金1.84亿元。

【经济责任审计】 2014年,县审计局开展经济责任审计项目6个,其中5个任中审计,1个离任审计。共查出主要问题金额8191万元,其中违规金额970万元,管理不规范金额7221万元。推行领导干部"履职承诺"和"阳光交接"是2014年宁乡县在领导干部经济责任审计中的突出亮点之一,《中国审计报》两次专题推介,荣获"全省地方政府性债务审计先进集体"荣誉,并记"三等功"。通过审计,促进财务核算的规范和相关制度的建立和完善,增强领导干部财经法规意识和经济责任意识,加强对领导干部权力制约和监督。推行领导干部"履职承诺"制度。2014年3月宁乡县经济责任审计联席会议办公室制定并下发《宁乡县党政主要领导干部经济责任告知和承诺办法》,对全县党政主要领导干部进行书面告知,并按要求签订经济责任承诺书。该办法的实施,标志着宁乡县建立领导干部任前经济责任告知承诺、任中经济责任审计、离任经济事项交接的经济责任监督体系。推行领导干部"阳光交接"制度。2014年,县审计局组织召开两次离任经济事项集中交接会议,全县21个单位参加。对组织部门交办的零散事项,主动联系交接双方,到交接单位现场进行办理;对组织部门交办的较集中的事项,采取先填写确认表格数据,由组织部门通知离任、接任领导和监交单位人员到审计局集中办理交接签字手续。

【专项审计】 2014年,县审计局开展专项资金审计调查项目2个,审计专项资金总额14.90亿元,查出主要问题金额2045万元。截至11月底,县审计局协助并配合中央、省市审计机关完成对宁乡县审计项目4个:生猪生产专项资金、就业专项资金、住房保障专项资金、土地出让金收支和耕地保护情况审计(调查);根据年初审计计划,完成税收征管情况、国土出让金、学校建设专项资金、污水处理厂建设及运行情况和农村环境卫生整治专项资金的审计,对社保(含失地农民保障金)、节能减排专项资金的延伸进行审计,对城乡居民和城镇职工医疗保险基金报销情况开展专项审计。

【投资审计】 2014年,为进一步规范投资管理,推动宁乡经济可持续发展,全覆盖多层面高质量加强政府投资审计工作,县审计局联合县纪委组织19家造价公司,召开政府投资审计业务交流会,就资料审核、现场勘查、审计技术及风险控制等审计业务进行交流。这次会议的召开,对进一步加强和促进社会中介机构在政府投资项目审计中的作用、提高监审质量、防范公共财政资金风险起到良好的作用。2014年完成政府投资结算审计项目513个,总计送审造价为14.08亿元,审计审减总造价为1.98亿元,审减率为14.09%;完成10万元以下的政府投资项目审计备案804个,经建设单位内审后的总造价为5173万元。

【审计整改】 2014年,县审计局为健全宁乡县审计整改工作机制,年初,县人民政府1号文件出台《宁乡县人民政府关于加强审计发现问题整改工作的实施意见》,明确规定:被审计单位的主要负责人作为整改第一责任人,要切实抓好审计发现问题的整改工作,对重大问题要亲自管、亲自抓。对审计发现的问题和提出的审计建议,被审计单位要及时整改和认真研究。2014年将审计建议落实整改情况纳入到对全县各乡镇、县直单位的考核内容,督促有关部门和单位落实审计决定、审计意见和建议,加强审计整改。2014年完成对2013年度同级审计项目整改督查,需整改问题37个,整改34个(含逐步整改16个),整改率92%;完成对2013年度13个经责审计项目整改督查,需整改问题58个,整改53个(含整改效果明显23个),整改率91.3%。

【审计公告破冰前行】 2014年,县审计局对2013年度预算执行审计及整改情况于11月18日在《今日宁乡》进行审计公告,这是建局三十一年来的"破冰"之举,审计公告制度的实行,有利于推动政务公开,促进民主与法制建设;有利于推进领导决策科学化、规范化,促进政府和各国家机关管理水平的提高;有利于完善财政和财政资金建设项目管理体制,促进财政管理和项目审批制度改革；有利于提高审计项目质量，促进审计机关自身建设和加强社会各界对审计机关的监督。

【完善内部审计机制】 2014 年，县审计局建立全县内审工作制度。一、明确分管领导，发挥内审作用。为解决单位内部审计工作分管领导职责不明和职责兼容的现象，充分发挥纪检监察的职能作用，经报请县人民政府同意，明确全县各单位主要负责人负责单位的内部审计工作，各单位的纪检书记或纪检组长分管单位的内部审计工作。二、设置内审机构，配备内审人员。制定内审五年工作规划。局党组召开专题会议对《长沙市 2013—2017 年内部审计工作发展规划》进行专题研究，并将相关情况向县政府领导进行汇报，同时结合宁乡县实际，制定《宁乡县 2013—2017 年内部审计工作发展规划》，规划包括：五年内部审计工作的指导思想；五年内部审计工作的总体目标；加强内部审计业务指导；提升内部审计社会影响力；加快会员发展，加强会员服务；推进内部审计质量评估；加强内部审计理论研究；加强内部审计宣传工作；全面加强协会自身建设等九个方面的内容。

（喻光曦）

县领导干部任期经济责任审计办公室

主　　任　邓　红（女）

县政府投资审计中心

主　　任　庞建新

国土资源

县国土资源局

局长、党组书记　肖庆喜
副书记、副局长　罗亿清
副　书　记　钟炳权
副　局　长　龙俊武
　　　　　　邓四红
　　　　　　周伏良
　　　　　　彭宏献
　　　　　　喻　尚
纪检组长　彭德强

【概况】 2014 年，宁乡县国土资源局（以下简称县国土资源局）有干部职工 347 名，其中党员 128 人，局机关内设办公室、人力资源科、计财科、内审科、用地科、规划耕保和节约集约用地科、土地供应科、地籍和测绘管理科、政策法规科、征地拆迁管理科、地矿科、信访办、监察室、行政审批科 14 个科室。下设国土资源交易中心、测绘队、土地开发公司、执法监察大队、地质矿产站、征地拆迁管理所、土地整理中心、土地储备中心、信息中心、经开区分局、金洲新区分局 11 个二级单位，并在全县 33 个乡镇均设立国土资源所。2014 年，被评为“全国土地利用和管理形势观测分析工作成效突出观测点”“长沙市国土资源局绩效考核一等单位”和“宁乡县人民政府绩效考核一等单位”。

【规划用地】 2014 年，县国土资源局继续严格执行项目预审制度，全年通过用地预审建设项目 120 宗；完成灰汤等 8 个乡镇土地利用总体规划修改工作，启动经开区等 5 个单位规划修改工作；及时对交通、能源、民生工程等基础设施项目进行规划调整，调整面积 115.07 公顷。在严格执行湖南省用地指标年度计划的大背景下，积极争取用地指标，经开区洋河酒业、金洲新区杉杉新材，东城污水处理厂、灰汤雅居乐、县城四水厂等一大批重点招商引资项目、民生工程用地得到审批，确保县域经济发展需求。

【资源保护】 2014 年，县国土资源局更加重视土地资源的保护。一、矿山企业日常管理，严格落实矿山年检，变更登记、矿山环境治理和矿产资源补偿费征缴工作；积极开展“六打六治”（打击矿山企业无证开采、超越批准的矿区范围采矿行为，整治图纸造假、图实不符问题；打击破坏损害油气管行为，整治管道周边乱建乱挖乱钻问题；打击危化品非法运输行为，整治无证经营、充装、运输、非法改装、认证，违法挂靠、外包，违规装载等问题；打出无资质施工行为，整治层层转包、违法分包问题；打击客车客船非法营运行为，整治无证经营、超范围经营、挂靠经营及超速、超员、疲劳驾驶和长途客车夜间违规行驶等问题；打击“三合一”“多合一”场所违法生产经营行为，整治违规住人、消防设施缺失损坏、安全出口疏散通道堵塞封闭等问题。下同。）行动，关停长风煤矿等资源枯竭煤矿 10 家。二、应对年初国家对占补平衡政策的调整，加大耕地指标储备力度，全县共储备耕地 472.67 公顷，通过调查摸底、评估耕地质量、建设高标准农田等方式进一步提升耕地保护应对能力。三、高标准农田建设。完成 2013 年启动的省、市项目 9 个，规模 4033.34 公顷；启动省级宁乡连片 6666.67 公顷土地整治示范项目第二期，规模 2220 公顷；实施“先建后补，以补促建”试点项目 200 公顷；申报和争取市级项目 8 个 1200 公顷。

【土地市场】 2014 年，县国土资源局严格按照宁乡县土地管理委员会确定的土地交易初始价格，实行净地出让，确保权益不受损害。出让土地使用权一律采用网上招、拍、挂方式，全年共计办理土地出让 121 宗，总面积 339.34 公顷，出让价款 35.44 亿元。落实定向、定量、实质储备相结合的土地储备融资模式，积极做大做强融资平台，融资能力不断加强。

【地灾防治】 2014 年，县国土资源局着力地灾防治工作，着重机制完善，编制《2014 年地灾防治预案》，建立和完善汛期值班、险情巡查、灾情速报、应急处置等方面的工作机制；加强地灾防治知识普及，全年累计发放明白卡、宣传图册各5000多份，发送预警信息1万余条，设立警示牌300多处，确保地质灾害零伤亡；向上争回地质灾害治理资金1亿元。

【征地拆迁和群众利益】 2014年，县国土资源局积极组建征拆平台，统一征拆主体。全年启动征拆项目88宗，征收土地511.8公顷，拆迁房屋926户，面积29.44万平方米，安置人口1509人。根据省、市“坚决纠正征地拆迁中损害群众利益行为”的任务要求，全面清理、坚决查处违规征拆案件2个，处理2人。

【国土资源管理执法监察】 2014年，县国土资源局积极开展打非治违行动55次，配合公安传唤调查当事人10名。联合执法控违建，组织联合拆违行动80余宗次，拆除违章建筑1.5万平方米；全程跟踪抓监管，积极开展土地利用动态监测监管工作，将所有进入土地市场动态监测与监管系统的项目用地，纳入全程跟踪管理；创新方法强巡查，组建常年执法调查队，配备执法车和执法工具，巡查发现并制止违法行为337起，全部处置到位。

【国土资源基础工作】 2014年，县国土资源局共计完成土地登记1.68万宗，其中国有土地单位发证520宗，国有土地个人发证1.1万宗，集体土地单位发证52宗，集体土地个人发证3530宗，土地使用权注销登记1465宗，抵押登记275宗；扎实有效开展党的群众路线教育实践活动，落实办结“群众最期盼解决的20个问题”以及“548个交办问题”中牵头的问题23个，承办省、市、县人大代表、政协委员提案、建议19个。

【国土资源管理队伍建设】 2014年，县国土资源局认真执行相关作风建设文件，进一步完善服务承诺、工作回访、干部考评、效能投诉、责任追究等制度，确保落实到位。以制度管人，完善对科室、二级单位、国土资源所的考核办法和财务制度管理，以及县对乡镇国土资源工作的考核办法。举办2期“提素质树形象”系列培训班，提升工作人员业务能力和综合素质。落实廉政责任，与各科室、二级单位、乡(镇)国土所签订廉政建设责任书，相关负责人作公开廉政承诺；抓实廉政教育，请县纪委、党校领导进行专题廉政讲座，开展廉政警示谈话活动，在全县政风行风千人测评大会上，获得全县行政执法类第三名。成立羽毛球、篮球、摄影等协会，开展全系统的乒乓球、羽毛球、篮球比赛，以活动为载体，弘扬正能量，凝聚人心，寓教于乐，激发全体干部职工爱岗、敬业、乐于奉献的工作激情。（李晔）

统计工作

县统计局

局长、党组书记 彭海华（4月任）
王东波（4月另任）

副　局　长 闵爱辉(女)
黎新知
刘志扬

【概况】 2014年，宁乡县统计局(以下简称县统计局)共有干部职工31人，内设办公室、法规科、一产业科、二产业科、三产业科5个科室，下设统计普查中心、经济调查队2个二级机构。2014年，县统计局积极贯彻落实十八大精神，坚持以科学发展观统领全局，始终坚持把统计服务全县经济社会又好又快发展作为第一要务，抓住县级统计自身建设和统计基层基础建设两个基本点，坚持把目标分解成指标，把重点打造成亮点，把产品包装成精品，把活动转化成活力，改革创新，务实精进，忠诚履职，服务发展，圆满完成各项工作任务。第三次全国经济普查(三经普)现场数据采集顺利通过国家、省和市局事后质量抽查，被评为省级先进；全县普查单位7612家，比“二经普”(第二次全国经济普查)增加1530家，其中“四上”单位856家，“四下”单位6756家；普查个体户数量达到13.11万户，比“二经普”增加3.11万户；统计业务工作继续保持创先争优势头，成功获评全省统计工作示范县；“双基”建设(基层统计网络建设和统计基础工作建设)不断夯实，回龙铺、偕乐桥成功创建省级示范统计站；统计信息化建设步伐加快，建设县、乡统计内网专线，确保数据安全的同时加速数据传输；中心工作有起色。“一推行四公开”群众工作深入基层，群众路线教育实践活动有序推进；机关文明创建、计划生育、社会治安综合治理、安全和招商引资等其他中心工作抓得又紧又实；县人大代表评议统计工作满意率达到100%。

【统计基础】 2014年，县统计局坚持抓基层、打基础，突出重点、主动作为，做到思路清、力度大、效果好。利用全市对县、乡镇考核契机，争取县、乡镇政府对统计工作的重视，“十强十快”乡镇再创佳绩，玉潭镇、白马桥乡、城郊乡居全市十强，历经铺乡、花明楼镇首次挺进全市十快。继续推进省级统计示范单位创建，白马桥、夏铎铺、玉潭、回龙铺和偕乐桥5个乡镇成为省级示范统计站。在全市统计站综合考评中，沩山、回龙铺、偕乐桥等3个乡镇获一等奖，夏铎铺、资福、大屯营、双江口、双凫铺等5个乡镇获二等奖。开展社区统计平台规范化建设，评选“最美基层统计员”，展示双基成果、树立统计典型，促进基层基础建设再上台阶。采取定期、不定期以及“走出去、请进来”的方式组织统计人员参加各类会议和培训，全年参训人员达到700余人次。精心组织从业资格证考试和继续教育工作，参训人数再创历史新高，基层统计人员业务能力得到有效增强。积极争取支持，新增统计信息化建设专项经费80万元，全面更新统计专业人员专用设备，为园区、乡镇配备高配置电脑、打印机，所有乡镇统计站全部接入统计专网，基层统计信息化水平进一步提升。2014年，县统计局首次拿出专项经费对创建示范性统计站实施以奖代补，强化示范带动，激发基层工作活力。

【统计服务】 2014年，县统计局始终把优化统计服务作为提高统计水平的突破口和着力点。做好市对县绩效考核主要经济指标预警监测，主动做好为民办实事、全面小康、新型工业化、产业倍增、经济强县、粮食大县、生猪大县等重点领域统计监测，准确把脉发展态势，打足建言献策底气，为挺进五十强、市对县绩效考核指标争先进位以及各类考核创优提供有效保障。首次建立统计局班子成员和科室联乡镇、部门和企业制度，推行重点工作督查制、首问责任制，全年接受社会公众咨询近1000人次。结合经济普查，自创“即时监控、及时调度、深入基层一线”工作法，统计服务创新在全市得到重点推介。统计工作首次接受县人大代表评议，满意率达到100%。加大统计数据解读力度，打造多元统计产品，全年编印《统计年鉴》《经济快报》《宁乡统计》《统计专报》等各类统计成果10余种，全年向县委、县政府、省、市报送各类信息80多条次，被省市网站采用51条次。为县委、县政府和社会各界提供针对性强、参考价值高的统计信息服务。

【统计队伍建设】 2014年，县统计局创新管理模式，强素质、抓作风、树形象，统计队伍活力增强，统计系统风清气正。采取定期、不定期以及“走出去、请进来”的方式组织统计人员参加各类会议和培训，有效提高统计队伍的专业水平和综合素质。统计理论与实践高级研修班列入全县干部队伍素质“四五”提升工程，在全省作为典型推广；举办季度乡镇工业统计业务讲评，效果良好，统计从业资格证认定和继续教育工作，获得市级先进。

【统计执法】 2014年，县统计局加强统计执法及宣传教育工作。精心组织开展第五届“中国统计开放日”系列活动，加大统计宣传，使统计工作真正深入人心。利用统计信息网设立专栏，以及利用互联网、短信方式，进行宣传，使新《统计法》和《统计违法违纪行为处分规定》逐渐走入千家万户，群众对两种法规知晓率明显提升。利用“9·20”统计开放日和“12·4”法制宣传活动，通过散发法律宣传单、口头讲解等方式扎实开展宣传。利用县统计局各专业召开年报会、继续教育、从业资格培训会等时机进行宣传，达到统计调查对象人人熟知《统计法》。依法对统计违法案件进行查处。年初，县统计局制定统计执法大检查工作实施方案，成立以局长为组长，副局长为副组长，执法工作和业务工作的同志为成员的执法检查工作领导小组，对全县各乡镇、企事业单位开展统计执法大检查，对拒报、迟报、提供不真实或者不完整统计资料的违法行为，依法严肃查处。全年统计执法检查单位32家，处理1家，曝光1家。 （李熙明）

县统计普查中心
主　　任　邹曙光

食品药品监督管理

县食品药品监督管理局
局长、党组书记　何赞兵
副书记、副局长　何友良
副　局　长　邓启洪
　　　　　　童羽飞（女）
　　　　　　詹罗辉
纪检组长　曹金花（女）

【概况】 2014年，宁乡县食品药品监督管理局有在职干部职工30名，内设办公室、法制监督科、保健食品化妆品监管科、药品医疗器械监管科四个科室，县药品检验所为县食药监局管理的副科级事业单位。主要承担本行政区域内的药品、医疗器械行政监督和技术监督责任及保健食品、化妆品行政监督责任，监督实施药品和医疗器械研制、生产、流通、使用过程的质量管理规范，承担查处制售假劣保健食品、化妆品、药品、医疗器械及药品包装材料和容器的责任，承担药品、医疗器械、保健食品广告监督责任，组织拟定保健食品、化妆品、药品、医疗器械安全事故应急预案并监督实施，贯彻实施国家、省、市、县食品、医药产业政策，组织全县保健食品、化妆品、药品、医疗器械相关从业人员的教育培训等。认真开展调查摸底工作，积极配合县委深化改革领导小组、县委组织部、县机构编制委员会办公室等部门，提出食品药品监督管理系统改革的建议和要点，及时汇报体制改革进展情况。强化内部管理，确保机构改革期间思想不乱、队伍不散、工作不断。在党的群众路线教育实践活动中，组织党员干部深入横市镇利民村、金棋村、合金村开展结对帮扶，送去慰问金6000元，主动帮助协调解决5个问题。倡导神洲大药房、开发药号、刘平良大药房、玉潭医药公司、靓人堂化妆品连锁等5家爱心企业以履行社会责任、回馈社会，在横市镇政府举行捐赠仪式，向6户特困家庭捐赠2.4万元，在就业、就医、就学等方面开展帮扶。

【食品药品市场秩序】 2014年，县食品药品监督管理局通过加强日常监管，推进网格化、项目化、片区化管理,开展医疗器械、中药材及中药饮片、食品药品安全领域损害群众利益等十余项专项整治,共检查1420多家(次),出动车辆480多台(次)、执法4260人(次),查处各类违法案件453件;向工商、质监、公安等部门移送食品举报投诉3例、行政案件1例、涉刑案件1起;受理投诉举报26起,受理各类咨询60余起,及时调整处置率、回复率、满意率均达到100%。全县未发生一起食品药品安全事件。

【企业自律意识】 2014年,县食品药品监督管理局加速提升诚信体系建设,扎实推进药品零售企业诚信体系建设等级评定。制定《宁乡县药品零售企业诚信体系建设等级评定标准》,成立等级评定工作领导小组,严格按照"动员部署、督导培训、验收评定、公示授牌"的步骤,通过企业互评、验收评定,4家药品经营企业被评为B级诚信经营单位。

【规范执法行为】 2014年,县食品药品监督管理局通过强化依法行政,执法行为得到规范。一、健全机制,形成"主要领导亲自抓,分管领导协同抓,科室负责人联合抓,纪检监察干部监督抓"的依法行政建设和法制建设监督体系。二、完善制度,制定包括药品、医疗器械、保健食品、化妆品的《行政处罚自由裁量权基准》及说理式文书样稿汇编印制成册,发放至稽查一线人员。三、全面公开政务,在宁乡县人民政府公众信息网公布假劣案件3期、行政许可注销公告3期、行政许可检查公示6期。四、确保依法行政,严格执行"三先三后"(即"先宣传教育、后检查处理;先公开警示内容、后行政处罚;先陈述申辩、后作处罚决定")原则。五、规范行政行为,实现执法"四零"(执法零错案、零复议、零投诉、零违纪)和"四高"(检查覆盖率高、执法结案率高、案卷合格率高、社会满意率高),获得宁乡县首批依法行政示范单位称号。六、创新监管模式,采取约谈记录的方式,告知企业相关工作内容。对70家将过期药品经营企业进行约谈,告知换证要求及换证期限。对15家新开办和换证的药品经营企业的驻店药师进行约谈,告知药师的职责和义务。

【化妆品市场流通规律】 2014年,县食品药品监督管理局通过组织"三乡一镇"(城郊乡、白马桥乡、历经铺乡和玉潭镇)化妆品的企业进行集中培训,完成6955个品种信息采集,按照产地分布、功能分类、标签标识合格率、销售商卫生状况及是否夸大宣传功效进行统计和分析,形成调研报告,为出台针对性强的监管和执法措施提供数据参考,受到省局的好评。

【食品药品质量保证】 2014年,县食品药品监督管理局通过制定食品药品监督抽验、保健食品经营环节监督抽验、化妆品安全风险监测等工作实施方案,共抽检123批次(其中药品61批次,保健品32批次,化妆品30批次),对检验不合格产品32批次均依法进行查处。

【不良反应监测】 2014年,县食品药品监督管理局通过开展培训、表彰奖励、指导督促、上下沟通和抓住重点等工作措施,监测报告988例。药品不良反应报告769例,其中新的和严重的药品不良反应报告305例,占39.66%;医疗器械不良事件报告219例,其中三类器械不良事件报告104例,占47.49%,严重器械不良事件报告94例,占42.92%。监测质量和总数名列全市前茅。

【食品药品安全知识宣传】 2014年,县食品药品监督管理局通过加强宣传,形象得到提升。一、开展专题宣传活动。利用"3·15消费者权益保护日""食品宣传周""食品药品四进宣传活动""6·26禁毒宣传""药品安全用药月"党的路线教育实践活动等活动,大力宣传《药品管理法》《食品安全法》等法律法规,宣传食品和药品安全事故应急办法、安全用药知识,广告产品的辨别、特殊药品管理等常识。二、加强政务信息报送,在《当代商报》《今日宁乡》及省、市食品药品监督管理局网站等媒体发表工作信息52篇。三、开展新闻报道,在宁乡电视台报道该局药械保化市场专项整治行动、保健食品"蓝帽侠话你知"科普宣传。四、开展送医、送药、送食品药品安全知识下乡。联合县中医院、益丰大药房等走进横市镇金丰村开展为群众送医、送药、送食品药品科普知识活动,深受广大村民朋友的欢迎。五、开展执业药师制度知识竞赛,宣传贯彻落实新修订的《药品经营质量管理规范》。

【服务中药材产业】 2014年,县食品药品监督管理局通过调研指导,扶持中药材产业。一、强力专业招商。成功引进湖南楚湘药业,投资2000万元落户龙田镇,指派专人专业指导,建成中药材种植基地和加工厂。二、开展中药材种植调研。组织对全县中药材种植及饮片产业开展调研,出台调研报告,草拟产业发展方案,为促进中药材产业发展提出合理化建议。三、促进中药材种植发展。建成青山桥中药材生态产业园、龙田楚湘药业公司、喻家坳腾辉中药材公司、然润堂等中药材种植龙头企业。 (唐玉林)

工商行政管理

县工商行政管理局

局长、党组书记 宋登红(3月免)
姜小鹏(3月任)

副书记、副局长　尹　俐(女)
副　局　长　付　宏
(8月免)
彭可忠
郑　强
卢　波
纪 检 组 长　刘　勇

【概况】 2014年，宁乡县工商行政管理局(以下简称县工商局)内设15个科(室)、3个直属分局，2个挂靠社团、社会组织(个体劳动者私营企业协会、消费者委员会)，17个派出机构(含15个工商所、经开区分局、毅德工商办)。全局系统共有干部职工340人，其中在职干部职工222人。2014年，县工商局加压奋进，致力打造亮点特色，多项工作走在全市系统前列：荣获全市工商系统绩效考核先进单位、全县绩效考核先进单位、全市工商系统党风廉政建设优秀单位、全县党风廉政建设先进单位、全县社会治安红旗单位等荣誉。

【工商行政管理服务】 2014年，县工商局顺利通过全省商标战略示范县复评。新增注册商标564件，新增驰名商标2件、著名商标21件、马德里国际注册商标3件。拟定并报请县人民政府出台《知识产权质押贷款管理办法》。湖南高速传媒成为宁乡县首家国家二级广告资质企业。新增广告市场主体45家、经纪人360户、网络经营主体3522户；新增市级“守合同重信用”企业23家、省级“守合同重信用”企业10家。2014年办理股权出质75件、动产抵押71件，协企融资25.47亿元；授权工商所核发农民专业合作社营业执照，方便群众。培育“亮之星”米业、“宁乡花猪”“沩山茶叶”等一批饮誉三湘、驰名神州的农字号品牌。

【市场监管】 2014年，县工商局率先在全市将打击传销、查处无照无证经营、打假治劣3项工作纳入全县乡镇社会治安综合治理工作年度考核内容，落实属地管理责任，实施社会共治。工商系统内部层层签订责任状，将监管任务量化到片到人，层层传导压力。推广应用商事主体电子地理监管系统，实行对商事主体“一周内回访，一月内电子标注，两月内动态跟踪”的工作方法，回访新设商事主体1.1万户，网上标注4.5万户，录入监管信息13.5万条。年检改年报，改巡查制为抽查制，落实企业信用信息公示和经营异常名录等监管新制度。深入开展对假冒伪劣产品、食品安全问题、虚假违法广告、一次性消毒餐具、校园及周边商品等专项整治。全年抽检食品233批次，抽检农资39批次，抽检液化气13批次，抽检建材、电器64批次。办结程序案件707件，公示违法记录864条，案件个数和办案质量评比全市工商系统排名第一，全系统无一起行政复议和行政诉讼案件。查办合同违法案件25件、农资案件43件、不合格商品和食品案件478件、商标侵权案件33件、虚假广告违法案件30件及网络商品交易案件46件。

【消费维权】 2014年，县工商局配齐配强接诉、处诉力量，重要节假日期间实行局领导带班值班制度，全年受理消费者投诉、举报580件，办结580件，消费者满率意达96%，为消费者挽回经济损失120万元。组建消费维权宣讲团，深入学校、企业、景区、社区举办消费维权知识专题讲座85场次，参训人员1.5万人次。新设消费维权站25个，总量达133个。组织对自来水等公用企业开展消费评议，对电信等投诉集中的企业开展约谈。在灰汤社区成立全市首家维权志愿服务队，在毅德市场建立全县首家消费维权网站。按月在《今日宁乡》开辟专版，发布消费警示，刊载维权案例，公布监测结果。

【工商行政管理基层基础建设】 2014年，县工商局出台《工商所绩效考核评估办法》《机关部门和工作人员绩效考核评估办法》《重点工作任务分工意见》，分解55项重点工作。实施季度考核讲评，年中跟踪调度，年底奖惩兑现。高标准推进党的群众路线教育实践活动，整改问题72个，制定和完善管理制度22项，文件精简24%，会议减少37%，“三公”[指政府部门人员因公出国(境)、公务车购置及运行费、公务招待所产生的消费]经费比2013年下降21.6%。完善政务公开，扎实开展民主评议工商所活动。加强暗访督查，严格作风纪律，拍摄内部警示教育片《警钟》，印发督查通报6期，党纪政纪处理处分3人，辞退干部2人。积极参加长沙市工商系统首届职工运动会，举办“促和谐、迎新年”系列工会活动，组织“庆重阳佳节、老干部看宁乡发展”活动，开展“心连心”结对帮扶、困难职工和个私协会会员春节走访慰问活动。

【商事登记制度改革】 根据长沙市人民政府《商事登记制度改革试行办法》《商事登记制度改革工作实施方案》和市工商局统一部署，宁乡县自2014年1月1日起推行商事登记制度改革。全面落实注册资本认缴制、“先照后证”、年检改年报等改革新政，全年新设商事主体1.1万户，同比实现翻番(其中企业2328户，比2013增长97.8%)，总量突破4万户，增速位列长望浏宁四县(市、区)第一；新设企业注册资本总额109亿元，比2013年增长72.2%。

(罗晓林)

食品安全管理

县食品安全管理办公室

主　　任　周旭文
副 主 任　王建新　何章武

【概况】 2014年,宁乡县食品安全管理办公室(以下简称县食安办)内设办公室、执法协调科、宣教科、业务科等4个科室,下设宁乡县食品安全检验检测中心,共有干部职工17人。2014年,县食安办紧紧围绕创建"国家级食品安全示范县"目标要求,按照"改革创新促发展,健全机制强监管、整顿促进相结合"的总体思路,不断完善监管体制机制、努力提高监管效能、深入开展食品药品安全"百日执法"行动,大力开展宣传教育和规范促进,食品安全形势总体稳定向好,公众满意度稳步提升。县食安办被评为宁乡县2014年度"食品安全工作先进单位",县人民政府被省人民政府授予"湖南省2014年度食品安全工作先进单位"荣誉称号。

【食品安全体制建设】 2014年,县食安办大胆创新工作思路,积极探索科学监管新模式,食品安全体制机制建设取得新突破。一、创新考核机制。充分发挥绩效考核的"指挥棒"作用,用制度抓落实,以考核促安全。加大县对乡镇、部门食品安全工作绩效考核权重,重新修订食品安全工作考核办法,明确考核计分细则,实行分类考核计分,强化平时督察和年度考核,对发生群体性食物中毒事件的乡镇和部门按事件严重程度分别给予减半计分、计0分、一票否决的处罚。二、健全社会监督机制。出台《宁乡县食品安全违法行为举报奖励办法》。扩大举报奖励范围,加大举报奖励力度,最高可奖励6万元。全年共收到群众举报线索46例,移送办结46例,支付举报奖励经费8.9万元。

【食品安全综合监管】 2014年,县食安办进一步加大工作力度,全面深化食品安全综合治理。一、监管检测。全年各级各部门共巡查农资经营门店、食品(兽药)生产经营企业、餐饮服务单位8740家次;开展食品安全检验检测1.74万批次,其中定量检验3015批次,定性检测1.44万批次,超额完成年度检验检测任务。二、"百日执法"。为确保机构改革过渡期食品药品安全严打高压态势,根据政府常务会议决定,从2014年3月开始,在全县范围内开展以"以打查漏、以打明责、以打保安"为目的的食品药品安全"百日执法"行动。先后开展两次"百日执法"行动,整治范围为粮油、豆制品、肉类及餐饮店和学校周边商店等10多个重点品种、重点区域,查办行政案件503起,没收违法所得30余万元,罚款150余万元;封存问题食品冻库2个,关停问题校园商店8家;收缴、查封不合格食品4465公斤、过期食品添加剂15瓶、伪造QS标志包装纸1000张,圆满实现周辉县长提出的百日执法行动"三打"(打击制售假酒,打击非法销售加工"病死猪肉"及其制品,打击非法生产、非法经营、非法添加、非法宣传的保健食品)目标。三、打击犯罪。健全案件联办机制,由县食安办牵头,县公安局为主,相关单位密切配合,先后侦办利用病死鸡鸭制作腊制品案、毒豆芽案、毒死狗案、病死羊案等食品安全刑事案件9起,判捕25人。食品安全刑事案件侦办数量和力度均居全市各区县之首,特别是邓某某等制售有毒有害食品案、文某某制售假劣兽药案两起案件分别纳入2014年公安部深化"打四黑除四害"(四黑:黑作坊、黑工厂、黑市场、黑窝点;四害:害百姓、害家庭、害社会、害国家)第二批、第三批督办案件,影响突出。四、事故防控。认真落实农村集体聚餐申报备案和现场指导工作,2014年共备案指导农村聚餐1.26万例。圆满完成高考、中考、小升初会考、"两节""两会"及2014年李宁篮球青年联赛(湖南宁乡赛区)、中美篮球对抗赛、定向越野锦标赛等重大活动食品安全保障任务。

【食品安全宣传教育】 2014年,县食安办始终坚持"面向全民、贴近生活、突出重点、常抓不懈"的工作原则,广泛深入开展食品安全"五进"(进机关、进企业、进学校、进社区、进工地)宣传活动和从业培训,营造良好的食品安全社会共治氛围。一、加强正面引导。成功组织"尚德守法,提升食品安全治理能力"主题宣传周活动,各部门、各乡镇分别开展专题宣传50余次,传播部门声音,展示监管动态,引导社情民意。开展食品安全"五进"活动,采取编制播放食品安全警示教育片、张贴宣传标语、发放宣传资料等形式广泛宣传食品安全法律法规及科普知识。充分利用新闻媒体的正面导向作用,及时报道宁乡县食安工作动态和成就,国家级权威报纸《中国食品安全报》以《完善机制加大投入铁腕办案》为题,对宁乡县食品安全工作成就和经验特色进行专题报道。二、深化从业培训。宁乡经济技术开发区举办一期园区企业食堂食品安全知识培训班;各部门、各乡镇结合工作实际,利用课堂、网络、会议等形式,创造性地开展食品从业人员、农村流动厨师等食品安全知识培训。全年累计举办从业人员培训班26期,参加培训人数8000余人。三、推进诚信建设。推行信息公开和食品企业"黑名单"制度,加大对失信企业惩戒曝光力度。每月在政府公众信息网、《今日宁乡》、宁乡电视图文频道等各类媒体定期公布食品安全监督管理信息,全年共计公布食品药品安全检验检测结果1000余批次,日常监管、餐饮服务许可、违法行为查处等信息245条。组织举办"责任、管理、安全"企业食品安全主题开放日活动,强化食品生产经营企业的主体责任,督促企业依法落实食品安全管理制度,提高食品行业守法意识和自律意识。

【食品安全规范建设】 2014年，县食安办按照市委市政府的统一部署，积极落实豆制品小作坊集中生产基地建设任务，小作坊规范工作取得新成果。按照“政府引导、市场运作”和“标本兼治、疏堵结合、先城后乡”的原则，重点开展“三乡一镇”(城郊乡、白马桥乡、历经铺乡和玉潭镇)豆制品小作坊的集中整治，依法取缔“三乡一镇”所有不规范豆制品小作坊，通过宣传发动，统一小作坊业主集中生产经营共识，选定长沙沃尔德农产品科技开发有限公司为集中规范生产基地，于2014年11月26日在全市率先建成并成功引导小作坊进入基地投产运行。

（刘畅）

安全生产监督

县安全生产监督管理局

局长、党组书记 邓新华

副　局　长 刘赞清

刘朝晖

刘腊明

秦泽强

刘志良(兼)

【概况】 2014年，宁乡县安全生产监督管理局(以下简称县安监局)有工作人员40人，内设办公室、烟花爆竹安全监管科、非煤矿山安全监管科、危险化学品安全监管科、职业安全健康监管科、法规科、行政审批服务科、安全生产应急救援指挥中心8个科室。2014年，县人民政府荣获市级安全生产先进单位，县安监局被评为市级安全生产监管先进单位和首批行政执法示范单位，在宁乡县千人政风行风评议工作中荣获执法类单位第一名。同时，安全生产责任险推广、安全生产标准化创建、职业健康安全监管等工作分别被省、市安监部门通报表彰，5次被安全生产领域内的最高媒体《中国安全生产报》进行推介宣传报道。

【建立健全责任体系】 2014年，全县各级各部门进一步深化安全生产红线意识，坚持科学发展、安全发展理念，认真落实“党政同责、一岗双责、齐抓共管”要求，所有乡镇和县安全生产委员会成员单位均已明确党政领导安全生产“一岗双责”制度。印发《关于落实领导干部带队检查安全生产工作制度的通知》，各乡镇均建立领导带队检查安全生产制度，并认真予以落实。对《安全生产目标管理考核细则》进行修改，将对乡镇安监站的考核纳入对乡镇政府的安全生产考核中，细化县直有关部门安全生产考核内容，加大安全生产在县绩效考核中的权重。

【创新监管工作方式】 2014年，县安监局不断创新监管方式。推进“三进车间”制度。安排专项资金，推进安全生产教育进车间、安全生产责任进车间，安全生产监管进车间。公示安全生产举报电话，凡举报属实由安委办根据举报类别给予200－2000元的奖励，形成安全生产齐抓共管的良好氛围。推行“一矿一策”制度，为着力提高矿山安全水平，成立联合检查组，对全县所有矿山逐一检查、逐一找出问题、逐一归纳成册，根据“一矿一策”方案提出的问题下达整改文书。实行黄牌警示、承诺退出和许可记分制度。每季度通过检查对烟花鞭炮企业进行排名，对最后三名进行悬挂黄牌警示，连续2次被黄牌警示的责令停产整顿。引导烟花爆竹企业公开承诺，凡是企业有严重“三超一改”(超范围、超人员、超药量、改变厂房用途)行为和分线承包、多股东组织生产的行为，承诺退出并申请吊销安全生产许可证。参照驾驶员证的管理，对烟花爆竹生产企业实行安全生产许可证记分制。邀请专家会诊企业，从省级专家库中邀请两名粉尘和危化品行业的专家，对粉尘和危化品使用企业逐家进行诊断，监管人员根据专家意见下达整改文书，责成企业限期整改，消除一批重大安全隐患。

【优化安全发展环境】 2014年，县安监局不断改进工作作风，优化经济发展环境。优化审批方式，以“一站式服务”为设计目标，进一步规范审批流程，减少审批环节，审批时限缩至原来的1/3。2014年审批服务科受理许可事项178项，非行政许可审批事项203起，接受各类咨询5856次。按时办结率达100%，好评率达100%，没有出现一起针对许可程序或审批结果的行政投诉、复议或诉讼事件。优化监管方式，执法程序上始终做到提前3日告知，检查过程始终坚持依法依规进行，检查结果及时在局机关网站进行公示，严禁执法人员对所监管企业提出任何与工作无关的要求，坚决杜绝索拿卡要等现象，一经查实严格追究。优化办事方式，修订并完善政务公开岗位责任制，及时在网上实行政务信息公开，方便办事群众。开通2条咨询热线，多形式多渠道为民众解答疑难，全年累计接听业务查询和咨询1.8万多条。

【专项整治工作】 2014年，由县安监局单独或牵头组织开展的专项工作有水泥、石材加工等粉尘危害专项整治、“六打六治”打非治违专项行动、大排查大整治大督查集中行动暨重点行业(领域)专项整治、非煤矿山和烟花爆竹整治攻坚克难等。每一个专项整治工作都按照上级要求开展到位，如大排查大整治大督查集中行动暨重点行业(领域)专项整治：全县组织督查组315个，其中暗查、突击督查组230个，参加检查人员2246人次，监督检查企事业单位和场所1874家，责令改正、限期整改、停止违法行为1301起，责令停产、停业、停止建设35家，暂扣或吊销有关许可证、职业资格2个,关闭违法企业15家,实现全覆盖,触及生产环节的各个领域。

【"打非治违"专项行动】 2014年,县安监局"打非治违"成效明显,有力整顿安全生产经营秩序。提请县人民政府建立"打非治违"联席会议制度,协调公安、国土、工信、住建、质监、交运、交警、消防、海事等县直部门开展综合执法10余次。组织开展集中打击非法经营危险化学品行动10次,强制4家企业停产停业整顿,对湖南利洁生物、湖南松井化学、长沙维一化工等7个企业立案查处。在非煤矿山领域检查出存在超深越界行为的矿山18家,采矿许可证过期的17家和安全生产许可证过期的矿山20家,对存在安全生产较大隐患的24家矿山责令进行停产整顿,其中4家停产停业,20家函告公安部门减半供应火工产品。检查烟花爆竹企业320家次,组织执法行动124次,出动执法人员384人次,发现隐患263处,责令停产整顿企业47家,下达各类文书720余份,排查各类隐患530处,立案16起。

【安全生产标准化建设】 2014年,县安监局积极开展安全生产标准化建设。安全生产标准化建设是提升企业本质安全的主要手段。开展企业安全标准化创建,全县以小规模工贸企业为重点创建对象,安监局免费组织7期创评人员培训班,主动上门跟企业负责人讲法律政策,取得良好成效,有78家企业通过标准化评审,50多家企业进入创建阶段。开展示范乡镇创建,全县已创建省级示范乡镇6个,市级示范乡镇20个。开展职业卫生基础建设和示范创建,为提高企业的职业卫生条件,在各行业开展职业卫生基础建设和示范创建工作,50家企业通过职业卫生基础建设验收。

【安全生产宣传教育】 2014年,县安监局加大安全生产宣教力度。全年投入宣传培训经费20余万元,组织宁乡电视台屏幕下方飞字宣传和新闻联播后的温馨提示,在《今日宁乡》设立专栏,在《当代商报》设立安全生产宣教专版,在出租车LED灯屏进行安全知识字幕宣传,播放安全公益广告;设立安全生产短信平台,定期和不定期地向各行业企业及广大群众发送提醒警示短信,着力提高全民安全意识。认真开展"安全生产月"活动,紧紧围绕"强化红线意识,促进安全发展"这一活动主题,认真开展习近平总书记关于安全生产系列讲话精神专题宣传贯彻、安全生产宣传咨询日、生产安全事故警示教育、安全应急预案演练、安全生产知识抢答赛、安全文化示范典型宣传推介等系列宣教活动。在6月16日的安全生产咨询日,全县发放各类安全生产宣传资料1万余份,展出展板26块、宣传横幅18条,接受市民现场咨询5000人次。组织10期"三员"(企业主要负责人、安全员、特种作业人员)安全培训班,培训650人,并严格按要求推行安全资格考试改革,全部实现上机考试。通过"免费送课进企业"等多种方式培训企业一线从业人员1万余人。(许浩然)

城建环保

城乡建设

县住房和城乡建设局
局长、党委书记 陈伟平
副书记、副局长 潘立强
何昊强
纪委书记 孟友良
（县纪委派驻）
副局长 褚宏甫
许东山
匡乐红
（9月另任）
工会主席 姜达颗

【概况】 2014年，宁乡县住房和城乡建设局（以下简称县住建局）系统共有干部职工348人，其中：局机关129人，离退休49人；下属企业事业单位16个，其中：事业单位13个。局机关内设办公室、财务计划科、政工人事科、监察审计科、建设工程管理科、行政审批科、公用事业科等7个职能科室。2014年，县住房和城乡建设局以打造效率住建、活力住建、魅力住建为目标，不断提升行业管理水平、市政公用服务满意度和新型城镇建设实效；主动担当，积极工作，务实作为，各项工作取得新的突破。荣获县“党政领导班子绩效考核先进单位”“五好领导班子”“依法行政示范单位”，下属试验检测中心获评“湖南省2014年混凝土外加剂检测能力验证优秀单位”，质监站获评“省级墙体材料革新工作先进单位”，城建档案馆被省住房和城乡建设厅评为“先进集体”，造价站被市住房和城乡建设委员会评为“先进单位”。

【建筑市场管理】 2014年10月，县人民政府出台《关于进一步促进建筑业发展的意见》。2014年，宁乡县内建筑企业实现建安产值61.75亿元（其中外拓产值7.6亿元），比2013年增长20.13%；实现利税总额5.1亿元，比2013年增长6.3%；建筑行业吸纳劳动就业人数2.15万人，比2013年增加19.4%。完成建筑工程初步设计审查项目101个，其中市政工程项目18个，审查总建筑面积208.5万平方米；完成建设工程施工图审查备案项目137个，其中市政工程22个，施工图审查备案总建筑面积200.4万平方米，报建项目施工图审查备案覆盖率100%；发放施工许可证97份，总建筑面积158.87万平方米，工程造价26.5亿元。完成房屋建筑和市政工程招标项目265个，其中施工招标232个；工程监理招标29个；设计招标4个；工程施工招标总建筑面积127.75万平方米，总造价26.53亿元；行业监管内的工程招标率100%，应公开招标工程的公开招标率100%。有恒楚、华程、金典3家建筑企业实现主项资质升一级，市政、恒旺2家建筑企业实现主项资质升二级。（截至2014年底，全县已有7家一级总承包施工企业、11家二级总承包企业，其他三级企业、专业承包企业、劳务企业20余家；建筑施工企业总承包资质已覆盖8个类别，专业承包资质覆盖15个类别，资质结构更加优化）。完成建设行业各类岗位培训2600余人，组织在宁乡开班培训换证593人；完成建设职业技能培训与鉴定人数505人。加强对建设领域“两个清欠”纠纷的协调处理，全年共接待来访人数260多人次，召开协调会议18次；告知、责令限期支付、清欠工程款4000余万元，清欠农民工工资1380多万元，其中现场监督发放农民工工资420多万元，有效维护广大农民工的合法权益和社会大局的稳定。

【建设工程质量安全管理】 2014年，宁乡县建设工程质量安全形势稳步好转，建设工程质量水平稳步提升，安全生产和文明施工水平进一步提高。根据《中共宁乡县委宁乡县人民政府关于明确宁乡经济技术开发区管理体制及职能权限的意见》（宁发〔2013〕10号）和《宁乡经济技术开发区职能权限调整实施细则》（宁政发办〔2013〕76号）精神，县住建局将经开区行政区域内所有行政管理职能（含建设工程质量安全监督）全部调整交给经开区，由经开区规划建设管理局履行相关建设行政职能职责，顺利完成行政权力的移交。3月，县住建局印发《宁乡县“住宅工程质量通病专项治理年”工作方案》，正式启动住宅工程质量通病专项治理工作。9月，结合全县建筑工地实际情况，在推行标准化防护的基础上，制定出台《2014年宁乡建筑工地文明施工和安全防护指导图集》，有效规范工地安全防护管理。全年累计受监项目224个，总面积563.21万平方米；未发生一起安全生产责任事故，未发生一起较大质量责任事故；接待和处理工程质量投诉事件30余起，处理率100%，满意度100%；累计办理竣工验收备案项目97个，建筑面积112.53万平方米；市政工程项目受监15个，受监工程项目覆盖率为100%；申报优良工程项目35个，建筑面积57.70万平方米，优良率51.28%;创湖南省建筑施工安全质量标准化示范工程11个,创建“长沙市建筑施工绿色工地”8个。建筑节能专项管理方面,建筑节能设计专项备案住宅建筑面积59.5万平方米,公共建筑面积39.1万平方米,建筑节能设计备案率100%;施工验收备案住宅建筑面积162.46万平方米,公共建筑面积30.06万平方米,施工实施率100%。

【房地产开发管理】 2014年,宁乡房地产开发保持快速发展态势,全年完成房地产开发投资43亿元,新开工面积145万平方米,实现销售85万平方米。湖南德裕房地产开发有限公司、宁乡神祺房地产开发有限公司、宁乡县捷登房地产开发有限公司等11家房地产开发获评2014年度市诚信金牌企业。

【市政公用事业管理】 2014年,县住建局本着早发现、早处理的原则,不断加强市政公用事业管理,提高城市承载能力。市政巡查管理。全年共采集市政维护信息1768条,拍摄照片2837张;对相关单位下达工作督办函120余份;办理道路挖掘(占用)手续40起,办理管网入地手续30起,其他门店装修占道手续300余起,行政审批手续120处。市政设施维护。完成人行道整修369平方米,花坛修复400米,新建、维修花坛石840米,砼路面2000平方米,沥青路修复1100平方米,沥青路面灌缝27千米,新改建化龙溪桥(新房产局地段)栏杆18米,各类窨井盖96块。城区内涝整治。完成城区积涝点整治34处,其中较大的积涝点15处;下水道清淤5400米,下水道修复、新砌2800米,清理泄水井及检查井4130座,修换复合泄水井盖、检查井盖440套;提质改造梅花路、云山路、紫金广场等人行道、沙河新城下水管网等面积6500平方米。背街小巷改造。完成中心幼儿园附近特福莱汽修厂侧消防通道改造、中水一品对面路口改造及藏金楼、皇家贵族后素土路面硬化等处约800平方米;完成三塘巷、林家湾巷、泰成巷、春城路支巷改造工程。城市照明亮化。完成金南、通益、花明、南苑、楚沩、凤形、学庵、东沩、八一、正农等12个社区路灯473盏;在和德家园安装庭院灯32盏,院外市政道路安装高杆灯15盏;在宁乡家具城、新山路、新山安置区、文书新村、金盆小区、金亭路等路段安装路灯107盏,共计668盏;完成主城区倒塌、受损、缺失的94处路灯换杆亮化工作;完成城区移交接管路段日常维护维修12批次。燃气服务管理。完成供应天然气2391.47万立方米,其中居民用气486.62万立方米,工商业用气1904.85万立方米,年增长率20.34%;完成42个小区的用户签约,117户非居民用户签约;完成44个小区的庭院管网建设,竣工用户数1.12万户,新开通天然气用户7279户,其中解决老小区居民入户469户;新建天然气管网27.4千米。供水生产经营。完成供水2737.2万吨,其中工业用水829.36万吨,其他1907.84万吨,比2013年增长4.55%。水质检测送检132批次,合格率100%,完成率220%。完成金玉路、金旺路、美洲南路、美洲北路、八一西路、山塘巷、梅花路、谐园北路、仁福大道、玉梅大道延伸、同兴路等路段供水管网建设13.8千米;完成红砖厂宿舍、梅花路、人民南路、振兴南路、枫树安置地、市政公司宿舍、云山路等路段旧管网改造10千米。免费维修、更换、清洗水表和水表整改等4000个;完成105座消防栓建设;完成一户一表改造1562户。

【新型城镇化建设】 2014年,宁乡县新型城镇建设快速推进,各项工作亮点突出。4月,全省农村危房改造暨村镇建设工作会议在宁乡县顺利召开,花明楼、金洲关山经验材料在大会上印发。组织花明楼镇污水管网建设项目和灰汤镇乌江大道建设项目申报省级新型城镇化专项引导资金,其中花明楼成功获取省级补助资金200万元;优选花明楼、灰汤、流沙河、沩山4个乡镇基础设施项目进入长沙市“以奖代补”项目库;成功争取长沙市小城镇建设资金100万元。全年共争取上级小城镇建设资金693万元。

全年全县共争取农村危房改造指标1500户,其中一般援建850户,重点援建650户,计划投入补助资金4300万元,其中争取中央、省、市补助资金3010万元,县财政配套1290万元。至12月底,已竣工1842户(竣工率100%),圆满完成年初既定目标。

【住房和城乡建设服务】 2014年,县住建局大力推进审批标准化建设,提高行政效能。进一步减少申报材料,对审批事项申报材料再一次进行清理分类,前置条件能简化的一律简化;对实施的行政许可、非行政许可、行政事业性收费项目和其他管理事项等进行清理,行政许可由原来的9项减少至5项。全年共办理初步设计审查、质量监督注册、安全监督注册、施工许可等1297项,限时办结率100%,所办事项实现零差错、零失误、零投诉目标。

(袁剑敏)

表1　2014年湖南省建筑施工安全质量标准化示范工程项目名单

序号	工程名称	施工单位	监理单位
1	宁乡县人民医院5号住院大楼	湖南沙市建筑工程集团有限公司	湖南长顺工程建设监理有限公司
2	加加食品科技工业园办公楼	长沙金洲建设工程有限公司	湖南长顺工程建设监理有限公司
3	富豪山庄盛翠豪庭1、2、4座	长沙华程建筑工程有限公司	长沙华冠工程造价咨询服务有限公司
4	天祺·佰潮汇商业中心项目	湖南楷程建筑工程有限责任公司	长沙市鸿业工程监理有限公司
5	湖南省烟草公司长沙市公司宁乡县分公司经营业务用房	湖南省第五工程有限公司	湖南明泰项目管理公司
6	星恒·国仕汇工程1—5♯栋	湖南省第四工程有限公司	湖南方圆工程咨询监理有限公司
7	湘核华府二期住宅小区10♯—14♯栋建安工程(第二标段)建设工程	长沙市建设工程集团有限公司	湖南建科工程项目管理有限公司
8	绿地·中央花园二期二批	上海云峰建设有限公司	长沙工程建设监理有限责任公司
9	格林春天二期7♯栋	湖南擎天建设工程有限公司	广东中洋工程项目管理有限公司
10	长沙赛恩斯10万吨/年重金属废水处理药剂一期工程	湖南中盛工程有限公司	湖南中昊工程监理咨询有限公司
11	宁乡经济技术开发区玉屏山国际产业城西区工程B标段	湖南万寿建设有限公司	广东铁路建设监理有限公司

表 2　　2014 年度"长沙市建筑施工绿色工地"项目名单

序号	工程名称	施工单位	监理单位
1	天祺·佰潮汇商业中心项目	湖南楷程建筑工程有限责任公司	长沙市鸿业工程监理有限公司
2	湖南省烟草公司长沙市公司宁乡县分公司经营业务用房	湖南省第五工程有限公司	湖南明泰项目管理公司
3	星恒·国仕汇工程 3—5＃栋	湖南省第四工程有限公司	湖南方圆工程咨询监理有限公司
4	绿地·中央花园二期二批	上海云峰建设有限公司	长沙工程建设监理有限责任公司
5	宁乡毅德光彩贸易广场中泰来大酒店	湖南建设集团有限公司	湖南中昊工程监理咨询有限公司
6	格林春天二期 7＃栋	湖南擎天建设工程有限公司	广东中洋工程项目管理有限公司
7	宁乡经济技术开发区玉屏山国际产业城西区工程 B 标段	湖南万寿建设有限公司	广东铁路建设监理有限公司

城乡规划

县城乡规划局
局长、党组书记 姚福平
副书记、副局长 曾继平（3月另任）
杨伟斌（3月任）
刘寿华
纪 检 组 长 陈鹏飞（县纪委派驻）
副 局 长 谢宇波
李 淼（女，聘）
何 鹏（聘）

【概况】 2014年，县城乡规划局（以下简称县规划局）有在岗干部职工72人（含二级机构），内设办公室、财务审计科、人事教育监察科、总工室、规划编制科、城区规划科（行政许可服务科）、村镇规划科、私房建设规划科、法规科等9个科室，下辖宁乡县规划监察执法大队、宁乡县规划信息中心，归口管理的有宁乡县规划设计有限公司。2014年，县规划局团结奋进，锐意创新，圆满完成各项工作任务。获得县“全面小康工作先进单位”“依法行政示范单位”等荣誉称号。

【城乡规划编制】 2014年，县规划局以《宁乡县城总体规划（2000—2020年）》的修订成果和湖南省住房和城乡建设厅《关于宁乡县城总体规划修改人口和建设用地规模的批复》为指导，分别组织完成县城老城区、中心组团、新城组团、经开区、金洲新区、城南组团等片区控制性详细规划的编制和草案公告，并组织县城绿地系统规划、科教文卫设施规划、道路定线规划、电力规划、环境卫生设施规划、综合交通体系规划、景观风貌规划、排水防涝规划、加油站布局规划等专项规划，以及沩东新城战略发展规划和概念性规划的编制。在村镇规划方面，一批“美丽乡镇规划”“美丽村庄规划”亮丽出台。指导和监督有关乡、镇人民政府组织编制村庄规划，指导有关建制镇镇人民政府分别组织编制建制镇控制性详细规划，以及村民集居点建设规划，指导巷子口镇总体规划、黄材镇总体规划及人口用地规划论证、黄材镇甘泗淇故居修复方案的编制。这些村镇规划的制定，突出集镇、农村建房、非农产业、路网及各类基础设施和公共服务设施空间布局的改善和优化，强化村容镇貌和环境综合整治，充分展现山水田园风光。

【市政基础设施建设】 2014年，县规划局着力推动城市更美、更快发展。第一，开展城市规划专题研究。设立城乡规划研究室，开展县城旧城区私房联建、绿地建设、停车场建设，以及城市空间结构、建筑风格与色彩等规划理论与实务课题的初步研究。第二，坚持“以人为本”，服务和组织部分重点市政项目施工。就县城背街小巷改造、截污干管和公共厕所建设、溜子洲大桥建设等市政基础设施建设，进行科学论证与规划选址；根据县人民政府要求，组织实施县城行政中心周边的亮化建设和二环东路立面景观改造，以及脏乱地块、“空坪隙地”的整治。启动县城绿地系统规划的实施，严格落实绿地率等规划条件，努力构建舒适优美的人居环境。

【优化行政审批服务】 2014年，县规划局按照行政审批制度改革的要求，调整优化机构职能和办事流程，严格执行“一书三证”（《建设项目选址意见书》、建设用地规划许可证、建设工程规划许可证、乡村建设规划许可证）制度、“三集中三到位”（许可职能向一个科室集中，审批科室向政务大厅集中，审批事项网上办理集中，事项进驻大厅到位，审批授权窗口到位，电子监察到位）的规定，在县政务服务中心设立政务服务窗口，对于行政许可事项实行专窗受理、预约办理、模拟审批、联审联办、限时办结，强化规划前期服务、主动服务和跟踪服务，开辟行政审批“绿色通道”，简化办事程序，缩短审批时限，加快推进重大项目建设。至2014年底，县规划局共核发选址意见书5份、建设用地规划许可证109份、建设工程规划许可证96份、乡村建设规划许可证21份，制作规划条件书181份，还为71项建设项目提出选址意见，为95项建设项目核准备案签署审查意见。

【规划信息化建设】 2014年，县规划局继续推进信息化进程。加强一站式规划信息化平台建设和局域网改造，将一站式规划信息化平台统一接入长沙市规划信息服务中心接口，与长沙市及其他县（市）、区实现信息共享，逐步实现规划数据采集和办公政务的信息化。装备并启用规划三维仿真决策辅助系统和湘源控制性详细规划编制软件，开展县行政中心周边1.36平方公里的基础数据制作，完成CAD成果管理系统的验收，城乡规划信息化稳步推进。

【加强规划提升县城品质】 2014年，县规划局认真听取和落实人大代表、政协委员的意见、建议，倾听和回应群众诉求，加强城市设计和景观规划引导，按照“三增两减”（增加公共绿地、公共空间、公共设施，减少容积率、减少人口密度）的原则，统筹规划新区建设和旧城改造，重点推进沿江风光带、沩东新城、金玉乡镇工业集中区和凤凰山国家森林公园等重点片区的规划编制和实施，制定并组织实施县城二环东路立面改造建设工程规划，精心打造城市景观特色，提升县城的城市品位和建设品质。对县城旧城区停车设施、地下空间、步行和自行车林荫道慢行系统、人行天桥、地下通道等民生工程的建设进行调查研究，提出相应方案。至年末人行天桥和地下通道6处已规划选址，其中紫金广场人行天桥、人人乐商场人行天桥建设工程已完成初步设计，计划即将动工建设紫金广场人行天桥。

【坚持城乡规划服务和民生保障工程】 2014年，城乡规划局在工作中注重生态、住房、停车、景观等民生问题，着力打造民生规划，相继为县城南太湖水厂、东城污水处理厂、宁梅大道、溜子洲大桥、站前路等基础设施建设工程，以及2014年乡镇卫生院和学校公租房、朱良桥乡赤龙岛现代生态农业科技示范园概念性规划和赤龙岛安置小区建设规划、县城二环路与楚沩西路交叉口广场等关涉民生保障的建设项目，提供基础数据采集、规划编制、设计方案审查修改、审查核发“一书三证”等规划服务，积极会同有关部门组织开展全县住房建设规划、商贸流通体系规划、县域综合交通体系规划、加油站布局规划等民生保障工程建设规划的编制，组织县城排水防涝设施普查及拓扑结构图的编制，编印农村住宅建筑设计方案指导图集供农民选用，以科学引导农村住宅和居民点建设，方便农民生产生活。

(胡海霞　曾谦)

城市管理

县城市管理和行政执法局

局长、党委书记　丁新军
副书记、副局长　杨文辉
副书记、纪委书记　胡思佳(9月另任)
副　局　长　曾尚明
黄红卫(4月另任)
肖村安(4月任，兼)
张建良
程再文(兼)
宋建国(聘)
纪　委　书　记　廖华中(9月任)

【概况】 2014年，县城市管理和行政执法局(以下简称县城管局)围绕创建全国文明县城目标，以创新城市管理为主线，以市委“六个走在前列”(在加快转型创新发展中走在前列；在城市规划、建设和管理中走在前列；在加快两型社会建设中走在前列；在共建共享全面小康中走在前列；在维护社会和谐稳定中走在前列；在提高党的建设科学化水平中走在前列)、“清洁城市大行动”、县委“四比四抓争先锋”活动(比产业，抓转型，把经济做大做强；比平台，抓提质，把城镇做精做美；比民生，抓保障，把民生做实做好；比作风，抓实干，把队伍做优做能)为载体，着力提升管理水平，扎实开展专项整治，有效维护城市环境，得到各级领导的充分肯定和市民群众的广泛认可。先后获得宁乡县“依法行政示范单位”“文明程度指数测评工作先进单位”“综治维稳先进单位”等10项荣誉。

建立“大城管”体制。县城管局推动成立由50个成员单位组成的城市管理委员会。通过明确各部门职责分工、即时交办、层层督办各类城市管理问题、强化讲评考核机制，推动部门、乡(镇)、社区主动作为，积极履职。县城管委的成立，使城市管理效能、水平显著提升，逐步形成“大城管、大参与”工作格局，有效破解城市管理困境。工作模式在《人民日报》海外网推广。

落实“门前三包”(环境卫生、容貌秩序、绿化管理)。县城管局为形成工作合力，以玉潭路、八一路、沿河路3条路段为试点，打造“门前三包”示范路。发放倡议书、公开信、通告1.5万份，与524家门店签订《门前三包责任书》；每月逢10组织开展大清扫、大清整行动，确保“五无五净”(道路无垃圾、无杂物、无积泥、无积水、无污迹；路面干净、绿地和树圈干净、边角侧石干净、井沟井盖干净、果壳箱等环卫设施干净)；组织路段文明劝导员、社区工作人员全天候纠违劝导，城管网格管理员积极履职，严管重罚。共处罚门店店外经营行为208起，开出乱停乱靠车辆罚单2400余张，处罚随地吐痰、吐口香糖和槟榔渣；乱扔果皮烟头、纸屑、食品饮料包装等废弃物及动物尸体；乱倒生活垃圾、粪便、费油和污水；乱燃放鞭炮、丢撒冥纸；临街门店店外乱吊挂、晾晒有碍市容观瞻的物品和损坏环卫设施等“五乱”行为224起，为提升常态管理水平起到良好示范效应。

完善工作机制。县城管局积极推进精细管理。新成立回龙铺、城郊两大城管分局，实现城管工作在城区全覆盖；明确局班子成员包路段负责制，明显提升工作质效；深入推进“城管进社区”，实行网格管理、重心下移；继续推行“错时管理”工作机制，在重要时段(区域)设置城管“高峰岗”，消除管理空档，提高与市民见面率；完善数字城管运行系统平台，全年立案1461件，结案1446件，结案率99%，提高问题发现率、处置率。

突出控建拆违。县城管局全面贯彻落实全县控建拆违工作会议精神，建设全县控建拆违信息平台，完善日常巡查台账和信息报送机制，在步行街、南站等设置宣传栏，建立违章建筑有奖举报制度，错时休节假日加大巡控力度，第一时间发现和制止在建违法建筑。全年依法开展拆违行动74次，拆违面积16.77万平方米。组织开展“奋战80天，拆违6万平方米”，清零大行动，为征地拆迁和重点工程建设提供有力保障，控建拆违工作取得令人满意的成效。

【扬尘污染治理】 2014年，县城管局围绕“源头治理，规范管理，严查重罚”思路，出台《宁乡县渣土运输企业管理考核办法》,强化渣土公司管理;严格管理项目工地,督促施工工地落实出口路面硬化、设置沉淀池等降尘措施;组织县公安局、公路局、交通局开展联合执法,发放禁令800份,处罚砂石、混凝土违规运输车辆120台次。全年共清理无主渣土和建筑垃圾6000多立方米,冲洗面积近8万平方米。

【市容市貌整治】 2014年,县城管局加大市容环境卫生秩序整治力度。第一,整治经营秩序。联合县公安、交警、交通等职能部门,对外地车辆流动经营、交通路口乞讨人员、废旧回收店店外经营等违规行为进行专项整治,规范杉木桥、北门、东区、豪德等各大集贸市场经营秩序,严格店外经营,共执法纠违3500多人次,规范摊点150多个,查处流动摊贩2400多人次;明确夜宵经营标准,提高准入门槛。第二,整治户外广告、标识牌。提档户外广告,严禁新增大型户外广告位,对路灯、电杆广告和指示牌、跨路横幅采取“一刀切”。共计拆除灯箱200多处、破损广告3000多处、横幅条幅400多条,拆除广告面积2.4万多平方米。第三,开展城乡治理。指导老粮仓、青山桥两个乡镇成功创建长沙市集镇管理示范镇,全市小城镇管理示范镇现场办公会在青山桥召开,宁乡小城镇管理得到副市长姚英杰的肯定。定期指导和协助巷子口、沙田、黄材、流沙河、道林、喻家坳、南田坪、坝塘、资福等集镇开展市容整治,拆除违法建设等工作,均取得良好成效和反响。第四,规范车辆停靠。县城管局投入30多万元,在城区主要路段设置道口桩、交通提示牌,规范人行道乱停乱放、压占盲道停车行为。协助相关单位将沿河路一处脏乱地块规划为停车场,同时加大车辆乱停乱靠执法力度,共计教育纠违2000多台次。

【环卫清扫保洁】 2014年,县环卫局环卫服务更加精细化。城区393万平方米道路清扫保洁服务全面推向市场;城区377处垃圾网点清运实行调度管理,“零容忍”查处垃圾清运不及时和沿途撒漏等问题,清运率100%;建设高标准站厕10座,对15座站厕进行升级改造;新增清洗车、垃圾清运车7辆;增设可移动式垃圾桶、分类式果皮桶3000个;合理设立26块信息张贴栏,堵疏结合,遏制“牛皮癣”蔓延。

【园林绿化管理】 2014年,县园林局园林绿地管养更加到位。定期修剪、维护绿化带(绿地)苗木、草坪,补种行道树300多株,小灌木15万余株,草坪1万平方米,对所辖绿地植物进行两次全面预防病虫害和普治工作;推行“片区负责制”,做到垃圾随产随清,增设监控设施和文明提示牌,防止发生蓄意毁绿行为;规范管理公园广场、沿江风光带,在二环路、花明路等主干道沿线换植各类时令花卉36万多盆,提升城市景观。

【规范城市管理权力运行】 2014年,县城管局注重提高队员法制素养,提高执法能力。借助民主评议,自觉接受监督,切实改进作风,市民满意率不断提高。通过抓实教育培训,完善执法制度,规范执法行为,强化执法监督等措施,全面推进法制规范化建设。全年办理城市管理一般程序案3300起,作出行政许可650起,全部依法依规依程序,做到每案事实清楚、证据确凿,没有出现一起错案。

【服务发展大局】 2014年,县城管局认真办理涉民事项,全力服务发展大局。深入开展党的群众路线教育实践活动,落实“结对帮扶”政策,系统215名党员与历经铺乡72名困难群众结对,走访帮扶对象800余人次,送去慰问金3万余元,帮助群众解决问题50个;承办人大代表建议、政协委员提案11件,受理群众信访投诉300多起,做到件件有回音、事事有落实。（朱颖珍）

县市容环境卫生管理局
局　　长　黄红卫(4月另任)
　　　　　肖村安(4月任)
党委书记(兼)　胡思佳(9月免)

县园林管理局
局　　长　程再文
党支部书记　姚建武

县城市管理综合执法大队
大 队 长　宋建国

爱国卫生

县爱国卫生运动委员会办公室
主　　任　杨向东
副 主 任　张胜全
　　　　　喻国军(兼)
　　　　　黄红卫(4月另任)
　　　　　肖村安(4月任,兼)

【概况】 宁乡县爱国卫生运动委员会办公室(以下简称县爱卫办)是宁乡县行使行政职能的全额拨款事业单位(参照公务员管理),主要负责卫生创建、城乡环境卫生整治、农村改厕、病媒生物防制、健康教育等工作。2014年,县爱卫办有在岗在编工作人员6人,内设综合科。全县爱卫工作以改善城乡环境面貌,提高人民健康水平为目标,创新举措,真抓实干,取得较好成绩。

积极组织开展卫生创建。宁乡县卫生创建工作采用乡镇、单位、村自主申报,县爱卫办指导方式推进。全年成功创建省级文明卫生单位3家:偕乐桥中心卫生院、坝塘镇人民政府机关、花明楼镇人民政府机关;市级文明卫生单位8家:枫木桥乡枫木桥初级中学、城郊乡人民政府机关、宁乡农商银行老粮仓支行、黄材中心卫生院、花明楼国土所、宁乡农商银行朱良桥支行、宁乡农商银行灰汤支行、龙田国土所;市级卫生社区1个:玉潭镇通益社区;市级卫生镇1个:花明楼镇;省级卫生村2个:东湖塘镇牛山村、夏铎铺镇兴旺村;市级卫生村7个:朱良桥乡槎梓桥村、东湖塘镇西冲山村、坝塘镇乐安村、白马桥乡白龙村、历经铺乡群星村、沩山乡沩源村、花明楼镇靳源村。通过卫生创建,对全县爱卫工作起到良好的示范带动作用,全县爱卫工作水平进一步提升。

【开展城乡环境卫生整治】 2014年,全县大力开展旅游公路沿线环境综合整治、城乡环境卫生集中整治月、环境卫生示范打造等活动,全面提升城乡环境卫生面貌。9月1日,县委书记黎春秋组织15个科局、33个乡镇的主要负责人现场调研宁灰公路环境整治活动,并召开城乡环境卫生整治调度会议;10月23日,县长周辉组织15个科局、33个乡镇乡镇长以及爱卫分管领导到大屯营镇石家湾村开展城乡环境卫生示范片打造现场观摩活动,并召开城乡环境卫生整治推进会,掀起全县城乡环境卫生整治工作新高潮。大屯营镇石家湾村、南田坪乡洋西村、坝塘镇乐安村、东湖塘镇牛山村和西冲山村、朱良桥乡槎梓桥村、沩山乡沩源村和沩水村、花明楼镇靳源村等村积极开展净化、序化、美化、亮化工作,示范片区环境卫生水平得到大幅提高。长沙市城乡环境卫生整洁行动年终督察中,花明楼镇、金洲镇等2个乡镇被评为长沙市城乡环境卫生"十佳乡镇",大屯营镇石家湾村、南田坪乡洋西村等2个村被评为"十佳村"。半年督查中,偕乐桥镇、沩山乡、花明楼镇、大成桥镇等4个乡镇被评为"优胜乡镇",金洲镇南洲村、南田坪乡洋西村、老粮仓镇金石村、枫木桥乡牛角村、大屯营镇石家湾村等5个村被评为"优胜村"。

【推进农村改厕项目工程】 2014年,宁乡县农村改厕工作继续坚持"民办公助,多方筹资,因地制宜,形式多样"的工作方针,以社会主义新农村建设示范村与血吸虫病疫区为改厕重点,以点带面,全面推进,农村无害化卫生厕所使用率进一步提高。全年共争取市、县财政农村改厕项目经费225万元,新建、改建三格式无害化卫生厕所2401座,覆盖全县28个项目村。改厕过程中,宁乡县爱卫办按照"五统一模式"(统一技术图纸、统一现浇方式、统一钢制模具、统一施工队伍、统一验收标准)推进改厕项目,加强改厕施工过程的督查指导、项目完成后的考核验收,确保改厕数量与质量,在省、市爱卫办组织的考核验收中,宁乡县改厕质量合格率、接入使用率、污水分流率等考核指标居前列。

【开展除害防病、健康教育工作】 2014年,宁乡县人民政府办公室下发《宁乡县2014年春季统一灭鼠实施方案》的通知,根据"四害"(老鼠、苍蝇、蟑螂、蚊子)消长规律,县爱卫办认真组织开展春、秋两季统一灭鼠和夏、秋两季灭蚊、灭蝇、灭蟑活动。通过统一招标,聘请中立、天网、捷力洲等3家专业公司,在城区、乡镇全面开展除"四害"工作,"四害"密度得到有效控制。同时,县爱卫办充分利用爱卫月、世界卫生日、世界无烟日等时机,广泛开展健康卫生宣传教育,以及"无烟单位""无烟家庭"创建活动,有效促进全民文明卫生意识的提高和健康行为的形成。沩山乡九年制学校成功通过长沙市爱卫办"无烟单位"的审核验收,喻亮辉等9个家庭荣获长沙市"无烟家庭"荣誉。宁乡县住房保障局等7家单位被评为县级"无烟单位",胡波等20户家庭被评为县级"无烟家庭"。

(代香顺)

项目工程建设

县项目工程建设办公室

主　　任 黄立志(3月任)
喻强辉(3月另任)

副 主 任 卢志平　吴建龙
孙刚强(9月任)
张新华(9月另任)

【概况】 宁乡县项目工程建设办公室(以下简称县项目办)是由县人民政府授权,主管全县项目工程建设的全额拨款事业单位,核定编制13名。2014年,县项目办内设办公室、项目管理科、项目协调科、项目督导科4个科室;有在编干部职工13名,无退休、停薪留职人员。县项目办深入贯彻全市"六个走在前列"大竞赛活动要求,严格落实县"四比四抓争先锋"活动部署,始终坚持把"加快项目开工,推进项目建设,强化项目督导"作为推动项目建设的有效手段和工作重心,科学谋划,狠抓落实,扎实运作推动一批大项目、好项目,并取得明显成效,圆满完成各项工作任务。

【项目建设】 2014年,全县上下坚持以项目建设为抓手,创新活动载体、务实工作举措、强力克难推进,在宏观制约加剧、市场持续低迷的情况下保持项目建设的稳步推进,推动县域经济向稳中有进、稳中有新、稳中有好发展。全年全县共有投资1000万元以上项目692个,其中新开工301个、前期准备181个、续建210个,完成投入586亿元,实现建安税5.1亿元,为县域经济加速发展提供强力保障和强劲支撑。

【项目督导与协调】 2014年,县项目办在项目建设的各个环节和领域积极有效地发挥分析、促进、联络、督导、协调作用,为县主要领导提供全面精准的数据分析,为载体单位提供优质协调服务,坚强有力地履行各项强化和保障措施：第一，统筹调度掌实情，创新“六个一”调度机制，即实现“半月一专报、一督查、一交办，一月一调度，一季一讲评，半年一考核”，做到对全县上下各个项目动态管理，了然于胸，定期组织督查、印发通报，跟踪督办、考核问责。并根据项目建设运行态势，每月综合编印一期《项目专供信息》，送县委、县政府主要领导审阅，为领导科学决策提供参考。第二，主动帮扶解难题，36 个县领导工作组，42 个县直部门工作组，无缝对接协调 107 个重大项目建设，县委、县政府主要班子成员更是通过深入企业调研、约谈项目业主、现场办公解困、限时办理办结等措施，为项目建设提供坚强的组织保障。其他联点县直部门，通过自身优势，在联点项目的要素保障、环境维护、手续办理方面也发挥积极作用。第三，严格督导抓落实，定期督查与不定期督查相结合，明察与暗访相结合，自主督查与两办督查相结合，通过对“双百”服务活动、重点项目建设、百日大会战等进行督查，掌握真实情况，查找难点问题，提出有针对性的意见和建议，组织或参与县领导主持的协调会、调度会、现场办公会 94 次，涉及项目 128 个，协调各类问题 211 个，参加全县重点项目调研 21 次，调研项目 25 个，并建立工作台账，督查现场办公会、协调会明确事项的落实 150 多起，按领导的指示，对项目工程建设过程中的相关具体问题交办 20 多次，逐问题进行督查落实、建立台账记录，全年共印发督查通报、专报 40 余期，各工作组累计开展项目帮促活动 4973 天次，排查各类问题 967 个，解决重大问题 896 个。第四，整合资源聚合力，充分发挥综合统筹职能，与各职能部门积极沟通、合作、协调，统筹整理，分类交办任务，县发改局积极向上争资，县国土局规范和加速用地手续办理，县政务中心积极提升“一站式”服务水平，县征地办全力推进拆迁扫尾工作，县公安局积极维护项目施工建设环境等，在县项目办积极调度下，各部门、载体单位展示高度的凝聚力和战斗力，为项目建设提供有力的支持和保障。第五，严格考核定奖惩，始终坚持以项目看能力、以项目论英雄的工作导向，加大对项目建设的奖励和惩罚力度，通过奖惩机制来推动和保障项目建设的执行力度，从 2013 年 6 月起，县项目办共公布“项目建设英雄榜”19 期，并全部在《今日宁乡》等媒体进行公示。建立重大项目建设综合考评机制，从 4 个方面 12 项内容对限时办结重大项目进行综合考评、分类定等，既评先又兑奖，充分调动各级各部门的积极性，同时，与载体单位、联点部门年终绩效挂钩，对排名后 3 位且未完成序时进度的重点项目，由县监察局启动效能监察程序，追究相应责任。

【创新项目管理机制】 2014 年，为加快项目推进，促进项目工程又好又快发展，县项目办千方百计创新思路，争创特色，树立品牌。第一，重点项目限时办结制度。根据 5 月 15 日县委常委扩大会议要求，88 个限时办结重点项目中，5 月至 12 月共有办结节点任务 566 个，县项目办每月月中进行工作提示，月末对办结情况进行督查，制定调度会方案，每月定期组织职能部门、载体单位及相关责任单位对未按时办结事项、未按时办结原因召开调度会，逐一研究未按时办结原因，重新明确责任单位，重新设立办结时间，截至 12 月 30 日，已办结 380 个。第二，重点项目综合评估制度。10 月开始，县项目办通过认真听取县政务中心、县征地办、县人社局意见，结合实地走访的形式，对 94 个重点项目进行专项督查，综合评估项目的形势、来势。这批项目已竣工项目 25 个，已开工、预计可在计划期限内竣工项目 38 个，已开工、不能在预期内竣工项目 8 个，正在进行前期准备、不能在预定期限内开工项目 23 个，通过对重点项目综合评估，为后段排解问题、加速推进提供科学依据。

【百日大会战】 经宁乡县委、县政府研究决定，从 2014 年 9 月上旬开始至 12 月上旬，集中 100 天时间，攻坚项目 186 个，确保格力电器综合生产基地等 62 个项目全部动工建设，力促未来方舟等 61 个项目提速推进，实现加加食品科技工业园等 63 个项目竣工投产，完成投资 100 亿元以上。活动启动后，各载体单位纷纷响应号召，紧盯目标、创新创效，全力推动项目建设，截至 12 月底，实现 30 个项目快速开工，53 个项目提速推进，29 个项目提前竣工，完成投资 106.5 亿元，超出预期目标。

【重点项目观摩】 2014 年 10 月 28 日至 29 日上午，宁乡县召开重点项目建设现场观摩会。整整一天半时间，宁乡经济技术开发区工委书记、县委书记黎春秋，宁乡经济技术开发区工委副书记、管委会主任戴中亚，县委副书记、县长周辉，县委副书记邓杰平，县人大常委会主任贺应辉，县政协主席喻亚军等全体在家县领导率领县直部门单位以及各乡镇主要负责人深入宁乡经济技术开发区、金洲新区、金玉乡镇工业集中区、城投集团、国资公司、沩东新城以及玉潭、白马桥、城郊、夏铎铺、金洲、煤炭坝、灰汤、大成桥、双凫铺等乡镇，对格力电器综合生产基地、杉杉新材、大河西农产品物流中心、雅居乐地产、煤炭坝镇门业集中区、岳宁大道、溜子洲大桥、长韶娄高速等 27 个重大项目、重点工程建设进行集中观摩。其中，工业项目（含新的工业平台）14 个，城市综合体项目 4 个，农业项目 1 个，三产业项目 1 个，基础设施和民生类项目 7 个。

（潘海军）

重点工程

县重点工程建设办公室

主任、党组书记　何宇雄（3月另任）
　　　　　　　　喻强辉（3月任）
副书记、副主任　严万军
副　主　任　潘兆丰
　　　　　　杨正军
　　　　　　喻征兵
　　　　　　童铁军

【概况】 宁乡县重点工程建设办公室(以下简称县重点办)成立于1996年12月,属县人民政府参照公务员管理事业单位,主要负责宁乡境内国家、省、市级重点工程建设的组织、管理、协调和服务工作。2014年,县重点办共有在编人员27名,机关内设办公室、征地拆迁科、协调服务科3个科室。年内,县重点办承载和服务的主要重点工程项目是"两铁两高",即沪昆高铁宁乡段、石长铁路复线宁乡段、长韶娄高速宁乡段、益娄高速宁乡段。"两铁两高"四大项目,宁乡段总投资86亿元,2014年计划投资28亿元,全年完成投入29.07亿元,占年度计划的103.8%。其中,沪昆高铁宁乡段已全线贯通并投入试运行;长韶娄高速公路年底竣工通车;石长铁路复线宁乡段轨道铺设基本完成;益娄高速宁乡段也全面启动征地、拆迁工作。此外,全年各重点工程项目建设实现征地346.67公顷,拆迁房屋450余栋,为重点工程项目沿线群众解决道路及水系顺接、房屋震损鉴定等影响其生产生活的实际问题800余个,这些都为项目的顺利推进提供强有力的保障。在2014年全县优化经济发展环境暨政风行风千人测评大会上,县重点办的各项工作得到广大评议者的认可,在综合管理类单位中荣居榜首。此外,县重点办还获得2014年度宁乡县"五好领导班子""县绩效考核先进(一类)单位""招商引资先进单位"等殊荣。

狠抓调度,建立"五个一"工作机制。坚持"一个项目、一个责任领导、一套班子、一个目标、一抓到底"的"五个一"工作机制,各项目联系领导经常深入项目一线现场办公,及时掌握项目动态,主动指导、协调、解决重点工程建设过程中遇到的施工环境难保障、管网杆线难迁移、征地拆迁难解决等焦点难点问题,在施工一线现场调度,确保问题在一线得到有效解决,全力加快推进重点工程建设。

狠抓项目管理,致力帮促服务。县重点办主动作为,对全县重点工程项目积极开展帮促服务,为重点工程建设提供零距离、全方位、贴心保姆式服务。建立与重点工程项目业主的联系机制,成立服务项目协调小组,实行重点工程项目服务全程跟踪,切实帮助项目业主解决实际困难和问题。

狠抓宣传发动,全力优化重点工程建设环境。一方面加大宣传,让社会各界关注宁乡重点工程项目建设,形成人人关心和自觉支持的建设环境和舆论氛围。另一方面相关职能部门对扰乱项目建设环境的不法行为始终保持高压态势,为重点工程建设保驾护航,全力优化经济发展环境,使在宁乡的国家、省、市重点工程建设落地及时,建设快速,环境优良。

创新管理机制,提升服务水平。县重点办制定科学的目标责任体系,实施严格的管理流程,进行严格的考核奖罚,使重点工程项目建设有序推进。

坚持阳光操作,确保征拆政策执行不走样。在征地拆迁工作中,县重点办着力营造"阳光透明、公平公正"的工作氛围,坚持"一把尺子量到底""一碗水端平",按政策办事,按程序操作。在整个征地拆迁和安置补偿工作中,严格按照征地拆迁补偿标准执行,"统一标准,一视同仁"地抓好落实。坚持"实事求是、依法依规、公平公开、集体决策"的原则,阳光操作,接受群众监督,确保执行政策不走样,落实政策不打折。在拆迁安置中,县重点办坚持以人为本,切实维护被征地农民的合法权益,着力推进被征地农民社会保障问题的解决。

【长韶娄高速宁乡段】 长韶娄底高速公路,是湖南省交通运输厅新修编的《湖南省高速公路网规划》中重要的高速公路项目之一。该项目双向四车道,车道宽度3.75米,省政府投资91亿元。长韶娄高速公路前身为长花灰韶旅游公路,起于长沙市学士路赤江互通,下穿长潭西高速公路,经岳麓、宁乡、韶山、湘乡、娄底、涟源等6个县、市,止于娄底涟源市,接二广高速公路,全长138公里,其中宁乡段全长47公里,经道林、花明楼、东湖塘、大屯营、偕乐桥、灰汤共6个乡镇20个村,设道林、花明楼、灰汤3个接地互通。设计总征地313.33公顷(其中原项目166.67公顷,新扩征地146.66公顷),红线外改路接线用地涉及拆迁房屋360多栋11万多平方米。该项目于2014年底全线竣工通车。

【沪昆高铁宁乡段】 沪昆高速铁路(又称沪昆客运专线)是国家《中长期铁路网规划》中"四纵四横"的快速客运通道之一,是一条东起上海,西至昆明的东西向铁路干线。途经上海、杭州、南昌、长沙、贵阳、昆明6座省会城市及直辖市,线路全长2264公里,是中国东西向线路里程最长、经过省会城市最多的高速客运专线。该项目宁乡段经道林、大屯营两个乡镇9.8公里,红线内征地30.53公顷,拆迁房屋90栋。计划工期为42个月,使用红线外土地30公顷,拆红线外房屋36栋1.2万平方米。2014年10月宁乡段全线贯通并投入试运行。

【益娄高速宁乡段】 益娄高速公路是“3+5”城市群综合交通规划的重要组成部分，该公路实际是益衡（益阳至衡阳）高速中的一个部分，也是湖南省重要的纵向区域经济干线，修建娄底至衡阳（归阳）公路，目的在于带动湘中地区的发展。益娄衡高速起于娄底长冲，止于祁东归阳，在衡阳境内分别有洪市、库宗桥、檀山咀、岐山、祁东、楠木桥、七晚塘7个互通。长沙境内经宁乡6个乡镇37公里，设3个互通，项目估算总投资约为119.59亿元，采用政府投资、收费还贷模式建设。该项目宁乡段总投资27亿元，经喻家坳、横市、黄材、老粮仓、流沙河、青山桥6个乡镇37公里，征地246.67公顷，双向四车道，设横市、唐市、心田3个下地互通，红线外临时用地设计数93.33公顷。红线内拆迁400栋约14万平方米。2014年底，该项目宁乡段全面启动征拆工作。

【石长铁路复线宁乡段】 石门至长沙铁路增建第二线工程，简称石长铁路复线，北起焦（作）柳（州）线上的石门县北站，横跨澧水、沅江、资江、湘江四水，连接常德、益阳和长沙三市，南接（北）京广（州）线上的捞刀河站和霞凝站，全长266.72公里，其中石门至益阳段与洛湛通道兼容。石长铁路复线宁乡段新建铁路23公里，经金洲、双江口、城郊、菁华铺4个乡镇，红线内征地50.4公顷，拆迁房屋90栋。计划工期为42个月。使用红线外土地30公顷，拆红线外房屋36栋1.2万平方米。2014年该项目已进入铁路铺轨、附属工程建设阶段，预计2015年底竣工。（李宏伟）

征地拆迁

县人民政府征地办公室

主　　任　江海斌（3月另任）
　　　　　刘旺球（3月任）
副 主 任　罗亿新　贺佳芝

【概况】 宁乡县人民政府征地办公室（以下简称县征地办），属全额拨款事业单位，核定编制10名。2014年，县征地办下设办公室、征拆科、社保科和财务科4个科室，有在编干部职工16名。县征地办把规范征拆行为和推进失地农民社保作为全年工作的重中之重，优化经济发展环境，加强项目对接和服务，规范征拆，推进项目的建设和发展。

积极开展党的群众路线教育实践活动，干部职工思想得到洗涤。根据县委关于深入开展党的群众路线教育实践活动的统一部署安排，县征地办对教育实践活动高度重视，把开展好党的群众路线教育实践活动作为一项重要的政治任务来抓，以为民务实清廉为主题、按照“照镜子、正衣冠、洗洗澡、治治病”的总要求，以贯彻落实中央八项规定和县委十二届六次全会为切入点，切实加强党员干部马克思主义群众观点和党的群众路线教育，突出作风建设，贯彻整风精神，坚持严的标准、严的措施、严的纪律，坚决反对形式主义、官僚主义、享乐主义和奢靡之风。实践活动中，认真学习党的十八届三中全会精神，学习习近平总书记系列重要讲话，学习党章和有关读本，观看《焦裕禄》等影片。通过加强学习宣传和思想教育，进一步提高党员干部思想认识，自觉加强党性修养和品德修养，增强党员干部党纪观念和宗旨意识，提升辨别能力、政治定力、实践能力。

加强党风廉政建设，干部形象得到提升。县征地办认真贯彻落实党风廉政建设责任制的各项要求，进一步落实《廉政准则》和中央八项规定，加强以健全惩治和预防腐败体系为重点的反腐倡廉建设。按照县纪委的统一部署，县征地办认真做好岗位人员和风险点查漏补缺，归纳汇总，对预防腐败工作进行科学化、规范化、程序化管理。促进职责明确、决策民主、程序公开、管理规范，对权力运行实施有效监督，逐步形成廉政风险防范管理长效机制。为加强机关和干部作风建设，着力解决“庸懒散奢软”以及“四风”方面存在的突出问题，进一步提升服务效能，提高群众满意度，改善发展环境，明确工作目标、实施范围、主要任务和工作要求，对如何深入推进作风建设进行精心部署，积极开展内部自查工作，对发现问题进行汇总，及时提出整改意见。

深入调研，把准问题，干部思想认识得到统一。3月至12月，县征地办牵头组织3个层次的调研。第一，副县长龚畅参加的对征地拆迁中损害群众利益的34个信访问题的督查和调研。第二，组织6次有重要征拆工作任务的乡镇和载体分管领导参加的座谈会，就如何进一步规范职能、统一征拆行为进行调研。第三，由县委书记、县长等领导参加的座谈、调研共4次。通过多次调研、座谈，发现宁乡征拆存在征拆主体多、补偿标准不统一、程序不规范、社保工作推进缓慢等问题。同时，从思想层面上充分认识征拆行为不规范带来的严重后果，达到统一规范征拆行为的效果。

抓住关键，整章建制，部门职能职责得到理顺。为规范征地拆迁工作行为，县委书记黎春秋组织召开书记办公会，县长周辉组织召开政府常务会。在此基础上召开全县征地拆迁安置工作大会。同时，成立宁乡县征地拆迁工作领导小组，由县委书记任顾问，县长任组长，常务副县长、县委政法委书记、县委宣传部部长、分管副县长（常务）任副组长，县政府办、县监察局、县委政法委等23个单位为成员单位。领导小组办公室设县征地办，县征地办主任任办公室主任，负责对全县征地拆迁工作的协调、指导。领导小组成员单位一名班子成员联系征地拆迁工作。先后出台中共宁乡县委常委专题办公会议纪要〔2014〕第14次,宁发〔2014〕15号《中共宁乡县委、宁乡县人民政府关于进一步做好征地拆迁安置工作的意见》,宁办〔2014〕30号中共宁乡县委办公室、宁乡县人民政府办公室印发《关于全面推进阳光征收拆迁工作的实施方案》的通知,宁政发〔2014〕38号《宁乡县征地补偿安置实施办法》。全县规范程序的思想得到统一,全县征拆正朝着规范、公平、阳光的方向迈进。

严抓整改,推进有力,征拆、社保工作得到突破。宁乡的被征地农民社保工作从2010年启动,进程一直比较艰难,艰难的主要原因是:领导重视不足,乡镇畏难情绪严重,群众参保意识淡薄,载体单位对社保金征缴能拖则拖。导致到2013年底为止,历时4年整个全县完成纳入的人数只有8146人。2014年,县征地办把被征地农民社保工作作为抓手,同时把这项工作作为群众路线教育实践活动的重要内容之一。县征地办为快速推进这项工作,切实保护好农民利益,通过汇报争取领导重视;对各乡镇的社保工作明确相关责任联系人,任务上肩,责任到位;县征地办主要领导对社情比较复杂的乡镇和社区一线重点调研、专题研究、重点推进,确保平衡发展;创新工作方法,以县征地办牵头,县国土资源管理局、人力资源和社会保障局、公安局和相关乡镇参加的每月联合会审制度,确保入保的公平和公正;工作人员加班加点,积极完成数据录入和保费纳入,为财政节约资金。2014年,完成失地农民参保审批1.01万人,纳入8873人。同时完成失地农民社保资金征缴3.9亿元。

针对程序不到位、标准不统一等问题,县征地办加强征拆工作的监督和管理,对征拆工作中存在的问题进行积极认真整改,出台一系列文件,理清各部门职责,规范征地拆迁程序,确保征拆工作公开透明阳光运行。全县共启动征拆补安项目92个,共征收农民集体土地596.03公顷,县征地办组织发布征收土地公告89个。南苑棚户区改造项目是宁政发〔2014〕38号《宁乡县征地补偿安置实施办法》出台后实施的第一个项目,通过阳光拆迁,三榜公开,第一期在10天内顺利完成41户群众的拆迁工作,第二期在5天内完成57户群众的征拆工作,拆迁速度再创新高。

注重协调,全力攻坚,重点难点问题得到解决。县征地办为确保县域经济高速发展,在推进项目方面建立项目联系制度,项目分轻重缓急,分别明确办公室领导和工作人员进行联系,支持项目拆迁;及时对重大项目全过程进行调度;对难点项目全力进行攻坚;成立综合治理小组,随时应对征拆过程中的"钉子户""碉堡户",破解久拖未决的4个重大项目的征拆难题。

阳光操作,公平公正,群众满意程度得到提高"阳光拆迁"不是口号,而是群众利益与城市发展的平衡点。严格按照103号令和长政发〔2014〕7号文件的征拆标准公平公正拆迁,做到区域一致、载体一致、项目一致。任何单位和个人不得擅自提高补偿标准和奖励标准,不得擅自增设补偿项目和奖励项目,不得擅增补偿安置人口,不能厚此薄彼,优亲厚友,扰乱公平秩序。拆迁过程中向社会公布征拆的每一个环节、每一项补助、每一户情况,确保政策、程序、结果公开透明;集体土地征拆落实"三公告一登记"(征收土地方案公告、征求意见公告、实施公告和征地补偿调查登记)、"三榜公示"(第一榜、第二榜、第三榜)、"两级审核""补偿资金点对点支付"等制度。同时,拆迁过程中坚决贯彻有偿拆迁,无偿拆违的原则,做到以人为本,充分惠民。阳光征拆让广大的拆迁户看到公平和公正。群众满意度得到提高。

【征地拆迁和社保安置工作】 2014年,县征地办积极开展征地拆迁和社保安置工作。第一,征地拆迁。全县涉及征拆补安项目92个,征地596.03公顷,集体土地上房屋拆迁1042户,拆迁总面积33.5万平方米,补偿金额11.5亿元,动迁人口3883人。国有土地上房屋拆迁16户,国有土地收回6205.53平方米,拆迁面积7256平方米,补偿金额3900万元。重点支持参与推进宁梅大道、杉杉新材、宇业集团、金玉集中区、爱琴湾、市民广场、"1121"工程、滨江棚户区改造等项目的征收工作。第二,失地农民社保。全年完成被征地农民参保审批1.01万人,纳入8873人;累计完成失地农民社保审批1.83万人,纳入1.41万人。同时完成失地农民社保资金征缴3.9亿元。第三,安置房屋。2014年,宁乡经济技术开发区、金洲新区、城建投、国资公司和金玉工业集中区共完成安置房建设3813套,共计47.65万平方米;在建安置房1728套,共计面积19.54万平方米。2008年至2014年共计拆迁7529户,完成安置6226户,截至2014年底未安置户数为1232户。县城建投创新安置方式,采取楼盘竞价安置的办法,购买商品房132套,安置拆迁户57户。第四,解决拆迁难点项目。县征地办积极协调,解决拖5年之久的五街国际高某两户的拆迁;解决拖两年之久的长韶娄高速喻某的拆迁;解决杉杉新材项目久拖不下的刘某的拆迁;解决拖3年之久的爱琴湾项目周某、陈某两户的拆迁。 (李建华)

住房保障

县住房保障局

局长、党委副书记 陈杰文

书　　　　记　易胜礼
副　书　记　唐　军
纪委书记　颜　剑（县纪委派驻）
副　局　长　姜淑林（9月免）
　　　　　　刘　华
　　　　　　严和平
　　　　　　王　军（9月另任）
　　　　　　彭海波
工会主席　黄志恒

【概况】 2014年，宁乡县住房保障局机关内设6个科室，13个二级机构；共有干部职工434人，其中在职364人，离退休70人；局领导班子成员10人，中层骨干72人；具备大专以上学历238人，本科以上学历71人；有工民建、房地产评估、经纪、经济师、档案管理等各类专业技术人员122人，其中高级职称6人。该局行使县人民政府授权的工作机构职能，负责全县房产市场领域的行政管理和统筹全县保障性安居工程工作。2014年，全局获省级奖励7项，获市级奖励3项。局领导班子再次被县委评定为"五好领导班子"；全局在县绩效考核中再次跻身先进行列，位居小组第一名，在全县优化经济发展环境暨政风行风建设千人测评中获综合服务类单位第3名；党风廉政建设再次获评全县先进；全局在宣传思想、依法行政、向上争资、人口和计划生育工作、文明程度指数测评、廉政文化建设等工作中成绩突出，被评为全县先进单位；在"三查三比"项目建设竞赛活动中获项目服务英雄榜优秀单位；全局还获得"五四红旗团委""2014年度项目建设百日大会战三等奖"、全省"保障性安居工程工作先进县"等荣誉。白蚁防治获中国物业管理协会"白蚁防治先进单位"；房屋产权管理服务中心获省级"2014年度房地产测绘先进单位"；房地产开发经营公司获省级"2013年度守合同重信任单位""2014年度湖南省诚信企业"、市级"2014年度市物业管理示范项目示范物业服务企业"；和诚担保公司获省级"守合同重信用单位"；物业管理服务中心获市级"物业管理工作文明单位""文明创建工作先进单位"；局办公室被评为全县"党政办公室系统先进单位"；行政许可科被评为县政务中心"红旗窗口"单位。

【房产市场】 2014年，全县房地产业转型步伐加快。第一，结构不断调优。市场逐步由单一的住宅地产发展到"住宅、养老、教育、工业、旅游、休闲并举的复合型住房体系；"宜居宜业、精致精美，快乐长沙、宜居宁乡"品牌唱响，11月3日至5日成功举办第四届宜居文化节。第二，投销逆市力挺。通过实施新春刚需购房置业补贴以及第四届宜居节三期购房补贴套餐的撬动，全县刚需住房和改善置业得到有效释放，全县全年房地产市场完成投入42.3亿元，建成商品房（新批预售）156.9万平方米，销售新建商品房8682套104.02万平方米，销售金额49.71亿元，连续三年突破百万元大关；外向度持续攀高，达21%；二手房交易共1272套，比2013年下降20.05%，成交量25.03万平方米，比2013年下降31.36%，成交额6.02亿元，比2013年下降39.34%。第三，税费贡献稳固。全年税费入库8.3亿元，其中一体化税6.4亿元，财政契税1.5亿元，占县级财政可用财力的25%。第四，管理更加规范。行政审批事项全面下放，"三集中三到位"（许可职能向一个科室集中，审批科室向政务大厅集中，审批事项网上办理集中，事项进驻大厅到位，审批授权窗口到位，电子监察到位）执行到位，增加市场风险防控机制，出台《宁乡县房地产市场风险防控预警预报机制办法》，严格商品房预（销）售资金监管、"一房一价、明码标价"监管扎实，出台"县九条"，加大"四个一"（即一个户口、一个学位、一份保险、一个岗位）跟踪督查，提振市场信心，激活消费需求，规范市场秩序。

【住房保障】 2014年，紧扣"教师、医师周转房建设三年行动"，率先在省内启动乡村教师、医生公租房建设，年内新建公租房3125套，其中教卫公租房1071套，完成考核任务的136%；实际建成保障性住房、棚户区改造5879套（户），完成率290%；成功交付保障性住房1029户；发放租赁补贴1844户，新增廉租补贴户数785户，圆满完成保障性住房建设任务。全年争回中央、省、市保障性住房补贴资金2亿元，超目标任务5000万元，缓解了县级财政压力。2014年12月，顺利接受中央审计署驻长办的年度审计。

【房政服务】 2014年，主动服务产业，房政业务创新突破。第一，定权发证全面铺开。全年完成房屋登记9357宗，登记面积265.8万平方米；其中农村发证2142本，94.8万平方米；严格测绘标准，全年完成测绘业务1300宗，测绘面积468.7万平方米。第二，白蚁防治全国领先。践行绿色承诺，加强自主创新，完善行业标准，业务触角扩面向13个乡镇站所全面延伸，年内签订白蚁预防合同498份，施工面积200万平方米，405宗，签订灭治合同42宗，灭治245宗，灭治面积110万平方米，为45户困难户及3个小区施行爱心免费灭治，实现"中国物业管理协会白蚁防治专业委员会先进单位"五连冠。第三，物业管理喜获提升。通过出台一个《意见》（即《关于进一步加强全县物业管理工作的意见》），签订一份责任状（与各物业企业签订绩效考核责任书），强化一个指挥棒导向（将物业管理纳入年度绩效考核），深入开展服务进小区和"180"（要帮您）活动，平安物业、和谐物管“三位一体”(即逐步建立社区居委会、业主委员会、物业服务企业三者互为一体、互相促进的物业管理机制是充分调动三方力量，提升物业管理工作水平和社区工作水平，构建和谐社区的需要，是提高居民生活质量、保障居民居住安全、营造舒适优雅生活环境的需要)管理格局基本形成；继续严格物业维修资金网上缴存制度，资金累计缴存5.2亿元；启用使用程序，全年按程序使用资金150.6万元。第四，征收工作依法依规。加大宣传力度，严格补偿资金监管机制，坚持全程把关，问题及时排查，确保阳光征收，全年完成7大项目的征收拆迁工作，被征收人156户(其中私房145户，单位11家)，征收建筑面积9.04万平方米。第五，资产管理全面加强。完成局属国有资产的清查、盘点，强化直管公房、保障性住房小区和自管资产的承租、维护和管理，对局属固定资产进行一次较为全面的清查，建立电子台账，确保保值和增值；继2013年4月10日局机关从春城南路搬迁至花明北路原地税局机关后，局属房产经营公司、白蚁防治管理所于6月搬迁至梅花路老公安局过渡办公，春城南路老机关整体移交给县公安局玉潭派出所。第六，档案管理不断规范。推行档案信息的数字化、规范化，自9月起，档案逐步接收全县国有土地上房屋征收档案管理，初步实现纸质档案与电子档案同步，巩固省特级档案室品牌。

(陈洪波)

住房公积金管理

长沙住房公积金管理中心
宁乡县管理部

主任、党支部书记 何玉树(女，8月免)
副　主　任 谭建明

【概况】 2014年，长沙住房公积金管理中心宁乡县管理部(以下简称管理部)有在编人员7人、临聘人员3人。管理部在市中心授权下，负责宁乡县行政区域内住房公积金的归集和使用计划；记载职工住房公积金的缴存、提取、贷款等情况，按有关规定和审批权限审核住房公积金的提取和转移；负责住房公积金的催建和催缴；办理住房公积金的对账和查询，提供住房公积金政策咨询。2014年，管理部紧扣“做大做强做优”工作思路，积极践行“六个走在前列”，大力开展市中心“四个争创一流”(在加快归集扩面中争创一流，在发挥住房保障作用中争创一流，在资金风险防控中争创一流，在提高服务品质中争创一流)活动，创新管理方式，提升服务水平，全面促进宁乡住房公积金事业快速健康发展。截至2014年底，全县住房公积金缴存单位775个，缴存人数5.3万人，累计归集总额15.07亿元；累计向1万多户家庭发放住房公积金贷款13.6亿元。2014年向县政府提供廉租住房建设资金1400万元。

【公积金资金管理】 2014年，管理部通过健全管理制度、加强内部稽核、主动接受外部监管、严格责任追究等强有力的工作措施，构筑立体防控体系，确保资金运行“零风险”。主动接受社会监督。对管理部业务办理流程、服务标准、办理时限、服务承诺等进行全面公示。同时，在服务大厅显著位置设立专栏，公开公积金政策和相关规定、服务热线、监督专线等信息，主动接受社会监督。切实加强内部管理。实行严格的内控机制和稽核机制，确保资金运营安全。加强对缴存、提取、贷款业务的审核，促进业务审批规范化。强化贷后管理，建立与委托银行、担保公司良好的合作关系，建立逾期贷款的预警和催收机制，同时，实现与中国人民银行征信系统联网，规避不良信誉贷款。

【公积金政策宣传】 2014年，管理部坚持把住房公积金政策宣传贯穿管理工作始终，大力提升政策知晓率、入户率，不断强化缴存主体的责任意识和缴存职工的主体意识。第一，行政推动增活力。通过组织召开联席会议、非公企业“制度推进会”、归集扩面协调会，深入夏铎铺镇等乡镇园区企业，宣传住房公积金制度，使归集扩面工作更为集约、高效。第二，方式多样添风采。通过网络媒体、电子显示屏、横幅、宣传板报等载体，采用上门服务和重点宣传的方式，突出对重点单位宣传住房公积金缴存建制有关政策，着力在签约楼盘详细解读住房公积金新政的有关规定，增进住房公积金制度影响力。逐步扩大住房公积金专管员QQ群的使用力度，有近500名规模企业专管员列入其中，充分发挥QQ群覆盖面广、互动及时、信息传递迅速等特点，及时为缴存人答疑解惑。

【公积金综合服务】 2014年，管理部始终秉承“以人为本、服务创优”的理念，在完善服务制度、精简业务流程、提升服务质量、优化服务水平上狠下功夫，管理部服务品质逐步优化，服务效率日益提高，服务体系建设日臻完善。第一，推出便民举措。主动对接群众所需，提供优质服务。通过在服务大厅设立“值班主任岗”，开展预约或上门服务，推行书面“一次性告知”服务，开辟“绿色通道”，提供住房公积金贷款催缴和还贷“手机短信告知”服务这五大措施，使公积金服务更便民利民，群众满意度大幅提升。第二，提速业务审批。对个贷和归集缴存业务审批流程进一步简化。住房公积金缴存、提取业务即时办结，贷款审批3个工作日办结，单位缓缴住房公积金及降低缴存比例审核5个工作日办结，住房公积金业务审批事项在2013年提速

56.3%的基础上，整体再提速62%。（邹璐）

城市建设投资开发

县城市建设投资集团有限公司

董事长 贺立权
总经理 杨瑞祥
监事长 陶晓红（3月另任）
高波良（5月任）
纪检组长 欧腊梅（女，县纪委派驻）
副总经理 周兵才 陶泉 谢继韩 吴麒麟
工会主席 吴素婵（女，3月另任）
姜婕华（女，3月任）

【概况】 宁乡县城市建设投资开发有限公司（以下简称县城建投）成立于2000年8月18日，是经宁乡县委、县政府批准成立的国有独资公司，依据现代企业制度运作的企业法人。2013年6月，成功组建集团公司，2014年9月，完成公司机构改革，注册资本2亿元，总资产130亿元，内设办公室、总工室、投融资管理部、招商经营部、工程技术部、社会事务部、资产资源管理部、财务部、人力资源与绩效管理部、监察审计部等八部二室，下辖（控股）开元公司、同兴公司、万佛灵山公司等三家子公司，初步发展成为融政府垄断性资源经营、房地产开发、保障房建设、旅游开发等于一体的大型国有复合型独资公司。

【实现融资工作新突破】 2014年，县城建投实现融资工作新突破，加强与银信部门的交流、对接，关系更密切，审批额度更大，发放速度更快，全年银行审批资金40亿元，比2013年增长60%，成功突破30亿元大关；到位资金28.45亿元，比2013年增长35%。成功发行13亿元企业债券，积极探索新型城镇化市政项目债券发行，开辟城市建设资金新渠道。

【促进项目效益新提升】 2014年，县城建投进一步促进项目效益新提升，逐步落实建管分离制度，推动项目管理从粗放型向精细化转型，从投入向投资转型，提高项目建设效益和社会效益。全年实现社会固定资产投入65亿元，项目建设产值20亿元，完成自投资金5.9亿元。溜子洲大桥、龙江路等10大政投项目顺利竣工，学府路、人民北路等9个政投项目有序推进，利和综合体、蓝城宁乡文化城等产业项目启动建设，缇香美岸、东方现代城等房产项目进展顺利，“省会次中心，幸福新宁乡”建设步伐全面加快。

【建立招商经营新模式】 2014年，县城建投建立招商经营新模式，由单一地产招商向综合地产招商转变，对落地项目组织专人跟踪服务，开辟“绿色通道”办理相关手续，重大问题提请县长办公会议一事一议，专项落案，为项目提供全程优质服务，确保项目早签字、早落户、早启动。年内成功引进利和综合体、宁乡文化城等重大综合地产项目，招商转型成效明显。全年报批用地62.8公顷，出让土地32.8公顷，实现收入5.24亿元，在土地市场持续低迷的情况下，探索出突破制约瓶颈，提升经营效益，加速城市建设的新路子。

【落实征拆安置新政策】 2014年，全县率先落实征拆安置新政策，建立征拆新模式，推动阳光拆迁、和谐拆迁，8天完成历经铺41户拆迁，5天完成玉潭57户拆迁，刷新宁乡拆迁速度。全省首创安置房源团购竞价安置新办法，妥善解决安置遗留问题，工作模式在全县推广。多方筹措资金2.8亿元，全年征地51.67公顷，拆迁165户，解决征拆安置遗留问题85个，组织600多人完成爱琴湾3户强制拆除，维护良好的征拆环境。

【取得内部管理新成效】 2014年，县城建投顺利完成集团公司机构改革工作，取得内部管理新成效。精简机构8个，精减人员76人，有序推进管委会成立工作，全面推动子公司改革；完善员工学习、管理、考核制度，健全临聘人员薪酬、晋升机制，强化督查、严格考核；深入开展党的群众路线教育实践活动，解决群众问题近100个，工作经验在县委实践办简报推介两次；充分发挥工青妇等团体作用，组织各类活动20多次，队伍凝聚力、向心力进一步增强，获得湖南省文明单位、湖南省诚信企业、湖南省守合同重信用单位、长沙市文明标兵单位、长沙市老年体育工作先进单位等荣誉。（谢亚）

环境保护

县环境保护局

局长、党组书记 黄立志（3月另任）
江海斌（3月任）
副书记、纪检组长 周汉文
副局长 黄红耀 喻毅章 张杰 任永霞（女，聘） 陈絮飞（女）
工会主席 洪志军

【概况】 2014年，宁乡县环境保护局（以下简称县环保局）有在编干部职工71人，下设办公室、污染控制科、生态建设科、审批服务科、法制宣教科、纪检监察室等6个科室，在宁乡经济技术开发区和金洲新区各派驻1个环保分局，下辖宁乡县环境监察大队（副科级）、宁乡县环境保护监测站2

个二级事业单位。2014年,全县环保系统以提升环境质量为目标,以污染隐患大排查为主线,以"清霾""碧水"大行动为抓手,创新执法机制,强化执法监管,环境保护工作取得较好成效。全年城区大气环境质量优良率96.48%,沩江、靳江等主要水环境功能区水质达标率、集中式饮用水水源水质达标率均为100%。

【环保宣传教育】 2014年,县环保局继续加强环保宣传教育,组织企业业主开展集中培训15次,重点进行政策解读、法规学习,强调企业在环境保护中的主体责任,取得业主的理解;强化信访管理,及时解决群众诉求问题530个;注重媒体宣传,在宁乡电视台开设"环保在行动"专栏,每周二进行典型报道和违法曝光,在省级媒体发稿65条,国家级刊物《中国环境报》发表5篇,耐火材料行业整治等典型经验在《湖南日报》《中国环境报》《湖南新闻频道》等媒体刊物广泛宣传报道;善待志愿者队伍,引导公众参与,"6·5"世界环境日组织开展环保知识竞赛,组织环保志愿者开展座谈会、沩江踏勘等互动活动6次,人大代表建议和提案均按时办结,与人大代表、政协委员的见面率、满意率均为100%。

【环保队伍建设】 2014年,县环保局进一步探索创新机制,加强队伍建设,环境监管力量全面加强。第一,设立乡镇环保站,延伸监管触角。9月29日,县编办出台三定文件,设立乡镇环保站29个;理顺队伍编制管理,每个乡镇明确环保专干2名至3名,确保人员编制、职能职责、办公场所"三到位"。第二,加强学习和培训,提升队伍素质。实施中层干部阳光竞选,通过竞职演说、现场打分等方式,从25名优秀干部中精选16人担任中层骨干,实现全局人力资源的优化配置;制定"以考促学"制度,组织全县环保系统培训学习5次,环保队伍整体素质得以提升。第三,强化引导和管理,提高工作效能。各乡镇领导高度重视环保站建设,召开专题会议,明确主管领导和环保专干,制定工作方案及相关制度,扎实有效开展信访纠纷调处、环保执法、宣传教育等工作,提高环保工作效能。

【环境执法】 2014年,县环保局抓好机制创新,环境监管执法成效显著。第一,坚持网格化监管与交叉式管理相结合,实现现场负责与业务推进的交叉式管理,杜绝监管盲区和死角。第二,坚持定期监管和零点执法相结合,在明确监管频次基础上,对涉水企业、涉危行业等重点污染源实行每周1次的夜间零点行动。2014年,共查处闲置设施、偷排直排等违法行为30次。第三,坚持主动服务与依法惩戒相结合,严把项目审批、验收许可和现场监管关,对绿色企业、守法企业主动提供优质服务,对违反环境影响评价(以下简称环评)制度、总量制度及违法排污等行为,决不姑息迁就,一律从严从重处理。全年否决不符合产业政策、不符合规划选址、无成熟治理技术、无总量指标的建设项目18个,行政处罚40家,并对20多家企业的违法行为进行处罚和曝光。第四,坚持环保牵头与联合执法相结合,开展联合执法行动36次,拆除园区非法电镀、酸洗生产线10条,关闭沩江上游纸厂3家,160多个重点湖库投肥养鱼全面退出,取缔关闭小瓦窑58家,强制71家石灰窑、碎石场、矽砂矿、精灰厂等四大行业企业全面停产整治,全县34家耐火材料企业的整治工作稳妥完成,工作经验在环保部《华南督查通报》第6期进行通报表扬并全国推广。第五,坚持专项督查与后续监管相结合,会同政府督查室开展专项督查,确保工作任务落在实处。强化后续监管,安排专人定期巡查,关闭"两塑"(塑料造粒和铝塑分离)复产企业5家,巩固整治成果。

【污染减排】 2014年,县环保局狠抓污染治理,减排工作任务圆满完成。第一,加快结构和工程减排,淘汰关闭水泥立窑(粉磨站)12家,完成天宁热电大气污染防治、南方水泥烟气脱硝等重点工程,启动沩江上游纸厂整治,胜民、茅栗等2家纸厂停产关闭,淘汰黄标车500多辆,全县96家加油站的油气回收治理工作全面完成。第二,贯彻执行环境经济政策。对长沙海大铝业有限公司等87家企业进行初始排污权指标分配,42家新改扩企业根据环评文件进行排污权交易,对楚天科技股份有限公司等19家企业进行企业环境行为信用评价,完成环境责任保险任务,配合市局,完成对南方水泥、青岛啤酒和邦普等3家企业实施清洁生产审核。第三,规范危废及辐射的安全管理,制定企业应急管理实施方案,对19家环境风险企业进行跟踪管理,全县52家医院和18个单位的放射源和射线装置得到有效监控,推进重金属治理,金河水库综合治理项目进展顺利,对历史遗留的1.2吨氰化钠废渣进行妥善处置。

【环保项目服务】 2014年,县环保局创新服务方式和措施,服务项目审批和项目招商,推动县域经济发展。第一,优化审批流程。按照"三集中三到位"(许可职能向一个科室集中,审批科室向政务大厅集中,审批事项网上办理集中,事项进驻大厅到位,审批授权窗口到位,电子监察到位)原则,在政务中心成立集咨询、受理、审批、验收、发证等流程为一体的政务窗口,方便业主和群众。第二,缩短审批时限,将环评报告书、报告表、登记表的审批时限分别由法定的60日、30日、15日缩短为5日、3日、1日,提高工作效率，及时审批项目255个。第三，创新验收模式，实行“三同时监管日”制度，每周二定期进行“三同时”（同时设计、同时施工、同时投产）监管，完成竣工验收项目60多家，核发排放污染物许可证90多份。第四，注重重点项目，以“双百”、百日大会战中的重点项目为重点，主动对接，提前介入，上门服务，及时跟进，确保锦湘锰业、格力电器综合生产基地、杉杉新材料、懋天钨业、洋河酒业等重点项目顺利通过审批或落户宁乡。第五，重视农村环保，流沙河、回龙铺、偕乐桥、双凫铺等4家新建乡镇污水处理厂顺利竣工，已建14家乡镇污水处理厂特许经营委托运营工作全面完成签约并移交运营；畜禽治理超额完成，至年末已完成6.3万平方米养殖污染治理任务；生态创建成效明显，黄材、历经铺、城郊乡、大屯营等4个乡镇成功创建国家级生态乡镇。

【环境监测】 2014年，县环保局制定大气、水环境等监测网络，及时完成地表水、饮用水源地、国控污染源等采样监测任务。全年共完成委托监测350多家，监管监测260多次，编制监测报告655份，完成验收监测55家，出具监测报告38份，完成监测收入200余万元。全年城区大气环境质量优良率96.48%，沩江、靳江等主要水环境功能区水质达标率、集中式饮用水水源水质达标率均为100%。

【环保作风建设】 2014年，县环保局以党的群众路线教育实践活动为契机，以“四风”整治为主线，通过全面发动、深入学习、征求意见及建章立制等方式，全局作风意识进一步提升，领导班子进一步团结，基层组织堡垒作用进一步加强。第一，完善机制。多次组织开展“三会一课”（支部党员大会、支部委员会、党小组会和党课），制定领导班子“三重一大”（重大问题决策、重要干部任免、重大项目投资决策、大额资金使用）、民主集中制等廉政机制，严格执行食堂接待、公函接待和机关管理制度。第二，接受监督。开展政风行风评议活动，广泛征求服务对象和群众意见500多条并认真整改，在机关显要位置设施投诉举报意见箱2个，在宁乡电视台公布职能职责等政务信息、公示纪检举报电话，接受广大群众监督，全年未发生一起违纪案件。第三，探索创新。实施公务外出回访制度，由纪检监察室不定期对外出人员的去向进行跟踪调查，全局作风建设得到加强。

（周铁军）

农　业

农村工作

县农村工作领导小组办公室
主任、党组书记　姚鹤舜
副书记、副主任　陈新德
副　主　任　肖正良
蔡石皎(兼)
刘利文
黎金华
罗顺民

【概况】 2014年,全县实现农业总产值152.88亿元,农业增加值101.48亿元,农村居民人均可支配收入1.97万元,比2013年同期分别增长5.3%、5.3%、10.2%。农村居民人均可支配收入增长速度位列全市第一。

农业地位高。连续7年夺得粮食生产全国先进,成为全国3个超级杂交稻"百千万"高产攻关示范工程基地县之一。生猪调出总量继续保持全国前列,禽畜污染治理与资源化利用模式在全省推介,动物防疫稳居全市第一。农村田间水利扩容提质经验全国推广,以全省总分第一的成绩成功申报全国第六批小型农田水利建设重点县。机插秧技术推广位于全省前列。烟叶收购规模稳居全省第二。气象现代化建设成为全省第一县,处于全国一流水平。土地治理项目资金规模全省第一。

农业思路新。科学运作现代农业科技示范区,致力打造宁乡现代农业发展首要平台,隆平高科、山东寿光等项目成功引进并实施建设,双江口高标准农田建设、农业综合开发、金朱公路生态绿道建设、沩水河改造等基础设施项目完成投入近5亿元。创新推进农产品销售平台,金洲茶叶、湘茗茶业、沃尔德、沁和等6家农产品加工企业多项产品走出国门,以"湘品出湘"工程为载体,打通农产品进京"绿色捷径"。组织开展主题活动、推行整合营销、运作全媒体互动,农历年前在长沙、北京、广州掀起宁乡优质农产品抢购"风暴",宁乡花猪成为羊年的年货主角。

农业项目多。精心包装项目吸纳投入,合同引资金额突破181.6亿元。湖南粮食集团、印象麓山、盼盼食品、康师傅等过亿元项目相继落户。长沙现代农业与城乡融合发展投资洽谈会上,成功签约7个过亿元项目,金额31.66亿元。项目建设成果突出,33个市级重大农业项目顺利开工,累计完成投资17.5亿元。大河西农产品物流中心、湘都生态农业园、金太阳神龙养生园、凤凰山生态农业园、卫红粮食银行、湘茗富硒有机茶园等19个项目如期竣工。打造全国首个湘菜食材产业基地,引进绿盛食品、恩农食品等8家企业,总投资突破6.2亿元。湘都生态农庄建设快、理念新、影响大,成为"接二连三"的全产业链示范农庄。

农业投入大。努力构建以财政资金为引导、农民和企业投入为主体、各级项目资金相配套的农业长效投入机制。出台《关于大力培育新型农业经营主体的意见》《关于进一步稳定粮食生产遏制耕地抛荒的通知》《关于稳定宁乡花猪产业发展的通知》等政策文件,加大对农业产业的扶持投入。发放各项惠农补贴5亿元,完成各类支农投入5.93亿元。引导农民自主投入,累计筹集"一事一议"资金1024.8万元。依托全省首批特色县域经济重点县建设,全县农副产品加工企业1620家,其中产值过亿元企业74家,实现产值391亿元。全省唯一一个现代农业园区试点项目落户宁乡,土地治理项目资金规模居全省第一。

农业创新强。首创农民自己的银行——卫红"粮食银行",粮食生产服务机制加快创新,新闻专题片《把粮食存进"银行"》斩获中国新闻奖一等奖;突破技术革新,双凫铺超级杂交稻"百千万"高产攻关示范工程效果明显。创新土地流转办法,大成桥镇鹊山村成立土地流转银行,率先开展整村土地流转试点形成示范。喻家坳乡土地承包经营权确权登记颁证试点有序进行。实施林权抵押贷款,林下经济年产值突破1亿元,森林防火村级护林员机制在重点林区推广。乐福来、沃尔德等公司潜心研发产品,沙龙畜牧在深圳成功实施复合宅配模式,青龙投资涉足电子商务,宁乡花猪成为手机游戏主角,花猪产业走向全链发展。

农业实效明。周密部署防汛抗旱工作,及早预报预警,及时调度处理,在全县各乡镇各部门努力下,防汛保安工作万无一失。农机推广攻坚克难,烘干机推广全省位列第一。小瓦窑整治强力推进,58家非法小瓦窑全部拆除到位。关闭河道砂场71家,楚江全线完成治理,白马桥、城郊、历经铺、黄材、大屯营成功获评国家级生态乡镇。161座小一、小二型水库退出投肥养殖。

农业基础牢。广泛发动、深入推进农村田间水利扩容提质工程,掀起30年内全县最大的田间水利建设高潮。铁冲水库扩容升型完成主体工程，17 座重点小二型水库除险加固全部完工，黄材水库渠道维护、南干渠补水等项目如期推进，解决 13.7 万人安全饮水问题。耕地重金属污染治理全面启动，全县 9.47 万公顷耕地由省农业委员会批复纳入抽样检查监管范围。建成户用沼气池 1120 口，农村改水改厕 2400 座，气象灾害防御中心 4 月正式运行。落实机插秧推广面积 4133.33公顷，移民库区渠道、公路、学校等基础设施进一步夯实。宁横、宁沩公路绿道建设全面完工，新增营造林面积 1.13 万公顷。大成桥、流沙河成功创建市级绿色集镇，花明楼靳源村、煤炭坝砖塘村、东湖塘在凤村、回龙铺沩河村、大成桥永盛村、玉潭通益社区成功创建市级绿色村庄（社区）。以奖补形式推动油菜和绿肥种植，冬季农业生产扎实推进。

农业队伍齐。2014 年，农口系统各单位心齐气顺、奋发向上，同心协力推进各项工作。森林防火大会动员到村，组织 422 个村（社区）主任参加造绿工作大会并集中学习森林防火知识；粮食生产工作表彰到户，集中表彰 110 名种粮标兵和农机示范户；农业项目联系帮扶到点，组织 12 个农口部门、28 个帮促工作组、41 名帮促领导和干部，深入一线为项目建设排忧解难。深入推进为农服务基础体系建设，积极向上争取惠农项目；深入开展“善行楚沩”活动，为建设幸福宁乡有效助力，大成桥敬老院被评为全国农村五保供养工作先进单位；“四爱四家”（爱的呵护妈妈在这儿、爱的集结残疾人集体婚礼、爱的传递残疾人就业创业帮扶、爱的表达残疾人法律救助，把残疾人当家人、把残疾人的事当作家事、把残疾人的来信当家书、把残疾人事业当家业）扶残助残活动凝聚人心，残疾人托养康复中心加快建设，“20 分钟托养康复圈”初显雏形；凤凰山国家森林公园项目建设扎实推进，景区路网、生态绿化等基础设施建设加速完善。

农业作风实。农口系统各级干部以教育实践活动为契机，积极谋求从一般服务、被动服务向创新服务、创优服务方向转变。第一，充分体现“为官有为”的新风貌。强化农产品安全监管，加强执法检查。加强驻点巡查，继续保持打击西部挖山洗砂高压态势。推进粪污治理更广覆盖，加快规模养殖场绿色标准化进程。第二，牢牢树立“为官为民”的新形象。将抓发展、抓作风、抓民生三大任务紧密结合，以生态建设三个三年行动计划、广播“村村响”工程、纠正损害涉农利益行为专项整治等为切入点，切实改善群众生产生活条件，切实维护群众的权益，群众认可度进一步提高。

农业态势好。全面启动农村改革，积极开展农村集体土地流转、新型农业经营主体培育等方面的先行先试。对接国家科技部，启动国家级现代农业科技示范区的申报程序。努力创新农业经营模式，集约经营模式逐步取代传统的一家一户的分散经营模式。全县农民专业合作社突破 1730 家，新增省级龙头企业 2 家、市级龙头企业 15 家。“宁乡花猪”获批湖南省著名商标。

【城乡一体化和美丽乡村建设】 2014 年，县农村工作领导小组办公室（以下简称县农办）统筹积极探索可推广的城乡一体化示范村建设经验，多元融资，聚集投入，以灰汤、花明楼、沩山、流沙河 4 个中心镇（小城市、特色镇）为重点，加快镇、村错位发展、聚合发展、创新发展的生动局面。2014 年，4 个中心镇（小城市、特色镇）共启动项目 73 个，实现投入40.43 亿元。朱良桥乡左家山村被省人民政府授予“湖南省美丽乡村示范村”称号。

【重大现代农业项目建设】 2014 年，县农办制定下发《2014 年宁乡县市级重大现代农业项目铺排及帮促联系方案》，对项目进行一对一帮扶。33 个重大市级农业项目全部启动建设，金太阳神龙养生园、凤凰山生态农业园、湘都生态农业园、卫红粮食银行、湘茗富硒有机茶园等 19 个项目如期竣工，正式投产；沃尔德、金洲外贸茶营销网络体系、长沙大河西农产品物流中心、沙龙畜牧原生态养殖、港越食品、绿盛湘菜加工等项目建设进度加快。33 个项目全年累计完成投资 17.5 亿元，全面完成年度目标任务。

【扶贫开发】 2014 年，宁乡县共争取省、市扶贫资金 423 万元。启动全县扶贫建档立卡工作，对全县 5.6 万贫困人口和 32 个国家贫困村进行贫困户识别和建档立卡，全年减少贫困人口 7100 人，为实施精细化扶贫打下重要基础。

【现代农业领军人才培训】 2014 年，宁乡现代农业领军人才培训工作在全市排名前列。分 8 批选送 216 人次农口系统领导干部和现代农业企业代表赴中国农业大学进行现代农业培训；组织举办 530 人的县级农业领军人才培训，为全县现代农业人才储备提供支持；开展农村实用技术人才培训、“阳光培训”、劳动用工培训等，年培训人次 10 万余人。

【农业招商引资】 2014 年，全县共包装农业项目 101 个，新签约 2000 万元以上农业招商引资项目 52 个，合同引资金额 181.6 亿元，实现农业招商到位资金 30.3 亿元。湖南粮食集团宁乡产业园项目、湖南印象麓山现代农业项目、茶籽油工业园项目、盼盼食品湖南生产基地、宁乡佳和现代农业生态园、康师傅等过亿元项目成功落户。在 11 月 20 日“长沙现代农业与城乡融合发展投资洽谈会”上，宁乡县签下 7 个投资过亿元的重大农业项目，1 个投资

5000万元的农业项目，合同签约金额31.66亿元。组织农业产业企业拓宽市场推广平台，金洲茶叶、湘茗茶叶、沃尔德、沁和等6家农产品加工企业多项产品走出国门，在俄罗斯农产品博览会上签约1600万美元，折合人民币近1亿元。

【小瓦窑整治和投肥养殖整治工作】 2014年，宁乡铁拳出击整治小瓦窑，由县农办牵头，成立由环保、林业、国土、电力等部门单位及相关乡镇的专项整治小组，采取“乡镇负责、部门支持”的综合治理办法，对非法小瓦窑进行依法查处和限期整治。历经两个多月时间，全县59家小瓦窑全部拆除，恢复耕地55公顷，获国家环保部华南督查中心及省、市高度肯定。精心部署投肥养殖整治专项行动，工作成效明显，全县161座小一、小二型水库和3处湖泊基本退出投肥养殖。

（齐晓霞）

种植业

县农业局

局长、党委书记 肖年富
副书记、副局长 梁朝晖
副书记、纪委书记 黄建龙
副局长 唐文强
余良培
黄小明
工会主席 何文姣（女）
总农艺师 陈德新

【概况】 2014年，宁乡县农业局内设办公室、人力资源科、财务审计科、产业发展科、农业保险科、法制科、农业企业管理科、改革改制办、监察室、机关工会等10个科室，下设县农业技术推广中心（正科级）、农广校（副科级）、沙河市场管理处（副科级）、县农业执法大队、县农产品质量安全检测中心、县种子技术推广服务站、原种场、农业服务公司、种子公司9个事业单位。全局系统共有干部职工617人，其中在职442人，退休175人。有专业技术人员144人，其中高级农艺师43人，高级会计师1人，农艺师、会计师、经济师、政工师、工程师共43人。县农业局围绕发展现代农业的总体要求，以创新发展方式、打造特色产业为思路，从优化农业产业布局、创新组织经营方式、强化科技支撑出发，加快推进现代农业发展。宁乡粮食生产工作蝉联全国先进，稳保湖南第一产粮大县地位，宁乡县成功入选袁隆平院士的超级杂交稻“百千万”高产攻关示范工程（全国仅有的3个万亩示范片基地县）；宁乡县获评全国首批新型职业农民培育示范县，农广校获省级示范学校，全省首家由农业企业领办的粮食培训学校——湖南省农业广播电视学校卫红粮食分校正式成立，“校企联合，引领带动”的农民培育宁乡模式初步形成；“粮食银行”服务模式在全省乃至全国得到推广，重金属污染耕地修复治理成功争取全县耕地整建制进入监测范围，引导蔬菜种植基地，成立全省第一家县级蔬菜协会；农产品质量安全监管工作成为全省先进典型，休闲农业的示范样板得到肯定和推介。县农业局被评为全省农业政府网站工作先进单位，荣获县“五好领导班子”“党政领导班子绩效考核先进单位”“岗位目标考核先进单位”“政协提案办理先进单位”“委派民主监督员工作优秀单位”等荣誉。

2014年，全县农作物种植面积20.64万公顷，比2013年增加2690公顷。粮食作物播种面积13.24万公顷，比2013年增加3800公顷，其中水稻种植面积12.14万公顷，优质稻播种面积9.54万公顷。全县蔬菜播种总面积4万公顷，总产值15.77亿元；中药材种植面积2400公顷，总产值2亿元；全县茶叶种植面积3800公顷，总产值1.37亿元。全县种植经济作物3.17万公顷，总产值为10.37亿元；全县粮食总产量为85.58万吨，水果总产量为6万吨，茶叶总产量为4793吨。县农业局在宁乡农业信息网发表原创文章320篇，制作兴农富民52期，农业新闻42期等。加快农村实用人才培训，培训新型职业农民1000余人，水稻、烟叶、中药材种植等农村实用人才培训1万多人。

全县农产品加工企业约1630家，其中规模企业123家，过亿元企业80家，从业人员约2.67万人，劳动者报酬6.85亿元，实现工业总产值390亿元，比2013年同期增长25%，实现利润28亿元，比2013年同期增长18%。全县共有农业产业化龙头企业73家，其中国家级龙头企业2家，省级龙头企业11家（2014年新增2家为湖南乐福来食品有限公司和宁乡县花明粮油食品有限公司），市级龙头企业60家。全县休闲农业企业300家，其中国家级五星农庄1家，省级五星级农庄1家，省级四星级农庄4家，省级三星级农庄3家。总接待游客360万人次，营业收入4.2亿元，比2013年增长23%。

2014年，宁乡县农业局完成项目工程固定资产投资5.19亿元，完成入库建安税381.86万元。承担新开工规模项目8个，竣工项目5个；完成规模项目17个，其中1000万元至5000万元规模项目13个，5000万元至1亿元以上规模项目4个；积极招商引资，全年完成到位资金5.14亿元，其中引进县域外客商直接投资兴办项目资金2859万元，原有县域外客商投资企业增资扩股资金2.05亿元，向国家、省、市有关部门争取项目资金2.81亿元；包装开发产业项目5个，提供招商信息9条，并组织11家企业参加“2014年中国中部国际农博会”等主题招商活动。

【粮食生产保障与服务】 2014

年，宁乡县2公顷以上的规模种粮大户1954户，比2013年增加151户，流转水田面积1.02万公顷，比2013年增加2100公顷。第一，稳步发展优质稻生产。全县优质稻种植面积9.86万公顷，其中高档优质稻面积2.85万公顷，标准化基地面积8000公顷。主要分布在回龙铺、双江口、沙田、东湖塘等乡镇。双江口推进水稻高产创建整建制示范镇建设，回龙铺、花明楼、朱良桥打造5个高产创建万亩示范片；双凫铺开展的袁隆平院士超级杂交稻"百千万"高产攻关示范项目，有利于提高粮食单产；煤炭坝等乡镇开展的重金属污染耕地修复治理项目，有效地降低耕地土壤重金属活性，实现污染耕地的达标生产和安全利用。第二，创新粮食生产经营模式。坝塘、资福等乡镇实行水稻生产服务联产承包模式，大成桥、偕乐桥等乡镇实行大流转、小承包模式，灰汤、枫木桥重点推广的种加销一体化模式，东湖塘、花明楼、道林等10个乡镇62个行政村实行的"粮食银行"服务模式，花明楼镇出现的家庭农场经营模式，都能有效解决种田劳动力缺乏以及耕地抛荒的问题。特别是"粮食银行"模式在全省乃至全国推广。2014年，偕乐桥的福建模式、大成桥的鹊山模式也在不断探索和完善之中。第三，发展粮食加工企业。全县共有粮食生产、加工、购销、转化企业280家，其中国家级龙头企业1家(盛湘集团)，省级龙头企业4家(万家春米业、亮之星米业、卫红米业、花明粮油)，市级龙头企业18家，规模企业40家；全国放心粮油加工企业4家，湖南省放心粮油企业2家，"绿色食品"认证5家；中国驰名商标6个，湖南名牌7个。全县静态储存能力56万吨，粮食购销物流160万吨，加工转化能力106万吨，年销售60万吨，年产值110.56亿元。第四，提高社会化服务水平。2014年，组织社会化服务面积6000公顷，服务农户2.02万户。县农业局主要从粮食生产的农资供应、农技推广、机械化作业、专业化防治、田间管理、仓储加工环节进行补助与扶持，推进水稻规模种植，有效调动农民种粮积极性。

【经济作物产业发展】 2014年，全县以蔬菜、水果、茶叶、中药材为主导的经作产业发展良好。第一，规划和引导产业布局。蔬菜产业继续加强"一片两园"建设，以宁韶线为主，在夏铎铺建立万亩蔬菜示范片走廊，在坝塘建立明德和龙马千亩蔬菜标准园；水果产业构建"一东一西"特色示范格局，东为巷子口的万亩李世界，西为朱良桥赤龙岛湖泊水果公园；茶叶产业以沩山茶叶观光走廊和金洲生态休闲茶园为主；中药材产业以青山桥、龙田等西部乡镇为主。第二，加快标准化生产示范基地建设。严格按标准为蔬菜、水果、茶叶、中药材生产示范基地的建设在项目申报、基地建设和管理、项目验收及材料准备等方面进行支持与服务。2014年，全县有29家蔬菜基地进入长沙市蔬菜标准化基地建设扶持范畴。水果、茶叶、中药材标准化生产示范基地有11家。茶叶产业全面推广无公害标准化生产，抓好无公害茶、绿色食品茶、有机茶生产基地的建设和转换认证工作。第三，加强技术指导与服务。县农业局通过技术人员下乡、开展培训讲座、发放技术资料、在报纸开辟专栏，制作电视专题报道等手段向全县蔬菜、水果、茶叶、中药材等种植户传授生产技术。

【农产品加工业与休闲农业】 2014年，全县农产品加工企业1630家，其中规模企业123家，过亿元企业80家，从业人员2.67万人，劳动者报酬6.85亿元，实现工业总产值390亿元，比2013年同期增长25%；实现利润28亿元，比2013年同期增长18%。全县共有农业产业化龙头企业73家，其中国家级龙头企业2家，省级龙头企业11家，市级龙头企业60家。全县休闲农业企业300家，其中国家级五星农庄1家，省级五星级农庄1家，省级四星级农庄4家，省级三星级农庄3家。总接待游客360万人次，营业收入4.2亿元，比2013年增长23%。宁乡现代农庄发展模式多次得到肯定和推介。

【农业执法与农产品质量安全】 2014年，宁乡完成蔬菜检测5236批次，合格率为100%，居全市第一。全县无公害农产品产地认定5.74万公顷，23个产品获绿色食品认证，20个产品获有机食品认证。开展打击侵犯品种权和制售假劣种子等专项行动，共出动执法人员650人次，出动执法车辆165车次，登记备案种子232批次，数量53万多公斤，抽检样品100个，调处纠纷投诉58起，检查企业16家次、农资经营门店486家次，发放宣传材料7000多份。立案38件，结案率100%，罚没收入20万元。通过公告、电视台以及手机平台的宣传，提高农民对农业保险的认识。全年完成水稻投保面积10.41万公顷，投保金额2498.88万元，水稻理赔案550个，理赔金额1250万元，真正为种粮农民化险避灾。

（邓放）

县农业技术推广中心

主　　任　肖年富(兼)

副 主 任　肖　军　喻永芳

县沙河市场管理处办公室

经　　理　唐文强

农业广播电视学校

【概况】 2014年，湖南省农业广播电视学校宁乡分校(以下简称宁乡农广校)有教职工7人，聘用兼职教师26人，认真贯彻落实中央一号文件精神，创新培训力度，积极探索新型职业农民培育的新机制、新模式，按照“三个面向、四个服务”的办学宗旨，围绕新型职业农民培育开展全方位、多层次、大规模的农民教育培训。全年累计开展各类培训班112期，培训学员1.13万人，其中新型职业农民培育800人，农村实用技术培训1万多人，阳光工程培训500人，全年累计发放各类技术资料3万多份。全省、市、州农广校校长(农教办主任)会议在宁乡召开，宁乡农广校被确定为全省第一批新型职业农民培育省级示范校，宁乡县农广校新型职业农民培育“产业联合，引领带动”模式在全省推广。

【职业农民培育】 2014年，新型职业农民培育项目是政府财政支持的职业农民培育项目，旨在培育一批懂技术、善经营的新型职业农民，宁乡农广校围绕养殖、水稻、蔬菜、休闲农业和中药材等多个专业开设新型职业农民培育培训班14期，培训农民800多人，切实提高全县农民的科技文化水平，促进宁乡现代农业发展。阳光工程项目是由政府财政支持的农民职业技能培训示范项目，按照“政府推动、学校主办、部门监督、农民受益”的原则，在坝塘镇、沙田乡、横市镇等乡镇举办培训班4期，培训农民500多人。2014年，宁乡农广校围绕新农村建设，以提高农村实用人才科技水平、职业技能、经营能力为核心，以农村发展带头人为重点，在喻家坳乡、资福乡、横市镇、老粮仓镇、青山桥镇、龙田镇等乡镇开设烟叶种植、水稻高产创建技术和中药材种植技术等专业培训班80多次，共培训农民1万多人。

【农业职业技能鉴定】 2014年，为提升宁乡农业从业者的专业素质，提升农业从业者的待遇水平，宁乡县农广校配合长沙市农业职业技能鉴定站开展花卉园艺工、农作物植保工职业技能鉴定考试，共有130多人顺利通过技能鉴定考试。 （吴旭）

湖南省农业广播电视学校宁乡分校
校　　长 余良培

烟叶生产

县烟叶生产指导管理办公室
主任、党组书记 黄建海
副书记、副主任 陶兴武
副　主　任 龙宇开
何建武

【概况】 宁乡县烟叶生产指导管理办公室(以下简称县烟办)是宁乡县政府直属行使行政职能的全额拨款事业单位，是政府管理全县烟叶生产的职能部门。主要负责落实上级烟草部门下达宁乡县的烟叶种植计划；组织、管理和指导全县烟叶生产；协调好烟农、企业、政府三者之间的利益；监督烟基工程建设。2014年，县烟办有在职干部职工15人，其中党员13人，专业技术人员2人。内设人秘科、生产科、财务科3个科室。2014年，宁乡县人民政府获“湖南省现代烟草农业建设优秀单位”。县烟办获“推进现代农业项目建设先进单位”。喻家坳乡金醇烟叶合作社获“省优秀烟农专业合作社”。

2014年，县烟办无违反计划生育行为。联系喻家坳乡涌泉山村计生工作，拨付计生经费3万元，计生考核进入县先进行列。扎实开展基层党组织结对共建活动，对喻家坳乡涌泉山村投入30余万元进行村部和公路等建设，圆满完成“建设一个好班子、打造一个好阵地、带出一支好队伍、修好一条便民路、培育一个好产业”的目标任务。

【烟叶生产保障与服务】 2014年，是宁乡县烟叶产业稳定发展、逐步转型的一年。宁乡县通过坚定目标抓产业，创新思路促发展，全力破解难题，狠抓工作落实，烟叶产业呈现出规模基本稳定、管理更加精益、基础更加夯实的良好发展态势。

落实“双控”政策，产业规模基本稳定。在发展之初，加强组织领导，强化督查考核，实行烟叶种植申报制度，调高种烟准入门槛，有效落实种植面积，抓牢备耕基础。在生产阶段，根据烟苗长势情况，清除346公顷病苗和三、四类苗，并按照“下四上二”(烟叶下部叶四片，上部叶两片)的标准，扎实推进优化结构工作，面积4233公顷，顺利通过省烟草局的检查和验收；积极应对三大重灾，奋力开展生产自救，降低烟农损失。2014年，宁乡县种植烟叶6107公顷，较2013年减少1159公顷，其中烤烟5000公顷，晒烟1107公顷。收购烟叶884.5万公斤，比2013年减少617万公斤，其中烤烟661万公斤，晒烟223.5万公斤，两烟规模稳居全省第二。实现烟叶总产值2.27亿元，烟农总收入2.83亿元，烟叶税收4985万元。

强化提质意识，生产管理精益求精。2014年，全县紧扣质量效益，扎实开展“烟叶生产精益管理年”主题活动，着力提升烟叶质量、提高烟农效益，取得良好的效果。主要表现在四个方面：第一，质量意识更加强化。通过备耕备肥、召开揭膜培土现场示范推进会、举办烟叶生产示范片区大竞赛等方式，积极引导乡村和烟农树立向质量、向管理要效益的意识，全县烟叶提质增效的氛围不断浓厚。第二，生产水平更加提升。通过深入开展烟叶精益生产示范片区建设竞赛活动，全县建立34个烟叶精益生产示范片区，示范总面积1867公顷，有效促进全县烟叶生产整体水平的提升；通过开展分级技能竞赛活动，从烟队伍业务素质和服务水平得到显著提升；结合党的群众路线教育实践活动，深入开展烟农帮扶竞赛活动，党员干部一对一帮扶烟农、解决生产困难，密切党群干群关系。第三，管理考核更加严格。建立精益化生产考核体系，精益化生产考核指标更加量化，围绕各生产环节进行分段部署、分段检查、分段考核，实行乡镇分类排名，严格奖优罚劣，工作落实更加有力。第四，协调服务更加到位。面对不利的自然气候，及时调整生产技术和烘烤工艺，加强技术指导和生产服务，尽最大的努力提高烟叶质量和烟农效益。由于措施到位、力度过硬，全县烟叶生产的备耕备肥基础、套餐供肥比例、烟苗培育质量、大田移栽标准、地膜覆盖到位率和揭膜培土质量都要好于往年，烟叶生产前期烟株整体长相长势平衡，形势十分喜人。虽然生产中后期受持续阴雨气候影响，烟叶烘烤、调制难度加大，减产减收、效益下降严重。烤烟上等烟比例为64.62%，中部叶比例为52.35%，比2013年分别提高6.77%、1.42%。省局收购检查合格率82.19%，工商交接验收合格率68.6%，均达全省平均水平，国家局工商交接验收合格率61%。宁乡县上部叶评吸结果在全省22个样品中排名第四。

强化组织领导，烟叶收购攻坚克难。2014年，烟叶收购面临着减产减收和政策调整双层不利因素叠加，矛盾多、压力大。县烟办始终顶住压力，踩住底线，确保烟叶收购质量；针对收购中出现的不稳定因素和进度缓慢等问题，多次召开维稳、调度会议，统一乡镇思想，驻点协调指导，有效化解矛盾；针对烟农上访提出的诉求，从政策要求、救灾措施等方面及时给予答复，做到妥善处理，避免产生更大的社会矛盾和不稳定因素。使烟农充分认识到好烟收好价的收购理念，收购眼光和标准回归正常，收购工作实现观念有效转变、方式顺利转型。同时，积极争取省、市烟草公司、浙江中烟受灾救助资金，协调人保公司烟叶理赔资金，各类救灾和理赔资金1350万元，最大程度上弥补烟农受灾损失。

坚持合作经营，组织模式有效创新。坚持以烟叶专业合作社为载体，积极探索符合实际、具有特色的现代烟草农业生产组织模式。全县共注册成立烟叶合作社15家，入社烟农4153户。烟叶合作社均成立劳动力服务中心，组建专业服务队，具备为入社烟农提供产前、产中、产后专业化服务和精细化管理的能力。特别是2014年合作社承包烟农烟叶分级，开展烟叶专业化分级，有效提高烟叶等级纯度，降低烟农劳动强度，在服务烟农、指导生产等方面发挥显著作用。同时，金醇、富源等合作社回收菌包生产有机肥、综合利用烤房种植蘑菇，提高合作社自我发展的能力。2014年，金醇烟叶合作社被评为湖南省烟农专业合作社建设优秀单位。

【烟基工程】 2014年，县烟办、县烟草公司紧盯烟草项目，加大烟基投入，发展基础更加夯实。实现总投入1.24亿元，完成5处育苗工场、3处烤房群附属设施、76个烟水烟路、770套烟夹配套、资福烟叶仓库等项目建设，配套烟用农机具504套。烟草业务用房竣工投入使用。烟区水源工程顺利推进，主体工程完成95%。第一期基本烟田土地整理面积353公顷，投资1500万元，涉及4个乡镇7个村，10月开工建设。

【烟草项目招商引资】 2014年，县烟办招商引资任务为1亿元，项目工程投资任务为1亿元，完成建安税250万元。县烟办始终突出产业招商，主动对接服务项目。全年争取烟草项目总投资2.59亿元，完成投入1.24亿元，拨付工程款8484.52万元，争取科研经费、烟叶灾补、工作经费等资金1727.16万元，招商引资实际到位资金1.02亿元，完成建安税450万元。

【袁建尧督促检查宁乡烟叶工作】 2014年4月29日，省政府党组成员、省长助理袁建尧率省、市有关部门负责人到宁乡督促检查烟叶双控落实情况和现代烟草农业建设工作。实地查看流沙河镇扶冲村和黄材镇黄材村烟叶示范片区及黄材镇富源烟叶合作社。袁建尧指出，宁乡烟叶生产平稳增长，两烟总规模稳居全省第二，是湖南烟叶大县，还是全国现代烟草农业整县推进试点县，为全省乃至全国做出表率。他对宁乡推进现代烟草农业建设工作予以高度评价，希望宁乡现代烟草农业建设不断推进，继续保持持续、稳定、健康发展。他强调，要切实把严控规模摆在重要位置，要清醒地认识到优化结构是做好烟叶双控的关键工作，优化结构不仅是烟草产业健康发展的迫切需要，而且是提升烟叶质量、开拓客户市场、增加烟农收入的一项重要措施。

【国家烟草质检专家到宁乡培训从烟干部】 2014年5月20日，国家烟草专卖局科教司质检处闫新甫处长到宁乡授课，宁乡、浏阳两县(市)烟草专卖局(分公司)领导班子、全体烟叶线员工、宁乡县烟办机关干部职工及乡镇烟办主任共70余人参加培训。闫新甫重点对烟叶收购调拨质量特点、等级质量监督情况、部分地区烟叶等级不高的原因以及工商交接检查中遇到的问题进行探讨，并分析湖南烟叶等级质量的实际情况。培训课件图文并茂，数据翔实，针对性强，对提高烟叶等级质量具有现实指导意义。培训由市烟草专卖局(公司)党组成员、总农艺师何命军主持，何命军总结讲话时说：工业满意是烟叶发展的最重要的元素，要结合烟叶工作实际，从自身找问题，采取有力措施努力提高烟叶等级质量，提

升工业满意度。（喻雯）

养殖业

县畜牧兽医水产局

局长、党委书记 杨正文
副书记、副局长 谢合光
李芒华
副局长 周建华
岳伟
王娟（女）
纪委书记 何平
工会主席 何炳霞

【概况】 2014年，宁乡县畜牧兽医水产局（以下简称县畜牧局）内设办公室、畜牧科、科教与法规科、兽医医政科、人力资源科、财务科、统计监测科、质量安全科等8个科室，下设县动物卫生监督所（宁乡县兽药饲料监察所）、县动物疫病预防控制中心、县渔政监督管理站、县水产工作站、县水产技术服务中心（渔业公司）、县鱼苗鱼种繁殖场、县鱼类良种场、县牧工商公司、县种鸡场、县蛋鸡场、县种猪场、县畜牧兽医技术服务中心、县畜牧水产技术推广站、县畜禽水产品质量检测中心14个下属单位。全局系统有干部职工362人（包括4名乡镇借调人员），其中：在职人员92人（包括4名乡镇借调人员），离退休人员103人。

2014年，县畜牧兽医水产局各项工作取得显著成绩，宁乡县荣获省“重大动物疫病防控工作目标管理考核优胜县”“养殖业工作目标管理先进县”；县畜牧兽医水产局荣获市“重大动物疫病防控工作目标管理考核优胜单位”“畜牧及标准化生产创建工作先进单位”“渔业渔政及水产健康养殖工作先进单位”“畜禽水产品质量安全监管工作先进单位”“兽药管理工作先进单位”，在长沙市畜牧兽医水产局组织的长沙市养殖业工作目标管理考核中综合排序第一；被县委、县政府授予“五好领导班子”“宣传思想文化工作目标考核先进单位”“推进现代农业项目建设先进单位”“县直单位人口和计划生育工作目标考核先进单位”“宁乡县政协2014年提案办理先进单位”等多项荣誉。

【养殖业生产】 2014年，宁乡养殖业加快转型升级步伐，遵循“保量、提质、减排、增效”八字方针，强化措施，狠抓落实，实现生产指标保持平稳，主导产业加速提质的总体目标。2014年，成功应对生猪市场价格低迷及禽流感等事件，养殖业保持平稳发展，全年生猪出栏量为222.5万头，超出年初目标任务11.25%，家禽出笼3909.2万羽，超出年初目标任务2.87%，牛6.5万头，羊9.6万头，水产品3.1万吨。规模养殖场比例逐步提升，规模养殖比例62.6%，全县现有年出栏肉猪400头以上的规模养猪场824个，年出笼肉禽4000羽以上的规模养禽场3824个，常年存笼蛋禽3000羽以上的规模蛋禽场64个。年出栏肉牛20头以上的规模养牛场43个，年出栏肉羊50头以上的规模养羊场102个。

花猪产业大步跨越。2014年，花猪产业实施品牌带动战略，以特办项目实施为契机，政企合作全力推介品牌，快速推动产业发展，在整个生猪产业持续低迷的情况下，取得令人瞩目的成效。第一，规模越来越大。2014年年出栏宁乡花猪15万头，积极推广绿色原生态标准化饲养模式，培育近百户适度规模养殖户、200余户原生态散养户，基地标准化程度越来越高，产品质量得到有效保障。第二，效益越来越好。2014年下半年花猪的市场收购价均价24元/千克，是白猪价格的两倍，养殖户头均养殖效益500元左右，产品供不应求，富民效果非常明显。第三，品牌越来越响。规范统一宁乡花猪地理标志证明商标的使用，由政府牵头，协会组织，企业运作开展一系列活动，对花猪品牌进行全方位、立体式的宣传推介。其中，湖南卫视“天天向上”栏目，作为中丹建交60周年的一个部分，宁乡伢子马皓轩与丹麦公主西塞儿一起赛花猪、品花猪；在长沙万达广场建设花猪城堡，通过游戏的方式，让消费者体验、感受宁乡花猪；湖南经视直播大事件的《勇者决战宁乡花猪王》，创下湖南经视自办栏目收视第一的纪录，各路新闻媒体连续刷屏，新浪网、腾讯网、新华网、中新社等各大网站都在首页进行焦点报道，全国数百家主流新闻网站转载，连英国路透社都进行全英文报道，真正使宁乡花猪唱响全国，走向世界；湖南交通频道91.8举办的宁乡花猪爱心年货会活动，由于前期宣传到位，以致活动现场所有花猪产品全部脱销；还有宁乡花猪美食自驾游活动，在灰汤泡温泉，杀年猪；同时，各大企业纷纷加大投入，筹资3000余万元，先后成功开发“花猪快跑”“猪坚强”等网络游戏，实现花猪产业跨界融合，在湖南都市、财富频道、湖南日报等省级媒体，地铁、高速公路、公交线路等人群密集区进行集中广告投入，“景仓·宁乡花猪”成功冠名全国越野车拉力赛，品牌的影响力越来越大。第四，产品越来越多。从最初的鲜肉销售，到2014年的上百种生鲜、深加工产品，其中，大龙畜牧的“黄金六两”“梅花肉”等生鲜分割产品，品质上乘，市场售价高达400元/千克；乐福来公司开发的花猪法式肠、芝士肠，口感爽口，细嫩鲜香；沃尔德的花猪香肠、休闲食品，市场销售火爆；沙龙畜牧的花猪油、腊肉、红烧肉等产品，景仓九月的休闲食品等等，一经推出，市场反应非常好，春节前几乎所有企业的花猪产品均卖断了货。第五，市场越来越火。沙龙畜牧中部农博会现场签订2亿元的线上与线下销售合作协议，在三亚开展宅配模式，推动营销无缝隙覆盖；沃尔德开发的花猪产品大礼包，顺利进入欧尚大卖场，春节期间销售1.5万包；乐福来产品一经推出就好评如潮，订单不断；9月，公司搭建全新网络电商专卖平台，试推广阶段月销量就突破60万元；湘都农业在北京参加“湘品走天下”活动，仅腊肉产品就签订200万元订单；大龙畜牧产品顺利进入麦德龙、友谊阿波罗、平和堂等高档商场。第六，基础越来越实。成立宁乡花猪产业发展协会，启动宁乡花猪保种站建设，制定宁乡花猪养殖标准，出台产业发展实施意见及市场清理整顿实施方案，对养殖销售等环节进行清理整顿，完成宁乡花猪质量追溯体系建设招投标程序，搭建宁乡花猪官方网站及微信平台。

标准化建设成绩斐然。第一，规模比例逐步提升。规模养殖比例上升到62.6%，2014年年末，全县年出栏肉猪400头以上的规模养猪场824个，年出笼肉禽4000羽以上的规模养禽场3824个，常年存笼蛋禽3000羽以上的规模蛋禽场64个，年出栏肉牛20头以上的规模养牛场43个，年出栏肉羊50头以上的规模养羊场102个。第二，粪污治理全省典型。2014年，整合项目资金2000余万元，成功构建推广生态综合处理的治污新模式，对7.8万平方米养殖栏舍粪污治理工程改造升级，治理后的污水经环保部门检测全部达国家标准。此项治理，使全县年减排禽畜粪污24.69万吨。由于成效显著，特色明显，宁乡禽畜粪污治理工作获得各级领导专家的高度赞誉，省两型办将其作为全省两型社会建设的典型，在全省进行宣传推介。2014年12月24日，湖南卫视新闻频道对此项工作进行重点推介。同时，先后接待南山县畜牧局、海南省海口市畜牧局等考察团，考察学习的人员有300余人次。

【动物防疫和检疫】 2014年，县畜牧兽医水产局积极应对，迅速反应，重大动物疫病防控工作极为出色。第一，基础免疫工作扎实。全年强制免疫疫病免疫密度高达95%，春秋季集中免疫密度100%，成功迎接市防治重大动物疫病指挥部的检查。第二，成功应对重大动物疫情。H7N9禽流感防控取得阶段性胜利。全县采集检测样品8000多个，检测结果全部为阴性，没有人感染事件发生。迅速控制羊的小反刍兽疫疫情。针对3月发生的疑似小反刍兽疫病例，县畜牧兽医水产局迅速采样送检，果断处置病羊，没有造成疫情的扩散和养殖户的恐慌。有效控制布病等人畜共患病的发生。2014年，由于从外地进羊的原因，导致宁乡发生布病疫情5起，5户养殖户感染布病，县畜牧兽医水产局迅速扑杀山羊200多头，有效控制疫情的扩散。第三，启动病死畜禽无害化处理网络体系建设。与深圳朗坤公司进行前期洽谈，计划采BOT模式，由企业为主进行建设，并且制定实施方案报县人民政府审批。

【水产和渔政】 2014年，宁乡水产和渔政发展良好。第一，加大宣传力度。全年在县电视台、《今日宁乡》等媒体做了多期打击电力捕鱼，保护和增殖渔业资源的专题报道；印发《保护渔业资源的通告》8000份进行张贴，设置渔政执法举报电话及举报信箱。第二，开展专项整治。查处电力捕鱼案10起，行政处罚18人，收缴背包式电渔机100台，查处电渔机门店2家，收缴电渔机机头96只及配套的电渔机5台。狠刹电捕歪风。第三，开展人工放流。6月20日，在沩江河人工增殖放流青鱼、草鱼、鲢鱼、鳙鱼、鲤鱼、鲫鱼、鳊鱼及鳜鱼等200多万尾，活动得到省、市业务主管部门和广大群众的一致好评。第四，全面禁止投肥养鱼。配合县人民政府对全县所有水库及骨干山塘全面退出投肥养鱼，全县水质及水产品品质大幅提升。

【畜牧水产执法】 2014年，县畜牧兽医水产局加强执法检查，开展动物卫生、兽药饲料等养殖投入品执法检查200余次，立案42起，其中刘得明等无证生产经营假兽药案被农业部评为全国十大典型兽药违法案件，在农业部网站进行公示推介；强化日常监测，共计抽检样品8000余份，其中检测瘦肉精7500余份，兽药残留监测500余份，监测达标率100%。

【畜牧水产特色工作】 2014年，宁乡县畜牧局特色工作成效显著。第一，灰汤鸭产业来势喜人。2014年9月27日，中央四套（中文国际）频道以皇家贡品灰汤鸭为题，对宁乡独有的灰汤鸭进行长达半小时的专题报道。市场反响强烈，产品供不应求。第二，“最美乡村动物防疫员”榜上有名。在湖南省畜牧水产局在全省范围内组织举办的“最美乡村动物防疫员”评选活动中，流沙河动物防疫站喻亮军被评为“湖南省最美乡村动物防疫员”并在颁奖大会上作典型发言，农业部副部长、国家首席兽医师于康震，湖南省人大常委会副主任徐明华等领导亲自颁奖。大成桥动物防疫站谢达明被评为“全省百佳乡村动物防疫员”第三，喜获农业丰收一等奖。9月，宁乡花猪生产配套技术示范与推广项目获2014年度湖南省农业丰收一等奖。

（陈慧敏）

宁乡县动物卫生监督所

所 长 肖 觉（女）

宁乡县动物疫病预防控制中心

主 任 张英杰

县牧工商公司

经 理 王斌强

林　业

县林业局

局长、党委书记	贺建勋
副书记、副局长	蒋益明(女)
副书记、纪委书记	喻曼利(女)
副　局　长	李曙光
	郑泽良
	贺随超
	李文斌
	刘志成
工　会　主　席	张嫦娥(女)

【概况】 2014 年,宁乡县林业系统共有干部职工 129 人,其中在职 70 人(局机关 33 人、局属二级单位 37 人),离退休人员 59 人。有高、中级职称专业技术人员 23 人。局机关内设办公室、计财科、政工科、造林绿化科、森保科、行政审批服务科(资源林政科)、山林权属管理办公室等 7 个科室,下辖森林公安局、金洲湖湿地公园管理处、林业技术推广中心、龙田竹木检查站等 4 个二级机构。2014 年,全县林业工作按党的十八大提出的生态文明建设目标要求,以"建设绿色宁乡,打造美丽家园"为主题,大力实施"一山一河(沩山、楚江)、一镇一村(双江口、左家山村)、一园一路(玉潭公园、宁沩公路)"绿化美化工程,改革创新机制,强力推进城乡绿化一体化建设和重大生态产业项目,狠抓资源管护,有效促进森林资源稳步增长,各项工作成绩突出,县林业局获评全省公益林管护工作先进单位、森林资源"十二·五"二类调查工作先进单位、森林资源一类清查工作先进单位、生态公益林为民办实事工作先进单位等省级荣誉,被评为全市林业工作先进单位,获评全县综治维稳工作优秀单位、党风廉政建设工作优秀单位、推进现代农业项目建设先进单位、人口和计划生育工作先进单位等县级荣誉,林业局领导班子获评全县五好领导班子。

2014 年,全县完成营造林 1.13万公顷,森林覆盖率48.57%,比 2013 年增长 1.08%;森林蓄积量 493 万立方米,增长率 3.42%;林地保有面积 13.06 万公顷,较上年度增加 1333 公顷;林业总产值 21 亿元;湿地保护率 76%;森林火灾受害率控制在 1%以内;林业有害生物成灾率为零。向上级申报造林绿化、森林培育、森林防火、湿地保护等林业项目 20 余个,向上争资额 9000 余万元,其中惠农补贴资金 2870 余万元,为林业生产建设提供有力的资金保障。

【造林绿化】 2014 年,全县按照"全民植树·美丽宁乡"生态建设三年行动计划和三年造绿大行动要求,各乡镇和相关部门单位大力实施造绿美化工程,全县完成人工造林、"三边""四旁"植树 3933 公顷,中幼林抚育 3333 公顷,封山育林 2600 公顷,低产低效林改造 1467 公顷,义务植树 200 余万株。根据"一山一河、一镇一村、一园一路"的规划,林业局负责调运苗木和技术指导,玉潭公园义务植树活动新栽桂花、垂柳、紫薇等 7000 多株;沩山乡境内中心景区及河道、公路两侧新栽红叶石楠、樱花、桃花、梅花、垂柳等 30 余万株,打造梅花谷、樱花坡、桃花岭等景点;朱良桥左家山百果园新栽柚子行道树 1200 余株,常春藤、美国凌霄、扶芳藤等立体绿化植物 5 万株;双江口镇在水库、河道及村民房前屋后栽植各类苗木 15 万株,花明楼镇镇区主要道路两厢新增绿地面积 5 万平方米;宁横公路绿道建设全面完工,金朱公路行道绿化高标准完成。大成桥镇、流沙河镇成功创建为市级绿色示范集镇,花明楼靳源村、煤炭坝砖塘村、东湖塘在风村、回龙铺沩河村、大成桥永盛村、玉潭镇通益社区等成功创建为市级绿色示范村庄(社区),横市镇合金村于兵等 800 户农家庭院成功创建为市级绿色示范庭院。

【森林资源管护】 2014 年,全县森林资源管护力度继续加强,绿色保障体系日益完善。第一,严控木材采伐。全年采伐蓄积计划控制在 3 万立方米以内,对国家级、省级、市级公益林以及沩山风景区、凤凰山国家森林公园、花明楼 AAAAA 景区及县内主要河道和公路两侧第一层山脊内全面禁伐。商品材主伐计划实行阳光分配入村到户率 100%。全年商品材主伐仅 4235 立方米,有效控制森林资源的消耗。第二,规范林地管理。严格征占用林地手续办理程序,开展林地保护专项打击行动,对毁林开垦、挖山洗砂、非法开采矿石等进行重点整治,打击非法占用林地案件 18 宗。第三,加强林业有害生物防控。举办两期林业有害生物普查及防控业务培训班,邀请省、市专家授课,近 200 人参加培训。对全县加拿大一枝黄花开展摸底调查,并在灰汤、花明楼、沩山、大屯营、道林等乡镇及时开展清除工作。积极组织对竹青虫、松毛虫、小叶绿蝉等虫害进行生物和人工防治,对凤凰山国家森林公园及周边竹林的竹青虫危害采取飞机防治措施。9 月 24 日至 27 日,省林业厅组织 8 个地、州、市相关人员在宁乡开展林业有害生物普查试点,为全省全面铺开林业有害生物普查准备条件和先行先试。第四,严防森林火灾。县委书记办公会议对森林防火工作进行专题研究;森林防火特护期内,宁乡电视台多个频道滚动播放森林防火宣传警示知识,宁乡手机报每天在头条作森林防火警示提醒;全县建立森林防火村级护林员机制,按照《宁乡县重点林区护林防火巡山队员配备及管理方案》,全县新选聘专职村级护林防火员 125 名;县森林防火指挥部出台极具操作性的《宁乡县森林防火管理办法(试行)》;召开县、乡、村三级 700 名负责人参加的森林防火大会，并邀请省森林公安局局长姜汉辉同志现场讲授森林防火预防和扑救专业知识；在全省首开先河，耗资110万元在江麓机械厂定制一台森林消防坦克；第五，加强公益林管护。高标准完成生态公益林保护建设为民办实事工作，花费100多万元为生态公益林购买森林保险；选聘200多名生态公益林管护人员加强巡查管护。第六，力保野生动植物。加大野生动植物保护宣传，在大屯营、南田坪、夏铎铺、青山桥、巷子口、灰汤、朱良桥等7个林业站成立护鸟队，对鸟类进行多方位保护，同时在候鸟迁徙期进行监测和巡护。与县工商局联合开展综合执法行动，在长沙政法频道和部分商户的监督下将查获的野生蛇类和青蛙放生。第七，加强湿地保护。认真开展湿地保护宣传，做好巡查巡护工作，全县新增保护湿地面积132.4公顷。第八，严打违法行为。全县全年查处林业行政案件103起，林业刑事案件20起，林业治安案件14起。对失火烧山、盗伐滥伐林木、非法占用林地、非法收购、出售重点保护野生动物、非法运输木材和超范围运输木材等林业违法行为进行严肃查处，抓好西部挖山洗砂的打击处理和植被恢复。与相关部门联合行动，彻底关闭东南板块58家小瓦窑。

【民生林业】 2014年，全县发放生态公益林补偿、退耕还林补助等惠农资金近3000万元。喻家坳、资福等地油茶产业发展有序，林农收益逐步增加；道林、大成桥、夏铎铺等地林下养殖业主稳步发展，效益可观；青山桥、龙田、喻家坳、枫木桥、菁华铺等乡镇利用适宜的土质资源，大力发展林下中药材种植业，为宁乡林下经济产业发展注入新的动力；朱良桥、双江口花卉苗木产业稳步发展；沩山风景名胜区、凤凰山国家森林公园等地利用优质的森林资源发展旅游产业，吸引越来越多的游客，带动当地附属产业发展，全县林下经济产值已超1亿元。

【林业服务】 2014年，县林业局积极主动与服务对象进行沟通，解决行政审批过程中出现的各类问题，继续推行延时服务并提高服务水平；为合法的项目单位和园区全程无偿代办征占用林地手续，且最大限度缩短时限；积极调处各类林权纠纷，认真把好森林资源流转审批关并做好服务，全年办理流转变更宗地2196宗；与县人民银行共同制定《林权抵押贷款实施细则》，让林权成为真正的资产，全县林权抵押贷款突破1亿元，其中长浏园林公司单笔贷款1200万元。

【林技推广及科研】 2014年，林业技术推广中心根据测土配方适地适树原则，定点培育湿地松、杉木、马尾松等各类苗木300多万株，严格按照国家一级苗木标准采购调拨苗木，油茶苗严格执行“四证一签”制度，确保县内造林项目的优质用苗；通过请专家授课培训和上门指导等方法，定期对林农进行技术指导，发放林业科技资料5000余份，同时利用测土配方成果，发展珍稀乡土树种培育。“十二·五”森林资源二类调查、一类清查工作在全县林业系统干部职工的共同努力下高标准完成并获评全省先进，数据有效更新，为宁乡制定林业中长期发展规划，更好地发展现代林业，建设美丽宁乡提供科学依据。支持和发展野生动物驯养繁殖，大成桥沩鑫蛇类繁育园被评为“全国蛇类养殖示范园”。

【湿地公园验收筹备】 2014年，县林业局认真做好金洲湖国家湿地公园湿地日常保护工作，向国家林业局和发改委申报争取国家湿地保护资金508万元。争取县委、县政府重视支持，落实金洲湖湿地公园编制、人员、办公场所和宣教中心地址，选送专业技术人员参加国家林业局湿地验收培训，启动验收准备工作。（刘平）

县森林公安局

局　　长　黄求文（12月免）
　　　　　秦岳坤（12月任）
政　　委　刘伟文
副 局 长　罗劲虹　喻湘斌
　　　　　曾海龙（兼）

金洲湖湿地公园管理处

主　　任　郑泽良（兼）
副 主 任　周建平（女）　代会平

水　务

县水务局

局长、党委书记　吴利民
副书记、副局长　刘新良
副　书　记　邹正良
副书记、副局长　杨正清
纪 委 书 记　容胜强
副　局　长　朱拥政
　　　　　　王智勇
工 会 主 席　邓志宏

【概况】 2014年，宁乡县水务系统共有干部职工858人，其中在职664人（局机关68人、二级单位596人），离退休人员194人。局机关内设办公室、防汛抗旱指挥部办公室（内设水建办）、财务审计科、政工人事科（内设计生办）、水务法规科、规划建设科、监察评审科、水务管理科、质量安全监督管理科、中心办公室等10个科室。下设田坪水库管理所、洞庭水库管理所、韶山灌区花明楼管理所、水土保持预防监督局、水利建设投资开发有限公司、河道堤防管理站、机电排灌堤垸城市防洪管理站、城乡供水总站、水利水电建设总公司、水利水电勘察设计院、沩溪水电站、滩山铺电站、防汛抗旱服务中心等13家二级机构。

2014年，宁乡县共有大中小水利工程7.6万处，其中大型水库1座，即黄材水库（总库容1.49

亿立方米,正常库容1.26亿立方米);中型水库2座,即田坪水库(总库容4414万立方米,正常库容4176万立方米)、洞庭桥水库(总库容1268万立方米,正常库容1044万立方米);小一型水库31座,小二型水库164座,总库容3.11亿立方米,有河坝7000余处,山塘6.5万口,机电排灌站1365处2.8万千瓦,灌溉面积2.52万公顷,其中55千瓦以上机埠80处7850千瓦。全县蓄、引、提总水量7.58亿立方米,其中蓄水量6.29亿立方米,全县有效灌溉面积5.11万公顷,旱涝保收面积3万公顷。县境内水系发育,长5公里的河流有162条。境内主要有沩江、靳江、乌江、楚江,即"宁乡四水"。县内有新民、群英、闸坝湖、回龙4大堤垸,防洪大堤总长73.2公里,涵闸160处。

2014年,县水务局以贯彻落实中央、省、市水利建设文件精神为契机,抢抓各级加大水利建设投入的黄金机遇,高起点、高标准、前瞻性地谋划大中型水闸除险加固、农村河道综合治理、田间水利工程建设、铁冲水库扩容升型等一批重大项目。全年实现招商引资到位资金2.4亿元,分别是54座小型水库除险加固700万元,安全饮水6540.44万元,农村田间水利扩容提质工程2010万元,中小河流治理1791万元,防汛抗旱1530万元,铁冲水库扩容增蓄2804万元,病险渡槽加固630万元,中央统筹土地出让收益中计提农田水利建设资金小农水项目1135万元,小农水重点县项目2480万元,农村小水电增效扩容1264万元,灌区续建配套1352万元,珍洲病险水闸除险加固1500万元,水土保持200万元,水管站能力建设422万元。2014年,县水务局荣获"全国水利系统先进集体""长沙市2014年度农田水利建设优秀单位"。

【水利建设】 2014年,宁乡县水务局坚持项目兴水思想,不断加大项目建设投入力度,全年完成水利建设投入6亿元,其中中央投资1.16亿元、省级投资2554万元、市级投资7466万元,烟草专项资金2804万元,县级财政投入8000万元,群众及社会各界投入2.76亿元,较2013年相比增加9%。第一,重点水利工程建设任务圆满完成。截至2014年底,完成铁冲水库主体工程建设、八家湾水库顺利通过市水务局的初设批复;2013年启动的17座重点小二型水库除险加固工程全部完成;2014年54座重点小二型病险水库除险加固工程全面启动;完成楚江流域青山桥镇、流沙河镇及老粮仓镇所属河段长约27公里的综合治理;完成中央投资中小河流治理项目楚江老粮仓河段治理工程;完成闸坝湖防渗工程;完成田坪水库溢流坝除险加固工程;完成煤炭坝措树水源整治工程。2014年,有30个乡镇实施40处饮水安全工程,解决13.71万人饮水不安全问题。第二,完成19座大中型水闸安全鉴定工作。委托设计单位编制完成珍洲、云山、立新、滩山铺四个水闸的初步设计,并通过湖南省水利厅的审查及水利部长江水利委员会的复核,下达了批复。第三,成功申报小型农田水利重点县项目。2014年6月5日,宁乡县成功申报全国第六批小型农田水利重点县。在参加本次竞争立项的24个县(市、区)中,宁乡总分第一名。该项目计划投资4.86亿元,其中中央专项资金7700万元,整合4.09亿元,项目竣工后,将新增、恢复、改善灌溉面积3.77万公顷。第四,农村田间水利扩容提质工程全省推介。2013年下半年至2014年底,宁乡在全省创造性实施农村田间水利扩容提质工程,通过"以奖代补"政策,发动群众参与水利建设。境内黄材、田坪、洞庭、韶花等四大灌区干渠全线疏通,很多连续十几年、甚至二十几年没有灌水的尾灌区和末端渠系都得到疏浚。至2014年12月,全县农田水利扩容提质工程共完成山塘清淤5594口,面积2555公顷;新建山塘566口,面积252.59公顷;沟渠4209.09公里;河道1926.09公里,河坝657座,水毁工程212处。此项工作得到省委、省政府领导高度赞赏,并在宁乡召开全省水利建设现场观摩会予以推介,人民日报、人民网、湖南日报等主流媒体深度宣传报道。2014年5月4日人民日报刊出《农田水利,疏通"最后一公里"》一文,推介宁乡县农田水利建设工作。

【防灾减灾工作】 2014年3月,县防汛指挥部组织8个督查组对全县33个乡镇进行汛前准备工作督查,4月下旬进行汛中工作督查,6月中旬县防汛指挥部8个督查组再次对全县防汛情况特别是水库度汛情况进行督查。7月中旬宁乡出现强降雨天气,全县平均降雨量140毫米,最大降雨沩山216.9毫米。由于调度有力,预报预警及时,2014年汛期全县没有出现大面积农田受淹和山洪地质灾害,确保防汛保安工作万无一失。

【水生态治理】 2014年,县水利局进一步加强水生态治理工作。第一,水行政执法重拳出击。根据省、市要求,结合宁乡实际,对河道采砂划定禁采区域和可采区域,全县除沩江部分河段为可采区外,其余乌、楚、靳江全线禁采。2014年1月7日,沩江河道砂石开采权成功拍卖,拍卖所得资金5353万元全部由县财政统一管理,按比例下拨给乡镇用于河道堤防建设和管理。至年末,沩江设置砂石码头23处,采砂机具22套,并设置《河道采砂公示牌》,明确开采范围和禁采区域,公布举报电话及监督管理单位。组织多次专项执法行动,清理腾退原有非法采砂场所49处。河道采砂进入规范化、制度化管理，河道采砂乱采滥挖现象得到根本好转。第二，水库退出投肥养鱼取得显著成效。加大对全县水库退投工作的督查和指导力度，对全县水库、湖泊及骨干山塘进行调查摸底，并建立台账。全面开展打击水库投肥养殖行为，对全县大中小型水库的投肥行为进行查处，2座中型水库（洞庭水库、田坪水库）终止承包合同。2014年8月，县委、县政府再次出台《宁乡县整治投肥养殖专项行动方案》，为整治投肥养殖提供政策依据。截至2014年底，所有水库全部退出投肥养殖，部分水库周边的养殖场均已经下达法律文书。同时，以洞庭水库、田坪水库生态修复为试点，加强农村养殖场的管理，提高库内自然生态自我净化功能。经监测，洞庭水库、田坪水库水质达到原水饮用水源二类水质标准，水质明显改善。第三，全面展开沩江流域治理行动。2014年投资4200万元完成楚江流域青山桥镇、流沙河镇及老粮仓镇所属河段长约27公里的综合治理，2013年11月初开工，2014年3月完工；投资1000万元完成中央投资中小河流治理项目楚江老粮仓河段治理工程，治理河长3.1公里。（罗芳）

县防汛抗旱指挥部办公室
主　　任　喻起宏

县水土保持预防监督局
局　　长　周光明
党支部书记　周湘赣

韶山灌区宁乡县花明楼管理所
所　　长　黄学良

田坪水库管理所
所　　长　谢建新

洞庭水库管理所
所　　长　唐喜华

黄材水库灌区管理

长沙市黄材水库灌区管理局
局长、副书记　廖金鹏
党委书记、副局长　饶世坤
副　书　记　黄泽平
副　局　长　戴雪良
姜念东
易福乔
苏建波（借调县政府办）
纪委书记　罗文斌

【概况】 长沙市黄材水库灌区管理局为副县级事业单位，主要负责黄材水库的检查、观测和养护；组织黄材水库的防汛抢险和抗旱；负责统一调度灌区内的用水，努力确保灌区内农业灌溉、工矿企业和居民生活用水的供水；组织灌区内干渠的维修、养护、管理和巡查处险工作。2014年。局机关内设办公室、工程科、财务科、人事科、水资源管理科（执法大队）、纪检监察室等6个科室，下设大坝管理所、横双灌区管理所、煤炭坝灌区管理所、沙河灌区管理所、水利经济中心、电站6个法人单位。总人数652人，其中在职干部职工438人，离退休135人，遗属伤残人员79人。

【防汛抗旱】 黄材水库2014年最大蓄水是1.25亿立方米，是历史上蓄水最好的年份之一。库区累计降雨1422.6毫米，其中汛期降雨997.4毫米，水库最高水位165.87米。全年全灌区没有出现干旱死角和安全事故，灌溉效果历年罕见。第一，扎实抓好春灌。抓住汛期降雨较多的机会，蓄足基础水，将灌区范围内的山塘水库全部灌满；第二，确保防汛工作万无一失。精心制定防汛预案，强化防汛值班，加强防汛物资的储备和管理，狠抓隐患排查，对水库及灌区安全防汛进行全面检查，对大坝管理投入处险资金230万元，加强对灌区河道、水库、渠道及附属建筑物等重点工程的隐患排查和处理，为安全度汛提供可靠保障；第三，轮灌合理调度。制定切实可行的轮灌方案，加强灌区涵闸的管理，充分利用区间水，确保灌溉用水。

【水利经济】 2014年，宁乡向非农企业供水收费调价获市政府批准，县人民政府2015年纳入议事日程。水力发电创历史新高。2014年发电收入400万元，比2013年增长近30%；养殖业提质做优。黄材水库是国家农业部授予的国家级“水产健康养殖示范场”，省农业厅对颁发《无公害农产品产地认定证书》，省畜牧水产局进行绿色有机鱼认证。2014年，投放鱼苗10.5万公斤，改定期捕捞为日常捕捞，在宁乡县城设置生态有机鱼馆，零售价格达到原批发价的3倍，同时对酒店、宾馆开展配送业务。另外，正在编制《黄材水库生态有机鱼产业发展规划》，成立生态养殖鱼专业合作社，黄材水库有机鱼品牌产业化初见雏形；青洋湖枣业项目实行对外承包合作，承包商除支付土地租赁费用外，每年支付长沙市黄材水库灌区管理局一定量的租金，实现扭亏为盈。

【工程建设】 2014年，黄材水库工程投入、开工规模均创历年之最，全局实施、规划十大项目，总投资7000万元。已启动实施的项目有：灌区节水续建配套项目（总投资4047万元）、电站节能扩容增效项目（总投资1715万元）、渠道维护项目（总投资350万元）、危旧站房建设项目（总投资350万元）、农业水价综合改革试点项目（总投资1000万元）、水质监测站建设项目（总投资300万元）。已纳入实施计划，尚未开工的有：溢洪道除险加固项目（总投资1911万元）、地质灾害治理项目（总投资857万元）；已争取纳入投资计划，2014年底做前期工作的有：2016－2017节水改造与续建配套项目(总投资 6738 万元)、石煤矿渣重金属污染生态修复项目(总投资 550 万元)、鸡子湾水闸除险固项目(总投资 3638 万元)。

【灌区管理】 2014 年,长沙市黄材水库灌区管理局针对灌区工程非防汛抗旱期间管理不到位的状况,特别是解决水利工程重建轻管的通病,对水库灌区实行常态化管理:第一,制定《黄材水库水利工程常态化管理办法》,将水利工程设岗定人、渠道分段定责,进行包干管理维护,实行工作考核并与绩效工资密切挂钩,保证主干渠和沙河左干渠常年水畅其流。第二,投入 1200 万元进行干渠处险和涵闸改造,其中渠道清淤就投入 340 多万元,对主干渠和沙河左干渠共 96 公里进行清淤除杂,确保灌溉畅通,2014 年是近十多年内灌溉效果最好的一年。

【水利改革】 2014 年,黄材水库灌区管理局被水利部定为湖南省农业水价综合改革试点三大灌区之一。试点改革的主要内容为:农业水权的确定、合理水价形成机制的建立,农田水利工程产权制度改革、农业节水精准补贴机制和节水奖励制度的建立、水权转让的实行及工程建设,该试点项目 2014 年总投入 1000 万元,试点范围为黄材灌区的回龙铺镇和煤炭坝镇。 (姜磊人)

办公室主任
谢术安(聘)

人事科科长
刘爱平(女,聘)

财务审计科科长
孙小莲(女,聘)

水资源管理科科长
姜炼武(12 月免)

水利经济中心
主　　任　廖大典(聘)

横双灌区管理所
所　　长　李尚彪(聘)

煤炭坝灌区管理所
所　　长　隆命洪(聘)

沙河灌区管理所
所　　长　陈逸民(聘)

大坝管理所
所　　长　喻振军(聘)

农业机械管理

县农业机械管理局
局长、党委书记　戴合清
副书记、副局长　文建华
副　局　长　张建良
李祖武
袁庆阳
工 会 主 席　龙汉斌

【概况】 2014 年,县农业机械管理局(以下简称县农机局)内设办公室、政工科、管理科、科教科、财务科、农机化服务中心 6 个科室和农机安全监理站、农机化学校、农机研究所 3 个下属单位。全局共有 134 人,其中在岗干部职工 47 人,下岗人员 84 人,离退休人员 36 人。担负着全县农业机械化发展规划制定、实施,农机监督管理,农机安全监理,农机技术推广,农机驾驶人员培训等重要职能。

2014 年,农机局始终把发展作为第一要务,紧紧围绕"打造省会次中心、构建幸福新宁乡"战略目标,积极开展"党的群众路线教育实践活动",加强内部管理,改变工作作风,提升工作思路,健全工作机制,较好地完成全年目标任务。全局上下呈现出心齐气顺,风正劲足的可喜局面,主要指标完成如下:农机总动力达到 164 万千瓦,农机化综合作业水平达到 70%。拥有联合收割机 3262 台;大型拖拉机 1986 台;大型旋耕机 2480 台;盘式拖拉机 4200 台。

【新机具推广】 2014 年,县农机局选择大屯营、道林、花明楼、资福、回龙铺、双江口等 17 个乡镇作为机插秧推广示范基地,新推广插秧机 111 台,其中高速机 27 台,完成机插秧面积 4133.33 公顷,突破历史最好水平。从 7 月开始至年末推广烘干机 29 台套,实现农户购买烘干机零的突破,烘干稻谷 8000 多吨,在本年度雨水明显偏多的粮食生产过程中,做到颗粒归仓。

【农机产业发展】 农机合作社建设如火如荼。2014 年,宁乡新成立农机专业合作社 37 家,至此,全县经工商注册登记的农机专业合作社 56 家,处于全省、全市第一。农机大市场建设步步推进。湘中南农机机电大市场建设列入长沙市十大重点农业项目之一,也是宁乡唯一的农机专业市场。已完成投资 5.1 亿元,第一期工程 11 栋房屋规划的 141 空门面全部竣工,配套设施建设已近尾声;第二期工程于 12 月 21 日顺利开盘,7 栋房屋所属的 100 空门面当天上午抢售一空,春节前打好基础,2015 年 3 月底确保主体建筑在一楼以上。企业新产品研发成果倍增。长沙桑铼特公司研发的两款新型石灰(肥料)播撒机(2FL40L－180A 型、2FL15L－180A 型)于 12 月 12 日在宁乡正式通过省级专家鉴定,为重金属污染治理提供农机装备支撑,投入批量生产。佳宁公司开发的"佳宁－702、502"履带式拖拉机新产品申报完毕,进行新产品上市前的适应性和耐久性试验鉴定,有望进入 2015 年购机补贴目录。神源农业科技有限公司的专利产品新型微耕机、智能化灌溉系统成功开发,项目筹备上马。宁乡 9 家农机生产企业的 27 种产品评选进入《湖南省农机购置补贴目录》。

【农机安全监管】 2014年，宁乡农机安全督管工作平衡运行。农机年度检验拖拉机3103台，驾驶员换证2520本，新上牌拖拉机、收割机1153台；开展安全生产专项行动6次，出动执法车辆487台次、人员892人次，纠正农机违法行为253起；新建农机安全乡镇1个、农机安全村4个。截至2014年底，全县未出现一例重、特大农机安全事故，为确保一方平安贡献了力量。

【农机购置补贴】 2014年，宁乡农机购置补贴惠及民生。2014年省局核拨农机购置补贴指标2711.84万元，比2013年实际增加1200多万元，到年底全部用完，办理机具补贴申请2605台套，后段仍有资金缺口500万元以上，向省局申请追加。购机补贴资金规模处于历史最高水平。

【农机技术培训】 2014年，宁乡农机技术培训稳步增长，全年共培训各类农机驾驶员2300多人，阳光工程学员1200多人，复训拖拉机驾驶员3200多人，总培训人数比2013年增长12%，为农机安全生产提供人员和技术保障，为全县农机化快速发展提供有力的智力支撑。 （潘伟兵）

县农机安全监理站
站　　长　周立军

农村经济经营管理

县农村经济经营管理局
局长、党组书记　周兵山
副　局　长　张国强
成江林
谭正文
纪　检　组　长　邓建良

【概况】 2014年，宁乡县农村经济经营管理局（以下简称县经管局）共有在岗干部职工19人，内设办公室、农村经营体制科、村级财务管理科、农民负担监督管理科4个科室。县经管局以党的十八大和十八届三中全会重要精神为工作主线，深入贯彻落实科学发展观，认真谋划，精心部署，创新举措，突出重点，狠抓落实，顺利实现目标任务，农民专业合作社数量稳步增长、家庭农场逐步兴起、公共资源交易平台成效显著、农村土地流转进一步深入、惠农减负工作持续给力，全县农经工作呈现良好发展局面。2014年底，县经管局荣获省农村经营管理工作先进单位、省农业社会化服务体系建设工作先进单位、省农村土地承包经营权确权登记试点工作先进单位、市农民权益维护和农民负担监督管理工作先进单位、市农村土地承包管理工作先进单位等荣誉。

【维护农村稳定大局】 2014年，县经管局以化解群访、重访、越级上访为目标，以财务重点村为抓手，加强审计，规范管理，正面引导，围绕征拆突出问题进行专项清理。全年共对11个乡镇的12个村进行全面或专项审计，清理出审计违纪违规金额633.3万元，返还村集体46.2万元，上缴财政28.7万元，为国家和村集体挽回损失近5000万元。专项清查重点村为村委会换届提供保障。同相关部门联合下发《关于村级财务清理和村级组织成员任期经济责任审计工作的通知》，对全县33个乡镇开展清理审计工作进行全面督查，确保村（社区）换届选举的顺利进行。用心抓好公共资源交易平台建设和管理。2014年33个乡镇共通过公共资源交易项目431个，交易金额9852万元，为村集体节约资金382.9万元，保值增值44.3万元。

【引导新型农业经营主体健康发展】 2014年，县经管局以县政府办的名义下发《宁乡县促进农民专业合作社发展实施方案》（宁政办发〔2014〕20号），凸显示范项目的带动作用，促进合作社全面发展。成功申报4家国家农民合作社示范社，分别是黄材镇富源烟叶专业合作社、楚香源茶叶专业合作社、沩山和谐茶叶专业合作社、流沙河生猪养殖专业合作社。关山健峰养鸡专业合作社等16家合作社被定为市级示范社，争取清景生态农庄等4个市级家庭农场和红叶土地专业合作社等4个市级土地流转项目，全年共向省、市争取项目扶持资金203万元。县经管局对全县合作社进行分类评级管理，通过乡镇组织，合作社自主申报，相关单位联合验收的形式，确定AAA级合作社29家，AA级合作社205家。按要求做好培训新型职业农民的工作，全年举办两次培训班，共培训500余人次，通过市委、市政府现代农业领军人才培训计划，积极推举20余位优秀合作社理事长到中国农业大学进行学习深造，拓展合作社管理人员的经营管理理念。

【打造家庭农场示范片】 2014年，回龙铺镇沩河村被定为首个市级家庭农场示范片建设点，并且一定三年。通过一年的精心指导，该村的种植大户由年初5户增加到18户，新增注册家庭农场10家，连片规模种植优质水稻两千余亩，双季稻种植占80%。

【推进土地确权登记试点工作】 2014年，根据省、市的安排部署，喻家坳乡的太平村、玉山村、神武村、仁泉村被确定为农村土地确权登记工作试点村，4个村共计4306户、水田989公顷，通过扎实开展宣传动员、入户调查、上门核查登记、公开公示等工作，圆满完成试点工作任务。

【维护农民权益】 2014年，县经管局深入治理涉农补助和涉农收费中的突出问题，督促123个涉农问题的规范整改。规范一事一议筹资筹劳管理，确保上级补助资金用在关键上，用在群众利益的实事上。2014年全县共有243个村居申报“一事一议”财政奖补项目，共筹资1024.8万元，筹劳1.47万个，惠及群众67.22万人，支持村级公路建设114公里，护砌山塘130多口、渠道154公里。全部项目总预算4763.5万元。认真核对惠农减负政策落实的检查，保障农民利益。通过开展的村级报刊专项整治，为村级组织减负89万元。 （石玉英）

农村能源

县农村能源办公室

主　　任　蔡石皎

副 主 任　刘瑞山　周学清(女)

【概况】 2014年，宁乡县农村能源办公室内设办公室、财务科、项目管理科、科教科等4个科室，下设自收自支事业单位一个(宁乡县能源技术服务中心)；共有在职干部职工27人，其中机关15人，县能源技术服务中心12人。

2014年，宁乡县农村能源办公室坚持用多能互补、协调推进的全新视野抓农村能源；用产业化、城镇化的全新观念，谋划农村能源发展之路，通过实施中央预算内投资农村沼气项目和实事工程，大力推进农村清洁能源入户，不断建立健全农村能源后续服务体系，全面推动农村能源建设取得新进展。全县全年新建户用沼气池1120口，大型沼气工程1处，养殖小区、联户沼气工程30处，集中供气450户；市场化推广太阳能热水器2150台(含太阳能光伏路灯)，推广节能炉灶1410台。荣获2014年度省市农村能源建设先进单位。

【农村沼气国债项目建设】 截至2014年12月30日，宁乡县2013年中央预算内投资农村沼气项目建设任务按时如质完成。2014年中央预算内投资农村沼气项目获国家农业部批准，项目任务包括建设户用沼气池200口，乡村服务网点3个，大型沼气池2处，中央预算内投资262.5万元。

【为民办实事工作】 2014年，示范性环保服务单位建设作为长沙市为民办实事工作任务，宁乡县建设任务为3处，共完成4处，其中宁乡县天源可再生能源服务站，资福乡爱平可再生能源服务站，流沙河镇强农可再生能源服务站接受长沙市人民政府农村工作办公室、长沙市为民办实事工作领导小组办公室、长沙市统计局的联合考核验收。荣获2014年度宁乡县为民办实事工作先进单位。 （杨春辉）

气　象

县气象局

局长、党组书记　黄正才

副　局　长　张果军

纪 检 组 长　崔剑峰

【概况】 2014年，宁乡县气象局共有干部职工31人，其中在职职工24人，离退休7人。内设科室2个，为综合管理办公室和防灾减灾科，直属业务单位4个，为气象台、气象服务中心、防雷中心、人工影响天气中心。

全年，县气象局全体干部职工深入学习党的十八大精神，贯彻落实科学发展观，积极开展以“为民、务实、清廉”为主要内容的党的群众路线教育实践活动，以提高预报预测准确率和公共气象服务全覆盖为中心，以气象服务社会化、气象业务现代化、气象工作法制化为抓手，为全县气象防灾减灾、地方经济建设和百姓的福祉安康做出积极贡献。先后荣获“全市气象部门综合目标管理优秀单位”“县党政领导班子绩效考核先进单位”等荣誉称号。

【气候综述】 2014年，宁乡县平均气温17.8℃，较历年平均偏高0.7℃，除2月、5月至8月偏低外，其余月份均偏高，1月平均气温8.5℃，下旬平均气温10.7℃，均为建站以来第一高值年。10月平均气温20.8℃，为建站以来第一高值年。8月平均气温26.4℃，为建站以来第二低值年，中旬平均气温23.8℃，为建站以来第一低值年。年极端最高气温38.2℃，出现在7月22日，年极端最低气温－4.2℃，出现在2月11日。年降水量1470.7毫米，较历年同期略偏多20.0毫米，除1月、4月、6月、12月偏少外，其余月份均偏多，特别是7月，降水量为263.1毫米，较历年同期偏多9成多，10月下旬降水量88.3毫米，为建站以来第一高值年。年降水日数165天，较历年同期偏多9天。年日照时数1425.9小时，较历年同期偏少256.6小时，特别是6月日照时数73.8小时，为建站以来第一低值年，8月日照时数137.3小时，为建站以来第三低值年。

综观2014年：气温正常略偏高，降水正常略偏多，日照偏少。气候对农作物生长利大于弊，年景正常偏好。1月气温异常偏高，降水显著偏少，日照异常偏多，有利于冬季作物生长。2月4日至18日出现3次雨雪天气过程，不利于农作物生长发育。4月下旬出现倒春寒天气，对油菜、烤烟生长不利。5月10日全县普降大到暴雨，灰汤镇降雨112毫米；7月4日，全县普降暴雨，局部大暴雨，沙田乡堆资村降雨128毫米；7月15日全县普降暴雨，黄材镇降雨92毫米；8月18日，全县普降暴雨，部分大暴雨，夏铎铺降雨镇164毫米。9月13日至19日平均日均气温≤22℃，达到杂交水稻寒露风标准，气温低，光照不足，对农作物生长不利。9月下旬至10月中旬，天气晴好，日照充足，有利于晚稻灌浆成熟，收割晾晒，也有利于油菜播种育苗。10月下旬、11月下旬雨日较多，阴雨寡照，不利于油菜生长。11月至12月气候条件总体较好，有利于油菜及冬季蔬菜生长，同时也有利于冬修水利进行。

【汛期气象服务】 2014年，全县汛期的气候特点是：降水时空分布不均，前少后多，日照偏少，气温偏低。4月至6月中旬降雨量439毫米，较历年同期偏少19%；7月降雨263.1毫米，较历年偏多91%；8月降水仍偏多。对于2014年汛期气候趋势，县气象局预测为2014年汛期降雨前少后多，与实况符合较好，汛期5月至9月份，除6月降雨偏少，其他月份偏多，准确的预测对全县防汛抗旱、用水调度等决策起到重要作用。汛期全县经历4轮暴雨、局部大暴雨强过程，分别出现在5月10日、7月4日、7月15日、8月18日。对于这几次过程，县气象局均提前准确预报，并及时发布预警，汛期累计发布各类气象服务短信及预警信息近300期220万余人次，制作《汛期气象服务》(8期)等专题服务材料，全县未出现因气象灾害造成人员伤亡事故和重大经济损失。

【农业气象服务】 2014年，宁乡县气象局在农业气象服务方面创建"纵横结合、科技创新、互动提质、注重实效"的工作模式。第一，逐步完善县、乡(镇)、村三级气象防灾减灾组织体系和气象为农服务体系，明确气象为农服务和灾害防御的长效机制。第二，建立并规范在关键农时、重点区域积极开展暴雨洪涝、高温干旱、低温冰冻、病虫害等重大农业气象灾害灾前监测预警、灾中动态跟踪、灾后定量评估的服务机制和业务流程。第三，健全农村气象服务工作考核评估机制，制定"明确责任、计分考核、以奖代补"的气象信息员管理办法；第四，充分利用部门优势，分别与农业、烟草等部门建立合作机制，实现资源共享，优势互补。第五，加强上下联动，稳固纵向"直通式"服务模式，建立气象服务与乡镇农技指导共建共享机制，深化气象与新型农业经营主体的合作，建立服务指导与需求反馈的联动机制。至年末，全县农村气象灾害防御能力和农业气象服务水平有了明显提升，农业气象服务为全县农业经济持续健康发展提供强有力的保障。

【气象现代化建设】 2014年，是宁乡率先基本实现气象现代化建设的开篇之年，得到县委、县政府的大力支持，印发《宁乡县推进气象现代化试点县建设实施方案》(宁政办发〔2014〕10号)。第一，完善喻家坳—回龙铺特色农业气象服务示范基地、关山社会主义新农村气象信息服务示范点和楚沩社区城市气象服务示范点等，进一步提升气象为农服务能力。第二，完成气象灾害防御中心、人工影响天气中心、气象为农服务中心(简称："三中心")改造、学术报告厅等主要业务用房的改造和功能升级，完成廉政文化室、气象服务展示大厅等设施建设。第三，新建职工健身房、室外羽毛球场、气象文化走廊等文化基础设施，在不断创新和完善的过程中，逐步增加气象服务内涵，提升气象现代化软实力。第四，根据现代化建设的工作要求和气象防灾减灾的实际需要，编制长沙现代农业科技示范园气象大数据处理实验基地和青洋湖生态服务基地等重大项目建设方案。

(刘亚华　孙潇棵)

工　业

工业经济

县工业和信息化局
局长、党委书记　刘建斌
副书记、副局长　谭放平
副书记、纪委书记　谢晓玲(女)
副　局　长　李小明
赵光辉
刘文军
肖　敏
戴克难
魏　民
(9月免)
工会主席　陈湘楹

【概况】 2014年,县工业和信息化局(以下简称县工信局)机关共有干部职工197人,其中在职72人,离退休125人,内设办公室、财务科、人事科、经济运行科、产业发展科、项目招商办、改制办、综治维稳办、计生办、煤炭行业办、中小企业服务中心、电力能源科等12个科室,下设宁乡县工业发展投资有限公司、宁乡县矿山救护队等2个直属二级机构。2014年,县工信局荣获市"加速推进新型工业化工作优秀单位";县"五好领导班子""招商引资工作先进单位""综治维稳优秀单位""宣传思想文化工作先进单位""安全生产先进单位""计生工作先进单位"等7项荣誉。

全县全年完成工业总产值1927亿元,比2013年增长16.9%;完成规模工业总产值1741亿元,比2013年增长17.6%;完成规模工业增加值439.7亿元,比2013年增长15.2%,增速位居长沙市第二,工业经济对县域GDP增长的贡献率为72.6%。完成工业税金24.4亿元,比2013年增长24.4%,其中规模工业企业实缴税金14.86亿元,比2013年增长21%。实缴税金500万元以上工业企业37家,共实缴税金12.1亿元,比2013年增长31.9%,占全县规模工业企业实缴税金的81.45%。其中全年实缴税金过亿元企业有4家:三一起重机实缴税金2.24亿元,比2013年增长59%;楚天科技实缴税金1.96亿元,比2013年增长190.5%;加加集团实缴税金1.43亿元,比2013年增长3%;华润怡宝实缴税金1.22亿元。

2014年11月5日至6日,全省工业和国企改革工作调度会在宁乡召开,副省长黄兰香对宁乡工业经济稳健的增长势头给予极高评价;省工业和信息化委员会整理总结的《湖南省新型工业化十大工作亮点》中,将宁乡新型工业化进行重点推介,做了题为《兴工强县谱新篇——宁乡县工业经济发展纪实》的专版报道,在2014年11月28日的《湖南日报》上刊出;2015年1月11日的《湖南日报》上,头版刊发题为《涅槃重生—宁乡工业转型升级解读》的报道。

【园区建设】 2014年,国家级宁乡经济技术开发区着力建设全国首个食品安全示范园区,主攻液态食品、休闲食品、肉类制品产业,拥有规模食品企业30多家,成为全省食品加工基地;深入开展集群式项目满园扩园行动,新引进亿元以上项目20个。金洲新区全力推进园区品牌建设,突出电池材料产业优势,着力打造"中国(金洲)锂电谷";全力推动园区科技创新,以湖南省大学科技园、湖南科技成果转化和知识产权交易服务中心为主体的"一园一中心"项目得到副省长李志友高度肯定,招商初见成果。金玉工业集中区以项目建设和飞地招商为抓手,全年签约项目61个,有20个项目启动建设;其飞地模式在省产业园区经济工作会议上进行全方位展示,成为湖南省首批飞地经济试点园区之一。夏铎铺机械工业园大力推进"特色立园、二次创业"工程,全年启动建设工业项目33个,竣工项目17个。煤炭坝门业产业园全年签约门业项目17个,竣工4个。双凫铺鞋业产业园致力于打造中部鞋都,新签约鞋业企业17家,7家企业投入生产。老粮仓珠宝产业园和大成桥工业园积极开展特色招商,产业定位清晰,分别致力于珠宝产业和鞋业产业的做大做强。

【企业发展】 2014年,楚天科技采用以浪潮AS8000为核心的云存储融合解决方案,实现云数据中心大规模数据的融合存储,完成可靠性极强的高安全容灾平台建立,推动其医疗装备向全球化迅速发展。加加酱油实施大单品战略,重点打造原酿造特级酱油,推动调味品产品结构升级,抢占高端酱油的细分市场。特种金属材料厂、绝味食品、松井新材、长宇炭材料等企业获批省级技术中心;桑铼特、天和钻具、东鑫环保等3家企业获批市级工程技术中心;金洲茶叶、沃尔德、豪耀电子、康荣陶瓷等8家企业参加第三批知识产权试点企业。恒翰高新、太古石油、戴斯光电等企业积极与华南理工大学进行科研对接,产品竞争能力得到大幅提升。全县高新技术企业总数达90家,新增12家,完成高新技术产值500

亿元，占全县规模工业产值的29.3%。沩山茶厂、神塑科技获批中国驰名商标；安泰家具、盘中餐、三星机床等35家企业获批湖南省著名商标；东方时装、忘不了、亮之星等10家企业荣获湖南名牌。

【五送服务】 2014年，县工信局深入开展"五送"服务，力促企业转型升级。第一，送专家，"四对标"活动深入开展。全年在全县筛选50家企业进行"管理、装备、技术、质量"的四个对标工作，通过专家指导，为企业找到转型升级方向。第二，送技术，"装备升级"工作稳步推进。2013年至2014年，全县先后有44家企业151台套先进装备通过评审，核定装备金额2.75亿元，共计发放补贴1774.4万元，带动企业技改等各项投资近10亿元，提升产能50亿元。第三，送融资，银企对接活动有声有色。全年举办7期银企对接活动，组织近100家/次企业与银行进行融资对接，为企业解决融资需求4亿元。第四，送培训，培训工作实用高效。全年开展上市企业培训、业务管理培训、技工培训等培训共10余次，人数超过1000人。第五，送政策，精心编制政策文件汇编。为企业编印一本近400页、50余万字的《工业企业支持政策汇编》，涵括国家、省、市、县支持企业引进先进装备、技术升级、科技创新、就业服务等方面的政策文件。

【淘汰落后产能】 2014年，县工信局根据全省落后小煤矿关闭退出的整体部署，制定乡镇煤矿关闭退出方案，积极争取省、市、县三级共800万元/矿的补助资金，对团山塘煤矿、金泉山煤矿等10家乡镇煤矿实施关闭退出，顺利通过省、市验收。根据上级有关淘汰落后产能的相关要求，正式申报2014年国家淘汰落后产能计划，并通过省经济和信息化委员会委托的第三方现场核查，将列入计划的9家小水泥和3家小纸厂于2014年10月底淘汰关闭，共涉及年产值21.5亿元、税收2754.5万元、职工3772人。

【全县工业经济大会】 2014年4月16日，宁乡县召开2014年新型工业化工作推进大会。会上，加加集团获得"特殊贡献企业"荣誉，楚天科技荣获100万元的"上市融资大奖"，红宇耐磨获装备升级最高补贴141.5万元，圣得西获得50万元技术创新大奖。同时受到表彰的有40家工业企业、112名工业个人。奖励内容涵盖"特殊贡献企业、十强企业、十快企业、上市融资、税收台阶、质量技术创新、广纳人才、优秀企业家"等方面。此外，还布置"中流砥柱——2013年宁乡工业发展成果展"，邀请省、市主要媒体采访报道宁乡工业。 （许岗）

电力工业

国网宁乡县供电公司

总经理	谭　震
党委书记	杜　宏
营销副经理	罗　宁
生产副经理	冷　志
工会主席	周建斌
纪委书记	蔡　荣

【概况】 国网宁乡县供电公司是湖南省电力公司下属的县级供电企业，2014年，公司本部职能部门设置4个，分别是综合管理部、发展建设部、乡镇供电所管理部和电力调度控制分中心；业务机构设置2个，分别是检修（建设）工区、客户服务中心；公司下辖1个集体企业，10个农村供电所，共有主业职工181人，集体职工38人，农电职工773，承担着宁乡县区域面积33个乡镇以及益阳安化县2个乡镇共52万多电力客户的供用电管理任务。

宁乡电网共拥有35千伏及以上变电站28座，其中220千伏变电站4座，主变6台、容量900兆伏安；110千伏变电站13座，主变23台、容量778.8兆伏安；35千伏变电站13座，主变22台、容量148.6兆伏安。35千伏～110千伏架空输电线路45条，总长630.98千米；10千伏公用配电主干线路207条，总长4118千米。

2014年累计供电量22.63亿千瓦时，累计售电量20.74亿千瓦时；完成主网投资5524万元，农网投资5074.58万元。投产了110千伏茆田变电站、35千伏坝塘变电站。

2014年，国网宁乡县供电公司秉承"你用电我用心"的服务理念，落实科学发展观，用改革的精神抓建设，用创新的成果求发展，持续强化规范化管理，取得较好的经济效益和社会效益，为地方经济的发展做出积极的贡献。

【提升电力优质服务】 2014年，宁乡县供电公司多措并举，全面提升优质服务。加强安全生产，保障人民群众可靠用电。首先是确保安全生产。始终坚持"安全第一"，以杜绝人身和电网大面积停电事故为首要任务，严抓严管，全面提升安全管理水平。针对度夏的严峻形势，以"保民生、保重点"为指导思想，早谋划、早准备、早行动，举全公司之力保障电网平稳度夏。其次提升供电质量。深化安全生产精益管理，完善以"五类制度"为核心的电网安全管理体制，及时消除安全隐患，确保电压合格率、供电可靠率等指标持续进步。提升优质服务，确保客户满意政府放心。坚持"你用电，我用心"，认真落实"三个十条"，督促落实好"优质服务十大举措"，主动提升服务能力、规范服务行为、践行服务承诺。开展"服务态度、服务行为专项整治"，重点强化一线员工和农电员工的服务意识，建立规范的服务行为标准，落实服务例会闭环管理，提高服务客户的技巧和水平。客户服务中心组织各班组、供电所优质服务负责人员进行服务业务技能培训，累计培训人数550余人次，提升公司供电所服务人员的整体服务技能。继续推广新型服务模式，努力打造服务品牌，加强服务窗口建设，积极推行差异化服务，推动“(雷锋)共产党员服务队”等服务品牌建设。

【服务经济发展】 2014年，宁乡县供电公司共收到人大代表建议2份、政协委员提案2份，协助办理建议2份、提案2份。公司对8份建议提案进行归纳整理，交各职能部室负责建议提案的办理及答复工作，5月23日，公司邀请人大代表、政协委员参加2014年度人大代表、政协委员建议提案见面答复会，针对收到的建议、提案逐一进行解决落实。纵深推进“双百活动”开展，对照县委、县政府双百服务活动中选定的百大建设项目、百强生产企业，定人员、定责任、定目标，实施联点服务、整体协调，着力解决发展中的涉电问题，提供电力上门服务。为客户实实在在地做好事、解难事、办实事，让广大电力客户享受优质、高效、便捷的供电服务，切实解决供电服务“最后一公里”问题。

【安全用电宣传】 2014年，宁乡县供电公司多渠道开展宣传工作，确保各类信息发布到位。公司所有计划停电信息均在宁乡电视台图文频道进行滚动播出，在《今日宁乡》设立专栏对外公示计划停电信息，还在《今日宁乡》上专门报道公司高温期间抢修、保供电情况等。公司还专门清理客户绑定的手机号码，确保用电信息发送的准确率和及时率。通过短信平台向专变企业客户发送停电信息，加入金洲和经开区两个园区的QQ群，及时传达计划、故障等停电信息及复电时间。为提高广大农村用户的安全用电意识，公司通过发放安全用电宣传画、悬挂横幅、出动宣传车、张贴标语等形式开展大范围农村安全用电宣传，专门请示县政府下发《关于加强农村安全用电管理的通告》，累计印发3万份。

【农电建设发展】 2014年，宁乡县供电公司完成灰汤集镇月形山等公变台区配电改造工程，灰汤、花明楼“典型供电模式”工程，10千伏朝阳线等6条线路改造工程，长冲村等行政村配电改造工程，双东月星学校台区增容改造等配电工程，花明楼集镇幸福变台区改造等配电工程等6个批次209个单项工程的施工工作。通过上述工程低电压状况彻底改善，对典型城镇建设提供电力支持。2014年通过“村村有缴费网点”建设工作，实现村村有缴费网点全覆盖。 （刘　卉）

园区经济

国家级宁乡经济技术开发区建设

宁乡经济技术开发区管理委员会

工委书记、县委书记	黎春秋
副书记、管委会主任	戴中亚
副书记、金洲新区党工委书记	刘永红
工委委员、管委会副主任	陈海波
	张君来
工委委员、纪工委书记	刘　辉
工　委　委　员	王子进
	喻锦东
	袁　钊
调　研　员	刘剑良
副　调　研　员	詹大贵

【概况】 2014年，宁乡经济技术开发区管理委员会（以下简称宁乡经济技术开发区）完成工业总产值783.9亿元、比2013年增长17%，工业增加值201.2亿元、比2013年增长14%；实现财政收入16.8亿元，比2013年增长32%。

招商引资拼出新建树。全年合同引资210亿元，到位资金70亿元。投资50亿元的湖南粮食集团宁乡产业园、投资3亿美元的康师傅湖南生产基地、投资10亿元的华润怡宝饮料及华中运营总部等战略项目落户园区，以盼盼食品为代表的福建休闲食品和以买买提切糕为代表的新疆特色食品组团进驻；举办首届“蓝月谷食品饮料产业活动季”，引进项目15个，引资超115亿元；成功打造“湖南妇孕婴童示范园区”“湘品出湘”名优产品展销平台。

产业培育拼出新成效。园区获批长沙市创新型园区，加速创建全国首家“安全食品示范园区”，深入实施产业升级三年行动计划，出台“产业扶持30条”政策。加加食品成为全国质量检验工作优秀单位，盛泓机械白酒酿造业机械制曲设备填补国内市场空白，楚天科技成功上市并获批国家火炬计划重点高新技术企业，飞翼股份登陆全国中小企业股权交易系统，百川超硬获批长沙市“协同创新管理优秀企业”，顺泰钨业、乐福来食品等17件商标获批湖南省著名商标，马克菲尔、远大住工等获批湖南省科技进步奖，松井新材获批湖南省企业技术中心，凯瑞冶金、中联机制砂、湘路科技产品获批湖南省首台（套）重大技术装备认定产品，格力暖通、通石达产品获批长沙市自主创新和节能环保产品，神宇新材、妙盛国际等9家企业认定为省级高新技术企业；拜特生物、雅城新材等企业获批长沙市创新型企业。

项目建设拼出新速度。创新项目工程建设领导小组机构设置，开展“项目建设百日会战”活动。全年在建项目82个，其中新开工项目42个，新竣工项目31个，完成固定资产投资145亿元。加加食品科技工业园、中联机制砂、马克菲尔、小洋人乳业等项目实现竣工投产；格力暖通、盼盼食品、玉屏山国际产业城、未来方舟等项目顺利开工建设。全年实现路网竣工11公里，完成电力线路架设7公里、市政管网铺设5公里、绿化维护20万平方米，完成元宝山公园、迎宾广场、旺宁新村安置小区一期、石泉安置小区等重要基础建设。

要素保障拼出新突破。全年批回土地85.13公顷，办理土地权证131.33公顷，荣获湖南省“节约集约用地先进单位”二等奖并获得20公顷土地指标奖励；完成园区地籍数据库建设并获省评一等奖。蓝月谷集团公司新增融资27亿元，其中经济建设投资有限公司发行企业债券12亿元，成为宁乡首支公开发行的地方债券。举办3期大专院校专场企业招聘会，全年为企业招聘人员2000人。设立园区低效闲置资产处置领导小组及办公室，建立低效闲置资产动态管理数据库，分批收回闲置低效用地13.33公顷。

社会管理拼出新形象。全年完成征地208.53公顷、腾地309.33公顷，实现格力电器等15个重大项目用地征拆清零；组织控拆违行动92次，控拆违面积2.5万平方米。成立综治委，建立定期信访接待制度；实行商事登记改革，新增商事主体600个；强化食品安全专项整顿，查处食品违法案件10起；完成园区公交专线和站点建设，蓝月谷文体活动中心和三联学校投入使用，北京大学附属小学完成主体建设；组织开展园区环境污染隐患大排查，198家企业开展污染隐患自查，关停企业11家。

开发平台拼出新合力。蓝月谷集团公司稳步推进市场化改革，实现资产总额136亿元，净资产89亿元；农科园全年共引进湖南粮食集团宁乡产业园等9个农产品加工项目，实现合同引资55.3亿元，省级农业园区中期评估荣获优秀，国家级农业科技园申报工作有序启动；老粮仓珠宝产业园的嘉成珠宝、藤强机械等项目正式投产；长沙大河西农产品物流中心项目快速推进。

队伍建设拼出新口碑。园区党的群众路线教育实践活动扎实开展，制定“四风”突出问题专项整改方案，38项整改任务全部整改到位；推行廉政谈话、个人重大事项报告等预警促廉措施，严肃查办征拆违纪违法案件；机关党委获评长沙市学习型党组织建设示范点先进党委，加加集团成立党委，百川合金党支部荣获全市先进基层党组织；废止与实际不符的园区制度12件，新建、修改、完善制度119件；区总工会成功获批，档案管理工作获批“规范化管理省特级”，园区政务服务中心正式运营，管委会通过ISO 9001质量管理体系和ISO 14001环境管理体系认证。

园区文化拼出新品牌。以“生态、健康、和谐”为核心的“蓝月谷”品牌渐入人心。深入开展园区子弟夏令营、歌手大赛、相亲会等文化活动；首届蓝月谷职工文化艺术节推出工间操、职工书画赛等子活动；开展“筑梦·蓝月谷”摄影大赛，《逐梦·蓝月谷》文集、邮册成功发行；开设蓝月谷图书馆，打造“职工书屋”；开展首届劳模评选，凌云剑、陈小亮等10名先进典型当选。

【楚天科技登陆创业板】 1月21日，楚天科技作为2014年首支湘股在深圳证券交易所创业板登陆上市，当日股价大涨45.20%，报收58.08元/股。楚天科技本次共发行股份数量1824.98万股，其中发行新股699.925万股，老股转让1125.06万股，发行后总股本7299.93万股。发行价40元/股，对应发行后的市盈率为31.5倍。楚天科技成立于2002年，位于宁乡经济技术开发区，主营业务为水剂类制药装备研发、设计、生产、销售和服务。楚天科技是2014年湖南省第一家拿到证监会IPO批文的上市公司，公司募集资金拟投向现代制药装备技术改造项目、现代制药装备研发中心建设项目，总投资2.5亿元。

【经建投公司12亿元企业债券成功发行】 4月21日，宁乡经济技术开发区建设投资有限公司首期12亿元企业债券募集资金到账，至此宁乡县首支地方公债成功发行。宁乡经济技术开发区建设投资有限公司2013年初全面启动本期债券发行准备工作；国家发展和改革办公室于2014年3月18日批复湖南省发展改革委，核准宁乡经济技术开发区建设投资有限公司发行企业债券12亿元。本期债券期限7年，采用固定利率形式，单利按年计息；由主承销商中国银河证券股份有限公司、分销商广州证券股份有限公司组成的承销团以余额包销方式承销；所筹资金全部用于旺宁安居工程示范小区公租房等13个项目。

【“蓝月谷之夏”食品饮料产业活动季】 6月13日，宁乡经济技术开发区举办“蓝月谷之夏”食品饮料产业活动季启动仪式暨中国(长沙)现代农业产业化示范园重点项目签约仪式，总投资50亿元的湖南粮食集团宁乡产业园等7个项目成功签约，合同引资70亿元。活动季至9月结束，共引进项目15个，合同引资超115亿元。活动期间，还成功组织福建食品专场集中签约仪式、康师傅方便面及饮品项目专场签约仪式、金融与实体经济对接会、食品产业平台项目开工仪式以及“对话蓝月谷”安全食品对话会、“筑梦蓝月谷”摄影大赛、“爱满蓝月谷”慈善助学公益活动、“畅游蓝月谷”工业之旅、“缘定蓝月谷”相亲交友活动、“唱响蓝月谷”歌手大赛等17个子活动，深入推广园区安全食品理念。

【出台“产业扶持30条”政策】 6月27日，宁乡经济技术开发区出台《加快转型升级促进产业倍增发展的若干规定》，从科技创新、设备升级、中介配套、融资渠道、创新创业、合作共建等方面，推出30条产业扶持政策。文件鼓励园区企业开发具有自主知识产权的新产品，建设技术创新平台，寻求外部智力支撑，购买先进装备和开展区内配套采购，登陆境内外资本市场，参与园区开发建设；鼓励律师事务所、会计师事务所、专利事务所、咨询公司、认证机构、检测机构和人才中介机构等专业服务机构入驻园区；鼓励二级支行以上金融机构和金融服务机构入驻园区。

【玉屏山国际产业城开工】 7月29日，宁乡经济技术开发区投资建设的玉屏山国际产业城正式开工，将打造湖南省首个食品饮料产业领域系统化集成式公共服务器。玉屏山国际产业城作为宁乡经济技术开发区实施“平台高端化”战略举措的核心项目和打造完备食品饮料产业全产业链的创新之举，定位为集安全食品公共检测、研发、孵化、展示教育、信息管理等功能于一体的食品饮料产业公共服务平台。项目占地11.87公顷、总投资50亿元、建筑面积25万平方米，分为东、西板块，涵盖食品检测中心、食品研发中心、食品产业孵化中心和青少年食品安全教育基地四大功能分区，同时在周边配套建设能源利用信息化管理中心、食品工业专用水厂。

【康师傅湖南饮品及方便面生产基地项目签约】 7月31日，湖南省改革开放以来最大台资项目康师傅湖南饮品及方便面生产基地项目落户宁乡经济技术开发区。该项目用地43.33公顷、总投资3亿美元，项目投产后预计可实现年产值70亿元、年税收贡献4.6亿元，其中康师傅方便面项目投资1.2亿美元，用地约20公顷，全部投产后可实现年产值30亿元、税收约2亿元，项目一期计划于2016年上半年投产；康师傅饮品项目投资1.8亿美元，用地23.33公顷，全部投产后可实现年产值40亿元、税收约2.6亿元，项目一期力争2016年上半年投产。

【晶弘冰箱生产基地项目入园】 10月15日，宁乡经济技术开发区与合肥晶弘电器有限公司正式签订晶弘冰箱项目投资合同，这是继格力电器商用空调项目后，又一大型主机家电项目落户宁乡经济技术开发区。晶弘电器冰箱生产基地项目占地35.2公顷，总投资10亿元，年产冰箱300万台，预计年产值50亿元、税收2亿元。作为湖南省政府明确的全省唯一家电产业园区，宁乡经济技术开发区已集聚格力空调、晶弘冰箱、华良中意等家电主机企业以及注塑成型、管线制作、纸箱包装等相关配套企业，初具产业集群效应。作为格力电器曲线布局冰箱行业的重要举措，晶弘冰箱秉承着“以质量为王”的发展战略，全面依托格力的质量体系和管理力量，利用格力已有的销售渠道，主攻中高端市场，在短短几年时间内已发展成为冰箱行业的领军企业之一。（崔浪涛）

工会联合会主席 曾阳明
招商合作局局长 曾阳明
常务副局长 彭飞
办公室（党群工作局）主任（局长） 高旻玲（女）
纪检监察室主任 朱见明
社会事业局局长 彭欣荣
财政局局长 谭启良
常务副局长 陶鉴
规划建设管理局局长 李金光
常务副局长 严柏军
经济发展局（知识产权局）局长 鲁劲松

金洲新区开发建设

宁乡金洲新区管理委员会
党工委书记 刘永红
副书记、管委会主任 廖非平（2月另任）
主任 郑旗（1月任）
副书记、纪委书记 欧立新
副主任 张学秋（3月另任）
张阳生（3月免）
曾辉
刘颖
田奇晖（女，3月任）

【概况】 2014年，宁乡金洲新区管理委员会（以下简称金洲新区）深入开展“六个走在前列”大竞赛和“四比四抓争先锋”活动，创造性实施“三区四化”（改革新区、经济大区、科技强区，配套城市化、开发片区化、产业高端化）发展战略和“四优四强”（优机制强队伍、优结构强品牌、优民生强基础、优方式强势头）主题活动，推动各项工作迈向新台阶，“两型工业新城、千亿产业园区”和创新型科技园区建设稳步推进。2014年，新区引进项目30个，实现工业总产值560亿元，完成固定投资110.5亿元；实现财政收入15亿元；调度项目101个，新增投产项目17个；“四项费用”（招待费、差旅费、交通费、会议费）大幅下降，机关管理水平进一步提升，创新创业型干部队伍逐渐形成。

聚焦主导产业，招商引资取得突破。新区坚持“承接抱团转移、培育产业集群”工作思路，聚焦园区主导产业，新引进项目30个，合同引资120亿元；实际到位内资27亿元，到位外资7870万美元。引进50亿元以上项目1个：大学科技园，引进10亿元以上项目4个：杉杉新材、东鑫环保总部、迪凯特、锂顺新能源。与长沙电池产业联盟、深圳手机协会、深圳新材料协会、深圳电子行业协会联合会等近10家行业协会建立良好合作。湖南省战略项目“湖南省大学科技园”和“湖南科技成果转化和知识产权交易服务中心”（以下简称“一园一中心”）落户金洲并实质性推动。

坚持创新驱动，产业发展稳中有进。新区坚持创新驱动的发展路径，经济与科技实力不断提升。完成工业总产值560亿元，比2013年增长24.5%，实现规模工业增加值133亿元，比2013年增长17.7%，完成固定投资110.5亿元，比2013年增长34.83%，主要经济指标保持两位数的快速增长。新区有高新技术企业32家，占全部规模企业的62.7%，实现高新产值155亿元，比2013年增长48.2%，高新产值占全部规模工业产值的65.6%。向上争资取得新突破，全年向上争资6100万元。

强化服务意识，项目建设加速推进。新区始终坚持以项目建设的成效论英雄、排座次、定奖惩，项目建设继续保持快速推进势头。在用地政策趋严趋紧的环境下，加大对闲置和低效土地的清理，集约节约土地评估工作获得市级先进。完成征地37.27公顷，拆迁房屋80栋，妥善处理信访问题178个，维护项目建设良好氛围。新区坚持“股东式”服务，全方位、全过程服务项目建设，全年总调度项目101个，新开工项目数连续20个月、新竣工项目和新引进项目连续7个月、工业投资增速连续9个月位列全市“五区九园”第一。

加强制度建设，党建管理高质高效。新区以“四优四强”活动为抓手，扎实开展党的群众路线教育实践活动，新区干部大力践行一线工作法，深入企业和项目，为其排忧解难，新区党的群众路线教育实践活动得到省委督导组的高度肯定，在《长沙晚报》头版头条和长沙市党的群众路线教育实践活动《简报》予以推介；湖南日报就新区“创新、惠民、共建”的发展理念和特色做法进行专题采访；出台财政财务管理、国库管理、政府采购以及对下属国有公司资金“双控”管理等制度，有效提高资金使用效率。

创新思路举措，财政融资科学推进。新区通过制定政策、科学统筹，重点抓好税收征缴、银行融资、资金双控等工作，促进新区经济保持良性运转。2014 年，实现工商税收 8.49 亿元，比 2013 年增长 16.5%，在全县亿元以上载体单位中，税收增幅及增长率均居首位。新增融资 22 亿元，比 2013 年增长 133%，融资实力的大幅提升有效保障园区的快速跨越发展。

【金洲新区工业集中区品牌建设】 2014 年 5 月 20 日，金洲新区恩吉创业园被认定为省级科技孵化器(湘科高字〔2014〕68 号)；10 月 30 日，在湖南省工业园区大会上，金洲新区标准厂房建设成绩排名全省工业园区第一，获大会通报表彰(湘政办函〔2014〕122 号)；11 月 24 日，金洲新区档案管理工作获省特级(长档发〔2014〕19 号)；12 月 18 日，惠民物业公司开展三城同创工作，成功创建市级"青年文明号"；12 月 23 日，金洲新区精量重工支部代表长沙市参加全省"非公党建品牌工作集中展示活动中"荣获一等奖；12 月底，金洲新区申报国家新型工业化产业示范基地通过国家工信部审议、省级高新区申报完成答辩。

【湖南省大学科技园和湖南科技成果转化和知识产权交易服务中心成功落户】 2014 年 4 月 16 日，湖南省人民政府副省长李友志召开现场办公会，调度湖南省大学科技园和湖南科技成果转化和知识产权交易服务中心事宜。5 月 9 日，湖南省大学科技园确定选址于长常高速金洲收费站附近，规划总用地面积约 133.33 公顷。5 月 16 日，宁乡县成立由县委书记黎春秋任组长、县长周辉任第一副组长的"一园一中心"项目建设领导小组，同时县委、县政府制定和下发《关于加快湖南省大学科技园基地建设的通知》，明确项目建设分工，纳入年终绩效考核。6 月 22 日，中央办公厅有关领导人，特别听取省委常委、市委书记易炼红关于创新驱动的最新举措，易炼红在汇报中重点介绍金洲新区关于产学研用的一系列做法，以及"一园一中心"的相关设想。在市科技局的指导下，金洲新区产学研合作的基本情况及"一园一中心"的基本思路(以高校为技术支撑——推动园区创新发展——长沙金洲新区工业集中区创新驱动发展概述)，汇编进入长沙市整体汇报材料，由中央办公厅负责人带回北京。11 月 20 日，长沙市副市长夏建平一行到金洲新区调研湖南省大学科技园项目。

【金洲新区工业集中区 2 家企业成功上市】 湖南星城石墨科技股份有限公司是一家专业从事锂电池负极材料研发与生产的高新技术企业，公司以锂动力电池负极材料的应用为主攻方向，同时覆盖铝壳、圆柱、软包等个人消费类锂电池领域，是北京奥运会、上海世博会、深圳大运会等电动大巴的电池材料供应商，2014 年 10 月 31 日，公司实现新三板挂牌上市(股票代码 831086)。长沙族兴新材股份有限公司为国家高新技术企业，专业从事金属铝颜料研发和生产经营，是国内铝颜料行业中的龙头企业，拥有国际先进的各类铝颜料生产工艺和技术，技术研发实力雄厚，技术水平属于国内一流，国际先进。其中塑胶、包覆银、电镀银以及铝银粉等诸多技术和产品属于国内独有、国内领先，甚至国际领先水平。公司金洲新区生产基地属于亚洲规模最大、产品最齐全、技术最先进的单一工厂。现有粗闪、细闪、细白、塑胶、包覆银、电镀银、浮银等以及铝银粉等多条生产线，公司年产能约 3000 吨。2014 年 7 月 11 日公司在"新三板"挂牌上市(证券简称：族兴新材，证券代码：830854)。

【中国金洲锂电谷品牌打响】 2014 年 10 月 23 日，金洲新区成功举办 2014 中国(长沙)科技成果转化交易—锂电谷产业园推介暨锂电池产业对接会，此次科交会宁乡专场引进深圳市迪凯特锂离子电池产业园、湖南中大年产 5000 吨锂离子前驱体正极材料产业化项目、湖南紫皇冠新能源锂离子电池隔膜产业化项目、长沙市先进电池材料及电池产业技术创新战略联盟以及湖南杉杉新材料与金瑞科技合作共建湖南省先进电池材料产学研用合作平台等 15 个项目，签约金额 90.7 亿元。金洲新区作为全国唯一的国家节能环保新材料高新技术产业化基地，拥有杉杉新材(生产锂电池正极材料)、邦普循环(废旧锂电池的回收利用)、星城石墨(生产锂电池负极材料)、摩根海容(生产锂电池负极材料)、大华新能源(生产电池锂正极材料)等 20 余家锂电池上下游企业，在国内具备一定产业竞争力和影响力，初步形成锂电池全产业链条，通过此次科交会专场活动，金洲新区进一步完善锂电池产业链，中国金洲锂电谷品牌从此打响。

(陈　江)

交通·邮政·电信

交通运输

县交通运输局
局长、党委书记　文　斌
副书记、副局长　龚正山　唐国平
纪　委　书　记　张慧明(县纪委派驻)
副　局　长　刘毅之
胡思佳(9月任)
谭强凯
陈　骁(9月另任)
殷文肆

【概况】 2014年,宁乡县交通运输局局机关及下属事业单位共有干部职工385人,其中局机关68人,运政管理系统135人,公路管理系统33人,路政管理系统56人,质量监督系统14人,公共客运系统16人,交通建设开发公司8人,交通建设投资公司23人,公汽公司32人。

年内,县交通运输局紧紧围绕全县打造省会次中心、构建幸福新宁乡、建设全国一流现代经济强县的宏伟目标,创新思路,求真务实,圆满完成全年各项目标任务。县境内石长铁路、长张高速、长湘高速、长韶娄高速、国道319、国道240(原省道208)、国道234(省道209)横贯东西,洛湛铁路连通南北,省道327(宁横线)、省道218(宁灰线)、省道331(原省道311)等6条已建省道贯穿县境,金洲大道、枫林西路、岳宁大道(在建)直通省会长沙市,构成宁乡四通八达的交通网络。全县拥有各级公路1.03万公里,其中国道172.18公里,省道300.47公里,县道348.04公里,乡道385.98公里,村道9000余公里(含未进计划内和未硬化村道)。从县城到省城,实现"半小时"交通圈,从县城到乡镇,基本实现"一小时"交通圈,全县交通网络结构基本具备。

【交通项目建设】 2014年,县交通运输局强力推进交通项目建设,横益干线、雨莲大道、炭河里两路两桥建设有条不紊,完成龙江大道、宁乡大道北延线等重点干线公路前期工作,花石公路、益娄高速田心互通至流沙河公路完成工可编制,流大公路完成施工图设计;主动推进农村公路安保示范工程建设,累计投入1600万元,于10月在全省率先完成工程建设项目,完善会车坪、防护栏、警示灯和减速带,涉及32个乡镇、200多条线路、1000多公里;扎实推进农村交通基础设施建设,改造建设农村公路400公里、危桥45座;加强项目建设质量监督,检测农村公路项目170多个、里程188公里,突破性地组织干线公路竣工验收。

【运输市场监管】 按照"执法主体单一化、执法功能综合化、执法活动经常化、执法队伍专业化"的要求,严格执法,文明执法,深入开展"打非、纠违、治超"工作。全年共查处"非法营运"900台次,取缔"黑公司"6家,纠正公共客运各类违章391起,有效调解客运线路纠纷24起,责令停运的士43台;检查车辆7.1万台次,查扣超限车辆542台,卸载货物1.34万吨。开展"幸福宁乡,文明交通"竞赛活动,推行"三评合一"(将执法大队纠违数据评、信息科有责投诉评、行业部门日常管理数据评等三评数据通过车辆管理系统管理归集,实行信息共享、职能联动。)评比和一岗双责(交通系统每名干部职工在完成既定本职工作以外联系2台或3台公交车、出租车,联系人员通过走访谈话、检查指导、教育管理、督促整改等方式规范所联系车辆的经营行为,加强运输服务人员管理。)联车、文明劝导服务,对公司和从业人员稽查情况实行"日报告、周反馈、月排队、季评比",共采集各类违章数据692例,规范并实行公交车文明运行、文明服务规则28条,评出文明驾驶员87名、文明乘务员22名、文明志愿服务者5人、流动红旗客运企业4家,媒体发布集中公示通报3期,公交车准点抵站率98%、达站停靠率99%,运营秩序大为改观,服务水平和行业形象进一步提升。全年交通行政执法无行政复议和行政诉讼,交通运输局获评湖南省交通运输厅2014年行政执法评议考核优秀单位,运管所以全省第一名的成绩荣获全国交通运输行政执法评议考核优秀单位,树立了宁乡交通良好形象。

【公共交通服务】 2014年,县交通运输局全力发展公共交通,更新14辆节能环保型公交车,开通17路和1路公营公交线路,开启宁乡公车公营改革序幕;大力完善城市交通基础设施,高标准建设公交招呼站178个,港湾式停靠站84个,修复受损公交站亭、站牌40处,安装不锈钢护栏38个、坐凳162个,启动宁乡汽车北站建设前期工作;着力服务宁乡旅游发展,开通沩山旅游专线,打通长沙市游客接待中心与宁乡旅游景点对接，助推宁乡旅游经济发展；倾力组建智能交通，安装车载3G实时监控、自动语音报站器、智能IC卡刷卡系统，建立现代化的监控调度室和实时监控平台；组建全省首创的电召中心，全年共为30万群众提供安全、便捷的电召出行服务，逐步把的士、公交、班线、货运车辆纳入平台管理，打造“八三八七四个五，交通服务请找我”的宁乡交通服务品牌，努力为百姓出行、道路运输提供具有宁乡特色的一揽子解决方案；开展交通“项目计划下乡、技术指导下乡、质量监督下乡”三下乡活动和交通服务进社区、进园区活动，打通联系群众“最后一公里”。

【交通党建工作】 2014年，县交通运输局注重突出交通部门工作实践特色，扎实推进党的群众路线教育实践活动，以推进“全面整改、专项整治、完善制度、强化执行”为抓手，努力培育“谋事、盯事、成事”的工作作风，积极营造“能干事、干成事、不出事”的良好氛围，着力打造一支政治过硬、业务过硬、作风过硬的队伍，全年共办理市县人大、政协提议案79件和群众反映突出问题8件，办理数目为全县第一，做到答复率100%、见面率100%、满意率100%，切实解决“四风”方面存在的突出问题125项，逐一整改，逐一销号，确保活动取得实实在在的成效；建设和完善文化展示中心、图书阅览中心、信息服务中心和产学研基地、素质教育基地、教育实践基地，力推交通尚学之风，不断提升机关党建科学化水平，2014年，县交通运输局获评全市学习型党组织示范单位；严格落实党风廉政建设主体责任，建立健全廉政防范和权力运行制度体系，认真抓好交通领域突出问题专项治理，通过党内监督制度、社会监督渠道、专项监督措施的创新、实践，构筑一张权力运行的立体监督网，规范权力运行工作在全市推介。 （青百宇）

县路政执法局
局　　长　王志华（3月免）
　　　　　胡思佳（9月任）
支部书记　刘毅之（兼）

县交通运输管理所
所　　长　周　勇
总支书记　刘海燕（女）

县公路管理站
站　　长　邹海洋
支部书记　陶湘军

县公共客运管理局
局　　长　戴石坚
支部书记　张　鹏

县交通建设质量监督站
站　　长　刘建明
支部书记　吴　娟（女）

公路管理

县公路管理局
局长、副书记　邓作平（3月另任）
　　　　　　　喻　晓（3月任）
党委书记、副局长　余振斌
副　局　长　肖立红
　　　　　　孙建国
　　　　　　黄友良
　　　　　　唐　华
　　　　　　邹庆林
纪委书记、工会主席
　　　　　　黄蓉晖（女）

【概况】 宁乡县公路管理局（以下简称县公路局）担负着1条国道、4条省道、14条重要县道和金洲大道的建设、养护、管理工作。管养里程502.1公里、桥梁115座，全局干部职工508人，养护里程、职工人数均居湖南省公路系统前列。

坚持以“稳”为基调，全面完成从市管下放为县管体制改革工作。全系统共调整工作岗位86人次；结合“吃空饷”专项治理，停薪留职、内退、长病等人员限期返岗18人，辞职2人、辞退7人；9名中层骨干实行竞争上岗，免去中层骨干2人，人员结构进一步优化。通过保待遇、稳思想，抓问题化解，在体制改革过程中实现“零上访”。

坚持以“畅”为职责，着力理顺管理机制，公路养护和管理机制更加科学规范。全局机构设置为机关、公路养护服务中心、公路路政执法大队（养鱼塘超限检测站）三大块。局机关内设办公室、工务计划科、财务科、人力资源科、路政管理科、审计科、纪检监察室等7个科室。一方面突出养护主业。县级养护服务中心下设3个集“道路养护、应急保障、便民服务”三位一体的区域养护中心站，同时配套13个道班，全面构筑和完善三级养护服务网络。另一方面突出超限治理重点。强化路政执法，路政巡查、路政治超、路政监督三方面工作相得益彰。县治超办常设公路局。

【公路工程建设】 2014年，县公路局加大基础设施建设力度，积极服务经济发展和民生事业。第一，工程建设抓规划重落实，全年投入近3亿元。高标准完成国道319线安保、县道104线战备公路、省道327线地灾防治、省道209宁横中心站建设和国道319线9公里大修及灾毁重建等5个项目建设；拆除新建福星桥、和尚桥和潭山坝三座桥梁，维修加固桃林桥等6座桥梁；实施横益干线13公里、南横干线17公里公路建设，同时推进煤双干线和南东干线前期手续办理工作；积极创建国道319线文明样板路，着力提升公路文化品位。第二，不折不扣完成临时性任务。配合沩山乡完成开福路延伸线设计和建设；配合旅游局对灰汤沿线标识标牌进行设计更换;完成省道209线K49—K51段三处危险路段安保设施及滑坡处治工作;启动灰汤中桥加宽工程建设;组织精干力量对双凫铺集镇及沿线老公路路面病害板块进行沥青路面砼铺装的全面修复;完善县道087线东湖塘地段边沟排水及平交道口;处理双凫铺合轩村杨家组下水道管网堵塞问题等。

【公路养护管理】 2014年,宁乡公路养护管理规范。第一,日常养护更加规范科学。切实加强病害处治,改善路面状况,全年共完成水泥路面换板2.7万平方米,沥青路面挖补2.24平方米。及时完善公路设施,提升路容路貌,全年共完成水毁护砌3052立方米、新砌水泥护墙4650米、重新标线64千米,完成标准化水沟5300米,绿化补植2.1万株,修剪行道树87千米,修剪路肩草皮48千米。进一步强化预防性养护,提高通行能力,全年新建和改造涵洞10道、完成板底压浆25公里、热沥青封面150吨、清灌缝500公里。2014年,宁乡国干线和省干线路况优良率90.4%,县道优良率达86%,超额完成任务指标。第二,应急处置快速有力。加强对水毁设施的维护和路面障碍物清理工作,增设省道209、县道104线安全防撞墙362米、中间隔离墩1000米。安装和更新各线路标识标牌476块、新装和更换钢护栏532米、新装道口桩400根。处置安全隐患30多处、特别是在省道209线老粮仓地段2处重大安全隐患和清除县道104线1.45万立方米山体滑坡的处置中,做到第一时间发现、第一时间启动应急预案全力组织施工,以最快速度恢复公路畅通。第三,养护技能大幅提升。在2014年9月全市公路养护技能比赛暨全省公路养护技能比赛选拔赛中,县公路局囊括装载机操作、油路坑槽挖补和水泥路面清灌缝全部三个项目第一。代表市局参加全省公路养护技能比赛,夺得水泥路面清灌缝第一名、装载机操作第二名、油路坑槽挖补第三名的好成绩。

【路政管理】 2014年,县公路局强力推进路域环境治理,路政执法零投诉,联合治超取得新成绩。第一,提升队伍素质。组织执法人员春训,进行行风评议活动,努力提高文明执法、依法行政的水平和能力。第二,强化路政日常巡查。及时制止有损公路畅通行为234次,查处损坏公路及公路设施案件36起,发放爱路护路公约400多份,下达消除违法行为通知书200多份,巡查覆盖率100%。第三,综合整治成效显现。扎实开展集中整治行动,清除路肩农作物380平方米、拆除跨路龙门架3处、违法棚屋15处,横幅50多条、移动式非标145块、清理堆物占道65处、摊点153处,确保公路安全畅通。第四,构建和谐公路环境。优质办理行政许可13件,均做到热情接待、依法办理、按时办结,无相对人提出意见和诉讼,无不满意意见。以群众路线教育实践活动为契机,加强与政府及各职能部门的横向联系及沟通,形成齐抓共管局面。第五,加强超限运输治理。严格按照逢车必检,逢超必罚,逢超必卸的联合治超工作要求,严厉打击超限运输违法行为,2014年出动执法人员8049人次,检测车辆6.2万台次,查处超限超载车辆633台次,实施卸载633台次,卸载货物1.42万吨,实施行政处罚586台次,收缴罚款134.16万元,拆解非法改装车辆113台次。做到查处率100%,结案率100%,有效遏制超限运输的高发势头,得到各级领导和广大人民群众的高度肯定和好评。

【党风廉政建设】 2014年,县公路局加强党风廉政建设,确保风清气正发展环境。坚决贯彻作风建设相关规定,健全常态化制度,确保作风有明显的好转。局领导班子深刻领会习近平总书记关于党风廉政建设和反腐败斗争的系列重要讲话,带头纠正"四风",切实担当主体责任,严格按照"一岗双责"要求,把党风廉政建设责任目标落到实处修订完善全局21项管理制度,纪检监察室加强督察,严肃工作作风,局机关和两个二级机构机关上下班实行签到和去向公示,每月对全局出勤情况进行通报,"庸懒散"现象得到根除。以"零容忍"态度惩治腐败。严格执行各项规定,增强行政执法透明度,接受社会的监督,让权利在阳光下运行,狠抓节假日防范。以提升服务水平为突破口,创优发展环境。抓好网上政务公开工作,及时进行回复和整改,县长信箱邮件回复14件,县长热线回复31件,办结率为100%。行政政务窗口及路政科接待审批咨询50多人次,快速办理许可事项。积极支持地方建设,特别是在涉及小城镇、乡村学校的路段增加安保设施,突出便民主题。落实局务公开制度。把党委重大决策、人事任免、重大项目建设、重大资金安排、"三公"(指政府部门人员因出国经费、公务车购置及运行费、公务招待费产生的消费)经费及事关民生问题的决策等情况及时公开,规范权力运行。工青妇和离退休服务等工作全面进步。工会积极开展关爱活动,落实退休老同志的政治待遇和生活待遇,切实维护行业稳定。

(肖明)

汽车客运

湖南龙骧交通发展集团有限责任公司宁乡分公司

经　理、总支书记　喻小石
副书记、工会主席　徐桂林
副　经　理　徐桂林　张志军　成志兵　周俊波

【概况】 2014年,湖南龙骧交通发展集团有限责任公司宁乡分公司(以下简称宁乡分公司)共有员工417人,离退休人员309人。宁乡分公司下设3个县级车站、9个乡镇客运站、6个运输单位以及修理厂、广告公司、旅游交通咨询集散中心等基层单位,经营范围涉及公路客运、客运站场、城市公共客运、出租车服务、旅游客运,兼营汽车修理、旅游服务、广告发布、公营超市等多种业务项目;现有各类营运车辆427台,其中营运客车217台,城市出租车158台,校车52台,已开通营运线路133条,其中省际班线10条,市际班线39条,县际班线34条,县内班线50条,运输网络遍布湖南省各地、州、市,以及广东、江西、湖北、江苏等9个省、直辖市;司属白马桥汽车站、东城汽车站、豪德汽车站3个县级车站日发班次750余次,平均日发送旅客约1.5万人次,共接纳各种营运客车391台。

2014年,宁乡分公司按照集团公司"两个巩固(巩固管理成果、巩固现有产业)、三个突破(力求经济结构调整上的突破、力求站场投资建设上的突破、力求运输网络布局上的突破)、四个提高(着力市场开发质量的提高、着力团队管理水平的提高、着力行业服务水平的提高、着力生产技术水平的提高)"的工作思路和举措,结合党的群众路线教育实践活动,积极配合宁乡县文明创建活动,开展行风建设,坚持以经济效益和社会效益为中心,规范管理、整合资源、拓展市场、开源节流,圆满完成各项工作任务。宁乡分公司荣获宁乡县人民政府授予的"安全生产先进单位"、长沙市公共客运管理局授予的"服务质量管理先进单位"和"安全生产工作先进单位";司属车站荣获2014年度湖南省道路客运"二级甲等站"。

【规范管理】 2014年,是宁乡分公司"规范管理年",颁布2014年目标管理考核、安全管理考核办法,严格各项规章制度,考核奖惩兑现。年初分公司与各考核单位签订年度《目标管理责任书》,根据各单位实际制定目标计划,强化管理责任,严格年终考核兑现。并严格按照质量管理体系、职业健康安全管理体系要求,制定《重申安全管理规定及责任追究制度》《经济目标考核管理办法》《质量管理办法》三份指导性文件,由分公司质量监督科全程参与并负责监督落实。质量监督科定期和不定期对各单位和部门劳动纪律、着装情况、日常工作开展情况进行检查,对不合格项整改情况等工作的督促检查和考核评分,同时将检查结果在集团公司OA管理平台公示通报,考核评分严格与各单位和部门员工工资、奖金挂钩。

【运输生产管理】 2014年,宁乡分公司开通宁乡—新化、宁乡—吉首、流沙河—湘潭、宁乡—平江4条新线路,并整合班线资源,对南坝线、泉塘线、西冲山线的17台班线车进行公交化改造,同时投放4台燃气车至流沙河线运营;将原6车队旅游车及18车队区间线公营线路车辆整合组成30车队,此举既整合、优化人力资源,提高人员的使用效率,方便驾驶员的调配和管理,同时又降低人力成本。在加强精细化管理方面,公营车驾驶员和乘务员的工资收入与油、胎、料等个车效益严格挂钩,考核兑现。2014年,宁乡分公司新增出租车20台,报废更新更换双燃料出租车55台,使城市出租车逐步向节能环保、低碳减排方向发展;并顺利将新康公司所持股份从原来的10%增至38%,巩固和扩大了出租车市场占有率。

【车站服务管理】 2014年,宁乡分公司利用站场优势,开启便民措施,延伸车站服务,完善服务功能。车站"特色服务班"为老、弱、病、残、孕等乘客提供特色服务;在站内候车室内设立便民箱,免费提供开水,设置特殊旅客候车区,开通96228服务热线,推出站外车票代售点、电话订票、联网售票、送票上门等便民举措;站内的公营超市为顾客提供平价、优质、放心的商品;对外开放的食堂为顾客就餐提供方便。2014年"宁乡旅游交通咨询集散中心"在东城汽车站正式挂牌成立,积极承担旅游公共职能,构建旅游、运输、咨询服务为一体的旅游服务体系,全力打造宁乡旅游交通文明窗口名片。

【三产业管理】 2014年,宁乡分公司在积极拓展主业的同时,注重对三产业的开发和管理。宁乡分公司积极与宁乡县旅游局协调、沟通,依托百年龙骧品牌及客运站场、车辆等优势,5月,成立"宁乡旅游交通咨询集散中心",同时还成立"龙骧国际旅行社宁乡分社",开启"站场、运输、景点、酒店、宾馆"为一体的特色旅运新模式;另外,通过多次协商,成功与湖南恒顺汽车贸易公司签订4S店租赁合作协议;新成立的"一汽"特约维修服务站极大地方便广大车主的保养和维修;8月,宁乡分公司顺利完成原长途汽车站内办公大楼的整体搬迁工作,为加快推进其站场开发建设奠定基础。

【安全管理】 2014年,宁乡分公司坚持"安全第一,预防为主,综合治理"的管理原则,制定安全管理规定及责任追究细则,完善安全奖惩制度,加大安全处罚力度,全面提高安全生产水平、落实安全生产主体责任,杜绝重特大事故的发生。同时利用GPS监控系统全天候、全方位对营运客车进行动态安全监管,对长途客车执行凌晨2点至5点停车休息情况进行重点监管,对集团公司办公系统(OA)中通报的违规车辆,及时进行整改和处罚，有效地预防和控制车辆超速、超载等交通违法行为。2014年，宁乡分公司行车安全各项指数均控制在指标范围内，比2013年事故总量大幅下降，站场、综治、消防、劳动用工、房屋、食品安全事故均为零，宁乡县政府和长沙市公共客运管理局授予"年度安全生产先进单位"。

【党群建设】 2014年，宁乡分公司以宁乡县文明创建活动和政风行风建设活动为契机，在全公司范围内广泛开展"创文明城市，建文明企业"活动，不断改善服务环境，改进工作作风，提升服务质量，提高顾客满意度。文明创建工作受到县委、县政府、县文明办的高度肯定和表扬；同时宁乡分公司注重加强党群建设，关心困难员工，走访困难家庭，对考取大专院校和获得"三好学生"的职工子弟进行表彰和奖励；三大车站的职工食堂解决员工就餐不便的问题；开展"暖心"活动，发放员工生日蛋糕和购物卡，一系列关爱员工的举措有效提高企业的凝聚力和向心力。（伍友谊）

邮　政

县邮政局

局长、党委书记 何可文
副局长、工会主席 张　丽(女)
副　局　长 方　向（11月任）

【概况】 2014年，宁乡县邮政局共有职工460人，其中在职职工318人，占职工总数的69.14%，离退休(含退养)职工142人，占职工总数的30.86%。局机关机构设置一室两部，即综合办公室、市场经营部、安保网络部。市场经营部下设两个中心，即代理金融中心、邮务类中心，包括储汇专业、代理保险专业、函包速专业、分销专业、通信代理专业、集邮专业、发行专业。全县邮政营业网点35个，邮路5条，邮路总长480公里，邮运汽车13台；投递段道94条，其中：农村段道69条，城市段道25条，投递线路总长3959公里，农村3180公里，城区779公里，服务范围覆盖全县各个街道和村落。2014年，宁乡县邮政局完成业务收入5046.98万元，完成计划进度的93.53%，较2013年同期增长5.43%。其中有效收入完成3625万元，占业务总收入比重的72.1%，较2013年同期增长17.49%。邮储余额净增4.05亿元，增幅20.58%，新增存款市场占有率为11%，市场占有率提高2个百分点，年净增创历史新高，成功突破4亿元大关；较2013年同期净增1.96亿元，净增排位跃至湖南省邮政系统第13位（2013年42位），增幅为95.6%，增幅排位跃至湖南省邮政系统15位(2013年88位)。33个支行中，年净增过3000万元的支行一个；年净增过2000万元支行5个；年净增过1000万元的支行14个；圆满完成年净增计划任务的支行有6个：流沙河邮政支行、金牛邮政支行、资福邮政支行、偕乐桥邮政支行、黄材邮政支行、青山桥邮政支行。

【邮务类业务发展形势良好】 2014年，宁乡县邮政局邮务类业务发展形势良好。函件专业全年销售《大学新生》1420本，创收3.7万元，销售钱币册1150套，创收57.12万元；发行专业2015年报刊大收订，进机流转额1198.01万元，进度100%，圆满完成流转额目标；集邮专业成功举办大型邮品鉴赏会，累计创收110万元；电子商务专业突出打造"缴费一站通"和"缴费不出村"品牌，创收500多万元；代理速递业务思乡月创收40余万元；"惠民优选"营销活动，累计销售42.97万元，会员发展9656户，完成进度107%；车险业务，全年累计销售车险290台，完成进度列长沙市邮政系统第一。

【平台运营水平有效提升】 2014年，宁乡县邮政局平台运营水平有效提高。第一，成功建成171家综合性"邮政便民服务点"，综合服务平台运营能力增强，月均累计代办话费3000多笔，代收电费1.4万多笔，助农取款1000余笔。第二，深化推进网点转型，软件硬件工作两手抓。加大人员和服务设施投入，改善邮政服务环境；有效精减机关、专业工作人员35人，充实一线力量，为网点共配备25名大堂经理、9名保安人员；激励代理金融网点负责人，圆满完成12名代理金融网点负责人的转聘工作；进一步完善网点服务设施，全县营业网点全部配备网银体验电脑并开通wifi，同时新增ATM、CRS、网银自助终端、存折补登机等设备，大大缩短客户等待时间，进一步提高客户满意度。第三，持续开展提升邮政服务水平的6S现场管理工作，切实解决营业局所、揽投部等窗口单位服务意识不强、服务质量不高、服务时限不能保证等问题，切实纠正查询难、投诉难、赔偿难等问题，投诉及时处理率100%。

【企业文化建设不断推进】 2014年，宁乡县邮政局广泛开展创先争优活动，以深入开展"树创岗位标兵""争创优质服务示范岗、争当优质服务明星"、创建"芙蓉标兵岗"、争当"芙蓉岗位明星""创建爱心邮路、争当爱心信使"等活动为载体，大力开展评选先进典型，向劳模人物学习活动，在全局内形成学习先进、创先争优的氛围。继续深入实施"送温暖"工程，走访、慰问、看望离退休老职工、劳模、先进、军属等115人次，上门慰问住院、家庭困难且身体多病人员48人次，帮扶特困职工33名，帮扶资金3万多元，"三八"节慰问女职工230名，"六一"儿童节给169名14周岁以下的职工子女发放慰问金；组织机关职工义务献血，发放补助金3000余元。开展职工岗位技能比赛，营造全员大练功氛围。建立“岗位练功日”制度，通过将练功活动普及到每个工种的岗位员工，营造“岗位提高、岗位争先、岗位创造、岗位成才”的群众性岗位练功活动氛围。（蒋迎寅）

电　信

中国电信股份有限公司宁乡分公司

经理、党委书记	沈　郁
副　经　理	刘志华（9月免）
	成亚军（11月免）
经　理　助　理	姜建佳
	刘红海（11月任）

【概况】 2014年，中国电信股份有限公司宁乡分公司（以下简称宁乡电信）下设综合部、销售服务部、网络部等3部。全年全公司紧紧围绕贯彻集团公司转型创新、好中求快发展主线，以“诚信经营，务实发展”为根本，凝神聚气，把握重点，以“渠道追赶计划、光网追赶计划”两大追赶计划为抓手，全面推进划小承包，企业已开始步入稳健、良性发展轨道。

【电信市场经营】 2014年，公司以实现“收入规模快速扩张，企业价值逐步改善，市场份额逐步上升”为目标，聚焦公众、政企、农村等目标市场。主要经营移动、宽带、ITV、座机、流量等业务，重点拓展ICT和IDC等行业应用。第一，聚焦重点，推进“两大追赶计划”。渠道“抓网点建设、促集约支撑”。确定“一个核心商圈店、两个品牌店、三个网格店”的渠道建设目标，集约推进核心商圈和旗舰专营店的建设，实行商圈门店隔离运营，建立集约支撑培训团队，整体推进渠道“建、管、养”工作；做好对“自有物业资源、渠道建设资金、渠道网点布局、建点补贴原则”的四统筹；实施对社会渠道代理商集约服务支撑的“七项承诺”（系统佣金结算按时、准确；各类结算公正、透明，按章执行；各类政策、规则严格按章办事；对所有代理商提供专职服务；建立代理商沟通机制；杜绝服务过程中的“吃拿卡要”不正之风；县城区域无条件受理业务），利用4G上市的良好契机，掀起全员、全社会4G应用热潮。光网“抓端口建设、促小区营销”。全公司完成光网端口建设4.3万个，引入民资396.4万元，完成合作共营项目101个、合作共建项目25个。截至2014年底，宁乡县城区已率先实现全光网覆盖，第一个实施“全城无条件光网受理”，并全面封停铜网。第二，聚集发展，提升经营能力。以行业应用拉动政企客户规模，积极推动校园行业代理模式，利用宽带资源引领移动业务，进行校区网络提速升级整治，对原有基站进行4G升级改造；挖掘电渠商机，抓好10000号商机转化率及客户价值提升，以20M、100M光速宽带为卖点，实现商机转化、加C渗透的客户价值提升。提升户均流量，加快IDC业务发展，做大互联网应用产品收入和用户规模。进一步整治“三强”（强行捆绑、强行关停、强行发送），重点关注离网用户，开展存费送费、套餐续约、积分回馈、天翼俱乐部等活动。第三，积极开展“信息惠农?宽带乡村”创建活动，在全县各级各有关部门的支持和配合下，认真组织实施网络建设和光纤宽带发展，加快推进信息化建设创建工作。

【电信网络建设】 2014年，宁乡电信在企业战略目标指引下，以市场业务需求为驱动，规模发展、机制创新，把应对市场竞争和满足市场需求放在首位，大力推进光网建设，积极部署TD－LTE试验网建设，继续推进农村集镇FTTH建设，为企业可持续发展和保持竞争优势提供能力支撑和保障。完成全县IP网络的ITV，ITMS，VOIP的部署和城域网全部设备的标准化配置；完成OLT的QINQ和多链路的改造任务，保证新业务的开通，接入层扁平化工作。完成ATM传统设备替换工作，进一步提升ITV的覆盖率、稳定性和流畅性。进行城域网网络优化：对BAS设备进行负载策略调整，上行链路聚合增加链路，解决设备负载不均衡，网络忙时峰值过大而产生的网络瓶颈问题；同时新扩容上行单板，解决上行链路同板卡、同沟、同缆的安全隐患。完成、CR，SR，BAS和汇聚交换机的一系列的系统升级和子接口合并的多项任务。CDMA移动网络优化整治贯穿全年，共更换全民镇上等基站天馈线，调整灰汤华天等基站下倾角，确保这部分基站的覆盖达到最佳效果；为提高网络有效覆盖减少投诉，全年无线班安排对各城区、乡镇（村）、单位等进行测试和路测；完成基站搬迁；对江河村等遗留基站开通入网；配合节能降耗，协调解决对有虚报电费的基站。

【电信网络维护】 2014年，宁乡电信高度重视网络维护工作。第一，夯实网络能力，以支撑发展、集约维护、提质增效、开放合作等“四个关键”和持续推进网络安全、两个精品网、两个精品窗口、精确管理“1221”工程为抓手，加快推进运维体系的集约化运营。加强装维队伍建设和装维工具仪表配置，提升装维手段，提高宽带装维服务能力。对农村48小时修障及时率、城区24小时修障及时率严格按天考核，通过提升装维工程师技能，合理调度提升产量，提升客户满意度和员工工资，提升核心竞争力。第二，严格执行“首次回应，预约履约”和“七个一”（一套统一的工装、一个工号牌、一声统一的标准问候语、一双鞋套、一块垫布、一块抹布、一张服务监督调查表)服务,建立工单管控升级制度,加强对装移机工单的全程监控,严格管控宽带及ITV装移机退单、撤单、逾限工单,对营业受理人员、客户端装维工程师虚假退单和撤单实行“零容忍”;优化装维支撑能力,提高支撑效率,保障4G网络安全稳定运行。第三,随着FTTH和ITV等新技术新业务的应用推广,针对FTTH和ITV装维服务,分公司组织专门培训,通过培训,维护人员测评通过率和实践动手能力,得到明显提升。第四,落实基础维护管理工作,制定维护作业计划,加强日常维护工作,加大预检预修频次,及时有效处理障碍。

【电信企业服务】 2014年,宁乡电信聚焦客户满意度,重点突破和提升直接影响客户感知区域,完善服务体制,全面治理服务突出短板,多渠道收集用户意见和建议,针对服务问题进行积极整改,加大考核力度,全面提升全员服务意识,明确关键区域、责任部门、第一责任人KPI横向关联考核机制,对严重违规行为追究部门负责人和主管领导的连带责任;对收费项目、资费套餐、客户账单、增值业务等项目开展多维度整治。主动推送电子账单,方便查询减少疑惑,定期发送套餐消费情况短信,对欠费或流量超过的用户进行及时提醒。加大SP业务、流量包外呼业务清理整改力度,费用类投诉得到有效控制。针对阶段性服务热点难点问题及时召开服务专题会,加强对各阶段服务较弱、问题较多单位的调研督导,共同分析探讨问题,每天对员工工单办结满意度进行排名,要求100%回访用户,发现虚假回单从重考核并纳入KPI。用户满意率大幅提高。重拳整治“三强”(强行捆绑、强行关停、强行发送)问题,实行从严、从重的零容忍处理原则,针对“三强”问题与相关部门签订责任书,与代理商、SP商家签订承诺函,对出现“三强”行为的代理商及SP商家取消代理资格和追究法律责任。综合治理垃圾短信,实行业务管控责任制,强化端口短信管理,更新和优化关黑、拦截机制,严控垃圾短信。 (刘艳)

移动通信

【概况】 中国移动通信集团湖南有限公司长沙市宁乡县分公司(以下简称“宁乡移动”)是中国移动在宁乡的县级分支机构,下辖玉潭、金洲、花明楼、灰汤、黄材、大成桥、流沙河7个营业部和楚沩服务厅。截至2014年底,公司共有在职员工188人。全年累计完成运营收入超过1亿元,环比2013年同期增幅为9.3%,净增日均通信市场份额94%,年末客户超过166万户,其中4G客户约为5.6万户,4G用户占有率接近100%,经营业绩综合排名全区第一。从2013年年底获得全业务运营牌照开始,宁乡移动积极响应政府“宽带中国”战略,以提速度、广普及、惠民生、降价格为目标大力发展宽带业务,2014年新增宽带用户约1万户,以实惠的价格帮助广大农村用户实现上网需求。

【信息化应用】 2014年,宁乡移动实现信息化收入约2900万元。公司全力打造具有示范意义的集团客户行业应用项目,推出教育城域网、社会天网、路段监控、办公自动系统等亮点信息化工程项目。其中“社会天网”工程是通过移动视频专线,将全县城区(含玉潭、历经铺、白马桥、城郊、夏铎铺、金洲及经开区、金州新区范围)所有银行网点、中小学校等重点内保单位重要公共场所的监控图像接入天网平台,使接入图像总路数达到500路。根据宁乡政府规划,2014年社会天网第一期主要覆盖宁乡17家银行及其所有子网点,截至12月31日,施工建设完成3家。“校讯通”则是宁乡移动面向学校与家庭推出的家校沟通新服务项目,为151所学校提供服务,拥有用户2.3万户。

【移动客户服务】 2014年,宁乡移动客户服务体系不断完善,建立和完善“客户为根、服务为本”的客户服务体系。服务流程不断优化,形成以客户为导向的客户服务体系;高度重视网络质量保障和客户投诉问题解决,客户投诉48小时内首次回复,宁乡移动窗口短信测评满意率由年初的93%提升到96.75%,投诉客户满意率及处理及时率均为100%。宁乡移动投入大量资金开展“渠道倍增”计划,2014年,新增渠道37家,共计拥有各类移动实体渠道网点240家。持续向广大客户提供10086服务热线24小时服务,并开通微信等互联网服务平台;专门成立垃圾信息治理小组,搭建实时拦截及举报平台(10086999举报平台),积极配合有关部门对违规违法垃圾信息进行实时拦截,通过设定短信发送量的门限值,实时更新短信疑似敏感字段,重点封堵黄色、诈骗等犯罪信息,受理客户对接收的垃圾信息举报,有效控制垃圾短信的蔓延。

【移动网络建设】 2014年,宁乡移动进一步加强网络建设。公司划拨资金1.5亿元用于网络建设,截至年底共计拥有2G/3G基站1000个,全年开通4G基站800个,城区4G信号覆盖率99.5%,全县的大、小型集镇以及208省道、209省道、319国道、长常高速、长韶娄高速宁乡境内均已实现4G信号覆盖,在4G网络的支持下,用户能够以最快100Mbps的速度下载。 (岳芬)

中国移动通信集团湖南有限公司长沙市宁乡县分公司

经　理　吕晓阳(6月免)
　　　　　王雄辉(6月任)

副经理　汪一兵(6月免)

符俊安(6月任)
程　军(6月任)
喻彩斌

联通通信

【概况】 中国联合网络通信有限公司宁乡县分公司(以下简称宁乡联通)是中国联通在长沙的县级分支机构,负责经营在宁乡县域行政区域内的基础电信业务即2G、3G、4G业务、固定电话业务、互联网宽带业务、国际国内长途、IP业务、数据通信业务和增值电信业务。2014年,公司共有在职员工150余人。宁乡联通全年移网累计完成收入9313万元,移网用户13.8万户;固网累计完成收入1328万元,互联网用户2.28万户;上缴地方税收290万元。移网累计完成3G站149个(32个集镇拉远),解决近100个行政村的3G接入,提高50%的3G村级覆盖。新建121个4G站点,确保县城和主要旅游景点的覆盖。宁乡移动为回报社会,落实各项资金、公益性费用3万余元;新增营业网点40家,安置就业人数150余人。2014年获得长沙联通集团业务发展及物资管理先进单位。

【联通综合管理】 2014年,宁乡联通围绕"创建用户和员工更满意的卓越企业、提升员工满意度和幸福感"双重目标,党建推四措、增四力(建阵地,让党员活动有"家",增强组织影响力;抓管理,让党员表现有"为",增强组织执行力;促活动,让党员生活有"味",增强组织新活力;重帮扶,让党员感觉有"爱",增强组织的凝聚力);爱WO家、提三感(模范立家,提升员工的归属感;维权护家,提升员工的安全感;和谐乐家,提升员工的幸福感);强五心、促满意(优化流程,让内部沟通更省心;主动服务,让员工感知更顺心;改善伙食,让大家吃得更放心;文明引导,让企业处处有觉心;美化环境,让员工工作更舒心)。2014年员工满意度较往年又提升两个百分点,员工对公司的归属感和凝聚力得到进一步提升。

【联通客户服务及回馈活动】 宁乡联通始终秉承服务质量是业务发展的根本。2014年,宁乡联通以"客户为先、服务保障"为主导思想,重点从全程服务监管、创新客户体验两个方面发力,搭建"即时承诺、服务倒逼"大服务机制,提升客户感知;在全渠道开展服务质量"四个一"专项提升工作,即解决一个服务短板、确定一项检查重点、开展一次对标检查、推广一项服务举措;深化"VIP微服务"运营管理,通过互联网传播提升服务体验和渗透率。2014年客户满意度保持在82分以上。

(刘碧涛)

中国联合网络通信有限公司宁乡县分公司

总　经　理　李平维
副 总 经 理　汤周宁(7月免)
　　郑曙峰(11月免)
总经理助理　张次政(7月任)
　　胡　义(11月任)

贸易

招商合作

县招商合作局

局长、党组书记　陈永胜

副书记、副局长　曾卉敏（女）

副　局　长　李贺钊

郭郁姿（女，聘）

【概况】 2014年，县招商合作局有在职干部职工18人，内设办公室、督查科、招商一科、招商二科和外资服务科5个科室。年内，县招商局坚持招大引强战略，以“大招商、招大商”为工作核心，紧盯主导产业，主攻龙头企业，深入开展创先争优活动，全局上下精诚团结，务实创新，各项工作齐头并进，取得可喜成绩。先后荣获“长沙市招商引资目标管理考核一类单位”“县工作绩效考核一类单位”“县五好领导班子”“全县优化经济发展环境模范单位”“县招商引资突出贡献单位”等多项殊荣。

超额完成市、县各项目标任务。全年合同利用县域外资金580.4亿元，实际到位县域外资金253.8亿元，比上年增长5.75%。新增规模项目243个，投资亿元以上规模项目83个；实际到位外资2.45亿美元，市外境内固定投资62.22亿元，完成年目标任务的102%，到位省外境内资金39.14亿元，完成年目标任务的103%。

突出招商引强战略，重大产业项目相继落户。成功引进省粮食集团、杉杉新材、康师傅、晶弘冰箱、盼盼食品、万鑫机电、利和城市综合体、九龙仓奥特莱斯、绿城文化城等重点项目；深入对接华强集团、盼盼门业、卡士酸乳等一批重大意向投资项目；捕捉一大批重大项目信息，为2015年招商引资奠定坚实基础。

完善招商政策，推进产业招商。联合相关职能部门和经开区、金洲新区等主要载体单位，针对农副产品深加工（食品）、新材料新能源、大学科技园、旅游、电商及物流等产业，起草一系列针对性强、操作性活的产业招商政策，制定《宁乡县百大工业招商项目服务机制》《宁乡县招商引资项目引进前评审机制》《宁乡县委托代理招商办法（试行）》《宁乡县招商引资活动管理办法》《进一步加强招商引资工作的实施意见》等一系列推动招商引资的工作制度，为2015年招商引资工作奠定坚实基础、铸造制胜武器。

【节会招商引资】 2014年，宁乡围绕招商引资开展一系列活动。4月8日，举办“2014宁乡重大投资项目发布会”，集中发布32个重大投资项目，预计吸引投资722亿元；现场签约16个优质项目，签约总金额160亿元。会同经开区成功举办食品饮料产业活动季暨中国（长沙）现代农业产业化示范园重点项目签约仪式，湖南省粮食集团等7个项目现场签约，合同引资70亿元。会同金洲新区于6月25日举办九龙仓等4个项目集中签约仪式，合同引资36亿元。10月14日至17日，积极组团参加“2014长沙（深圳）重点片区重点产业推介会暨签约仪式”，成功签约晶弘冰箱等9个项目，签约总金额96亿元。11月25日，借省侨联换届契机，邀请160名与会侨商代表参加“世界侨领侨商看宁乡”活动，现场推介宁乡经济技术开发区食品产业园、金洲新区锂电产业园、沩东新城片区开发、沩山国家级风景名胜区旅游开发四个战略项目，受到与会侨领侨商的高度关注。

招商小分队常年奔赴上海、深圳、广州等长三角、珠三角地区进行招商考察。全县累计派出招商小分队320批次、一千余人次，累计捕捉投资信息300余条，成功对接项目120个。　（欧阳艳）

商务工作

县商务局

局长、党委书记　熊正明

副书记、副局长　胡新和

副局长、纪委书记　孙健强

副　局　长　彭志煌

陈敏芳（女）

工会主席　曾　艳（女）

【概况】 2014年，县商务局共有在职人员41人，内设机构8个，领导班子成员7人。全年全县共实现社会消费品零售总额197.3亿元，比2013年增长14.4%，居9县市第4位；实现对外贸易进出口总额4亿美元，与2013年同期相比增长19.4%；实现外派劳务人数1600人；实现全县商贸招商引资20亿元，实现商贸项目投入10亿元。

开展活动促消费。县商务局组织举办宁乡县第二届国际名车展暨宁乡土特产博览会、宁乡首届名优农特产文化交流会和第三届国际名车展，各类活动吸引大量客户，活跃宁乡消费市场，促进全县消费水平提升，全年实现社会消费品零售总额197.3亿元，比2013年增长14.4%。

外贸平稳增长。县商务局举办外贸业务政策培训班4次，召开工作促进会、研讨会5次，帮助全县企业争取国家、省、市外经贸政策资金400多万元，组织宁乡县外贸企业抱团出国考察，参展参会10多次，正确引导全县外贸企业，积极开拓国际市场，企业全球市场意识增强，对外贸易氛围浓厚。全年新增备案登记企业16家，实现进出口总额4亿美元。宁乡县对外经济合作发展态势良好，对外劳务合作服务平台全年共接待报名人员2500多人，输出劳务人员1200多人，实现外派劳务经济收入1.5亿元以上，无一例外派劳务纠纷，获省、市政策支持资金近百万元。

项目风生水起。实现招商引资9亿元，成功开发包装项目4个，捕捉招商信息12条，重点推进5个市重大商务项目、7个市现代服务业综合试点项目和9个县重点项目。长沙大河西农产品物流中心作为省、市、县重点商贸项目和重大民生工程，至2014年末，已累计投入建设资金4亿多元，签订意向招商协议1000户；大河西汽车城2014年底土方动工；未来城红星美凯龙项目主体项目已封顶；毅德大酒店项目2014年11月封顶；宁乡义乌小商品城一期竣工，招商率70%；湘中南钢材物流园盛装开业；九龙仓项目抢滩金洲新区创造新商机；香港盛大百货与春城万象广场强强联手。

服务全心全意。县商务局重点帮助长沙大河西农产品物流中心、千壶客酒业、鑫烨钢结构彩板有限公司、楚鑫科技、鑫佰加家居博览城等企业，帮助解决涉及债务清查、配套交通、市场环境、用电用水、政策扶持等多个方面困难。尤其是千壶客酒业长期遭受债务(高利贷)困扰，县商务局牵头组成联合工作组，历时4个月，收缴31位债权人欠条金额1100万元，核定债务金额310万元，剥离社会高息债务700多万元。

工作齐头并进。宁乡县流通再造和农家店信息化改造、中小商贸流通企业服务平台建设、电子商务等工作全省领先。积极推广“农村商贸综合服务体”电商模式，加快农村电子商务的应用。宁乡县率先启动，将政策(金融)、信息技术、管理、服务有效融合于一体，带领农村商贸流通业转战互联网，尤其是时下热门的移动互联网领域，力促商贸流通实现电商化，协助传统产业实现转型升级，多次组织业务员培训，并对平台供应商奖励3万多元。年末入驻供应商(含万村千乡配送承办企业)40多家，入驻农家店3000多家，近5000个单品入驻平台，全年电子商务交易额2.5亿元。11月底，宁乡县“万村千乡市场工程”信息化改造项目通过省、市联合验收。成功申请宁乡县成为全省“百城千镇县乡流通再造工程”的首个示范县。力求宁乡县乡镇建设成现代化的县乡流通综合体，实现“工业品下乡”与“农产品进城”的产销对接，重点打造集聚商业要素和人气的“乡镇商圈”，逐步实现布局合理、结构优化、功能齐备和现代化水平较高的县乡流通体系“再造”。

【举行宁乡首届名优农特产文化交流会】 5月14日，由宁乡县商务局、旅游局指导，宁乡农特产协会主办，五养之乡宁乡特产文化街承办的宁乡首届名优农特产文化交流会在宁乡特产文化街举行。加加集团、湘茗茶叶、古镇农品、都友食品等96家宁乡农特产协会会员单位和数十家媒体记者参与活动。此次活动由宁乡旅游文化和名优农特产展示，商贸交流会，签约仪式和高峰论坛组成。签约仪式上，五养之乡特产文化街代表与大润发、人人乐、步步高等超市，通程、华天、丽达等100多家餐饮机构，湖南易呼百应网络科技有限公司、金道云商、宁爱网、宁网商城、特色湖南网等20多家电子商务平台，以及长株潭周边30余家农产品销售代理商、经销商现场进行签约。

【举行宁乡第三届国际名车展暨汽车宝贝选拔赛活动】 2014年8月和11月，举行2014汽车商会杯宁乡第三届国际名车展暨汽车宝贝选拔赛活动，本届车展以“弘扬汽车文化、促进汽车产业发展”为主题，秉承“政府搭台、商会合力、企业唱戏、消费者受益”的思路，由县商务局指导，县汽车贸易商会承办。这次车展共有40余家汽车经销商和汽车用品商参与，参展商家之多、品牌之全、规模之大是本届车展的一大亮点。本届车展分两时段进行，8月1次，11月1次，共计销售汽车3000台以上，销售金额4亿元以上。本届车展还与“汽车宝贝选拔赛”这一充满时尚与青春活力的创新元素完美融合。

【意大利品牌吉科菲拉落户宁乡】 2014年1月14日，由宁乡县商务局主办、宁乡易呼百应网承办的2014中国O2O城市联盟—宁乡大讲堂电子商务培训在通程举行。此次培训邀请清华大学电子商务总裁班几位知名讲师授课，吸引全县电子商务企业及省内外电商精英到宁乡参加。意大利吉科菲拉品牌服饰企业老总唐文彪到训后，深深感受到宁乡优越的政策、优质的服务，宁乡人品位高、消费意识超前，并且宁乡有全国一线品牌本土企业圣得西和忘不了带来的宁乡服饰行业的整体发展，还有高端的缝纫工人等优势，认为内地更有发展潜力，当即产生产业转移宁乡的设想。培训会后，县商务局进行项目跟踪，并精心指导，意大利吉科菲拉迅速在宁乡注册成立电子商务公司，实现第三方平台网上的营销。5月1日，吉科菲拉品牌服饰实体旗舰店在宁乡县城一环路(富豪山庄对面)正式起航。 (姜元)

供销合作

县供销合作社联合社

主任、党委书记 杨皎锋
副 主 任 陶春雷
夏宏春
鲁建河
唐文兵
纪 委 书 记 唐也平

【概况】 2014年，宁乡县供销合作社联合社(以下简称县供销社)机关有在职干部职工23人，机关内设办公室、合作发展科、综治维稳科、政工科、财计科、新网办6个职能科室。2014年，县供销社不断强化为农服务意识，创新服务方式，圆满完成全年各项工作任务，获得“全市供销系统综合业绩考核特等奖”。

加强农资销售，服务农业生产。全系统完成大化肥冬储1.35亿元，其中农资公司3200万元，总共实现社会商品零售总额4.1亿元，利润1600万元，实现税收300万元，确保全县农业生产的顺利开展。选址大河西农产品物流中心，新建县级农资配送中心一个，在原完成道林、双凫铺、双江口、流沙河4个农资配送站建设的基础上，2014年，新建大成桥、菁华铺、沙田3个农资配送站。至此，全县大农资网络基本形成。

建设农副产品销售新平台。注册组建“宁乡供销商城”，集中将宁乡农副产品通过电商平台对外展示销售。组织金洲茶叶、沩山茶叶、湘茗茶叶，俏农女五谷杂粮，湘一灰汤鸭、千壶客酒业、唐辣子食品等7家企业，近50个产品上线经营，有效地对外推介宁乡企业和产品。

成立茶叶农民专业合作社联合社。组织沩山炎羽茶叶有限公司和沩民、炎羽、国兵、五福等四家农民专业合作社，成立全县第一家农民专业合作社联合社(盛源茶叶专业合作社联合社)，并成立宁乡茶叶协会，拓展宁乡茶叶外销渠道，促进宁乡茶叶联合发展。

建立一家农副产品直营店。与峡山蔬菜种植专业合作社合作，在县城新建峡山蔬菜直销店，作为县社为民办实事示范店，为供销系统创办绿色生鲜食品店起到良好的示范作用。

烟花爆竹实现安全经营。县供销社烟花爆竹专营公司不断加强配送中心、特约经销商和合约经销商店的经营管理，组织经销大户到浏阳公司本部等现场看样定货。由配送中心直接送货到零售经销点，既保证商品损耗率，降低成本，又保证安全运输。紧紧抓住春节、清明等几个节日消费旺季，新辟大型燃放业务，完成商品销售2738万元，并切实加强安全管理，全年无一安全事故发生，实现安全和经营的双丰收。

综治维稳扎实有效，确保系统大局稳定。牢固树立“稳定压倒一切”的思想意识，实行信访工作领导带班制和信访问题首问责任制，设立信访接待室，从周一至周五每天都有一名领导带班接访来客，实现“一站式接待、一条龙服务、一览子解决”努力把矛盾化解在基层。全年共积极处理各类上访活动21次，接待各类县社来访617人次，创新方法处理企业改制遗留问题9个，全年没有出现任何越级上访和赴京上访事件，确保系统大局的稳定。

【扶贫助困】 2014年，供销社通过开展“结对认亲、排忧解难”主题活动和群众路线“心连心”活动，拉近机关党员干部与普通群众之间的距离，为基层群众解决不少力所能及的问题。全年，共组织“上门慰问”“送肥下乡”“送健康”“端午拜节”四次大型活动，个人还自行进村每人平均4次，共投入资金10万余元(其中有2万余元，是干部职工的捐款、捐物)。每个干部职工都与自己的结对人员建立深厚的感情。9月，为支持双凫铺镇江河村委村支两委的工作，斥资1万余元为该村会议添置会议桌椅，改变多年来该村党员无固定地点开会、搞活动的局面。针对村级班子办事不是十分团结的现象，连点领导分别与该村班子沟心通气，通过反复做思想工作，使该村班子内部逐步消除意见，凝聚力、战斗力得以进一步增强。11月，为配合全县冬修水利工作，在自身公用经费吃力的情况下，又挤出3万余元对该村一口灌溉面积20公顷的山塘进行全面抢险加固，受到基层群众一致好评。

【创建全国农民专业合作社示范社】 2014年，由供销社领办及引办的沩山振兴、沩山和谐、俏农女水稻、明德蔬菜合作社被评为2014年度全国总社示范社；俏农女水稻专业合作社、沩山和谐茶叶合作社被评为2013年省示范社。引办的37家专业合作社全部使用“中国供销合作社”标识，2014年新增湘茗茶叶“密印寺”为中国驰名商标，新增“炎羽”“湘一”“金盆云雾”“宁沩”4个商标。

(荣娜)

粮食业

县粮食局

党委书记、局长 李联明
副书记、副局长 朱跃辉
纪委书记、副局长 文 炬
副 局 长 王迎开
何建文
符朝阳
工 会 主 席 汤兴武(3月免)
谢 繁(3月任)

【概况】 2014年，宁乡县粮食局在职干部职工人数共37人，下设10个科室，包括党政办公室、产业发展科、监督检查科、统计调控科、财务联络办、财务资产审监科、人事劳资科、群工综治科、招商引资科、纪检监察室。

全县全年粮食行业收购粮食36.3万吨，销售贸易粮27.8万吨，白酒220吨，面条1.5万吨，饲料31.8万吨，其他14.3万吨，销售收入47.3亿元，实现利税2.7亿元。向上争资1342.63万元，实现项目工程投入1.16亿元，争取和筹措“危仓老库”建设资金8000万元，新建仓容5.9万吨，维修改造仓容4.7万吨。县粮食局荣获市局2014年度“粮食工作绩效考核先进单位”。

【切实解决农民“卖粮难”】 2014年，县粮食局为抓好粮食收购工作，多措并举，切实解决农民“卖粮难”。第一，及早谋划工作，千方百计腾空仓容，新建和扩建横市、枫木桥、毛家咀、回龙铺、道林等仓库共10万吨，促销腾库11.68万吨，积极申报收购库点，方便农民就近送粮。第二，实行预约收购，完善收购办法，在县内媒体公示预约收购库点和预约收购人情况，印发预约收购办法、收购台账、宣传张贴品，分发到收粮库点、乡镇村、粮食经纪人，库点安排专人接受预约，减少农民送粮排队等候时间。第三，提供优质服务。干部职工驻库点服务收购，收购现场免费为农民提供“五有”，设置举报投诉电话，维护农民利益。

【推进精深加工】 2014年，县粮食局引导企业技术创新，大力发展精深加工。第一，总投资50亿元的湖南现代粮食精深加工园成功落户宁乡。项目主体湖粮集团与宁乡经济技术开发区签订战略合作协议，项目稳步推进。第二，亮之星“谷力新能源”在湖南股交所正式挂牌。谷力新能源投资6500万元，新征地2.67公顷，进行5000KW稻壳气化发电厂及年产6万吨的炭基复合肥生产线的建设，项目前期工作已顺利推进。项目的建设运营，可将县内粮食加工企业所产生的稻壳充分利用，实现发电并网，节能减排，并通过炭基复合肥的推广使用，降低水稻重金属含量，对粮食安全，实现农业可持续发展，产生巨大的基础作用。第三，花明粮油糙米米粉系列绿色食品正式投产。花明米业投资8000万元，新建年产1.8万吨糙米米粉生产线、日产200吨精米生产线、年产0.4万吨糠油生产线，新建仓容2.5万吨高标准恒低温粮仓4栋、改建低温粮仓1.5万吨正式投入生产。

【引领产业发展】 2014年，县粮食局通过扶持引导，加快产业发展。第一，积极向上争资，争取资金共计1342.63万元，争取中央财政支持资金444万元，争取粮食产业扶持资金898.63万元。第二，开展“双百服务”，深入联点企业——湖南万家春米业有限公司、隆平高科种业科学研究会所40多次，帮助企业排忧解难，推进项目建设，促销粮食1.5万吨，腾空仓容4.5万吨。第三，创办基地抓粮源，亮之星、卫红等13家市级以上龙头企业积极创办优质粮源基地1.77万公顷，基地收购粮食8.6万吨，带动农民增收1.95亿元。第四，打造卫红“粮食银行”——长沙第一家粮食银行。通过为入行农户提供生产技术、市场信息、粮食烘干保值存储、网点兑换、融资联保等服务，促成粮企与农户的更好融洽。第五，进行安全体检，为了严格标准，降低粉尘，确保安全生产，对全县46家规模以上粮食加工企业进行安全生产大检查，排查安全隐患，形成常态监管机制，确保粮食加工安全生产。第六，做好企业考评，对亮之星、卫红等58家涉粮企业实行目标管理，花明米业晋升为省级龙头企业；亮之星米业、卫红米业、花明粮油、雪皇粮油获评长沙市粮食产业化先进单位；万众香米业获评全国放心粮油进农村进社区示范工程示范加工企业；万家春米业荣获国家工商总局“守合同重信用”企业称号；亮之星大米、卫红大米、万众香大米荣获湖南省名牌产品称号；万众香大米、花明粮油获评湖南省著名商标。

【开展党的群众路线教育实践活动】 2014年，县粮食局深入开展党的群众路线教育实践活动。第一，抓好学习教育，广泛听取意见。认真贯彻中央、省、市、县文件精神和习近平总书记系列重要讲话精神，做好基础工作，召开动员大会，组织学习活动，展开三次大讨论，广泛征求群众意见，共收集群众意见392条。第二，认真查摆问题、切实开展批评。开展“四必谈”，认真撰写对照检查材料，召开专题民主生活会相互批评，揭短亮丑。第三，确保整改落实，加强建章立制。针对查找出来的问题制定整改方案和问题清单，重新修订汇编党建工作制度、机关作风建设制度等41个；扎实推进整改落实，积极与有关部门协调，处理集资房办理国土证问题，置换身份遗留问题1个，筹措转业士官、退役伤残军人、参战立功人员欠缴养老保险遗留问题资金76万多元，认真研究和妥善处理《关于全县粮食有利销售和粮农增收增效》的建议，解决丁建良特殊困难等交办问题，做到了涉事群众和代表满意；积极开展专项治理，清理临时人员，腾退办公用房，“三公”经费明显下降；严肃上下班工作纪律，机关作风明显转变；解决关系群众切身利益和“最后一公里”问题方面，为维护农民收益，确保不出现“卖粮难”、打白条等现象，做到了应收尽收。第四，做好结对帮扶，密切联系群众。深入老粮仓镇开展“心连心”结对帮扶工作，召集村支两委了解社区发展建设情况，组织村民代表座谈倾听群众呼声，确定28户群众作为联系对象，送去慰问金5.68万元；“一推行四公开”工作组联系老粮仓镇，每月4天深入农户，走访党员群众、残疾人员家庭、五(低)保户家庭、复退军人家庭，通过为镇村发展献言献策、给残疾人进行免费体检、捐赠各类物资和慰问金，共送去慰问金2万余元，帮助群众解决实际困难；走访慰问企业下岗特困职工30人次，企业军转干部155人次，军转士官、伤残军人95人次，共送去慰问金14万多元。第五，做好信访维稳，维护大局稳定。全年处理信访个案3起、群访事件12起，成功突破信访老户1户，全年未发生1起到市、赴省、进京非正常上访和群体性事件。

【强化监督检查】 2014年，县粮食局为规范市场管理，维护粮食流通秩序，积极开展监督检查工作。第一，开展《粮食收购许可证》年度核查、库存检查、清仓查库检查、粮食收购质量监督检查、早稻粮食收购质量专项检查、“转圈粮”检查、2013年政策性入库粮食出库专项检查等54组次，检查企业40多家，粮食20多万吨，加强了市场监管，维护粮食市场秩序。第二，抓储粮安全稳定规范各级储备粮管理。第三，对辖区内持证的60家企业进行年度核查，注销1家和新增3家，延续审批办理7件，变更办理5件，持证经营用户62家。第四，举办首批“粮食经纪人”培训班，培训粮食经纪人200多名，提高粮食经纪人的执业素质，规范了经营行为。

（徐湘红）

中央储备粮宁乡直属库

党委书记 许　飞
副 主 任 陈　强　彭建平

【概况】 2014年，中央储备粮宁乡直属库紧紧围绕总公司“从严治企、突出主业、强化基础、转型升级”的发展思路，做实政策性粮油的保管和轮换，加强财务集中管控，搞活米业和物流，推进区域一体化和三项制度改革，深入开展党的群众路线教育活动，强化生产安全，建设平安粮库，取得较好的工作成绩。

一、抓好“五个做实”，切实将“两个确保”落到实处。仓储工作是中储粮管理的基础，是国家粮食安全最基本的保障。2014年，以认真搞好“四查”整改为抓手，将“五个做实”的工作落实在行动上，做好中央事权粮油的管理，切实将“两个确保”落到实处。第一，做实中央事权粮油的数量和质量。根据总公司、分公司“四查”的有关要求，宁乡直属库从8月中旬开始开展自查。经过自查和分公司督察，对检查中发现的问题立即进行整改。确保数量真实，质量良好。同时，通过自查，增强员工的责任感，发现问题，找到差距，为切实做实中央事权粮油的数量和质量打下坚实的基础。第二，做实仓储管理标准化。仓储管理的主要责任是落实“两个确保”，重点是保证库存数量真实、质量良好。宁乡直属库以出入库流程标准化管理为切入点，从出入库流程、业务基础工作、储粮设施设备等方面推进仓储标准化管理建设。出入库流程标准化。在入库管理方面，制定入库作业指导书，细化关键控制点的操作方法和管理责任。认真落实各个环节的责任，确保入库数量真实，质量良好。在出库管理方面，出库计划由业务部门通过业务信息系统控制把关，无计划或超计划均无法打印出门证出库。出库过程中同样落实监磅、路途监管、出库现场监管责任，确保出库数量真实。同时严格实施出仓报损单制度，及时报损，及时补库。由于工作管理到位，轮出玉米略有溢余，轮出的早籼稻损耗都在1%以内。业务基础工作标准化。在仓储日常管理工作上，一方面按《方案》要求规范统一所有账牌卡表簿，另一方面严格按粮油储存技术规范规定的要求做好粮情检查、熏蒸杀虫、通风降温等工作，做好相关记录。在库存管理上，健全保管总账、分账、分仓保管账，做到账实相符、账账相符。建立出入库进度表和库存盘存表，库存情况一目了然。整理好分仓保管账、出入库凭证、损溢单据、出入库计划文件等存档资料，及时归档。仓储设施配备标准化。在原有设施设备的基础上，2014年又增加部分仓储设备，尤其增加清理设备。收购新粮全部做到清杂入仓。望城分库投资20万元改造烘干中心，投资15万元完善粮情测控系统，投资40万元硬化7号仓和10号仓的地面。第三，做实科技储粮项目。宁乡直属库切实做好三个科技储粮项目。年末，5万吨智能通风项目和全库区安防系统建设项目进入施工尾声，5万吨氮气气调储粮项目在紧锣密鼓的施工当中，智能出入库系统安装到位，正在调试中。同时，大力推广压盖保温储粮技术，年底，中心库已压盖仓房11栋，分库完成2栋仓房的散装稻壳压盖工作。这些技术的成功使用极大地提高宁乡直属库的科学储粮水平。第四，做实仓储设施基本条件。2014年，通过自查，宁乡直属库发现在仓储设施方面还有待改进。中心库投入资金将两栋棚仓进行四周密封，整修地面和道路，维护好仓储设备设施，对全库的电器柜进行全面整改。分库也投入资金对两栋仓的地面进行硬化处理，添置清杂设备，改造烘干中心。仓储设施设备的功能提升，将更好地促进宁乡直属库仓储工作的良好发展。第五，做实包仓制管理工作。做实包仓制，重点就是落实岗位责任制。2014年，宁乡直属库坚持在清晰划分责任的基础上开展包仓，围绕数量、质量、安全、可控费用、损耗等5个方面全面启动包仓制工作，包仓制工作推行成效明显。

二、做好市场研判，购销轮换取得良好的效益。2014年，业务科以效益为中心，根据总公司应轮必轮,控亏少亏的指示,圆满完成全年轮换计划。第一,市场研判准确,顺利完成轮换任务。全年计划轮换4.11万吨。其中:早籼1.76万吨,中晚籼1.72万吨,玉米6333吨。另有中央储备菜籽油轮换计划5000吨。到年底除14号仓内1728吨在销售外,其余全部完成轮换任务。第二,严格执行政策,做好政策性粮食的拍卖出库工作。全年中心库拍卖跨省移库玉米1.89万吨、进口临储玉米4747吨、2013年收购的最低收购价早籼稻1.2万吨,中晚籼8000多吨。分库拍卖跨省移库玉米4001吨、进口玉米1.65万吨。总体上拍卖粮食出库顺利、客户较满意,没有商务纠纷。第三,积极组织协调,全面完成调拨计划。全年完成跨省移库稻谷1181吨,得到接收单位和分公司的充分肯定。分库完成跨省调拨稻谷398吨,省内跨县集并8974吨。按分公司安排,将2013年最低收购价粮移库到湖粮集团,截至12月底,已出库7576吨。第四,充分发挥主力军作用,做好政策性粮食的收购工作。宁乡直属库高度重视,精心组织,优化服务,做好政策性粮食的收购工作,为稳定和发展地方经济,增加农民收入,解决农民"卖粮难"问题尽心尽力,充分发挥中储粮主力军的作用。全年板块共收购稻谷10多万吨,收购进度快、秩序好、服务到位,湖南卫视等多家主流新闻媒体进行宣传报道。第五,加大监管力度,确保库外储粮安全。2014年,宁乡直属库有4处租仓点和18处委托收储点,专门安排2人负责外储粮监管。年末,库外储粮从数量到质量都没有出现异常情况。

三、以风险防控为重点,加强财务集团管理,降本增效取得明显成效。根据总公司加强集团管控,企业转型升级的总体要求,财务科以风险防控为重点,加强成本管理和资金管理,全面落实预算管理制度和内控制度,充分发挥财务管理在企业管理中的核心作用,降本增效取得明显成效。

第一,抓住成本和资金管理两个关键点,全面推行预算管理。在总结前几年预算管理经验,充分分析2014年的粮食市场行情和走向以及参考2010年到2013年成本费用支出的基础上,编制粮库的全面预算。将预算指标细分到各部门。除铁路经营部受多种因素影响预算差异率较大外,其余指标均完成得较好。严格控制可控费用支出。2014年几项重要的可控费用都有大幅度下降。特别是业务招待费,比2013年下降52%。做好成本核算。经严格核算后,认为米厂榨糠油效益低、风险大、不合算,建议关掉榨油车间。合理降低税费成本。算好资金成本账,管好用活资金。第二,进一步完善财务制度,严肃财经纪律。财务科进一步完善财务核算组织架构,梳理完善制度,加强内控建设。修订完善《2014年粮库内控手册》《粮库全面预算管理手册》《粮库财务管理办法》《粮库购销资金管理办法》《粮库附营业务核算办法》和《粮库可控费用管理办法》等制度,注销万家春合作社。第三,加强财务集中管理,有效防控财务风险。积极落实总会计师委派制,严格执行总会计师联签联审制度。推行区域一体化,加强区域财务管控。中心库与分库财务合署办公,分库取消财务科,财务实行集中管理。严格控制赊销预付,全年没有一笔违规赊销预付款。成功实行网银结算,加强资金安全管理。全年非现金结算率95%以上,本库收购资金支付100%做到网银结算。全年10多亿元的资金流量,没有发生一笔差错,没有一笔担保抵押贷款、坏账呆账,没有挪用一笔资金,货款回笼率100%,财务风险得到有效的防控,降本增效取得明显成效。

四、积极开拓市场,提供优质服务,副营业务逆市而上。2014年,万家春米业在市场普遍不景气的情况下,逆市而上,生产大米2.32万吨,销售大米2.33万吨,实现利润42万元。物流部克服重重困难,接送车皮1790个,实现利润45万元。第一,抓好市场营销管理,积极拓展营销渠道。湖南大米受镉米事件的影响,销售遇到困难。米业公司改变思路,拓宽销售渠道。在精米销售上,立足本省市场,维护好重点客户、重点市场;在早米销售上,除稳定广东市场外,努力拓展其他省的市场,到年末,在湖北、江西都建立稳定的经销网络。第二,抓好产品质量管理,以质量赢得市场。首先把好入厂原粮关;其次是把好原粮和半成品粮的保管关,常储常新;最后是把好精加工的质量关,加强跟班检验,确保产品质量。年内退货率大幅度下降,全年不到30吨。优质稳定的产品质量赢得好口碑,市场占有率稳步提高。第三,化压力为动力,专线经营取得一定的成绩。受宏观经济不景气、水运冲击和石长复线建设等多种因素影响,专线运量大幅下滑,利润不到2013年的50%。面对诸多不利因素,物流部克服种种困难,积极寻找客户,稳定装卸队伍,提高服务质量,狠抓安全生产,取得一定的成绩。

五、认真扎实开展好党的群众路线教育实践活动。根据分公司要求和统一部署,人事党群科以抓铁有痕、踏石留印的作风抓好党的群众路线教育实践活动。第一,做好规定动作。这次教育实践活动,直属库党委严格按规定的程序、步骤和质量要求,抓实抓好,不虚不偏,不走过场。第一阶段,共征集到43条意见和建议,找出领导班子在"四风"方面的问题14个,班子成员在"四风"方面的问题21个。班子及班子成员撰写对照检查材料,深刻剖析"四风""四害"产生的原因,提出整改措施和今后努力的方向。

组织员工观看《焦裕禄》《孔繁森》《杨善洲》等影片。第二阶段，在分公司督导组的指导下召开民主生活会，班子成员进行认真的批评和自我批评，真正做到在查摆问题上直截了当不遮掩，在剖析成因上寻根探源不忌惮，在开展批评上动真碰硬不护短，在整改落实上措施认真扎实不敷衍，达到“红红脸、出出汗、加加油、鼓鼓劲”的目的。第三阶段，根据收集和了解到的“四风”“四害”方面的问题，有针对性地逐一进行整改。第二，活动开展与解决实际问题相结合。教育实践活动是落实总公司“从严治企、转型升级”的一系列举措之一，是开创工作新局面的一个好机会，也是一个非常有力的抓手。宁乡直属库借深入开展教育实践活动的契机，深挖粮库发展过程中产生的问题的根源，收缩产业链，围绕轮换搞加工，停止与主业无关的贸易，将员工的思想统一到总公司“一个中心、两个围绕、两个不过度、三个转变”的科学发展观上来。第三，加强党风廉政建设和作风建设。通过干部反“四风”，企业查“四害”，推动党员干部作风的转变和企业的健康发展。根据分公司的安排，直属库成立纪委，其主要职责就是抓党风廉政建设。进一步做好库务公开，落实“三重一大”决策制度，真正做到“把权力关进制度的笼子”。严格控制“三公”消费支出，落实中央的八项规定。全年，“三公”消费支出明显下降，有的降幅超过50%。班子成员全部按要求如实填报个人事项申报材料。

六、抓好安全生产，实现创建平安粮库的目标。宁乡直属库始终将安全工作放在首位，坚持抓常、抓细，综合科做实做细各项工作，做到“粮安、人安、钱安”，实现创建平安粮库的目标。第一，健全组织机构，完善设施设备。成立以主任为组长的安全生产工作领导小组和“打非治违”工作领导小组，从组织上保证库区安全。粮库与各科室签订年度安全生产责任书，明确各自的安全责任。投资完善库区监控系统，实现库区监控无死角。第二，加强安全教育，提高安全意识。宁乡直属库组织一次消防知识讲座，员工基本都掌握基本的消防技能和逃生知识。组织员工观看总公司制作的《安全生产事故警示教育片》，所有事故触目惊心，振聋发聩，员工深受教育。召开员工大会，粮库领导就做好安全生产提出具体要求。第三，加强库区巡查，及时排除安全隐患。2014年，石常复线的建设将粮库北向的围墙全部拆除，综合科精心安排，认真组织粮库安保人员每天轮流在全库区巡查，发现问题及时整改，坚决将问题消灭在萌芽状态。在关键部位，各科室都派专人盯守。

七、基本完成区域一体化和三项制度改革。根据总公司、分公司的部署，按照“五统一”“两分开”的思路，宁乡直属库加快区域一体化改革的步伐，加大中心库和分库的整合力度。2014年完成三项制度改革，基本完成板块整合。第一，全面动员，通过宣传教育坚定改革信念。通过开会动员、个别谈话等方式，让员工充分理解改革的内容和意义，自觉支持改革，相信改革是总公司转型升级的重大举措，也是企业长远发展的唯一出路。第二，制定好方案，改革有序推进。宁乡直属库围绕“巩固两个确保”，坚持“公开、公平、公正”的原则，在员工充分参与下，制订详细的改革方案。方案明确改革的领导机构，改革的时间和步骤，改革的内容和要求。在区域一体化上，实行财务会计集中管理，财务合署办公，资金实行统一管理。中心库和分库统一资本运作，资本性支出一律由中心库主任办公会议决定，法定代表人审批。统一经营管理，区域一体化后，轮换计划统一部署、统一价格、统一运作，渠道共享、客户共享、信息共享。经过区域一体化和三项制度改革，精简机构，压缩中层干部职数，有利于企业推进扁平化、专业化管理；避免区域内的无序竞争，有利于提高企业轮换效益；加强财务管理，提高防控经营风险的能力，有利于降本增效，极大地降低经营风险。

（黄健）

烟草专卖

宁乡县烟草专卖局(分公司)

局长(经理)、党组书记	陈道颖
纪检组长	包宗旺
副局长	傅俊军
副经理	谢静(女)
	张宁波(女)

【概况】 2014年，宁乡县烟草专卖局(分公司)内设专卖管理监督股、市场服务分部、烟叶生产经营分部、办公室、综合室、监察室、财务室、基建办、安保室和内部管理监督办10个部门科室，下辖大屯营、横市、喻家坳、流沙河、资福5个烟草站，共有员工139人，其中硕士研究生31人，中共党员68人。县烟草专卖局(分公司)认真学习贯彻党的十八大及十八大三中、十八大四中全会精神，紧紧围绕“卷烟上水平”的目标，积极谋划行业“三大课题”(改革的红利在哪里、发展的潜力在哪里、追赶的目标在哪里)、树立“五大形象”(行业深化改革的形象、行业科学发展的形象、行业控烟履约的形象、行业规范管理的形象、行业干部队伍的形象)，深入开展党的群众路线教育实践活动，创造性地推动工作，较好地完成了全年任务。全县全年共种植烤烟4653公顷，晒烟1106公顷，收购烟叶885万公斤，其中收购烤烟660万公斤，收购晒烟225万公斤。

【烟叶生产】 2014年，在烟叶旺季长期连续阴雨的不利条件下，县烟草局(分公司)保持在困难面前不退缩,攻坚重点、突破难点,烟叶质量取得较大突破。扎实推进"精益生产管理年"活动,发挥收购导向作用,质量观念深入人心,横市基地单元纳入国家局精益生产试点。首推站外专业化分级服务,等级纯度显著提升,省检查合格率82.19%,位于全省前列。在烟农普遍减产、减收、降效的情况下,积极落实烟叶灾损保险,多方筹措各类救灾和理赔资金1350万元,最大化维护烟农利益。共实现烟农总收入2.83亿元,烟叶税收4985万元。进一步完善合作社组织模式,做实专业化服务,专业化育苗、植保、烘烤和分级,深得烟农支持拥护,两家合作社被评为行业优秀示范社。全年完成烟基项目建设补贴投入3626.54万元,建成项目数1362个,无人机遥感测绘烟田为全国首例,填补行业空白,宁乡获评全省现代烟草农业建设优秀单位。

【卷烟营销】 2014年,在敏锐意识到卷烟规范经营与市场化改革取向的重大意义基础上,县烟草专卖局(分公司)见事早、行动快,促使规范经营与服务提升,迎来市场化改革的重大机遇。第一,聚焦"三个阵地"。终端建设着力在扫码销售、微信公众号、手机订货上下功夫,紫荆店扫码率、公众号活跃用户数、移动终端订货客户数均位列全市第一。第二,聚焦"三个提升"。服务客户,着力提升客户盈利水平、客我关系和客户满意。为客户量身定制销售经营策略,全员参与开展亲情服务,定制私人帮扶手册,召开客户培训50场,覆盖面95%,培训满意度超过90%。第三,聚焦"三个趋势"。品牌培育在高结构、低焦油、细支烟趋势引领下,均呈现稳健增长,全年卷烟结构提升3.42%,低焦油卷烟占比30.19%,细支烟销量比2013年增长10%。

【烟草专卖市场整治】 2014年,县烟草专卖局(分公司)紧扣主线、主动作为、切实履职,破获国家烟草专卖局标准网络案一级真品卷烟治理成效显著、动态许可证管理日臻完善,维护了行业专卖制度的根基。第一,重引导、管证件,夯实规范之基。积极开展专项整治行动,保持市场的良好状态。第二,重监管、打网络,造就规范之势。破获"7·11""11·26"真假烟网络案,对制假售假、真品卷烟非法流通形成震慑效应。查获烟叶案件3起,涉案烟叶4.6吨,彻底杜绝晒烟境外种植现象。第三,重机制、强内管,强化规范之依。注重依法执法、按程序执法、文明执法,全年查处案件285起,无一起行政复议和行政诉讼案件。制定完善内管制度,深度参与"两烟"(卷烟、烤烟)生产经营,内部监管全方位发挥效能。

【烟草基础管理】 2014年,党的群众路线教育实践活动深入开展、经营业务用房投入使用、基础管理再创佳绩,既是县烟草专卖局(分公司)务实高效优良作风的集中体现,更是基础管理实现重大跨越的集中体现。第一,规范效率深入人心。逢会必讲规范,将"规范"观念贯穿到生产管理全过程,全局上下实现从"要我规范"到"我要规范"的转变。全年上报市局项目40起,公开招标金额占比93.69%。严格预算管控,三项费用率比2013年下降0.85个百分点。第二,体系建设深入推进。组织全局内审2次,抽查流程30多个,发现问题8个,3份不合格报告整改到位。第三,创新管理精益求精。获得5项实用新型专利,3个在研项目及6项管理创新均分别通过省、市局专家评审。在《中国烟草》《今日宁乡》上刊发多篇文章。全年未发生任何安全事故及违法违纪案件,为企业发展营造良好的环境。

【烟草队伍建设】 2014年,县烟草专卖局(分公司)突出队伍建设、转变作风、激发活力,切实践行以人为本的承诺。第一,以群教活动求作风建设深入,凝聚人心。高度重视、精心谋划、周密组织党的群众路线教育实践活动,累计召开座谈会26场,整改问题36个,实现制度废、改、立共35项。勇夺全市系统"党的群众路线"知识竞赛一等奖,党风、作风建设明显好转。第二,以人事改革求队伍建设突破,激励人心。顺利完成第七轮人事制度改革,两名员工获"全省烟草技术能手"称号,蝉联"紫荆梦?我的梦"演讲比赛冠军。全面落实绩效贡献薪酬考核体系,畅通四道建设,实现人尽其才。第三,以价值引导求正能量弘扬,鼓舞人心。培育和内化人才理念,和谐高效、奋发向上的精神面貌充分展现,退休职工工作在全省交流会上作典型发言。 (周珊珊)

石油业

中国石化销售有限公司湖南长沙宁乡石油分公司

经理	张志刚
党支部书记、副经理	刘巧年(3月免) 叶建军(3月任)

【概况】 2014年,中国石化销售有限公司湖南长沙宁乡石油分公司(以下简称县石油公司),有正式职工76人,其中内退7人,退休27人,在岗42人,聘用劳务工260人。在营站39座,全年销售油品14万吨,其中零售汽油销售7万吨,柴油5.7万吨,较好地完成上级公司下达的年度目标任务,与2013年同期相比减少600吨,减幅为0.4%,其中,汽油增长6700吨,增幅率10.6%,柴油减少7400吨,减幅11.5%,直销批发1.27万吨。实现非油营业

额879万元，完成非油毛利155万元，毛利比2013年增长10%。IC卡日均沉淀资金任务1836万元，确保全年无安全事故，各项管理工作迈上新台阶。

【石油综合服务】 2014年，县石油公司按照文件精神，认真开展“加油站综合服务提升年”活动，召开站长会、站务会，认真开展“服务大讨论”，怎样服务好顾客，留得住顾客。站长带领员工以石化品牌形象吸引新顾客；以质优量足的油品质量和诚实守信的经营巩固新顾客，将新顾客变为老顾客；以优质服务赢得顾客，用人格魅力、用一片真诚锁定顾客，使顾客成为自己的朋友。同时发动加油员工与司机朋友们沟通，为他们排忧解难，在维系用户，巩固用户方面，价格的吸引，物质笼络都不如感情这一无形的纽带更持久，更坚固。为了真正锁定用户的心，员工把顾客当作朋友，尽全力给他们必要的帮助和关心。为提升加油站的服务水平，该站做好现场服务，员工耐心指导自助顾客加油，宣传推广乐享体验，网厅充值。零售管理工作是企业占领市场和生存发展的基础，县公司围绕零售中心开展工作，始终贯彻“团结、务实、为民、发展”的方针，增强服务意识，提高工作效率，关心、关爱、关注员工生活，切实为零售一线员工创造良好的工作生活环境，力所能及帮助员工解决实际困难，调动员工肯做事、做好事的主动性，积极引导员工朝健康向上的工作方向发展。通过党员示范带动，激发广大员工的争创热情，打造高效优质服务的品牌，有力地推动加油站各项工作的提升。

【石油安全监管】 2014年，县石油公司在做好经营工作的同时，更注重抓安全管理，严把数量和质量关。安全工作只有起点没有终点对员工来说是耳熟能详，加油站一直以来把安全放在首位。每月定期召开安全学习会议，及时传达上级公司安全工作会议精神，对各项设备设施定期维护保养，不让设备带病工作。在收油接卸方面严格把关，卸前仔细计量，卸后上车检查，严格卸油操作规程，油品损耗控制在国家允许范围之内，油料接卸环节在加油站各类工作中属不安全系数较高的一项工作，要求坚守岗位，严密监视，消防器材摆放到位，严格执行接卸十步法，静电接地、消防器材一件不落。计卸员驾驶员守护现场保安全。防范混油事故发生，确保油品质量，在加油站安全管理中，做到天天讲安全、时时抓安全、事事想安全。杜绝各类因违章操作带来的安全隐患。确保油站安全万无一失。坚持以人为本，本着提高加油站员工综合素质。定期开展安全知识培训和应急预案演练，对所有员工进行单项或多项安全技能训练，定期考核。熟练掌握各种消防器材正确使用方法和基本灭火技能。牢固树立安全意识，坚决杜绝三违行为，自觉遵守规章制度，及时传达上级公司安全会议精神，使员工们了解本系统工作中的安全重点，加强相关方面安全工作。

【加油站建设】 2014年，县石油公司根据市公司网建工作的整体布置，网点建设任务艰巨，为此，县公司班子成员思想高度重视，认真理会，将网点建设作为县公司生命工程，班子成员团结协作分工明确，明确责任，重点分工，积极与商务、规划、建设、安监（消防）等政府职能部门联系，逐站逐点跟进协调，及时汇报项目建设中存在的问题，果断抢占要点，截至2014年底，省技术监督局已对湘沩加气站进行验收和评审。全民站、湘沩站、双凫铺站、腾飞站房产手续已办理，房产证已领取。新山加油站用地手续已办理，土地即将挂牌。金洲西线即将开通，菁华铺双向加油站用地前期手续正在办理之中，争取土地早日挂牌。 （胡俊华）

盐 业

湖南盐业股份有限公司宁乡县分公司
湖南省轻工盐业集团有限公司宁乡支公司
宁乡县盐务管理局

经理、局长 谭军（3月免）
黄红武（3月任）

党支部书记、副局长
周慧忠（女）

副经理、副局长
毛继湘

【概况】 湖南盐业股份有限公司宁乡县分公司、湖南省轻工盐业集团有限公司宁乡支公司、宁乡县盐务管理局等多块牌子系同一套管理机构，同一套工作人员。是产、供、销、人、财、物归口股份（集团）统一管理的单位，实行“预算管理”“收支两条线”的管理制度。主要负责宁乡县130多万人口的食用盐和各类盐供应，以及辖区内盐业行政管理、食盐专营和盐政执法等工作。2014年，宁乡分公司内设经理室、综合办公室、运销股、盐政股、市场营销中心等5个部门，有在岗职工23人，内退5人，离退休15人，其中在职中共党员11人。全年调进各类盐3.13万吨，销售各类盐3.39万吨，其中销售小包盐5993吨，完成利润1306万元（含视同利润106万元），实现税收250万元。

【盐务经营工作】 2014年，宁乡县盐务管理局强化生产经营，以业务销售为中心。第一，细化片区、任务分工，加强团队合作，实行绩效考核。市场营销中心肩负着为公司盈利创收的艰巨任务，借助绩效考核制度的落实，科学合理的分配，对每个片区的责任范围、人员分工、销售任务、奖惩机制进行详细明确地规定，改变以往片区人多，责任分工不明的情况，强化片区经理责任制，把责权落实到位，做多做少直接与效益挂钩。逐步扭转“年底突击销售，来年等待消化”的弊端。第二，销售渠道多元化，全面推进新品盐销售。推动单一的盐产品向高附加值盐产品的转变。进一步挖掘市场潜力，优化盐产品销售结构，努力提高高端盐产品的市场份额，丰富市场，提高销售效益；开展以“科学补碘、保护智力正常发育”“5·15”防治碘缺乏病宣传活动，以及客户联谊会、答谢会活动，维护客情同时进行新品盐销售推广。第三，强化基础管理，落实“三项基础工作”。建成以一线营销人员与盐政人员的配套走访机制，实现盐产品市场的占有率，特别是小包盐市场的覆盖率。以绩效考核为抓手，实现市场经营水平考核化。从上柜率、面市率、配送服务网点等多个方面为切入点，促进一线营销人员团队化、责权化。加强盐政执法稽查力度，确保市场健康有序，针对货物集散地、铁道货站现场、汽车货运、边界地段、生产用盐企业等，以“服务到位、监管到位”的要求，确保盐业市场的安定有序。第四，细化客户管理，网点进行摸底清查。为更好的服务客户，根据经营规模和辐射面两项指标对零售户进行相应的评价，结合不同地区产品需求差异以及市场季节变化的特点，同时以客户的实际销售能力为主要依据，对客户销售性质，销量等级，客户信息等建立台账。方便后续考核考评、片区管理等各项工作的进一步开展。对已有销售网点资料进行更新，各网点线路进行微观掌控，划设走访线路，地图标注，并规划建设更多的销售网点，达到市场终端占有率，强化对市场的监管。

【盐务市场管理】 2014年，宁乡县盐务管理局加强综合监管，积极推进相结合。第一，加强与相关职能部门联系。针对5月底出现的肠衣厂情况，加强市场监管力度，开展大包盐市场整顿，联合工商、食安委、质检等单位，对境内生产企业进行集中走访，对居民用户、餐饮单位、集体食堂、大中型超市、批发市场、农贸市场、大型集贸市场及周边地区、高速公路服务区和边界盐业市场的检查监管，组织开展一次专项行动，扫清大包盐市场诟病，收复失地，为原包盐销售铺路。第二，强化盐政管理，以安全有序为重点。坚持依法行政，突出工作重点，严格履行法定监管职责，逐项落实三查、三勤，即查票据、查库存、查盐品；勤走动、勤观察、勤调查。从严从细，不留死角，常抓不懈，确保稽查工作不走过场。保持对各类盐违法行为的高压打击态势，规范食盐市场流通秩序；为应对盐业体制改革，深入开展盐政管理基础建设工作，有力维护盐业市场稳定有序，食盐安全得到充分保障。第三，加大宣传力度，扩展盐类知识普及。认真开展宣传工作，利用“‘3·15’国际消费者权益日”和“‘5·15’防治碘缺乏病宣传日”展开两次规模较大、影响较深的宣传活动。并在12月配合湖南广电与长沙盐务管理局联合举办“科学用盐健康社区行”活动，进行科学健康用盐等方面的宣传，把长卫发〔2014〕126号文件内容、盐业法规、科学用盐、识别真假盐的方法等多种解说宣传与群众分享，有效增强群众的自我保护意识与盐业法制意识，提高群众购买加碘食盐的自觉性，各类食用盐功效的理解性，进一步促进宁乡食盐市场的稳定有序。第四，依法行政。加强食盐市场管理工作，不断提高市场管理人员的营销业务素质和市场维护水平，按照上级公司安排和宁乡公司的实际需要，定期安排盐政执法人员进行业务知识培训。培训内容主要涉及盐业依法行政程序及要件，卷宗办理；涉盐案件查办及移送；市场维护工作实践及“三项基础工作”检查要求等。为使盐政工作条理清晰、公开透明，重新制定盐政文案管理办法，并组织人员到市局进行专项学习，使盐政工作做到有文件、有部署、有记录、有通报。

（盐业公司办公室）

旅游业

旅游工作

县旅游局

党组书记 李　纯(女,兼,3月另任)
　　何雨春(3月任)
局　　长 张超明
副 局 长 欧朝波
　　谷超俊(女)

【概况】 2014年,宁乡县旅游局在编干部职工11人,设办公室、行业管理科、规划产业科和市场营销科。旅游局下设旅游质监所,在编干部职工3人。全年,宁乡旅游工作持续加力产业开发,重点打造形象品牌,不断提质行业管理。全县实现接待游客1441.6万人次,实现旅游收入150.4亿元,同比分别增长19.4%和41.9%,总量和增速稳居全市各区县(市)第一。

【景区景点开发建设】 2014年,宁乡旅游一是产业地位进一步提升。协调争取成立宁乡县委书记黎春秋任顾问,县委副书记、县长周辉任主任的旅游产业发展委员会,召开旅游委第一次工作会议,进一步加大旅游业发展奖励扶持力度,明确旅游宣传营销经费和营销策划方案,明晰2014年后一段时期旅游工作方向和工作重点。二是项目建设进一步提速。凤凰山森林公园龙凤峡漂流完成建设正式开漂,龙凤国际露营基地房车销售中心对游客开放,灰汤金太阳生态餐厅全面营业;花明楼键桥、双狮岭,青山桥芙蓉山,枫木桥龙仙寺,巷子口九折仑航空运动中心,灰汤华天温泉城二期及雅居乐等项目建设快速推进,旅游产品开发保持良好势头。三是引资开发进一步蓄势。花明楼ZTU(征途)越野赛车公园项目顺利签约;中惠旅签约投资正式托管沩山度假山庄;沩山滑雪场和滑草场项目已接待第一批意向投资商;深圳华强集团美丽中国主题文化园项目加紧跟进,旅游发展前景看好。

【旅游宣传促销】 2014年,宁乡旅游高效安排财政有限的100万元预算资金,带动市场跟进投入,巧力开展"五养宁乡"旅游市场促销。一是主动为旅游媒体提供拍摄素材。主动出击,多方协调,央视《走遍中国》《消费主张》,湖南卫视《湖南好好玩》《新闻大求真》、李锐当村长等旅游栏目到宁摄制和采风,实现最低成本的电视媒体旅游宣传。二是坚持以节会活动扩大品牌影响。全新策划宁乡旅游整体营销方案,征集宁乡旅游宣传口号,举办春节"赏花踏青泡温泉"和"2·19""6·19"沩山慈善旅游节、"五养之乡"娄底和张家界旅游推介会、陕甘地区首辆旅游专列开进宁乡、长沙关山欢乐乡村旅游节、宁乡漂流文化节等主题节会活动,吸引新闻媒体的广泛参与,实现宁乡旅游产品的持续保鲜。三是创新以网络媒体作为重要渠道。开通宁乡旅游微信微博,经常性开展微信宣传活动,关注群体不断增加;与新浪网、腾讯大湘网、红网、天涯社区论坛等网络媒体建立战略合作关系,以旅游主题新闻为主线,加大宁乡旅游网络宣传力度,提升县内旅游产品的影响力。

【旅游市场管理】 2014年,宁乡旅游致力提升旅游行业服务水平,打造宁乡诚信旅游市场。一是等级创评进展有力。继花明楼成功创评国家AAAAA景区,关山成功创评国家AAAA景区后,天紫漂流成功创评国家AAA景区。灰汤创国家级度假区工作再次向国家旅游局汇报,迎检工作准备就绪。灰汤金太阳酒店创评国家4星级酒店通过市局验收。二是健全培训体系。组织3期旅游从业人员培训,参训人员达到500人次;抓住《旅游法》出台的契机,开展学习宣传活动,狠抓贯彻落实,着力推进依法治旅、依法兴旅和依法护旅,提高行业系统人员素质。三是市场监管有力。对全县旅游企业开展季度性旅游安全生产大检查,重点排查漂流景区安全隐患,确保全县旅游安全生产零事故,全县首次实现全年旅游零投诉,旅游市场经营得到游客认同,树立宁乡诚信旅游市场品牌。

【花明楼景区获国家AAAAA级授牌】 2014年1月7日下午,国家旅游局在北京通报2013年度创建国家AAAAA级旅游景区情况,宁乡县刘少奇故里花明楼景区被批准为国家AAAAA级景区,刘少奇故里管理局局长罗雄接受授牌。花明楼景区是以伟人刘少奇成长的自然人文环境为基础的文化生态旅游区,是"韶山—花明楼—乌石伟人故里金三角"的重要组成部分。国家AAAAA级旅游景区的正式授牌,对于景区进一步打造品牌、加快发展,提高游客满意度必将起到积极推动作用。

【宁乡沩山旅游节再掀高潮】 2014年3月19日,宁乡沩山密印景区精彩纷呈，沩山“结缘福米”旅游文化节隆重举行，寺前广场宁乡土特产展销现场热闹非凡，万名游客激情赏花虔诚祈福，“千年密印，万福助老”慈善捐助仪式暖意融融，沩山旅游文化节掀起宁乡春季旅游的新高潮。

【“五养之乡·中国宁乡”旅游推介会走进娄底】 2014年3月20日，宁乡县旅游局在娄底市成功举办“五养之乡．中国宁乡”(娄底)旅游推介会。两地旅游局和40多家娄底旅行社及娄底十余家媒体参加推介会。推介会上，宁乡县旅游局通过循环播放2012世界旅游文化小姐宁乡外景地MV和2013年湖南卫视宁乡旅游宣传片。灰汤、沩山、凤凰山、关山、迴龙山等宁乡旅游景区机构分别通过画面、解说，全面推介旅游产品。娄底市国藩旅行社和湘中旅行社双双获得宁乡输送游客万元现金大奖。宁乡20余家旅游景区点、旅游企业参与会后的合作洽谈。

【关山借力文化打造旅游名牌】 2014年4月2日，以“欢乐关山、诗意田园”为主题的欢乐乡村旅游节在宁乡金洲镇关山村举办，《爸爸去哪儿》片中的代理村长李锐被关山人聘为名誉村长。这是宁乡关山村借文化打造旅游品牌的较大举措。

【CCTV财经频道《消费主张》宣传“五养宁乡”】 2014年4月1日至6日，CCTV财经频道《消费主张》栏目组到宁乡，推介宁乡美景美食，强势打造“五养宁乡”的旅游品牌。此次拍摄，央视财经频道主持人朵朵采用体验式的方式进行，栏目组先后拍摄关山、东鹜山、金太阳、紫龙湾、沩山等景区(点)，节目于4月下旬在央视财经频道黄金时段播出，节目播出后，宁乡特色旅游产品销售异常火爆，知名度和美誉度进一步提升。

【中国旅游日宁乡优惠多】 2014年5月14日，中国旅游日大型公众宣传活动暨宁乡首届名优农特产文化交流会在宁乡特产文化街举行。活动依托中国首批旅游强县、特色县域经济强县——“五养宁乡”品牌支撑，通过宁乡旅游文化和名优农特产展示，商贸交流会，签约仪式和高峰论坛，展示宁乡农特产特色，提升宁乡农特产企业在省内外知名度。加加集团、湘茗茶叶、古镇农品、都友食品等96家宁乡农特产协会会员单位和数十家媒体记者参与活动。

【中国灰汤第一届神农生态旅游节开幕】 2014年6月21日，宁乡第一届中国灰汤神农生态旅游节在灰汤金太阳现代休闲农庄举行。开幕式上，来自省、市、县旅游局和农业等相关主管部门和社会各界代表千余人参加神农氏公祭活动。

【召开县旅游产业发展工作委员会第一次全会】 2014年10月27日，宁乡县旅游产业发展工作委员会召开成立后第一次全体会议，旅游、财政、交通等县直部门和沩山、灰汤、花明楼等乡镇及关山、凤凰山森林公园20多家旅游委成员单位聚集一堂，就2015年宁乡旅游产业发展研究探讨。宁乡县委书记黎春秋，县委副书记、县长周辉，以及彭曦明、刘俊武、李纯、周明山等县领导出席会议。会议认为，宁乡旅游在区域、硬件、品牌等方面，已形成一定的优势，但也存在旅游产品设计和策划缺乏创新等问题，既不能盲目自大，也不要妄自菲薄。与会各成员单位负责人就全县来年乃至未来旅游产业发展纷纷献计献策。并就旅游宣传营销、环境优化、产品开发、产业规划、景区交通、资源统筹等方面集思广益，提出建议与意见。

【抢滩张家界市场】 2015年11月10日，宁乡县旅游局在张家界市成功举办“五养之乡．中国宁乡”(张家界)旅游推介会。张家界市旅游局相关领导和近百家当地旅行社代表应邀参加推介会。推介会上，宁乡县旅游局局长张超明致欢迎辞并宣读宁乡旅游产业发展奖励扶植办法，推介代表通过宣传视频和PPT解说等形式全面推介宁乡旅游。宁乡县旅游协会会长单位，希尔登大酒店董事长陈新、通程大酒店总经理何可人等为张家界市6家旅行社颁发宁乡输送游客现金大奖。宁乡20余家旅游景区点、旅游企业代表近50人全程参与活动并展开合作洽谈，发挥两地旅游资源的互补优势，培育和壮大两地旅游市场，推动两地旅游产业发展迈上新台阶。

【长韶娄高速通车宁乡借机推介旅游资源】 2014年12月26日，长韶娄高速公路试通车。借这个契机，当天，宁乡县旅游局在灰汤华天城举行宁乡旅游推介会，来自湘中长株潭及娄底地区的旅行社代表一行近300人应邀出席推介会。宁乡县政府副县长刘俊武、县政协副主席李纯出席推介会。推介会上，宁乡县政府与长沙、株洲、湘潭、娄底旅游协会代表签订湘中旅游市场开发战略合作意向书。根据合作意向，各方将强强联手，整合资源、发挥优势、实现共赢，共同打造湖南旅游“黄金线路”。不仅再次推介“五养之乡”的旅游形象，也为湘中城市群旅游产业的横向交流，为湖南建设旅游强省乃至打造世界旅游热点，注入新的活力。

(喻波　李霞)

刘少奇故里管理局

刘少奇故里管理局
(刘少奇同志纪念馆)
中共长沙市委副秘书长、刘少奇故里管理局党组书记　文　方

局长、馆长、副书记 罗　雄
副局长、副馆长 易锦君
王定良
黄　可
胡伟平

【概况】 2014年，刘少奇同志纪念馆以"弘扬中华文化，宣传少奇思想，促进旅游繁荣，服务社会发展"为工作方针，以"服务创全优、文明当标兵、研究结硕果、行业争一流"为奋斗目标，以开展党的群众路线教育实践活动为前进动力，促进纪念馆事业持续发展，特别是刘少奇生平思想宣传研究，赢得社会广泛赞誉，被评为湖南省文物系统先进单位、湖南省十佳旅游景区、湖南省风景名胜区行业先进单位。

【开展党的群众路线教育实践活动】 2014年，根据中央和省市委的统一部署，纪念馆党的群众路线教育实践活动在市委第十一督导组的督促指导下，按照"照镜子、正衣冠、洗洗澡、治治病"的总要求，有序推进活动、取得显著成效。在开展党的群众路线教育实践活动中，市委将纪念馆作为教育示范基地。纪念馆充分利用国家一级博物馆的公共文化资源，积极配合党和政府的中心任务，切实做好各项工作，为省市学教活动编辑《刘少奇百姓情怀》《刘少奇群众路线论述摘编》，印发给省市各级党组织；免费发放1.2万本《论共产党员的修养》书籍、6000张《刘少奇的四十四天》电影光碟；制作《为民务实清廉——刘少奇与党的群众路线》专题展览、《党风楷模刘少奇》的专题党课讲稿及幻灯演示课件；编写《刘少奇廉政思想与实践》《走群众路线、听群众意见、解群众难题》等15个辅助课件；印制3万份专题党课讲稿《党风楷模刘少奇》发放给公众。3月4日，中共湖南省委常委、长沙市委书记易炼红率领市委、市人大、市政府、市政协"四大家"班子成员和长沙市公、检、法"三长"专程到馆参加"四个一"专题学习，即：研读一本经典文献——《论共产党员的修养》、参观一个展览——《为民务实清廉——刘少奇与党的群众路线》、看一部电影——《刘少奇的四十四天》、听一堂党课——《党风楷模刘少奇》。馆长罗雄应邀给"四大家"和"三长"领导作《党风楷模刘少奇》专题辅导报告。长沙市"四大家"班子成员到馆参加"四个一"专题学习活动，把省会学教活动推向高潮，省、市各单位党员领导干部纷纷走进纪念馆，全年共有300余家单位共计5万多名党员领导干部有组织到馆参加"四个一"专题学习，馆长罗雄免费为各单位讲党课110余场次，有2万多名党员领导干部聆听党课，得到了公众的一致好评。

【开展"三送六进"活动】 2014年，刘少奇同志纪念馆除了做好服务群众路线教育实践活动专题接待以外，还接待"纪念任弼时诞辰110周年"革命元勋后代参观团、"宁乡四髯"及一大代表后代参观团、中国音乐家协会参观团、"中国梦赶考行"走进刘少奇故里参观团以及省部级嘉宾90多人。在做好阵地接待的同时，将文艺演出、流动展览、移动党课送到学校、军营、工厂、农村、机关、社区。6月26日走进长沙市芙蓉区西湖社区，6月30日走进长沙市第一社会福利院，7月底走进哈尔滨、齐齐哈尔、伊春等地，11月12日走进广东革命历史博物馆，11月28日走进江西萍乡安源路矿工人运动纪念馆。

【开展清明主题教育】 2014年4月5日，为了深切缅怀一代伟人刘少奇，继承和弘扬刘少奇"为民、务实、清廉"的共产党员风范和人民公仆情怀，刘少奇同志纪念馆在刘少奇铜像广场隆重举行"弘扬少奇风范，践行群众路线"为主题的清明公祭活动。刘少奇女儿刘爱琴等亲属代表，中共长沙市委宣传部纪检组长刘玉龙等领导和社会各界公众参加。

【《周恩来风采》摄影展览在刘少奇同志纪念馆开展】 2014年8月2日，刘少奇同志纪念馆与江苏淮安周恩来纪念馆联合主办《周恩来风采》摄影展览开展仪式。周恩来侄儿周秉和发来贺信。中共长沙市委宣传部副部长李卫政宣布开展。《周恩来风采》摄影展览是从专职摄影师杜修贤生前拍摄的大量作品中精选而来，从不同角度再现共和国总理周恩来的人格魅力，开展当天有近万人参观。

【举办刘少奇诞辰116周年纪念活动】 2014年11月24日是刘少奇诞辰116周年，刘少奇同志纪念馆因势利导组织一系列纪念活动：一是举行湖红公司"刘少奇在太湖"湘绣像启绣仪式，二是举行唐山恒瑞瓷业有限公司"刘少奇与王光美"大型瓷盘像和"七千人大会"礼品瓷盘像捐赠仪式，三是举行"花明楼赏花全国摄影大赛""刘少奇故里随手拍微博大赛"颁奖仪式，四是举行河南确山竹沟革命纪念馆培植刘少奇亲手种植的"中原石榴"树苗捐赠仪式，五是举行四川双流兴丰苗圃公司桂花树苗捐赠仪式，六是举行"中国梦·赶考行"专题文艺演出，七是举行"中国梦·赶考行"走进刘少奇故里座谈会，刘爱琴、任远芳、罗东进、刘维宁、刘安东、刘丽达等元勋后代在会上发言，并向炭子冲小学捐赠学习用品。

（办公室）

湖南电力职工温泉疗养院

湖南电力职工温泉疗养院
院　　长 宋毅敏
党委书记 谢学渊
副 院 长 张世勇
丁介群

【概况】 2014年,湖南电力职工温泉疗养院共有在职职工94人,招聘员工296人,退休职工49人。占地面积20公顷,主体建筑群5万多平方米。客房330间,600个床位;拥有12个大中小会议室,10个餐厅,可容纳600人就餐;体育中心占地3万多平方米,拥有国内一流的室内游泳馆,室内标准网球(羽毛球)场、篮(排)球场等。

【精神文明建设成果丰硕】 2014年,湖南电力职工温泉疗养院加强党建。开展党的群众路线教育实践活动,坚持规定动作不走样,自选动作有特色。以创建“电网先锋党支部”为载体,围绕企业中心工作和部门核心业务,开展“党员示范岗”“党员责任区”“党员身边无违章”等活动。以“三严一常”(建立严密规章、发扬严细作风、实施严格管理,做到常抓不懈)为根本措施,狠抓党风廉政建设,落实党风廉政建设责任制。企业文化建设深化。宣传贯彻社会主义核心价值观,开展企业文化案例分享活动,发布正、反面案例194篇,调动员工的积极性、主动性和创造性。开展企业文化墙进班组活动,建成独具特色企业文化宣传载体,编印出版企业文化刊《汤泉明珠》6期,颇受员工与宾客欢迎。员工队伍素质稳步提升。推进学习型企业、学习型党团组织建设,以提高执行力和执行能力为重点,开展管理人员专项培训,以提高服务意识和服务技能为重点,开展全员现场培训活动,使员工队伍的学习力、创造力和团队精神不断增强。开展趣味运动会、唱歌比赛、朗诵比赛、羽毛球赛等文体活动,每月举办员工生日晚会,营造和谐人文环境,促进员工身心健康,员工生活方式文明,企业氛围风清气正。突出先进典型带动作用。持续开展“诚信之星、责任之星、创新之星、奉献之星”“微笑大使”争创活动,以开展道德讲堂、案例分享、座谈讨论为载体,宣传先进人物感人事迹,增强感染力,扩大影响力,引导员工学习身边的好人好事,树立正确的世界观、人生观和价值观。共开展道德讲堂活动6次,参加人数240多人。精神文明建设成效显著。

【物质文明建设成绩突出】 2014年,湖南电力职工温泉疗养院适应社会主义市场经济的发展需要,立足系统,服务社会,深化经营方式、管理模式转变,推进发展提质,管理增效,促进物质文明建设。硬件建设增添新亮点。抢抓长韶娄高速建设机遇,加速推进拓新提质建设。户外温泉二期工程等一批新建项目建成投运,中医养生楼装修等20余项大修提质工程完成,接待条件改善,接待功能配套,发展后劲增强。经营收入创新高。狠抓市场营销,主攻经营效益,疗养康复、医疗体检、温泉接待三大市场齐头并进,经营收入屡创新高。安全生产迈上新台阶。推行严抓严管,开展安全培训,定期开展安全大检查,安全局面持续稳定,未发生任何安全责任事故。内部管理迸发新活力。推行全员绩效管理,使企业运营更加高效。深化依法从严治企,加强预算执行、收入稽核、物资管理力度,使管理更加精细。院区环境呈现新面貌。重视绿化工作,加强绿化园林专业力量,加大绿化资金投入,院区山水相间,绿树成林,环境优雅,空气清新,人与自然和谐发展。改造、美化、亮化道路,院区景色宜人。推出资源节约新举措。开展“两型”企业创建活动,倡导绿色办公和低碳生活,以“携手节能低碳,共建碧水蓝天”为主题,组织和参与“小革新、小发明、小改造、小设计、小建议”等“五小”活动,推动员工、宾客在衣食住行游等方面向简约适度、绿色低碳、文明健康的方式转变,形成崇尚节约、绿色低碳的社会风尚。推动设施设备向高效、节能、精益运行运转方向转变。

【优质服务水平不断提升】 2014年,湖南电力职工温泉疗养院以“争系统服务行业排头,创省内温泉行业一流”为目标,遵守《湖南省直和中央机关驻长单位文明服务公约》,以创建四星服务为抓手,开展健康管理、疗养、接待优质服务提升专项活动,紧抓一个中心:以顾客满意为中心;围绕两个目标:争系统服务行业排头,创省内温泉行业一流;强化三项举措:领导为员工服务,后端部门为前端部门服务,全员为宾客服务;实施“四化”管理:管理制度化,工作标准化,服务规范化,操作程序化;推动“四个明显变化”:服务意识明显增强、服务方式明显便捷、服务行为明显规范、服务能力明显提升。品牌提升带动业务拓展,疗休养业务、中医温泉养生等走向省外、吸引俄罗斯、印度等国外宾客慕名前来。圆满完成省、市、县和省公司系统大型会议接待任务,获得好评,赢得社会各界赞誉,收到锦旗、感谢信、表扬信等200多封(件),在创造经济效益的同时,创造良好的社会效益。

【企业管理水平持续提高】 2014年,湖南电力职工温泉疗养院开展管理提升活动,修订、新建20余项院级层面规章制度。开展标准化建设,完成管理标准、工作标准的辨识、上线工作。质检体系初步建成。挖掘内部能量,开展全员培训。定期开展安全大检查,整顿安全秩序,加强收市管理,确保安全局面的基本稳定。克服人员紧张等困难,房务中心正常运行,节约人力资源。集体企业清产核资按期完成。年内,节能降耗管理效能监察优秀项目荣获国网公司单项奖,省电力公司特等奖。抓好民主管理纲要规范化试点工作,健全完善院务公开、职代会等民主管理机制,保障员工参与民主管理权利,构建和谐劳动关系。开展创星工作室创建活动，激发员工的创新潜能和创造活力。加强新闻宣传，挖掘典型事例，推广先进经验。坚持党建带团建，开展青春建功活动。关心员工、退休人员生活，在依法合规的前提下，切实维护好广大员工权益，稳定退休人员待遇，帮助退休老同志解决实际困难。认真落实维稳工作责任制，杜绝不稳定事件，促进企业和谐。

（朱平华　张叶军）

沩山风景名胜区开发管理委员会

宁乡沩山风景名胜区开发管理委员会

主　任　谭强斌（10月另任）

党组书记　黎庆华

副 主 任　喻立新

巩德亮（10月免）

纪检组长　杨瑞兰（女）

【概况】　2014年，宁乡沩山风景名胜区开发管理委员会（以下简称县沩管会）围绕县委、县政府“打造省会次中心、构建幸福新宁乡”的战略定位，坚持“科学规划、统一管理、严格保护、永续利用”的风景区管理原则，以生态文明风景名胜区建设为抓手，凝心聚力，攻坚克难，开创风景名胜区工作的良好局面。

【成功创建省级生态旅游示范区】　2014年，县沩管会为加快生态文明建设的步伐，提升沩山风景名胜区的品质和内涵，促进景区旅游发展，年初提出创建省级生态旅游示范区的工作目标，按照《国家生态旅游示范区建设与运营规范》的要求，积极开展工作，努力营造生态旅游环境，取得可喜成效。经湖南省旅游局、湖南省环保厅评定，沩山风景名胜区被批准为省级生态旅游示范区。

【成功举办全国汽车场地越野锦标赛】　2014年，县沩管会承办2014湖南宁乡全国汽车场地越野锦标赛，11月26日至28日在宁乡夏铎铺工业园举行，赛事精彩纷呈，取得圆满成功。中央电视台体育频道对28日下午决赛进行90分钟直播，这是宁乡第一次在中央电视台的直播；并播放宁乡宣传片，重点推介宣传宁乡旅游景点。赛事采取政府主导、公司运作的模式，政府投入最少，收效良好，达到宣传推介宁乡，扩大宁乡影响的目标。

【省级生态文明风景名胜区试点工作取得阶段性成果】　2013年，省住建厅、省风景办决定在全省风景名胜区开展生态文明风景名胜区创建工作，并选择4家风景区进行3年试点。沩山风景名胜区被纳入第一批试点景区。按照省厅的要求，结合景区的特点，2014年县沩管会做了大量工作，取得阶段性成果。生态资源保护力度不断加大，生态修复成效明显，勘界立桩加速推进，已顺利通过省厅组织的第一阶段验收，并在全省生态文明风景区创建工作会上作典型发言。

【完成景区总体规划编制和申报工作】　2012年10月，沩山风景区获批国家级风景名胜区后，按照国家级风景区建设的要求，2014年，县沩管会在原省级风景名胜区规划的基础上，再次组织进行基础资料调查，实地踏勘，根据资源分布情况和发展需要，重新划分资源保护层级，适当调整功能布局，使景区规划更趋合理。在省级评审过程中，县沩管会积极协调，妥善解决省环保厅和省宗教局提出的有关问题，保证规划如期通过省级评审。该规划已由省政府上报国务院审批。

【资源保护进一步加强】　2014年，县沩管会一是加大宣传力度，全年出动宣传车两批次10余天，宣传资源保护和森林防火知识，发放禁火令4.3万余份，送达每家每户；利用广播“村村响”工程，每天提醒群众注意森林防火；组织林业站长和护林员进行专业培训和科学防火灭火研讨等，提高群众的资源保护和森林防火的意识。二是加强护林员队伍建设。一方面根据景区护林工作的实际需要，新增12名护林员；另一方面，加强对护林员的管理，强化护林员的责任，管护力度加大、效果更好。三是增加建房户林木补贴。为了有效遏制乱砍滥伐的行为，对景区村民建房户在查实没有砍伐树木和新建房屋风格符合景区规划的基础上实行外购木材补贴，将该补贴从1600元/户提高到2000元/户，在一定程度上促进森林资源的保护和建筑风格的统一。

【取消风格保证金】　2014年政协会上，有政协委员联名提案，建议取消风格保证金的收取。县沩管会听取群众意见，反复研究论证，从2014年开始取消风格保证金的收取。由于工作到位，取消风格保证金后，不仅没有影响村民建房风格的统一，而且因为建房户的申报办理，管理机构对建设行为和建房风格的指导和监督能够及时到位，促进景区规划的实施。

【设立村民建房指导员】　2014年，县沩管会为了规范景区建设行为，确保规划有效实施，在每个村设立一名村民建房指导员，负责向村民宣传景区村民建房有关政策，协助村民办理建房手续，指导村民建筑风格，劝阻并报告违法建筑行为等，将村民建房的每一个环节都纳入监管之下。既减少违法建筑，又方便群众办事。

【改革护林员管理制度】　2014年，县沩管会为了加强林业资源保护，成立专业护林员队伍，考虑到重点林区和古树名木保护的需要，增加12名护林员，护林员总数83名，增加投入近20万元，由护林员分片包干对责任区林地日常巡查，有效防控乱砍滥伐和森林火灾。在充实护林员队伍的同时，加强对护林员的管理，改革对护林员的考核办法，将年终考核兑现为主调整为按季考核兑现为主，加大平时考核力度，将护林员待遇直接与护林绩效挂钩，有效提升护林员的工作责任感和自觉性。

【探索景点经营方式的创新】 2014年，县沩管会为了改变景点经营的落后状况，加快景区的旅游发展，探索景区经营管理方式的创新。认为引进专业团队运营景区是一个有效的途径。招商引进国内知名专业旅游景区运营商——“中惠旅”，成功对沩山度假山庄进行托管运营，3月25日签订合作协议书，6月18日开业，12月温泉项目建成营业，使一个已经停业的企业重新焕发生机。

【教育实践活动收到实效】 2014年，县沩管会认真组织开展教育实践活动，做到广泛动员，领导带头，全员参与，扎实推进，注重整改。机关党员积极参加“心连心”结对帮扶活动，共帮扶15户，帮扶工作取得实效。通过开展党的群众路线教育实践活动，党员干部的群众观念增强，工作作风改进，管理进一步规范、制度进一步健全，各项工作全面提升。

【限时办结制得到落实】 2014年，县沩管会完善政务公开，公开办事制度、办事程序、办事时间，办事电话，树立“以人为本”的管理观念，确保限时办结制等各项制度落实到位，进一步便民利民，提高办事效率和服务质量，限时办结的时限从15天缩短到10天，一般情况下能够在5天内办结。

【引进项目取得进展】 景区规划面积广，发展空间大，加快景区的旅游发展，需要加大招商引资力度，引进更多旅游项目。2014年，县沩管会广辟招商渠道，广罗招商信息，达成一些投资合作意向，取得一些进展。一是与广州天适集团合作在景区建设樱花园，对方合作意愿强烈。二是引进中广核风力发电项目，已签订意向协议。三是与湖南新康置业有限公司合作建设景区门楼、游客服务中心和景区环线项目持续洽谈。

【服务项目见成效】 2014年，县沩管会在加强景区管理的同时，注重做好已建在建项目的服务工作。一是维护漂流市场秩序和环境。协调沩山漂流开漂，维护和谐稳定；助推龙泉漂流扩展升级，打造新的旅游平台；力促千佛洞天紫漂流合作，打下AAAA级景区创建的基础。二是为在建项目提供良好服务。经与省住建厅和省风景办的多次申请和反复协调，炭河里青铜博物馆选址意见获批，并将炭河里选址项目成功申报为国家文化产业重点项目。三是在不影响景区发展不破坏景区资源的前提下进行规划修编，以满足项目建设的需要。主动与青羊湖生态文化园项目对接，进行规划上的衔接和手续上的服务；积极帮助九折仑航空训练基地招商，为该项目的推进提供帮助。

（办公室）

凤凰山国家森林公园

湖南宁乡凤凰山国家森林公园管理处

主任、党组副书记 姜启辉
书　　　　　记 胡以红
副　　主　　任 文　昊
　　张亚光
　　艾志军

【概况】 湖南宁乡凤凰山国家森林公园管理处（以下简称凤凰山管理处）位于宁乡县东南部，地处长沙先导区，以长沙大河西先导区的名义于2009年申报成功，是国家两型社会实验区长沙大河西先导区内唯一的国家级森林公园，也是全国首家近郊游憩型公园。2011年10月13日森林公园经长沙市机构编制委员会批准（长编办发〔2011〕136号）为正科级机构，2009到2012年底由夏铎铺镇人民政府代管，2013年1月为县人民政府管理的事业单位。其主要职能职责：宣传贯彻执行国家关于森林公园保护、建设、管理的法律、法规和方针政策，结合凤凰山国家森林公园的实际情况，制定实施细则和管理办法，并组织实施；负责对凤凰山国家森林公园内的资源（包括人文资源和自然资源）依法进行保护，并推进招商引资工作；负责组织凤凰山国家森林公园总体规划、详细规划及专项规划的编制、审批呈报和组织实施；负责组织凤凰山国家森林公园分期保护建设计划的编制；负责凤凰山国家森林公园环境综合治理；负责对凤凰山国家森林公园内的各景区建设的选址、方案设计进行初审；审查、监督凤凰山国家森林公园范围内的有关工程建设项目；负责凤凰山国家森林公园的合理开发和利用，以及基础设施和其他公共设施的保护管理，改善游览服务经营活动进行准入审核和管理；负责凤凰山国家森林公园内山林、植被、绿化、物种资源保护与管理和森林病虫害防治、森林防火及防止水土流失等工作；负责审查公园内的林木更新抚育采伐方案；负责对凤凰山国家森林公园范围内的道路、村及有关单位在森林资源方面进行统一管理。

公园总面积41.07平方公里，核心景区21.59平方公里，景区森林覆盖率达95.5%。景区地理位置优越，交通便利，紧临省道208和国道319，距宁乡县城8公里，距长沙市区25公里。境内金洲大道、319国道、长常高速和省道宁韶线可快捷通往长沙、湘潭、株洲、益阳市和宁乡县城。

园区具有独特的地理、自然、人文资源优势。景点数量众多。分为香山冲、龙凤峡、嵇茄山三大景区,共有山水石寺等景点50多个,主要景点有竹林云海、香山烟雨、棋盘仙石、一线登天、滴水崖、宝塔神树、响鼓潭瀑布、烈马卧槽等。香山冲的嵇茄山主峰海拔为474.7米,为长沙大河西先导区境内最高峰。自然资源丰富。已查清种子植物1249种,隶属627属、155科,植物种类的丰富性在湖南丘陵地区名列前茅。已查清国家重点保护植物23种,其中国家一级重点保护植物2种,即银杏、湖南楠,国家二级重点保护植物13种。野生动物种类繁多,其中鸟类13目25科37种,属国家一级保护动物的有四川山鹧鸪、白颈长尾雉、雉鹑3种,属国家二级保护动物的有11种。两栖爬行类2目7科23种,哺乳类7目11科12种,鱼类有12科40属48种,是一个天然的科普基地。人文景观独特。宗教建筑有天圣寺、龙凤塔、香山庵等5处,遗址遗迹有玉潭书院遗址、清代造纸厂遗址、古驿道、古战场等17处,还有一些地方性的民族民俗宗教礼仪、地方特产等。

【景区资源保护】 凤凰山管理处致力于将凤凰山国家森林公园打造成资源节约环境友好型的两型公园。加强宣传力度,提高防患意识。2013年至2014年,共计发放森林防火、病虫害防治等相关资料5000份,出动宣传车辆100余台次,在主要进山路口设置200余块固定警示标语,组织干部职工深入居民家庭宣讲300余次,让辖区居民详细了解和支持森林公园工作。成立防火队伍,杜绝森林火灾。2014年管理处争资40余万元进行消防工程建设和设备添置,新修隔离带20公里,宣传防火墙15块,添置手抬式消防泵等设备400余件。和辖区各村签订防火责任制,7个村组都组建一支不少于20人的防火应急小分队,管理处也组建一个8人的专业防火应急指导小组,定期派人组织和指导防火演练。严格建房审批,狠抓拆违控违。组织专人对核心景区1100余户村民自2009年至2014年新建房子进行彻底摸底,掌握违建乱搭情况,同时联系金洲城管分局先后6次打击违建乱搭行为。组织专项行动,加强源头保护。申请办理森林公园综合执法证,依法执法,全年共查处乱砍滥伐5起;投入700多万元先后关闭核心景区内中洲采石场、朱益冲采石场、同力铁矿等六个非煤矿山企业。切实保护好其他资源。为维护好公园生态平衡,凤凰山管理处注重水文资源和动植物资源保护。采取珍稀苗木登记造册,了解苗木归属权,和业主签订保护责任状。从县水务局争取到专项资金100多万元,用于村民饮水工程,投资400多万建设香山冲景区污水处理工程,解决景区内企业、村民用水问题,同时取消香山冲水库网箱养鱼、投肥养鱼。

【景区项目建设】 凤凰山管理处始终坚持"资源保护为主、合理开发利用为辅"的原则,坚持在保护中开发。2013年至2014,共投入近3000万元,不断完善基础设施建设。修好20公里的景区道路,其中香山冲景区20公里道路全部完成改性沥青路面;在香山湖环湖周边种植棵丹桂800多株,小苗及草皮1万余平方米;移植珍贵樱花1200多株;完成对凤凰田园绿道建设项目的规划设计,并栽种3500多株苗木;在香山冲景区投放100多个户外垃圾桶,安装45块交通标示标牌、30块反光镜、1500米波形防护栏、700个安全警示柱、100套休闲椅凳等;修建一座蓄水量为6万方的消防蓄水池,主要用于解决香山冲景区消防用水及作为居民、项目生活用水取水水源。

【景区招商引资】 2013年至2014年,凤凰山管理处先后引进4个符合公园总规的项目,基本解决景区游客的吃住行。包括龙凤峡漂流、龙凤国际房车露营基地、青少年素质拓展训练基地、印象麓山,共计已投入建设资金1.2亿元。第一,龙凤峡漂流。该项目投入4000多万元,于2014年7月竣工营业,2014年接待游客5万余人。第二,青少年素质训练拓展基地。至2014年底,该项目投入3000余万元对宁乡原十二中校址进行重新布置和装修,新建禁毒、国防、人防等6个展览馆,交通安全演示区、军事训练场等7个训练场馆;香山冲校区已建成野炊场、拓展训练场和农业体验区的土鸡养殖基地、真人CS野战场、射箭场等项目,以教育学生实践为主,2014年12月正式对外试营业。第三,龙凤国际露营基地。该项目计划投资1亿元,已投入3000多万元,游船码头、湖边休闲木屋区已竣工。湖畔木屋营地项目新建木屋别墅、休闲木屋、度假木屋等5个木屋,年末进入扫尾阶段。第四,印象麓山项目。该项目选址龙凤山村,已租地66.67公顷,进行有机蔬菜种植。

【举办宁乡漂流文化节暨龙凤峡漂流首漂庆典】 6月29日,宁乡漂流文化节暨龙凤峡漂流首漂庆典在龙凤峡漂流景区游客接待中心举行。龙凤峡漂流总投资5000万元,总用地面积约0.67公顷,河道全长2960米,落差将近200米,河道时宽时窄,最窄处只有2米。 (刘　艺　范桦林)

财政·税务

财 政

县财政局
局长、党组书记 谭启良
副局长、副书记 陈正容
县纪委派驻纪委书记
何 欣
副 局 长 何永胜
宋赤球
彭志强
邓雪辉(女)
熊海军
邓湘益
工 会 主 席 陈拥军

【概况】 2014年宁乡县收入情况:全县完成财政总收入55.68亿元,同比增长15.1%,财政总收入占生产总值的比重为6.1%。收入级次情况为:完成公共财政预算收入35.31亿元,同比增长15.1%;完成上划增值税、消费税11亿元,同比增长18.5%;完成上划营业税、资源税、城镇土地使用税2.2亿元,同比增长12.7%;完成上划所得税7.17亿元,同比增长10.9%,其中:上划企业所得税5.11亿元,同比增长21.1%,上划个人所得税2.06亿元,同比下降8.2%。征收部门情况为:国税局完成19.03亿元,同比增长23.5%;地税局完成26.29亿元,同比增长6.2%;财政局完成10.36亿元,同比增长25.9%。支出情况,完成公共财政预算支出65.83亿元,同比增长13.4%。具体支出科目情况为:一般公共服务支出8.23亿元,国防支出581万元,公共安全支出2.99亿元,教育支出11.73亿元,科学技术支出9454万元,文化体育与传媒支出8012万元,社会保障与就业支出7.42亿元,医疗卫生与计划生育支出7.21亿元,节能环保支出1.29亿元,城乡社区支出4.94亿元,农林水支出9.51亿元,交通运输支出1.89亿元,资源勘探信息等支出2.31亿元,商业服务业支出2699万元,金融支出335万元,国土海洋气象等支出2.51亿元,住房保障支出3.05亿元,粮油物资储备支出2524万元,国债还本付息支出2731万元,其他支出1064万元。平衡情况,全县完成公共财政预算收入35.31亿元,加上上级补助收入29.13亿元,地方政府债券转贷收入1.43亿元,2013年结余(含结转)6.96亿元,调入资金1.1亿元,收入合计为73.93亿元。公共财政预算支出65.83亿元,加上上解支出1.93亿元,债券还本支出1950万元,安排预算稳定调节基金1000万元,结转下年支出5.97亿元,支出合计为73.49亿元,年末滚存结余资金4400万元。全年财政收支平衡。

【收入征管】 2014年,宁乡县财政局积极应对宏观复杂经济形势,发挥牵头单位作用,科学统筹,合力抓收,圆满完成年初预算任务。定期召开财税调度会,协调解决征管难题,兑现征管奖惩措施,强化征管责任;发挥"金网平台"税收监控功能,及时预警稽查;开展总部经济、漂流业、采石业税收调研,充分挖掘税收潜力。

【支出保障】 2014年,宁乡财政服务发展,支持重点企业的引进培育,引导重大产业的发展壮大,服务重要平台的提质升级。累计调度资金26.19亿元,支持重要载体项目发展;整合资金4.5亿元,采用奖补、贴息等方式助力产业企业转型发展。民生保障,将保障和改善民生放在最重要的位置,全年民生支出突破50亿元,社保、医卫、科教、三农等民生提标提高,群众实惠增多,仅城乡居民养老保险一项,2014年县级新增配套1600万元,达到8500万元;整合规范津补贴发放项目,安排资金1亿元提高待遇水平;新增村级转移支付826万元。

【改革管理】 2014年,宁乡县的政府采购监督、财政投资评审职能充分发挥,资金节约率分别达10.8%、15.9%;制定出台《宁乡县国内公务接待实施细则》等制度,压缩行政成本,全年"四项费用"同比下降53.7%。实行全口径预算改革,将政府收支全部纳入预算,规范预算管理;公开2014年度财政预算、三公经费预算及重大民生项目资金,接受社会监督,倒逼部门单位规范财务行为;打破"基数+增长"的模式,坚持"有效保障人员支出、重点保障民生支出、加大非税收入统筹力度、整合归并项目支出、严格三公经费预算"的原则,推进"零基"预算综合改革。

【财政队伍建设】 2014年,宁乡县财政局开展党的群众路线教育实践活动,坦诚接受批评,改正"形式主义、官僚主义、享乐主义和奢靡之风"四风陋习;研究提出取消工程进度款支付财评审签环节,精简政府采购单位自行询价采购项目监审流程,理顺业务办理程序;清理行政征收、行政给付、专项资金分配等职权105项,精简率达28.3%;办理答复群众诉求，答复政府信息公开申请16人次，承办县长热线咨询3次，满意率100%；承办建议提案48件，确保答复率、见面率、满意率3个100%，解决率达78%。

（办公室）

县国有资产管理局

局　长　熊海军（兼）

副局长　廖光明（3月另任）

彭　波（女，3月另任）

卜了凡（3月任）

县非税收入管理局

局　长　江志华（3月免）

陈映霞（女，3月任）

县乡镇财政管理局

局　长　赵文波

县国库集中支付局

局　长　卢秀英（女）

县收费管理中心

主　任　卜了凡（3月免）

廖光明（3月任）

县财政统发工资中心

主　任　刘　颖（3月任）

县农业综合开发办公室

主　任　周向前

县政府采购监督管理办公室

主　任　刘　颖（3月免）

江志华（3月任）

县财政预决算（投资）评审中心

主　任　张启文

县财政监督检查局

局　长　罗亿平

国家税务

县国家税务局

局长、党组书记　张宇新

副局长、副书记　彭向荣

副　局　长　姜　楠

曹卫平

陈红辉（7月任）

伏拓元（7月任）

纪检组长　陈红辉（7月免）

李正强（7月任）

【概况】　2014年，宁乡县国家税务局有干部职工240人，其中在职165人、提前离岗2人、离退休73人。局机关设有人事教育科、征收管理科、政策法规科、收入核算科、税源管理一科、税源管理二科、税源管理三科、办公室、财务科、监察室、稽查局、纳税服务科、信息中心、工会14个科室。辖玉潭、花明楼、横市、煤炭坝、偕乐桥5个税务分局。全年，县国家税务局牢固树立“聚财为国、执法为民”的工作宗旨，团结一心，迎难而上，大力组织收入，坚持依法治税，优化纳税服务，强化科学管理，加强队伍建设，各项工作取得显著成绩，被长沙市国家税务局评为“绩效管理先进单位”，被县委、县政府评为工作绩效考核一等单位，连续三届保持省级“文明单位”荣誉称号。

【国税收入】　2014年，宁乡县国家税务局通过采取加强重点税源管理，强化税收分析、纳税评估和税务稽查等措施，完成19亿元，同比增长23.53%，确保税收收入的稳定增长。

【国税依法治税】　2014年，宁乡县国家税务局进贯彻落实国家结构性减税政策，严格落实各项税收政策尤其是税收优惠政策，帮扶企业发展。做好2013年度企业所得税汇算清缴工作，共计补缴所得税4700万元。认真落实“营改增”相关税收政策，确保平稳过渡。扎实做好税收执法检查，及时监控执法行为，促进依法行政。加强与县依法治税办联系合作，共同促进税收征管精细化、科学化。加大稽查力度，注重利用内外网络资源进行案源分析，提升办案准确率，查补入库税收收入1.35亿元。

【国税税收征管】　2014年，宁乡县国家税务局进深化税源专业化管理，完善税源管理制度、强化风险管理质量，组建税收风险管理团队，实现管户与管事相分离，评估与稽查相结合，努力解决执法风险、征管缺位、服务不畅、权责失衡等问题，提升税收征管质效。加大纳税评估工作力度，把花明楼、横市两个税务分局的工作职能调整为专司纳税评估，重点对玉潭周边地区和园区的企业进行税收评估分析，找准问题症结所在，找到收入增长突破口。深化分类分级管理，采取“抓住大户，管好中户，规范小户”的税源管理措施，强化税源管理，控制漏征漏管，深入挖潜增收。强化信息管税，以科技手段推动风险管理创新，推进部门涉税信息共享，依托县金税工程综合治税信息平台，提高电、气、水、工等关键涉税信息数据获取和分析利用能力，解决征纳信息不对称等问题，做到全方位、多角度监控税源，提高税收征管科学化、信息化和精细化水平。公开邀请县政协、各政府部门及行业纳税人代表，组织召开个体定税公开评议会，在全县4600余户个体经营场地张贴“阳光征管公示卡”，接受社会各界的监督，促进税收的公开、公平、公正。

【国税纳税服务】　2014年，宁乡县国家税务局创新开展“便民办税春风行动”，全面落实县级税务机关纳税服务规范，相关工作经验在央视一套《新闻联播》《人民日报》等中央5大主流媒体上播出和报道。扎实开展“百日千人进税户”大走访活动，向全县纳税人发放收回调查问卷4685份，实地走访2500余户纳税人，共收集意见建议145条，并逐条对照进行整改反馈，促进征纳和谐。采取向企业提供“一对一”个性化服务、推行小规模纳税人“简并征期”、实行邮政代开发票、创新推出手机APP、税收“二维码”宣传新形式等举措,实现减负提速,提升纳税服务水平。是年,县国家税务局顺利通过省局从办税环境、行为规范、服务规范和服务评价等4个方面52项指标的评定验收,成功创建湖南省国税系统“四星级办税服务厅”。

【国税队伍建设】 2014年,宁乡县国家税务局扎实开展党的群众路线教育实践活动,顺利完成三个阶段各方面工作任务,确保规定动作做到位,“两讲五进”“群教小卡片”等自选动作显特色,问题整改有实效。落实上级党建工作要求,规范组织管理,完善制度建设。加强党员干部素质教育,坚持党组集体学习、党员日常学习制度,鼓励报考“三师”等考试,开展税收分析、税收执法等相关业务培训,按季组织开展评估、稽查优秀案例评选活动。全年共计开展各类培训10余次,干部参训率达到100%,有7人通过“三师”考试共10科次,2人获得注册税务师资格,6人获得会计资格从业资格证。开展“讲述身边的故事——寻找最美国税人”活动,树立勤、廉、德先进典型。完善选人用人机制,推行干部“阳光提拔”,杜绝提拔任用过程中的不正之风。全年,县局协助市局做好2名干部的副科级领导干部选拔任用基础工作,确保选拔任用过程中的公开透明。加强财务管理,完善财务管理相关制度,严格按照上级有关要求做好政府采购、办公用房清理、固定资产清理、控制“三公”经费等工作。全年全局“三公”经费同比减少57.18%;会议费支出同比减少72.25%,办公用房实际腾退面积642.68平方米。组织老干部开展钓鱼、棋类比赛和健康年检等活动,全年走访慰问离退休老干部40余人次,关心老干部健康与生活。深入推进党风廉政建设。局党组书记承担廉政主体责任,部署安排协调重要工作,督促局党组成员认真履行“一岗双责”,班子带头做到廉洁自律。纪检监督部门认真落实廉政监督责任,建立健全部门内控机制建设,深化“两权监督”,规范权力运行。全年,全局共81人次拒收、上交礼金或者当场拒收礼金7.85万元,拒收礼品礼物折价1.32万元,全年没有接到廉政问题举报。加强廉政教育,开展“一把手”上廉政党课、观看廉政警示教育片、开展廉政法纪知识短信有奖答题,认真组织、积极参加税企党纪条规知识抢答赛和千人徒步、文艺会演等县纪委“廉洁·你我同行”廉洁宣传教育周系列活动,潜移默化提升干部职工反腐倡廉意识。狠抓作风建设,坚持明察暗访常态抓、长效做。全年开展明察暗访6次,处罚干部2名,扣发奖金1200元,作风转变效果明显。在县2014年度政风行风千人测评大会上,县国税局在全县31家行政执法类单位中排名第四。 (谢征)

地方税务

县地方税务局

局长、党组书记	黄京沙(女)
副局长	杨万玄
	刘志强
	王斌辉
副局长、纪检组长	葛韧
工会主席	刘以人

【概况】 2014年,宁乡县地方税务局(以下简称县地税局)有干部职工188人,其中在职147人,退休41人。在职干部中,获得大专以上学历133人,其中,研究生7人,注册税务师2人,律师1人。下设7个科室,5个税务分局,1个办税服务中心,1个稽查局和1个信息中心。管辖全县33个乡镇和两个园区,负责全县6316户单位纳税人和1.2万户个体纳税人的地方税收征管工作。

【地税干部队伍建设】 2014年,县地税局一是深入开展党的群众路线教育实践活动。班子及班子成员针对“四风”等问题,深入剖析自身不足、广泛听取群众意见、积极落实整改措施,共收集群众意见245条、落实整改235条,出台制度18项,领导班子和党员队伍风正气顺、务实清廉。二是深入构建地税文化。以党建为龙头,充分发挥工青妇等群团组织作用,弘扬社会主义核心价值观,积极开展文明创建,关爱干部职工身心健康。三是优化绩效考核。按照分层次、日常考核为主的思路,制定2014年绩效考核办法和考核细则,修改完善岗位责任,明确考核标准,建立按工作量进行绩效考核的办法。四是推进教育培训。年内组建法学、金融学、软件工程3个“专家团队”,为业务骨干的引领示范搭建平台。积极组织备战全市“税收业务知识竞赛”,举行6次业务讲座并组织多次业务培训和考试,在市局办税员考试中名列团体第一。廖俊在全省业务知识竞赛中名列全省前十;罗洁被评为市局十佳文秘;廖俊、王小妍、贺静、王野等4人被评为市局优秀办税员。

【税费收入】 2014年,在经济下行压力继续释放、实体经济持续低迷的不利环境下,县地税局创新思维,挖潜堵漏,全年累计组织税收收入27.18亿元,费金收入0.9亿元,其中县政府考核收入26.28亿元,同比增长6.21%,确保收入规模在高基数上的稳定增长。一是抓重点,保收入增长。继续完善房地产项目“四方数据比对”制度;创新建立工业园区厂房建设“先税后证”联席比对机制;全面启用存量房交易纳税评估系统,积极开展乡镇开发公司税收清理,并制定出台《县乡公路建设税收管理办法》等。全年房地产及建安入库税收18.21亿元,占总收入的70%。二是破难点,挖税种潜力。抓好12万元以上高收入个税自行申报工作，共受理申报 2517 人次、补税 250 余万，分别增长 8%、19%。狠抓外籍人员个税管理，加大税收宣传和辅导力度，全年入库外籍人员个税 350 余万元。持续开展房产税和土地使用税的专项清理工作，特别是第三税务分局年中接手两个园区的小企业征管后，积极开展“两税”清查，9 月份即入库 840 万元，创园区小企业单月入库之最。持续加强经营性私房税收清理，入库房产税等 500 多万元。狠抓辖区行政事业单位的个税清理，入库个税 1000 余万元。税政科牵头狠抓土地增值税清算审核工作，全年完成 20 户企业的清算审核，入库土地增值税 2.77 亿元。全面启动“营业税清零行动”，清理入库营业税 4200 万元。三是强协调，建保障体系。积极促成县政府以 1 号文件的形式下发《关于加强股权转让税收征收管理的通知》，严格建立股权变更“先税后变”机制，其中一分局全年入库股权转让税收 2724 万多元，单笔入库达 1200 万元。依托市县两级综合治税平台进行差异数据比对分析，全局共计查补入库税款 4300 多万元。严格做好国税、邮政窗口开票委托代征工作，共代征入库税款 520 万元。积极与国税协作，实现对外支付备案信息共享，入库非居民税收 21 万余元。四是严纪律，保收入质量。加强收入分析预测，通过税收分析提出加强对政府主导的开发公司的税收征管建议，得到市局采纳，2014 年市局组织对宁乡 4 家政府性开发公司进行的专项检查中共计查补税款 1.08 亿元。加强票证管理，年内进行票证检查 4 次，审核各类填开票证 6.5 万余份，共查出票证管理问题 5 类 14 项，责成有关单位进行严格整改，有效保障税收票款安全。严守收入纪律，严禁乡镇间转引、拆借税款，纠正收入归属错误 58 笔，还原税款 680 多万元，确保收入提质提量。

【地税依法治税】 2014 年，县地税局坚持向征管质量要收入，向税收政策要税源的原则，努力巩固规范征管格局，创新建立风险防控机制，稳步推进依法治税进程。一是征管基础有保障。县地税局严格实行单位纳税人“一户式”管理、个体工商户“分类”管理，全年已有 520 户单位纳税人建立了“一户式”征管档案资料。完成个税扣缴软件推广使用培训工作，共培训 500 多户次，并顺利推广 217 户企业使用软件。强化信息管税，狠抓网络安全和系统维护工作，年内成功确保大集中操作系统、税务综合办公系统、网上办税厅、自助办税终端、土地增值税清算软件、绩效管理系统等成功上线、平稳运行。二是欠税管理有突破。制定和出台《宁乡县地方税务局欠税管理办法》，将未按期入库和纳税评估、税务检查(稽查)、税源巡查欠税的数据，共计 16 笔、604 万元全部纳入欠税管理系统，并定时清查、上报清理虚假欠税 7147 笔，全年清理入库欠税 1 亿元。三是推动改革有进展。按照分行业、分层级、分规模推行税源分级分类管理的征管改革要求，年内对分局征管范围进行合理调整，第三税务分局整体搬迁。按照“营改增”的要求，及时做好调查摸底工作，年前向国税移交铁路运输和邮政服务业纳税人 5 户、涉及税款 34 万元；5 月移交电信业 4 户、涉及税款 804.55 万元；10 月启动房地产业、建筑业和综合服务业的营业税调查工作，为 3 个行业“营改增”作准备。四是税务稽查有实效。县地税局稽查局全年共对 128 户纳税人检查入库税费 6500 余万元、责令纳税人补开发票间接入库税款 1037.31 万元。特别是严格落实“一案双查双报告”制度，及时发现采石行业漏管现象，促成县地税局开展采石行业税收清理，共对 37 家采石场补税 300 余万元，有效整顿行业税收秩序。

【优化地税征纳关系】 2014 年，县地税局严格两权监督，狠抓政风行风建设，将纳税服务做优做实，体现对纳税人的关心、彰显税务机关的决心、赢得全社会的信心。一是优化服务送关心。连续开展“税惠民生 幸福宁乡”系列宣传活动，成功举办“我身边的税收”征文活动，提升青少年税收意识。坚持免费和自愿培训的原则，年内共计组织 9 期纳税人学校培训班，培训纳税人 2000 余人次。落实“便民办税春风行动”，坚持“通县办税”，力推便民服务平台和“免填单”服务，全面推行“360”办税服务模式，出台《业务办理一次性告知制度》。贯彻国家结构性减税政策，能免则免，能退即退，全年共计办理免、退税 200 户，免、退税金额 1200 余万元。二是改进作风显决心。适时出台“禁止大操大办四项规定”，及时对超标办公用房进行腾退、合并，及时建立“规范公务接待”“规范公务用车管理”等制度。出台《关于进一步加强内部财务管理的通知》，全年接待费支出同比下降 20%；公车支出同比下降 13%；出国费支出为零；会议费支出同比下降 61%。“四项费用”实现持续下降，年内两次接受省局财务审计，获得审计组肯定。加强工作督查，组织成立联合督查组，对是否按标准着制服和迟到早退、串岗溜岗等细节加强督查，从小事抓起，发现一个处理一个，年内共计下发督查通报 10 期，通报批评 25 人次，扣发个人奖金 8000 余元。三是廉洁自律赢信心。县地税局认真落实“党组主体责任、纪检组监督责任”，严格实行“一岗双责”，制定纪检监察和作风建设行风建设工作考核办法，细化完善 11 项作风廉政建设制度。组织税政科、稽查局干部授课，以身边事和身边的人说法，预防执法风险和职务犯罪。加强内部审计，开展科局长离任审计、固定资产审计和欠税管理执法审计。积极组织参加县“廉政文化周”活动，在党纪条规知识抢答赛中成功挺进决赛。严格执行礼品礼金登记退还制度，全年拒收礼品礼金51人次，价值3.54万元，主动上交礼品礼金5人次，上交金额2.52万元，人次和礼品金额连续5年大幅下降。

（办公室）

金融·保险·证券

县金融证券工作办公室

县金融证券工作办公室
主　任　郑小华
副主任　邹建新　冯　杰

【概况】 2014年，宁乡县金融证券工作办公室推进金融机构和金融事业的改革创新，创新服务方式，拓宽融资渠道，降低融资成本，防范金融风险，为全县经济快速发展提供坚强的资金保障。

【信贷规模逆势扩张】 2014年宁乡县金融机构实现存款余额399亿元，其中新增74.9亿元，同比增长64%；贷款余额303.2亿元，其中新增89.3亿元，同比增长18.8%，完成目标任务的105%，存贷比达75.99%，新增贷款投向实体经济比重为61.4%。

【组织体系逐步优化】 2014年宁乡县引进浦发银行、华融湘江银行、民生银行、北京银行，新引进注册地在宁乡、注册资本3亿元、中国排名第三的中国风险投资基金，新设立注册资本2亿元的阜湘小额贷款公司，壮大证券、保险等机构，完善和优化金融体系。

【优质企业竞相挂牌上市】 2014年，楚天科技在创业板上市，成为2014年IPO开闸以后首家上市湘企，融资7.3亿元，再以5.5亿元并购新华通，延伸产业链。族兴新材、星城石墨、飞翼股份3家企业在新三板挂牌，3家新三板挂牌企业2014年纳税2816万元。沃尔德、亮之星、太古石化、沩山湘茗茶叶、志荣农科、沩山茶叶、惠元科技、金道云商等8家企业在区域性股权交易所挂牌，企业上市工作走在全省前列，企业直接融资意识和资本运作能力显著提升。

【政府融资渠道拓宽】 2014年，宁乡县政府性融资平台直接融资和间接融资齐头并进，政府平台净增贷款20.7亿元，直接融资39.37亿元，完成目标任务的112.5%。县经开区成功发行12亿元园区债券，县城建投13亿元的城投债已上报国家发改委批准，经开区8亿元的中期票据已上报银行间协会。

【银企对接成效明显】 2014年宁乡县在银企对接过程中创新方式、突出企业主体地位。编辑全县17家金融机构的特色产品小册子发放到企业，全年共举办经开、金洲、金玉、夏铎铺、煤炭坝等10次专场银企对接会，累计对接企业138家，帮助中小微企业达成贷款6.1亿余元，有效解决中小微企业的融资难题。

【金融创新大胆有为】 2014年，宁乡县创新设立全省第一家实体金融超市，为企业提供一条龙、一站式的融资服务。研究出台林权抵押、集体土地上房屋抵押和知识产权质押贷款办法，探索农村土地承包经营权抵押，挖掘新型有效抵押物，激活科技和农村资产30亿元以上，得到省市部门的高度肯定。

【金融环境持续优化】 2014年，宁乡县开展信用村镇创建，先后评选出市级信用乡镇3个，县级信用乡镇15个，县级信用村（社区）215个，创建合格率为68.5%，金融生态基础夯实；开展多种形式的宣传教育，群众风险防范意识逐步提高；清理89家投资公司，整顿虚假广告、超范围经营等行为，金融市场秩序改善。

（王彬晖）

中国人民银行宁乡支行

行长、党组书记　郑　义
副　行　长　周平武
纪检组长兼总稽核　杨新兵

【概况】 2014年，中国人民银行宁乡支行（以下简称人行宁乡支行）贯彻稳健的货币政策，维护辖区金融稳定，提升金融服务水平，强化内部管理和系统自身建设，为地方经济平稳增长做出重要贡献，得到多方肯定与高度评价。先后被宁乡县委、县政府评为2013年度绩效考核先进单位和金融工作先进单位。支行按照稳中求进的信贷总方针，以“抓落实、促发展、推创新、重调研”为工作重点，引导信贷资金投放，服务重点产业县建设。全年，全县各项存款余额为399.06亿元，较年初增加74.95亿元，增长23.13%；全县各项贷款余额为364.21亿元（含通过上级行贷款20.54亿元及表外贷款40.44亿元），较年初增加89.28亿元，增长37.57%；辖内银行实现账面利润9.86亿元，同比增长38%。银行类金融机构的不良贷款率为1.18%，较年初下降0.5%。

【促进信贷总量有效增长】 2014年，人行宁乡支行提升窗口指导效力,研探全县金融运行中存在的问题与不足,落实总行各项政策措施,对辖区各金融机构信贷投放、支农再贷款使用、新型农业经营主体主办行制度、农村“三权”融资创新等加强窗口指导,引导各银行机构把信贷资金更多投向实体经济,加大对“三农”和中小微企业的支持力度。积极争取上级行对宁乡贷款合意规模适度调节,新增贷款投放额度3亿元,有力支持地方经济的发展。加强利率政策管理,一是执行定向降准,先后按总行规定,将县农商行、县农行实际执行的存款准备金率分别由17%、20%下调到15%和18%,释放资金共计3.05亿元,并督促其及时报送相关数据,掌握动态信息;二是执行存贷款利率调整规定,督促辖区金融机构执行利率调整和改革政策,健全利率定价机制,提升自身利率定价能力,降低企业融资成本,维护市场竞争秩序。

【推动信贷结构合理调整】 2014年宁乡县农村金融产品创新出成果,人行宁乡支行组织各涉农金融机构结合自身业务发展状况、宁乡新型农业组织和农村经济发展的实际,推进农村金融产品创新,推出“林权抵押贷款”“农村集体土地上房屋抵押贷款”“农副加工业风险补偿贷款”“供应链订单贷款”和“涉农企业信用共同体贷款”等16个创新贷款品种,贷款余额共计24.52亿元,累计投放贷款金额82.56亿元,受益涉农企业289家,受益农户23.87万户,有力支持农村现代经济模式的跨越发展。农村金融服务创新显成效,在人行宁乡支行支持下,县农商银行助力县域特色经济发展,专门设立农产品加工特色支行,在信贷政策方面对农产品加工项目大力倾斜,优先满足贷款需求,加快贷款审批速度,并给予适当利率优惠。发放专项贷款3.66亿元,新增1.66亿元,支持涉农企业126家。县农行享受差别化存款准备金率下调2%的政策支持,信贷资金使用规模增加1.2亿元,扩大对县域内中小微企业和新型农村经营主体的信贷支持。宁乡邮储银行在煤炭坝镇成立农村贷款咨询服务中心,累计发放农户贷款8900多万元,生猪养殖、茶叶生产贷款9600多万元,农民再就业担保贷款1200多万元。

【提高金融服务实体经济效能】 2014年,人行宁乡支行全面铺开“三权”贷款工作,盘活资金存量。一是林权抵押贷款正式落地。县农商银行发放一笔1200万元的三年期林权抵押贷款,标志着农村“三权”抵押贷款在宁乡县正式破题。二是集体土地上房屋抵押贷款政策出台。人行宁乡支行牵头拟定的《宁乡县集体土地上房屋抵押贷款暂行办法》8月正式行文下发,为全面支持新型城镇化建设和农村产业结构调整,鼓励全县商业银行开展农村房屋抵押贷款业务提供政策支持。全年,全县累计办理农村房屋抵押贷款业务7331笔,抵押面积300万平方米,抵押贷款金额30亿元。三是知识产权质押贷款管理办法正式出台。人行宁乡支行联合有关部门拟定的《宁乡县知识产权质押贷款管理办法》12月正式发文实行,为企业开辟无形资产融资的新渠道,有效盘活信贷资源,破解企业融资困境。积极运用支农再贷款,强化要素保障。人行宁乡支行向上级行积极争取2笔共计1亿元支农再贷款额度,并发放到宁乡沪农商村镇银行,用于加大对县内农副产品加工企业、农村基础设施建设、农民专业合作社、家庭农场和农村种养户等三农经济的信贷投入。开展银企对接,打通融资瓶颈。按照县委县政府指示精神,年初组织举办企业“新三板”上市培训辅导会,邀请全国中小企业股转系统高级经理和方正证券、中国风投等机构负责人为宁乡辖内有实力的中小企业进行“新三板”上市培训辅导,提高辖内中小企业对资本市场的认识,帮助企业实现多形式、多渠道上市,助推辖内企业做大做强。年中,陆续组织开展长沙银行小微金融服务大讲堂,知识产权抵押贷款银企对接会、灰汤银企对接会、中小企业银企对接会、经开区蓝月谷金融超市等多次银企对接活动,极大缓解企业的融资压力,获得企业和政府充分肯定。

【推进金融生态环境建设】 2014年,人行宁乡支行一是开展金融创安工作,按照省级金融安全区的目标和要求,继续做好巩固和提高工作,确保省金融创安办“回头看”考核检查合格。二是创建“信用乡镇”“信用村(社区)”活动取得实效。组织对全县29个乡镇及所属村(社区)131个申报创建、原达标村(社区)进行现场考核验收。三是加强业务指导,完善征信监管。四是开展征信宣传活动,提高社会信用意识。

【反洗钱工作】 2014年,人行宁乡支行继续以“风险为本”的监管理念为指导,推进反洗钱工作。一方面督促各金融机构开展自我评估,促进辖区内金融机构履行反洗钱义务;另一方面加强宣传和培训,组织全辖范围内的金融机构反洗钱培训,开展以警惕洗钱陷阱为主题的宣传活动,不断夯实反洗钱工作基础。

【开展金融综合执法】 2014年,人行宁乡支行一是规范准入审查,按照上级行文件要求,对新引进设立的华融湘江银行、民生银行、北京银行机构的利率报备系统、金融统计信息数据库系统、征信系统进行规范性审查审批。二是严肃行政处罚。对村镇银行9月21日、22日存款准备金账户分别透支1.13万元的行为,处以罚款并执行到位。三是严格行政执法程序。联合检查组对辖内金融业务工作进行检查，及时反馈检查工作信息，全面完成检查工作各项任务，取得良好效果。四是严格监督支农再贷款去向。对村镇银行支农再贷款使用情况按季度实施监督检查，督促其坚持支农惠农利农宗旨，服务现代新型农业的壮大与发展。

【加强现金流通管理，优化货币流通环境】 2014年，人行宁乡支行一是恢复发行库业务，提高辖内流通人民币质量。8月1日发行业务正式恢复，大大降低商业银行押运现金的成本。二是加强辖内人民币流通管理，确保流通秩序。三是加强对金融机构人民币收付业务及反假工作监督管理。

【提升服务质量，改善窗口形象】 2014年，人行宁乡支行强化柜台服务，推出账户管理和征信查询柜员制管理，落实岗位责任，修订业务流程，规范业务行为，合理分流查询业务，全年征信查询未出现差错，工作质量有效提升。开展文明创建，响应县委县政府号召，开展文明创建工作，成立以人行宁乡支行行长为组长的精神文明创建领导小组，制定工作制度和规划，年初组织沩山乡“送温暖”活动以及支持政府危房改造工程，年中组织大型金融宣传活动、创文明城市清扫马路活动、植树造林活动、义务劝导员活动等。在内部开展社会主义核心价值观学习比赛活动、文明餐桌活动等，文明创建工作有声有色。

【落实金融服务理念，推进金融消保工作】 2014年，人行宁乡支行一是做好日常工作。接待来访群众，登记投诉事项，处理投诉情况，维护金融消费者权益。二是组织金融知识宣传。在辖内开展“‘3·15’金融消费者权益日”和“金融知识普及月”系列活动，引导和培育金融消费者的维权意识和自我保护能力。三是及时开展风险提示，编写三期“金融风险提示”，刊载于《今日宁乡》，提升辖内居民金融风险防范意识。

【践行群众路线活动，组织为民服务创新】 2014年，人行宁乡支行按照群众路线教育实践活动要求，创新开展活动。组织辖内银行开展为民服务创新承诺活动，及时督办跟进，推动城区新设3家社区银行，农村地区助农取款点铺设至村，金融机构开展形式多样的服务活动，活动获得宁乡县委领导批示肯定并上报长沙市群众路线教育实践办公室。

【推进办公规范化】 2014年，人行宁乡支行加快办公自动化进程，利用办公邮件系统、OA平台等办公自动化系统，加强系统内部文件传递；及时收发处理办公邮件，提升公文处理效率，稳健运行办公信息管理系统，发挥内联网信息交流和办公平台的作用，加强办公协调。提高信息报送效率。定期向上级行报送信息材料，完善重大事项报告制度，保证报送时效，提高材料质量。全年共报送业务信息、办公信息、内控工作信息60余篇，近30篇被上级行及相关处室、部门采用。强化应急管理组织体系建设。完善应急管理体系，出台应急预案6份，涵盖金融稳定、安全保障、消防、国库等方面，全年组织应急演习2次，有效提升职工安全应急意识与处理应急情况能力。加强保密工作管理。根据上级行精神，指定专人负责，对信息进行规范化、科学化、制度化管理；组织涉密信息检查，整改工作不足；组织保密知识宣传，提高干部职工保密意识和保密能力。推动政务公开与新闻宣传工作。成立党务、行务、政务公开领导小组，制定公开目录，通过在醒目位置摆放展板并定期更新、设置意见箱等方式，公开领导班子分工及履职、民主生活会、支行重大事项决策、重大事项落实、干部学习教育、精神文明创建、组织建设、行业作风建设、责任制落实、反腐倡廉、行员考核等方面的情况，接受群众建言。加强新闻宣传工作，组织编写《宁乡金融动态》月刊，搭建辖内银行信息共享与业务交流平台，提高宣传信息实效性与实用性。

【加强培训，提高素质】 2014年，人行宁乡支行一是合理调整人事安排，将新入行的青年行员分配到会计国库股、业务股、人秘股等人手紧张的股室，合理配置。二是重视青年工作，制定“青年干部培养计划”，组织青年策划活动、撰写信息、承担课题，为青年搭建平台，提供机会，加压鼓劲，督促帮助青年完成工作任务，加快青年适应岗位的进度，打通青年成长通道。三是科学组织培训工作，组织干部职工按时参加长沙中支举办的县支行“每月一课”培训。根据各股室工作需要，组织发行、保卫、会计国库等业务培训与竞赛，鼓励职工加强业务交流，提高专业素质与技能，提升基层央行履职效能。四是开展警示、法制教育活动，组织干部职工学习普法手册，将反邪教、保安全列入日常宣传工作内容，促使干部职工对政治经济形势、内部管理措施保持清醒认识。

【提供基层央行履职保障】 2014年，人行宁乡支行一是推进财务管理工作制度化。出台《宁乡支行会议费、培训费管理实施细则》《宁乡支行公务卡暂行办法》《宁乡支行差旅费管理办法》《宁乡支行公务接待管理办法》，细化工作要求，落实作风建设的有关规定。二是开展节能减排，明确节能减排目标、时间、责任人等，确立级级负责、层层落实的工作格局。三是规范财务核算行为，加强支行财务预算管理，严格经费审批程序，确保财力的有效利用，保障业务正常运转。四是强化内审监察。成立内控管理工作小组，干部职工逐级签订岗位目标责任书、案防责任书、党风廉政建设责任书，并缴纳风险保证金，按季根据责任书内容考核。检查国库部门、要害岗位、风险重点部门、财务情况，整改相关问题，完善操作制度。

【加强后勤工作】 2014年，人行宁乡支行一是强化日常工作后勤保障，针对电力、网络、冰冻、消防等紧急情况制定应急预案，建立应急保障系统，提高应对紧急情况能力。二是贯彻落实“八项规定”要求，建设节约型支行，严格用车派车、车辆加油管理和油耗考核，重点开展降低公务接待开支、降低办公成本等工作；按照上级行要求清退超标准使用的办公用房，清退超标准办公用房300平方米。三是积极开展文明单位创建工作，成立精神文明工作建设领导小组，制定工作制度，全面规划；积极开展活动，鼓励干部职工参加志愿服务，举办“文明餐桌”等系列活动，大兴勤俭节约之风；定期制作展板，对精神文明建设成果进行宣传展示，提升形象。四是大力建设平安支行。成立综合治理领导小组、防范和处理邪教领导小组，建立相关制度和规章，在项目位置悬挂宣传画，定期和重点人员谈心；加强安全防范教育，在重大节假日、各特护期，组织员工进行安全防范教育，举行消防、突发事件应急培训和演练，组织员工参加法律培训和考试；每月对各部门进行安全检查，每半年进行一次案防排查，有效降低违法违规行为发生概率；配合政府相关综治管理部门工作，与县政法委、县法制办、县“610”办、内保大队、玉潭派出所等部门保持紧密联系，减少安全隐患，全年未出现安全事故。

【人行党风廉政建设】 2014年，人行宁乡支行一是积极推进班子建设，强化领导效能。加强党组理论修养，深入学习党的经典理论、中央经济工作会议、全国金融工作会议、党的十八届四中全会和上级行工作会议精神、习近平总书记重要讲话等，结合实际开展讨论，推动班子建设，班子理论水平不断提高。二是推动廉政建设，党组班子遵守廉洁从政有关规定，落实个人重大事项报告、述职述廉等各项制度，以身作则，率先垂范。全年无大操大办婚丧喜庆等事宜，无接受以任何名义赠送的礼金、有价证券、支付凭证、贵重礼品等违规行为。三是大力加强廉政建设，培育廉政文化。四是开展廉政风险防控教育，强化员工案防意识。五是践行群众路线，落实为民服务，开展群众路线教育实践活动，完成学习教育、听取意见，查摆问题、开展批评、整改落实、建章立制各环节任务，召开党员组织生活会，开展党员党性分析和民主评议，将群众路线教育实践活动融入日常党建工作中，促进党员队伍素质提高。

（办公室）

中国工商银行股份有限公司宁乡支行

行　　长 周志新
副 行 长 陈新俐
周德强
张石良
纪检委员兼工会主席
周继红

【概况】 2014年，中国工商银行股份有限公司宁乡支行（以下简称工行宁乡支行）设有综合办公室、公司业务部、个人金融业务部、小企业金融服务中心、信贷管理分中心5个内设机构和营业室、水晶城支行、城西支行、玉潭支行、煤炭坝分理处5个营业网点。截至2014年末，工行宁乡支行各项存款余额20.09亿元，其中：储蓄存款14.13亿元，对公存款5.96亿元；各项贷款余额27.78亿元，其中：个人贷款21.55亿元，公司贷款6.22亿元，小企业贷款1.45亿元。个人贷款中，不良贷款余额为255万元，不良率0.11%；公司贷款中，不良贷款余额2377万元，不良率3.99%；小企业不良贷款余额为0。

【工行综合业务】 2014年，工行宁乡支行发放贷款14.19亿元，净增2.06亿元，为盘活规模，实现信贷资产平移5000万元，实际净增2.06亿元。其中发放中小微型企业贷款1.15亿元，发放公司贷款4.26亿元，发放个人贷款8.78亿元。发放按揭贷款1356笔、3.7亿元。全年，汽车消费分期付款和其他消费分期付款余额7654万元。新增信用卡2575张，新增信用卡授信1.12亿元，年末信用卡透支额度（不包括汽车分期额度）6319万元。全年实现利润8585万元，完成营业税及附加1105万元。

【工作亮点】 2014年，工行宁乡支行参与和组织银企对接等融资服务活动。组织相关人员参与县委、县政府相关部门组织的银、企、政对接活动，并适时主动组织银企对接活动10余次。

（办公室）

中国农业银行股份有限公司宁乡支行

行长、党委书记 黄志光
副　行　长 周卫东
杨　勇
周　晓
唐小杰

【概况】 2014年，中国农业银行股份有限公司宁乡支行（下称农行宁乡支行）内设5个部室：综合管理部、风险管理部、运营财会部、公司业务部、个人金融部，下辖16个营业网点。年末在职员工243人，离退休(含内退)人员5人。至年末，各项存款62.17亿元，比年初净增8.36亿元，其中储蓄存款47.53亿元，比年初净增5.62亿元，对公存款14.64亿元，比年初净增2.73亿元，贷款余额41.97亿元，比年初净增4.99亿万元。存贷总规模、储蓄存款、代理保险、中间业务收入、利润总额、不良贷款防控，居全省农行前列，纳税额位居全县50强。

【明确适应新常态的发展策略】 2014年，农行宁乡支行为适应新常态，适时调整发展策略。以向客户提供优质服务为宗旨，实现共赢为目标，广泛营销客户，产品多样，服务的多元，提升金融服务水平。调整贷款投向，为小微企业融资难破瓶颈，全年新增小微资产客户34户，投放贷款3.1亿元，立足社会使命，拓展三农业务，先后开展民生代理工程、惠农通工程、社保一卡通工程等惠农业务，全年投放三农贷款13.5亿元，涉农贷款居全市第一，获得县政府信贷投放奖。

【业务发展快速推进】 2014年，农行宁乡支行个人金融业务快速发展，储蓄存款净增5.62亿元，个贷净增2.3亿元，电子银行业务、理财业务快速发展，代理高速公路ETC项目，提供高速收费免停车便捷服务。对公业务稳步健康发展。对公存款较净增2.73亿元，存款增量创历史新高。对公贷款净增2.69亿元，存贷比提升17个百分点，对公业务发展速度明显提升。

【农行队伍建设加强】 2014年，农行宁乡支行组织高频次专业技术培训，青年员工做到每周一训，对中年员工开展续航力培训，开展群众路线教育活动，合规文化教育，开展定期谈心，提升员工思想业务素质。重视人文关怀，各网点全部进行升级改造，工作生活条件得到改观。

【渠道建设增强】 2014年，农行宁乡支行对10个网点进行升级改造，加强离行式自助银行建设，增加49台自助设备，其中在4个网点安装6套超级柜台，惠农服务点建设，共完成全县行政村(社区)的“惠农通”签约及布放，覆盖面100%。

【完善考核机制】 2014年，农行宁乡支行强力推行综合绩效考核，把绩效考核作为考核员工的主要方式，制定统一考核模板，定期绩效沟通，按季考核，基本做到按业绩论英雄，打破吃大锅饭、中锅饭现象。全行安全无事故，深入开展“三项治理”和“三化三达标”等活动，明确安防内控责任，做好安全内控工作，全年无刑事治安经济案件，无重大事故。

(周雪峰)

中国建设银行股份有限公司宁乡支行

行　长　万郑伟
副行长　李　扬
　　　　文彦龙
　　　　戴湘华
　　　　何代红

【概况】 2014年，中国建设银行股份有限公司宁乡支行(以下简称建行宁乡支行)在职员工50人，下设3个网点。全年，建行宁乡支行坚持规范、稳健、创新经营。以“万马奔腾 建行贺春”旺季营销活动和“跑马圈地打基础，心无旁骛谋发展”主题营销竞赛活动为契机，围绕业务抓发展，一般性存款余额22.45亿元，比年初负增长1.13亿元。其中公司类存款10.35亿元，比年初负增长2.41亿元，个人储蓄存款12.10亿元，比年初增长1.27亿元。各项信贷余额25.80亿元，比年初增长5.02亿元，其中公司类贷款10.94亿元，比年初增长2.07亿元，个人贷款14.86亿元，比年初增长2.95亿元，不良贷款781.48万元，贷款不良率为0.30%。实现中间业务收入1715万元，利润9274万元，人均创利约182万元，实现43年安全营运无事故。

【建行负债业务】 2014年，建行宁乡支行积极面对同业竞争，全力扭转公司存款下滑被动局面，积极推进个人负债业务发展。认真做好客户维护，实现个人存款稳步增长。一是加强客户维护。支行积极开展“万马奔腾 建行贺春”专项营销活动，在做好一般客户维护的基础上，重点走访中高端客户和潜力客户，与客户建立良好的感情联络，实现客户资金流入。以网点经理、个人客户经理、个人业务顾问、大堂经理关键性岗位为牵头人实行分级管理，盯紧客户，抓牢客户，确保存量客户不流失。二是拓展新客户。通过营销失地农民保险金，开立个人代发账户，带动个人业务的发展。通过“跑马圈地”专项营销活动，积极开展商户营销，增加助农取款布点，为支行基础性中间业务收入和存款业务发展拓宽来源。电子产品作为支行传统优势产品，完成率继续保持领先地位，网银、手机银行等电子产品的同步率和激活率大幅度提高，给个人存款带来一定的常态增长。三是公私业务协同发展。利用公私联动，发展代发工资客户和优质信用卡客户，并做好高端卡、公务卡及信用卡分期业务的营销工作。通过梳理对公信贷客户负责人和股东在支行的资产情况进行精准营销，提高个人产品的覆盖度。

【建行信贷业务】 2014年,建行宁乡支行在存款增长不理想的情况下,积极向上级行争取规模,信贷余额比年初增长5.02亿元,超额完成投放任务。存贷比达121%,比年初提升33.37个百分比。大力支持城镇化建设贷款,成功发放贷款3.3亿元。着力营销园区优质中小企业,尤其是宁乡县国家经济开发区和金洲新区。另加大个贷的投放力度,支持百姓实现安居梦。发放房地产个贷4.14亿元,余额比年初增长2.98亿元。核销240万元个人贷款,确保新发贷款无不良。完成湖南金玉融资担保有限公司1亿元、长沙市农业投资担保有限公司1亿元担保额度授信,解决优质小企业担保瓶颈问题,搭建小企业批量化营销平台。

【建行内控管理】 2014年,建行宁乡支行利用周会和晨会学习相关会计制度、文件,对会计核算和安全内控做到逢会必讲。要求员工总结反思各自在日常工作中是否存在违规行为,形成从我做起,人人按章操作的氛围。在人手少,业务量大的情况下,抓好会计条线的员工培训、岗位轮换、账户年检和问题整改工作,对账率达100%,有效提高核算质量。通过开展"案件风险排查""民间融资风险排查工作"和"员工思想行为排查"等一系列的专项整治活动,强化员工的合规意识,促进各项业务的发展,巩固支行连续43年安全运营的良好局面。

【建行优质服务】 2014年,建行宁乡支行以客户为中心,强调用心服务,突出柜面和大堂,下大功夫对窗口服务调整优化、检查督促和培训提高,争创优质服务文明窗口。一是严格网点环境、服务规范、服务标准、服务设施摆放的规范性、统一性,规范业务标准服务用语、服务流程和产品销售行为。二是通过专题培训、座谈讨论、集中学习、不定期业务操作测试和员工自学等多种形式的培训,着力提高员工的综合素质和岗位执行力,开展"七十七"标准规范培训,做到人人过关。三是通过现场服务质量检查、神秘人检查和调看录像等多种方式,促进网点服务质量和服务水平的提升。四是继续加大电子银行的推广力度,加强对网上银行、手机银行、电话银行,短信转账等电子产品的宣传推广,通过科技手段来分流柜面客户。在全县各乡镇设立助农取款点40多个,延伸服务半径,拓宽涉农服务,最大限度满足农村客户的服务需求。五是把方便快捷的高速ETC业务带进单位、园区、乡镇和小区等,全年免费为客户安装近万台ETC,让群众切实感受建行细致用心的服务。

【建行团队建设】 2014年,建行宁乡支行以改进工作作风、加强廉政建设为切入点,突出"实干兴行"理念。一是抓好班子建设。按照政治素质好、经营业绩好、作风形象好、团结协作好的"四好"班子标准,致力打造坚强领导集体,班子成员身先士卒,吃苦在前,带动员工积极工作,勇于奉献。二是抓好党员队伍建设,发挥基层党组织作用,开展党的群众路线教育实践活动,推行党员示范岗制度,发挥基层党组织在推动业务发展、服务群众、凝聚人心、促进和谐等方面的积极作用。三是抓好员工队伍建设,通过加强员工业务培训和职业道德教育,提高员工队伍素质,提高员工爱岗敬业意识,提高整体服务水平,依靠过硬的业务素质及优质高效的服务留住客户、拓展市场,打造建行服务品牌。四是抓好党风廉政建设,按照上级行党委的统一要求,支行领导班子成员与市分行签订党风廉政建设责任制量化管理责任书,落实责任。深入开展党的群众路线教育实践活动,班子成员结合工作实际,严格按"照镜子、正衣冠、洗洗澡、治治病"的总体要求,聚焦"四风"问题,深入剖析,把准脉搏,找准重点,转作风,扬正气,增强党员干部党性修养、理想信念、宗旨意识。43年来无一案件。在"学习贯彻十八大精神,创建先进支部,争当优秀党员"活动中,建行宁乡支行党支部被评为省建行2014年先进基层党支部。关心关爱员工,共建和谐团队。薪酬分配向一线员工倾斜,发放"八岗位"补贴。统筹资源稳步推进员工食堂改造、建好"职工之家",并开展形式多样的活动,促进员工身心健康。

(办公室)

中国农业发展银行宁乡县支行

行　长　朱健强
副行长　姜　彪

【概况】 2014年,中国农业发展银行宁乡县支行(以下简称农发行宁乡县支行)内部机构设置为办公室、客户业务部、财务会计部。年末在册正式员工19人、聘用员工4人。全年,支行全面完成年初制定的任务目标,各项工作稳中求进,趋势向好。

【业务发展情况】 2014年,农发行宁乡县支行贷款余额16.27亿元,其中:专项储备及收购调销贷款7.93亿元,产业化龙头企业贷款4780万元,农业基础设施及水利平台贷款7.86亿元,存款1.34亿元,中间业务收入52万元,账面利润3686万元。

【完善信贷业务系统】 2014年,农发行宁乡县支行共有三个信贷系统上线,分别是7月金融统计标准化CM2006系统改造项目上线,9月份客户风险统计系统正式上线,11月份中央储备银企直联系统正式开通。金融统计标准化CM2006系统改造项目具体内容主要为新增或修改28项系统标识，其中包括央行要求的13项统计指标，同时，该项目还整合业务部门从管理需要提出的15项统计标识。主要任务是配合营业部完成信贷户客户档案、项目基本情况台账、贷款合同业务附属信息等按数据补录方案完成数据补录工作。

【开展“十看十查”】 2014年，农发行宁乡县支行根据打假治贪“十看十查”信贷基础工作剖析视频会议等精神和要求，及时开会将各项工作分解到各个部门，要求主管支行行长和各部门主管督促落实，各部门在业务工作会议将各项工作分解到各责任人，要求每个责任人对照方案和视频内容逐条逐项自查，同时要求业务部室成立自查小组，要求所有业务人员参与，边自查、边学习、边整改、边总结。支行对2014年6月30日有贷款余额客户，从2013年1月1日至2014年6月30日期间所发生的信贷业务进行自查。至2014年6月30日支行有贷款余额的客户11家(除仅有政策性挂账贷款)，共计贷款额18.42亿元，其中:政策指令性贷款7.83亿元，政策指导性贷款10.04亿元，商业性贷款5480万元。自查内容根据《关于印发〈中国农业发展行湖南省分行县级支行信贷财会基础工作检查暂行办法〉的通知》湘农发银发〔2014〕101号文件，包含客户评级授信、贷款受理调查、贷款担保、贷款发放、支付使用、贷后监管、销售货款归行、收贷收息、不良贷款管理、信贷资产分类、信贷档案管理、贷款风险控制等环节。9月末支行收到营业部活动办《关于对十假十贪问题重新彻查的通知》后，主管领导集中专门力量对支行具体问题进行复查，最终结论是支行在8月份上报自查假结零问题2个，无其他“十假十贪”问题。

【履行农发行职能】 2014年，农发行宁乡县支行贯彻落实党中央、国务院的政策要求，着力支持农业和粮食生产，加强政策性收购导向，按时完成粮食增储和临时储存计划，及时供给中央储备粮宁乡直属库收购资金，根据中储粮湘联〔2014〕101号文件从望城分库划入稻谷6536万千克、划入临储玉米1395万千克，划转贷款1.84亿元。抓好政策指导性粮食收购资金供应与管理工作。一是执行政策，掌握粮食收购的新动向，支持具备收储资格的大型粮食产业化龙头企业和对地方粮食市场有较大影响的骨干粮食加工企业收购粮食。形成以政策性粮食收购为主导，以加工龙头企业为补充的多渠道收购格局。二是把握收购价格。在收购过程中，深入调查研究，掌握第一手资料，做到早调查、早分析、早预测、早安排。三是加强监管，严格按封闭管理的要求实施信贷监管。

【支持农业基础设施建设】 2014年，农发行宁乡县支行坚持农业政策性银行的办行方向，履行农业政策性支农职能，加强银政企项目对接，抓住国家加快水利改革发展的重大机遇，把支持水利建设作为信贷支持的主攻方向，拓展业务发展空间，开创发展速度快、资产质量高、经营效益好的格局，为宁乡县新农村建设做出新的贡献。对宁乡经济技术开发区建设投资有限公司投放1.3亿元中长期贷款，用于新民垸综合整治工程项目。农村基础设施建设中长期贷款余额7.86亿元。

【建设文明窗口】 柜台是银行工作的“窗口”，服务质量的优劣直接关系到银行形象，影响各项业务的正常开展。2014年，农发行宁乡县支行为了便利客户，按照规范指引安排点钞机、老花镜、钢笔雨伞等便民物品。坚持定期卫生扫除，窗口内外环境整洁有序。在工作中，会计出纳人员把自己比作一面镜子，通过自己的勤奋工作和优质服务，擦亮支行“窗口”。会计出纳人员牢记政策性银行的宗旨，树立岗位竞争优质服务观念。工作时，临柜人员既是服务员，又是宣传员、讲解员，遇到对业务不懂或者是对流程不解的企业人员，临柜人员耐心讲解。通过宣传和实际运作，使客户理解政策，适应管理。随着建设文明窗口工作的深入，支行会计前台服务水平也随之提升，对外对内都树立良好的服务窗口形象。

【学习教育】 2014年，农发行宁乡县支行按照省分行营业部教育实践活动领导小组要求，成立以党支部书记任组长的党的群众路线教育实践活动领导小组，研究制定实施方案。按照规定动作不打折、自主动作有特色的原则和要求，研究制定《深入开展党的群众路线教育实践活动实施方案》，明确活动开展的指导思想、总体要求、方法步骤和各环节主要任务，将教育实践活动与支行内部管理工作紧密结合起来。广泛发动营造活动氛围。活动开展以后，在党员队伍和领导班子中存在的“四风”问题得到整改落实。

(办公室)

中国银行股份有限公司宁乡县支行

行　长 董宇辉
副行长 叶　子
　　　　武次冰

【概况】 2014年，中国银行股份有限公司宁乡县支行(以下简称中行宁乡县支行按照“建设最好银行”的战略部署，贯彻执行省行内生动力机制要求，坚持以经营效益为中心，以“三个达标”为抓手，以内控合规为保障，顺应当地经济发展趋势，发展各项业务。结合党的群众路线教育实践活动，坚持以人为本，加强自身建设，各项工作取得较好的成绩。

【中行业绩】 2014年，中行宁乡县支行本外币各项存款余额22.68亿元(不含表外理财)，较年初增长5.77亿元。其中，人民币公司存款余额11.56亿元，较年初增长3.42亿元，完成省行时点计划的109%，排名全辖第四；人民币储蓄存款余额11.11亿元，较年初增长2.34亿元，完成省行时点计划的101.34%，排名全辖第四；人民币金融机构存款余额152万元，较年初新增145万元。人民币各项贷款余额23.8亿元，较年初增长7.3亿元。其中，人民币公司贷款较年初增长2.9亿元、票据贴现较年初增长0.37亿元、表外贷款余额较年初增长2亿元，均超额完成省行时点计划；个人贷款(含信用卡分期和透支)余额较年初增长2.05亿元，完成省行时点计划的133%。实现业务净收入1.02亿元，同比增长1836万元，增幅21.88%。其中，净利息收入7953万元，中间业务收入2239万元。实现拨备前利润7008万元，实现税后净利润2800万元。在省行三季度的绩效考核中，排名小组第二。其中，税后利润、拨备前利润、人均利润、对私客户存款进步率分别为34.9%、25.8%、40.6%、14.9%，排名小组第一；对公客户存款、对私客户存款时点计划完成率分别为92%、105%，排名小组第一。

【中行工作措施及成效】 2014年，中行宁乡县支行创新工作思路，把握市场机遇，力促业务快速发展。精心谋划，重点出击，进一步扩大存款规模。近两年来宁乡县金融机构数量的不断增加，自2014“开门红”春季营销以后，面临前所未有的压力，在同行竞争白热化的形势下，中行宁乡县支行在落实“储备方案”的同时，随着形势的变化不断调整布局，及时改变工作思路，主动营销，存款规模不减反增，并创历史新高。在公司存款方面，领导亲自带队，狠抓行政事业存款，统一布局，对重点客户分网点进行重点维护。其中，营业部通过营销县财政局、县金洲新区管委会、县消防大队、宁乡一中，增加存款1.4亿元。八一路支行通过营销县地质沉陷办、县中医医院和县房屋产权管理局，增加存款5200万元。东沩路支行通过营销县征地拆迁所、红宇耐磨公司，增加存款6200万元。东站支行通过营销县财政局、县社保局、县重点办和流沙河财政所，增加存款9529万元。其次，以授信业务为依托，通过贷存比监控要求落实关键时点存款，通过对加加集团、长沙中国(水务)有限公司、海纳新材料公司、县中医医院和中小企业客户的营销和管控，增加存款6777万元。再次，利用产品和服务增存款，通过为县金洲新城叙做投融通，为东鑫环保、松井新材料叙做表外理财和票据转换通，为加加食品销售公司提供现金平台管理等服务，新增存款2.5亿元，尤其是加加食品日均余额较年初新增5060万元。坚持“个金业务全员做”的方针，结合“三个达标”，以个人存款为主线，以产品下沉为突破口，以服务提升为助力，做好全员营销工作。明确将代发薪、理财产品和中高端客户拓展作为重点，有效促进储蓄存款、借记卡和相关个金产品的发展。在支行激励机制到位，后勤配套支持充足的情况下，各网点纷纷主动深入社区和农村，员工中涌现大批“揽存明星”。个金业务在全辖“开门红”活动中取得综合排名第四的好成绩。其中人民币储蓄存款净增2.93亿元，全辖排名第三；外币存款全辖排名第二。中行宁乡县支行荣获省行颁发的“最满意机构奖”“最满意小组奖”和“最满意管理奖”。采取“走出去”营销战略，扩大贷款规模，优化资产结构。各项贷款余额20.54亿元，在县内金融机构排名第五位，较年初新增5.55亿元，排名县内金融机构第四位，占比县内贷款新增市场份额的10%。在公司贷款方面，上门营销、主动出击。在宁乡县域内各个突破，还赴长沙星沙区、武汉主动营销，如康程公司、康师傅集团等，扩大市场影响力。细分市场，准确定位，加强管理，控制风险，贷款投放大型企业、医院、学校、园区等低风险的优良客户，如：加加食品投放5380万元、族兴新材料1000万元、宁乡中医医院1000万元。上下联动，全面拓展。对规模大、要求高的重点优良客户由公司部直接牵头发起，而对于中小客户则实现网点下沉，上下联动，精兵攻坚。个贷方面，积极拼抢同业市场，争取创造更多的收益，按照住房按揭、个投、卡分期、车位分期等种类进行业务种类任务分配，并结合各个网点周边环境特征，实行“一行一策”的方案，统筹资源分配。在队伍建设上，不仅对客户经理制定考核机制，还鼓励其他岗位的员工学习个贷业务，全员配合，提高工作效率，个人贷款(含信用卡分期和透支)余额较年初增长1.98亿元，完成省行时点计划的121.37%。夯实客户基础，拓展市场范围，提升营销能力。支行上半年重点针对客户情况进行详细梳理，建立大公司项目库、代发薪企业项目库，并组织网点进行认领，支行行领导经常性下到网点支帮促，多次参与网点重点项目营销，指导网点创新营销方法，加强客户联系。个人客户方面，明确以公交IC卡、社会保障卡、农村金融服务、银医服务项目为客户拓展主要渠道，加大代发薪的营销力度，拓展个人基础客户来源。涉农惠富通装机数116台，完成全年目标的429.63%，全省排名第一。乡镇惠富通覆盖率100%，装机数3台以上的乡镇27个，占比84.38%。公交IC卡应用装机54台全部完成，与县中医医院的银医项目进入投产阶段，社会保障卡项目确定发卡5.42万张。公司客户账户总数1524户，其中，有效账户数较年初净增202户，超过全年任务15户，特别是基本户较年初净增156户。2014年，支行主要落实“早、实、优”：“早”指业务启动时间较早，早在2013年年底前，召开两次客户储备会议，详细制定客户营销目标和方针；“实”指将账户拓展工作找准源头，落到实处。一是积极与宁乡县工商局验资分局进行衔接，二是和会计师事务所等机构进行资源共享，拓展账户；“优”指优质的服务，通过定期联系、上门营销等方式获得一手信息和资料。

【传导内生动力机制，推进“三个达标”，带动网点发展】 2014年，中行宁乡县支行加强组织学习，灌输经营意识，学会精打细算。内生动力机制是省分行管理理念的一次重大变革，“三个达标”是省分行确立2014年为“机构达标年”的主要内容，在省行传导内生动力机制和“三个达标”等一系列政策后，中行宁乡县支行组织学习和研究，召开多次中层干部会和员工大会强调学习。内生动力机制在二级分行层面的实施，带来新的压力和挑战，要求自求平衡，主动发展，不再以完成省分行任务为单一目标，而需支行积极参与市场竞争，算好账，提高专业度，实现业务长稳发展。制定“一行一策”实施方案，梳理研究，重点突破。在公司达标方面，支行制定《宁乡县支行网点达标实施方案及目标》《宁乡支行公司条线业务结构达标推动方案》和《宁乡支行网点公司业务结构达标一行一策》，在方案中针对4个网点不同的客户基础和市场环境，一行一策确定各网点公司业务的拓展产品和目标，支行就网点公司业务结构达标出台相关的激励约束机制，如打破市场费用定额分配机制，将网点市场费用与网点价值贡献、日均存款指标挂钩。在不同时期分别制定公司业务阶段性推动方案，如《宁乡县支行公司板块2014年“开门红”竞赛活动方案》《宁乡支行2014年上半年公司存款激励方案》和《宁乡支行2014年对公产品营销“百日竞赛”》，通过阶段性竞赛方案推动网点业务结构达标工作的进展。在个金达标方面，年初由个金部牵头，各网点根据自身实际情况制定个金业务“三个达标”一行一策实施方案，以一行一策实施方案为抓手，切实提升个金产品覆盖率。支行领导和个金部每月到每个网点，和网点一起对个人业务结构达标数据进行分析，指出业务结构达标存在的不足，分析产品完成不理想的原因，寻找解决问题的办法。经过每个月坚持不懈的督促和业务辅导，员工营销意识普遍增强，营销技巧得以提高。网点之间也能互相学习，取长补短。中行宁乡县支行取得个金业务产品覆盖率进步率全省第一、产品业务结构达标率全省第二的好成绩。在贵金属展会中，支行销售贵金属124万元，获得单场销售全省第一的佳绩，贵金属已提前超额完成达标目标。在“赢在大堂”第一、第二季竞赛活动中，支行4个营业网点大堂经理均获得“卓越奖”，获奖率100%，是全省连续获奖的两家支行之一。在服务达标方面，支行组织进行网点服务环境的调整和提升，制定支行和网点服务考核方案，定期开展服务专项检查等措施来提升服务质量。

【加强内控管理，落实安全保卫】 2014年，中行宁乡县支行整章建制，加强监督，深化员工合规意识，全面加强内控检查和问责力度，齐抓共管，强基固本，致力提升内控管理水平。一是加强网点负责人、内控副职履职管理工作。每月支行专门组织网点内控副职召开专题会议，发现、整改问题，提出合理性建议。二是落实内控合规教育工作。综合管理部多次组织员工开展合规教育培训工作，如组织柜员合规操作教育活动视频培训，通过观看柜员合规操作动漫视频，让每一位员工对比自查，深刻反思，并引以为戒。三是制定专项管理办法，严格落实。结合省行内控合规相关管理办法，综合管理部制定《宁乡支行内控违规处罚办法》，对员工各项违规行为制定详细处罚措施，通过现场和非现场、定期和不定期等检查方式发现问题，并指定专人进行严格落实。合理组织，有序推动，确保安全运营，重视安全保卫及“平安中行”创建工作，成立以支行行长为组长，主管安全保卫工作的副行长为副组长，各部门、营业网点负责人为成员的安全保卫及“平安中行”创建工作领导小组，为支行安全保卫及平安创建工作的开展提供坚强的组织和领导保证。组织员工进行网点营业安全培训和消防安全培训，布置工作目标、措施，部署节假日安全保卫工作，安排“元旦”“春节”“五一”节假日期间的安全大排查和行政值班制度，消除各类安全隐患，督促网点落实周例会、日晨会的防案学习。全年支行没有发生各类案件。

【中行自身建设】 2014年，中行宁乡县支行转变工作作风，统一思想，上下联动。自党的群众路线教育实践活动开展以后，紧扣为民务实清廉主题，围绕“内生动力机制”“三个达标”“做最好银行”的工作重心，有序地推进教育实践活动。按照要求，开展学习讨论会、民主生活会、青年员工座谈会等，征求意见、整改落实，转变领导干部工作作风，统一员工思想认识，增强部门网点上下联动，传播正能量，浓厚支行积极向上的工作氛围。优化人员配置，发挥部门职能，充实网点力量。加快实现网点“三个达标”转型目标，发挥部门职能，培养专业人才队伍，坚持“公正、公开、透明”，中层干部竞聘、员工双向选择，进行人员选拔和调整，部门正副职岗位轮换比率为89%，网点负责人轮换比率为75%，部门网点人员岗位轮换调整50%以上。新提拔中层干部6名，其中年轻干部4名。加强制度建设，规范过程管理。制定一系列考核管理办法，制定机关部门绩效考核办法、网点机构绩效考核办法、内控合规考核管理办法、安全保卫工作管理办法、优质文明服务考核管理办法，加强管理和考核，确保内控合规、保卫安全。加强人文关怀，鼓励内外宣传，活跃企业文化。组织员工开展个金、公司业务讨论沙龙、“三八节”户外郊游、“建党节”参观刘少奇故居、“重阳节”退休员工座谈会等活动。在内外宣传方面，支行员工在省行内网、《湖南省分行每日工作简报》、省行《党建园地》、总行《党建通讯》、人民银行宁乡支行《宁乡金融动态》等内外刊物上发表文章，建设宁乡支行企业文化，提升中行品牌形象。

（办公室）

长沙银行宁乡支行

行　长　孙彬彬
副行长　高　尚(8月另任)
　　　　　周　德

【概况】 2014年，长沙银行股份有限公司宁乡支行(以下简称长沙银行宁乡支行)在职员工59人，下设3个营业网点，4家自助银行，3家社区支行。全年长沙银行宁乡支行践行“稳中求进”的工作总基调，贯彻“一稳四进八强化”的工作思路，实现在规模效益稳步增长、风险可控基础上的战略转型纵深推进，综合实力、发展素质和核心竞争能力迈上新的台阶，较好地完成各项工作目标，支持县域经济社会发展。全年，各项存款余额33.22亿元，其中个人储蓄存款8.41亿元，公司类存款24.81亿元。各项贷款余额15.11亿元，其中公司类贷款10.41亿元，零售类贷款4.7亿元，实现营业利润近1.6亿元。被县委县政府评为2014年度金融工作先进单位。

【业务稳步拓展】 2014年，长沙银行宁乡支行抓住存贷基础业务不放松，以重点业务为突破口，各项业务工作齐头并进。一是储蓄存款稳步增长，惠民活动缤纷多样。有计划、有目标、分阶段地推出“金口常开”网点转型、ETC业务推广、“米多多、喜羊羊”等一系列存款惠民活动，让一线员工转变观念，主动营销；让储户享受更多理财实惠，推动储蓄存款的自然增长。二是全面对接政务，支持民生建设。促成与政务单位、重点项目的合作，以竞争力产品和优质服务获得项目资金留存；同时支行拓宽审批渠道，支持三农、水利、交通、基础设施项目建设，全年新增发放政务类贷款5亿元。坚持“服务地方、服务中小、服务三农”的授信原则，支持全县基础设施和民生项目建设，加快新型城镇化进程。三是助力中小企业成长，特色金融新突破，与宁乡汽车贸易协会、宁乡青年企业家商会、老粮仓珠宝产业园、双凫铺鞋业园等联合举行十余场银企对接会，年底成功参与主办宁乡县小微金融大讲堂活动，通过产品推介、案例讲解、现场答疑、银企洽谈等方式，加强与小微企业的沟通合作，累计为近500家中小微企业提供全方位金融服务和专业化、个性化、差异化的资金解决方案。针对成长型中小企业，推广风补基金、转支卡、融易通卡、POS贷等特色产品，实现银企之间的深度对接，逐步在经开区、金洲、金玉、夏铎铺等工业园区和县域各大市场、商圈、商会形成合作共赢关系。11月，成立宁乡金洲科技支行，为园区企业打造专业专营服务平台。中小微贷款余额10亿元，占表内贷款(含贴现)的62%。

【网点加快转型】 2014年，长沙银行宁乡支行一是提升优质服务水平。以年初“服务标准化流程导入”活动为伊始，吹响网点服务转型提质的号角；结合季度优服竞赛活动，由主管支行行长、优服专干每周对下辖网点进行优服巡查，通过现场检查、调阅监控的方法，对优服情况进行通报和整改，推动优服工作考核常态化；开展大堂服务调研活动，组织中层干部参与大堂服务，增进与客户的沟通交流，深入对一线服务工作的了解体会，定期回复客户投诉及留言，解决服务工作中存在的不足和困难。二是提高业务技能水平。延续“业务大提升”活动，每月组织各业务条线进行理论测试，每周组织一线柜员进行技能比赛，形成你追我赶的竞争意识和浓厚的学习氛围。三是优化网点布局。开展网点转型建设工作，本部3000平方米新址进入装修阶段，为客户提供舒适、现代化的服务环境。支行成立楚沩社区、喻家坳乡、花明楼镇3家社区银行，推动深入本土、服务乡镇的战略性部署。有人驻点的社区银行模式，不仅把社区银行打造成为县域居民吃、住、行的便利生活平台，更让金融产品和服务走进社区，把特色业务和融资支撑送进偏远乡镇，实现金融支持下沉的突破，满足社区、乡镇居民和企业的金融需求。为广大客户提供快捷便利的金融服务，得到一致好评。

【严抓内控案防】 2014年，长沙银行宁乡支行围绕业务发展，加强内部管理，控制和化解贷款风险，提高信贷资产质量，优化资产结构。一是开展专项自查整改。每季度组织对各条线业务进行全面自查，并定期配合上级行的专项检查，每月组织召开贷后分析会议并形成详尽报告，对发现的问题逐一落实、整改和回复。重视员工职业操守和案防情况排查，对人员异常情况及时发现和引导，杜绝案件风险。二是规范信贷管理基础。组织客户经理完善封包、信贷档案、贷后管理等系列工作，对照上级行的集中整理归档标准督促落实。严格办贷程序，将贷款资料的完整性、规范性和贷款办理的时效性、合规性纳入考核。三是做好到逾期贷款监测控制工作。逐户逐笔监测，督促管户经理落实责任，加强监管。每月初公布当月到期贷款、每季组织召开支行的贷后管理会议，督促客户经理完成纸质贷后检查记录。

【坚守安全保卫】 2014年，长沙银行宁乡支行一是各类台账齐全。保卫专干做到各类台账完整并及时更新，相关工作和文件的学习、传达到位，确保支行及客户人身财产的安全。二是落实责任制度。按照相关部门要求，年初组织全体员工签订安全生产责任状、消防安全责任书，要求柜员做到“三提示一护送”工作，提高员工安全防范意识，定期对员工进行风险警示教育。三是培训演习到位。组织全体员工进行防抢、消防实地演练，让每位员工认识风险，了解风险，防范风险，全年实现安全无事故。在县公安局金融机构年度安全评估检查中，长沙银行宁乡支行安保工作位居全县前列，受到各级领导的肯定。

（办公室）

湖南宁乡农村商业银行股份有限公司

董事长、党委书记 卢国军
行长、副书记 彭滨
监事长、纪委书记 欧志坚
副行长 李泽义
副行长、工会主席 黄灵芝

【概况】 2014年，湖南宁乡农村商业银行股份有限公司（以下简称“宁乡农商银行”）坚持以党的十八大和十八届三中全会精神为指引，认真落实省联社工作部署，围绕全行“新三年”发展规划，深入开展党的群众路线教育实践活动，深化机制改革，加快经营转型，紧扣创新主线，致力价值创造，提质加速，进一步推动全行各项工作又好又快发展。截至12月末，全行各项存款余额146.59亿元，较年初净增24.69亿元，增长20.25%；贷款余额100.61亿元，较年初净放19.83亿元。存、贷款规模稳居县域金融机构榜首，分别占全县市场份额的36.73%和33.18%；全年缴纳税收1.3亿元。年内，荣获省档案工作规范化管理一级单位等3项省级荣誉、市内部审计工作先进集体、市级青年文明号等10项市级荣誉、24项县级荣誉。联合宁乡县关工委共同举办“农商情·爱在深秋”关爱失亲少儿公益活动，现场对103名失亲少儿进行捐助，对老粮仓敬老院捐资援建，为沩山联校筹建国家级少年宫和月山小学校舍改造积极捐款，冠名宁乡县“农商银行”杯青年创业大赛等活动。同时，在2014年宁乡县政风行风评议工作中，宁乡农商银行获得服务行业第一名，同时也是全县参评单位中分数最高的一家。

【信贷投放呈现新特色】 2014年，宁乡农商银行信贷投放呈现新特色。第一，立足“三农”，践行普惠金融。年内重点支持粮食、烟叶、茶叶生产、药材基地、花卉林木、规模化养殖业及农产品加工业，累计发放涉农贷款113.57亿元。存量涉农贷款98.87亿元，占全行贷款总额的98.27%。第二，立足“小微”，积极支持实体经济发展。坚定市场定位，积极拓展中小微企业支持面。年末，全行中小微企业客户涵盖各乡镇集市、专业性市场，以及金玉工业园、经开区、金洲新区等“三区五园”，对全县工商登记在册的715家小微企业、1696家个体企业和695家规模种养大户进行评级授信，占全县总数的66%。截止2014年末，全行中小微企业存量贷款41.17亿元，占贷款总额的40.92%，较年初增加11.11亿元，增幅36.96%，高于贷款平均增速12.41个百分点。第三，立足新型城镇化建设，力促特色县域发展。多次参与宁乡县新引进项目对接服务、银企座谈会、长沙市重大现代农业项目等活动，与县域多家优质企业、150余家农业专业合作社签约并达成合作意向。同时，主动出击，优化服务，大力支持全县中心城镇建设，对灰汤、流沙河、花明楼、沩山四个中心城(镇)共发放基础设施建设贷款2.5亿元。

【金融创新迈出新步伐】 2014年,宁乡农商银行金融创新迈出新步伐。第一,优化分类管理。在充分总结全省首家农产品加工专业支行经验基础上,新设新康支行,专注城区消费需求特色发展。到年末,宁乡农商银行已按照支行地域特色设立商贸、小微企业、农产品加工、消费等专业支行,引入绩效考核、奖先评优等多方面的正向激励机制,提高信贷人员营销贷款的积极性。第二,创新服务品种。细分信贷市场客户,量身定做服务产品。先后推出“订单贷”“基金担保贷”“圆融通”“税融通”等20余种信贷产品;推出林权抵押贷款和开办房屋按揭贷款,有效解决农商户抵(质)押物不足的难题,全年发放林权抵押贷款1300万元、房屋按揭贷款1792万元。第三,拓宽服务渠道。2014年新增福祥缴费通、公务卡、金融IC卡、贴片卡手机银行、理财POS等新业务,积极对接社保IC卡业务,致力打造方便快捷的电子银行服务体系。其中农电代扣代缴业务开办全市第一,理财POS机具开通上线是全省农信第一家。同时,宁乡农商银行在全省首家推出“便民金融服务点”,突破助农取款服务点不能存款和现金缴费等业务的瓶颈,将便民金融服务终端布放在社区、村组、特约商户店铺,方便广大群众。到年末,有南田坪乡停钟村、双凫铺麦田村等55家服务点正式营业,广受当地村民青睐;这项工作得到省银监局的高度首肯,并通过监管信息向全省金融机构推广。

【风险管控优中求进】 2014年,宁乡农商银行风险管控优中求进。第一,抓实试点工作。全年全行依托长沙市联社信用风险管理系统启动信贷业务产品线管理,实行信贷业务风险预警管理。全行资产结构逐步优化、质量进一步提升,操作风险、信用风险等各类风险状况明显下降,员工的合规意识、风险意识明显增强。9月16日,全省农村信用社全面风险管理长效机制建设推广动员会议在宁乡召开,充分肯定宁乡农商银行试点工作的阶段性成果和为全省农信系统推广开路示范作用。第二,强化稽核监督。实行稽核包片责任制,制定和完善《稽核岗位责任及考核办法》《员工违规处理办法(试行)》等制度办法,建立稽核检查台账,完善信息报告制度,规范工作流程、细化稽核审计内容,查漏补缺纠偏纠错,严厉打击违规行为。2014年,全行共开展案件专项治理检查、决算真实性检查、支行整体移位稽核等25项现场与非现场检查,网点检查覆盖率达100%。第三,加大安保力度。在全省金融机构中率先为ATM、CRS自助设备安装安全防护舱,有效防范抢劫案件的发生,有效保障储户存取款时的人身和资金安全。同时获得省市县公安部门高度认可。

【商行队伍素质持续提升】 2014年,宁乡农商银行不断提升队伍素质。第一,深入开展群众路线教育实践活动。全年全行积极贯彻落实中央和省委的部署,深入推进党的群众路线教育实践活动。紧扣“为民务实清廉”主题,贯彻落实“照镜子、正衣冠、洗洗澡、治治病”的总要求,积极开展三个环节的各项工作,工作作风明显改进。第二,阳光竞聘充实城区员工队伍。力推“赛场竞马”,通过笔试、面试、考核等手段,公开选拔16名优秀青年人才充实到机关和城区网点,并组织开展柜员、客户经理资格考试,以考促学,有效提升员工专业技能和服务态度。特别是东湖塘支行有4名员工通过公开竞聘进入城区工作。第三,企业文化建设效果明显。积极开展篮球、马拉松、乒乓球比赛等文体活动,缓解员工工作压力,搭建全员展示才艺、展现风貌的舞台;运用拓展训练、交流学习、职业素养培训等活动,引导员工深化全员大局意识、责任意识、服务意识,全员创新精神、奉献精神、团队精神明显增强。

(办公室)

中国人民财产保险股份有限公司宁乡支公司

经　理　刘　芳(女)
副经理　陈志刚
　　　　　王　滔

【概况】 2014年是中国人民财产保险股份有限公司宁乡支公司(以下简称人保财险宁乡支公司)振兴腾飞,实现质的飞跃的关键一年,也是树立形象、打响公司品牌的关键一年,更是公司面临重重压力、攻坚克难的非凡一年。经过全体员工的共同努力,较好地完成了上级下达的任务指标。截至12月底,全年实收保费6668万元,比上年增长23.11%,完成全年任务的102.58%,赔付率54.86%,上缴税收820.35万元。

【规范经营保险工作】 2014年,人保财险宁乡支公司一是建立健全各项制度。初步形成一套完整的管理制度,使整个客服工作和人的行为均在制度的管控范围之内,做到有法可依,有章可循。二是完善考核机制。随着保险竞争越来越激烈,面对的新形势、新体制、新模式、新战略,公司在管理上全面提升水平,在竞争中发展,在竞争中前进。除了继续巩固和采用过去行之有效的办法外,还按照上级公司有关规定引进和采用科学管理体系,出台一系列管理规章制度、考核办法。

【开拓保险市场】 2014年,人保

财险宁乡支公司一是层层落实任务指标。年初针对县域保险市场变化及全年保费收入情况进行综合分析，将上级公司下达的各项指标进行层层分解，把计划分解成月计划，月月盘点、月月落实，有效保证对计划落实情况及时进行监控和调整。在制定全年任务时充分考虑险种结构优化和业务承保质量，进一步明确考核办法。二是加大市场拓展力度。把稳固车险拓展新车市场和非车险市场作为业务工作的重中之重，在抓业务数量的基础上，继续保证业务的优质性。与地方政府有关部门建立联系网络、与汽车销售商建立友好合作关系，通过收集的信息，对潜在的新业务、新市场做到心中有数，主动把握市场，消除因竞争等客观原因带来的业务不稳定因素。三是积极参与竞争。面对外部竞争所带来的业务压力，始终保持沉着冷静，客观面对现实情况，主动寻求对策，与竞争对手展开品牌战、服务战。通过调整业务发展方向，向中小企业提供保险保障，对中小企业必须上门拜访，深入老客户企业，在客户企业中聘请信息员、联络员；对所有新保客户必须当面解释条款并承诺服务项目，与企业进行不断的联络，实行零距离接触，只要客户需要必须随叫随到，提供各方面服务。四是开展劳动竞赛。根据上级公司有关竞赛要求，积极配合开展劳动竞赛活动，并自行组织家财险、货运险、驾意险等竞赛活动，从而营造一种健康活泼、你追我赶、团结奋进的业务发展氛围。特别是在3月，顶住家财险滑坡和年末保源少的劣势情况，合理分解目标，层层落实，自加压力，跑企事业单位，跑个人家庭，一笔笔、一份份，最终以良好的成绩超额完成市公司下达的任务。五是开展新的业务源农业保险，新的农险承保政策一出台，与政府签约承保，经过共同努力，宁乡人保走入了农业保险市场，办理烤烟保险，2014年共收取保费265万余元。

【做好保险服务】 为广大人民群众服务是保险业发展的根本目的，不断满足人民群众的保险需求是保险工作的出发点和归宿。服务是保险企业的宗旨，是客服中心工作的核心内容。2014年，人保财险宁乡支公司在对客户服务上力争做到主动、迅速、合理、简捷、周到，急客户之所急、想客户之所想，做到该赔的一定赔到位，不该赔的决不滥赔，不该赔的也力争让客户满意。一是转变服务观念，办活保险服务。为使保户满意，进一步推出了"承诺服务"和"限时服务"，实行公司权限以内赔案当天赔付，超公司上报审批案件10天赔付。承诺服务制度的建立，使接收的个理赔案件，都有效落实在承诺服务时间之内，平均结案速度提前了5天左右，受到保户的好评。二是转变工作作风，提高工作效率。简化办事程序，将所有工序集中营业大厅，并在营业厅各窗口设明显标志，配大堂经理，引导客户高效办理全部手续。同时实行办理业务限时制，每笔业务办理最长不超6分钟，为客户提供方便快捷的服务。实行大案、疑案跟踪制度，主动为客户到交警部门协助处理事故，为客户提供保险职责以外的服务，给客户提供方便；在事故车辆修理上，实行现场定损，一次性结案。三是树立保险形象，打造人保品牌。下发《营业人员服务规范和管理规定》，制定一系列文明服务、廉政服务的规范措施。广泛开展礼仪服务、文明用语、服务忌语和挂牌服务、持证展业等活动，并对着装、仪表、环境卫生、内务做详细的标准规定，使全司的环境建设和人员的精神面貌焕然一新，为保户创造舒适的投保环境。

【提高保险队伍素质】 2014年，人保财险宁乡支公司一是加强思想教育。把对党员干部的思想教育放在工作的首位，做到学习有制度、有计划、有记录、有交流。通过学习，进一步端正和提高思想和认识，增强政治敏锐性。注重加强党风政风的建设，定期召开民主生活会，倡导建立民主、团结、积极、向上的干部队伍。二是大力引进人才。公司能不能开展好业务，人是最关键的因素。公司十分重视对人才的选拔，招聘和使用。打破用人界限，实际中以事业留人，以感情留人，以待遇留人。采取现招现用、培训提高和人才储备的办法，通过各种渠道，广泛招聘和吸纳理赔人才，从保险同业和应届大学毕业生中优中选优，一批充满活力、热爱保险事业的年轻人走进财产保险的行列，保证短期和中长期的人力资源。三是加强人员培训。通过多种形式培养和使用现有人才，鼓励员工自学成才，提高全体员工的专业水平和综合素质。主要的培训内容是：有关法律法规、保险条款、公司规定、保险专业知识、销售技巧等有关的知识。培训的方式是：集中培训和个别培训相结合，理论培训和实际操作相结合，外请培训和自我培训相结合。每次培训都有测试，每次测试都和业绩挂钩，年终进行综合评价。四是关心员工生活。公司始终把费用向一线倾斜，在思想和经济上对每位职工给予亲切关怀和帮助，每位职工每逢生日都会收到公司送去的祝福，从而调动员工的工作积极性和创造性，进一步增强员工的使命感和责任感，公司上下到处充满着团结、拼搏、进取向上的良好氛围，为公司各项任务的完成打下坚实的思想和人才基础。

（办公室）

中国人寿保险股份有限公司宁乡支公司

经理、党总支书记 肖凌(女)
副经理、工会主席 王学良
副　经　理 游　喜

【概况】 2014年,中国人寿保险股份有限公司宁乡支公司(以下简称中国人寿宁乡支公司)设经理室、综合管理部、个险销售部、银行保险部、团体业务部、客户服务部6个部室,下设个险收展部1个、城区营销服务部1个、农村营销服务部13个。全公司共有人员680人,其中机关人员50人(签订劳动合同员工36人、退休9人、劳务派遣人员5人),个人代理人587人、银行保险部理财经理20人、客户经理16人,团体业务部客户经理7人,系统内引人交流干部5人。2014年,“扎实作风引领、确保全省第一”是中国人寿宁乡支公司工作作风和目标。经过全体员工的团结拼搏,在业务发展、内部管理、风险防范、树立形象等方面取得显著成绩,打造一支过硬的队伍,增强全体员工的主人翁意识,提高经营管理水平,塑造国寿良好形象,促进公司的全面建设,取得良好成绩。全年,全支公司共实现总保费收入1.9亿元,其中:首年新单保费6510.81万元,短险保费1684.6万元,其中短意险保费1050万元。在首年新单保费中,期交新单2350万元,十年以上期交达1026.54万元。支付赔款1200万元。与2013年同期相比,业务结构更加合理,经济效益大幅度提高。个险位居全省第一,公司保持在宁乡寿险市场的领跑地位,社会影响及公司形象得到进一步提升,被市公司评为“先进集体”。在银保满期给付中支公司被评为总公司专项工作先进集体,另刘喜志被评为“先进个人”,王学良、钟建国、周锋、张海棠、颜靖、龙巧玲、李勇杰被市公司评为优秀员工。

【个险、团险、银保业务】 2014年,中国人寿宁乡支公司个险取得较好业绩,将上级公司下达的各项指标层层分解,把计划分解成月计划,月月盘点、月月落实,保证对目标计划的落实情况和及时监控、调整。支公司经理、副经理、部门经理及个险管理人员分工明确,业务、人力、拓展、内勤、综合都有专人负责。实行团队督导制度,责任落实到人,实务具体到人。个险共完成保费收入1.34亿元,同比增长3.38%;完成新单期缴2166万元、完成十年期缴1465万元、完成意外险228万、年度新增持证人力315人,架构人力达成到839人,达成市公司考核的目标人数,月均长险举绩人力248人,长短险举绩人力313人。全年宁乡团险保费收入1191.51万元,其中信贷保险完成32.31万元,小额保险完成44.71万元,计生系列保险完成172.4万元,建工险完成8.65万元,员工福利计划完成90.51万元,学生保险完成823.52万元。短险简单赔付率36.4%。在省公司2014年度“争创百万县”活动中荣获“计生保险达标单位”荣誉称号。银保业务总体情况:全年共计完成新单保费2424.17万元,其中期交保费590.35万元。先后在中行、农行、邮政储蓄行、工行、交行举办10场乐享沙龙;同时举办8场专享会。与2013年相比,新增中行、建行、招行、交行渠道出单。满期给付平稳过渡。2014年,共计处理满期纠纷70件,金额140.28万元,没有出现群体事件。

【临柜业务和团队建设】 2014年,中国人寿宁乡支公司客户服务部对员工通过多种途径培训,学习新《保险法》《柜员手册》《理赔手册》《核保手册》《投保规则》和各种保险条款,对操作系统进行规范指导。柜面工作人员由原来的13人裁减到11人,而全年的工作量是增加的。全年共登记并扫描寿险新单7500余件,短险新单录入并扫描3100件;平台处理各类保全件总件数7.3万多件,复效处理1600余笔,银邮单扫描1000余件,理赔案件短险全部扫描,处理理赔案件6500笔,共计赔付金额606.119万元,拒付和协商案件100多件,共计金额拒付和协减金额80多万元。严格控制赔付率,公司全年简单赔付率40.26%,赔付率比上年下降0.07个百分比。全年完成系统内回访2.8万多件,保全委托回访8000件,完成CC系统新单回访7480件,催缴回访5362件,失效回访3621件,即将永久失效回访1082件,成功追加新电话2400余件。养老金发放2万余笔,共发放金额410万元。历史客户信息清理1.5万多笔,对所有档案进行清理,严格按市公司的要求归档上交。完成历史档案扫描移交。新《保险法》实施后的转保工作开展顺利,落实湖南保监局〔2007〕79号文件,确保零现金收付费的执行。对全体柜员所有系统严格用户权限和密码及印章使用和管理原则,定期更换密码,严禁权限外借。2014年中国人寿宁乡支公司柜面展开柜销工作,共完成趸交业务600多万元,期交4万多元,卡折式等意外险5万多元。综合部着重抓四个方面的教育:一是以“构建和谐,全面建设公司”为核心的道德理念教育,二是以“遵纪守法,做文明公民”为主题的法制教育,三是以“规范经营,加强行业自律”为重点的职业道德教育,四是以“反腐倡廉,拒腐防变”为主要内容的廉洁教育,组织学习中央15条禁令,观看《焦裕禄》等8部影片,学习习近平重要讲话精神。组织消防安全知识培训及消费者协会的消费权益培训。中国人寿宁乡支公司旧办公地位于玉潭中路318

号，属自有房屋，建于20世纪70年代初，设计结构布局不合理，楼层低矮、场所狭窄、设施陈旧，难于维护。经各方共同努力，2014年2月，中国人寿宁乡支公司选址中源凝香华都，面积3384.5平方米。（罗斌）

方正证券股份有限公司宁乡营业部

总经理 李 武

【概况】 2014年，方正证券宁乡营业部内设营销一部、营销二部、交易部、客户服务部、合规管理部等部门，有员工27人。全年营业部全体员工统一思想、扎实工作，积极提高服务水平，努力开拓经营，促进营业部各项工作的完成。

一、业务经营增强，创新业务开展有条不紊。在证券行业创新发展的大背景下，公司倡导卓越领先的金融服务理念，整合各业务板块打造全方位、多层次的综合金融服务体系，并积极探索综合经营的发展模式。2014年，方正证券宁乡营业部根据公司大力发展金融创新业务的经营方针，积极推进融资融券、资产管理、服务产品化、期货中间介绍业务等创新业务，既盘活存量客户，又吸引一批新客户。积极参与宁乡经济建设，与宁乡本地各银行单位建立合作关系，为证券客户创造良好的通道环境。

二、重视档案管理，营业部规范客户账户档案工作持续有效展开。按照中国证监会及方正证券公司总部的要求和部署，扫描电子档案，规范账户。营业部全体员工统一思想，明确责任分工，精心组织，周密部署，有计划、分步骤全面推进电子档案扫描、账户规范工作。对留痕工作高度重视，认真负责，重结果更重过程，确保每一个过程都有详细的留痕记录，能够完整、清晰、系统地反映整个规范过程的内容和轨迹。

三、持续开展投资者教育，增强投资者风险意识。宁乡营业部根据中国证监会和公司总部的具体要求，积极开展投资者风险教育工作。成立风险教育领导小组，加强员工和客户培训，一方面使员工深刻了解投资者教育工作的必要性和紧迫性，使各部门加强联系和配合，互通有无，在各自的岗位上将投资者风险教育工作具体落实。另一方面在客户中开展投资者教育宣传工作。在营业部的公告栏制作《投资者教育园地》，在大厅显要位置张贴颜色醒目的风险提示标语，宣传栏张贴有关投资者风险警示。客户来办理业务时，工作人员认真审核客户资料，保证投资者资料真实、准确和完整，详细解释《风险警示书》，做好客户风险能力测评工作，按照不同客户的特点和投资需求，讲解和宣传证券市场基础知识，讲解开户和交易流程、证券投资常识与风险控制，加深与客户的了解和沟通，得到客户及上级部门的认可。

四、依据反洗钱要求，稳步推进各项反洗钱工作。2014年，依据反洗钱“一法五令”及公司反洗钱制度的要求，持续完善反洗钱工作，脚踏实地、勤奋进取，确保全员树立应有的反洗钱意识，从而在实际工作中更好地履行反洗钱义务，切实打击洗钱活动。制定、修改《客户身份识别操作细则》《客户身份资料及交易记录保存管理办法》《反洗钱可疑交易处理与报告流程》《反洗钱客户风险等级划分处理与报告流程》《反洗钱工作资料保存和信息保密制度》等内控制度和流程，并严格依法合规开展反洗钱工作。积极参与反洗钱知识宣传，在人民银行宁乡县支行的指导下，参与两次大型的反洗钱活动，在营业部现场及所在小区开展反洗钱宣传，让广大市民对反洗钱有了一定认识。

五、完善各项规章制度，做好安全保卫工作。宁乡营业部根据公司下发的《关于加强安全保卫工作的指导意见的通知》，制定《方正证券宁乡营业部突发事件应急预案》等，使突发案件工作处置规范化、制度化。根据消防安全防卫工作的需要，建立《宁乡沿河北路营业部安全保卫档案》，完善《断电清场制度》《消防安全管理制度》《用火用电管理制度》《员工消防教育培训制度》《消防设施器材维护保养制度》等一系列制度，全年无案件发生，安全保卫工作中的安防、消防、保卫、人防等一切正常。（办公室）

科技·教育

科技管理

县科学技术局
局长、党组书记 戴金波
副局长、副书记 唐凤才（3月另任）
副　局　长 欧跃武
唐凤华
孙春华
纪 检 组 长 邹慧明

【概况】 2014年，宁乡科技工作在县委、县政府的“创新驱动”战略引导下，把创新作为转变发展方式、提升产业层次的重要手段，完善创新体系建设，推进传统产业改造升级和高新技术产业发展，全县科技创新取得显著成果。全年，新增2家省级工程(企业)技术中心，14家市级工程(企业)技术中心，1家市级孵化器，2家院士工作站，1家博士后工作站。全年全县共培养30名基层科技信息员，建立5家基层科技信息服务站，专家队伍人数达50人以上，18名科技特派员。组织举办20期网上讲座，发送信息1万多条；全县专利工作形势喜人。

【科技发展环境】 2014年，县科学技术局围绕中心，服务大局，营造大科技发展氛围，全县科技创新取得显著成果。一是突出政策引导。制定《宁乡县科技计划项目管理办法》，规范本级计划项目，对县内主导产业、主要企业进行有计划有步骤的扶持引导；出台《宁乡县知识产权质押贷款管理办法》，支持知识产权成果产业化，拓宽科技型、品牌型中小企业融资渠道，鼓励金融机构创新金融产品，规范宁乡知识产权质押贷款业务，保障知识产权质押当事人合法权益；修改并完善《宁乡县科学技术奖励办法》，奖励和扶持的力度进一步增强。二是强化科技宣传。结合科交会、科技活动周活动、科技助农直通车、科技特派员等活动，开展送科技进社区、进企业、进学校、进农户等社会服务活动，在全县营造科技创新的良好氛围。赠送科技、专利书刊5500册，宣传防震减灾、农业技术、知识产权保护、申报专利等科技知识，在社会上引起强烈反响。

【科技自主创新平台建设】 2014年，宁乡成为省级可持续发展实验区、首轮特色县域经济重点县、省知识产权示范县，获批国家知识产权强县工程试点县。经开区妙盛孵化器、金洲新区恩吉创业园升级为省级孵化器，夏铎铺机械工业园成为市级孵化器。飞翼股份、亮之星米业等企业建成院士工作站。

【科技计划与成果工作】 2014年，全县组织申报国家、省、市科技计划项目246个，转化成果220项，争取到位资金4000多万元。有国家级工业设计中心1家、省级工程技术中心5家、省级工业设计中心1家、市级工程技术中心15家；全年获得省级科技进步奖2项、市级科技进步一等奖1项、二等奖3项、三等奖2项产学研合作奖1项、创新市长奖1项。

【高新技术企业】 2014年，全年新增高新技术企业15家，全县高企总数达到90家，全年实现高新技术产值689.63亿元，实现增加值214.83亿元，占地区生产总值的比重为23.6%。涌现出楚天、飞翼、红宇等国家火炬计划重点高新技术企业。全面推进企业装备升级收效明显，2014年装备升级补贴金额首超千万。

【参加中国(长沙)“科交会”】 2014年，中国(长沙)科技成果转化交易会，宁乡共举办两场专题分会，其中中国(金洲)锂电谷产业园推介暨锂电池产业对接会上，宁乡县经开区工委书记、县委书记黎春秋，县委副书记、县长周辉，金洲新区工委书记，省发改委、省经信委、省科技厅和市发改委、市工信委、市科技局等部门领导出席并讲话。中国电池工业协会、天津大学的专家在推介会上进行精彩演讲。专场会上举行中国(长沙)先进电池材料及电池产业技术创新战略联盟揭牌仪式、锂电谷项目签约等活动。宁乡共收集本区域内企业技术需求32个，融资需求8个，人才需求7个，拟签约项目20个，签约金额达到95.7亿元。这些科技项目为提升宁乡县科技产业发展水平和企业自主创新能力、促进科技成果转化注入新动力，对进一步宣传宁乡、推介宁乡、发展宁乡，打造宁乡锂电谷形成完整的锂电池产业链具有十分重要的意义。

【科技特派员工作】 2014年，县科技局继续并完善科技特派员制度，全年新增县科技特派员1名，科技特派员数量达到18人。深入全县13个乡镇开展科技普及、科技服务工作，科技特派员们用自己的专业知识、专利技术为宁乡县“两型”社会建设添砖加瓦，发挥优势。下村进合作社开展驻点服务，举办专题培训班，在实用技术指导、新品种新技术引进、病虫害防治等方面，帮助农民和合作社提高科技种植、养殖技术水平，增强致富本领。

【科技活动周】 2014年，宁乡县举办科技活动周启动式暨科技下乡活动、宁乡县红宇新材耐磨材料省级工程技术研究中心奠基仪式、宁乡县农副产品加工企业科技创新培训班、宁乡县“世界知识产权日”宣传暨假冒伪劣商品集中销毁活动、湖南省知识产权志愿者联盟活动示范基地授牌暨知识产权科普宣讲活动。共悬挂创新驱动发展“科技引领未来”“加强自主创新，建设创新型宁乡”“加强防灾减灾，建设美好家园”等横幅标语20多条，发放防灾减灾、农业养殖技术、果蔬种植等相关资料共10000多份；在宁乡电视台、《今日宁乡》、县公众信息网和宁乡科技网站等媒体上，报道活动新闻，对帮助人民群众增强科学意识、弘扬科学精神，传播科学知识、运用科技成果，构建和谐宁乡产生积极的推动作用。

【知识产权工作】 2014年全县专利申请1141件，同比增长9.71%，其中发明专利申请309件，同比增长31.49%；全县专利授权868件，同比增长42.76%，其中发明专利授权85件。湖南邦普循环科技有限公司、湖南省倍康卫生用品有限公司和长沙族兴新材料股份有限公司被列入2014年长沙市知识产权“三百工程”中的“知识产权示范企业”，楚天科技股份有限公司的拉丝灌封机项目、飞翼股份有限公司的矿山充填开采成套设备的开发及产业化项目获评市“知识产权转化优秀项目”，楚天科技股份有限公司刘振成为市“知识产权创造领军人物”。千壶客酒业、金洲茶叶、天和钻具、山河美生物、湘宁耐火材料等10家企业成功创建长沙市中小微企业知识产权战略推进工程第三批试点企业。《宁乡县百企专利清零》和《促进园区基地知识产权转化交易项目产业化》成为省知识产权2014年度软科学研究项目。盛泓机械、百川超硬材料、五季风生物和湘路机械成为中小微企业知识产权战略推进工程优秀试点企业；宁乡县创建成国家知识产权强县工程试点县。

【科技统计工作】 2014年，县科技局组织举办宁乡县高新技术企业统计培训会议。县工信局、县统计局、县经开区、县金洲新区和玉潭镇、夏铎铺镇、白马桥乡等部门和单位的分管领导和统计员，宁乡县高新技术企业和准备申报高新技术企业的统计负责人共150余人参加培训。就如何做好新形势下高新技术统计工作，如何进行高新技术产业增加值统计和R&D经费统计进行业务指导，并就规模以上工业企业科技年报、企业创新情况年报、高新技术产业季报等进行业务培训，提高科技相关统计工作效率和准确性。

【“一园、一中心”建设工作】 2014年，县科技局加速推进“一园、一中心”即“湖南省大学科技产业园”“湖南省科技成果转化和知识产权交易服务中心”的建设工作。完成“一园、一中心”项目的选址征拆和土地平整，正式签订合作建设合同，确定建设主体，出台部分支持基地发展的相关配套措施。项目招商方面，湖南省大学科技园已有两个产学研项目正在建设，一个产学研项目已签订合同，5个产学研项目已达成合作意向，在谈在联项目两个。“一园、一中心”作为省政府确定的湖南省战略项目，项目总投资55亿元，规划建设科技服务中心、孵化基地、加速及配套基地；项目建成后能更好地服务湖南省高校科技成果和知识产权转化，服务金洲新区工业集中区建设和发展，为宁乡县科技发展增加新动力。 （办公室）

科技普及

县科学技术协会

主　　席　胡日新
党组书记、副主席　李　杰
副 主 席　杨桂香（女）
　　　　　邓志强

【概况】 宁乡县科协成立于1956年，2014年全县有33个乡镇科协，15个学会．协会（研究会）。全年，县科协一班人以深入开展党的群众路线教育实践活动为主线，立足本职，服务中心，创新发展，圆满和超额完成各项工作任务，被评为全市科协系统宣传信息工作先进单位。

【科普示范村（社区）项目建设】 2014年，宁乡县科协实施“党建带科建”的方针，由县委组织部、县委宣传部、县财政局、县科协4家单位联合在全县开展科普示范村（社区）项目建设。在各乡镇申报推荐的43个单位中，通过实地考察、综合评审等程序，召开项目建设经验交流会命名表彰20个村（社区），发放奖扶资金40万元，推动全县技术普及和全民素质提高。

【青少年科技创新县长奖评选】 2014年，宁乡县科协严格程序，精心组织，联合县教育局、县科技局、县财政局、团县委等单位，面向全县各中小学学校评选10个青少年科技创新项目。12月19日，在宁乡一中召开全县第二届青少年科技创新县长奖总结表彰大会，发放奖励资金10万元，产生良好的社会影响。

【实施“科普惠农兴村计划”】 2014年是宁乡实施科普惠农兴村计划的第5年，宁乡县科协联合县财政局，坚持标准，在各乡镇申报推荐的15个对象中，评选先进农村科普示范基地3个，先进农村专业技术协会3个，先进农村科普带头人7名，发放奖扶资金15.5万元。在县电视台、《今日宁乡》开设“科普进万家、惠农兴新村”专栏宣传报道。在沩山、关山等示范基地制作科普惠农大型宣传标牌8块。科普惠农项目以点带面，培育农民，致富农户。8月21日至22日，长沙市首次“科普惠农兴村计划”现场观摩和经验交流会在宁乡县召开。市政府副秘书长刘秋成，市科协党组书记、副主席李范坤，县政府副县长刘俊武到会指导，宁乡县科普工作在大会上作典型发言。

【开展科普宣教活动】 2014年，宁乡县科协面向全县开展送科技下乡、科普进社区活动，先后邀请相关专家学者，在宁乡一中、县实验中学、双江口中学、煤炭坝镇、夏铎铺镇、大成桥镇、历经铺乡、回龙铺镇等地，举办大型科普报告会2次，举办科普讲座12场次，培训2600多人次。

【项目建设与“双百”服务】 2014年，县政协副主席、科协主席胡日新任组长的县“双百”服务活动第28组，联系3个项目(冠源爱琴湾小区、金富实业长沙基地、粮食储备扩容工程)和3个企业(顺泰钨业、卫红米业、龙凤机械)，全年开展帮扶活动32天次，共排查征地拆迁、先进装备补贴、土地证办理等具体问题3个，解决3个。

【“一推行四公开”工作】 2014年，宁乡县科协先后联系回龙铺镇华田村、堠家桥村，做群众工作，派驻一名班子成员和一名干部驻村工作，县科协主席和书记按规定每月去村，机关干部职工每月1次以上去村联系帮扶对象。结对帮扶7户，送去慰问金5600元。为群众排忧解难42人次。机关支部积极开展与堠家桥村党总支的党组织结对共建工作，支持堠家桥村项目资金5万元，指导村级做好公路硬化、水利建设等各项工作。

【党的群众路线教育实践活动】 2014年，宁乡县科协按照县委的工作要求，在县委第十四督导组的具体指导下，开展群众路线教育实践活动各阶段各环节工作，修改完善单位相关制度，班子及班子成员整改工作有序推进，党员干部在学习中工作，在工作中提高，有力转变作风，促进整体工作的提升。

【服务园区助推发展】 2014年4月，宁乡县科协组织相关单位在亮之星米业召开全县市级院士专家工作站创建会议，市科协党组书记、副主席李范坤，副县长刘俊武等市县领导，县经开区、金洲新区领导到会指导。全年共推荐县域3家创新企业开展市级院士专家工作站申报创建，其中楚天科技获批长沙市第二批市级院士专家工作站挂牌(全市共7家)，搭建产学研平台。全县有3家企业获批市建站单位(全市17家)。在具体工作中，县科协积极服务，助推园区企业发展。 (邓志强)

教　育

县教育局

局长、党委书记	黎爱莲
副局长、副书记	樊　扬(3月任)
纪委书记	符灿阳(县纪委派驻)
副　局　长	万志强
	文玉华(女)
	伍学军
	喻汉科
	曾曙光
工会主席	刘国强

县人民政府教育督导室

主　　任	彭惠才
副 主 任	何日阳
	李命均
	周汉学

【概况】 2014年，宁乡有各级各类学校551所，其中小学239所、初中67所、普通高中12所、中职学校6所、特教学校1所，幼儿园226所，在校学生19.93万人，其中小学7.83万人、初中4.3万人、高中2.51万人、中职学校6746人、幼儿园4.61万人；共有在职在岗教师1.12万人，其中，小学4327人、初中2851人、高中1719人、中职学校384人，幼儿园2170人。

【教育强县率先创建】 2014年，宁乡成功组织省政府第三轮首批“两项督导评估”。以综合性指标97分、学前教育工作92分、义务教育工作96分、普通高中工作96.5分、职业教育工作92分、五项总分475.5分五项全优的成绩通过首批教育强县评估认定，成为湖南第一个教育强县。县政府表彰奖励14个创强先进单位和45名创强先进个人。

【科研课题国家奖励】 2014年，县幼儿园主持研究开发科研课题的《乡村幼儿游戏开发与应用研究》获全市唯一一个“国家级教学成果二等奖”。国家级教学成果奖首次在基础教育领域设奖，是基础教育界的最高荣誉。《乡村幼儿游戏开发与应用研究》已作为幼儿教育教材在县内外推广使用。

【职教改革全国示范】 2014年，宁乡职业中专通过“国家中等职业教育改革发展示范校”评估验收，成为省市首批国家中职改革发展示范校。学生参加全国中职学校技能比武获得二等奖，参加市技能大赛团体总分蝉联第一。开展职业教育宣传周活动，《湖南日报》《湖南教育》等7家省内主流媒体对宁乡职业教育工作集中报道。

【教学质量省市领先】 2014年，宁乡高考二本上线3915人，一本上线1296人，较2013年分别增加376人、116人，二本以上上线人数、上线率连续4年保持增长，稳居全省前列。北大、清华、香港中文大学上线4人。高二学考、中考全科一次性合格率达到97.33%、92.36%，比2013年分别提高2.18%和3.1%，继续保持省市领先地位。2名学生获得"科技创新市长奖"，占全市获奖人数的1/5。5名师生和双江口中学获省"芙蓉创新奖"。龙田少年宫学生作品连续3次获得全国手工类、书画类等三个类别唯一的一等奖。建成41家"阅读·梦飞翔"图书室，实现乡镇全覆盖，组织与香港教育界进行阅读教育考察互访，阅读教育经验在省市推介，人民网以《幸福小书屋书香满农家》为题，报道宁乡县巷子口镇南轩地区阅读教育开展情况。

【督导经验全省推介】 2014年，宁乡按照"实化督导，强化责任"的原则，率先在省市成立8个督学责任区，每个责任区通过竞聘安排1名责任区主任，聘任2名至3名专职督学，并根据责任区内学校数量聘任62名兼职督学。每个责任区每年安排12万元工作经费。围绕教育教学重点热点，推行"一月一主题"的督导制度，促进督导制度常态化。组织对12个乡镇进行教育强乡(镇)评估验收，教育强乡镇扩充到22个。宁乡教育督导工作再次名列全市第一，工作经验在全省推介，国家教育督导组、省内外省市县教育督导室纷纷到宁乡考察教育督导工作。

【队伍建设成效突出】 2014年，宁乡全面开展"师德师风建设提升年"活动。推行教师周一集中学习1小时的制度，通过"七好"宣传活动，推出省级以上师德楷模10余人，王斌、陈宋瑜、王博雅、谢洛科、夏福良等老师的典型事迹被《光明日报》《湖南日报》《长沙晚报》、凤凰网等主流媒体报道。推行师德考核制度，加大师德问题惩处力度，全年共查处、通报34人次。引进中小学教师和幼儿教师222名。组织50名校长到华东师大高端研修，432人参加国培、省培，1600人参加骨干教师培训，8500多人参加现代教育信息技术培训，国培计划小学生心理健康教育实践研修、湖南省第二届中小学课堂教学改革观摩研讨活动、长沙市课改现场会等教育教学活动相继在宁乡举行。组织名师工作室开展活动50多次，出版教育教学专著9本。努力做好250名停薪留职人员的清理工作，对返岗人员进行督查，不回归的进入辞退程序，得到县委组织部高度肯定。落实县委组织部精神，对局机关在同一岗位5年以上的科室长和8年以上的工作人员进行换岗交流，激发工作活力。选调73名教师进入城区"三乡"任教，城郊、历经铺85名教师交流到玉潭和白马桥，选派20名教师到外地边远山区支教。县财政安排416万元，用于11个边远乡镇义务教育阶段学校2120名教师的生活补助，年补助标准最高达9000元。隆重举行教师节庆祝活动，县领导积极参与，县乡村三级奖教奖学资金达400万元以上，坝塘镇党委政府为教师设置"特别贡献奖"。

【阳光服务全市推广】 2014年，宁乡按照"让教育在阳光下成长"的管理理念，结合党的群众路线教育实践活动，第一个在全市建立由"实体的服务中心(站、点)"和"虚拟的服务网络"相结合的教育阳光服务平台，服务中心设县教育局机关，站、点覆盖全县各级各类学校。全县各阳光教育站(点)都做到在力所能及的范围内及时帮助群众解决实际困难和问题，得到了市教育局和县委、县纪委、县委党的群众路线教育实践活动小组等领导和广大群众的认同和肯定。11月11日，全市教育阳光服务平台建设现场推进会在县教育局举行。随后，浏阳市、长沙市高新区等市区又组织到县教育局再次考察学习。

【招考改革稳步推进】 2014年，宁乡义务教育阶段招生"划片招生、就近入学、微机管理、城区统筹"，妥善安置1963名进城务工人员子女就读公办学校。高中阶段招生确定初中毕业生普职分流玉潭镇6.5∶3.5、农村5.5∶4.5的目标任务，并将普职分流完成情况的年度考核分值提高1倍，普职分流比达到6.5∶3.5，县职业中专首次实现有门槛招生；严格执行"三限"政策和招生公示制度，明确规定所有高中不得提前收生、收费，不得超计划招生，不得提高收费标准，不得降低标准招生，不得无志愿招生。推出"身边的好学校"系列报道，积极宣传和落实教育部等5部委"关于查处以钱择校、以分择生、以权入学"的要求，抵制递条子、打招呼、托人说情、权学交易等不正之风。

【办学条件持续改善】 2014年，宁乡投入1.26亿元，改造33所薄弱学校、新建770套教师公租房、建设20所公办幼儿园、改造6座校门和21所学校围墙、改造12个旱厕、硬化4公里进校道路。启动白马桥中学易址新建，完成宁乡十中田径场、回龙铺中学宿舍楼、回龙铺中小改扩建等项目。县教育局两次被评为"三查三比"项目建设英雄榜先进单位；万志强被评为项目推进先进个人。

【安全管控全省首创】 2014年，宁乡建立全县校园安全网络管理平台，开发学校安全隐患排查整改软件，智能提醒相关人员定期进行隐患排查、及时进行问题整改，并对全县排查出来的问题进行打分、排队和汇总，初步实现对校园安全隐患的远程智能监管。此举为全省首创，获得省综治委、省教育厅高度评价。推行安全工作"月排查、月通报"和安全问题突出单位约谈制度，促进安全制度落实。大力开展“省平安校园建设先进县(市、区)创建单位”系列工作，全省校园安全立法工作委员会专门到宁乡县征求意见。宁乡平安校园建设工作经验在全省推介。（办公室）

县职业中专学校

县职业中专学校
校　　长　贺建辉
党委书记　易　勇
副 书 记　赵　欣
副 校 长　沈　平
　　　　　　朱清明(9月免)

【概况】 宁乡县职业中专学校占地215亩，建筑面积约8万平方米，主体建筑17栋，总投资2.1亿元。实训建筑总面积1.05万平方米，实训设备总值2652万元。拥有校内实训基地2个，实验实训室36个，在三一重工(宁乡)、中联重科、兰天集团、楚天科技等15家企业建立顶岗实习基地。新建汽车仿真实训室、汽车维护保养综合实训工场、综合布线实训室、沙盘实训室。开设有机械加工技术、汽车制造与检修、电子电器应用与维修、会计、计算机应用、焊接技术、旅游服务与酒店管理、电子商务专业。2014年，学校有学生4502人，教师职工235人，其中外聘教师33人。全年，学校先后通过湖南省示范性(特色)中职学校、国家中等职业教育改革发展示范学校项目验收，获得“第十届全国中等职业学校文明风采竞赛活动优秀组织奖”“全国信息学奥林匹克竞赛湖南赛区组织团体奖”“第六届创作杯全国青少年儿童作文大赛团体一等奖”“湖南省职业院校技能竞赛(中职酒店服务专业)一等奖”“长沙市汽车产学研校企合作联盟理事单位”“长沙市中小学德育研究先进集体”“长沙市中职学校学生专业技能竞赛组织奖”“长沙市第三届全民健身节广场舞总决赛铜奖”“宁乡县2013－2014学年高中教育教学质量一等奖”“2014年宁乡县中小学田径运动会职高组团体第一名”“宁乡县文艺会演一等奖”等荣誉。

【教学工作】 2014年，宁乡县职业中专学校落实教学常规管理和学生“六项基本功”训练，教学质量大幅提高。旅游酒店管理专业学生获得省技能大赛一等奖、全国职业院校技能大赛铜奖；在长沙市中职学生专业技能大赛中，获得9个一等奖、24个二等奖，成绩位居长沙市各县(市)之首；学生参加市技能抽查合格率达80%以上。胡小龙、刘黄华2人获得“第二届青少年科技创新县长奖”。169名学生参加对口高考，有41人被高职院校单招录取，二本上线31人，综合升学率99%。学校在汉字书写、网页制作、征文比赛、科技创新、文艺会演、面试模拟等竞赛中取得优异成绩。

【科研工作】 2014年，宁乡县职业中专学校安排8%以上的公用经费用于教师培训和挂职锻炼。80多名文化科教师参加华东师范大学培训；40多名专业教师参加国培和省、市培训，70名教师参加长沙市远程培训，60多名专业教师利用暑期进企业挂职锻炼，组织校本培训；邀请楚天科技董事长唐岳、清华大学教授张学政、县师德讲师团、县教育局宣教科科长等到校讲座。开展骨干教师示范课、新教师汇报课、推门听课、师徒结对、共读一本书等活动，成立教科室加强教科研工作，73篇教师论文获省级以上荣誉，5篇公开发表。课题《中职校企合作策略研究》结题，对省级课题《中职学生职业素养形成的途径与模式研究》组织课题辅导讲座，《基于工学结合校企合作的技能人才培养模式与实证研究》和《中职校企合作共建电子电工类实习实训基地的研究》两个省级课题顺利开题，调研专业设置、高考分班并形成报告，机械名师工作室开展实效性活动。

【管理工作】 2014年，宁乡县职业中专学校以思想治校促队伍建设，坚持“知明行笃，经世致用”的办学思想，构建“服务学生、服务企业、服务经济”三大服务体系，推进课程体系改革和人才培养模式改革。重视教师综合素质、学历层次、教学水平的提升。组织开展党的群众路线教育实践活动，加强党支部建设，开展“帮一联十访百”心连心活动，党员、支部评优，党员民主评议，美化校园等活动。成立校务委员会，及时调整班子结构，领导班子坚持一线任教和行政值周，深入一线听课、评课，组织行政联班。成立纪律委员会，对师德师风和重大事项监督管理。发挥校纪委、教代会作用，集体决策，民主监督。实行校务公开和阳光教育服务，制定《教师学习制度》《关于加强教师作风建设的规定》，加强政风行风建设，无教师职工违纪违规行为。常规管理务实创新，部室改革形成特色。各部室初步形成管理特色，如汽修部的“课内比教学”，机械部的“中高职试点”“创意教学”，商贸部的“三十秒整理”，电信部的“夺红旗、争先进集体”、科技创新，部室工作的提升促进精细化管理的实施。财务后勤严格规范。全年招商引资251.2万元，贷款、融资6000多万元，基建尾款得到解决，学校资金正常运转。财务审计与管理规范。后勤管理责任落实到位，为教育教学提供优质服务。学生宿舍新安装热水系统，食堂开水供应充足。总务科采购程序规范，建好校产台账，配齐消防器材，实行一月一理赔，维修维护及时到位。后勤中心食堂、商店严格控制进货渠道，保证货物优质低价。食堂就餐测评满意率为90.3%，被县卫生局评为“宁乡县2014年度餐饮服务食品安全量化分级管理A级食堂”，是全县教育系统唯一获此殊荣的单位食堂。落实各项常规工作。2014年秋季高一招生1530人，党政办加强人事、宣传、接待、档案管理工作。全年县级以上媒体报道71次、省级媒体宣传推介17次，学校知名度不断提升。校刊《宁乡职教》在县内形成较大影响。建设阳光教育服务站，全年共接待上级领导、兄弟学校100多批次。汇总2014年以前的纸质档案和电子档案。加强民主监督管理。工会利用重阳节、元旦节组织离退休教师茶话会，全县教育系统关工委人员到校参观考察，高度评价办学成果。建立“职专”奖学金，资助和奖励贫困生和优秀学生。组织教职工体检，慰问特困教师，组织青年教师相亲活动，关心新教师生活学习，提高教师幸福指数。修订教师目标管理考核细则，加强日常教育教学督查和专项督查，加强对各科、部室过程管理与考核，引入三方评价分管领导。

【德育管理成效明显】 2014年，宁乡县职业中专学校举行第五届德育论坛活动，加强德育队伍建设和德育经验交流。完善德育研究与心理咨询中心管理，安全教育、心理健康教育走进课堂，加强心理疏导和安全宣讲，重点加强学生使用手机、周边环境、大课间活动的管理。邀请蓝天救援指导安全教学、火灾演练，开展禁毒宣传教育、防艾知识讲座、法制教育讲座。健全综治安全管理制度。组织问题学生家访，召开高一学生家长会，加强家校沟通。健全学生评价体系，对学生实行综合素质评定。校团委组织学雷锋系列活动，为患病学生吴勇捐款3万余元，为10名特困生发放共万余元的“育才行动”助学金。举行成人宣誓仪式、“孝德人生梦想起航”主题演讲比赛、第25期青年业余党校培训、第十届校园文化艺术节、第18届校运会，组织青年志愿者服务，开展“我捡废纸为他人”活动，组建13个学生社团，其中机器人社团接受《职教与就业》杂志的专访。校团委组织校舞蹈队参加“欢乐潇湘——长沙篇·舞动星城歌涌湘江”长沙市第二届全民广场舞大赛暨第三届全民健身舞总决赛，舞蹈《我要飞》荣获铜奖，舞蹈《黎乡笠影》获全县中小学生文艺会演一等奖、长沙市校园文化艺术节展演二等奖。

【拓宽校企合作平台】 2014年，宁乡县职业中专学校校企合作形成“一三五八”模式，即：一个机构——“宁乡金·经”校企合作联盟，三个对接——学历教育对接主导产业人才需求，职业培训对接中小型企业人才需求，学生社团对接特殊岗位人才需求，五个指标——毕业生就业率、本地就业率、对口就业率、订单培养率、稳定率，八大平台——冠名办班、订单教育、顶岗实习、进校办厂、短期培训、送教进厂、企业支教、挂职锻炼，形成校企融合、多元合作的办学格局。学校与三一重工、中联重科、楚天科技、青岛啤酒、广汽菲亚特等100多家企业合作，为学生搭建稳定的就业平台。学校成功申报成长沙市技能培训定点机构、县阳光工程培训定点学校、县新型职业农民培育基地、县名师工作站，成功申请技能鉴定站的升级增项，与金洲新区签订失业农民定点培训基地协议，全年培训2700人。调研走访园区企业，增进校企合作交流，校企合作培训人数1100人。建立毕业生服务台账，健全学生顶岗实习制度，搭建校企合作关系21家，广菲捐赠价值10余万元的实习用车1台，校企冠名办班8个，订单培养率40%。就业推荐493人，毕业生就业率100%，其中本地就业489人，本地就业率99.19%，对口就业率85.41%，就业满意率96.5%。

（谢道远　赵欣）

宁乡一中

【概况】 2014年，宁乡县第一高级中学（以下简称宁乡一中）有80多个教学班，5000多名学生，近400名教师职工。全年，宁乡一中教职员工共同努力，各项工作再创佳绩。

【教学质量再创新高】 2014年，宁乡一中落实工作计划，继续课程改革，开展教研活动，抓好教学工作，教学质量再上新台阶。学校获得宁乡县2014——2015年度教育教学质量特等奖。3个年级齐头并进，稳中有升。2015年高考，学校1503人参考，一本上线701人，上线率46.6%，二本以上上线1270人，上线率84.5%，上线率均创历年新高；600分以上人数118人，邱婷玉同学以620分夺得县文科状元，易钰奇同学以686分夺得县理科状元。高考各项指标均位居长、望、浏、宁4区县市一中及周边县市同类学校首位。高二学考、高一期末统考成绩继续保持优秀。

【德育工作领跑全省】 2014年，宁乡一中坚持德育为先，立德树人，和谐育人，全面育人，全程育人，全方位育人，在让学生学有所获、学有所乐、学有所长，培养良好的班风、学风，树立严谨的校风上，成效明显。主要体现在，完善机制，加强德育队伍建设；注重常规，促进规范化管理；多元并举，形成全面育人机制；讲求实效，积极开展主题教育；文化育人，加强校园文化建设。主题实践活动，和评优评先活动的开展，使得可供学生学习的榜样越来越多，聚集一种“认认真真做人，安安心心学习”的正能量。后进生的教育，和心理健康教育的加强，有效降低学生违纪率和违法率。社会责任教育是学校德育教育的主线，校长欧阳才主持的省级课题《普高学生社会责任感教育研究》，推出近20篇论文参加中期成果评估。在国家核心期刊和重点期刊发表多篇。围绕该课题所提交的征文大都获得省市以上奖励。女生教育方面宁乡一中加强女生辅导教师队伍建设,认真查寝值日;加强对女生的心理疏导,举办第十二届“校园巾帼十佳、优秀女生”评选活动;培养和培训女生委员;聘请女生教育专家到校讲座;宁乡一中女生教育得到北京大学、中国人民大学、宁夏大学和西北工业大学专家教授的关注和高度评价,中国人民大学教授带领宁夏、陕西教育厅和妇联的领导和专家参观考察宁乡一中。心理教育方面,完善学生心理健康档案,做好问题学生的心理排查,重视学生的心理健康,强化学生的青春期和心理健康教育,使学生学会自我心理调控,真正懂得自强、自尊、自爱;针对不同年级学生开设心理讲座,利用校园广播和《德馨园》刊物、心灵氧吧做好心理辅导;发动班主任和科任教师对学生进行适时心育;重视心育的理论探究、经验积累、成果汇编、课题研究。宁乡一中被评为湖南省心理健康教育示范学校。

【保障平安筑就新防线】 2014年,宁乡一中加强法制宣传、安全教育,以周边环境治理为依托,完善安全措施,整治学校及周边环境,开展“和谐校园”创建工作,取得良好效果,高考、学考、中考、县体育特长生考试、3个年级家长会、放收月假等平安圆满,全年无安全责任事故。

【一中党建与队伍建设】 2014年,宁乡一中党委以党的建设工作为中心,以“三严三实”专题教育和党风廉政建设为重点,制定计划、推进落实、注重督查,促进党建工作新发展。严格落实“三会一课”制度,组织召开5次支部书记会议,组织学习4堂党课。湖南行政学院、湖南省委党校教授张思京上《全面适应作风建设新常态》党课、宁乡县教育局纪委书记符灿阳作专题报告、宁乡一中党委书记蔡桂莹上《贯彻执行“三严三实”,打造师德师风建设新气象》党课,学校上《坚决践行“三严三实”要求　努力打造三湘领先名校》党课。全校共发展9名党员,其中教师党员3名,学生党员6名。举行宁乡一中庆祝建党94周年活动,对先进基层党组织第二支部、离退休支部的喻学军等46名优秀党务工作者、优秀共产党员予以表彰。

【科研课改有突破】 2014年,宁乡一中教学竞赛再创佳绩。老师胡志溢获“四县一中”教学竞赛物理科一等奖,老师王烨、喻秋容获五市十校教学比武二等奖,老师罗银获宁乡县教育局家长学校教学比武一等奖。在教育部推出的“一师一优课,一课一名师”活动中,学校教师全员参与,评选出县级优课60堂,市级优课20堂,申报省级优课17堂。学校教师有95篇论文或心得获市级以上奖励。19篇论文在省级以上期刊或报纸上发表。《普高学生社会责任感教育研究》课题,推出近20篇论文参加中期成果评估。老师黎国之创作的《自助式立体几何教具总成》获国家一等奖,并赴法国参展,获得高度好评,被《湖南日报》专题报道。副校长刘科中主持的国家级课题子课题获一等奖。

【特色品牌更壮大】 2014年,宁乡一中艺体教育再显风流,有4名学生被选入国家队,参加世界青少年田径锦标赛,范迪生、黎汝、秦梦等3位同学分别夺得金银铜牌各一枚;在2015年湖南省三独比赛中,学校荣获3个一等奖,两个二等奖;参加县三独比赛获一等奖8个、二等奖9个、三等奖15个;在县书法绘画比赛中9人获一等奖,艺体高考上线率均达到98%。科技创新再添新功,在第三十六届湖南省青少年科技创新大赛中,彭佳梦、刘鎏、廖以人的发明项目获省一等奖,两篇科技创新论文获省三等奖。一个项目入围宋庆龄发明奖,获得4个市一等奖,2个二等奖,4个三等奖。奥赛培训再写辉煌,戴畅航、张鑫等3名学生获国家一等奖,21名学生获国家二等奖,12名学生获国家三等奖,200多名同学获得985院校自主招生资格。

【其它工作亮点纷呈】 2014年,宁乡一中工会注重民主建设,围绕教育教学中心,依靠全体教师职工,强化校务公开和民主管理,各方面工作均取得优异成绩,召开代表大会1次,召开工会委员会和部分教工代表会议8次,做好优秀教师、优秀教育工作者的评选和表彰工作。多次组织教师职工开展有益于身心健康的文体活动,落实女职工的常规体检、两癌保险和全校教职工健康体检工作。学校办公室共在各级媒体发表文章51篇,其中国家级媒体9篇,撰写各类汇报材料22篇,材料质量较高。完成学校重大宣传接待任务,确保活动有序进行和圆满完成。搞好学校纪检和信访工作,接待来访来信均按照要求妥善处理。建设好阳光服务站,共接受长沙市教育局、长沙县教育局等3个批次的检查和交流。学校校友联络与学生资助中心,做好基金募集、管理、使用工作。落实2015年春季国家助学金的发放工作和各类奖教、奖学、助学工作。编辑《校友通讯》第三期,保持和校友的友好联络。学校人事部门以党的建设工作为中心,以“三严三实”专题教育和党风廉政建设为重点圆满完成上级部门部署的中心工作。以加强师资队伍建设为中心,注重师德师风建设,落实教师继续教育,推动师资队伍建设上台阶。学校团委围绕学校教育教学工作中心,围绕学生行为习惯养成、思想教育和集体意识培养,开展教育活动,升旗仪式、学雷锋、清明祭奠先烈、演讲赛、成人仪式等活动的开展，活跃校园气氛，促进学生全面发展。学校总务科探索后勤精细化、专业化、科学化管理，后勤保障工作、设备设施维护维修工作、公租房建设工作、财务管理工作及时、有序、规范。宁乡县接受省级园林县城检查验收，宁乡一中作为示范观摩现场，校园绿化受到省、市专家的高度评价和赞誉。学校后勤服务中心，饭菜供应准时、足量，菜肴品味提升，无食品安全及机械设备安全事故，确保学校大型接待任务的圆满完成。学校督导室落实督导评估工作，开展学生评教活动，与白马桥中学联合办学，工作到位，效果良好。学校招生办，克服各种困难，节假日不休，招生工作有序推进。学校自主招生，高校联络等工作均取得长足进步，为学校教育教学质量的提高奠定良好基础。（办公室）

县第一高级中学

校长、党委副书记 欧阳才
书记、副校长 蔡桂莹(女)
副校长 刘科中
喻海伦
刘建群
彭建伦

宁乡四中

【概况】 宁乡四中是湖南省示范性普通高级中学，创建于1922年，位于刘少奇主席故里宁乡县花明楼镇。中宣部原副部长、中央党校原常务副校长龚育之，世界著名美学家李泽厚等曾在此求学。2014年，宁乡四中有教师职工200人，在校学生3100余人。全年，在全校教师职工共同努力下，学校取得显著办学成果，获得包括“全国德育科研先进实验学校”“湖南省体育强校”“宁乡县高中教育教学质量一等奖”等多项荣誉。

【办学品位提升】 2014年，宁乡四中加强思想引领，以促进师生幸福成长为目标，深入推进思想治校，优化育人环境，学校治学求学氛围更加浓厚。一是办学理念更加深化。以师生幸福成长为目标，努力把学校建设成为一所学生喜欢、教师幸福、社会满意的理想学校，通过举办假期思想学习培训班、举行教师宣誓、召开开学工作动员大会和周前例会等形式和措施强化理念，推动落实。二是核心价值逐渐形成。坚持传播正能量，传递好声音，强化正面引导和宣传，弘扬社会主义核心价值观，培育学校核心精神，初步形成团结务实、乐学善思、创新进取、合作共赢的优良局面。三是文化建设稳步推进。发挥文化育人功能，大力营造健康活泼、文明高雅、崇尚真知、追求进步的校园文化氛围，正确引导全校师生快乐工作和学习，促进师生共同成长。

【德育品牌彰显】 2014年，宁乡四中一是坚持落实常规管理。推进序列教育和学生自主教育，实施美德教育和养成教育，建设高雅、文明、健康、向上的校园环境，提高文明程度。坚持每学期召开一次德育工作大会，每期出版《德育园地》，每月开展文明礼仪检查，每月召开班主任例会，每周通报班级评比情况，每周举行升旗仪式，每天进行例行检查巡视，巩固常态管理，落实德育常规，巩固德育实效。二是大力推进活动建设。注重以活动为载体，在活动中培育学生健全人格，陶冶学生情操，寓德育教育于丰富多彩的各项活动之中。女生系列教育活动逐步制度化、常态化，开展女生靳园十佳评比活动，加强女生心理辅导，产生广泛而良好的影响；积极开展法制教育、学雷锋义卖、文艺会演、爱心工程、感恩励志教育等专题活动，激发学生积极性，培养学生德行和品行。三是不断推进德育科研。开展《家校合作，整体提高教育综合效益》《农村高中养成教育资源的开发与研究》等课题研究，德育科研工作走在全县先进行列并走向全国，学校德育工作经验在全国和谐德育年会上被交流推广，40多篇课题研究论文获得国家级奖励，11位教师获“2014年全国和谐德育研究先进实验教师”称号。

【教育质量提高】 2014年，宁乡四中面向全体学生，深化素质教育，强化教学管理，规范教学行为，向教育过程要质量，要效益。2014年高考全校一二批本科上线486人，其中重点本科上线106人，居全县先进行列。高二学考全科合格率99.6%，名列全县第一。学校获得全县高中教育教学质量一等奖。在各类学科竞赛中，有1000余人次学生获得县级以上奖励，其中省级以上400多人次。科技教育方案《科学观测水塘，倡导保护水质》在第29届全国青少年创新大赛中荣获金牌，取得历史性突破。发展柔道特色，健全管理制度和选材机制，强化科学训练，巩固特色成果。在2014年8月举行的全国中学生柔道锦标赛和全省中学生运动会上，学校柔道队分别夺得3枚金牌4枚银牌6枚铜牌和4枚金牌4枚银牌4枚铜牌。学校获全县高中教育教学特色发展奖，获得“全国中学生运动协会柔道分会副主席校”称号，顺利通过“湖南省体育强校（柔道重点校）”检查验收。学校特色工作经验在全国中学生柔道协会年会上进行发言交流。

【内部机制逐步完善】 2014年，宁乡四中一是加强队伍建设，提高师资素质。加强师德建设，学校被评为“长沙市师德建设工作先进单位”。开展校本培训，推动相互学习和共同研讨，形成良好的教学教研风气。开展交流活动，浏阳三中、湘南中学、周南梅溪湖中学及兄弟学校先后到校交流探讨,共同提高。全年有200余篇教师业务论文获得县级以上奖励。有40多位教师获得县级以上荣誉称号,其中戴新华被评为“湖南省最可爱乡村教师”。叶国辉、刘畅被授予宁乡县政治、心理教育首席名师称号。在全县读书知识竞赛中,学校获团体一等奖,1人获个人一等奖。在全市数学解题大赛中,学校获团体二等奖,1人获个人二等奖,1人获三等奖。二是加强机制建设,完善内部管理。坚持民主治校,完善以教代会为核心的民主治校机制,召开十届二次教职工代表大会,审议和表决多项重要制度。推进校务公开,按照公开公平、竞争择优的原则,选拔年级主任、副主任等中层干部,得到全校教师职工拥护。政风行风建设成效突出,在全县教育系统测评中,学校满意率获第一名。

县第四高级中学

校　　长　刘建军

党委书记　黎卫华(女)

副 校 长　谢海南(9月免)

文体·新闻

文化体育

县文化体育广播电视局
局长、党委书记 贺太泉
副局长、副书记 肖小年
副　局　长 谭光荣
赵胜强
吴　婧(女)
纪委书记 李　平(女)
工会主席 王泰鸿

【概况】 2014年,宁乡县文化体育广播电视局(以下简称县文体广电局)局机关设6个科室:办公室、文化科、体育科、广电科、产业科、市场科。下辖8个二级事业单位:文化市场综合执法局(正科级单位,13人)、文物管理局(副科级单位,12人)、图书馆、文化馆、演出管理站、电影公司、剧院、文体中心管理处,其中,剧院为差额拨款单位,电影公司为自收自支单位,其余均为全额拨款单位。局系统干部职工215人,其中,机关25人。主要承担文体阵地建设、文体活动组织、文化遗产保护、文化产业发展和文化市场管理等工作职能。全年,县文体广电局以建设文化强县为目标,以党的群众路线教育实践活动为抓手,齐心协力,务实求效,紧抓事业产业发展,取得很好成绩,被评为"长沙市创建国家公共文化服务体系示范区优秀单位",积极参加"六个走在前列"大竞赛暨区县(市)文化广电新闻出版工作先进单位,县政协提案办理先进单位等。

【公共文化服务体系建设】 2014年,宁乡开展"一镇一品""欢乐潇湘"和廉政文艺晚会、李宁全国青年篮球联赛、中美篮球对抗赛、市八运会、春季环城马路赛、广场舞大赛等大型群众文体活动20多场次。其中,"欢乐潇湘"原创节目获得1个省二等奖(《青铜怨》),2个市一等奖,2个市二等奖;市八运会获得金牌第一、总分第二;市广场舞大赛获得2金1铜;原创小品《有空来家坐》获得全省文化馆、站专业技术人员业务技能大赛金奖。组织开展送戏下乡40多场,送电影下乡4500场。

【阵地建设】 2014年,宁乡按照市、县为民办实事工作要求,新建3家、提质3家乡镇综合文化站,新建10家示范性村(社区)文化活动室、13个固定电影放映点、30个文体健身广场和70家农家书屋。全面完成广播"村村响"工程。全县共建成乡镇综合文化站23家,示范性村(社区)文化活动室50家,文体健身广场近300处,农家书屋405家。为各乡镇、村(社区)赠送40套健身路径、148套篮球架、173套乒乓球台和200套音响设备,文体器材基本实现村村覆盖。队伍网络逐步健全。通过宣传发动,新增15支业余群众文艺团队和1支体育协会,全县共有37支业余群众文艺团队和14支体育协会。

【文体服务】 2014年,宁乡按照国家体育场馆开放标准,县文体中心各场馆实行免费和低消费开放。县图书馆和县文化馆全面对外免费开放,两馆流动服务车在乡镇、村、社区开展流动服务近300场次,服务近20万人次。通过政府购买服务,投入10万元启动游泳馆免费开放。举办文化骨干、文化站长、社会体育指导员、体彩业主培训和广场舞教学活动20场次,2000多人次。指导各乡镇、团队、协会和配合相关单位组织活动30场次,参与人数近万人。开展国民体质监测,受益近1000人次。用于文体中心设施及免费开放配套资金450多万元,用于村(社区)设施设备添置、器材投放、文化保护传承等方面的资金110万元。资金投入累计1000万元以上,有效满足广大群众文体需求。

【文化遗产保护】 2014年,宁乡的文物保护方面,县长与各乡镇签订文物保护责任书,文物工作纳入乡镇绩效目标考核体系。完成全县可移动文物国有单位普查。大力加强项目建设,炭河里青铜博物馆总投入1.7亿元,主体及景观配套工程竣工,室内装修完成规划设计,装修工程即将启动。罗家冲遗址、花草坪遗址获得国家文物局批复。谢觉哉故居成功修缮并成为全县首个法制宣传教育基地。争取国家、省、市文物项目资金430多万元,为历年最高。开展文化遗产市民讲坛4期,出版书籍《宁乡青铜器》。成功申报《宁乡对子花鼓》等4个市级名录,公布《刘章喜剪纸》等9个县级名录,全县共有1个省级、8个市级、22个县级名录。开展优秀民俗节目巡演和花鼓戏唱腔比赛。复排《柜中缘》《新官上任》2个剧目。创作舞蹈《青铜怨》、小品《乡长同学》等6个剧目,地域文化特色彰显,群众评价很高。

【产业发展】 2014年,宁乡成功引进绿城宁乡文化城项目,并作为长沙文化产业项目代表在第十届深圳文博会上成功签约，占地389亩，总投资30亿元，一期工程启动建设。“快乐天下”湖南文化传媒有限公司投入6000万元启动影剧院装修。县文体中心通过公开招商，引进2家合作单位和3家俱乐部，着力培育发展文体赛事、健身休闲、广告开发等主导产业，发挥良好的社会效益，学习考察的各级领导和参与文体活动、健身的人数达10万人。为深圳华强集团“美丽中国”主题公园、固松文化用品、湘沩彩印等文化产业项目做好服务工作。成功推荐3个项目进入省文化产业招商手册、8个项目进入市文化产业招商手册。新增体彩销售点17个(共43个)，销售量4100万元，同比增长1600万元。

【文化市场】 2014年，县文体广电局安排4人进驻县政务中心窗口办公，依法按时办结各类行政审批事项。全面完成年检年审和经营场所实地检查。对省市取消和下放的行政审批项目，加强宣传、及时公示，提高审批质量和效益。开展2次普法宣传和业务技能培训。大力推行“阳光执法”“说理式”执法，大力“扫黄打非”，严查违法违规案件76起，特别针对网吧老大难问题，坚持专项整治与常态化整治相结合，做到执法必严，违法必究，共处理网吧案件43起，有效整治文化市场环境。

【文体党建和队伍建设】 2014年，县文体广电局按照“照镜子、正衣冠、洗洗澡、治治病”的总要求，以为民、务实、清廉为主题，围绕“四风”突出问题和群众切身利益问题，广征博议，查找症结，通过扎实整改，会议文件大幅精简，三公经费大幅压缩，机关“四费”明显下降，系统作风进一步优化。党建活动，开展贯彻十八大“六个一”活动，“学习党章、遵守党章”主题教育，“入党为什么、为党干什么”党性讨论，在职党员进社区、干群心连心等活动。发挥工会和群团作用，开展系列文体活动，浓厚系统工作氛围。作风建设，落实党政领导班子“一岗双责”和党风廉政建设责任制，健全管理制度；大力推行政务公开；完成县文化馆、县图书馆、县电影公司内部审计；开展作风建设督查；严格干部选拔运用，5名年轻干部先后走上中层骨干岗位，5名中层骨干岗位交流锻炼。干部职工工作作风转变，服务观念增强，办事效率提高。中心工作圆满完成，推进综治、计生、农田水利、文明创建、双百服务、一推行四公开等。投入15万元用于将军村水利设施建设；解决服务企业国土、环评等方面的问题；围绕平安文化市场创建，开展3个月的“阳光暑假”网吧专项整治行动。抓好县人大、县政协提案建议办理工作，见面率、回复率和满意率都达到100%。通过建立健全管理制度，强化工作督查，严格责任追究，切实转变工作作风，队伍战斗力、凝聚力明显增强，全局上下政令畅通、气顺心齐，争先进位意识浓厚，和谐发展大局夯实。

(办公室)

县文化市场综合执法局

局　长　谭光荣(兼)

县文物管理局

局　长　李乔生

表 3　**2014 年宁乡县县级以上非物质文化遗产代表性项目名录**

序号	项目名称	项目类别	申报时间	项目所在地	保存状况	代表性传承人和保护级别			
						姓名	县级	市级	省级
1	《麻山锣鼓》	传统音乐	2006 年	麻山	良好	杨天福	√	√	√
2	《宁乡对子花鼓》	民间舞蹈	2007 年	全县境内	良好		√	√	
3	《周氏双龙舞》	民间舞蹈	2009 年	石家湾村	濒危	周忠瑞	√	√	
4	《宁乡山歌》	传统音乐	2012 年	黄材镇境内		姜红兵 姜淑坤	√		
5	《宁乡皮影戏》	戏曲、民间小戏种	2012 年	全县境内			√		
6	《灰汤杂技》	民间杂技	2012 年	灰汤镇		李复军	√		
7	《宁乡花鼓戏》	戏曲	2013 年	全县境内		郑佐湘	√		
8	《流沙河木偶戏》	民间小戏种	2013 年	流沙河镇合兴村		陈谷梅	√		
9	《横市龙灯》	民间舞蹈	2013 年	横市镇横市社区		黄国贤	√		
10	《沩山根雕》	民间手工技艺	2013 年	沩山乡		李作强	√		
11	《资福陶瓷烧制技艺》	民间手工技艺	2013 年	资福乡窑里村		陈海坤	√		
12	《唐市金银首饰加工技艺》	传统技艺	2013 年	唐市	良好	李喜文	√	√	
13	《流沙河土花猪饲养技术》	生产商贸习俗	2013 年	流沙河草冲	濒危	李述初	√		
14	《刘章喜剪纸》	传统美术	2014 年	大成桥		刘章喜	√		
15	《黄材山歌》	传统音乐	2014 年	黄材镇	濒危	姜淑坤 姜红兵		√	
16	《有宁乡地域特色的长沙花鼓戏》	戏曲	2014 年	全县境内	完好	郑佐湘		√	
17	《沩山擂茶加工制作技艺》	民间手工技艺	2014 年	沩山乡	完好	周佩山	√	√	

续表

序号	项目名称	项目类别	申报时间	项目所在地	保存状况	代表性传承人和保护级别			
						姓名	县级	市级	省级
18	《流沙河土花猪饲养技术》	生产商贸习俗	2014年	流沙河草冲一带	濒危	李喜文		√	
19	《戏剧盔头制作技艺》	传统技艺	2014年	宁乡境内		周绍泉	√		
20	《麻山鼓制作技艺》	传统技艺	2014年	东湖塘镇麻山		杨　奇	√		
21	《灰汤贡鸭饲养技术》	传统技艺	2014年	灰汤镇		刘国辉	√		
22	《宁乡四碟》	传统技艺	2014年	玉潭镇及周边		彭雪辉	√		
23	《密印寺传说》	民间传说	2014年	沩山乡			√		
24	《喻家坳火龙灯》	传统舞蹈	2014年	喻家坳乡		贺为国	√		
25	《龙田扎肉制作技艺》	传统技艺	2014年	龙田镇		彭太平	√		

图书发行

湖南省新华书店有限责任公司宁乡县分公司
经理、书记 郑劲松
副 经 理 杨海斌
杨长海
黄艳红

【概况】 2014年,湖南省新华书店有限责任公司宁乡县分公司(以下简称新华书店宁乡分公司)有正式在册在岗员工44人。下设经理室、综合管理部、财务管理部、图书音像业务部、教材教辅业务部。设图书销售门市部4个:玉潭镇设有中心门市部,营业面积700平方米,经营图书、音像制品、文化用品达3万余种;在宁乡一中、四中、九中、十中、十一中校园内各设一个校园书店,经营图书、报纸、杂志3000种至6000种;在黄材镇、双凫铺镇、流沙河镇各设一个集镇门市部,经营品种4000余种。2014年新华书店宁乡分公司把握政策风向和市场动态,抓住核心业务拓展,保持各业务板块齐头并进,实现公司规模效益提升、管理规范高效。同时,按照集团要求,开展党的群众路线教育实践活动,推进各项改革,推动公司产业实现稳中求进、新中求进、好中求进的发展目标。全年完成销售收入1.05亿元,各项经营指标连续多年保持长沙地区新华书店首位,在全省县级新华书店中亦名列前茅。

【教材发行】 教材发行是工作核心,2014年新华书店宁乡分公司继续加强教材发行主阵地建设,提升新华书店图书发行主渠道作用,强化服务意识,细化服务措施,取得学校的理解和支持;深化教材发行分片包干负责制,完善教材发行业务流程和教辅读物发行市场运作机制,完成课前到书、人手一册的工作目标,得到全县广大师生的一致好评。

【教辅读物发行】 教辅读物发行作为又一项重点业务,全面走向市场化运作。2014年秋季教辅新政实施,面对某些发行渠道采取的高折扣、高回扣等不正当竞争手段,新华书店宁乡分公司打造并巩固新华书店教辅图书发行的主渠道地位,紧密跟踪市场动向,调整营销策略,强化内部管理,规范业务流程,提高服务质量和工作效率;完善教辅读物发行市场运作机制,组成6个发行小组深入全县城乡学校开展订书工作,提高教辅征订率,提高送书到校服务质量,延伸服务链条,满足学校、师生和家长的需要,教材教辅发行基本实现平稳过渡。

【一般图书发行】 2014年新华书店宁乡分公司一方面坚持社会效益优先,提升服务品质,做好门店销售,配合县委宣传部在全县开展读书竞赛活动,在世界读书日和县图书馆开展"你读书、我买单"活动;配合县教育局在全县中小学生中开展读书竞赛活动,并定期在《今日宁乡》报上刊登"好书推荐"栏目,既浓厚全县读书学习氛围,又扩大新华书店影响力。另一方面参与市场竞争、开展全员营销,借助全县"党的群众路线教育实践活动"开展良机,捕捉需求信息,发动全体员工走出店堂,上门营销,既满足全县党员干部学习需要,又给公司带来不错的销售业绩。全年,公司在做好门店零售、全员推销、重点图书、幼儿教材等业务的基础上,将馆配图书、大中专教材作为新的主攻方向,推进"走出去、抢占市场份额"战略,一般图书实现销售4595万元,比去年同期增加800万元,同比增长17.40%,实现销售连续增长。

【文化用品销售】 文化用品是新华书店的一项重点主营业务。2014年新华书店宁乡分公司重点抓好政府采购招投标工作,做好前期准备,凭借国有新华书店的实力和品牌影响力,优质高效贴心的服务,多次中标夺魁,实现销售约660万元,为公司文化用品业务增长奠定基础。

【新华书店内控管理】 一是2014年新华书店宁乡分公司对原有的部分制度进行修订和完善,使之更全面、更具有操作性和更人性化;细化业务招待费、会议费和办公经费的使用和审批制度,厉行节约,禁止铺张浪费。二是借助全民阅读写入政府工作报告的良机,年初按照上级的安排,制定工作计划,通过调查研究,确定在全县建设新的销售网点计划,既为广大读者提供阅读和购书平台,也有效推进一般图书零售的稳定增长,统筹兼顾社会效益和经济效益。公司在宁乡四中、七中等新建设门店5个,改造升级一中校园书店,相继开业,读者反响好,销售情况好于预期。三是加强财务管理,全面实施预算管理,强化资金预算,执行规范的预算资金审批使用程序,提高预算管理水平。规范费用报销程序,降低运营成本。做好货款清收回笼工作,确保企业资金安全,防范经营风险。

【新华书店队伍建设】 2014年新华书店宁乡分公司一是加强作风建设,开展党的群众路线教育实践活动,公司领导班子和党员干部,以贯彻落实中央八项规定和省委九条规定为切入点,按照"照镜子、正衣冠、洗洗澡、治治病"的总要求,对照"三严三实"、对照为民务实清廉和改进作风标准,通过多方征求意见、督导组谈话提醒、班子成员自我剖析、成员之间互相谈心等方式,查找在"四风"方面存在的问题和不足,分析问题产生的原因和危害,明确努力方向和整改措施,形成作风建设长效机制,取得良好效果。二是加强员工培养,提高员工综合素质,组织员工培训学习、业务练兵7次,内容包括日常管理、职场规划、信息技术、市场营销等方面，提高员工的职业素养和业务技能。选拔优秀青年员工走上中层管理岗位，为企业发展积蓄后备力量。 （彭正洪）

广播电视

县广播电视台

台长、党委书记 文灿明
副台长、副书记 刘洪涛
副台长 夏雷辉
杨建明
刘志勇
杨平辉（女）
副台长、纪委书记 黎正文

【概况】 2014年，宁乡县广播电视台内设办公室、人力资源科、财务后勤科、总编室、事业技术科、安全保卫科6个科室，下辖县电视台、县人民广播电台、望北峰广播电视转播台、县电视节目传输中心4个二级单位。全台共有干部职工335人，其中在职291人，离退休44人。全年，县广播电视台按照宁乡县委、县政府总体部署，认真履行广播电视工作职责，积极引导社会舆论，努力服务人民大众，广播电视宣传、事业产业发展、经营管理创收、服务体系建设均取得良好业绩，各项工作指标在全省县级传媒行业中保持领先地位。全台经济创收突破7500万元，获得“中国新闻奖一等奖”，获得县“五好领导班子”“宣传工作先进单位”“关心下一代工作先进集体”“农村田间水利扩容提质工程建设先进后盾单位”“国防教育先进单位”“护路护线三电油气先进单位”等荣誉称号。

【电视宣传】 2014年，县广播电视台坚持“宣传立台”方针，以群众路线教育实践活动为宣传提质契机，加大走基层力度和民生报道分量。自办栏目品牌效应日益浓厚，节目收视率、舆论引导力和媒体影响力不断攀升。《宁乡新闻》生动展示宁乡推进发展的强劲步伐；大型策划《边界行》投身“行进中国精彩故事”走转改采访活动，观众评价节目“接地气，扬正气，促和气，有人气”；《关注》栏目聚焦社会热点，从民生视角解读方针政策；《热线在行动》栏目以明察暗访和专题报道方式参与行政执法专项民主评议，促进解决问题的比例达到60%以上；《楚沩行》积极弘扬宁乡文化；《头都大了》关注儿童成长；新栏目《沩宁风流》讲述百姓追梦故事；《人人争当文明市民》《魅力宁乡》等公益广告展现良好的荧屏形象。2014年，《宁乡新闻》发稿3717条，5档专题栏目共播出260期，节目A、B稿比例达到23%。全年有1件新闻作品被中央台《新闻联播》综合播发，7件新闻作品被湖南卫视播发，7件电视作品获评广播电视奖和新闻奖共10个奖项，其中新闻专题节目《把粮食存到“银行”》对粮食银行中独特的“宁乡模式”予以深度挖掘，充分展现出宁乡在搞活粮食经济发展中所做的积极探索，受到社会广泛关注。该节目获评第二十四届中国新闻奖一等奖及省、市相关奖项，使宁乡县广播电视台成为全国唯一的电视作品获得此项荣誉的县级台。

【网络覆盖】 2014年，县广播电视台科学规划组织广播电视网络发展，打造网络服务品牌，扎实推进全县广播电视公共服务体系建设。一方面加快网络建设和整合速度，启动新一轮广播电视户户通工程和城乡有线电视通达工程，完善新建楼盘有线电视线路设施，分步骤推进城网双向改造和农村干线网扩容改造，清理整合网络杆线，提升互联网络带宽。另一方面广辟电视和宽带客户发展渠道，采取有线电视和地面数字电视相结合的方式入户，在大屯营乡宗一村和天里村推进“户户通”示范村建设；积极推广“高清、付费、点播、数据”等数字化增值业务。通过装修改造营业厅、设立高清体验区、增设城乡服务网点等举措，逐步改善电视服务条件和服务水平，客户满意度大幅提高。网络建设全年共投入建设资金1711万元，架设光缆440余公里，新建光节点115个，主干光缆杆路提质扩容60余公里，城网新建楼盘全面完成双向改造。全年实现收入5320万元，新增城乡电视客户2万户，完成1.53万户广播电视户户通工程任务。望北峰转播台大力推进基础设施项目建设，完成防雷接地工程，不间断转播传输各级广播电视节目，安全优质转播上级节目3.5万小时、自办节目1.46万小时。

【电台发展】 2014年，经国家新闻出版广电总局审批同意，宁乡人民广播电台增加广播节目无线传输方式，广播节目由原使用频率99.4Mhz变更为新频率94.5Mhz播出。2014年开设“经典945”音乐频道，开办14档广播栏目，节目覆盖全县和县域周边区域，并根据听众需求将节目录入“蜻蜓.FM”在线收听网站，开辟全新的收听和宣传平台，为广播电视同步发展奠定坚实基础。

【农村广播】 2014年，宁乡县被批准纳入湖南省广播“村村响”工程建设县范围。6月10日，由县委、县政府统一部署，将宁乡广播“村村响”工程纳入群众路线立行立改工作任务，由县广播电视台牵头组织，会同各乡镇和相关部门单位迅速启动工程建设。该项目采取“有线+无线”和“村级小调频”的覆盖模式，通过科学规划建设任务、依规开展设备询价竞价、合理分配供货区域、统筹设置使用频率、整章建制规范建设、全面验收强化管理等环节，全面建成1个县级平台，31个乡镇平台，395个村级平台，4848个接收终端，基本覆盖全县村（居）民小组。广播"村村响"工程建设推进快速、覆盖到位、效果良好，受到广大农村群众的热烈欢迎，有效解决党委、政府和媒体联系服务群众最后一公里的问题。

【媒体经营】 2014年，县广播电视台坚持"创新发展"思路，细化营销策略，确保广告创收稳步增长。实行节目制播统管、组建营销活动中心等，有效提升节目制播水平和活动策划能力。不断创新自办节目，以提升收视率为基础，重点拉动汽车、金饰、建材、家电等本土商业领域的广告投放，全力开辟新的广告资源。同时结合文化强县战略和群众路线教育实践活动要求，开展丰富的城市文化宣传活动，逐步做强宁乡电视活动品牌。承办"我爱读书"学习竞赛总决赛、"廉洁·你我同行"党纪条规知识抢答赛；举办"你太有才"之"全县首届少儿电视才艺大赛""幸福宁乡欢乐楚沩"系列之"欢乐社区行"等活动，大力弘扬地域文化，丰富群众文化生活，撬动软性广告市场。全年广告经营逆势增长，2208万元创收开创历史新高，推动社会效益和经济效益的同步增长，传媒竞争力得到进一步提升。

【新媒体平台】 为贯彻落实党中央关于媒体融合发展的精神，拓展广播电视宣传阵地，满足群众需求，2014年，县广播电视台经过反复调研论证，从9月开始大胆试水新媒体业务。12月成立长沙宁视界传媒有限公司，通过产业化运作模式积极推进新媒体建设。以"新闻+生活"的公共生活服务类平台定位，筹建"宁视界"新媒体项目，打造视频网站、公众微信号和移动客户端三大媒体服务平台。突破单一新闻传播途径，构造以视频节目为特色，以新闻资讯为龙头，以生活服务（包括电子政务、电子商务、信息分类、网络社交、娱乐应用等功能）为着力点的新媒体传播服务平台，将宁乡广播电视打造成全新的融合型媒体，逐步形成传统媒体和新兴媒体同步发展的格局。

【采编设备】 为促进设备技术升级，加速媒体宣传和节目提质，确保广播电视科学持续发展，县广播电视台2014年先后投入300多万元开展非编制作系统、媒资系统和拍摄演播设备的高清数字化更新改造。全台采编设备全面实现高清数字化，节目音画质量达到省、市级媒体水平，为提高宣传和服务品质、提升产业发展能力创造条件。

【服务群众】 2014年，县广播电视台深入开展党的群众路线教育实践活动，加强党的组织建设和党风廉政建设，狠抓作风建设，打造优秀的广电团队，推动广播电视健康快速发展。一方面深化广播电视体制机制改革，建设职责清晰、协调顺畅、决策科学、管理高效的管理格局。重视人才人员管理，完善竞争、激励和考核机制，加强党员干部教育，加强干部职工专业教育，使培训培养工作常态化。工、青、妇、老干和关协等工作开展得有声有色，乡镇站所条件得到有效改善，为干部职工营造良好的工作和成长环境。在加快发展中强化人、财、物的管理，营造风清气正，心齐气顺的工作氛围。另一方面结合群众路线要求，不断提升服务群众水平。认真办理四项交办工作（线路科学共杆布局、打击新闻敲诈、杜绝豪华办晚会现象、广播"村村响"工程），抓好三项整治（三俗之风、铺张浪费、电视服务问题），解决五个问题（解决群众看电视难的问题、发挥媒体力量促进解决群众难题、解决群众文化需求问题、解决电视服务水平问题、通过送温暖活动解决群众困难）。组织党员干部开展基层党组织结对共建、"心连心"、一推行四公开群众工作和活动，向双江口镇檀树湾村、双福社区支持经费5万元，派驻2名工作人员驻村帮扶，推动当地发展，组织70名党员结对帮扶39户困难群众，得到群众充分肯定。 （朱霞芳）

县望北峰广播电视转播台
台　长　李迈军

《今日宁乡》信息中心

《今日宁乡》信息中心
主　任　李锡泉
副主任　戴爽飞
　　　　　袁　文

【概况】 2014年，《今日宁乡》信息中心内设总编室、采访部、特刊部、办公室、广告中心和新媒体中心等6个部室。全年，信息中心按照"创一流班子，建一流队伍"的要求，坚持正确的舆论导向，积极宣传党的路线、方针、政策和县委、县政府的指示精神，全面展示宁乡经济发展、社会进步的形势和成绩，为实现经济超常规跨越式发展提供良好的舆论环境。《今日宁乡》印刷发行量达2.3万份，免费赠阅范围覆盖全县各党政机关、部门单位、乡镇村组、厂矿企业和县城门店，拥有读者数万。相继开发《今日宁乡》数字报、大型门户网站《宁乡网》、手机宁乡网、《宁乡手机报》等新媒体，宁乡网微信平台、宁乡网微博等新平台陆续上线，形成立体多元的新闻宣传新格局。并在网上建立《今日宁乡》数字报。

【队伍团结 战斗力强】 2014年，《今日宁乡》信息中心加强内部管理，完善制度建设，特别是中心领导注重坚持"两手抓、两手都要硬"的方针，努力提高干部职工的思想道德素质，加强以遵守新闻纪律，杜绝有偿新闻等为主要内容的职业道德教育，全体员工的思想作风、工作作风大为转变。形成"讲学习、讲政治、讲正气"的氛围，培养一支"政治强、业务精、纪律严、作风正”的新闻工作者队伍。为了引领舆论，服务于县域发展，报社全体人员殚精竭虑。从上年改为对开大报以后，工作任务大大增加，同时每周还要增加一期报纸，采编人员基本上每天都要加班至晚上9点，星期天也要上班。在人力有限的情况下，大家克服困难，齐心协力办好第三届宁乡汽车博览会和“我爱读书”活动，创造很好的经济效益。一年内办出了4个特刊。这些都体现领导班子团结干事、干部职工齐心协力的精神面貌。正是因为《今日宁乡》有这样一支特别能战斗，特别能吃苦的员工队伍，几次大的采访战役才打得特别漂亮，任务完成得非常出色，树立新闻工作者的良好形象。全年合计出版报纸近256期，编发各类文章8000多篇，近1000万字，涉及全县各行各业。较好地发挥党的喉舌作用。

【教育实践活动报道】 2014年3月份宁乡县召开党的群众路线教育实践活动动员大会后，《今日宁乡》即开辟总栏目“党的群众路线教育实践活动在宁乡”，基本上做到每期报纸均有报道，共刊发各类文章700多篇。特别是第一版，对全县工作的开展和部署、省市领导指导时提出的要求、县领导的指示等，都作了充分报道。随着活动的深入开展，还先后开设“大家谈”“为民解困”“典型篇”“整改进行时”“务实为民”“永远在路上”等子栏目。如“为民解困”刊发宁乡加强灌渠建设、步行街噪声整治等文章；“大家谈”刊发干部群众在教育实践活动中的心得和理论性文章20多篇；“整改进行时”重点报道宁乡县城区内涝治理、整治小瓦窑、禁毒禁赌、通益社区打造“城市绿肺”、南苑棚户区改造等工作；“典型篇”报道的典型有基层法官的榜样袁建英、住保局为民办实事、工商局16条举措服务群众等10多个。在活动各阶段，配发“深入开展党的群众路线教育实践活动”社论8篇、“践行群众路线·彰显为民情怀”社论3篇、“践行党的群众路线永远在路上”3篇。

【经济社会民生报道】 经济方面，2014年，《今日宁乡》信息中心为落实党政负责干部大会精神，开辟“策马扬鞭奔新程”栏目，对全县以及各行各业新年新动作进全方位报道，其中“策马扬鞭奔新程·项目篇”对溜子洲大桥、农产品物流中心、中部鞋都、格力等数十个重大项目进行深入报道，9月份全县启动“项目工程百日大会战”后，开辟专栏，对全县重大项目工程进行全面报道；第二版“兴工强县”栏目长期关注工业化进程，刊发文章52篇；“经济观察”栏目推出《三八节引爆女人经济》《大超市之间悄然诞生黄金服饰走廊》等深度报道，社会反响较好。社会民生方面做到进一步增加深度、贴近读者，如S209老粮仓路段山体滑坡，事发次日就发布新闻，接下来又对县领导现场指挥、抢通应急车道等进行后续报道。又如生猪价格连续下跌刊发连续报道，分析寻找应对办法的报道在头版头条刊发。《警民联手10分钟生死营救》等报道可读性强。加大全国文明县城创建宣传力度，刊发报道180篇，除常规性的报道外，还有夜宵摊点由喧嚣走向文明、整制摩的专项行动、工作纪实等深度报道40多篇。

【办报质量稳步提高】 2014年，《今日宁乡》信息中心一是策划一批好新闻。从年初的“践行五民五感，建设幸福宁乡”，到践行群众路线、文明创建、清洁家园·美丽宁乡、整治超限超载等，共推出各类策划19个。7月份，在沩江源头沩源村举行“走读沩江”大型系列报道，已刊发深度报道10多期。7月份，启动“我的家风家训”系列报道，通过宣传一批好家风好家训，传递社会正能量。8月份，在关山村启动“探寻美丽村庄”栏目，对11个风景秀美、文化底蕴深厚的村庄进行报道。9月份，启动“舌尖上的宁乡”系列报道，反映较好，受到读者关注。二是策划一批好版面。每周三第二版的“沩江评论”版自由来稿较多，题材广泛，语言活跃，受到读者喜爱。每半月一期的“宁乡网事”较好地传达群众呼声，如建议图书馆周末开放等，可读性强。每周一期的《天下》版开设了“风云国际”“长株潭”“新闻聚焦”“文体看台”等栏目，版面信息量不断增加。

【提高员工素质和采写水平】 2014年，《今日宁乡》信息中心第一是严格执行《岗位目标考核办法》，严格编前会制度和稿件编审工作。实行新闻每月评优，调动记者编辑写优稿、编优稿的积极性；强化责任编辑责任，要求无差错版面达95%以上，大错、重错课以重罚。出台多项政策措施鼓励采编人员多出精品力作，在全体采编人员中开展创优评选活动。月度优稿奖励400元/篇，每两月评选一次明星记者，奖励800元，每半年评选一次明星编辑，奖励800元。第二是总编室在每个版面安排专人负责校对，全年一版未出现过差错，新闻标题制作、版面式样都跃上一个台阶。第三是每周四晚上召开学习例会，总结上周工作，部署下周工作，同时由领导班子、部主任、邀请的社会上的专家讲课。通过培训，新闻记者快速反应能力得到大的增强，县内发生重大新闻时能及时跟进报道，新闻敏感性和采写时效性双提高。

【办好新媒体】 2014年，《今日宁乡》信息中心一是不断创新，网站工作上台阶。宁乡网已历经两次大改版，上半年，宁乡网再次改版升级。新的宁乡网，版式更加大气清新，内容更加丰富多彩，设置更加科学合理，一上线便吸引网民的关注，改版后的效果显而易见。日均浏览量超过一万人次。其中新闻板块、数字报、论坛关注度直线上升。特别是论坛，注册网友近2.7万人，日均发帖量超过350篇，成为广大宁乡网民必然关注的一个重要平台，更是宁乡党政机关、县直部门和社会团体、商家必然关注的媒体，是外界了解宁乡的一个重要平台和窗口。同时，宁乡网积极向上级媒体推稿，月均推稿30多篇，绝大部分的推稿被红网、新浪、腾讯、网易、《中国日报》、凤凰网等主流媒体采用或者转载，在扩大宁乡的影响力和对外宣传方面，作用甚大。二是围绕中心，当好喉舌关注民生。宁乡网关注民生、通达民情，为宁乡网民提供一个实用的资讯平台的同时，也为他们提供一个纾解民意的平台，强力凸显宁乡网作为与报纸、电视、广播并驾齐驱的“第四媒体”的影响力和品牌力。在服务政府中心工作方面，宁乡网积极作为，除及时将《今日宁乡》的所有新闻稿件转化为数字新闻外，还建立一支超过100人的通讯员队伍，并建立通讯员QQ群。在宁乡网首页设置“乡镇传真”和“部门动态”两个栏目，专门报道部门或乡镇新闻，既激发通讯员的积极性，又为部门和乡镇的宣传造势助力。除本地新闻外，网站其他20多个栏目近200个子栏目的新闻稿每天及时更新，篇数在600篇左右，字数每天不少于60万字。宁乡网高度关注民生，积极发挥新闻舆论的监督作用，定期将网民反映的情况，以舆情督办的形式，发往各相关部门单位，在《今日宁乡》开辟“宁乡网事”专版，以固定半个月一期的频率，进行报网互动，将网民的呼声和建议刊登在报纸上，进一步扩大网站的影响。出版近20期“宁乡网事”，为宁乡网民提供一个舆情转达的平台。彰显宁乡网作为一个地方新闻门户网的社会责任，也促进政府相关部门的工作。三是做好手机报发行和采编工作。精心策划手机报栏目，率先在省内开辟文化类副刊及名人名言栏目，不但让手机报更具可读性，也增强手机报的文化底蕴。手机报已成为宁乡党政机关和部门必然关注的一个新媒体。（办公室）

卫　生

卫生工作

县卫生局

局长、党委书记　喻国军
副局长、副书记　曾继平(3月任)
樊　扬(3月另任)
姜　萍(女)
纪委书记　彭立平(县纪委派驻)
副　局　长　万　胜
徐红斌
工 会 主 席　张旭文

【概况】 2014年,宁乡县共有各级各类医疗卫生机构935家,其中二级综合医院2家、二级中医院1家、一级综合医院7家、专科医院7家、中心卫生院7家、乡镇卫生院26家、门诊部6家、社区卫生服务站11家、村卫生室412家、诊所70家、医务室16家、计生服务站(所)34家、村级医疗点336家。全系统有干部职工6143人,其中:在编人员3647人、临时聘用人员1152人、离退休人员1344人。全县在编专业技术人员3199人,其中正高27人、副高231人、中级809人、初级及以下职称2132人。全县医疗机构病床4747张,其中:县2780张、乡镇1317张、民营650张。全年,县级医院门诊102.04万人次,同比增长9.72%;住院10.42万人次,同比增长10.11%。乡镇卫生院门诊80.77万人次,同比增长5%;住院8.69万人次,同比增长7.16%。全年县域内就诊率87%。宁乡县荣获"全国医改便民示范县"称号,并成功创建成"省级慢病防控示范县"。县卫生局在全国农村卫生大会、全省卫生局长培训会上作典型发言。

【基层综合医改】 2014年,宁乡县健全"政府统筹,一院一策,节余提奖,亏欠不发"的基层医改模式,乡镇卫生院和村卫生室全部实施基本药物制度和零差率销售,全年为群众减免药品费用5131万元。规范药品配送机制,明确每家卫生院定点1家至2家药品公司集中配送,药品配送不齐全、不及时等问题有效缓解。33家乡镇卫生院全年药品网上采购1916批次,采购金额4765万元,网上药品采购数量和金额均排全市第一。为解决群众常用药品购买难问题,7月1日起,在33家卫生院和412家村卫生室开设便民药柜,增补42种老百姓常用药品,实行零差价率销售,进一步方便群众。2014年偿还债务4240万元(乡镇卫生院自筹资金2120万元,县财政1:1配套2120万元),乡镇卫生院累计化债比例72.4%。

【县级公立医院改革】 2014年,宁乡县成立由县委书记任顾问,县长任组长,常务副县长、分管卫生副县长任副组长的公立医院改革领导小组。组织专门团队前往福建三明等地学习取经,对县内4家公立医院进行基础数据调查。县政府制定出台《宁乡县县级公立医院改革方案》,召开公立医院改革启动大会。县人民医院、县中医医院取消药品加成,大型设备检查费下降10%。通过医疗收费价格的调整,弥补药品差价收入的78.9%,政府补偿药品差价的10%,医院加强管理自行消化11.1%。启动改革后,医院运转正常,群众反映良好,公立医院改革稳妥迈出第一步。鼓励社会资本入驻宁乡办医,落实中央及省、市政府《关于进一步鼓励和引导社会资本举办医疗机构的实施意见》,县政府在用地、税费等方面出台一系列优惠政策。

【基层医疗卫生机构标准化建设】 2014年,宁乡县加强基础设施建设,完成南田坪卫生院业务用房和沙田卫生院沙田分院、双凫铺中心卫生院麦田分院和116家村卫生室的新改扩建任务。在全省率先完成294套乡村医生公租房建设。建成26家乡镇卫生院中医药综合服务区。乡村两级基础设施建设成效显著,群众就医条件持续改善。完善基础设备配备,争取国家和省市县资金投入,配备DR11台、彩色B超6台、全自动生化分析仪3台、救护车3辆。依靠中医药综合服务区项目资金,卫生院配齐基本中医理疗康复设备。多种途径充实基层常用医疗设备,卫生院诊疗水平进一步提高。健全县乡对口帮扶机制,县人民医院牵手花明楼、灰汤、煤炭坝、龙田、巷子口、历经铺卫生院,县中医医院牵手道林、老粮仓、菁华铺、青山桥卫生院,县妇幼保健院牵手老粮仓、沙田卫生院进行对口协作、双向转诊,为患者救治开辟绿色通道。乡镇卫生院选送到县级医院进修60人,县级医院组织专家到乡镇卫生院会诊、授课80余次。对口支援技术扶助成效显著,如花明楼卫生院泌尿外科在县人民医院的帮扶下,一年后已能独立开展微创手术。

【公共卫生服务】 2014年,宁乡县基本公共卫生服务经费35元/

人，为群众提供部分免费公共卫生服务。严格执行政府购买服务的原则，推行乡村医生签约服务制。全县共建立居民电子健康档案108.6万份、建档率91.4%，一类疫苗接种率95%、老年人免费健康体检管理率82.5%。规范化管理高血压患者7.06万人、管理率95%，规范化管理糖尿病患者2.08万人、管理率94.3%，规范化管理精神疾病患者4524人、管理率95%，为2196名贫困白内障患者开展免费手术。切实加强妇女儿童保健基础管理，全县0岁至6岁儿童保健覆盖率91.69%、5岁以下儿童死亡率5.6‰，孕产妇系统管理率96%，住院分娩率100%、死亡率11.91/10万。完成农村妇女宫颈癌筛查4万人次、乳腺癌检查2020人次。县妇保院的儿保门诊通过省级标准化验收，宁乡县被省卫计委授予“湖南省儿童保健服务合格县”称号。完善疾病防控机制，健全传染病疫情预警监测网络，做好H7N9禽流感、埃博拉等传染病防控，全年全县未发生重大传染病疫情及突发公共卫生事件。成功创建成省级慢病防控示范县，逐步建立“政府主导、社会参与”的慢病防控机制。县疾控中心被评为全省结核病防治工作先进集体。对50名重性精神疾病患者实施免费救治，救助金额33.89万元。完成血吸虫病、地方病治理任务，顺利通过省市消除疟疾的评估验收。依法加强卫生监督，实地巡查1.15万次，监督覆盖率100%。加强食品安全监管，100人以上集体聚餐备案1.26万例，对26起500人以上的农村集体聚餐上门督导，全年无群体性食物中毒和食源性疾病发生。联合相关部门开展打击非法行医集中行动，取缔无证诊所8家，查处坐堂行医药店3家。推进商事登记制度改革，规范审批行为，简化审批环节，全年新办许可证388张。县卫生监督所被评为全省依法办事示范窗口，县卫生局被评为全县行政审批先进单位。大力推进健康促进行动，印发宣传资料89.9万份，举办健康知识讲座486次，发送健康知识手机信息15万条。公共卫生服务成效日渐凸显，群众对公共卫生服务项目的知晓率、满意度分别达97%、91%。

【卫生队伍建设】　2014年，宁乡县以打造一支“数量充足、素质优良、结构合理”的卫生人才队伍为目标，实施招聘一批、培训一批、组派一批、返聘一批、留住一批的“五个一批”人才工程。全年新聘专业技术人员108人，其中副教授1人、硕士研究生16人、本科生49人，75名新聘人员安排到乡镇卫生院工作，充实基层力量。全年开展基层卫生业务培训3800人次、学历教育98人、全科医生转岗培训22人。狠抓岗前技能教育，108名新聘人员到县人民医院培训1个月后再上岗，县人民医院145名新招聘护士进行42天的岗前集中培训。组织全系统卫生管理人员举办“绩效考核管理”专题培训，邀请国内知名教授进行绩效管理与薪酬分配、成本核算与绩效考核分配等业务培训。县级医院选派中高级专家56人到乡镇卫生院对口支援。返聘24名离退休医生到乡镇卫生院坐诊。对5个边远乡镇（青山桥、龙田、沩山、沙田、巷子口）卫生院的干部职工每月补贴200元。通过实施人才工程，提升基层整体素质，激发医务人员扎根基层的热情。县委、县政府高度重视农村卫生人才队伍建设，决定从2014年开始，每年评选20名乡村名医，每人奖励1万元。通过干部职工评选，卫生院集中推荐，县卫生局深入座谈和满意度调查，局党委集中筛选，评选县首批20名乡村名医：欧清辉、谢华、陈玲、何春华、陈甫全、金曙升、杨彬彬、李恺、王再强、周志强、詹建伟、周伟湘、喻凤舞、高敏军、何哲浩、吴国元、龙新连、周葶梅、毛霞、陶平飞。这20位名医医德高尚、医技精湛、扎根基层、服务群众，为宁乡基层卫生事业发展做出突出贡献。

【卫生服务能力】　2014年，一是县级医疗卫生设施设备不断升级。县卫生系统招商引资1.42亿元，完成年度任务（1亿元）的142%。宁乡县120急救大楼投入使用，全县院前救护网络不断夯实。县人民医院五号住院大楼投入使用，新增床位300张。县人民医院引进美国通用公司64排128层螺旋CT，诊疗能力实现再提升。县中医医院院前文化广场投入使用，整体形象面貌一新，停车难问题有效缓解。县妇保院整体搬迁项目完成前期准备和征地工作。县公共卫生服务中心（县血防站、县卫生监督所、县疾控中心整合建设）完成实验楼、业务楼主体建设。二是科教兴医成效显著。8家乡镇卫生院启动特色专科创建，给予每家启动经费20万元。成功创建省重点专科1个、市重点专科1个，县人民医院泌尿外科被评为长沙市医学重点专科。注重科研论文和科技项目创造，申报科技进步奖2项，荣获省自然科学基金1项，3篇论文被评为市级优秀论文。宁乡县临床病理中心在县人民医院挂牌成立。县人民医院获全国百姓放心示范百佳医院、全国百强县级医院称号，名列中国县级医院竞争力排行榜第67位。三是医疗服务质量不断提高。推行临床路径管理，病例6893例。县级医院使用基本药物品种数比例为52.69%，较上年提高15.4%。加强对处方、病历的指导和审验，乡镇卫生院处方合格率达98%、病历合格率92%。完善医疗纠纷处理机制，全年受理医患纠纷投诉32起，除4起进入司法途径外，其余均调解成功。四是中医药服务能力不断提升。开展中医药适宜技术推广培训360人次，争创“全国农村中医药工作先进单位”。推进基层中医药服务能力提升工程，26 家乡镇卫生院建成中医药综合服务区，并顺利通过市级验收。100%的乡镇卫生院、90%的村卫生室能够提供中医药服务。县中医医院针灸科成功创建成国家“十二五”特色中医专科。

【红十字会工作】 2014 年，无偿献血工作纳入县政府绩效考核内容，全县全年完成无偿献血 6068 人次，完成市下达任务（4900 人次）的 123%，献血人数、献血量均列长沙市第一。无偿献血工作在全市作典型发言，县卫生局被评为“长沙市无偿献血先进单位”。县红十字会创建“中国红十字会博爱家园项目”的经验在全省推广，得到原总红十字会副会长赵白鸽的高度评价。

【卫生系统党建工作】 2014 年，县卫生局坚持党建与医改统筹兼顾，两促进。局党委围绕“为民、务实、清廉”的主题，以整风精神广纳民意，查摆问题 168 条，健全整改制度 29 项。全年会议减少 9 次，同比减少 25%；文件减少 13 个，同比减少 19%，全系统公务开支同比下降 35.86%。加强对民营医院党建工作的指导，长沙南雅医院新成立党支部。开展“心连心”、仁心志愿服务等活动，跟踪帮扶 339 名困难群众，捐资捐物 40 万元，为群众送去价值 190 万元的药品和物资，用实际行动筑牢党员的宗旨意识。开展重温入党誓词、举办公开党课、医务人员执业宣誓等活动，党员干部的理论素养和党性修养得到提高。

【卫生行业作风建设】 2014 年，县卫生系统建立医德医风电子档案，举办纪检监察干部业务和预防职务犯罪知识培训班。严格执行“八项规定”和“九不准”要求，开展纠正医疗卫生方面损害群众利益行为专项整治，设置举报电话、意见箱，在宁乡卫生信息网开设“局长信箱”，公开接受群众监督。创新第三方评价机制，组织离退休人员开展两轮满意度调查，对乡镇卫生院进行单独测评，对县直医疗卫生单位、民营医疗机构进行集中测评，满意度最后一名的单位上台作表态发言。根据年底的测评结果，县直单位满意度在 87%以上，第一名是县精神病医院；乡镇卫生院满意度在 90%以上，前三名是喻家坳、白马桥、朱良桥卫生院；民营医院满意度第一名是星辰康复医院。第三方评价机制对政风行风建设起到有力的鞭策作用，全系统医务人员共退红包 223 个，拒收礼金 8 万元，收到锦旗 128 面，感谢信 92 封。

（刘胜华）

县卫生监督所

所　　长　周仲南

党支部书记　张家泽

县人民医院

【概况】 2014 年，宁乡县人民医院在岗干部职工 1686 人，离退休 322 人，其中高级技术职称人员 174 人（正高 25 人，副高 149 人），中级技术职称人员 359 人。全年完成门诊急诊 67.7 万人次，出院 6.4 万人次，手术 1.5 万台次，体检 2.2 万人次，病床使用率 127.9%，出院者平均住院日 7.5 天。全年完成业务收入 5.6 亿元。医院坚持公立医院办院方向，投身和推进医改，按照医院发展战略规划，加强工作行风建设，提升综合服务能力，在病人负担逐步减轻的前提下，保障医疗服务质量和医疗安全，实现社会效益和经济效益的新突破。

【落实便民措施和细节服务】 2014 年，县人民医院实行院领导门诊一线值日督查，前移行政办公平台，现场为患者解决问题。门诊一站式服务中心年接受患者咨询近 2 万人次，为患者做实事千余件。推行“诊疗一卡通”，开展预约挂号和打印化验报告、费用清单，医技及门诊叫号管理，提供“无假日医院”服务。调整农合兑付窗口管理，新建门诊抽血室，设立急诊科 B 超诊室，检查科室增派排班等，缩短排队等候时间。门诊设置自助售货机、手机自助缴费机。病房窗户加固限宽，定时探视。卫生间放置手纸、安装防滑安全扶手。院内设立志愿者服务岗，随时接受门诊患者健康咨询，开展就诊引导、辅助就医以及自助查询、打印指导服务。

【体现公立医院公益性】 2014 年，为方便急诊、重症患者就诊，县人民医院采取免挂号费直接进入绿色通道抢救的措施，全年 120 接诊病人 1.04 万人次，共抢救处理三无及特殊公共病例 50 人次，接诊简易门诊病人 7.2 万人次，免挂号费 3.8 万余人次，共减免费用 30 余万元。为尿毒症患者减免 50 元/人次的血液透析费用，减免 1.65 万人次共计 84.8 万余元，并为尿毒症患者免费提供 1.65 万盒约 12.3 万元的中餐。开展禽流感防控工作，开展各类健康专题讲座如孕妇学校大型公益课堂、结核病预防知识讲座等，普及群众健康知识。成立应急办，积极应对县内各类突发事件。组织高校招生和夏季征兵体检，完成体检 5500 余人次。积极应对手足口病等流行传染疾病防治，救治交通事故等群体突发事件的伤病员，为五保户、无名氏等弱势群体承担医疗救治责任，共计承担医疗费用 200 余万元。

【打造名医名科】 2014 年，县人民医院实施名医、名科、名院发展战略，泌尿外科被评为长沙市医学重点专科，普外科、感染科是宁乡县首批知名重点专科。确立心血管内科、产科、神经内科、骨外科为院级重点学科，重症医学科（ICU）、神经外科、肿瘤科、中医理疗科、妇科、眼科为医院重点扶持学科，评选普外科许克勤、普胸外科汤建华、骨科樊学文、产科张利珍、神经内科陈志强、呼吸内科彭南波、消化内科王德良、心血管内科罗海燕、泌尿外科张瑞明、急诊内科黄志军、感染科石银冲等11名宁医首批知名专家。宁乡县临床病理中心在县人民医院挂牌成立，承办湖南中西医结合眼视光学专业委员会年会、市医学会儿科学术年会等，为专科学术水平提升提供良好平台。开发新技术、新项目。神经外科与烧伤整形科联合治疗头面部巨大神经纤维瘤获得成功，ICU 成功将 PICC 技术运用于重症病人的血流动力学监测，成功开展胸腔镜下胸腺瘤切除术，准分子激光矫视手术、神经外科首例神经电生理监测下听神经瘤显微切除术、口腔种植牙技术等。4月，县人民医院肿瘤科被评为省癌痛规范化治疗示范病房，规范癌痛治疗。

【加强专科对接】 2014年，县人民医院做好与国内顶尖专科医院北京天坛医院、地坛医院和解放军总医院的指导协作相关工作，成为中南大学湘雅口腔医院定点指导医院、湖南中医药大学第一附属医院"湘中医"医疗联盟单位。与第二军医大学上海长征医院签订技术合作协议，并派人员赴沪进修。接待俄罗斯联邦堪察加半岛医疗保健中心、烧伤创疡国际专家团等国际同行到院参观交流，加强对外交流。注重教学、提升教学质量。

【加强科教研工作】 2014年，县人民医院接收各地进修、实习、见习人员、学生800人。举行硕士研究生毕业论文答辩、开题报告会、教师节优秀教师颁奖大会等。开展第一届"教学质量季"活动，举办青年教师课堂教学竞赛，培养湖南中医大硕士生指导老师。在各级学术期刊上发表交流论文50多篇，11项省、市级科研项目中标，科研教水平显著提升。

【发挥区域医疗中心作用】 2014年，县人民医院加大宣传力度，创新服务形式，与《今日宁乡》联合举办《健康周刊》，公开医院便民电话，方便群众就医。创办院报《宁医新苑》、内部电视频道《宁医健康导航》，在院内外产生一定影响，受到群众一致好评。利用医院门户网站、院报、院内电视频道等推介医院，在省、市、县媒体上发表宣传报道30余篇(幅)。组织进社区进行急救技能宣教、街头义诊等，在护士节举办"天使情·健康梦"大型广场文化活动，弘扬社会正能量。"健康宁乡行、服务走基层"系列活动，服务5000余人次，赠送药品3万余元，受到当地政府及百姓的好评。开展"心连心"对口帮扶、社区特困户上门帮扶，实行对口协作、双向转诊，与各乡镇卫生院进行"手牵手"合作，为危重患者救治开辟绿色通道，实行骨科、皮肤科等专科对口支援。

【加强作风建设和职业道德教育】 2014年，县人民医院组织学习中央八项规定，在全院掀起切实改进工作作风，落实廉洁节约措施、营造务实清廉新风的热潮。编印《坚决纠正医疗卫生方面损害群众利益工作资料汇编》，强化责任加强监督。制作行政楼工作人员去向牌，强调医务人员佩戴胸牌上岗，督查上班劳动纪律，屏蔽购物网站及视频，将医院工作作风抓到实处。开展职业道德和法制纪律教育，开设廉政专题讲座，开展廉政文化进医院"十个一"主题教育活动、道德大讲堂第九讲"九个一"系列活动，承办县卫生系统首届"廉政文化周"活动，参加县第五届"廉政文化周"千人徒步、廉政原创小品晚会等活动，在医师节、护士节评选优秀医护人员，提升总体形象，树立行业标杆。

【国家级荣誉】 2014年，县人民医院连续4年蝉联中国最具竞争力县级医院100强，名列排行榜第67位，中部排名第6位。继"全国百姓放心示范医院"后荣获"全国百姓放心百佳示范医院"称号，获评"中国100家最具公信力县级医院"。

【文明创建】 2014年，县人民医院开展"三城同创""模范职工之家""青年文明号"等文明创建工作，组织宁乡县道德讲堂，在长沙市对宁乡县卫生单位文明程度测评中获好评，省级文明单位创建工作接受省、市、县文明办的初评验收，获得高度肯定。与菁华铺乡中心小学开展结对共建少年宫活动，开展"卫生科普知识"进校园活动，捐赠共建资金4万元。

（龚含军　王典辉　潘湘华　黄　莉）

县人民医院

院　　长　刘俊东
党委书记　文大志
副 院 长　陈迪辉
赵竞飞(女)
成宇锋(女)
许克勤
聂　赞
刘　亮
李　杰(挂职)

县中医院

【概况】 2014年，宁乡县中医医院共有在职干部职工734人，其中高级职称人员53人，中级职称人员178人；研究生53人。设有党政办、医务科、护理部、人事科、质控科、财务科、审计科、项目办、医保科、预防保健科、科教科、纪检监察室、设备科、总务科、动管科、保卫科、工会办、女工办、中医药学会办公室、客户服务中心等职能科室；有内一科、中风科、内三科、内四科、外一科、外二科、骨伤一科、骨伤二科、骨伤三科、妇产科、眼科、耳鼻咽喉科、儿科、针灸科、急诊科、急救站、门诊部、手术室麻醉科、健康管理科等19个临床科室;有功能科、检验科、放射科3个医技科室;有药剂科、制剂科;设司法鉴定所1个。全年门急诊17万人次,住院2.5万人次;总收入1.93亿元。医院编制病床800张,实际开放550张。

【开展党的群众路线教育实践活动】 2014年,宁乡县中医院作为第二批教育实践活动单位,自活动启动以后,结合自身实际,按照“照镜子、正衣冠、洗洗澡、治治病”总要求,紧紧围绕为民务实清廉的主要内容,聚焦“四风”突出问题,扎扎实实开展学习教育、听取意见,查摆问题、开展批评,在坚持学习、讨论的基础上,坚持敞开大门搞活动、听意见,深入查找班子及班子成员自身存在的“四风”问题。通过群众提、自己找、上级点、互相帮,深入查摆、认真梳理、共收集领导班子各类意见建议43条,围绕查找出来的主要问题,明确6个方面、30项整改任务,每项任务都明确责任领导、责任部门和整改时限,并进行公示,接受社会监督,进行全方位的整改,取得成果。开门活动:组织100余名党员干部开展“心连心”“结对认亲、排忧解难”活动,慰问贫困家庭33户,捐款、送医、送药爱心帮扶5万余元。参加卫生系统“仁心”志愿服务队,走出医院开展特色志愿服务。启动“光明?关爱”工程等义诊服务活动,为2万余名群众免费体检,为600多名白内障、胬肉患者减免医疗费用约150万元。走进企业、社区举办健康讲坛,开展免费健康检查和义诊活动。政风行风:严格管理公务用车、清理办公用房超标等。狠抓医德医风建设,加强对党风廉政建设责任制执行的监督和检查,班子成员实行“一岗双责”,按照“谁主管、谁负责”原则,对廉政建设、作风建设进行任务量化、责任分解,形成一级抓一级、层层抓落实的责任体系,对院领导使用权力、医务人员廉洁行医、后勤物资和医疗器械采购、药品采购等进行全面监督,全年所有大型设备均实行科室申请、院党委集体讨论、局党委批准、市场调查、招标采购的原则。切实加强廉政文化建设。积极参加全县优化经济发展环境及政风行风评议,在全院开展坚决纠正医疗卫生方面损害群众利益行为专项整治工作,重点整治包括开大处方、滥检查和违规收费,收受药品回扣、开单提成等不正当行为,严格执行医疗卫生行业“九不准”,退红包28次,合计金额1.28万元;共收到感谢信和锦旗38次,涉及表扬和感谢到的医务人员约400人次;新闻媒体正面报道50多次;对违反有关制度的人员进行处理,年内免职1人、降职2人、诫勉谈话1人、通报批评9人。开展“廉政文化进医院”活动,及时跟进《党政机关厉行节约反对浪费条例》等制度执行情况,坚决做到令行禁止、不搞例外,堵塞滋生“四风”的漏洞,“四费”比上年下降66.24万元,下降率33.63%。省卫生厅及县委、县卫生局路线办对医院党的群众路线教育教育实践活动开展情况给予了高度评价。项目建设:完成院前文化广场建设,建成急救站、高压氧室,净增车位150多个;完成制剂楼扫尾工程,按照GMP标准添置全套制剂设备,于12月中旬实现制剂楼整体搬迁;对物业、信息管理系统、食堂进行统一招标采购;物业整体上进行规范管理,卫生及社会化服务质量明显提高;信息系统HIS项目在全院铺开,经过不到一个月的运行,平稳实现过渡。

【内涵建设】 2014年,宁乡县中医院医院管理:以打攻坚战、啃硬骨头、钉钉子的精神,推动内涵管理见成效,首先从制度方面着手,切实加强管理、规范管理,对《重点管理制度》《经管方案》等重新修订,对落实制度情况加大督查和奖罚力度,并建立健全以院长、书记为第一责任人,其他院领导、医务、护理、质控、科教、院感、医保、药剂、纪检、财务、人事、总务、保卫等职能部门共同参与的工作督导和服务体系,实现全覆盖。其次从文化方面着手创新管理,引导干部职工更具大局意识、奉献精神、进取精神,努力形成合力,实现共同进步和发展,把对一些问题的处理从“发现人、处理人”提升到“寻找原因、解决问题”,通过规范管理,干部职工的服务行为得到提升,管理水平也得到进一步提高。学科建设:巩固作为一家县级中医医院在全省县级中医院中的领先地位,在接受全国“二级甲等中医医院”第二批复审验收活动中,通过提升中医药功能、加强队伍建设、加强重点中医专科建设、推进重点专科建设、提升中药药事管理和中医护理能力建设、浓厚中医药文化氛围、加强预防保健作用等,最终以930.6分的高分通过测评。医院总体规模、专科建设、人才梯队、服务能力、服务水平等在全省县级中医医院纵比中处于第2名的位置。在此基础上,特色中医专科及重点中医专科等学科建设得到稳步推进。针灸科以传统中医四海理论、阴络理论为指导,积极开展四海之腧取穴法治疗瘫痪、阴络理论治疗痛症证临床应用,取得较好临床疗效;开展偏瘫肢体综合训练、关节松动训练、平衡功能训练、手功能训练等项目,填补在中风偏瘫、脑瘫等患者运动治疗、言语治疗、作业治疗等功能训练方面的空白,被国家中医药管理局评为“全国农村医疗机构中医特色优势重点专科”单位,成为湖南省针灸学会长沙市分会副会长单位。眼科努力在夹缝中求快速发展,经常深入到全县各卫生院、诊所、学校进行宣传、义诊,积极参与省内外新技术新知识培训班,与湘雅的教授对接,定期邀请知名教授来医院会诊、手术等,不仅促进科室的稳步发展,也奠定其在医院的标杆地位。骨伤一科将病区服务延伸到入院前登记和出院后随访,从优质服务上吸引患者前来就诊,同时在医疗质量与安全上再下功夫,注重加强病人重点环节、重点时段和重点病人的管理,全年收治病人1300余例,其中进行髋关节置换术约70例,手术疗效好。骨伤二科将创伤骨科作为科室的发展重点,努力做到让每一位病人满意并成为其名片,成功实施首例"双侧先天性髋关节脱位"矫形手术,并在老年髋部骨折的手术治疗方面取得很好疗效。骨伤三科运用微创结合中药方剂等中医药手段在治疗疼痛病方面取得满意效果,新开展手足部开放性损伤手术和手足部感染、肿瘤、先天性畸形、掌腱膜挛缩症、狭窄性腱鞘炎等保守和手术治疗,前景喜人。内二科注重个人专业的培养,在科有特色的基础上努力做到人有专长,进一步巩固中风病及糖尿病的治疗效果,全年收治的急危重病人近100人,其中大面积脑梗塞病人30余人,疗效好。医疗质量与安全管理:全院医疗质量、安全管理有新的提升。业务领导定期门诊,内科主任医师和骨伤科主任医师坚持每周查房,医院坚持每周一次行政查房,定期开展疑难病例、死亡病例讨论,各科室围绕医院各项中心任务严格落实各项核心制度,依法履行职责,各项工作卓有成效。内一科按照最新《指南》规范慢性心衰、冠心病、高血压等疾病的治疗,面对全院繁重的会诊任务,基本做到随叫随到,全科人员积极参加各项专业学术活动,关注本专业国内外新知识及新动态,及时将新的理念、知识应用于临床,病人受益匪浅。内三科与内四科于4月份成功分科后,继续巩固消化内科业务,于5月份起广泛开展内镜和胃肠镜检查。内四科以肿瘤防治和血液透析研究方向为重点,就肿瘤相关性呕吐、疼痛、便秘、胸腹水及浅表肿瘤,研制专方专药,结合敷贴、艾灸等中医药操作,形成科室特有技术;肾内充分利用现有医疗设备,逐步开展多种透析技术。妇产科工作的特点是"急、忙、乱、脏",已广泛开展子宫切除、盆腔肿物、宫外孕、前庭大腺囊肿等手术和无痛人流、清宫术、取上环、子宫输卵管通液、子宫输卵管造影、宫颈BBT治疗等门诊小型微创手术。儿科强化新生儿室息复苏、胸外心脏按压、电除颤培训和气管插管、复苏囊的使用,新开展中医雾化、灌肠、口腔护理治疗、脐部敷帖、冬病夏治、冬病冬治和肺炎腹泻中药四季敷帖等,扩大影响力。外一科加强科研教学,争取到市级科研成果1项,发表论文4篇,同时积极开展脑出血微创治疗、颅骨修补术及肛门PPH术、RPH术治疗痔疮、肛瘘等疾病治疗,疗效确切。外二科积极开展新技术、新业务,腹腔镜在普外方面得到广泛应用,已能熟练开展腹腔镜下阑尾切除、胆囊切除、胃穿孔修补术等;并在常规治疗的基础上,积极探索如小儿疝、成人疝等手术均采用小切口、皮内缝合等方式,其手术效果及美观性让病人乐于接受。耳鼻咽喉科开展声带微创微瓣手术、耳科显微手术、聂下颌关节手术等,运用中医药从脾胃病理论出发辩证治疗小儿鼻炎的临床治疗和穴位注射治疗神经性耳鸣耳聋的治疗,效果好,同时通过规范门诊诊疗程序,及早发现多例鼻咽癌和喉癌,得到病人认可。麻醉科、手术室坚持术前访视,加强术中检测、及时发现病情变化,及时处理各类并发症;坚持术后随访,及时有效处理术后病人的不良反应,相关工作有条不紊地进行。皮肤科在原有中药熏蒸治疗等中医特色的基础上新推出果酸护肤治疗,踏上医学护肤新征程。口腔科在口腔固定修复、青少年牙列畸形矫正、牙齿美容修复、牙疼治疗,尤其在根管治疗、牙周炎治疗等方面的治疗效果处于全县领先水平。健康管理科在中医体质辩证方面特色明显、健康管理水平及服务进一步提升。放射科严格执行三级质控网络监测和晨晚间集体阅片制度,杜绝外伤、急诊等高风险方面存在的漏、误诊现象,同时大力开展"CT导引下行脑溢血穿刺抽吸术和椎间盘突出症定位治疗术""椎动脉的MRI成像""新旧骨折的鉴别""胃肠道造影"等特检项目及全身各部位的三维成像检查、增强检查,有力推动临床发展。功能科逐步开展阿托品、心电图运动试验和心电频谱诊断分析项目,超声心血管检查及常规检查项目带动B超项目的发展。检验科加强与临床的联系,重点推介微生物的快培、鉴定及药敏分析,开展C反应蛋白、性激素六项、糖化血红蛋白、C肽、甲状腺相关抗体等新项目,通过规范管理、提升服务,实现经济、人才效益双增长。药剂科做到药品账物相符,日清月结,报损率基本控制在0状态;时刻把药品质量放在第一位,把好药品购进关,全年无假劣药事件发生,确保患者用药安全有效;同时每月进行效期药品的自查,将近效期3个月内的药品退回公司,减少药品的报损量,降低医院损失。制剂项目与制剂产业发展两手齐抓,制剂产品在省药监部门抽检中合格率为100%;完成3个制剂品种的再注册工作,生产过程中做好品质管理工作和每批生产工艺批准记录、清场记录等,确保产品质量。司法鉴定所以全部"满意"结果通过了司法部司法鉴定科学技术研究所法医临床学损伤程度鉴定、法医临床学伤残程度鉴定、法医病理学死亡原因鉴定及致伤方式判断2014年度能力验证,共完成司法鉴定700余例。门诊各部实行无假日服务。人才梯队建设:医院通过多方面的努力全面提升一线人员的技术水平和整体素质。全年根据学科建设需要和科室工作需要,有计划选派各科室业务骨干赴三甲医院进修学习

100余人次，投入资金270余万元。鼓励广大医务人员申报科研项目，全年在国家核心期刊上发表论文27篇，喻融医生的《腹针干预痔术后尿潴留的临床研究》中标，何杰、王芬、彭伟、戴素婷等的论文获市科技进步一、二、三等奖。院内加强业务培训和学习、考试，全年发放三基训丛书200多册，开展CPR操作练习人次达500多人次，考核徒手心肺复苏术、新生儿窒息复苏技术，做到人人过关，全院医师培训覆盖率达到90%，三基考试考核合格率为100%。成功举办"基层常见病、多发病适宜技术推广能力建设项目培训班"和乡村医生中医药知识与技能培训班，230名乡村医师参加培训；开展科技特派员下乡及对口支援乡镇卫生院工作，同时扶持夏铎铺、菁华铺、巷子口、喻家坳、横市等医院，不定期派医务人员前往这些帮扶医院进行业务指导、讲课等活动。接受长沙医学院11级中医二班78名同学在宁乡县中医院进行为期1年的临床教学，接受各高等医学院校实习生165人到院实习。积极开展对外学术交流活动，全年医务人员外出参加培训、会议共计100余人次。为做好护士的在职继续教育工作，护理部每月组织业务学习、"三基"考试和派送护理骨干外出参加学术讲座，包括下科室检查时，对常用中西医护理相关知识及操作技能进行抽查考核，使全院护士熟练掌握中西医基本技术、基本技能基础知识和中西医护理常规各种应急预案，确保护理安全。同时加大对护理骨干与专科护士的培养引导，包括进修PICC置管术、血液净化专科培训、神经科疾病护理相关康复培训、血液透析的质量控制与管理及专科知识技能的学习等，加强护理管理队伍素质建设，使医院护理人才梯队建设日趋合理。加强高校毕业生就业培训，被确定为"2014－2016年度宁乡县高校毕业生就业见习基地"。医院人才梯队逐步形成，已拥有高职人员53人，研究生53人，中级职称人员189人。公立医院改革：以控制医药费用为重点，强化便民惠民；以优化人事、分配、队伍结构和执业环境为重点，改革运行机制，提升医院活力，该工作于2014年12月31日正式启动，启动前后做了大量工作，包括坚持实行"无假日医院"，开设暑期眼科夜间门诊，实行挂号、检查、治疗、取药等诊疗服务"一卡通"、通过优化门诊服务流程、开展错峰服务、分时段诊疗等缩短就医等候时间、优质护理服务等十大便民惠民措施，成效显著。实行检验结果及影像资料互认，推行临床路径管理，开展按病种付费等支付方式改革；继续实行药品集中采购，住院患者综合满意率达90.3%。医院在全院各临床科室开展"优质护理服务示范工程"活动、评比"每月一星"和"优质护理服务先进科室"，举办业务人员"感动式服务汇报会"，积极开展髋关节、膝关节置换术、眼科的玻璃体切割术、肾内科的血液透析等新技术、新项目，加强与湖南中医学院附属第一医院、湘雅医院的合作交流，积极成为上级知名医院的医疗联盟单位，并签订合作协议，特别依托湖南中医附一院在"名家讲座、专家坐诊、定期查房、远程会诊"等方面的全面合作，让省级名医专家带动临床科室发展并及时引进新技术、新设备，带动诊疗水平不断提高，提升医院知名度。规范病房工作程序，严格"三查七对""三基三严"、三级医师查房等操作规程和制度，遏制推诿病人、漠视病人合理要求的现象。加强对挂号、药房、收款处等窗口科室的形象教育，并为患者提供导诊、热水、候诊座位等方便服务。同时切实强化诚信服务理念。对药品、手术费、设备检查费、化验费等服务价格全部上墙公示，接受群众和社会监督，向社会公开承诺服务内容和时限、用药知情同意、贵重药品使用审批等，防止滥用贵重药品、开大处方等现象发生；通过完善服务措施，改进服务流程，群众在医疗质量、医疗服务和医德医风等方面的感受有了明显改善。其他工作：一是建立健全发展、推广中医的长效激励机制，设立中医操作激励基金，这些激励措施为中医的发展起到良好的推动作用，全院各临床科室广泛开展如"冬病冬治三九贴""冬病夏治三伏贴"、中药敷贴、穴位注射、中药雾化、耳穴压豆等中医项目。二是进一步完善激励机制。能发挥激励和约束作用的工资制度和收入分配机制基本形成，在绩效分配上充分体现医务人员劳动价值，并按照优劳分配、效率优先、向临床倾斜的原则，激励职工的积极性和创造性。三是举办一系列主题活动，参与全省"最美护士"评比大赛、全县大型群众文艺会演活动、消费维权知识竞赛、党纪条规知识抢答赛、春季环城马路赛、千人徒步比赛、门球赛、卫生系统拔河比赛、无偿献血活动、仁心志愿者活动、全民健康生活方式行动、健康科普进社区活动、环境卫生整洁等，医院举办的医务人员宣誓活动、文化展示活动、业务人员感动式服务汇报会、拔河比赛、徒步等活动都很成功。医院为干部职工健康体检，增投医疗互助保险、两癌保险，并出台《干部职工及家属住院医疗费用报销方案》，全年通过医疗互助及院内报销自付费用约20万元，减轻干部职工及家属共200余人的住院自付负担。

（喻先群）

县中医院

院　　长　杨曙光

党委书记　黄建强

常务副院长、副书记

　　陈泽文

副 院 长　贺林战

　　喻爱珍

　　李　曦(女)

　　张　亮(12月任)

王应军(12月任)

县疾病预防控制中心

【概况】 2014年,宁乡县疾病预防控制中心共有在职干部职工139人,其中高级职称14人(正高1人),中初级职称98人。中心内设公共卫生检验检测中心、疾病防治所、传染病防治科、卫生应急办、免疫规划科、性病艾滋病麻风病防治科、学校卫生科、慢性非传染性疾病防治科、健康教育与健康促进科、卫生监测科、职业危害因素控制科、结核病防治科等科室。全年,县疾控中心真抓实干,疾控事业大丰收:重点传染病防控、免疫规划工作位居长沙市前列;作为主要牵头落实单位成功通过省级慢性非传染性疾病示范县验收;第六次高分通过省级计量认证复评审并成为全市各区县中首个成功获得集中式中央空调及室内空气质量监测相关资质的单位;在省质监局的质量考核中成为全市市县参考单位中唯一一家获得"优秀实验室"殊荣的单位;高票通过省级"消疟行动"验收;结核病防治工作连续三年获得省优秀防治单位称号;优化经济发展环境工作在全县千人测评中名列服务类单位第四,在卫生系统政风行风测评中名列县直医疗单位第二,并先后获得系统"绩效考核先进单位""优秀领导班子""计划生育先进单位"等荣誉称号。

【成功创建省级慢性病综合防控示范县】 2014年,县疾控中心作为省级慢病示范县创建主要牵头落实单位,圆满完成全县慢病基线数据调查、录入、分析工作,建立10个健康自助检测点和124个慢病患者自我管理小组,形成《宁乡县2013年恶性肿瘤回顾性调查报告》《宁乡县2013年心脑血管疾病事件回顾性调查报告》两个慢性病调查报告,全面指导各乡镇慢性病高危人群筛查与干预工作,撰写《宁乡县慢性非传染性疾病综合防控示范区社区诊断报告》《宁乡县慢性非传染性疾病综合防控示范区工作报告》。11月26日,省卫计委组织评审团对宁乡慢病示范县创建工作进行考评验收,专家一致认为宁乡慢性病综合防控省级示范县创建工作认识上有高度,工作上有力度,动员上有广度,成效上有亮度,为国家基本公共卫生服务的全面落实更添动力。

【传染病防控】 2014年,宁乡县共报告新发法定传染病1.1万例,与上年同期相比上升54.57%,其中甲类传染病0种0例,乙类14种3162例,丙类7种7392例。全县手足口病、狂犬病、细菌性痢疾等重点传染病得到有效控制,圆满完成国家级出血热、钩体病、布病的监测项目任务;实现鼠疫、霍乱、人感染H7N9禽流感、埃博拉出血热等烈性传染病疫情零发生;高票通过省级"消疟行动"验收;全年结核病初诊患者3432人,初诊免费摄胸片1822人,初诊免费查痰1884人,发现活动性肺结核病人985例,其中新涂阳病人301例,复治涂阳病人23例,涂阴患者661例,结核病DOTS覆盖率为100%,达到全省的先进水平,连续三年获得省优秀防治单位称号。

【突发公共卫生事件处置】 2014年,县疾控中心继续采用"请进来授课、送上级培训、下基层培养"的方式全面提升机动队伍卫生应急能力,在城郊乡中心小学举办宁乡县学校突发公共卫生事件应急演练,继续开展重点传染病预测预警工作,启动突发公共卫生事件风险评估工作。全年共对329起预警信号进行核实调查处理,共对1起一般突发公共卫生事件(资福中心小学水痘暴发疫情)和9起未分级突发公共卫生事件进行及时、高效处置,同时开展人感染H7N9禽流感、布病等重点传染病的风险评估。全县全年未发生大的传染病暴发疫情,未发生一起因水污染导致的突发公共卫生事件。

【免疫规划】 2014年,宁乡县儿童疫苗接种率以乡为单位达95%以上,儿童建卡、建证率均达100%,在全县实施麻疹、脊灰疫苗强化免疫活动,应种人次和接种率分别达到5.42万人次、95.76%和5.1万人次、95.30%,接受省市的联合考核评估,获高度评价,指导并推动各乡镇完成计划免疫网络的建立健全,为"十四苗防十五病"扩大免疫规划政策落到实处建立良好网络互通机制。在2014年长沙市接种率调查中,宁乡县名列全市第二,指导改建的煤炭坝镇卫生院预防接种室被评为市级示范接种室。

【艾滋病防治】 2014年,按照属地管理的原则,县疾控中心对全年新增74个病例进行疫情报告、首次面对面随访和跟踪管理,并对现存243个病例逐个管理落实,其中接受结核病检查比率为100%,完成CD4检测率89.3%,配偶检测率95%,抗病毒治疗率87%。针对暗娼、吸毒、男男同性恋、性病就诊者和农民工5类高危人群,县疾控中心每月组织进行实时监测,并配合公安部门对1257个羁押对象进行艾滋病病毒抗体筛查,发现2例阳性病例。同时,对各大娱乐场所进行行为干预及艾滋病防治宣传,其中,针对在校学生新发感染逐年增多的新形势,县疾控中心在县职业技术学校等学校组织以"行动起来,向零艾滋迈进""我的青春谁做主"为主题的大型宣传活动,现场发放宣传资料8000余份。从2014年起,参保的县域艾滋病人在定点医院住院治疗的费用可报销80%,上不封顶。

【卫生监测】 2014年，县疾控中心共完成县域内162家企业的职业危害因素现场检测与评价，监测辖区内企业存在的职业病危害因素种类31种，职业健康监护体检共计1万人，检出职业禁忌证13人，疑似职业病1人，全县全年未发生一起职业暴露事件；对全县各学校饮用水进行全面的水质监测，并现场进行消毒指导，保障全县师生的饮水安全；配合北京大学儿童青少年研究所和中南大学公共卫生学院开展的卫生公益性行业科研专项“学生重大疾病防控技术和相关标准研制及应用”（简称“1147计划”）项目工作，完成全县13所中小学万名学生近视及肥胖的行为干预、生活干预的成效监测；以创建国家级文明城市为契机，开展门店专项整治，全县餐饮、公共场所从业人员体检率得到大幅提高，达到2.48万人次；受理县域内350余家餐饮单位及宾馆的食品、餐饮具、公共用品、二次供水、游泳池水等公共场所用品的抽样检查检测；完成国家农村饮用水水质卫生监测、长沙市环保三年行动计划农村饮用水监测、2014年食品安全中蔬菜镉铅污染风险监测、湖南省稻米镉健康监护对策与食源性疾病溯源技术研究4大项目。

【健康教育】 2014年，县疾控中心重点加强对肿瘤、高血压、糖尿病等慢病防治的宣传，指导并推行健康单位（健康社区、健康学校、健康食堂、健康酒店）和无烟单位创建活动，全县创建健康单位25家，无烟单位47家。督导各乡镇在各个重点宣传日开展多种形式的宣传，在宁乡电视台、《今日宁乡》报、《宁乡新农村报》以及各网络平台进行健康知识宣传和普及，其中在《今日宁乡》报与县卫生局一起开设《健康宁乡行》专栏，发表健康知识文章两百余篇，印发宣传资料8种50余万册。

【绩效考核】 2014年，县疾控中心按照科学、规范的整体原则，在各科室及全体干部职工中强力推行绩效考核，先后制定下发《绩效考核实施方案》及《实施细则》，对中心各科室及职工遵守劳动纪律、加强业务素质提升、服从工作安排、履行岗位职责、完成中心规定的各项工作任务等情况进行全面考核，重点考核劳动纪律、工作实绩（主要包括服务水平、完成工作等方面的实绩），并向关键岗位、业务骨干及成绩突出的工作人员倾斜，充分体现不劳不得、多劳多得、优绩优酬的原则。绩效考核工作实施以后，效果显著，中心各项业务工作、各项指标任务圆满完成，干部职工人心思齐，爱岗敬业。（办公室）

县疾病预防控制中心

主　　任　胡雪良
党总支书记　李雄伟
副 主 任　夏文斌
　彭智勇
　彭军辉

县精神病医院

【概况】 长沙市宁乡精神病医院是一所集医疗、科研、教学、康复于一体的二级甲等专科医院，承担全县及邻县周边部分群众的精神卫生医疗、预防、康复及政府其他指令性任务。2014年医院干部职工团结协作、努力工作、扎实开展党的群众路线教育实践活动，正行风转作风，提高医院服务能力和水平，切实解决人民群众看病贵看病难的问题。巩固专科品牌优势，发展壮大老年康复医疗，圆满完成各项工作任务。年门诊人次2.56万人次，新入院病人1633人次，出院病人1414人次，日均住院887.41人，病床使用率为98%，业务收入4262万。2014年县精神病医院被评为全县卫生系统绩效考核先进单位、优秀领导班子、优化经济发展环境工作先进单位、综合治理和安全生产工作先进单位、计划生育工作先进单位、增收节支先进单位。

【开展党的群众路线教育实践活动】 2014年3月开始，县精神病医院围绕“为民务实清廉”的主题，把握“照镜子、正衣冠、洗洗澡、治治病”的总要求，落实中央“八项规定”、省委“九条规定”、市委“两办法一规定”及县委的有关规定，组织开展党的群众路线教育实践活动，党员干部受到思想教育，理想信念增强；领导班子、党员受到政治锻炼，党性意识增强；“四风”问题得到遏制。全年减少会议15%，三公经费较上年减少52%，调整清理多占办公用房48.7平方米，对在职人员清理规范方面见成效：13名停薪留职人员，4名被辞退，2名自愿辞职，4名回院上班，3名病休。开展“心连心”活动效果明显，54名党员联横市镇18户特困群众，上门6次，献爱心1.44万元。对住院时间较长的86名精神病病人，开展“心连心、一对一、十项措施手牵手”活动，全方面关怀帮助。

【加强行风作风及医德医风建设】 2014年，县精神病医院开展“三好一满意”活动，以院务公开为抓手，坚持依法行医、依法管院。加强医德医风建设，全年干部职工退病人红包50人次，金额1.33万元，收锦旗17面。12月份在全县组织的民主评议中，县精神病医院满意度名列县直医院第一名。落实惠民政策，对县域内3000余名社会精神病人坚持每两月下乡义诊一次，并免费发放基本治疗药物188.9万元；按程序进行住院救助2014人次，救助额350万元。完成为民办实事重性精神病患者救助工作任务，重点救助救治重性精神病人50人，救助金额33.89万元。

【医疗质量管理】 2014年县精神病医院狠抓医疗质量管理，修改完善各项医疗管理制度，灌输法制意识，强化安全意识，门诊病历书写率100%，门诊处方合格率98.7%，住院病历合格率100%，甲级病历99.1%，入出院诊断符合率99.8%，危重病人抢救成功率95.6%，基础护理合格率95.8%，无传染病漏报，无差错事故，无褥疮发生，急救药品齐备完好率100%。

【项目工程建设及固定资产归档管理】 2014年县精神病医院项目工程结束，所有子项目完成审计工作，工程审计造价2545万元，配套工程前期费用合计197.5万元，两项合计2743万元，按合同规定于12月底前全部付清。同时完成项目工程建设资料的整理归档。根据上级安排，清理所有往来账目，完成固定资产归档工作。（办公室）

长沙市宁乡精神病医院
院　长　文红军
书　记　喻德明

县妇幼保健院

【概况】 2014年，宁乡县妇幼保健院共有干部职工283人，（含离退休、临聘人员），有研究生5人，副高职称25人，中级职称80人。医院总资产6129.09万元，同比增长44.85%，总收入6958.75万元，同比增长8.03%，全年门诊12.5万人次，同比增长5.42%，住院人数1.07万人次，分娩4505人次，病床使用率113.53%。荣获市卫生局妇幼健康技能竞赛"一等奖"。荣获县卫生局"绩效考核先进单位""优秀领导班子""医疗质量先进单位""计划生育先进单位""综合治理先进单位"等荣誉称号。

【妇幼保健工作】 2014年，县妇幼保健院以落实重大妇幼公共卫生项目、促进妇幼基本公共卫生服务均等化，控制孕产妇死亡率和5岁以下儿童死亡率为重点，孕产妇死亡率11.91/10万，五岁以下儿童死亡率5.6%，妇幼保健各项工作指标圆满完成。一是着力提升保健队伍素质。乡镇妇幼保健人员达127人，县妇幼保健院群体保健外线人员20人，其中硕士研究生2人。通过定期举办全县妇保、儿保专干培训班，邀请省市县专家授课、下乡督导，基层妇幼工作人员业务素质及工作质量有效提升。二是切实保障妇女儿童安全。严格履行首诊负责制和转诊制度，畅通急救绿色通道，做好高危孕产妇的常规筛查、登记、报告、管理与追访工作，特别是重点高危的个案管理，抓好冰冻和春节期间孕产妇安全管理，全年孕产妇系统管理率96.05%、产前筛查率98.54%，县级孕产妇急救中心共接收危重孕产妇224名，抢救成功率为99%。注重新生儿死亡评审，加强新生儿窒息复苏培训，规范儿童保健管理，3岁以下儿童保健系统管理率89.98%，6岁以下儿童建档率98.54%，对全县190家托幼机构儿童集体服药情况进行逐一排查，规范托幼机构卫生评价工作流程，对13家新申请办证的幼儿园均按照卫生行政部门要求进行上门卫生评价。

【落实国家重大妇幼公共卫生服务项目】 2014年，县妇幼保健院一是落实农村妇女病和"两癌"免费检查项目。采取质控结果与下拨经费挂钩，有效保证筛查质量。全年完成4万人的宫颈癌检查任务，发现癌前病变198人，确诊宫颈癌28人；完成2020人乳腺癌检查任务，确诊乳腺癌4人，乳腺纤维瘤14人。所有阳性病人均得到指导、治疗和追访。二是落实其他公共卫生妇幼项目。艾滋病、梅毒、乙肝的孕期筛查率为95.68%，所有感染人员都接受规范的预防和治疗。叶酸知识知晓率96.3%，全年新增服用率91.92%。婚前医学检查率为89.68%，共检查出患病人数249人，所有婚检对象均不同程度的接受婚前指导和咨询。

【残疾儿童抢救性康复项目】 2014年，县妇幼保健院共接收30名不同程度肢残和智障残疾儿童，康复8人，好转22人，有效率100%，获得省、市残联等部门的高度评价。医院"小太阳"早教中心作为"中国梦·长沙人·星城美"先进集体在湖南日报、长沙晚报、长沙电视台等媒体广泛宣传。

【医疗管理工作】 2014年，县妇幼保健院一是医疗质量全面提升。加大人才培养力度，选送多名医护骨干到北京安贞医院、湘雅医院进修，全年共派出医务人员参加各类短期学习培训35次，培训人员130多人。加强"三基"知识考核力度，组织技能竞赛，坚持院领导、医务科、护理部、质控科等部门每周下科室查房，严抓医疗、护理等核心制度的落实，加大责任落实措施和处罚力度，全年未发生重大医疗纠纷和事故。二是服务水平持续巩固。秉承一切"以病人为中心"的服务理念，在门诊增设挂号收费窗口；在影像科、产科门诊等病人拥挤区域增设分诊、导医服务；对检验科窗口进行改造；在产科门诊楼道增加座位，方便孕妇就诊；门诊相关科室在夏季酷暑时节提前半小时上班，减少病人就诊等候时间；制定住院病人更改姓名申请流程，规范临床用血调配流程以及急诊病理切片送检流程，让群众享受到实实在在的便捷服务。产科成功创建成市级青年文明号，新生儿科成功创建成县级青年文明号。

【妇幼保健专科建设】 2014年，县妇幼保健院专科建设不断加强，学科建设齐头并进。外妇科推行微创理念，为病人提供术后康复指导，全年完成腹腔镜手术400余例，宫腔镜电切140余例，宫腔镜检查1400余例，疗效显著。产科努力钻研危急重症及疑难病诊治技术，成功救治产后出血、妊高征、妊娠合并糖尿病、HEELP综合征等并发症、合并症138例，科室应急抢救能力不断提高。新生儿科加强重点病人管理，开展无创CPAP应用，救治危重患儿320例、早产儿120例，抢救成功率100%。

【医保农合】 2014年，县妇幼保健院根据长沙市人社局新建医保智能审核系统的要求，完善医院端HIS出院诊断的接口改造，下发《关于加强医疗保险信息系统规范管理及医院端接口程序升级改造的通知》，要求临床医师在办理市医保住院人员出院前，必须完善主要诊断和副诊断后方能办理出院，并将这项内容纳入医保文书质控工作中，合理规避了智能审核系统扣款的风险。并与相关科室签订医保管理工作责任状，规范职工医保操作流程，狠抓县城乡居民医保和市县城职医保自费项目签字告知同意工作，严格医保审批制度，确保医保基金安全。全年，市、县职工医保住院结算400人次，职工医保费用85万元，职工医保住院人次较上年增长132人次，增幅50%；职工医保住院总收入同比增长21万元，增幅32%。全年无拒付、缓付金额，无违规处罚金额。

【妇幼保健院党建群团工作】 2014年，县妇幼保健院结合群众路线教育实践活动，制定并下发《公款送礼、收受红包礼金专项整治工作方案》以及《医疗服务不规范行为专项整治工作实施方案》，成立专项整治工作领导小组，明确工作目标和任务，医院纪检部门对重点人群进行警戒式谈话，医务人员思想道德素质进一步提高，全年退还病人红包30人次，退还金额近万元。组织干部职工开展庆“三八”妇女节活动、对干部职工免费进行体检，参加卫生系统工会拔河比赛，举行医师节登山比赛，积极参与宁乡县第24届春季马路赛并获得“优秀组织奖”，组织离退休职工红色景点参观学习，院团支部开展扶贫献爱心活动，组织义务献血、下乡义诊、廉政文化周“千人徒步”等活动，干部职工凝聚力和向心力不断增强。

【妇幼保健院基础项目建设】 2014年，县规委会批准县妇幼保健院整体搬迁建设项目，并纳入县政府重点建设工程。自5月份项目正式启动以后，一期50亩征地、规划许可、环境影响评价等完成前期行政审批，进入拆迁及完善建设方案阶段，医院已投资1000万元。（办公室）

县妇幼保健院

院长、党总支副书记	陆国斌
书记	陈雪莲(女)
副院长	肖泽民
	刘红梅
	文　慧
	李　军

社会生活

民政工作

县民政局

局长、党委书记 陶文良
副书记、副局长 谭淑君(女)
唐维均
副　书　记 胡　英(女)
纪检组长 姜　伟(县纪委派驻)
副　局　长 黄海泉
刘甲初
工 会 主 席 姜得意

【概况】 2014年,宁乡县民政局立足做好"基本民生",保障"底线民生",关注"热点民生",致力于"使全县人民劳有所得、病有所医、老有所养、住有所居",全面推进民政工作,被评为国家AAA级婚姻登记机关、全省福利彩票发行工作先进单位、全市民政工作目标考核先进单位、全县"四好领导班子""绩效考核先进单位"。县慈善办被评为全省慈善工作先进单位;县军干所被评为全省军休工作先进单位、五星级军休服务管理机构。

一、民生保障。2014年累计保障23万户次45.44万人次,发放城乡低保金7786万元。医疗救助工作有序实施。对医疗救助资金实行专户储存、专款专用,建立"资助对象参合参保、门诊医疗救助、住院医疗救助、临时医疗救助和慈善医疗援助"五位一体医疗救助政策,重点救助17例14周岁以下患先心病、白血病等重大疾病的参合儿童,全县累计救助低保户、五保户、特困户5345人次,发放医疗救助资金1308.5万元。另资助五保和低保对象参合286万元,发放五保老人门诊医疗费用132万元,发放救助药品140万元。五保供养和敬老院管理水平提高。全县有三无人员1.32万户1.38万人,实现"应保尽保"目标,月发保障金433.7万元。对全县30所敬老院进行事业单位法人登记,完成资福、龙田、横市3所敬老院改扩建任务。开展敬老院示范单位培育,道林、坝塘、灰汤镇敬老院成功进入全市十佳,煤炭坝敬老院斩获全市敬老院管理创新大奖。大成桥敬老院被民政部授予"五保供养先进单位"光荣称号。精神病人专项救助工作加强。发放精神病人药物救助6次,累计救助2.34万人次,发放药物价值173.1万元。重症精神病人免费住院治疗,全年救助1948例。收入认定严格把关。坚持入户调查、邻里走访、信息比对、资料查证、张榜公示等环节,为住房困难户和无房户办理收入认定证明301张。救灾救济扎实有效。2014年春节走访慰问各类贫困对象1.54万户,发放救济金703万元。及时发放冬令春荒救济资金445万元,惠及贫困群众1万户。下拨社会救助固定经费146.8万元,惠及4706人次。做好灾后重建,紧急转移安置4189人,发放灾后重建救助金250万元,修缮房屋180户。加强防灾减灾工作。投资200余万元建成玉潭、花明楼、横市3个县级救灾应急物资储备库。拓展慈善救助领域,开展各类慈善项目活动。全年共募集资金807万元,其中"天天慈善一元捐"活动募集善款202万元。开展慈善高等教育助学、慈善助孤、慈善医疗卡等10余个救助项目,发放救助资金1401万元,惠及群众1.5万余人。组织"大爱宁乡拯救生命"和"幸福圆梦·留守中呼唤爱"等公益慈善活动,共募集资金34万元。制作《善行楚沩·幸福宁乡——宁乡县慈善会七年历程》专题宣传片,发挥慈善事业在社会保障体系中的重要补充作用。救助管理工作规范,开展街头送温暖行动,对受助人员实施"关爱型救助,人性化管理",维护城市生活无着的流浪、乞讨人员的合法权益,共救助流浪乞讨人员2702人次,"寒冬送温暖"专项救助行动被民政部通报表彰。

二、基层政权和社区建设。开展精品社区创建活动,成功创建玉潭镇楚沩社区和白马桥乡白马社区精品社区。开展社区规范化建设,夏铎铺镇高新社区、凤凰社区,玉潭镇楚沩社区等一批社区高标准建设一站式服务平台。选取17个基础较好、班子战斗力强的村(社区)开展农村社区建设试点和示范工作,完成第九次村民委员会换届选举工作。

三、双拥优抚。落实抚恤优待工作,发放抚恤金、定期定量生活补助金6800万元。接收退伍军人659人,安置105人,对退出现役的自主就业士兵发放一次性地方经济补助金942万元,推荐310名退役士兵参加培训就业。组织全县烈士军属代表、党政军负责人、社会团体等500余人参加全国第一个烈士公祭日活动。县军干所落实军休人员待遇,接收安置军休职工38名,荣获省军区、省民政厅联合评比的先进军休所和省五星级军休所称号。开展双拥模范县"四连冠"创建活动,接受省委、省政府和省军区工作组的验收。

四、老龄工作。推进基本养老服务补贴工作,对全县养老服务对象进行调查摸底，出台基本养老服务补贴制度的文件，发放补贴资金19万元，基本养老服务补贴覆盖率达50%。落实老年优待政策，全年办理老龄优待证1.02万本，发放高龄补贴501万元，为全县39名百岁老人发放长寿保健金7.96万元。开展空巢老人和全失能高龄老人慰问活动，共发放慰问金171万元。组织重阳节庆祝和送戏下乡活动，县老年事业发展中心被评为全国敬老模范单位。

五、社会福利服务事业。推进农村幸福院项目建设和农村居家养老服务试点工作，完成51所农村幸福院和22家农村居家养老服务中心的建设。投入10万元用于光荣院和社会福利院的基础设施建设，新建阅览室和老年人活动室，改善住院老人、孤残儿童和弃婴的生活环境。重新核定全县孤儿人数，发放孤儿基本生活费161.52万元。做好弃婴收养登记工作，共办理合法收养手续19例。

六、社会管理服务。殡葬改革强力推进，新扩强制火化区12个，共处置违法土葬14例，强制火化区遗体火化率和非强制火化区强制火化对象遗体火化率均达100%。落实惠民殡葬政策，下拨补助资金120万元，基本殡葬服务费实现应补尽补。规范民间组织管理。实行登记制度改革。简化登记程序，开放异地商会登记，全年新登记社会团体18家，其中直接登记社会团体8家，民办非企业单位38家。对全县376家社会组织进行年检，依法注销社会组织6个。加强领导干部兼职清理规范和社会组织执法监察工作，清理出不符合条件的兼职人员9名，立案查处各类社会组织28个。开展福彩公益金支持社会组织参与社会服务项目活动，对17家社会组织发放补助金。加强社会组织党建工作。新建社会组织党支部2个，发展党员23名，新成立党组织53个。福利彩票销售再创新高。销售各类彩票1.22亿元，同比增长54.2%，首次过亿，增幅居全省第一。婚姻登记突出“高效婚登、便民婚登、健康婚登”主题，规范服务流程，开展“雷锋式”服务窗口评比活动，开设丰富多样的便民利民措施，积极应对婚姻登记高峰期，全年办理结婚登记1.08万对，离婚登记2080对，补领婚姻登记证1463本，出具婚姻登记证明3800份，所办理的各项业务合格率、合法率和准确率均为100%。

七、自身建设。开展党的群众路线实践教育活动，狠抓党建工作，推进思想、组织、作风和制度建设。为转变党员、干部思想工作作风，密切党群干群关系，组织全系统党员干部两次到菁华铺乡10个村对96名贫困家庭开展“心连心”结对帮扶、慰问活动。

【第九次村民委员会换届选举】 2014年，县民政局按照省市统一部署，指导乡镇和村(社区)做好第九次村民委员会换届选举工作，开展督查和督导，做好来信来访接待和网络舆情监控，确保换届选举圆满完成。全县389个村(社区)按时完成换届选举工作任务，配齐支村两委班子，共选举产生村委会成员1314人，其中女性413人，党员1166人，连选连任980人，占74.5%，新进村委会成员334人。

【开展宁乡县首次烈士纪念日公祭活动】 2014年9月30日，宁乡县在县烈士陵园举行烈士公祭活动，活动由县民政局具体组织，宁乡县委主持。县委、县政府、县人大、县政协四大家领导，县直各单位、33个乡镇主要负责人，驻宁部队部分官兵，公、检、法、司、学生等行业代表500人组成方阵参加公祭活动。

【资福乡撤乡建镇】 2014年4月30日，宁乡县根据《湖南省民政厅关于撤销宁乡县资福乡设立资福镇的批复》(湘民行发〔2014〕2号)、《长沙市人民政府关于宁乡县资福乡撤乡建镇的通知》(长政函〔2014〕78号)文件精神，撤销资福乡设立资福镇，以原资福乡的行政区域为资福镇的行政区域，辖12个建制村，总面积88.61平方公里，总人口3.9万人，镇政府驻原资福乡政府驻地。

【区划调整】 2014年，宁乡县实施村级区划调整，花明楼镇撤销花明楼社区居民委员会、黄家冲社区居民委员会，设立刘家社区居民委员会，管辖原花明楼社区、黄家冲社区所管的范围。坝塘镇撤销坝塘村民委员会、坝塘社区居民委员会，新设立坝塘社区居民委员会，管辖原坝塘村、坝塘社区所管辖的范围。老粮仓镇撤销老粮村民委员会、老粮社区居民委员会，新设立老粮社区居民委员会。撤销唐市村民委员会、唐市社区居民委员会，新设立唐市社区居民委员会。2014年全县有54个社区、364个村。

【县民政局被评为国家AAA级婚姻登记机关】 宁乡县自2008年实行全县婚姻集中登记以后，县婚姻登记注重基础设施、优质服务建设，加强政风行风建设，开展创国家AAA级机关活动，树立婚姻登记机关依法行政、为民服务的良好形象。2014年4月，县民政局被国家民政部授予“国家AAA级婚姻登记机关”荣誉称号。 (王力支　戴兵)

县老龄工作委员会办公室
副　主　任　王力支

县双拥工作领导小组办公室
主　　　任　李元生

县救助管理站
站　　　长　肖　华
党支部书记　曾志军

县军队离退休干部休养所

所长、党总支书记 刘　洪

县社会救助局

局　　长 李新华

党支部书记 成立新(女)

移民开发

县移民开发管理局

局　　长 何宇雄(3月任)

梁正文(3月另任)

副 局 长 姜跃兵

喻湘波

【概况】 2014年，宁乡县移民开发管理局(以下简称县移民局)共有干部职工8名，内设办公室、后期扶持科两个科室。全年，县移民局在移民管理、移民产业发展、库区基础设施建设和加强作风建设等方面做了大量工作，库区和移民安置区面貌改观，移民群众收入提高。推进全县库区和移民安置区新农村建设进程，完成全年工作目标任务，被评为全省移民工作先进单位。

【移民后期扶持】 2014年，县移民局通过平时抽查、定期督查、年度检查等方式，核减移民人口61人，确保移民政策的严肃性。编制上报2013年移民后扶年度计划和2014年第一、第二批大中型水库库区和移民安置区规划项目计划。全年共上报600元以内项目17个，共计资金1081.8万元，其中直补883.2万元，项目扶持198.6万元，年度计划经省移民局批复，年内全部竣工验收。10月份，按照上级移民部门要求，及时、全面、准确完成2006年至2010年移民基础数据库和项目库的上报工作。

【移民资金管理】 2014年，县移民局完善移民资金项目管理制度，加强和改进项目前期工作和实施管理，强化资金管理，推进资金项目公开。全年，所有移民项目在宁乡县"阳光三农网"和"宁乡县人民政府公众信息网"上公示，接受社会监督，打造阳光政务。8月份市移民局对宁乡县2013年移民资金使用管理进行内部审计。11月份，国家审计署长沙特派办对宁乡县财政存量资金进行专项清理审计，一致认为宁乡县移民资金使用管理基本做到规范、安全。

【移民收入增长】 2014年，县移民局落实《移民产业发展规划》，对库区移民产业发展做出系统部署，重点扶持沩山茶叶、油茶、小水果、中药材、"宁乡猪"等5大特色移民产业。确保到县资金中确定20%以上用于发展主导产业和特色产业，提高移民投身发展的积极性。一是建立黄材库区的沩山茶叶种植基地，新建示范基地1个，新建茶园26.67公顷；二是以黄材库区和洞庭库区为主，重点开发巷子口镇和枫木桥乡小水果基地，新建小水果基地3处，面积33.33公顷；三是重点建设洞庭库区枫木桥乡油茶林基地，新增油茶林33.33公顷；四是扶持田坪库区土花猪基地2个，打造田坪库区青山桥镇移民中药材基地，新建玉竹基地133.33公顷。

【项目投入加大】 2014年，县移民局结合库区移民实际，制定《2014年大中型水库智力移民培训方案》，全年集中举办实用技术培训3期542人、就业技能1期80人，共培训移民622人，就业率90%以上，超额完成省、市下达的目标任务。对20公里库区公路硬化每公里配套补助8万元。争取项目资金100万元，将黄材库区7个村(官山、联花、同庆、祖塔、胜溪、栗山、石山)安全饮水纳入全省安全饮水工程范畴，改善移民生活条件；完善库区2所中小学学校配套设施建设，促进库区学校教学条件改善。安排资金16.2万元，避险搬迁10户27人，改善移民生存环境。

【自身建设加强】 2014年，县移民局贯彻中央、省、市、县各级作风建设规定，开展群众路线教育实践活动，加强党风廉政建设和干部作风建设，建立健全各项规章制度，规范干部服务行为，提升机关文明形象，形成以制度管人促事的良好局面。县委、县政府中心工作不折不扣完成。"三城同创"、群众工作、安全生产、项目"双百"服务，社会管理综合治理、文明创建，公职人员管理、社会保障、爱卫计生等各项工作有序推进，党报党刊征订、机构编制、建议提案办理等工作落实到位，对县委关于群众反映的548个交办问题如期高质解决。(文克)

人口和计划生育

县人口和计划生育局

局长、党组书记 胡定平

副局长、副书记 刘亮平

副　局　长 肖海燕

马志强

袁新华

纪 检 组 长 廖长青

工 会 主 席 杨建群(女)

【概况】 2014年，全县人口计生工作主要指标运行平稳。全县全年共出生1.72万人，符合政策生育率85.3%，出生人口性别比109：7，免费优生检查1.02万对，落实四项手术1.05万例。荣获省人口计生工作先进单位。

1. 强化国策意识，健全工作机制。先后召开全县计划生育工作形势分析会、计划生育迎省检动员会、计生综治部门联席会；县委、县政府主要领导和分管领导先后多次专题调研计划生育基层工作。对横市镇以及横市镇关圣村、黄材镇松溪村、青山桥镇甘江村、横市镇合金村、枫木桥乡袁河村实施"一票否决"；对中国银行宁乡支行、县人寿保险公司、县电信公司以及横市镇横市社区、老粮仓镇竹溪坝村、花明楼镇戚佳山村、老粮仓镇石家山村、枫木桥乡杏村村实施“黄牌警告”;在各类评选、表彰、选举、录用等工作中严格落实计划生育前置审查,共审查3322(单位)人次,否决28(单位)人次。全面实施“单独二孩”政策,启动城镇独生子女父母奖励政策。

2. 夯实基层基础,提升工作水平。在县电视台、《今日宁乡》报开辟国策专栏,组织大规模计划生育宣传车队,租用户外电子广告屏等常年开展政策宣传。在县内主干道旁树立40块大型计生公益广告宣传牌。印制计划生育宣传资料20万份,提高群众计生政策知晓率。加强各方数据比对和质量监控,提升全员人口数据质量。开展服务育龄群众“百日行”活动,夯实基层基础。明确和细化19个县直计生综治单位的工作职责、责任追究及奖罚措施。县农办、县能源办为计生家庭新能源沼气池改造每户提高200元补助。县民政局对1010个计生家庭低保户实行救助提标。县教育局为全县200多户计生困难家庭子女上学提供校车补助。县移民局为移民计生家庭子女考上大学的每户奖励2000元。县工商联组织华良、圣得西等企业捐资,积极为计生家庭子女上学提供助学金。

3. 强化优质服务,优化工作环境。重点推进孕前型管理,将孕前优生检查、免费健康普查和手术术后随访有机整合,实现宣传、检查、随访服务一体化。全年完成免费优生检查1.02万对,打造10个高标准示范药具室,安装40台自助药具发放机和药具展示柜,启动“爱心助孕特别行动”。全县共发放“奖扶特扶”资金1151.8万元;城镇独生子女父母奖金1000多万元;独生子女费268万元。全面启动36个计划生育“三结合”创业发展项目。县、乡财政为全县独生子女家庭赠送计生家庭意外伤害保险102万元。对65户计生家庭实施大病救助,每户发放4000元至1万元救助款;对全县384户“失独”家庭每户发放1000元慰问金;对计生手术并发症对象在省、市救助的基础上提标,每人每年达3600元。发挥计生协会群团组织优势,通过以点带面、典型引路,全年创建2个国家级、4个省级、4个市级、4个县级计生群众自治示范村(社区)。“5·29”活动期间,举办全县“生育关怀”行动大型文艺会演,表彰奖励100户计划生育“幸福家庭”,扶助40户计生特困家庭,赢得群众好评。各级计生协会开展“创先争优、服务大局”活动,县计生协会再次被评为“省计生协会先进单位”。

4. 狠抓重点难点,破解工作难题。加大流动人口区域协作,接受反馈信息4.3万条,发送协查信息9.72万条,为流入人口网上办理一孩生育证23本,网上办理流动人口婚育证明6367本。在玉潭、夏铎铺等5个乡镇开展应用人口网格化信息管理系统试点工作,探索“人房关联、人户关联、人业关联”管理新模式。严厉打击“两非”行为。全年成功查处2起“两非”典型案件,惩处到位,出生婴儿性别比失衡得到有效控制,被评为全省打击“两非”先进单位。

【开展计划生育大型宣传活动】 2014年,县人口计生局与红光传媒广告公司合作,在全县380多辆出租车电子显示屏上亮出人口计生公益广告。组织全县计生宣传车队分为7大板块,为期7天,每天组成7台宣传车车队,跑遍全县每一个村落,做好宣传工作。县人口计生局长胡定平接受《今日宁乡》记者专访,宣传“政策出台前,单独夫妇抢生仍属违法”,对“实施单独二孩就是全面放开二孩”的误解进行澄清。县电视台“一句话公益广告”广泛宣传计生国策。县机关事务局和县住房保障局利用LED电子屏在政务大厅全天候滚动播放计生宣传标语。

【开展“生育关怀·情暖万家”春节慰问活动】 2014年元旦、春节期间,县人口计生系统开展“生育关怀·情暖万家”春节慰问活动。副县长钟利仁、县计生协会会长陈梓仁等领导深入双江口、双凫铺、横市、白马桥等乡镇走访慰问计生困难家庭。县人口计生局、县计生协会组成8个慰问小组,对全县33个乡镇188户生活困难的独生子女户、两女户、计生特扶家庭及基层困难计生工作者开展慰问活动,共发放慰问金10万元。据统计,“生育关怀·情暖万家”春节慰问活动,共慰问计生困难家庭7357户,慰问经费及物资150万元。

【开展国家流动人口卫生计生服务流出地监测调查】 2014年,根据国家卫计委的安排,宁乡被确定为年度湖南省3个国家流动人口流出地监测调查县之一。宁乡县选派7名计生业务骨干赴北京参加国家专门培训,选定双江口、喻家坳、沩山等3个监测点乡镇,投入15万元专项经费,抽调49人组成调查组深入样本点村开展入户走访调查。入户调查采取“三次上门两次电话”的形式,提前预约、摸清底子。入户走访调查,为每户被调查对象带去一份纪念品和《致调查对象的一封信》。调查过程中,严格遵守国家《统计法》,尊重和保护对象隐私。调查工作做到村不漏户、户不漏人、人不漏项,内容翔实。元月15日至16日,国家卫计委流动人口司动态监测处处长胡强强、中国人口发展研究中心专家郭维明、中国人民大学教授郭静在省、市计生部门领导的陪同下,到宁乡县实地检查。检查组以召开座谈会、听汇报、入村走访慰问等方式全面督导。检查结束后,检查组领导对宁乡县落实"规定动作不走样,自选动作有创新"的工作做法给予高度评价和充分肯定。

【开展党的群众教育路线实践活动】 2014年3月28日,县人口计生局召开党的群众路线教育实践活动动员会。局党组书记、局长胡定平就贯彻落实中央、省委、市委、县委决策部署,开展教育实践活动进行动员安排。副县长钟利仁、县委第十二督导组负责人出席并讲话。会议要求,县人口计生局机关及二级单位的党员、干部要以为民务实清廉为主题,把"照镜子、正衣冠、洗洗澡、治治病"的总要求贯穿活动始终,把整风精神贯穿活动始终,坚持正面教育为主,坚持批评和自我批评,坚持讲求实效,做到"六个注重":注重领导带头、层层示范;注重聚焦"四风"、解决问题;注重敞开大门、群众参与;注重分类指导、有序推进;注重上下协力、衔接带动;注重严格要求、真督实导,重点做好生育保险的落实,失独家庭的慰问,方便群众办证,开展免费定点取环,心连心结对帮扶活动,免费优生健康检查,利益导向机制的完善等民心工程、实事工程,确保活动不虚不空不偏,不走过场。推进群众路线教育实践活动,以严的标准、严的措施、严的纪律坚决反对"四风"。以补精神之钙、除"四风"之害、祛行为之垢、立为民之制为重点,推动党员干部思想认识进一步提高、办事作风进一步转变、党群干群关系进一步密切,为民务实清廉形象进一步树立,推动全县计生工作的良好局面进一步巩固。

【推进应用人口网格化信息系统试点工作】 2014年5月26日,副县长钟利仁主持召开用人口网格化信息系统试点工作动员会议,市计生委副主任厉卫东到会指导。玉潭、城郊、白马桥、历经铺、夏铎铺等5个试点乡镇的乡镇长、计生主管领导、计生办主任、村(社区)支部书记和计生专干、县公安局、县国土局相关负责人参加会议。县人口计生局成立联点工作小组,负责试点工作技术指导和工作督导,实行分片包干,抓好各项工作的落实。县政府投入100万元,为试点乡镇购买专用计算机60台。按照工作任务2元/人经费预算,用于解决临聘调查人员工资补助。为提高基层工作人员信息采集的技术水平,举办全县应用人口网格化管理试点工作培训班,邀请市人口计生委规划统计处长陈益清就网格化相关知识、工作要求、操作过程中易出现的重点难点问题进行讲解,每个环节有详细的培训。

【百户幸福家庭获奖部分困难家庭受助】 2014年5月29日,由县人口计生局主办,县计划生育协会、玉潭镇镇政府联合承办的全县生育关怀行动暨庆祝省计生协会成立三十周年文艺会演拉开序幕。省计生协会领导彭祥兴、市计生协会会长张菊萍、市人口计生委主任周敏、市计生协会常务副会长胡平、县人大常委会副主任彭曦明、副县长钟利仁、县政协副主席喻立明、县计生协会会长陈梓仁等领导出席活动。活动以"倡导婚育新风,构建和谐计生"为主题,在全县范围内表彰100户计划生育"幸福家庭",每户奖励500元;慰问40户计划生育困难家庭,每户发放5000元,并现场为他们颁发奖牌、奖金及慰问金。表彰慰问结束后,文艺演出在县人口计生局带来的大合唱《计划生育协会之歌》中拉开帷幕,各乡镇选送的16个节目隆重登台,为辛勤奉献、支持国策的计生工作者和计生群众送上一场精彩纷呈的好戏。单口秀《汇报》、诗朗诵《我们是光荣的计生工作者》真实反映基层计生工作者的苦与乐、坚守与奉献;歌舞《醉人的花明楼》《宁乡花猪之歌》《黄材山歌》《关山美,关山好》等展现宁乡独特的人文风貌,为美丽的楚沩大地描绘动人的画卷;快板舞《家乡赞》、诗音画《女儿情,温暖的家》、花鼓戏《放风筝》等表现30年宁乡人民生活发生的巨大变化,及计划生育带来的幸福生活。文艺演出节目编排既贴近群众生活实际,又将人口计生国策和生育关怀情怀融入其中,精彩的演出让大家在欢笑与掌声中享受到一场精彩的计生文化大餐。

【宁乡县再次破获一例"两非"典型案件】 2014年6月25日,县人口计生局接到群众举报,称南田坪乡育龄妇女叶某计内怀孕4个月后,孕情突然消失,涉嫌非法胎儿性别鉴定和非医学原因选择性别的人工终止妊娠。县纪委、县计生局、县卫生局、县公安局、县药监局、南田坪乡政府成立专案组,对举报线索进行深挖详查,成功破获这起典型"两非"案件。经调查证实,当事人叶某在坝塘镇卫生院医生谢某的介绍下,于2014年2月找到县人民医院B超医师张某进行胎儿性别鉴定。得知怀的是女孩后,叶某在宁乡现代女子妇科医院实施非法引产手术。该案件中,当事人叶某、人民医院张某、现代女子妇科医院李某涉嫌非医学需要进行胎儿性别鉴定和非医学原因选择性别人工终止妊娠,坝塘镇卫生院谢某涉嫌介绍他人进行非法胎儿性别鉴定。根据省政府194号令《湖南省禁止非医学需要鉴定胎儿性别和选择性别终止妊娠规定》,对上述医疗机构和违规人员给予经济处罚及警示教育。至此,宁乡县6月份连续破获两例"两非"典型案件。

【避孕药具自助发放机"亮相"宁乡】 2014年,县人口计生局投入资金,统一在各乡镇计生服务所和部分人口密集的城区安装全天24小时服务的二代身份证避孕药具自助发放机40台。凡是年满18岁至60岁的育龄群众,无论户籍所在地,只需刷一下二代身份证，避孕药具自助发放机上就会“吐出”免费避孕药具。自动发放机所用的避孕药具均经过国家严格检测，统一采购，质量安全。每盒避孕药品外包装上都标有“国家免费提供”的字样和标志，禁止在市场上非法销售。这种人性化的服务方式不仅拓宽药具发放渠道，更满足育龄群众对避孕节育、生殖健康的需求，受到群众欢迎。据不完全统计，全县避孕药具自助发放机使用以后，全县育龄妇女意外怀孕数量明显减少。

【推进“单独两孩”政策宣传】 2014年，自湖南省3月28日实施“单独两孩”政策以后，全县上下联动，多渠道、多载体宣传“单独两孩”政策，提高育龄群众的政策知晓率。县人口计生局分批次组织县直计生综治单位计生专干，各乡镇计生分管领导、计生办主任、法制员、统计员及县人口计生局干部职工开展“单独两孩”政策专题培训，依据省文件精神详细解读政策，确保“单独两孩”政策实施科学有序。玉潭镇组织属地管理县直部门计生专干召开“单独两孩”政策业务培训会。县乡两级共印制30万份宣传折页发放至育龄群众手中，内容涵盖“单独两孩”政策、优生健康检查及计生奖励扶助政策。偕乐桥镇在“三联十到户”群众工作中，印制1万份“单独两孩”政策的计生宣传折页发放到全镇每一个家庭。针对“单独二孩”生育政策调整，依托县公众信息网、县人口网、县电视台、县手机报等媒体平台，将政策解读、动态消息和互动性反馈相结合，以文字、图片、视频等形态，将育龄群众最关心的热点问题讲透、做实。除在县域主要干道设置的大型计划生育广告牌定期维护更新外，结合“单独二孩”生育新政宣传增设20块大型广告牌，在金洲大道路段设立大型户外广告墙。在全县380多辆出租车电子显示屏亮出人口计生公益广告，实现县域计划生育宣传全覆盖。

【启动爱心助孕行动】 2014年，在开展党的群众路线教育实践活动中，县人口计生局推出服务新举措：对全县计生“失独家庭”和计生不孕不育家庭启动“爱心助孕特别行动”。通过资金帮困、技术帮扶、心理帮助等形式，将计生“失独”家庭和计生不孕不育夫妇安排至定点医院——省计划生育科研所或市妇幼保健院，免费服务，助圆母亲梦，重圆幸福梦。全县有300多户计生“失独”家庭因独生子女死亡和500多对计生不孕不育育龄夫妇因身体、心理、精神等方面原因，怀不上孩子，家庭不和谐。此次“爱心助孕特别行动”对全县计生“失独”适宜助孕的家庭，免费提供人工授精助孕（含术前检查费）为6000元/周期·对夫妇或试管婴儿助孕（含术前检查和解冻周期助孕费）为4.2万元/对夫妇技术服务。对不孕不育夫妇，由县人口计生局开具《爱心助孕特别行动介绍信》，夫妇本人携双方身份证到定点医院进行医学检查。对符合助孕治疗条件的夫妇县人口计生局发放价值2400元的《爱心卡》。定点医院对受术夫妇开通绿色通道，让利优惠治疗，人工授精技术助孕手术费最高不超过2000元/周期，试管婴儿技术助孕费最高不超过2.3万元/周期。对助孕成功的对象，县乡计生部门建立不孕不育家庭爱心助孕孕期随访登记本，加强孕期指导和产后访视，及时掌握妊娠结局情况。

【实施城镇独生子女父母奖励】 2014年9月28日，宁乡县召开城镇独生子女父母奖励工作会议，出台《宁乡县完善城镇独生子女父母奖励办法的工作方案》。会上，副县长钟利仁传达贯彻省政府全面实施城镇独生子女父母奖励制度电视电话会议精神，要求各级各部门把全面实施城镇独生子女父母奖励制度作为当前人口计生工作的重点，明确职责分工、落实工作任务、统一政策口径、严格监督检查，确保各个环节高效运行，实现目标人群一个不少，一个不错，一个不假，把好事办好，实事办实。县人口计生局相关负责人详细解读《湖南省完善城镇独生子女父母奖励办法若干规定》《湖南省城镇独生子女父母奖励制度政策解释及操作办法》，围绕如何做好城镇独生子女父母奖励申报、调查、核实、办理等工作为参会人员上业务辅导课。按照《湖南省城镇独生子女父母奖励制度政策解释及操作办法》，全县城镇独生子女父母奖励对象必须是本省城镇居民且未在外省区市享受同类奖励、持有“独生子女证”或“独生子女父母光荣证”等证明，或者持有《无子女证明》且终身未生育也未收养子女的；属于符合国家法定退休条件并办理正式退休手续的职工，或男性年满60周岁、女性年满55周岁的其他城镇居民。

【全县65人获计生家庭大病医疗救助】 2014年，户籍在宁乡县且实行计划生育的家庭成员，上一年度因患大病住院，在按照《长沙市城乡居民医疗救助办法》获得医疗救助之后，个人医疗费用自负部分仍在6万元及以上的，达到相应档次的给予一次性4000元、5000元、6000元、7000元、8000元或1万元的救助。全县共发放医疗救助款34万元，65户家庭成为全县第一批获得住院医疗救助的计生困难家庭。

【举行计划生育“三结合”创业发展项目启动仪式】 为帮扶计生家庭发展致富，树立一批少生快富典型，落实计划生育工作利益导向机制，2014年12月15日，县委、县政府在县会议中心举行全县计划生育“三结合”（计划生育工作与发展市场经济相结合，与群众勤劳致富奔小康相结合，与建设文明幸福家庭相结合)创业发展项目启动仪式。省计生协会常务副会长张斌,市计生协会常务副会长胡平和计生协会秘书长杨建伟,县人大副主任彭曦明,副县长钟利仁,县政协副主席喻立明,县计生协会会长陈梓仁等领导出席。全县33个乡镇计生协会会长、计生分管领导和36个计划生育"三结合"创业发展项目载体单位的法人代表以及县人口计生局机关干部职工参加。与会人员首先观看县计划生育"三结合"创业发展项目简介视频宣传片。随后,钟利仁致辞,长陈梓仁宣读"三结合"项目名单。决定授予花明楼镇金园村优质茶叶生产技术推广等36个项目为"计划生育三结合创业发展项目示范点",并安排项目创业发展资金各2万元。项目载体单位法人代表沩山乡黄雪钦、流沙河镇贺桂香、老粮仓镇青雪冬等先后上台发言。胡平代表上级领导讲话,提出了期望和要求,张斌宣布项目正式启动。

(梁建明)

县计划生育服务站

站　　长	罗湘超
党支部书记	汤星余

民族宗教

县民族宗教事务局

局　　长	胡　宇(女)
党组书记、副局长	陈甘泉
副　局　长	李赛超(女)

【概况】 宁乡县是全省宗教工作重点县,2014年宁乡有县佛教协会、县基督教三自爱国运动委员会两个宗教团体和一个民间信仰管理办公室。全县佛教寺院25个,其中密印寺和白云寺分别为省、市重点宗教场所;基督教堂福音堂1个,聚会点24处;民间信仰庙宇100多处,已审批登记的场所14处,备案登记的场所9处。全县认定备案宗教教职人员24人,其中佛教22人,基督教2人;皈依佛教居士700多人,信仰群众14万人,受洗基督徒3000多人,分布在全县33个乡镇。宁乡县是少数民族散居县,少数民族人口以外地婚嫁到宁乡为主,汉族136万人,占99.85%。近年外来务工少数民族流动人员逐步增加,全县共有苗族、土家族、侗族、壮族、白族、回族、瑶族、哈萨克族、维吾尔族、藏族、黎族、傣族、水族、哈尼族、畲族、朝鲜族、拉祜族、仡佬族、仫佬族、怒族、赫哲族、傈僳族、毛南族、锡伯族、京族等32个少数民族居民2000多人,占0.15%。2014年,宁乡县民族宗教事务局(以下简称县民宗局)有干部职工5人,县民族联谊会共有常务理事18人,理事35人。宁乡环球职业中专作为国务院扶贫办"雨露计划·腾飞工程"的承办单位,是"民族工作进学校"重点单位。

【服务中心有新进展】 2014年,县民宗局推动沩山露天观音圣像手续完善工作,促成全国人大代表圣辉大和尚在全国人民代表大会上为此项工作建言。在国宗发〔2014〕66号和湘宗机〔2014〕26号《关于进一步制止和处理乱建大型露天宗教造像的通知》下发后,县民宗局组织机关干部职工认真学习,深入领会;向县领导汇报,在县委、县人大、县政府、县政协会议和相关部门、乡镇主要负责人会议上提出建议;对照文件要求,收集整理大佛审批所需手续,并于11月份分佛协和民宗两条线,向省民宗委递交千手观音圣像的申报材料,推动大佛手续的完善。

【民族团结有新亮点】 2014年,县民宗局落实民族优惠政策,严把民族成分审核关,为少数民族考生办理优惠加分手续和民族变更手续,维护少数民族人士权益。建立少数民族后备干部库,选送少数民族干部参加学习培训。建立少数民族流动人口联席会议制度,定期召开会议,互通信息,共同研究解决具体问题;继续做好长沙环球职业中专学校民族工作;帮助新疆莎车县的阿迪力·买买提吐热成立湖南梦想起航电子商务有限公司,在宁乡经开区生产切糕。7月莎车发生暴恐事件后,阿迪力在网上开展切糕义卖活动,募得善款1.29万元,全部捐给在暴恐中遇难的维汉朋友的家属,赢得网民的一片赞誉;8月3日云南地震,初创的梦想起航公司捐献5吨价值50万元的切糕给云南灾区,成为国内闻名的维汉团结的标志性事件。阿迪力本人被人亲切地称为"切糕王子"。阿迪力和合伙人全力做大公司产业,继续从事公益事业,为民族团结抒写着新的篇章。

【宗教管理有新突破】 2014年,县民宗局健全民族宗教工作信息网络,加强信息共享,形成工作合力,及时有效处理涉及民族团结的矛盾纠纷2件,强化宗教领域打非抵渗力度,查处非法宗教活动1起,维护社会和谐稳定;指导龙仙寺、清庵祖师殿等宗教活动场所高品质建设,提升文化品位,服务景区发展;倡导宗教活动场所文明进香,推进生态寺观建设工作;加强教职人员备案管理工作,特别是把握重点寺院负责人的管理工作,对全县合法宗教活动场所、正式教职人员在《今日宁乡》试行公示,请群众监督,实现教职人员的动态管理。落实上级宗教部门要求,按照《宗教活动场所财务监督管理办法》要求,加强对宗教活动场所财务监督管理,提出"各场所开设基本账户"的工作举措,有效解决场所公款私存带来的隐患。遵循"把握实际、坚持标准、科学定级、动态管理"的原则,对全县在册登记的民间信仰活动登记场所划等定级;对8个新场所备案,纳入规范管理。制定和下发《宗教(含民间信仰)活动场所管理考核细则》,按照场所自评、乡镇初评、综合评定、复核公示的方式对全县已登记或备案的宗教(含民间信仰)活动场所进行考核定级,巩固先进、推动一般、整顿后进(或取缔场所),宗教活动场所管理规范有序。10月28日召开县佛协第六次代表会议,选举新一届会长、副会长、常务理事、理事。

【宗教慈善有新建树】 2014年,县民宗局倡导宗教界既要静心修为,也要发挥做慈善的传统和优势,彰显宗教作为。推出“千年密印·万福助老”公益慈善活动,密印寺联合长沙慈善会,通过组织爱心单位、爱心企业和爱心人士举行系列祈福活动募集资金,对陷入生活困境的老人提供生活援助和精神陪伴服务。

【宗教文化有新品牌】 2014年,县民宗局发挥宁乡宗教文化交流会的平台作用,组织开展宗教文化研讨交流活动,编印会刊《清心》,发挥优秀宗教文化在构建和谐社会中的作用。创新思路,整合力量,推动禅茶文化研究。编印《密印禅茶》专刊,筹备成立研究会,开好禅茶交流会,以“禅茶”为载体,打造密印寺的新亮点。

(办公室)

乡 镇

大屯营镇

党委书记 陈志武
副书记、镇长 喻林义(女)
副书记、人大主席 何卫斌
政协工作联络处主任 袁 琳
副书记 唐超群
党委委员、纪委书记 廖曙光
党委委员、副镇长 李湘辉
党委委员 彭 敏
副镇长 傅大成 符仲蛟
人大副主席 熊坤朋

【概况】 大屯营镇位于县城东南部,距离县城45公里,东邻湘潭,西接韶山,总面积106.47平方公里,其中水田3008.3公顷,旱土264公顷,辖1个社区,12个行政村,总人口4.4万人。

2014年度,大屯营镇继续坚持以"抢抓1121工程(军事工程)新契机,推进新型城镇化、农业现代化,建设美丽、生态、文明、和谐的大屯营"为发展目标,以"群众路线教育实践"活动为主抓手,全力推进各项事业科学发展。全镇上下真抓实干,锐意进取,完成年初制定的目标任务,经济和社会各项事业取得令人瞩目的成就。年度绩效考核名列全县第9名,成功创建"国家级生态乡镇",获"湖南省文明乡镇""长沙市食品安全示范乡镇""长沙市安全生产示范乡镇""长沙市残疾人工作明星乡镇""长沙市关爱留守妇女示范乡镇"等荣誉。

一、致力于转型升级,突出产业支撑,镇域形象不断彰显。经济指标持续增长。2014年全镇完成县域生产总值16.27亿元,增长13%;工业总产值16.08亿元,增长18%,规模工业总产值15亿元,增长22%;完成社会固定资产投资15.08亿元,社会消费品零售总额2.7亿元;财政收入1129万元,其中地税完成777.1万元,国税351.8元。实现经济总量速度、规模、效益同步增长。

工业项目提质增效。始终坚持"工业富镇"的发展战略,积极引导原有企业技改提质,优化产业结构,走可持续发展之路,突出做好工业企业的引进和扶植工作;以"两帮两促"等经济服务活动为抓手,不断优化经济发展环境,着力解决企业本身存在的困难和问题,鼓励企业做大做强,2014年全镇规模工业企业达到15家,涵盖建材、烟花、食品、家具等行业,全年完成项目投资5.99亿元,累计完成投入3.75亿元,2014年在建或续建项目13个,其中1000万元—5000万元规模项目9个,5000万元至1亿元规模项目2个。

现代农业形成集群。华南源、花明粮油荣获省级龙头企业,靳鑫科技荣获长沙市龙头企业,林美农庄荣获市五星级农庄,仙茶美茶叶远销日本、迪拜。以粮食、茶叶、花卉苗木、畜牧养殖、现代农庄等现代农业为主的农业企业形成集群,确立公司+基地+合作社+农户的生产经营模式,为打造集生态、观光、休闲、富农于一体的现代农业基础。

烟叶产业强势推进。2014年全镇种植烟叶750公顷,送售烟叶115万公斤,送售金额3048万元,烟叶产量质量、收购进度秩序均居全县前列,获得县烟叶生产质量管理奖、烟叶生产规模发展奖、烟叶收购工作先进单位,河西村、石家湾村、韶光村获烟叶规模村开发奖。

传统农业稳定发展。全镇早晚稻种植6000公顷,以种粮、农机合作社为龙头,开展全程机械服务,推广集中育秧、统防统治,提高粮食生产水平,涌现出一批种粮大户和农机大户。油菜、茶叶、养鱼、养殖等产业保持增长。

二、致力和谐发展,突出民本民生,城乡统筹全面推进。基础设施不断夯实。实施水利建设"12345"工程,2014年全镇水利建设再次谱写新篇章。清淤山塘150口,清淤面积66.67公顷;疏浚沟渠长度90公里,硬化30多公里;河道清淤50公里;改造河坝50余座;小型机埠更新改造3座。拉通南拓线路基,硬化石家湾、三仙坳、梅湖、白洋等村级公路11.5公里。新建新民村部,启动大屯营村中心村建设。自来水厂管网工程建设,真正让更多的群众喝上干净水、清洁水、放心水。污水处理厂排污管道,解决集镇水源污染问题。梅湖小学教师周转房竣工验收,新民学校周转房启动开工,石家湾、狮北、韶河新建篮球场,有效解决教育发展的瓶颈。

服务体系不断完善。社会保障以人为本,城乡居民医疗和养老保险基本全覆盖,高标准完成敬老院建设,城乡低保、扶贫帮困、农村安居工程、残联、老龄等工作有力推进。全年共发放低保金410余万元,大病医疗救助47万元,危房改建120万元,慈善救助9万元。计划生育工作成效显著,积极开展“诚信计生”“阳光计生”活动,加强基础工作,浓厚宣传氛围,落实单独二孩政策,稳定低生育水平;卫生院不断加强硬件建设,强化内部管理,医疗服务水平显著提高,医疗收入稳步增长,公共卫生工作名列全县第四,并获县级文明单位称号;中心校以提高教育教学质量为重点,不断加大校园基础设施建设和投入,改善办学条件。

重点工程强力推进。“1121”工程先期征地66.67公顷,拆迁48户,历时仅3天,创造“大屯营速度”,受到军方、省市县领导的高度肯定。重点工程长韶娄高速和沪昆高铁优化服务环境,已顺利通车。花大联合社区新编规划,启动新建序幕。

联系群众思路更新。“听民声,解民忧,促民安”活动深入开展,镇村、部门干部深入千家万户,献上新春祝福,听取群众心声。“村村响”工程开通,党和政府的政策宣传深入田间地头。政府短信平台建立,收集近万名群众电话,向群众宣传政府工作动态,推广农业技术,开展短信互动。

平安建设为民解忧。面对复杂环境,完成13个村的村支两委换届工作。开展平安乡镇建设工作,打击违法犯罪,排查矛盾纠纷,消除信访矛盾和治安隐患,提高群众满意度。增大安全投入,狠抓安全监管,持续开展隐患排查整治和打非治违,高危企业全面完成安全生产标准化建设,实现安全生产零事故,获全县“安全生产工作先进乡镇”。

三、致力思路提升,突出四个大屯营,城乡品位明显提升。以新型城镇为亮点,美丽大屯营初见成效。坚持规划引导,项目带动,产业支撑,块状发展思路,进一步夯实基础设施建设,完善功能,打造村民建房试点乡镇和新型城镇化示范城镇。2014年末集镇常住人口3000人,主干道路、绿化、亮化、自来水、污水处理等配套工程全部建设完成,中心广场、农贸市场已投入使用。以文明村镇为抓手,文明大屯营声名远扬。在发展过程中,大屯营镇既注重物质文明,也注重精神文明,坚持两手都要硬。2014年,大屯营镇获湖南省文明乡镇、长沙市文明乡镇荣誉称号,省、市主要媒体予以报道。新民村获县文明村、卫生院获县文明单位称号。以环境保护为根本,生态大屯营惠及后代。环境卫生以示范带动提高整体水平,追求环境卫生高品质,整体推动城乡环境卫生整治,镇村面貌焕然一新。全县城乡环境卫生整治工作推进会在大屯营镇召开,石家湾社区获评长沙市环境卫生综合整治“十佳村”。坚持植树造林、封山育林,成功创建“国家级生态乡镇”。以全面发展为目标,和谐大屯营政通人和。组织建设全面加强。以群众路线教育实践活动为契机,基层党组织的创造力、凝聚力和战斗力得到提高。干部作风全面转变。以转变作风为契机,全面加强镇村队伍建设,着力打造成政治坚定、廉洁勤政、团结务实的狮子型队伍。综治办干部徐进军获“湖南省见义勇为先进个人”,新民村大学生村官赵娟入选“CCTV法制人物十佳”。群众工作深入开展。完善“网格化”管理责任体系,建设“平安大屯营”,社会治安明显好转,信访矛盾得到化解。

【烟叶生产全县第一】 2014年,大屯营镇烟办、烟草站积极协作,形成齐抓共管的烟叶生产技术的积极贯彻落实和规范管理的局面,促进大屯营镇烟叶生产的优质发展,使烟叶大田生产质量、烘烤调制质量、分级纯度质量、预检成捆质量有较大的提高。全镇种植烟叶750公顷,送售烟叶115万公斤,送售金额3048万元,烟叶产量质量、收购进度秩序均居全县前列,获得县烟叶生产质量管理奖、烟叶生产规模发展奖、烟叶收购工作先进单位,河西村、石家湾村、韶光村获烟叶规模村开发奖。

【“1121”工程奠基】 12月26日,大屯营镇“1121”工程奠基,省委书记徐守盛、省长杜家毫、市委书记易炼红等省市领导对大屯营镇前期准备工作给予高度肯定。

(党政办)

道林镇

党委书记 潘志国
副书记、镇长 徐志平(4月另任)
陈浩(5月任)
副书记、人大主席 童佩祥
政协工作联络处主任 宋光玉
副书记 周勇
党委委员、纪委书记 谢勇军
党委委员、副镇长 袁胜泉
党委委员 唐鹏(3月另任)
陶浊(3月任)
副镇长 贺虎
陈婴(女)
人大副主席 张文宏

【概况】 2014年,道林镇辖14个行政村,1个社区,镇域面积135.11平方公里,其中耕地面积3562公顷,占土地总面积的26.4%;镇域总人口5.6万。全年全镇经济和社会发展取得长足进步。

各条战线奋勇争先。全年主要经济指标圆满超额完成,实现镇域生产总值20.12亿元;工业总产值37.17亿元,为年度任务的128%,其中规模工业产值19.8亿元,为年度任务的135%;国税地税两税收入1860万元,为年度任务的103%；农民人平纯收15445.6元，增长7.5%。多个领域、多项工作取得优异成绩，人口计划生育工作扭转被动局面、跻身全县先进，环境卫生工作甩掉落后帽子、进入全市“十佳乡镇”候选，项目工程服务、烟叶生产等多项工作受到县委、县政府嘉奖，年度绩效考核排名前移10位，镇领导班子获评全县“五好领导班子”。

项目工程多点发力。强力促推重点工程建设，以党的群众路线教育实践活动为载体，组织开展“重点工程服务季”活动，全力维护施工环境，主动回应群众诉求，集中解决鑫星中心村庄、道林互通设计变更引发持续阻工等一系列老大难问题，确保长娄高速、沪昆高铁年底顺利竣工通车。积极争取上级支持，多方克服资金困难，全面启动宗准公路改造升级，用不到两个月时间完成全线5个村、11.7公里的征拆任务，为路基工程快速推进创造良好条件。全力加大招商引资力度，全年组织各类招商活动10多次，新引进项目6个，合同引资6.4亿元，选之美门业、丰蕾机电制造等2个飞地项目落户金玉工业集中区，引进温商小微企业园预投资10亿元，天大锅炉、三一风电等投资道林的招商项目加快建设。特别是经过精心策划包装的道林文化古镇项目，备受领导关注和客商青睐，在全市文化产业投资推介会上作为宁乡代表重磅推出并成功签约。

产业转型步伐加快。突出工业产业的整合提质，继续加大对石灰石、矽砂矿、耐火材料等资源型企业的整治力度，禁批新增矿山企业，促成双泉片石场和长相采石场达成整合协议，完成道林矽砂总矿五个矿区整合，联合环保、工信部门集中整治21家耐火材料企业，推动技改升级，引导转型发展，努力为道林保育一片青山绿水。突出农业产业的提质增效，全年种植烤烟298.6公顷，送售烟叶48.68万公斤，总产值1542万元，亩均产量111.2公斤，居全县第一，亩均收入3522元，居全县第二，烟叶产业步入良性发展轨道。落实早稻栽插面积2986公顷，晚稻3240公顷，并投入近10万元推广冬季绿肥种植，有效改良土壤属性，为全年粮食生产打下良好基础。鑫星村黄茅大岭油茶林基地初具规模，租地35公顷，开发种植106公顷；靳水村金银花种植基地规模增至33公顷。

环境整治大见成效。持续加强集镇环境整治，试行社会化承包、专业化清扫模式，考核结果与承包金额相挂钩；启用专业洒水车，定期保洁集镇路面；及时维护配套设施，方便居民生产生活；组织城管、交警、交通、工商等部门联合执法，集中整治车辆乱停乱靠和店外经营乱象，集镇序化净化程度不断提升。同时，严格责任片区管理考核，对全镇79个片区坚持一月一督查、一月一通报，每月排名定等，落实奖惩兑现，取得良好效果。通过一年的努力，全镇环境整治卫生工作迈上新台阶。

民生投入持续加大。坚持发展成果共创共享，集中有限的财力不断加大对民生事业的投入，一批惠民工程相继建成见效。水利建设再掀热潮，按照三年行动计划铺排，继金华片区之后，2014年以道林片区为重点集中推进，先后组织投工投劳3.21万个，投入资金550万元，其中镇财政奖补资金250多万元，累计清淤扩容山塘243口、65公顷；疏浚沟渠22公里、河道16公里；改造河坝水闸37座，修复水毁工程5处，完成田间工程21公顷，石屋冲、雷公塘、枫林冲等七座小二型水库全面启动除险加固，全镇农田水利建设的投入力度、推进速度一直稳居全县先锋榜前列。惠民事业加快发展，投资近400万元的道林中小、道林中学64套教师公租房，以及双雄小学、尹垅小学功能房主体建设均已竣工，上半年将投入使用；完成8公里自来水管铺设，新增3公里污水处理管道，有效改善集镇居民用水质量和生活环境；在近三年连续投入的基础上，2014年再投入60多万元进一步改善敬老院基础设施，并以全县排名第一的成绩成功创建市级示范性敬老院；提升政务窗口服务水平，成功创建市级标准化政务服务大厅。扶贫帮困落到实处，全年发放各级各类慰问补助金1500多万元，医疗保险、养老保险征缴到位，各项救灾救济款、优抚资金和老龄补助均足额发放。

社会大局稳定和谐。始终把平安稳定工作放在突出位置，注重立足基层、依靠群众，着力提升服务、加强防控，强化积案包办、应急处突，社会矛盾得到有效化解。全年共打击处理违法犯罪人员106名，其中刑事处罚24名，治安处罚82名；调处各类民间纠纷381起，调解率100%，调解成功率98%，治安案件和刑事案件的发案率较2013年下降11%；查处消防不合格单位190家，下达安全生产整改通知211份，切实维护全镇社会大局的平安稳定。殡葬改革平稳推进，全镇未出现一例非法土葬，火化率达100%。计划生育工作以基层基础工作、四项手术落实、社会抚养费征收、流动人口管理、协会活动创新、计划外隐患排查等为重点，以创市、县先进为目标，以“服务育龄群众百日行”活动为载体，圆满完成工作任务，顺利迎接计划生育市检，全年落实结扎对象74人，上环264例，流引产手术64例，符合政策生育率为达84.58%。

队伍建设全面加强。以教育实践活动夯实党建基础。深入开展“心连心”活动，组织党员干部深入村组一线，开展扶贫帮困和调查走访，共收集群众反映的问题108个，解决实际问题98个；加强党员队伍建设，严格党员民主评议，评定不合格党员12名，其中3名党员要求限期改正，8名党员违犯计生工作条例的党员和1名违反相关法律法规的党员被给予开除处分。以片区网格管理转变干部作风。将全镇79名干部与79个片区无缝对接，划分责任田，明确责任人，严格责任制，统筹抓好环境卫生、计划生育、综治维稳等各项工作，进一步密切干群关系，提高工作效率，促进和谐稳定。以村级换届选举配强基层力量。超前谋划、精心组织、依法推进第九届村“两委”换届选举，成功选举产生新一届村“两委”成员79名，其中17人实现交叉任职，班子成员中高中以上文化水平占到68%以上，平均年龄由上一届的50岁降至47岁，年龄结构、文化层次更趋优化。

【创建市级标准化政务服务大厅】 2014年，道林镇成立政务服务中心标准化建设工作领导小组，组织窗口工作人员培训，严格工作纪律，做到热情服务，有问必答，诚恳作事，笑脸待人。开展“六个走在前列”大竞赛、争创人民满意服务中心、“学雷锋、树新风”“窗口工作人员示范岗”等活动，不断提高中心窗口人员的业务水平和自身素质。优化服务环境，提升群众满意度。大厅整洁明亮，工作人员仪表整洁大方，着装统一。做到标识统一，制度上墙。设立15个便民服务代办点，由镇政务服务中心统一指导村便民服务代办点的工作，限时办结便民服务代办点提交上来的各项待办事项，定期下村为群众提供上门服务。

【创市级示范性敬老院】 道林镇敬老院实际占地面积为1.38万平方米，其中建筑面积3959平方米，可容纳五保老人150人。基础建设上，2012至2014年期间连续进行两次规模性的改建和扩建，新增建筑面积1100平方米，新建1栋27间的住宿用房，总投资520余万元。内部管理上，突出抓好工作责任落实，逐步建立健全管理人员工作责任制，严格值班制度、出勤制度、奖惩制度、分工负责制度、包干制度等，做到人人有责任，事事有人管。五保老人按住宿区选举舍长，加强对各住宿区环境、安全检查和对老人外出的管理。2014年成功创建为市级示范性敬老院，获得全县第一、全市第三的好成绩。

【确保长韶娄高速道林段建设】 为确保长韶娄高速道林段的建设，道林镇秉承“一手抓工程进度，一手抓群众合理诉求及时处理”的工作思路，深度介入各类施工纠纷和矛盾，做到半小时之内赶入现场，确保施工顺利进行。对由于施工造成的乡村道路破坏、水系破坏、房屋震损、沿线水冲沙压、红线外征用地以及边角料余地等和人民群众切身利益直接相关、可能影响春耕生产和生命财产安全的问题进行全面的摸排掌握。路段开工至2014年累计处理涉及工程建设领域矛盾纠纷410余件，召开村组各类会议120余次，累计鉴定评估沿线受损房屋200余户，累计发放涉工程个案和遗留问题处理补偿资金50多万元，打击强包强揽、无理阻工行为18次，拘留5人次。全力维护路面硬化、护栏、隔音墙施工、绿化建设，确保本镇境内所有工程按时、按质完成施工，并保证长韶娄高速于2014年12月31日全线通车。

【县道宗准公路改造升级】 2014年，道林镇组织精干力量全力服务和保障宗准公路(X081)建设，仅用不到两个月的时间，完成全线5个村、11.7公里、13.33公顷的征地拆迁任务，受到县公路局的高度认可和肯定。宗准公路的拉通将完善道林交通网络大格局。年末，公路正在加速建设中。

【教师公租房落地生根】 2014年，道林中学教师公租房主体总投资127万元，总建筑面积960平方米，为一栋四层共24套砖混结构楼房；道林中小教师公租房主体总投资208万元，总建筑面积1600平方米，为一栋四层共40套砖混结构楼房。 （王银燕）

花明楼镇

党委书记 肖玉华
副书记、镇长 颜志强
副书记、人大主席
张存华（2月免）
吴　彪（3月任）
政协工作联络处主任
喻尽忠
副书记 邓旺华（9月另任）
谭燎华(女)
党委委员、纪委书记
刘永伶（12月免）
党委委员、副镇长
贺实余
党委委员 彭春明
副镇长 刘朝晖
刘伟强
人大副主席 陈伟军

【概况】 花明楼镇下辖17个行政村和1个社区，共户、4.96万人，镇域总面积113.56平方公里，其中耕地面积41.51平方公里，水田面积36.29平方公里。2014年，花明楼镇致力于提高素质、提质环境、提升民本，经济社会发展各项工作取得显著成绩，获评全国重点镇，跨入长沙市经济社会发展“十快乡镇”行列。全年完成财税总收入2254万元，与2013年相比增长27.32%；工业总产值达36.55亿元，其中，规模工业总产值达25.93亿元；社会固定资产投资13.49亿元，社会消费品零售总额3.92亿元，招商合同资金10亿元，实际到位资金

4000万元，城乡居民人均收入达2.03万元。

一、抓改革、增活力，平台再次提升。启动国家级风景名胜区创建。以故里景区为核心，将双狮岭、芙蓉寨、大夫堂等景区纳入镇域旅游格局，拉通景区连接线，形成花明楼景观文化中轴，总规划面积达50平方公里。景区行道绿化、LED路灯亮化、旅游公厕等配套建设同步到位，“少奇故里·花明楼景区”品牌形象更加鲜明。打造新型农村社区。服务“1121”（军事工程）工程，全面整合项目资源，选址双狮岭与少奇纪念馆核心景区的中间地带，在此基础上打造花大新型联合社区。依托景区路网配套，建设花明大道南延伸线，与花明楼镇区无缝对接，并高标准配建学校、医院、超市、供水、供电等公共服务设施。加快东进融城步伐。借势长韶娄、打通微循环、融入长株潭，把对接湘江新区、对接省会长沙、对接长株潭城市群作为战略发展方向。借势长韶娄高速通车，拉通高速互通连接线（靳江大道），大大缩短花明楼与长沙主城区之间的时空距离，切实加快花明楼镇整体东进融城脚步，区位优势更加凸显。2014年7月21日，经住房和城乡建设部、国家发展改革委、财政部、国土资源部、农业部、民政部、科技部等7部委联合下文，花明楼成功评为全国重点镇。

二、调结构、促转型，产业不断优化。现代农业更加夯实。投入2000万元对茶园冲、靴林沟、金元、三塘冲4座国家级小二型水库进行除险加固，完成靴林沟灌溉渠系改造、门小坝扩容提质，形成花明楼村胡田冲组新农村示范走廊。对靳源、戚佳山及杨林等3个村以靳江河上游支流及北源河枞木坝为枢纽，清淤疏浚10公里，平整田间土地累计200公顷，打造杨林片区现代农业示范基地。全年落实早稻播种面积2900公顷、晚稻播种面积3167公顷，建好炭子冲村农调网点；农机推广争取到国家农业部专项补贴248.84万元，被评为湖南省“平安农机”示范镇。传统工业加速升级。全镇工业技改共投入资金4.89亿元。完成德方新等7家耐火材料厂进行技术改造，农机龙头企业佳宁公司投入1.6亿元升级产品技术，成功纳入“长沙市高新技术改造传统产业”项目；新增源盛五金件有限公司和三江华宇冶金炉料有限公司等2家规模企业。旅游产业主导引领。景区商业步行街项目经网上招投标和专家评审，完成规划设计、用地测量等前期工作；湖南教育考试命题基地（梅竹山庄）一期用地6.8公顷取卷摘牌。全年花明楼景区游客量达350万人次，新增各类餐馆酒店25家、旅社宾馆床位230余张、旅游从业人员2000余人，旅游产业带动作用不断增强。

三、治环境、美家园，品牌形象更加鲜明。镇村环境显著提升。加大环卫工作力度，成功创建长沙市卫生镇及环境卫生“十佳”乡镇，靳源村评为市卫生村和绿色村庄，机关被评为“湖南省文明卫生单位”。生态优化成果显著。建成花明楼污水处理厂，铺设污水管网15.6公里，实现镇区全覆盖，并由长沙市先宁环保科技公司试运营；以花明楼村黄田港组、胡田冲组及朱石桥集镇、金元村片区、靳源村等为示范点建设“美丽乡村”，其中，金元村投入15万元在花南线沿线栽植花卉苗木，二桥村、戚佳山村、花明楼村等全年植树造绿73.3公顷。深入治理涉污产业。淘汰污染严重、产能落后的企业，关闭8家小瓦窑，关停三星、先锋、维佳、大鑫4家耐火材料厂，被评为长沙市两型建设标杆单位；组织创建湖南省“两型”综合示范片区，得到省“两型”办的高度肯定。

四、抓作风、强素质，干部队伍更加高效。全面践行群众路线。邀请村（社区）书记及“两代表一委员”对2014年政府工作报告和人大工作报告进行审议。牵头组织镇政府、人大、政协联合举行人民代表座谈会，解决二桥村的“便民桥”、竹湖村通组公路等热点难点问题。机关党员在“心连心”结对帮扶活动中送去慰问金近5万元，解决实际困难30多个。全年“三公”经费压缩60%以上，“门难进、脸难看、事难办”等政风问题得到明显改善，公车管理规范，办公用房得到全面清理。村级图书室、活动室、卫生室等功能室配置齐全，打通基层便民服务“最后一公里”。建强基层干部队伍。建立健全会议会务、领导干部集中学习、定点采购、公务接待、公车管理、财产物资调配、安全维稳、值班住勤、作风行风等相关规章制度。完善考核机制，加大制度的执行力度，不留“暗门”、不开“天窗”，特别是对顶风违纪行为进行从严处理，形成强大的震慑力，有令不行、有禁不止的现象得到有效遏制。创新工、青、妇共建格局。以“七一”为契机开展党建周活动，向全镇1500余名党员干部发送“微党课”短信；为困难党员发放慰问金近3万元；支持镇妇联发起庆“六一”关爱贫困学生捐赠活动，为200名贫困儿童募集到爱心资金7.4万元。推动11个“两新组织”党支部开展党的群众路线教育实践活动，实现党的组织和党的工作全覆盖。

五、惠民生、促和谐，社会事业全面进步。社会保障更加有力。作为长沙市农村危房改建整镇推进试点镇，完成194户D级危房集中改造任务，建成三江、朱石桥两处集中居住示范点。全年发放城乡低保金300多万元，各类优抚资金158万余元，城乡养老保险参保率达97%，合作医疗参保金额达425.88万元。社会事业更加繁荣。综合投入近2000万推进合格学校和公办幼儿园建设，对杨林桥中学、鲁塘小学、中心小学等9所中小学进行基础提质和薄弱学校改造。在生育关怀活动中，对独生子女家庭免费送家庭意外险4.6万元，为计生特困家庭发放慰问金6.3万元。全面实施广播“村村响”工程，在18个村(社区)安装喇叭389个。四医院与长沙市三医院开展“手牵手”帮扶共建活动，携手上海长征医院举办大型义诊活动，接待就诊群众1000多人次。社会氛围更加和谐。“平安花明”创建工作成效显著，安保险试点工作名列全县第一，花明楼法庭入选2014年中国湖南十大法治团体。创新摩托车社会化管理，实行有证驾驶，定期举行驾照考试。组织广大干部群众参加宁乡县春季长跑、篮球赛和广场舞大赛等文体活。创建长沙市社区示范学校，成立花明楼群众业余文化中心，在重阳节、国庆节、刘少奇同志诞辰等节日举办大型义演。

（党政办）

东湖塘镇

党委书记 胡君安
副书记、镇长 左立平
副书记、人大主席 彭海龙
政协工作联络处主任 肖福仓
副书记 杨伟军
党委委员、纪委书记 刘永宏
党委委员、副镇长 周向波(4月另任) 黄颖娟(女，4月任)
党委委员 陈康
副镇长 邹文平 易爱媛(女)
人大副主席 戴碧江

【概况】 东湖塘镇地处宁乡县东南部，距县城21公里，与韶山、湘乡毗邻，辖15个行政村(社区)，200个村民小组，共有1.52万户，4.89万人。全镇总面积131.68平方公里，其中耕地2905.2公顷，森林资源6790公顷，居全县第二位。省道208线及县道东花公路穿镇而过，在建的长韶娄高速贯穿其中，是通往伟人故里韶山和花明楼的必经之地。

2014年，东湖塘镇紧紧围绕“借势长韶娄，融入大河西，实现大跨越，建设新东湖”的总体目标，抢抓发展机遇，突出产业特色，深入开展党的群众路线教育实践活动，奋力推动经济社会又好又快发展。2014年全镇完成县域生产总值10.25亿元，为全年任务的100%；完成工业总产值14.71亿元，为全年任务的102%，其中规模以上工业总产值7.02亿元；完成固定资产投入5.2亿元；万元规模工业增加值能耗降低4%；完成财政税收853.4万元，超目标任务21个百分点。

一、发展思路明晰、产业建设蓬勃发展。积极推动转型升级，镇域企业呈现新活力。积极推动镇域企业转型升级，确保在优化产业结构中增强总体实力。宁韶肉类投入2000余万元进行提质改造，注册家润多食品商标，获得中国著名品牌称号；创力机械与金洲新区星邦重工合作，新增生产线一条，企业实力进一步提升；东湖塘耐火泥材料厂推进煤改气设备升级，投产运行良好。工业经济平稳推进，招商引资实现新跨越。全年全镇合同引资2.2亿元，到位资金完成1.25亿元，信息捕捉12条，包装项目2个，完成飞地招商任务2个，湖南领军品牌华瑞生物科技和长沙海越家居两大企业引进落户金玉乡镇工业集中区。全镇新开工投资1000万元以上的项目10个，到位资金完成1.8亿元，包括南竹中心村建设、天成陶瓷材料有限公司、佳浩二期、盛湘农业培训基地、东湖塘粮食精加工厂、鲜邦食品、思亚纸业、学校建设项目，其中学校建设包括新建许家坝小学、东湖塘镇中心幼儿园以及两座教职工公租房，共计投入1450万元；积极服务省重点项目长韶娄高速公路建设，2014年末全线顺利通车；西冲山村居民集中安置小区工程顺利推进，年末完成部分建设；机关值班用房主体建设完工。农业经济亮点纷呈，现代农业取得新成就。强化“特色强农”发展思路，坚持抓基层、打基础，抓民生、帮民富，农业基地异军突起，传统农业大镇逐步向现代都市农业强镇转变。以卫红米业为龙头，启动“粮食银行”建设，解决群众种粮的后顾之忧，种粮积极性进一步提高；成功引进牛山村谷满仓农业科技发展有限公司，已建成3个蔬菜生产基地，以及30多家义丰民直销门店。此外，东湖农业开发有限公司、向明生态农庄、省植物园纷纷在东湖塘镇增加投资，扩大生产。

二、城乡统筹发展、生态环境明显改善。高定位投入基础建设，集镇形象更加靓丽。严格冻结“三道”两侧所有建设用地，确保镇域范围内科学合理化利用土地，加强国土与规划管理，违规建筑得到有效控制；镇污水处理厂竣工，并实现委托运营管理，运营正常；镇中心幼儿园主体建设竣工；投资747万元的集镇2公里路面提质改造工程在建设中。高标准开展环卫植绿，镇村品位稳步提升。围绕争创市环境卫生“十佳”乡镇、省级生态乡镇和国家级生态乡镇，彻底整治农村庭院、村庄、集镇和公路沿线“脏乱差”现象，采取线办分片包组，干部一周一上门、一月一通报的形式，强力扭转农村乱丢乱扔陋习。2014年，牛山村成功创建省级卫生示范村，西冲山村摘得市级卫生示范村桂冠，打响东湖塘镇宜居品牌。国家级生态乡镇创建工作顺利通过专家组评审验收。以全民植树“三年行动计划”为契机，大力推进植树造林，全年共完成植树造林53.33公顷；以在凤村为重点，全面推进“绿色村庄”建设。高要求实施环境整治，生态保护全面加强。关停取缔小瓦窑45座。从6月底开始，整合县、镇力量，分为10个工作小组，3个专职拆除小组，环保、国土、安监、林业、质监、工商等职能部门紧密配合，形成强大的工作合力。至7月底，44家全部拆除，1家转型为中药材烘焙基地；强力整治退出投肥养鱼。全镇10座小型水库，2200多口山塘全部禁止投肥养殖，建立举报制度，实行网格化巡查，并将此项工作纳入对村的绩效考核；规范污染源头的管理。叫停并重新评估正大集团在太平桥村的基地建设。督促佳禾、科粒康两家养殖场进行环保达标整改，严禁污染物的排放。对已有的温氏养殖户进行规范，在春秋两季对动物疫病进行防疫、阻击，确保密度、强度；加大对镇域内土壤的监测，选定400多个监测点对土质进行取样、化验，全力防治土壤的重金属污染；落实上级政策，停产关闭镇水泥厂和麻山煤矿。

三、发展成果共享、社会事业竞相推进。民生项目大力推进。2013年冬至2014年春，东湖塘镇干群饱满热情，人民群众投工投劳，掀起一波又一波的水利建设高潮。全镇共修缮骨干山塘358口，清淤面积达220公顷，疏浚河道46.5公里，疏通渠道149公里，维修河坝56座，田间工程建设达1933.33公顷，全镇干群投工投劳4.7万多个。市人大常委会主任袁观清、副市长黎石秋、县委书记黎春秋等上级领导到东湖塘镇进行农田水利建设现场调研，湘西自治州调研组、涟源市水务局到东湖塘镇交流学习。在农田水利扩容提质表彰大会上，东湖塘镇荣获全县农田水利扩容提质一等奖；投资40万元的麻山村“人饮”工程竣工，并进入试运营阶段，1000多群众已喝到纯净、放心的自来水。社会保障落到实处。2014年，全镇共发放低保金406万元，大病救助197人，救助金40多万元；重残人员301人，发放重残补助25万元；精神药物救助6批次，救助金额5.8万元。“干群心连心，共建新家园”危房改建三年行动计划中2014年援助对象45户，其中一般援建30户，重点援建15户，五保户修缮4户，完成援建资金122万元。新农合、新农保工作严格执行政策和操作程序，惠农政策全面落实到位。办学就医条件改善。2014年，镇财政投入700多万元，全力改善学校硬件设施，新建教师公租房68套，新增教学实验设备价值近200万元，学校面貌焕然一新，办学条件得到前所未有的改善。教学质量全县领先，喜获教育教学质量综合排名全县第三的好成绩。教育特色精彩纷呈，课程改革全面铺开，东湖塘中心小学被选为全县义务教育工作大会现场观摩点，进行经验交流；医疗卫生改革全面推进，完成建设卫生院公租房20套，硬件设备不断完善，服务质量不断提高。“诚信”计划生育不断强化。以“婚育新风进万家”活动为载体，突出人口计划生育宣传教育先导作用，主攻计划生育优质服务，积极营造网格化、零距离的人口计划生育宣传服务体系，有效促进群众生育观念转变。全年全镇完成结扎手术95例、上环手术128例、优生检测335对，计划生育工作氛围进一步浓厚，基层基础工作进一步夯实。社会大局和谐稳定。坚持以平安稳定为核心，全面加大社会面管控工作，“平安摩托”创建工作取得全县综合排名第一，“护路护线”工作东湖塘镇荣获全市先进单位称号，牛山村获得全市先进村，“红袖章”巡逻治安防控得力，信访维稳处置及时，全年镇、村共排查出各类矛盾纠纷286起，调处成功275起，调处成功率高达96%。以党的群众路线教育实践活动为抓手，全面落实“三上四问五必谈，万访百联创十佳”活动精神，创新社会管理，转变干部作风，全年全镇干部走村入户，共话家常，全镇民意满意度得到进一步的提升，民调工作取得全县第五，全市排名第11位的好成绩。以“安全责任重于泰山”为宗旨，加强消防安全，矿山安全，道路交通安全、食品安全、校车安全工作的整治，安全工作落到实处，全年全镇没有发生一例安全责任事件。（杨俊榕）

夏铎铺镇

党委书记 孙春华
副书记、镇长 黎国君（3月另任）
邓作平（3月任）
副书记、人大主席 李建坤
政协工作联络处主任 孙尚文
副书记 龚学军
杨靓雯（女）
副书记、龙凤山村第一书记 喻文辉（挂职）
党委委员、纪委书记 陈红兵（女）
党委委员、副镇长 李加强
党委委员 刘金文
副镇长 李拥华（女）
贺朝前
人大副主席 丁旭文

【概况】 夏铎铺镇辖10个村民委员会，3个居民委员会，270个村（居）民小组。全镇总面积103.25平方公里，其中耕地面积2700公顷，总人口4.01万人，其中非农业人口1792人。

2014年，夏铎铺镇紧紧围绕“立足工业强镇、推进两型示范、建设幸福新镇”的总体目标，抓实党的群众路线教育实践活动、“百日大会战”等活动载体，克难攻坚，积极而为，全镇发展呈现出经济逆势而上、民生显著改善、社会和谐稳定的良好态势。全年实现镇域产总值43.35亿元，比2013年增长22.8%；工业产值达

143.77亿元,增长19.25%,其中规模工业总产值突破140亿元,增长25%;农业总产值达4.82亿元,增长15%;固定资产投入30.69亿元,增长19%;实现工商税收1.428亿元。2014年全镇各项工作全线飘红,荣获省、市、县多项荣誉:2013－2015年全省依法办事示范窗口单位、第四批“湖南省模范司法所”、第一次全国乡镇综合文化站评估一级、湖南省卫生村(兴旺村)、湖南省村务公开民主管理示范乡镇、长沙市人口和计生工作十佳单位、长沙市加速推进新型工业化工作红旗乡镇、长沙市学习型党组织示范点、长沙小城镇建设考核前20名、长沙市综治工作先进乡镇、长沙市无偿献血先进单位、长沙市救助工作先进单位、宁乡县五好领导班子、宁乡县招商引资先进单位、宁乡县项目工程建设先进单位、宁乡县综治维稳先进乡镇、宁乡县廉政文化建设进工业园区示范点、宁乡县党风廉政建设工作优秀单位、宁乡县统战工作先进单位、宁乡县宣传思想文化工作目标考核先进单位、宁乡县民政工作先进单位、宁乡县政务公开先进单位、宁乡县殡葬管理工作强制火化区一等奖、宁乡县安全生产先进单位、宁乡县人口和计划生育工作红旗单位、宁乡县人口和计划生育整治“两非”先进单位、宁乡县推进农业现代化先进乡镇三等奖、宁乡县粮食抽样调查示范点一类乡镇、宁乡县农田水利扩容提质建设一类乡镇。

一、工业经济提质增量,后劲更足。始终高举“兴工强镇”旗帜,把做大做强机械工业园摆在突出位置,新增荣欣粮油、华铝机械、润通机械、雷蒙科技、海狮电力5家规模企业,新增豪耀电子、龙凤机械2家高新技术企业,亮之星谷力新能源在湖南股交所挂牌。新引进金吉智能、金泽机械、谷力能源等15个优质项目,合同引资14亿元,到位资金近9亿元,获评县“招商引资先进单位”。新建项目34个,续建11个,润通机械、博格泵业、青山印务、湘泽混凝土、裕德隆电缆等15个项目竣工投产,圆满完成项目建设“百日大会战”目标任务,获评县“项目工程建设先进单位”,荣登项目建设英雄榜,并入选全县项目建设观摩点。深化“两帮两促”,实行企业(项目)特派员帮扶制度,协调解决征地、用水、附属工程建设等问题210个,组织召开银企对接会、“四对标”会议等,帮助企业融资近5.2亿元,成立科技企业孵化器,积极孵化培育小微企业。实现园区主干道路下水管网全覆盖,成为全县唯一一个新奥燃气入园的乡镇园区。关停1条涉污生产线、整改36家超标排放企业,搬迁一个影响环境的食品厂,完成12家企业煤改气工作和10家企业安全生产标准化创建,园区环境不断优化。

二、农业产业稳步发展,基础更牢。新建通村水泥公路15.8公里,全面完成村村通水泥公路目标。落实早晚水稻种植面积4626.67公顷,消灭抛荒田40多公顷,新增高产水稻示范基地13.67公顷,在粮食抽样调查中被评为县一类乡镇。开展投肥养鱼专项整治行动,水库、骨干山塘全部完成整改。完成对天马新村、高新社区、夏铎铺社区、六度庵村等村(社区)642.13公顷农田的重金属污染治理。积极开展造绿行动,在企石港河沿线、嵇龙吴家坝段共栽种树苗4000棵,新建2个义务植树基地,在香山冲村、新一家村高标准抚育油茶18公顷,在龙凤山村抚育幼林23.33公顷。大力开展农田水利建设,完成山塘清淤203口,新建、维修小河坝73座,渠道、河道整修力度创历年新高,其中香山冲左右干渠全部完成清淤、护砌3公里,完成企石港9.5公里河道的除杂、护堤、清淤、畅水工作,解决了困扰多年的排涝难题,水利建设工作排名全县第六,进入一类乡镇行列。顺利完成320公顷土地流转,引进印象麓山、世外桃源、中医药材基地三大农业项目,合同引资2.2亿元。防汛、抗旱、防火、动物防疫等工作均有序推进,圆满完成全年目标任务,荣获县“推进农业现代化先进乡镇”称号。

三、城镇建设加速推进,品牌彰显。抢抓湘江新区、沩东新城和岳宁大道建设的机遇,克服历史遗留和城建征拆等困难,全面推进新城开发、老城提质、基础建设,进入全市小城镇建设管理综合考核前20名。第一,规划管理更加有序。做好规划审批,解决遗留建房问题287户。严厉整治违法违章建设行为,跟踪管理35处,现场制止17处,依法拆除24处1698平方米。第二,提质扩容力度更大。大力服务岳宁大道建设,3天即完成征地任务,15天完成拆迁任务,创造全镇征地拆迁工作新速度。积极推进新集镇建设,农商银行夏铎铺支行、忘不了商业街、民润来超市建成,聚富园配套设施建设更加完善,商铺逐渐繁荣。第三,基础建设更加夯实。投入500余万元完成新集镇水、电、路网建设,投入100余万元在集镇安装太阳能路灯,对村级道路近200处急弯、临水等危险路段设置转弯镜、警示牌,基础设施不断完善。

四、民本民生全面改善,社会和谐。集结各方力量,统筹各类资源,全面加强环境卫生整治、公共服务、惠民政策落实、社会管理等各项工作,不断提升人民群众的幸福感和满意度。第一,环境卫生明显改观。加大环卫经费投入,4次组织赴望城参观学习环境卫生治理经验,对照典型、以点带面、示范带动全镇环境卫生整治,兴旺村成功创建湖南省卫生村,夏铎铺小学成功创建县“无烟单位”,夏铎铺镇在“相约长沙最美乡村”活动中被授予“乐活小镇、生态家园”荣誉称号。第二,公共服务逐步优化。荣获县“政务公开先进单位”称号,政务中心被评为长沙市首批标准化政务服务中心，夏铎铺社区、凤凰社区、高新社区高标准打造一站式服务大厅，其中夏铎铺社区获评长沙市市级示范社区，夏铎铺社区和新一家村成为市“农村居家养老服务”试点村。投入100余万元完成教师公租房建设，投入20余万元完善龙凤山九年制等学校教学设备、门窗、护栏及其他设施，投入110余万元完成龙凤山幼儿园建设。完成卫生院项目建设规划和手续办理，新开设中医康复科，完成5家村级卫生室建设，义务献血220人次。代表宁乡县接受中国残联副主席、党组成员吕世明一行调研无障碍设施建设工作，连续三年成功创建市级明星乡镇。在福安村、高新社区、天马新村建立群众健身广场，为三桥村、龙凤山村等8个村配齐健身器材，积极选送节目参加县一镇一品表演，成功举办首届“南方杯”男子篮球赛。第三，惠民政策有效落实。走访慰问、大病救助、临时救济、慈善救助等资金约65万元。严格程序、公平公开公正组织低保年审，发放低保、五保金近270万元。危房改造新建50户，修缮5户，创历年新高。落实军人抚恤优待政策，发放优抚金130万元。扩大社会保险覆盖范围，农村养老保险和合作医疗缴费比例达97%。加强敬老院管理和服务，完成饮水工程、前坪绿化等配套设施。第四，社会管理稳步推进。推进村务公开，夏铎铺镇是全县唯一一个被评为“全省村务公开民主管理示范乡镇”。规范生育秩序，在“服务育龄群众百日行”考核中荣获全县第5，作为试点乡镇，全面完成人口网格化工作，流动人口均等化服务典型经验在《长沙晚报》和宁乡电视台进行推广，计划生育工作获评长沙市十佳、县红旗单位，新一家村被评为县红旗村。积极调解各类矛盾纠纷210件，涉及当事人776人，涉及金额969余万元，调处率达100%，全年无民转刑案件发生，信访积案化解工作代表宁乡县迎接市检，社区矫正工作作为亮点和先进典型在全县司法行政系统推广，民调工作排名全市第5名、全县第3名，司法所被评为“省模范化司法所”，政法综治工作荣获市、县先进乡镇荣誉称号。强化红线意识，促进安全发展，食品安全宣传周、安全生产活动月、应急救援演练、平安摩托专项行动、打非治违、标准化创建等有序开展，全力保障生产安全、食品安全、消防安全、道路安全、校车安全等五项安全，实现“零事故、零死亡”目标，荣获县“安全生产先进单位”荣誉称号。殡葬改革工作继续保持100%的火化率，公益性墓地建设有序推进，顺利投入使用。

【亮之星“谷力新能源”在湖南股交所挂牌】　6月26日，湖南亮之星米业有限公司下属子公司湖南谷力新能源科技股份有限公司在湖南股交所举行挂牌仪式。中国工程院院士张齐生，原湖南省粮食局局长王柏林，宁乡县副县长刘俊武，省、市金融办、银信部门负责人等共同见证这一具有历史意义的时刻。此次湖南谷力新能源科技股份有限公司在湖南股交所的成功挂牌，是该公司科技创新的必然结果，标志着公司将走向发展壮大，也必将为今后湖南民营企业上市起到积极的推动和示范作用，对促进湖南省非公有制经济健康发展具有重要意义。

【范小新一行莅临龙凤山村开展建设扶贫工作】　2014年1月22日，长沙市政协主席范小新一行到夏铎铺镇龙凤山村就三年建设扶贫工作开展调研。龙凤山村是新一轮全市16个建设扶贫点之一，由范小新主席亲自联系，市发改委、市能源局为后盾单位，市能源局法规处副处长喻文辉担任夏铎铺镇党委副书记、龙凤山村第一书记。范主席一行首先对村上周正池等八户困难群众、老党员进行春节走访慰问，随后在村部会议室召开建设扶贫工作座谈会。座谈会由市政协秘书长彭志一主持，市政协主席范小新、县委书记黎春秋出席会议，市发改委、市能源局、市委基层办、大河西先导区、县政协、县委组织部等市、县领导及夏铎铺镇主要领导、龙凤山村负责人参加会议。会议先后听取凤山村基本情况和下阶段建设扶贫三年行动的基本设想作的汇报和代表发言。范小新主席指出，此次到龙凤山村是对建设扶贫工作做的前期调研，2月底或3月初将组织市级相关部门到村上召开现场办公会，并对龙凤山村的发展提出四点要求：一是要把握好契机，作为全市16个建设扶贫点之一，市委对于此项工作是非常重视；二是要做好三年整体规划，按计划一步一个脚印做好；三是要做好年后现场办公会的衔接工作；四是把班子建设抓好，在村“两委”换届工作中一定要建设一支稳定、有战斗力的班子。

【中国残联调研夏铎铺镇无障碍设施建设工作】　9月18日，中国残联副主席、党组成员吕世明一行调研宁乡县无障碍设施建设工作，夏铎铺镇代表全县接受中残联调研。省、市、县及残联主要领导和维权负责人陪同调研。调研组一行首先察看夏铎铺镇残疾人服务阵地建设，充分肯定政务大厅绿色通道、洗手间无障碍设施等的设置。随后，他们又到夏铎铺镇农村商业银行，并就怎样建设无障碍设施提出指导性意见。吕主席指出，残疾人工作需要耐心、细心、恒心，无障碍设施配套建设是关心关爱残疾人最直接的方式。同时，他对夏铎铺镇无障碍设施设置的预见性给予高度评价，并向陪同人员推介夏铎铺镇残联维权工作与法律救助相结合、信访工作与生活救助相结合的残疾人维权工作经验。

（刘欣）

金洲镇

党委书记 刘俊武（3月另任）
白　晓（3月任）
副书记、镇长 王　辉(女)
副书记、人大主席 罗尚平
政协工作联络处主任 张赞辉
副书记 周杰文
党委委员、纪委书记 谭　果
党委委员、副镇长 段尚明
党委委员 贺粤湘
副镇长 肖兵华
段志斌
人大副主席 贺爱中

【概况】 2014年金洲镇辖9个村民委员会、2个居民委员会，镇域土地总面积61.31平方公里，镇域总人口3.2万人。

2014年，金洲镇确立"以'两区一园'(关山国家级4A景区、现代农业示范区和现代服务业产业园)建设为中心，统筹规划，协调发展，建设生态秀美、产业多元、经济强劲、幸福和谐的新农村、新金洲"的发展思路，全镇各项工作顺利推进，亮点纷呈。

一、经济总量在下行压力中逆势上扬。经济实力大大提升。全年实现镇域生产总值11.98亿元，实现全社会固定资产投资10.53亿元，完成社会消费品零售总额2.05亿元，完成工业总产值16.08亿元，实现农业生产总值4.46亿元，全年税收突破5000万元，完成5395万元，超额完成全年目标任务；招商引资合同资金20.5亿元，到位资金10.1亿元；项目工程投入11亿元。

二、招商项目在强力推进中彰显后劲。招商引资喜人。全年新签约的项目有：国际稻都——长沙现代农业科技创新培育中心、山东寿光尚益园蔬菜基地、优享蔬菜基地、关山文化展示中心。洽谈的项目有共11个：湖南湘格新材、杜鹃花主题公园、湖南卫视快乐购电视购物基地、养老庄园、功夫龙娱乐世界、环球教育·科教园、湖南苗木植物园、关山白沙液庄园等8个项目的投资商到金洲镇进行多次实地考察，投资意向明显；另外，亚华·优卓牧业、长沙韩国城、和梦世界影视工厂等3个项目正加紧对接洽谈。在建项目有序推进。截至年末，全镇有7个项目启动建设，其中尚益园蔬菜基地已基本完成智能大棚建设，创意工厂正在进行外装修，上海智顿已启动一期综合楼建设，金洲商贸城二期农贸市场主体已完成，正在启动广场建设和亮化、绿化工程，隆平高科、九溪小镇土地审批已完成，长沙名优农产品会展中心正在抓紧进行土地报批；另有正大清晏九州、威龙国际酒庄、关山加油站等3个项目在筹备启动建设中。项目服务扎实有力。在项目建设中，实行"四个一"的服务机制，即一名领导、一套班子、一个项目、一抓到底，全力为镇内项目排忧解难，碧桂园、长沙银河置业、龙桥御园、创意工厂、尚益园蔬菜基地等在建项目已基本竣工，九溪小镇、隆平高科、正大清晏九州等签约项目手续办理顺利进行，罗家坡过渡棚全部拆除。全年共征地13.33公顷，拆迁房屋24户，迁坟170余座。

三、"两区一园"在精心运作下凸现特色。关山国家级AAAA景区运营良好。3月起，关山旅游公司独立运营，通过宣传等活动，景区品质、人气和知名度逐步提升，关山景区发展势头持续增强。全年游客累计41万人次，实现收入2400多万元，真正实现由"输血"到"自身造血"的良性发展。现代农业示范区提质增效。全镇以大关山发展规划为平台，强力推进现代农业发展。至年底，尚益园蔬菜基地已搭建钢结构大棚35个，进入蔬菜种植阶段；优享蔬菜种植专业合作社，一期项目用地2.83公顷基础建设已经完成，并种植蔬菜，农产品很快投入市场；隆平高科科研中心12月启动建设；智慧农业启动规划设计；绿禾葡萄基地产销两旺，关山景区葡萄销售总收入已达800多万元；隆平高科育种基地、海尔斯水果基地、茶叶基地、芦笋基地等基础建设已基本完成。同时，镇域范围内金朱公路两侧的景观绿化和沿线农家庭院的美化也已基本完成，农业示范区建设效果明显。现代服务业产业园推进有序。在充分调研的基础上，在定位上形成两个对接，即在发展方向上对接旅游和现代农业的服务产业，在规划上对接现代农业示范区和大关山景区规划。

四、民生事业在协调推进中加速发展。以党的群众路线教育实践活动为契机，扎实开展各阶段活动，严肃整治"四风"问题，干部作风明显转变，民本民生工作成效突出，受到市、县领导的高度认可，省、市主流新闻媒体进行多次宣传报道。重点问题解决取得新突破。2014年，镇党委、镇政府把征地拆迁中农民的安置、社保和就业工作作为重点工作抓，并取得突破性的进展。强力推进安置工作，镇财政垫付450余万元工程款，完善安置区的水、电和绿化建设，年底已分配安置房154套；失地农民社保工作进展迅速，全年完成2700多名失地农民社保资料联审工作，达到总体任务数的94%。乐业增收有新成绩。举办"葡萄采摘季"活动为葡萄种植户促销，关山在全镇30万公斤葡萄以高价顺利售完，关山葡萄品牌度进一步提升；积极筹办失地农民招聘会和培训班。便民服务有新举措。积极争取支持，加大基础设施投入。整修历泉路，对全镇干线公路路灯、农网设备等进行更换升级。民生基础保障取得新成效。建立"全民参与”的环境卫生整治机制，环卫工作稳居全县前列，荣获长沙市城乡环境卫生“十佳乡镇”；安全生产全年平安平稳，实现零事故、零死亡；与镇国土所紧密合作，对违章建筑现象严肃处理，全年发现违章建筑23处，拆违23处；进一步做好计划生育工作，全面完成年度目标任务；城乡医保参保率97.62%，筹集资金181万元，位居全县前列；积极推行殡葬改革，遗体火化率100%；综治维稳扎实推进，创新干部联组包户制度，形成网格化综合治理格局。

【关山旅游景区】 2014年，关山旅游景区深度挖掘特色旅游资源、延伸文化内涵，通过聘请李锐担任关山名誉村长，策划组织“最美关山春游季”“葡萄采摘季”“关山婚恋节”“关山三国亲子季”等系列活动，关山一跃成为长沙地区最热门景区之一，游客人数突破41万人次，比2013年增长2.18倍，景区旅游直接收入实现2400多万元，比2013年增长5倍，真正实现旅游富民。

【招商引资项目喜人】 2014年，金洲镇招商引资项目喜人，主要有：国际稻都项目。该项目由隆兴科技有限公司投资10.9亿元，占地20公顷，打造集科研实验、观光旅游、生态种植为一体的综合性水稻种植基地。尚益园蔬菜基地。该项目由山东寿光蔬菜投资商投资建设，总面积20.07公顷，总投资约3.4亿元，该项目是宁乡现代农业示范园区规划建设的第一个项目，采用“公司+合作社+农户”的运作模式，由公司免费提供大棚和技术，统一管理、统一销售，让农民低成本、低风险进入，农民与公司实行收益五五分账、让农民最大程度受益。优享蔬菜基地。该项目占地2.8公顷，投资8000万元，是宁乡县第一个专攻宁乡本土品种的蔬菜基地。金洲文化展示中心。该项目占地0.33公顷，由龙桥开发建设公司投资1.8个亿打造全省高端文化产品展示交易中心。湘格新材。该项目是金洲镇在金玉工业园引进的第二家企业，由湖南湘格科技有限公司投资建设，占地1.33公顷，总投资额为2.5亿元。关山白沙庄园。本项目总占地面积146.67公顷，由长沙白沙酒业投资有限公司投资5.8亿元，计划建设一座白酒酿造、餐饮旅游、会议住宿、科技研发等休闲度假功能这一体的休闲庄园。

（厉艳佳）

双江口镇

党委书记 谭正林
副书记、镇长 何 冰（女）
副书记、人大主席 吴胜其
政协工作联络处主任 张建良
副书记 刘 宇
党委委员、纪委书记 熊建兵
党委委员、副镇长 周清洋
党委委员 袁 义
刘湘妮（女，挂职）
副镇长 王 林（女）
潘 杰
人大副主席 钟朝辉

【概况】 双江口镇位于宁乡县东北部，沩江下游西岸，是全国人大原副委员长、中国科学院院长周光召的家乡。全镇总面积72.62平方公里，其中70%为平原区、30%为丘陵区，丘陵区与平原区各成一体，水田3466公顷，是省、市闻名的粮食生产大镇，全部种植双季优质稻。辖10个行政村民委员会，4个居民委员会，418个村民小组，12619户，总人口4.79万人。东面与本市望城区接壤，南与国家级宁乡经开区相连，西南与城郊乡、益阳赫山区的白石塘乡交界。长石铁路、长常高速、金朱公路、宁朱公路穿境而过。历史上曾因水运发达，享有“小上海”之美誉。2014年，镇党委政府以“四比四抓争先锋、群策群力创佳绩”活动为抓手，围绕“重振百年小上海、建设美丽新双江”的发展目标，努力践行党的群众路线教育实践活动，不断加强作风建设，优化发展环境，狠抓项目推进，改善民本民生，全面完成各项工作任务。2014年全镇共实现GDP12.19亿元，比2013年增长15.45%；规模工业产值10.02亿元，增长20.7%，固定资产投资7.47亿元，增长44.3%；社会消费品零售总额达3.68亿元，增长17.8%，国税地税共完成1090万元，为全年目标任务的107.1%。

一、重大项目工程取得新进展，融城步伐进一步加快。发挥近城优势，依托重大项目，加快对接融城，是双江口镇党委、镇政府着力推动，并取得突破性进展的一项重要发展战略。2014年，以大河西农产品物流园为核心的长兴新区建设进一步提速，融入县城，接受辐射，参与城市要素分工与产业布局的发展格局进一步形成。长沙大河西农产品物流中心项目快马加鞭。在市县领导的关心，镇党委政府的努力争取下，大河西农产品物流中心作为全市51个重点项目之一，写入2014年的市政府工作报告，并促成在长株潭城市群区域规划（2008—2020）中，定位为区域性物流中心，纳入全市的五大农产品市场群之一——双江口市场群，成为宁乡农业物流发展的一个标杆。项目建设在县指挥部的正确指导下，镇党政负责人带队驻村，夜以继日做拆迁群众工作，共完成征地29.2公顷，拆除房屋41栋。项目建设全面提速，2014年年末在建面积达37万多平方米，试营业区12万平方米基本完工，累计完成投入达4.48亿元，超额完成市下达任务。项目建设获得县委、县政府主要领导的高度关注与支持。国家农业开发办公室、省委督导组、省商务厅、市县有关领导多次亲临项目现场进行调研指导,全县粮食生产暨现代农业项目推进工作会将该项目作为观摩现场进行推介、全县三季度经济形势分析暨重点项目现场观摩会将该项目作为第一站。《湖南日报》《长沙晚报》等新闻媒体都对该项目进行重点宣传报道。

同时,全力配合宁乡经开区格力电器再制造项目建设,协助完成征地21公顷,拆迁腾退房屋42户,并完成长兴混凝土公司搬迁;全力推动宁乡金霞粮食购销有限公司(毛家咀)改扩建工程,年底投资3000万元,用地10公顷的仓储设施已完成主体建设。

二、重点民生工程改变地方面貌,人居环境进一步优化。人民群众的呼声和期盼,就是党委政府的努力方向。2014年,镇党委、镇政府积极顺应群众的呼声,结合镇域工作实际,多渠道筹措资金解决一批关系群众切身利益的具体问题。这一年,投资2200万元完成老梅双公路和樊周公路路面改造,年末已经竣工通车;投资4000多万元的双江口老集镇提质改造项目,一期158户棚户区改造、给排水管网、集镇公路和强弱电入地等配套项目已完成,二期500户着手启动;投资1100多万元、面积286公顷的五一村“先建后补、以补促建”土地整治项目,作为全市试点,已全面启动建设;投资450多万元,可解决周边266公顷农田用水困难的草溪渔场小Ⅱ型水库改建全面完成,在全省农村田间水利建设现场会上作为第一站,接受省、市领导的视察,得到省委副书记孙金龙的高度肯定;植树造绿工作全民动员,共种植树苗10万多株,成为全县绿色示范乡镇。同时,还投入200余万元对金朱公路等四线道路进行亮化,投入700万元启动长兴污水处理厂项目建设;投入400万元进一步巩固“教育强镇”成果。

三、重要产业地位大幅提升,发展潜力进一步彰显。双江口自古是鱼米之乡,粮食生产一直位居全县前列,优质杂交水稻种植闻名三湘。随着金朱公路的建成通车,以及长沙(国家级)现代农业核心示范区的落户,农业的发展潜力进一步彰显。这一年,全镇粮食生产面积6800公顷,粮食产量达到4.5万吨;镇域全部纳入长沙(国家级)现代农业核心示范区,多次代表宁乡接受国家、省、市领导的检阅;国家农调双江口村样本点体现高水平,早晚稻测产位居全县第一;“杂交水稻之父”袁隆平院长亲临指导水稻种植,对全镇粮食生产条件、耕种模式给予高度肯定;粮食生产成功列入农业部高产创建整乡推进乡镇,示范效果明显。这里的田园美景,这里的农耕文化,这里的产业基础与发展愿景,也引起主流媒体的关注,8月27日《湖南日报》以《双江口:青山绿水,诗意田园》为题进行整版报道。

四、重要指标落实齐心并进,发展势头进一步向好。一个地方的经济社会发展水平,数字是最直接的体现。2014年,双江口镇的各项重要经济指标全线飘红,全面完成年初确定的目标任务。这一年,财政税收完成全年任务的107.3%,并保证正常运转;项目工程入库建安税超全年任务3.47倍,完成规模项目8个,新开工项目8个,超目标任务完成,“双百”服务获县通报表扬,县项目建设“百日大会战”获评先进单位;招商引资全镇新引进县域外项目5个(其中飞地招商项目3个),合同利用资金4.6亿元,完成全年目标任务的115%,实现到位资金3.76亿元,项目包装4个,捕捉信息17条,全部按要求完成。同时,计生工作“百日行”活动再创佳绩,名列全县第四,全员人口数据清理全县前三,檀树湾村创建省级村民自治示范村。代表全县接受省教育强县验收。城乡低保、医保、农村养老保险、殡葬改革等任务按要求完成。社会治安工作零进京上访,镇内和谐稳定,食品安全、生产安全保持零事故,城乡环境卫生综合整治工作得到根本好转。城管工作健全日常巡查机制,共查处违法违章建筑33栋2900平方米。

五、教育实践活动扎实推进,作风建设进一步加强。建设幸福新双江,离不开坚强的组织保障。镇党委以深入开展党的群众路线教育实践活动为契机,在进一步加强自身建设,严肃党风党纪的同时,通过正风肃纪,选准配强,进一步提升村级基层党组织的战斗力和凝聚力。支村“两委”(村总支部、村委员会,下同)换届对条件成熟的10个村均实现总支部书记与村主任“一肩挑”,9名新任“支委”成员中有3名同志从村干部后备干部中产生。村级组织活动场所标准化建设进程加快,多方组织投入资金210万元。新发展党员15名,组织处置“差”评党员24名,认定11名失联党员。大学生村官曾晴岚获全县“我爱读书”演讲赛特等奖。党风廉政建设坚决落实“两个责任”,积极开展预防腐败相关工作。全年“三公”经费主要领导带头压缩开支,比2013年下降57.7%,全年无一例县作风建设通报案例,无一例问责案件,严肃查处农村党员违法违纪案件6起。

【长沙大河西农产品物流中心项目建设】 2014年,长沙大河西农产品物流中心项目被列入全市51个重大项目之一,长沙江城农产品股份有限公司先后考察全国几十家一级批发市场,包括深圳海吉星、东莞信立、山东寿光等两广、江浙、川渝、京津冀等地的市场,学习和借鉴外地先进的发展理念和运作模式,并制定专门的招商政策,通过免租、住房赠送、现金奖励、免费提供住宿办公场地等一系列举措鼓励商户进驻。至年末,有1000余户商户签订意向协议,500多户缴纳诚意金。

在项目建设方面，一期在建工程计划投入12亿元，2014年完成投入5亿多元，年末在建工程土地审批、征地拆迁、规划定位、初步设计、土地平整、地下管网等工作均已基本完成，道路硬化面积已完成3.5万平方米，主体工程38万多平方米已建成12万平方米，其中交易区建成10万平方米，加工包装及配送区建成1万平方米，管理中心建成1万平方米。

【梅双公路及樊周公路路面改造】 双江口镇老梅双公路及樊周公路路面改造工程2013年10月立项。全长16.84公里，其中老梅双公路长9.48公里，樊周公路长7.36公里，共计投资2504.54万元。老梅双公路及樊周公路路面改造工程自2014年8月开始建设，路面工程于12月31日胜利竣工并正式通车。公路涉及双江口镇檀树湾村、长联村、白玉社区、双江口村、双江口社区、双东村7个村、社区。公路的改造，沿线村民日常工作、生活更便利，村民幸福指数得到提升。（邓媛之）

朱良桥乡

党委书记 刘红云
副书记、乡长 熊佑新
副书记、人大主席 刘鹏程
政协工作联络处主任 王新良
副书记 刘胜光
党委委员、纪委书记 喻仕清
党委委员、副乡长 刘胜（3月调出） 李华（3月任）
党委委员 姜顺
副乡长 李华（3月另任） 李友明（女） 李薇（女，3月任）
人大副主席 曾亮明

【概况】 2014年，朱良桥乡辖10个行政村，乡域总面积82.42平方公里，总人口3.59万人。朱良桥乡以党的群众路线教育实践活动为契机，全面加强领导班子和干部队伍建设，坚持以科学发展观为指导，以“农业富乡、城镇兴乡、旅游活乡、幸福朱良”为发展战略，强化工作措施，创新工作机制，狠抓工作落实，全乡呈现经济平稳发展、社会团结稳定、群众安居乐业的良好局面。

一、综合实力迈上新台阶。乡域生产总值9.27亿元，比2013年度增长13%；固定资产投资6.77亿元，增长16.2%；财税收入881万元，增长23.6%，获县财源建设奖。社会消费品零售总额2.4亿元，域内居民储蓄存款余额达3.5亿元，增长20.69%。农村居民人均纯收入20894元，增长16%。合同引资5亿元，超过目标任务的25%，实际到位资金1.7亿元，超过目标任务的70%。新开工项目6个，竣工项目3个，其中1000万元－5000万元项目2个，1亿元以上项目1个，累计完成投入2.78亿元。经济社会发展呈现出蓬勃向上、逆势向上的良好势头。

二、城乡统筹实现新发展。围绕农业增效、农民增收、农村发展，统筹推进农业现代化和城乡一体化，以水利建设、粮食生产、特色农业项目建设、集镇建设为重点，大力推进现代农业和城乡融合协调发展。水利建设全面开花。向上争取落实3座小二型水库高标准除险加固工程，全乡共整合、投入水利建设资金1460万元，清淤整修塘、河道、灌排沟渠，实现农田受益面积1040公顷。先后迎接县田间水利工程扩容提质建设现场推进会和全省小型农田水利建设现场会，得到一致好评。粮食生产稳中有增。努力提高农业现代化水平，落实国家各项惠农政策，培育种粮大户136户，其中6.67公顷以上种粮大户2户。新建粮食全程机械化生产规范化专业合作社1家，新增农民专业合作社26家，筹备注册成立4家。全乡双季稻种植面积4123.33公顷，高档优质稻面积1546.67公顷，优质稻标准化生产示范面积达666.67公顷，高产农田示范片40公顷。冬季农业种植推行以点带面、示范种植模式，乡财政筹资26万元专项采购冬季农业种子，明确宁朱线、金朱线2个绿肥示范区和6个示范点，实现水田全覆盖。特色农业强势发力。持续推进长沙（国家）现代农业科技示范区建设，全面推开420公顷国土高标准农田整理项目。沃尔德农产品一期正式建成投产，产品产销两旺；金东农业完成金东创意小镇的整体规划和53.33公顷租地任务，全面推进前期基础建设；赤龙岛现代农业科技示范园完成规划设计；湘巨农业启动主体工程建设；新引进的湖南优卓牧业有限公司落户槎梓桥村，计划投资1.56亿元打造集奶牛养殖、液态奶生产、旅游观光、牧草种植、生物有机肥生产、生物发电等于一体的优卓奶牛养殖展示基地。这些特色农业项目的实施，实现现代农业产业发展与农业增效相统一，为当地农村剩余劳动力提供大量的就业机会，实现农民增收。

城乡面貌气象一新。集镇建设提速提质。完成罗巷集镇279户、总面积1400平方米的棚户区立面改造和配套市政设施建设；完成朱良桥集镇总体规划，并报县人民政府批准实施；完成莲花商业广场一期的开发建设，已启动商业门面销售；镇区农商银行朱良桥支行、宁化加油站、集镇污水处理厂等项目加快实施建设步伐。美丽乡村彰显新貌。扎实推进乡村环境卫生整治，积极探索建立环卫保洁长效机制，全面改善和美化乡村整体环境面貌。槎梓桥村获评“长沙市卫生村”，左家山村成为“湖南省最美乡村示范村”。生态品质不断提升。推行养殖污染治理三年行动计划，全面退出投肥养殖。积极落实“全民植树、美丽宁乡”生态建设三年大行动，科学营林造林，全乡森林资源储量达13万立方米，比2013年增长4.2%。

三、民生改善取得新成效。积极回应群众对美好生活的追求和向往，扎实推进平安幸福朱良建设，不断巩固人民安居乐业、社会和谐稳定的良好局面。民生实事有效开展。严格按政策落实低保、大病救助、救灾救济、优抚慰问等惠民政策，城乡居民医疗保险和养老保险参保率分别为97%和97.2%。投资800余万元的朱良桥中学及罗巷小学公租房、罗巷小学多功能教室全部完成建设、幼儿园及一些基础工程建设正在进行，教育基础不断夯实，教学质量大幅提升。完成檀桂、云济等6个村卫生室标准化建设。超额完成无偿献血任务。殡葬改革工作顺利推进，遗体火化率达100%。成功举办“连千村帮万户扶贫工程”残疾人就业洽谈会，成立全县首个村级助残专项基金，募集基金22.69万元，发放帮扶慰问资金7.5万余元，切实加强对残疾人群体的帮扶。加大计生特困家庭扶助力度，稳定低生育水平，“单独二孩”生育政策有序实施，积极服务育龄妇女，进一步推动形成优生优育的新风貌，全员人口信息数据质量综合排名全县第一，计生工作荣获县先进单位。群众工作深入推进。以大走访活动为契机，以网格化管理与群工站工作相结合，扎实开展好“下基层、问民意、解难题”活动。乡村干部下村组进农户、访民情，全年走访群众15932户次，发放便民联系卡、平安手册9800余张，收集各类问题300多个，都逐一进行处理和解决，党群干群关系进一步融洽。加大政务公开力度，完善政务服务体系，积极做好群众来信来访回复回访工作，使县长热线和“12345”政府服务热线成为便民纽带。乡政务中心8个窗口开展便民服务，全年接待群众咨询、办事3758人次，回复、办理办结各类事务4000余件，荣获县政务公开先进单位。社会治理不断加强。深入开展社会治安“红袖章大巡防”工作。通过对不稳定因素排查，及时化解矛盾纠纷，全年调处矛盾纠纷75起，村级化解58起；突出预防治理，深化稳控处置，加强特殊人群管控，各类群体性突发事件处置及时。加强对全乡高危企业、烟花鞭炮零售店等的安全隐患排查，加大对新《安全生产法》的宣传培训力度，联合教育、工商、公安、卫生等部门对全乡食品安全进行检查督促，全年未发生校园安全事件、重大安全生产事故、群体性事件和舆情危机事件，社会安全指数达到100%，获县安全生产先进单位。

群团活动有声有色。民兵预备役建设取得新进展，工会、团委、妇联、老干关工委等群团组织工作开展有声有色，为全乡各项工作的开展提供良好的条件和氛围。群众文化体育活动不断掀起高潮，10个村均组织文体活动队、办起农家书屋；积极参加全县“我爱读书”、篮球赛、广场舞比赛、廉政知识大赛且均取得较好的名次；成功主办“百里橘飘香幸福新朱良”大型群众活动，承办省妇联、县妇联“送温暖微行动宁乡行”活动，得到省市多家媒体报道，收到良好的社会效应。推进农村广播事业改革，广播“村村响”工程实现全覆盖。

【加强水利建设工作】 2月7日，朱良桥乡代表宁乡县迎接全省小型农田水利建设现场会。年内，朱良桥乡向上争取落实3座小二型水库高标准除险加固工程，争取上级投资350万余元对闸坝湖一线防洪大堤进行灌浆防渗，有效地保障人民的生命财产安全。全乡共整合、投入水利建设资金1460万元，清淤整修山平塘（新建）106口，面积90.67公顷；河道41.9公里；灌排沟渠76处，长96公里，其中高标准护砌28公里；维修（新建）泵站4处，河坝（水闸）3座，实现农田受益面积1040公顷。得到全省小型农田水利建设现场会人员的好评。

【全力推进农业项目】 2014年，朱良桥乡全力推进农业项目，佳和、金东农业科技项目正式签约，进入基础设施和项目手续办理阶段；沃尔德农产品深加工公司一期已投入使用，安排劳动力就业200多人，农产品产销两旺，二期工程有序推进；赤龙岛现代农业科技示范园概念性规划与拆迁安置区设计方案已顺利通过年审，年末，进入征地拆迁。

【举行文艺会演和温暖微行动】 5月18日，朱良桥左家山村举行“百里橘飘香，幸福新朱良”大型文艺会演。该文艺会演由长沙市高新技术开发区管理委员会、市园林局和朱良桥乡共同举办，15个文艺节目除大型歌舞由省歌剧院专业演员表演外，大部分由当地群众自编自演，龙灯表演、广场舞、腰鼓等农村群众喜闻乐见的节目依次登台。湖南卫视、湖南经视、潇湘频道等省、市重要相关媒体进行报道。

5月27日，湖南省妇联联合县妇联在朱良桥乡举行庆“六一”暨“温暖微行动．宁乡行”活动。活动为300多名妇女、儿童、老人进行义诊，15家单位和个人对乡部分特困老人、特困妇女、困难学生、留守儿童进行慰问。活动别开生面，村民群众身感温暖、健康和快乐。 （陈小琼）

菁华铺乡

党委书记　易怀念（女，2月另任）
　　　　　石启明（3月任）

副书记、乡长　黄志刚
副书记、人大主席
　　黄云辉
政协工作联络处主任
　　谢意鹏
党委副书记　钟云华
　　马海潮
党委委员、纪委书记
　　胡闻天
党委委员、副乡长
　　王义飞
党 委 委 员　李　智(女)
副　乡　长　杨大林
　　王献忠
人大副主席　张仕明

【概况】 2014年，菁华铺乡辖10个行政村，乡域面积65.76平方公里，总人口3.38万人。

是年，菁华铺乡党委、乡政府以“五民五感”(坚持以民富为先，让群众在物质上更有富足感；坚持以民享为纲，让群众在生活上更有舒适感；坚持以民安为基，让群众在心理上更有安全感；坚持以民权为要，让群众在政治上更有尊严感；坚持以民心为重，让群众在精神上更有归属感)为工作重点，以“党的群众路线教育实践活动”为核心抓手，紧紧围绕“好中求快发展”主题，加快实施“全面融城”战略，凝心聚力，真抓实干，乘势奋进，全乡经济社会呈现出良好的发展态势。

一、综合经济稳步增长。完成县域生产总值12.18亿元，比2013年增长20%；工业总产值24.77亿元，增长23.6%，其中规模工业总产值19.7亿元，增长26.1%，新增规模工业企业2家，全乡企业达16家；完成固定资产投资总额8.8亿元，增长18.2%。农民人平纯收入17800元，增长16.5%；社会消费品零售总额2.28亿元，增长15%；完成国地两税1573.4万元，增长23%，消赤减债758.62万元。经济发展呈现投入稳步增长、收入稳步增加、运行质效逐步提高的特点。

二、发展空间明显拓宽。全年共接洽客商60余批次，成功签约项目9个(5000万元以上项目5个，1000万元以上项目4个)，合同引资4.15亿元，到位资金5.08亿元。全年启动项目23个，实现投入3.5亿元。其中工业平台立成机械第一期已投入7000多万元，完成厂房和办公楼主体建设，进入安装设备和试投产；桑铼特机械一期已投入5000多万元，年末进行试投产。西城商贸城已完成腾地、清表。公益墓地已完成清表、腾地1.87公顷。尚雅家具项目已正式投产。同时，积极服务石长铁路复线、金洲西线、永佳西路、八家湾水库等国家、省、市、县重点工程，确保有序推进。众多项目的落户、建设为乡域经济的发展注入持续动力。

三、农业工作扎实推进。第一，传统农业继续深入。全年落实水稻种植面积3290.68公顷，基本遏制“双改单”现象，实现“零抛荒”目标；落实秋冬农业油菜种植面积566.67公顷、绿肥400公顷、蔬菜166.67公顷，打造1个66.67公顷亩油菜示范片、3个33.33公顷和6个13.33公顷油菜示范点。第二，现代农业特色初显。嶂山村小水果基地、蔬菜基地和八家湾蔬菜基地小有名气；陈家桥村133.33公顷中药材示范基地继续培育和推动，其中仁华农业已成为长沙市农业产业化龙头企业。第三，休闲农业崭露头角。白云度假村、红泥巴农庄、七家冲农庄等30多家农庄不断提升接待能力和服务水平，各具特色，品牌渐响，吸引四面八方的客人。

四、城乡环境有效改善。第一，积极服务国道319文明样板路建设，对沿线违章建筑和违法砂场进行拆除。争取县公路局支持，对国道319菁华铺段进行提质改造，对乡机关内坪进行沥青路面改造，集镇和机关面貌焕然一新。年末进行集镇给排水、垃圾处理及美化、亮化等基础配套工作，集镇品位得到提升。第二，启动全乡规模拆控违行动31起310人次，拆除、控制违法建筑33处1740平方米，控建拆违工作得到县委、县政府高度肯定。第三，环境治理采取群众为主、村组引导、乡镇监督、资金挂钩的模式，围绕主要道路和“四边”的垃圾清理、日常管理等重点，在集中月摸排各村存在的具体问题，逐一整改落实，同时有效处理垃圾中转站群众投诉问题。泗海村顺利通过市、县爱卫办的改水改厕验收和环境卫生督查工作，得到上级领导的高度好评。第四，全乡安全工作实现全年无重大事故的发生，校车安全、食品安全、消防安全得到上级主管部门的高度肯定，瑞琪建材被县安监局确定为创建安全生产标准化企业示范点。第五，全乡综治工作实现“六无”(无重大治安和安全责任事件、无重特大刑事犯罪案件、无青少年违法犯罪、无重大民转刑案件、无出租屋和流动人员漏管现象、无严重家庭暴力)，成功处理20多起信访积案，实现到省进京“零上访”。群众工作注重“倾听群众诉求，回应群众关切，疏导群众情绪”，打通连接群众的“最后一公里”。作风建设民调综合排名一直靠前，其中11、12月份位列全县第1名。

五、社会事业均衡发展。第一，社会保障全面扩面。全年发放农村低保、五保712户、1202人、229.76万元，发放城镇低保22户、35人、8.74万元，发放238名重度残疾人生活补助17.69万元，为187名患者申请大病救助54.53万元，农村居民医疗保险参保率97%、养老保险参保率达到98%。完成14户危房改建任务和5户危房修缮工作。第二，计生工作创造辉煌。计划生育工作与“百日行”活动同居全县第一。孕前优生检测任务超额完成。乡机关和桃林桥村药具展示室代表全县多次迎接省、市检查观摩。桃林桥村获得县村(社区)

人口和计划生育工作考核先进村(社区),全乡人口计生工作荣获市级模范乡镇。第三,田间水利建设全面铺开。实现村村有建设,处处有实效,水利基础更加夯实。第四,其他工作协调发展。殡葬改革工作取得全面成功,全乡死亡人员火化率达到100%。动物防疫达到3个100%,全乡没发生一起疫情。教育工作致力打造"感恩"特色,教学质量进一步提升。两型社会等工作位列全县先进。

【全省水利现场会在菁华铺乡召开】 2月8日,全省水利建设现场会在菁华铺乡召开,省委副书记孙金龙、省人大常委会党组成员杨泰波,副省长张硕辅及各州市主管农业负责人出席,各级领导对菁华铺乡水利建设取得的成效给予高度评价。至2014年,菁华铺乡共清淤山塘273口(其中新建41口)、疏浚沟渠156公里、清淤河道79.5公里、完成田间工程1298.67公顷、改造河坝38座,水利基础得到夯实。

【打造国道319菁华铺段文明样板路】 2014年,菁华铺乡积极争取实现国道319菁华铺段全线沥青路面改造升级,用短短3个月时间,对沿线违章建筑和违法砂场进行调查摸底、自拆宣讲和约谈,沿线174处违章搭建、10家砂场、3家预制场全部拆除到位,13户有碍形象的有土地使用证的房屋全部征拆到位。

【乡机关升级改造】 2014年,菁华铺乡对机关院内道路进行沥青路面提质改造,对办公楼进行立面改造,新建塑胶篮球场和停车场,绿化、亮化大院并进行升级。改造后的机关院内建筑整齐、卫生整洁、绿树成荫,环境幽雅,是一座标准的花园式机关。

(胡胜兰)

回龙铺镇

党委书记 李　磊
副书记、镇长 程志坚(4月免)
罗　健(4月任)
副书记、人大主席 蒋建国
政协工作联络处主任 谢治平
副书记 李　纯
戴永星
党委委员、纪委书记 王赛楠(女)
党委委员、副镇长 刘志江
党委委员 杨志国
副镇长 邹建伟
刘永强
人大副主席 贺胜军

【概况】 回龙铺镇辖13个行政村和1个社区,镇域面积71.89平方公里,其中耕地面积2140公顷,人口3.96万人,其中农业户口3.6万。2014年,回龙铺镇按照"北工南农、东进融城"的总体思路,突出"兴工、强农、融城、富民"四大主攻点,激情创业,奋勇争先,镇域经济社会呈现强劲持续发展态势,圆满完成各项目标任务。2014年绩效考核位居全县第四。

一、紧扣加快发展第一要务,工农两业、项目园区竞相突破。矢力同心苦战园区项目主战场,艰苦创业推动全镇经济转型升级。造血功能更加强劲。全年实现镇域生产总值13.7亿元,增长20%;收缴国税地税1543.68万元,增长69.2%;完成工业总产值21.3亿元,规模工业总产值达到15.8亿元,增长17%;完成全社会固定资产投资6.85亿元,增长46.6%;农民人均纯收入达21825元,增长20%;完成消费品零售总额3.25亿元,增长18.2%。招商引资朝气蓬勃。设计完成生态养老中心、小商品市场等3个项目平面媒体的设计包装,城镇吸纳力持续增强。主要领导赴全国各地招商,招商引资有源有流。新引进以林盛林业科技、宁乡金霞粮食购销、华田盛德生物科技等8个大项目,合同金额13.25亿元,招商引资实际到位资金7.8亿元。15个重大项目达成投资意向。项目建设成效显著。全年新建项目10个,其中工业项目4个,社会事业项目2个,续建项目7个,竣工项目3个,完成投入8.6亿元,创历史新高。鼎盛钢结构、爱晚亭床垫、联筑环保落地生产,新型工业蓬勃发展。湘中南农机机电大市场一期工程(4万平方米)主体大楼完成建设,第一批农机商户成功入驻。湖南林盛科技现代农业示范园项目完成3000林地流转手续办理,项目推进顺利。宁华管桩项目竣工,是金玉第一家投产项目。港越集团项目快速推进。发展之树枝繁叶茂,赶超发展底气十足。现代农业示范引领。14个村(社区)完成土地连片整理项目,清淤河、渠160千米、山塘100多口,基础生产条件进一步优化。完成全程社会化服务800公顷试点工作,有效降低市场风险和自然风险,农民每亩增收350元,顺利接受省财政厅验收。普及集中育秧1066.67公顷,推广统防统治面积933.33公顷。新增3个20公顷以上种植大户。粮食生产持续走高,全年实现粮食总产2.9万吨。植树造林160公顷,全镇无一起火灾。出栏生猪14万头,肉鸡2500万羽。规范畜牧养殖,创新营销方法,威宁农牧、宁回猪场、青云生态肉禽养殖形成规模,青龙投资率先进军电子商务领域。

二、强化新型城镇第一理念,集镇建设、村居环境持续优化。坚定东进方向,加速融城步伐,把融城作为回龙铺镇提升区位、提高效益、提高品质的重要抓手。集镇品位提升。精心包装侯旨亭区域商住区，推进立面改造，拆除宁横、宁灰公路沿线广告公路广告1280块，横幅152条，整治面积1.4万平方米，侯旨亭广场人气凝聚，形象提升。成立城管分局，保持控违高压态势，金玉核心区和控制区全年违建零增加。裴休文化广场、农机博物馆等文化设施纳入规划。城区自来水管道延伸侯旨亭附近村组，生产生活用水问题有效解决。老集镇改造快速推进，一期工程竣工，二期建设启动，所有门面相继售完。完成集镇"三纵两横"沥青路面提质改造，集镇面貌焕然一新。生态品质提升。成立镇爱国卫生运动委员会办公室，探索环境卫生市场运作新模式。实施"美丽回龙，清洁家园"行动，覆盖家家户户，居民环保意识和责任意识提升。增加环境卫生人力、财力投入，新建镇污水处理厂。宁横公路沿线种植景观树木8万株，建设生态走廊，彰显绿色品质。

三、坚持干事创业第一价值，社会大局、各项事业齐抓共管。强化"功成不必在我，建功必须有我"的价值导向，做一件事，成一件事。夯实民生事业基础。城乡居民养老和医疗保险参保率继续增长，低保金等惠农惠民资金及时发放。完成"农村安居工程"20户，地质沉陷搬迁安置70户。动员社会各界，帮扶"五保"老人、困难学子、残疾人等困难群体。完成卫生院医师公租房项目，3个村标准化卫生室达标验收。社会治理有效创新。开展"项目建设暨环境整治攻坚月"活动，旗帜鲜明打击阻工闹事。积极化解信访积案，5件重点信访案件由主要领导包案处理。推进"三调联动"，有效调处矛盾纠纷97件。派出所出警率、见警率提高，处理行政案件79起，行政处罚62人，办理刑事案件33起，破案18起。乡风文明生动活泼。按照"一村一品"的工作要求，抓好各村文化场所建设。关工委连续十年评选为"长沙市先进单位"，成为全市典范。尊师重教，集中表彰全镇优秀教师，完成全镇10所学校提质改造，中考升学率继续领跑全县农村中学。各项事业齐头并进。计划生育工作坚持预防与服务并举，获长沙市人口计划生育工作模范乡镇。安全生产工作扎实推进，顺利完成各项任务，中心小学校车管理代表宁乡接受省检。重视发挥工、青、妇、残联等群团组织作用，各类活动有效开展。

【获全国离退休干部先进集体称号】 回龙铺镇离退休党总支下辖3个党支部、13个党小组，有117名离退休党员。2011年至2014年，回龙铺镇离退休总支采取自我组织、自我教育、自我服务、自我管理的方式，主动作为，发挥余热，为推动发展、维护稳定、构建和谐贡献智慧和力量，树立新时期离退休党员的新形象。先后多次获得省、市、县先进荣誉，连续两年被评为"湖南省老干部宣传工作先进集体"。2014年荣获中组部颁发的全国离退休干部先进集体荣誉，是全省唯一获此殊荣的乡镇级党组织。

【助力金玉工业集中区增质增效】 2013年至2014年，回龙铺镇始终坚定不移的将园区作为工作主战场，重点攻克金玉乡镇工业集中区征地拆迁和环境维护工作。推行阳光拆迁、依法拆迁，累计完成征地231.47公顷，拆迁房屋117户，拆迁面积3.7万平方米，安置人口452人。园区主干道金玉路、金旺路一标段竣工通车，"四纵两横"完成路基建设，实现"三通一平"，一个崭新的工业发展平台初具雏形。回龙铺镇引进的港越集团项目快速推进。宁华管桩迎来投产，成为集中区第一个投产项目。

【现代农业高位发展】 2013年至2014年，回龙铺镇积极引进农业龙头企业，不断壮大农业加工体系，推动回龙铺镇由农业大镇向农业强镇转变。湘中南农机机电大市场，总投资4.8亿元，致力于打造中南五省最大的农机机电商业市场。项目第一期工程建设全部完成，第二期工程在紧锣密鼓的施工中。港越项目投资4.5亿元，建成以后将实现销售收入24亿元，安置就业1000人以上。林盛科技项目投资3.5亿元，旨在建设一个集科研、种植、养殖、旅游休闲为一体的绿色生态园。与湘粮集团开展深度合作，推进米业由初级产品向精深加工产品转变。随着众多农业项目的落户投产，回龙铺镇现代农业加工体系日趋完善。

【建设教育强镇步伐加快】 2014年，回龙铺镇党委、政府为进一步加快"教育强镇"建设步伐，努力克服财政困难，对全镇教育事业相继投入2000多万元，实现回龙铺镇教育新一轮大建设、大发展。近年来，先后启动回龙铺中学新万寿山中学、中心小学等10所学校提质改造，为教育强镇打下坚实基础。召开庆祝第30个教师节表彰大会，对全镇在教育工作中做出突出成绩的学校、优秀教师和优秀教育工作者进行表彰，在全镇上下营造浓厚的尊师重教氛围。（曾添　邓树洪）

煤炭坝镇

党委书记　王春林
副书记、镇长　苏继桃
副书记、人大主席　廖光辉
政协工作联络处主任　许剑祥
副书记　何姝仪
党委委员、纪委书记　贺向阳
党委委员、副镇长　吴东跃
党委委员　高令香（女）
副镇长　罗炳慈

袁国命
人大副主席 黄　果

【概况】 2014年,煤炭坝镇辖12个行政村、2个社区、137个村民小组,1.69万户,人口5.04万人,其中农业人口3.42万人,镇域总面积72.6平方公里,其中耕地面积1823公顷。镇域内储煤面积达20.7平方公里,素有"湘中煤都"之美称。是年,煤炭坝镇门业园初具规模,"中部门都"雏形已显。

2014年,煤炭坝镇紧紧围绕"五年翻两番,再造新煤城,加快建设全省一流现代经济强镇"的总体工作目标,按照"打造一城一园、加速提质转型"的发展思路,坚定建设工业新城、山水新城、人居福镇的发展定位,着力加速产业转型升级、增强发展后劲、提高民生保障水平、加强干部队伍建设,经济和社会事业呈现出持续强劲发展的良好态势。全镇全年引进重大项目26个,其中工业项目20个,城建项目3个,农业项目3个;合同引进资金12.9亿元,实际到位资金9.1亿元,完成固定资产投资18亿元;完成工业总产值72.7亿元,其中规模工业总产值45.8亿元;完成工商税收0.77亿元,实现农民人均纯收入18213元;平稳关闭5家煤矿、5家水泥厂以及湖南黑金时代长沙矿业有限责任公司;荣获全县招商引资和项目工程建设两个突出贡献单位奖。

一、抓实农业基础,农村发展彰显活力。坚持以人为本,切实关注民生,从调整产业结构、完善基础设施等方面着手,多措并举促进农业稳健发展、农村面貌改善、农民收入增加。第一,着力打造特色农业。全面推广"一稻一油"轮作模式,建设万亩油菜基地,突出沉陷区和干旱区的冬季农业特色;建设绿肥基地,调节土壤肥力,推动农产品朝绿色、有机化发展;加快推进果润农业和绿洲农业项目,完成洪泥湖生态湿地公园和昌达生态农业项目建设,休闲农业迈出坚实发展步伐;扶植农业专业合作社发展,产、供、销自我服务体系渐趋完善,农业抗风险能力逐步增强。第二,推进田间水利建设。镇财政组织资金500万元,村组义务投工5000个,对142口骨干水库山塘加固除险,对20公里的主要支渠进行高标准护砌,实现田间水利提质扩容,农业基础设施进一步完善。煤炭坝镇荣获全县田间水利扩容提质竞赛考评第二名。第三,稳步发展基础农业。重抓粮食生产,设立种粮大户奖、村级土地流转规模奖,大力遏制耕地抛荒,水稻种植面积达到2973.33公顷,全面完成粮食生产任务。扎实开展"三防"工作,全年未发生重大灾害事故和重大动物疫情。

二、推进产业转型,工业经济持续增强。坚持走兴工强镇之路,坚持撬动内资、引进外资并重,着力引进、培育科技创新型、节能环保型产业,推动镇域工业从地下向地面、一业向多业的转型升级,做大做强门业是工业经济发展的重心。2014年,煤炭坝镇狠抓园区招商引资和项目工程建设,新产业发展成就突出。第一,招商引资硕果累累。利用园区交通、定位优势,积极加强项目整体策划和包装,通过举办或参加招商交流会、成立门业协会、建立门商网等方式,加强对外宣传推介,全面捕捉招商信息,拓展招商途径,有力地推进"以商招商、产业招商"。2014年共落户煤炭坝镇门业产业园的门企及其配套企业22家(投资2亿元项目1个,投资1亿元项目3个,其余均在5000万元以上);已完成签约门业企业10家;签约意向门业企业20多家,其中包括与知名门业企业盼盼进行深度沟通和洽谈。第二,项目推进规范高效。全年实现从科研、立项、资金评审、环评、国土规划、招投标等所有环节,先报批再动工,无一处违规操作,所有签约项目全部走完程序,并顺利启动建设。第三,产业结构提质升级。在招商引资和项目工程建设的强力推动下,园区企业队伍快速壮大,到2014年末,入园企业60多家,形成以门业为主,以机械制造、通讯建材等互为补充,镇域工业产业结构更加优化、竞争实力显著增强的园区产业发展格局。

三、推进城镇建设,园区平台更加完善。以努力建设"工业新城、山水新城、人居福镇"为目标,着力做优一城一园两个平台,不断夯实镇域经济发展基础,积极加快园区建设步伐。第一,加速推进城镇建设。启动投资近1亿元的幸福家园项目建设,启动投入3000多万元的安居工程二期和金域商贸城建设。投资5000多万元对集镇的供水、供电进行分离改造,实现集镇自来水管网提质。完成对煤城大道、商贸街路面沥青提质改造,实现集镇路面硬化、美化、亮化,完成月牙湖公园及白石寺广场、新煤城广场建设,城镇功能日益完善,居民生产生活环境得到明显改善。第二,高效提质园区平台。投入2000万元建设工业园水、电、污水处理厂等基础设施配套项目,园区新铺自来水管网3公里,整改电力线路7条(4公里),铺设污水管道2公里,新建工业路、环园路和振兴路延长线,门业园区路网基本形成,园区吸纳力和承载力得到显著增强。

四、统筹社会管理,民生民本不断改善。第一,确保社会大局和谐稳定。全年共调处矛盾纠纷122起,成功调处119起,同时,双龙村、傅家冲村开展"十佳平安和谐模范村(社区)"和"十佳人民调解委员"会创建工作;大力开展"两抢一盗"、黄赌毒、劳动密集型企业消防安全、校园及周边环境等专项整治活动,全年受理行政案件138起,办结96起,刑事立案72起,破案43起,处理突发事件4起,打掉侵财团伙2个,缴获毒品120余克，妥善处理重大信访案件5起；全年没有发生一例进省进京上访事件和群体性事件。第二，不断健全社会保障体系。推进社会保险等各项工作协调开展，全年筹集困难救助资金14.8万元，慰问贫困家庭310户；救助城市低保户327人次，发放低保13.6万元，救助农村低保户665户，发放低保金240万元；组织6次城乡大病救助，共救助260余人，58万多元；收缴城乡居民养老保险金290万元，生存认证查实死亡57人，城乡居民医疗保险和城乡养老保险参保率分别达到98%和95%。第三，优化计划生育服务。扎实开展"服务育龄群众百日行"活动。通过奖励扶助、生育关怀、免费孕前优生健康检测等工作稳步推进，取得阶段性成效，获得"百日行"活动全县第七的较好成绩。全年落实计划生育四项手术450例，违法立案生育18起，移送法院15起，计生率87.3%，荣获全县计生工作先进乡镇。第四，严格落实煤矿、水泥政策性关闭政策。按照中央、省、市、县的要求，镇内5家水泥厂、5家煤矿和长沙矿业实现平稳关闭。镇党委、镇政府及时处理长沙矿业内部几千人职工的工资、五险一金，以及几万人的农赔、房赔等问题。第五，不断改善镇村环境卫生。积极实施环境整治，对全镇煤坪、粉煤厂、碎石场、洗石场等进行集中整治；加大资金保障力度，对每村年均投入环境整治专项资金3万多元；实行领导联村、干部联组、村干部包片的长效责任机制，确保任务上肩，责任到人，群众环保意识逐渐增强，镇域环境卫生明显改善。

五、加强队伍建设，干部作风全面改进。以"围绕经济抓党建，抓好党建促发展"为主线，以"三级联创"为载体，以党的群众路线教育实践活动为契机，全面加强和改进全镇基层党组织的思想、政治、组织、作风和制度建设，推动社会经济健康快速发展。第一，深入开展群众路线教育实践活动。全镇31个基层党组织，3364名党员，认真深入开展教育实践活动。在"学习教育、听取意见"阶段，注重边学边查边改相互结合，共集中学习5次，大讨论2次，分办讨论10场，共看电影5场；收集班子和班子成员意见建议共1540条，梳理后的意见建议166条。在"查摆问题，开展批评"阶段，通过"三学三找"、撰写对照检查材料、开展批评和自我批评等方式，全镇收集到群众反映的34个问题、县委及有关部门交办的11个问题，均及时进行办结，做到面向群众、接受监督，即知即行、立行立改。在"整改落实、建章立制"阶段，开展非法采砂洗砂、投肥养殖、环境综合治理、打非拆违等14项专项整治工作，一些"毒瘤顽症"得到根治。同时建立和完善6项机关工作制度，做到以制度管事管人、公开公正民主。第二，切实加强党员干部作风建设。在工作作风方面，镇领导班子通过开展民主测评、听取干部群众意见、开展谈心谈话、撰写对照检查材料、召开专题民主生活会等形式，查找和整改工作中存在的问题，切实转变工作作风，在文风会风、"三公"经费、为民办实事等方面有彻底的转变。镇、村(社区)、部门党员干部联村联组落到实处，耐心接待群众的咨询，确实做到为群众办实事办好事。在生活作风方面，通过对打牌赌博、婚丧喜庆等问题整治，所有参与教育实践活动的党员干部做到沉下身、静下心来参加集中学习，并进行自主学习，培养积极向上的兴趣爱好，抵制奢靡之风、享乐主义，力戒玩心，自觉抵制不良社会风气。在工作纪律方面，开展干部"走读"整治、"乱收费、乱罚款、乱摊派""关系案、人情案、金钱案"等专项整治。全镇党员干部及时整改，严格遵守党的政治纪律、组织纪律、群众工作纪律和生活纪律，作风转变取得较好的成果，得到县委的高度肯定，作为先进典型，先后代表宁乡迎接中纪委、省纪委、市纪委有关领导视察指导调研。

【举办第三届群众文化艺术节】 为丰富群众文化娱乐生活，促进干部群众互动交流，7月18日，煤炭坝镇党委、镇政府共同举办以"欢乐潇湘""一镇一品""干部群众心连心共建幸福新煤城"为主题的第三届群众文化艺术节。县委常委、县委办主任陈永高等领导出席开幕式。本届群众文化艺术节包含三个方面的内容：第一，开幕式暨广场舞大赛，由全镇各村、社区和相关单位选送的文艺节目参与演出；第二，环月芽湖马路赛；第三，第四届"煤城杯"男子篮球运动会，8支篮球队员进行为期7天的激烈角逐。

【湖南黑金时代长沙矿业有限公司退出】 由于煤炭资源枯竭、煤炭市场疲软等多方面原因。经研究：2014年11月20日10时54分，国网宁乡供电分公司对湖南黑金时代长沙矿业有限公司实行拉闸停电，从此具有70年采煤历史的国营煤矿最后关闭退出。至此，煤炭坝镇域内其他5家水泥厂(长沙五环水泥有限公司、长沙中柱水泥有限公司、宁乡县斑鸠凼水泥厂、宁乡县煤炭坝水泥三厂；停产1家：宁乡县新城建筑材料厂)、5家煤矿(金泉山、青山二工区、团山、新峰、贺家湾)落实政策性关闭，煤炭坝镇的煤炭、水泥传统行业从此退出历史舞台。

【中央纪委课题调研组到煤炭坝镇调研视察】 2014年7月16日，在省，市、县纪委有关领导的陪同下，中央纪委研究室副局级纪律检查员、监察专员方小文一行就农村基层党组织监督执纪问责工作对煤炭坝镇进行调研视察，调研组视察煤炭坝镇双龙村政务中心，对双龙村工作开展情况进行细致的询问，高度肯定煤炭坝镇在基层党风廉政建设方面取得的成绩:第一,建立健全农村公共资源交易平台,成立镇农村公共资源交易中心,创新农村“三资”(农村集体资金、农村集体资产和农村集体资源)的管理方法。第二,村级财务管理模式和村务公开工作已作为重要经验推广。

【重金属污染耕地修复治理替代种植工作获经验推广】 2014年11月27日,财政部农业司司长(兼农业开发办主任)王建国、在省财政厅和市、县有关领导的陪同下,对煤炭坝镇东山村玉米种植基地进行实地调研,认定该项重金属污染耕地修复治理替代种植试点可行,经验值得推广。

(王治国)

坝塘镇

党委书记 张永胜
副书记、镇长 张胜
副书记、人大主席 吴辉章
政协工作联络处主任 刘厚良
副书记 宋太军(9月另任)
党委委员、纪委书记 姜玲(女)
党委委员、副镇长 黄献文
党委委员 谢鹏
副镇长 陈森林 杨黛(女)
人大副主席 王有为

【概况】 坝塘镇地处宁乡中部,距县城仅8公里,镇域面积99.35平方公里,其中耕地面积2520公顷,辖14个行政村,240个村民小组,人口4.25万人,镇党委下辖16个党总支,8个党支部,党员1621名。境内宁灰公路纵贯南北,南坝、边珊公路横跨东西,沩江、乌江两河穿境而过,有小Ⅰ型、小Ⅱ型水库各四座,是一个交通便捷、环境优美、风光秀丽的山水之镇。

2014年,坝塘镇紧紧围绕“国家生态乡镇、都市休闲乐园、宜居山水新镇”的工作定位,砥砺奋进,敢闯敢拼,积极应对深化改革攻坚的新压力,致力完成小康工作的新要求,构建出全镇经济社会各项事业发展的新面貌,经济社会保持平稳较快发展的良好势头。全年共计完成县域生产总值9.35亿元,比2013年增长12%。完成固定资产投入4.6亿元,增长11.5%。社会消费品零售总额2.68亿元,增长18%。农民人均纯收入达到16700元,较上年增长15%,综合实力显著增强。

一、经济实力稳步增长。在招商引资上,全年共签订1000万元以上招商引资合同3个,合同引进资金1.1亿元,实际到位1.19亿元。成功引进投资4000万元的创金空调和拟投资2000万元的远帆科技项目落户金玉工业园区,圆满完成全年飞地招商任务。在项目建设上,杏枫农庄、耕之健生态农业基地、盛世和园、商贸综合中心、步雲生态园、三五变电站、幸福商业街等项目强势推进。在农业产业上,全年落实粮食生产面积4975公顷,油菜种植面积400公顷,全程社会化服务面积达534公顷,建立集中育秧主体12个。全年晒黄烟种植面积809.7公顷,共送售烟叶17.41万公斤,实现总收入504万元。

二、镇域环境持续提质。大力推进“秀美村庄”创建工作。召开千人誓师大会,提升广大人民群众的卫生意识和规范意识。乐安村成功创建“市级文明卫生村”。政府机关获评省级文明卫生单位,国家级生态乡镇创建工作进入最后公示环节。加速集镇提质改造,投入80余万元对边街子、坝塘两个集镇路面进行改造,统一集镇门店招牌风格360处,刷除墙体广告1850平方米,粉刷破损墙面2800平方米,新增300个高标准垃圾果皮桶,集镇环境和管理秩序有明显改观,镇容镇貌焕然一新。全年投入近50万元,开展村容村貌整治行动,完成金河村清明公路、乐安村村级公路等绿色公路重点建设项目。创建绿色示范村3个,绿色示范庭院125户,全民义务植树81900株,逐渐加快“造绿”步伐。全面开展山塘水库投肥养殖清退工作,全镇所有小I、小II型水库、骨干山塘已全部退出投肥养殖。筹资230余万元,加大田间水利扩容提质工程建设力度,清淤山塘150口,面积134公顷,整治渠道100公里,高标准衬砌20公里,农村河道整治50公里、小型河坝(水闸)处险50座,确保了农业生产旱涝保收。河道及农田采砂管理不断加强,耕地保护全面落实。严厉打击无理取闹、恶意阻工行为,投资发展环境进一步优化。

三、社会事业齐头并进。农机补贴、种粮补贴、重残护理、退耕还林补助等惠农政策全面落实。计划生育三个一机制有效落实,全年共上环160例,结扎187例,流引产75例,对违法生育对象立案125起,移交法院27起,计划生育自治示范镇村创建成效明显,年度目标全面实现。社会救助深入民心,全年累计共发放农村低保金311.6万元,城市低保金12万元,五保金108万元,大病救助资金29万元,优抚资金50万元,新建和改造村级卫生室3处。“三无”人员、城乡孤儿、优抚对象、残疾人等政策全面落实。农村危房改造工作荣获长沙市一等奖,成功创建长沙市示范性敬老院。

四、镇域大局持续稳定。群众工作全面启动“一线工作法”,干部连户,结对帮扶,着力解决群众关心的热点、难点问题,创造性地开展群众工作,共收集问题69个,解决60个,党群干群关系切实改进,全镇上下心齐、气顺、实干的良好局面得到巩固和发展。

法制宣传教育、干部法律考试、政务公开、便民服务等工作有序开展。矛盾排查化解步入常态化，调查处理一批信访突出问题。民意调查工作排名全县第2、全市第7。“平安坝塘”创建成效显著，平安建设知晓率达94%，社会治安满意率达98%。成功创建市级安全生产示范乡镇，2014年，全镇无较大刑事案件、治安案件、安全事故发生，无一例三人以上集访和赴省进京非正常上访。社会安定和谐，群众安居乐业。

五、队伍建设不断加强。始终秉持“公平、正义”，牢固树立服务意识，切实加强作风建设。深化政府信息公开，健全重大事项论证、集体商讨制度，决策科学化、民主化水平不断提高。积极做好“12345政府阳光热线”和县长热线办理工作。严格执行中央“八项规定”和省、市、县委关于改进作风的各项规定。扎实推进阳光政务公开工作，进一步完善招投标工作机制，规范招投标流程，做到公平、公正、公开，全镇共组织招投标工作10次，为镇、村、单位集体增加收入或减少支出20余万元。严格执行“三公”经费支出规定，大力压缩行政支出。健全和完善政府工作规则，自觉接受人大法律监督、政协民主监督。政务、村务公开常态化、规范化。荣获县“政务公开工作先进单位”。

【荣获湖南省新型城镇化建设明星单位称号】 2014年，坝塘镇以“四化两型”为引领，以经济转型为抓手，大力开展新型城镇化建设。通过加快集镇提质改造步伐、加大工业招商引资力度、探索现代农业发展途径、努力构建秀美和谐乡村，打造出以“国家生态乡镇、都市休闲乐园、宜居山水新镇”为主题的靓丽景观。全年共计完成工业总产值12.3亿元，新增规模工业企业1家，签订招商引资合同10个，合同总投资2.4亿元，是目标任务的1.2倍，完成实际到位资金1.71亿元，完成目标任务的3.25倍。4月8日，经湖南省四化两型建设宣传展示活动组委会决定，坝塘镇喜获湖南省新型城镇化建设明星单位称号。

【全县水库退出投肥养殖工作推进会在坝塘召开】 9月22日，全县水库退出投肥养殖工作推进会在坝塘镇举行。坝塘镇在会上作典型发言，介绍该镇水库退出投肥养殖工作成效，镇域内所有小I、小II型水库、骨干山塘已全部退出投肥养殖，其中重灾区乌鸣水库水质恢复清澈，异味无存，石牛水库水体透视距离由原来的20厘米增加至80厘米，无漂浮物及异味。此次推进会的召开，是深入贯彻县委、县政府关于加强投肥养鱼清退工作的指示精神，有效地推广坝塘镇在清退投肥养殖工作中的成功经验，为全县其他乡镇深入开展好清退投肥养殖工作提供有效参考。

【创建省级文明卫生单位】 2014年，坝塘镇不断提升文明卫生创建水平，有力推动机关健康和谐稳定发展。制定《宁乡县坝塘镇人民政府机关卫生制度》，落实“每日一小扫、每周一大扫”制度，定期整修草坪，补栽花木，扩大机关内可绿化范围。通过经常化、制度化、规范化的创建工作，镇政府机关卫生大为改善，营造清洁、优美、舒适的办公环境，进一步促进了干部职工精神面貌和工作作风的转变。

【创建市级示范性敬老院】 坝塘镇敬老院初建于2006年，占地面积6500平方米，建筑面积3500平方米。2014年，坝塘镇敬老院有居住房屋80间，入住老人116人，专职员工10名。为认真践行“以民为本、为民解困、为民服务”的宗旨，坝塘镇加大投入，从改善硬件设施、规范管理制度、提高供养标准、改进服务质量等方面入手不断加强镇敬老院的建设，成效显著。年末，敬老院内设有卫生室、会议室、公共浴室、洗涤间、烤火室，并添置乒乓球、羽毛球等设施，安装电脑，成立老年学校，力争全方位丰富老年人的精神和物质生活。12月17日，成功创建市级示范性敬老院。

（付炎兵　夏斯翔）

资福镇

党委书记　张立金
副书记、镇长　李命文
副书记、人大主席　张宜斌
政协工作联络处主任　谭子成
副书记　袁暑山（11月免）
党委委员、纪委书记　贺东义
党委委员、副镇长　姚雨秋
党委委员　王玉元（女）
副镇长　冯亮　秦军
人大副主席　陈义军

【概况】 2014年，资福镇辖11个行政村和1个社区，239个村民（社区）小组，总人口3.96万人，总面积88.61平方公里，其中水田2200公顷，旱土3000公顷，林地3866.67公顷，小二型水库12座，山塘1200多口，水域面积533.33公顷。

2014年，资福镇以“推进现代农业，发展乡村旅游，打造食材名镇，建设秀美资福”为目标，抓项目促投入，抓产业促发展，抓民生促和谐，抓服务促效能，全面推进全镇建设又好又快发展，圆满地完成年初确定的目标任务。全年实现县域生产总值7.44亿元，比2013年增长9%；实现工业总产值5.71亿元，实现财政收入766.8万元，增长29.7%，其中国税133万元，地税633.8万元；实现固定资产投资4.74亿元,增长11%;城乡居民人均可支配收入增长16%。2014年度县绩效考核位列第12名,继续位居一类乡镇行列。

一、招商项目如火如荼。坚持“走出去”与“筑巢引凤”相结合,对外加大招商引资力度,对内坚持“亲商”“为商”“安商”“富商”原则,建立健全服务企业长效机制,营造开明开放、快捷高效的服务环境,实现招商引资的新突破。2014年招商引资实现到位资金4.2亿元,是全年任务的5.6倍。新引进落户企业6家,其中火宫殿食品投资3000万元以上。全镇共有项目工程24个,固定资产累计投入5.108亿元。完成建安综合税328万元。2014年新开工项目14个,合同金额4.62亿元,累计完成投资2.233亿元,超目标任务10个。

二、食材产业强势迈进。全国首个湘菜食材产业基地(园)落户金玉乡镇工业集中区,园区已签订正式合同项目6个,已启动建设4个。2014年底,恩农、绿盛完成三通一平建设;志荣、味来食界正在进行土方工程建设。同时,镇党委、镇政府积极组织镇招商项目办、湘菜食材产业园参加湖南股权交易所湘菜食材企业志荣农业科技挂牌仪式、“天下湘菜大讲坛”和2014中国(长沙)国际食品博览会,以湘菜食材产业园为背景向外推介,大力助推湘菜食材产业的发展。

三、现代农业特色彰显。晒烟生产稳居领军地位。镇党委、镇政府以打造一流的现代晒黄烟生产示范区为目标,重质量,抓落实,严考核,晒烟生产继续稳居全县第一。2014年资福镇种植晒烟面积328.07公顷,烟农户1686户,户均种植规模0.194公顷,亩均产量295斤,总产量约73万公斤,占全县晒烟总量的三分之一,户均产值1.25万元,总产值2100多万元。现代农业加速扩规提质。采取“公司+基地+农户”模式,带动资福镇特色农业的全面发展。湘宁玫瑰生态园新建20余公顷的玫瑰生态园。新增宁龙优质稻专业合作社江泉73.33公顷的优质稻基地。建业、乐源2家蔬菜种植专业合作社分别在七星、清泉河两村新增1个33.33公顷的市级蔬菜标准化示范基地并成功通过验收。

四、集镇建管显现新貌。通过项目化的运作,集中资金对集镇进行立面改造,集镇面貌焕然一新,污水处理厂竣工并已投入运营,农贸市场、商业街以及财福家园等项目均已竣工,500户棚改区已纳入2015年政府工作项目,顺利完成2014年度资福小城镇建设的建设及考核。成功获得省级“四化两型明星乡镇”、市级“集镇建设管理先进单位”、县级“项目工程建设先进单位”等称号。生态品质不断提升。启动绿色集镇、绿色村庄、绿色庭院建设,实施生态修复与治理工程,全民植树、全民护水、全民清整“三年行动计划”深入推进。进行“净化、美化、亮化”工作,全年共计投入148万元。打造示范片区。根据镇主导、村负责的原则,在窑里村黄金组、华宝村桐子山组首次打造“造新农村,优美庭院”示范区,坚持考核通报。始终坚持对村每月进行检查考核,并以此作为镇对村全年下拨工作经费的依据,评比促优,充分调动村级工作积极性。

五、社会民生稳步推进。第一,教育、卫生、文化事业协调发展。敬老院改扩建、中心小学和卫生院公租房等项目建设基本竣工,文化站竣工并投入使用,完成农村危房改建41户,募捐助残爱心款1.1万元,无偿献血153人。冬修水利全面推进。累计清淤山塘115口,整修渠道150.35公里,改造坝座50处,疏浚河道42.7公里,动工建设水库4座。项目事业扎实推进。乡村公路逐步完善,年内高标准建成白滩大桥、大石魁大桥连接线,硬化农村公路11.9公里。第二,社会管控成效显著。坚持矛盾纠纷排查化解“三统四分”工作制度,健全“三调联动”机制。资福镇共调处各类矛盾纠纷227起,调处率100%,成功率99%。2014年10月,资福镇率先启用“三调联动”,成功承办“宁乡县禁毒工作社会化现场推进会”。安全生产抓紧抓牢。把安全生产作为第一基础工作研究部署,纳入重要议事日程,建立安全生产黑名单制度,坚持安全生产周调度制度,加大打非治违力度,规范管理水平,形成党政同责、一岗双责、齐抓共管的安全生产格局,全年未发生安全生产责任事故。民调工作全年排名全市第四,全县第二。第三,其他各项事业取得新发展。计划生育工作以“强基础、优服务、树形象”为目标,全镇计划生育工作实现持续、稳步、健康发展,实现计生率85.9%,高于全县平均水平,优生检测完成315对,成功进入“计划生育工作先进乡镇”行列,是2008年至2014年来工作最突出,成绩最优秀的一年。计划生育信息平台作用充分发挥,在县人口计生委工作简报上进行推介。省一级档案室成功通过验收,省标准化财政所通过初验,财政资金监管试点单位验收合格。顺利通过标准化政务服务中心建设和水务站能力建设两项市级验收,征兵工作超额完成工作任务,受到了级肯定。共青团、妇联、工会、民族宗教、档案、老干部及关心下一代等工作取得新进步。

六、党群工作蒸蒸日上。严格纪律作风建设。出台《关于改进工作作风的若干规定》,提出党员“十不准”(即首问不推,办事不二;政令不违,限办不拖;出勤、值班、会议、活动、不迟到早退、离岗缺席,上班时间不做与工作无关的事情;工作日中餐不饮酒,酒后不驾车;不吃请受礼,不索拿卡要;不违反组织纪律,不影响内部团结;不搞形式主义,不弄虚作假;不参与赌博,不搞低俗活动;

不铺张浪费，不大操大办；不敷衍塞责，不失职渎职）要求，制定《资福镇党员手册》《农村党员行为规范》《各项管理制度汇编》，发放到党员干部手中。通过加强党员干部忠诚履职教育，执行党员干部“十要十带头”行为规范（即党性锤炼要加强，做执行政策的带头人；自我提升要加速，做坚持学习的带头人；困难群众要帮扶，做联系群众的带头人；矛盾纠纷要调解，做促进和谐的带头人；环境卫生要劝导，做美化环境的带头人；各项法规要遵守，做维护正义的带头人；发展成果要共享，做参与公益的带头人；党风廉政要监督，做民主决策的带头人；勤劳致富要引领，做促进发展的带头人；乡村工作要支持，做顾全大局的带头人），落实责任，狠抓监督，深入推进群众路线教育实践活动，切实改进党员干部作风，让党员干部沉下心，踏实做事，务实为民。严格新发展标准。把好关口，从源头上保证党员发展的质量，不断优化党员队伍的分布结构，全年新发展党员13名，转正党员15名。狠抓党风廉政建设。采取有效措施，全力推进惩治和预防腐败体系建设，严格执行党风廉政建设责任制，党风廉政建设和反腐败工作取得新成效。第一，充分挖掘农村公共资源，打造公开、公正、公平的资源交易平台。第二，纪委积极参与监督政府投资项目，做到纪委没参与的不招标，纪委没监督的不开标，纪委没签字的不估算，政府投资项目避免暗箱操作行为。第三，“四项”费用缩减明显，严格控制四项支出，下降幅度达40%，所有公务接待均在食堂用餐。第四，村级财务阳光管理。全面清理11个行政村、1个社区的村级财务。第五，坚决反对“四风”，狠抓作风建设。资福镇大力开展干部作风建设，在提高行政效能、规范公务员行为、提高为经济服务、为稳定服务、为基层服务、为群众服务的能力等方面取得阶段性成效，有力地促进保增长、保民生、保稳定等各项工作的开展，全镇呈现出政通人和的态势。深入推进党的群众路线教育实践活动。党政班子领导带头学习、带头调研、带头批评、带头整改、每个环节都走在前列、做出表率。认真学习中央下发的三本教材和刘少奇《论共产党员的修养》，集中观看《第一书记》《焦裕禄》《四风之害》等教育警示片，邀请县委党校、县纪委等领导教授讲授党课，学习党纪条规，镇党委书记亲自上党课。组织全体机关干部职工到清泉河村、华宝村开展义务植树8000余株，开展“心连心”结对帮扶活动，227名党员干部与227户困难群众结对子，解决实际困难580多件。

【撤乡建镇】　2014年4月，根据《湖南省民政厅关于撤销宁乡县资福乡设立资福镇的批复》（湘民行发〔2014〕2号）、《长沙市人民政府关于宁乡县资福乡撤乡建镇的通知》（长政函〔2014〕78号）《宁乡县人民政府关于资福乡撤乡建镇的通知》（宁政函〔2014〕81号）精神，撤销资福乡设立资福镇，以原资福乡的行政区域为资福镇的行政区域，辖12个建制村，总面积88.61平方公里，总人口3.9万人，镇人民政府驻原资福乡人民政府驻地。

【撤销窑里村设立窑里社区】　2014年8月，根据《宁乡县人民政府关于资福镇撤销窑里村设立窑里社区的批复》（宁政函〔2014〕136号）精神，撤销资福镇窑里村改为窑里社区。

【创建湖南省“四化两型”明星乡镇】　资福镇以规划为龙头，不断加大基础设施建设力度，围绕“打造食材名镇，建设秀美资福”的目标，项目建设如火如荼，集镇面貌日新月异，集镇品味显著提升。2014年6月，成功获得省级“四化两型明星乡镇”。

【创建长沙市集镇建设管理先进单位】　2014年，资福镇通过项目化的运作，资福镇集中资金对集镇进行立面改造，污水处理厂竣工并已投入运营，农贸市场、商业街以及财福家园等项目均已竣工，集镇面貌焕然一新。2014年8月，被长沙市人民政府授予“集镇建设管理先进单位”。

【承办宁乡县禁毒工作社会化现场推进会】　2014年10月，资福镇率先启用“三调联动”，成功承办“宁乡县禁毒工作社会化现场推进会”。

【省一级档案室通过验收】　2014年，资福镇严格按照《机关档案工作规范化管理评估内容及评分细则》，强化档案管理意识，完善配套设施，健全工作制度，落实职责任务，充分发挥档案作用，档案管理更加符合规范、标准要求。对档案人员工作职责、文件材料的形成、收集、立卷、归档、保管借阅、移交鉴定、销毁等各项工作做出明确规定，使档案分类更加科学、档案整理更加规范、档案管理更加安全。2014年11月，省一级档案室通过验收。　（曹晓余）

南田坪乡

党委书记　白　晓（3月另任）
　黎国君（3月任）
副书记、乡长　杨新貌
副书记、人大主席
　王万军（3月另任）
　张　征（3月任）
政协工作联络处主任
　左中秋
副　书　记　李　剑（9月免）
　贺星宇（9月任）

徐闻望
党委委员、纪委书记
贺星宇(9月免)
左志华(9月任)
党委委员、副乡长
谈　超
党 委 委 员　凌金玉(女)
党委委员、南田坪村第一书记
傅　迪(挂职)
副　乡　长　李　峰　赵国良
人大副主席　李记为

【概况】 南田坪乡位于宁乡县东南部,系宁乡通往花明楼刘少奇故里和韶山毛主席故居的必经之地,全乡辖10个行政村、275个村民小组,总人口2.79万人,总面积64.36平方公里,其中耕地面积1764.3公顷,旱地1763.1公顷,水面330.1公顷。

2014年,南田坪全乡上下紧紧围绕"抢跑东南、挺进十强"的既定工作目标,切实把握"一点两线"的发展主题,千方百计筹资金,全力以赴促项目,众志成城克难题,凝心聚力惠民生,经济社会各项事业继续保持良好发展势头。

一、经济增长稳中求进。全乡共实现乡域生产总值7.11亿元,较2013年度增长15%;实现财税收入1025万元,增长37.3%;完成社会固定资产投资3.95亿元,增长34.7%;社会消费品零售总额达1.99亿元,13.7%;农民人均纯收入17300元,增长11.6%。财政整体运行情况平稳,乡财政所获评2014年度全省标准化乡镇创建工作先进单位。经济增长态势良好,人民幸福指数不断提升。

二、集镇建设强力推进。新公路路基已全部拉通,并进行硬化、亮化和绿化建设,真正成为乡域经济发展的动脉,集镇开发的命脉,财税收入的血脉;新中学、中心幼儿园建成并投入使用,中心幼儿园成功包装对外进行推介,引进最前沿的教学理念和配套设施,为南田坪在红色旅游线中增添亮点;安置区、自来水厂、污水处理厂已建成并投入使用,农商银行南田坪点筹建手续已全部就绪,着手开工建设,供电所正在向上申报。新集镇的雏形已逐步呈现。

三、招商项目统筹推进。始终坚持"工业强乡、农业稳乡、商业活乡",以招商为动力,以项目为抓手,打造投资的"洼地"。全年启动项目5个,已竣工项目3个,卫生院住院大楼已经建成并投入使用,大地肉类二期厂房建成并投入使用,南芬塘集镇开发初显成效,景田农业正在加紧建设,万盛米业进入规模企业验收入规,都友食品获评市级农业产业化龙头企业。实现招商到位资金1.246亿元。成功引入鑫磊机械环卫机械生产项目,2014年9月份签约落户金玉工业园。还先后对接楚天科技配套企业中宏机械、华宜机械、海博机械等多个项目,为南田社会发展积蓄内生动力。

四、人居环境不断优化。田坪的绿水青山是我们义不容辞的责任。小瓦窑拆除工作先行先试,为全县小瓦窑拆除起到示范作用,提供经验,多家媒体多次进行跟踪报道,全县山塘水库退出投肥养殖工作经验交流在南田坪乡举行,城乡环境面貌焕然一新,环境保护意识深入人心,农村居住环境得以明显改观。水泥厂成功转型改造,非法采砂采矿得以遏制。农村公路网络逐步完善,公益设施建设深得民心,农家书屋、村民健身广场深受人民群众喜爱,人民幸福指数不断提升,人居环境不断改善。

五、民本民生不断夯实。牢固树立民生至上的理念,加大民生保障力度。2014年,乡财政直接支付各类民生支出589万元;完成全乡367户危房户调查摸底工作;完成38户农村危房改建指标;完成10520多人次劳动力信息采集任务;医疗保险、养老保险等民生工作任务全面完成。田间水利扩容提质走在全县前列,新修山塘167口102公顷,渠道清淤66.65公里,河道清淤49.15公里,修复疏通小河坝18座、大河坝1座;农业"三防"(动物防疫、森林防火,防汛抗旱)工作有条不紊。安全生产全年实现零事故,获评全县安全生产先进单位。开展集镇整治行动18次,整治流动商贩、招牌广告、占道经营的现象86起。社会大局稳定,调解各类纠纷42余起,查处各类案件12起,刑拘8人,排查安全隐患22处。开展打击聚众赌博、拆违控违、禁毒禁赌等专项行动,形成全乡风清气正的良好氛围。夯实计划生育工作基础,加强优质服务,计划生育协会工作亮点突出。教育工作硕果累累,"教育强乡"成功县级通过验收,并得到高度肯定。工会、共青团、妇联、老干关协、科协、人武等工作做出了新业绩。

六、政府建设正本清源。自觉接受乡人大、政协的监督,主动回应人大代表提案、建议。结合党的群众路线教育实践活动,设立意见收集箱,收集群众反映问题和意见64条,集中交办群众反映突出问题48个。打造服务型政府,完善政府信息公开制度,梳理办事流程,依法依规办理事项,打造法治政府。管事先管人,制定干部职工考核方案,对干部职工绩效进行综合性考核,严格执行考勤制度,强化日常出勤督查,规范干部用餐行为,公务接待一律定点机关食堂,打造廉洁政府。

【山塘水库退出投肥养殖】 南田坪乡境内有3座小一型水库、2座小二型水库和1470口山塘,经查,乡域华光水库、向阳水库、福洞冲水库和横田村胡植塘、竹山村罗头等山塘不同程度存在投肥养殖行为。2014年乡党委、乡政府就舆情应对、群众安抚、调查取证、送水保安等工作进行专题研究部署,同时还启动对相关责任人的追责,以及承包合同的解除等工作程序，承诺不惜一切代价确保群众生活用水，不惜一切代价治理受污染水质，严厉打击一切违法违规行为。采取有效措施，制订详细的行动方案，依法整治水库周边污染源，依法清理境内所有水库、河坝、湖泊、山塘投肥养殖行为；加大宣传力度，发放《宁乡县整治投肥养殖专项行动资料汇编》50 本，宁乡县人民政府《关于依法禁止投肥养殖的通告》500 多份，并对水库、山塘周边养殖环境进行多次走访和宣传，并在水库及骨干山塘周边设立警示牌，将政策、行动方案告之于民；积极改善水质，与县环保局、水务局、畜牧水产局等相关科局联系，并请湖南农业大学教授到现场察看，多方寻求改善水质的科学方法，相继投入 60 吨生石灰对较为严重的华光水库进行消毒处理；规范部门管理，乡党委、乡政府针对水库投肥养殖行为中发生的违法违纪行为不姑息、给予严厉打击；建立健全机制，对水库、山塘实行网格化管理模式，由乡、村干部分片包干负责，实行常态化管理，从制度上管理到人，确保行动效果。到年末，全乡所有水库和山塘均已停止投肥养殖，水质已明显好转。（周宇）

偕乐桥镇

党委书记 陈计伟(3 月离任)
王东波(3 月任)
副书记、镇长 罗德辉
副书记、人大主席
廖国珍(12月另任)
袁暑山(11 月任)
政协工作联络处主任
吴友良
党委副书记 周术林
党委委员、纪委书记
刘 飞
党委委员、副镇长
曾勇备
党委委员 黎 毅
副镇长 李茂桥 张智勇
人大副主席 周 敏

【概况】 2014 年，偕乐桥镇域面积 75 平方公里，辖 10 个村(居)委会，281 个村民小组，总人口 3.42 万人。全镇上下紧紧围绕"融入大灰汤，服务长株潭"的战略目标，举全镇之力、聚全民之智，开拓进取、奋发有为，着力稳增长、促发展、惠民生，在建设魅力、宜居、和谐的新偕乐进程中迈出坚实步伐。

一、突出经济发展质量。全年完成镇域生产总值 9.44 亿元，入库税收 589 万元。招商引资成效显著。投资 1.4 亿元的竹田村黑茶产业种植加工示范基地项目和 6000 万元的东鹜山泉饮用水厂项目顺利签约。发布招商信息 500 多条；新引项目 5 个，其中金玉工业园 2 个；到位资金 6800 万元；包装项目 4 个；捕捉信息 20 条。完善招商激励机制，以市、县招商引资相关政策为参考蓝本，初步确定偕乐桥镇招商引资优惠政策，包括加大开发扶持力度和招商中介人奖励。走访全镇乡友，对有激情回乡创业的中小型企业家积极联系，多次带领他们参观金玉工业园，至 2014 年末，有 2 家企业签订合同，其中长沙金山牛农业科技有限公司与偕乐桥镇顺利签约，并动工建设；湖南金珊交通设施有限公司已签订入园投资合同。项目工程扎实推进。东海养老地产项目。共投入资金 300 万元，至 2014 年末完成红线确认、地类面积调查、税务登记、房地产开发资质等前期手续，正在进行国土手续审批。协调雅居乐项目在偕乐桥镇境内规划的金农村老屋组、龙珠塘组等 12 个村民小组土地 104.73 公顷，搞好控建工作，杜绝该区域违法违章建筑。长韶娄高速建设项目，通过镇项目办工作人员加班加点，日夜奋战，于 12 月 31 日实现通车。污水处理厂建设项目，完成主体工程基本。薄弱学校改造。对将军小学等 3 所学校进行改扩建：其一，完善将军小学教学楼和基础设施建设；其二，在杉山冲中学新建教学楼一栋和教师公租房 20 套；其三，在农和小学新建幼儿园一所。至 12 月底，三个项目均已竣工。东鹜山泉水厂。该水厂于 2014 年 4 月从金农村搬至偕乐社区，并增加水厂投入，扩大水厂规模，共计已投入资金 1200 万元。集镇安置区建设。项目建设安置先行。该项目主要解决雅居乐项目(二期)区内拆迁户的安置问题，安置失地农民 720 人。2014 年已启动建设。立体农业推进有力。2014 年，偕乐桥将镇域经济发展定位为打造"立体农业"，实现资源的立体开发、价值的立体挖掘，模式的立体营销，规划布局了"五基地一走廊"，即烟叶基地、黑茶基地、蔬菜基地、中药材花卉苗木基地、肉禽养殖基地，并形成以宁灰线为轴心的观光、旅游、体验走廊。同时，抓好粮食生产和烟叶生产两个基础。第一，创新粮食生产模式。2014 年，全镇粮食种植面积 3789.94 公顷，其中优质稻 1894.6 公顷，产量 1705 万公斤。围绕打造现代农业示范镇的总体目标，探索一条"政府指导、村级负责、公司运作、合作社组织、农户参与的大流转、小承包"的粮食生产新模式，实施"五供五代"(即供种、供秧、供肥、供药、供信息；代耕、代收、代烘、代储、代售)的新方法。新成立农民专业合作社 29 家，注册社员 609 户，注册资金 1228 万元，辐射带动农户 1140 户，并对原有的 28 家合作社进行登记造册、跟踪服务。粮食工作来势良好，冬季农业如火如荼，已完成 1533.33 公顷的油菜和紫云英的种植。第二，稳定烟叶生产工作。全年全镇有烟农 1660 户，烟田种植面积 244.48 公顷，建立 5 个烟叶生产示范片区。累计收购烟叶 52.5 万公斤，收购金额 1467.69 万元，获全县烟叶生产质量先进单位和全县烟叶生产收购环境先进单位。全年实现农业总产值

2.24亿元。

二、突出城乡面貌改善。基础设施不断完善。以县田间水利扩容提质为契机,共投入资金近1200万元,完成清淤新建山塘206口、面积82.67公顷,清淤河道50公里,清淤沟渠80公里、护砌10公里,新建改造河坝共计22座,改造小型机埠55千瓦;完成潭里冲水库、芽塘水库、鲁军塘、新塘、泉塘等水毁修复工程18处。新修村组公路35公里。完成全镇"村村响"工程,安装129个接收终端,258个喇叭,确保广播系统在全镇全覆盖。完成全镇自来水"村村通"工程,新铺设二级管道2000米,新增用水户100户,农村居民安全饮水比率达到90%以上。新增沼气池57口、太阳能热水器69台、高效生物质炉灶35台。城管城建持续发力。聘请4名协管员在集镇无缝隙巡逻值勤,对店外经营、占道经营、乱停乱靠进行劝导;全年共组织大规模执法整治行动8次,整治店外经营摊点25处,处罚车辆乱停乱靠38人次、"抛洒"车辆10车次,罚款2000元。完善道路周边基础设施,迁移乘车点,集镇秩序和形象大改观。对重点区域加强巡查,全年纠正、劝止违章建设25起,对不听劝导的,依法依规予以强制拆除,全年组织强拆行动4次,拆除违章建筑4处180平方米,有效打击违法行为。生态建设品牌彰显。在获评"长沙市环境卫生十佳乡镇"的基础上,2014年,偕乐桥镇继续贯彻执行"分好类、减少量、不出户、齐焚烧"的农村环境治理的好方法,并广泛发动群众在全镇10个村(社区)认真推广,狠抓落实。为搞好"宁灰公路整治",推行办公室包段工作方法,全体干部参与到环境卫生整治之中,达到投入小效果好的目标。同时,积极响应县政府提出"绿色生态三年行动计划"的号召,投入40万元建设绿色村庄1个,植树1.2万株,建设绿色庭院60个,将环境卫生工作逐步由"干干净净"向"漂漂亮亮"推进。全年实现固定资产投资3.19亿元。

三、突出社会大局稳定。群众工作成效卓著。扎实开展党的群众路线教育实践活动,突出"自选动作"——"三联十到户"群众工作。将全镇划分成84个网格,每名干部负责一个网格,共走访全镇9775户住户,帮扶困难群众1247户,收集问题216个,已解决213个,其余3个正在解决中,调解矛盾纠纷79起。2014年,偕乐桥镇获市社会综治民调第四名、县社会综治民调第一名、县社会公认评估群众满意度第二名。群众工作经验被《人民日报》和市群工部进行典型推介。民本民生推进有力。社会优抚扎实开展。2014年,全镇养老保险参保人数达14382人,参保率达92%;医疗保险参保人数达30701人,参保率达95%;全镇审批农村低保715户,城市低保41户,受益人口1201人;7月起,开展低保阳光行动专项整治,共计取消错保对象71户,按动态管理要求,新审批15户,大病救助182人344879元,精神病住院救助50人,药物救助195人次。开展"阳光行动",从全镇467户危房户中确定40户进行危房改造扶持,年末全部竣工入住;维修加固房屋3户。建成村级五保集居点1个。做好示范性敬老院的培育创建工作,共计投入15万元,完成院内各项基础设施,年末已入住91人。扎实开展"四爱四家"活动,认真帮扶残疾人,发放救助资金15000元。做好慈善救工作,全年慈善助学11人,救助金额3.3万元,尿毒症救助8人,白血病救助2人,大病救助3人,共计金额6万多元。投入3万元,在福建村、双盆村进行农村幸福院试点建设,为老年人提供就餐、文化娱乐等日间照料服务的村级公益性活动场所。摸底镇域内民办教师和代课教师情况,进行登记造册,对230余名老师中超过60岁的人员按规定标准发放补贴。加强村卫生室建设,解决场地,服务条件和乡村医待遇问题,保证村级广大群众能够受到较好的医疗服务。计划生育取得成效。举行计生协会成立34周年暨组信息指导员培训大会。镇域计生率达到86.9%,优生检测296对,结扎51例,上环104例,计划生育工作获市级先进单位。殡葬改革顺利推进。9月1日零时偕乐桥镇被列为强制火化区起,截止至12月底全镇死亡的75人经过耐心细致的工作已全部火化。文明创建协力共进。积极开展各类文明创建,营造良好氛围。全镇10个村(社区),14个部门单位积极开展文明创建活动,营造"团结向上、互尊互敬、团结友善"的良好氛围,偕乐桥卫生院创评"省级文明卫生单位"。加强文化阵地建设。2014年,将军村创评市级示范性村(社区)文化活动中心、竹田村创评市级妇女儿童之家,偕乐社区等3个村(社区)创评三星级农家书屋,形成以"镇文化站为枢纽,以文化活动中心建设为基础,以其他文化阵地为补充"的多层次文化宣传网络。先后举办农业技术、育龄妇女保健知识讲座、育婴师培训等15期活动,全镇3000多名群众受到培训和教育。健全科技服务网络,实施"科技兴镇"。举办烟叶种植等科技培训班20期,参训人员3000余人,推广实用技术18项,印发各种技术资料1万余份,培养50余户科技示范户,成功创建竹田科普示范村。偕乐桥镇成功创建2014年度长沙市文明村镇。

四、突出行政效能提升。干部队伍不断优化。大力开展干部素质提升工程,积极推荐干部参加学习培训。对机关干部职工开展"千分制"考核,全面推行机关中层骨干竞争上岗,激发干部干事创业激情,形成你追我赶、比学赶超、争先恐后的浓厚氛围。抓好村(社区)"两委"换届,严格按照程序,选优配强,选出全镇10

个村(社区)新一届党支部委员会30名,村委会成员33人。勤廉建设不断深入。扎实开展教育实践活动,严格执行中央关于改进工作作风、密切联系群众的八项规定,全力反对"四风",大力整治"庸懒散奢"等不良风气。制定机关财务、会议、干部职工上下班、住勤值班等一系列的规章制度,镇纪委定期、不定期对全镇干部在岗在职、各项中心工作开展等情况展开专项检查。深入开展纪律教育学习活动,观看《四风之害》《职责》等专题宣传片,进一步筑牢拒腐防变的思想道德底线;实行村干部"勤廉双述"工作、积极推进村级班子建设,全镇上下形成团结和谐、规范文明、廉洁高效的良好氛围。政府效能不断提升。自觉接受镇人大及人大主席团的法律监督,主动接受镇政协的民主监督,共办理人大代表建议7件、政协委员提案4件,办复率100%。深入开展党的群众路线教育实践活动,5方面42个问题已整改到位40个。加强"三公"经费管理,四项费用下降12%。高标准创建市级政务服务中心,设7个业务窗口,公布工作人员的权利(职责)清单,为群众办事提供"一站式"服务。及时回复12345市民服务热线、县长热线、镇长信箱等信件,全年按时按质完成回复42件。加强公共资源交易平台建设,对工程项目招投标、竣工验收及大额资金使用情况的监督,确保公开透明,全年完成交易15个,财评总金额为347.39万元,投标成交价格为336.08万元,共节约资金11.31万元,节约率3.3%。

【荣获长沙市2014年度"十快乡镇"】 2014年,偕乐桥镇紧紧围绕"融入大灰汤,服务长株潭"的战略目标,全镇人民齐心协力、攻坚实干,在产业倍增转型创新发展、品质倍升、社会和谐稳定、收入倍加全面小康建设、反腐倡廉自身建设等方面做出不懈努力,荣登长沙市2014年度经济社会发展综合实力"十强十快"乡镇街道光荣榜。

【创建长沙市2014年度文明村镇】 2014年,偕乐桥镇大力实施村镇文明创建工程,广泛开展群众性精神文明创建活动,扎实推进社会公德、职业道德、家庭美德、个人品德建设,着力提升农民文明素质和农村社会文明程度。全面实施"教育强镇"战略,对将军小学、杉山冲中学、农和小学等3所薄弱学校进行提质提效。全面实施"文化乐民"战略,将军村、竹田村成功创建市、县级示范性村(社区)文化活动中心。全面实施"健康护民"战略,提高农村医疗卫生服务水平,不断加强10个村级卫生室及镇卫生院建设。在全镇人民的共同努力下,形成城乡经济社会文明一体化新格局。

【县委书记黎春秋调研偕乐桥镇】 10月9日,县委书记黎春秋到偕乐桥镇,就党的群众路线教育教育实践活动、项目建设、烟叶收购、粮食生产等工作进行调研,并与偕乐桥镇全体党政负责人进行座谈,对偕乐桥镇经济社会发展工作进行指导。黎春秋指出,偕乐桥镇的发展要围绕"融入大灰汤,服务长株潭"这一定位,打好"灰汤"和"农业"两张牌,以充分发展好旅游观光休闲农业和与养生农业相关联的产业来提升发展水平。

【立体农业"五基地一走廊"特色彰显】 2014年,偕乐桥镇着力打造"立体农业",创新资源开发、价值挖掘和营销模式,规划布局"五基地一走廊",即烟叶基地、黑茶基地、蔬菜基地、中药材花卉苗木基地、肉禽养殖基地,并形成以宁灰线为轴心的观光、旅游、体验走廊。围绕打造现代农业示范镇的总体目标,有效探索一条"政府指导、村级负责、公司运作、合作社组织、农户参与的大流转、小承包"的粮食生产新模式。

【群众工作"三联十到户"模式】 为落实好党的群众路线教育实践活动,偕乐桥镇在"八到户"基础上形成了以"三联十到户"为主要载体的群众路线新模式(三联即领导联点驻村、干部联组包户、人大代表连片;十到户即民生政策宣传到户、经济信息送达到户、发展良策征求到户、农业生产指导到户、计生工作服务到户、生态环保劝导到户、贫困对象帮扶到户、稳定和谐包干到户、问题处理反馈到户、群众路线践行到户)。市群工部对偕乐桥镇群众工作进行典型推介,人民网(海外版)、宁乡电视台、《今日宁乡》等媒体对偕乐桥镇群众工作的新做法给予专题报道。2014年,偕乐桥镇民调排名全县第一、全市第四名,社会公认评估群众满意率偕乐桥镇排名全县第二,连续多年实现进京赴省到市零非访。　(党政办)

灰汤镇

党委书记　李志敏
副书记、镇长　孙　勇
副书记、人大主席
　朱洪波
政协工作联络处主任
　丁建斌
副书记　贺　伟
党委委员、纪委书记
　欧子强
党委委员、副镇长
　尹　胜
党委委员　吴宝林
副镇长　黎艳阳
　杨　鹏
　廖志红
　周宇燕(女,兼)
人大副主席　喻小平

湖南长沙灰汤温泉国际旅游度假区管理局
局长　郑　旗(1月另任)

易怀念
(女,2月任)
党组书记 李志敏
副书记 黎定辉(女)
副局长 贺 伟(兼)

【概况】 2014年灰汤镇辖6个行政村、1个居委会,镇域土地总面积43.30平方公里,其中耕地总面积1836.7公顷,占土地总面积的42.5%;林地面积1542.9公顷,占土地总面积的35.7%。镇域总人口24202人,7156户,其中农业人口21653人,非农业人口2549人。

一、经济实力逆势攀升。完成生产总值9.31亿元,全社会固定资产投资21.7亿元,社会消费品零售额3.3亿元,农民人均纯收1.9万元,农商行居民储蓄存款余额4.5亿元,完成工商税收2911万元。

二、旅游产业稳步提高。全年实现接待游客150万人次,实现旅游收入5.13亿元。举办第五届温泉养生节、首届群众文化艺术节、"华天杯"湖南省导游大赛等活动,树立"养生灰汤,度假天堂"品牌形象,指导企业打造好养生产品。组织度假区企业参加由县旅游局组织的娄底专场推介会,进行统一推介,收到良好效果。全面做好创建工作,努力推进国家级旅游度假区创建工作,争取国家、省、市、县旅游主管部门和相关部门的支持,8月17日国家旅游局党组副书记、副局长王志发视察灰汤温泉国家旅游度假区创建工作,得到肯定和支持,整体创建工作正按照计划稳步实施推进。

三、招商引资再创佳绩。新引进招商项目6个,其中镇域内4个,金玉乡镇工业集中区引进湘宁电烤炉厂和长沙亿华鼓风机厂两个项目,引进合同资金26.7亿元,实现招商引资到位资金22.535亿元。包装推介东鹜山风景旅游区、灰汤影视城、灰汤文化产业园、乌江国际旅游城、汽车主题公园5个项目,其中乌江国际旅游城和灰汤影视城项目在3月28日宁乡县项目发布会上进行推介,乌江国际旅游城作为市领导联点项目由市政府向外推介。捕捉招商信息20多条,接待客商30多批次,外出招商6次。

四、民生民生保障有力。争取政策支持,积极推进失地农民社保工作,全年共有26个组的1348人已办理参保登记并发放待遇。发放农村低保、五保,城市低保资金200多万元,发放大病和精神病人救助资金达20万元,各类资金发放到位率均为100%,城乡居民养老保险、医疗保险和机关职工保险等保障工作全面落实到位。投入资金700余万元创建敬老院市级先进单位。创新举措,为每个村选聘一至两名年轻村干部助理。召开粮食生产会,早稻集中育秧面积200公顷;大力推进冬季农业工作,落实完成油菜种植面积万余亩;全力推进镇域水利基础设施建设,完成山塘清淤200口,清淤面积33.33公顷,沟渠疏浚28公里。认真完成计划生育"百日行"活动任务和开展5.29计划生育协会活动等,全年完成结扎53人,上环63人。推进殡葬改革工作,基本建成公益性墓地,完成60余具遗体的火化和集中安葬,全镇的死亡火化率和集中安葬率均为100%,是全省唯一一家达到两个100%的先进乡镇单位。

五、社会管理有新进步。积极做好群众工作,掌握民情民意,建立民生手册,以开展"大走访、大宣传、民意调查"为基础,开展3次大走访活动,发放便民卡5000余张,走访群众2000多户,开展"结对认亲、排忧解难"活动,结对帮扶困难群众245户,投入帮扶资金近8万元,"向群众承诺、为群众办事"活动,向群众承诺实事50件,办结42件,化解矛盾纠纷100余起。全面创新社会管理,狠抓社会稳定和治安平稳工作,确保无进京上访、无民转刑和重新犯罪,发案少,秩序好,治安平稳。大力提高广大群众的法制意识,出动宣传车60次,发放平安手册7000份,建立平安治安巡逻队。加大对特殊人群的全面管控,加强不稳定因素的排查工作,建立健全镇、村、组三级网络管理机构,全镇矛盾纠纷发生率大幅度下降,社会大局稳定。

【召开村"两委"换届选举动员部署会议】 2014年2月21日,灰汤镇召开村"两委"换届选举动员及工作部署会议。明确提出组织纪律中的"十个严禁"(一、严禁听信、散布、传播同党和国家的路线方针政策和决定相违背的言论、小道消息。二、严禁违规复制或携带涉密文件资料和有关载体,泄露党和国家秘密或工作秘密。三、严禁在干部工作中"跑风漏气",泄露未经批准对外公开的信息。四、严禁"封官许愿",为"跑官要官"者说情、打招呼、联系和引见有关人员。五、严禁在干部考察工作中弄虚作假、隐瞒实情,违规干预下级单位和有关部门的干部选拔任用工作。六、严禁滥交友、追求享乐、贪图钱色,违反社会主义道德规范。七、严禁参加可能影响公正执行公务的宴请、旅游和其他消费娱乐活动。八、严禁利用职务之便为本人、亲友或特定关系人谋取特殊照顾或私利。九、严禁收受任何单位或个人的贵重礼品、礼金、有价证券和支付凭证。十、严禁接受任何单位或个人支付应由本人或配偶、子女等亲属负担的费用)和经济纪律中的"八严禁"(一、严禁散布违背党的理论和路线方针政策的意见,发表违背中央决定的言论;二、严禁泄露党和国家秘密;三、严禁参加非法组织;四、严禁组织、策划、怂恿、支持、参加非法活动;五、严禁制造、传播政治谣言及丑化党和国家形象的言论;六、严禁有令不行、有禁不止,在贯彻执行中央和市委决策部署上打折扣、做选择、搞变通;七、严禁违反程序、不讲规矩，重大事项不按要求请示报告；八、严禁对组织不忠诚老实、说假话）要求各个负责选举工作的工职工要认真学习文件要求，严格按照程序做事，强化责任落实。镇党委书记李志敏强调，做好此次村“两委”换届选举工作，总的来说就是要做好以下几件事：一要认真对待换届选举工作。即要做到认识要提高、程序要合法、班子要得力、纪律要严明；二要正确看待换届选举的去留。对这次换届，在职村干部要以“事业心怀对待工作，平常心态对待去留”。通过此次会议，要加深所有干部职工和村干部对换届选举工作的认识，高度重视此次村换届选举工作，为提高灰汤基层班子的驾驭能力和促进灰汤事业的发展打下基础。

【召开灰汤镇首届融资洽谈会】 为大力推进城乡一体化建设，搭建融资平台，加强银企对接。灰汤镇人民政府、县金融证券办和县人民银行乐为媒介，组织县内建设银行、农商银行、农业银行、工商银行、农业发展银行、交通银行、长沙银行、邮政储蓄银行、光大银行、沪农商村镇银行、中信银行、招商银行、浦发银行、国家开发银行、华融湘江银行等16家银行与灰汤镇内雅居乐、华天城等15家企业在灰汤金太阳举行“2014长沙市城乡一体化灰汤首届融资洽谈会”。

【召开镇第十五届人民代表大会第三次会议】 5月9日，灰汤镇第十五届人民代表大会第三次会议召开。本次会议应到代表55人，实到代表49人，6人请假。会议听取镇政府工作报告、镇人大工作总结、镇财政预算总结报告，并在随后的分团讨论中，针对报告内容提出许多有建设性的意见和建议。最后全体代表一致通过三个报告。会议闭幕后，代表们均表示要把本次会议精神带回自己工作岗位，团结和带领广大人民群众认真贯彻落实。同时，要充分发挥代表作用，努力践行党的群众路线方针政策，敢于担当，扎实工作，为全面建设小康社会、打造灰汤成为国际旅游度假区而努力奋斗。

【易炼红调研灰汤旅游产业规划建设】 2014年11月4日，省委常委、市委书记易炼红从长韶娄高速驱车到宁乡县灰汤镇，调研该镇旅游产业规划建设工作。市委常委、市委秘书长陈献春等领导陪同调研。易炼红书记一行先到灰汤镇游客服务中心调研了解旅游产业规划建设沙盘展示，随后到灰汤镇雅居乐依云小镇项目实地进行考察。他提出，灰汤镇要以突出特色、发挥优势，建设旅游目的地为目标，实现温泉资源效益最大化，充分挖掘灰汤的山水生态旅游资源，深度宣传推广，开发医疗保健、养生、游乐、观赏、休闲、健身产品，建设一个旅游城市。雅居乐依云小镇项目作为灰汤镇的重点项目，要充分挖掘文化内涵，提升文化品位，创造和铸造别具一格的文化品牌，吸引眼球，凝聚人气。 （喻白薇）

双凫铺镇

党委书记 肖冠雄
副书记、镇长 汤照武
副书记、人大主席 戴文明
政协工作联络处主任 银宝龙
副书记 欧旭东
党委委员、纪委书记 胡铁强
党委委员、副镇长 奉旨亨
党委委员 张平辉（女）
副镇长 喻　斌　陈竞芳（女）
人大副主席 黄　勇

【概况】 双凫铺镇辖11个行政村和1个社区，362个村民小组，镇域面积87.98平方公里，其中耕地面积2640公顷，总人口4.04万人，镇区面积6.2平方公里。2014年，全镇共完成固定资产投资10.81亿元，社会零售总额3.85亿元，工业总产值43.13亿元，其中规模工业总产值21.3亿元，国地两税2235万元。新引进项目17个，合同资金8.2亿元，到位资金2亿元；新建、扩建和技改工业项目15个，计划总投资16.21亿元，已完成投资12.98亿元。

一、招商项目喜人，经济发展增添新动力。鞋业园在完善6栋6.2万平方米标准厂房和两栋8800平方米鞋业厂房建设的基础上，投入2000万于基础设施建设，园区道路硬化，电力、自来水和消防管道安装等已全部完善；投入3700万元，建设396套政府公租房，年末正式投入使用；污水处理厂及管网建设投入1200万元，完成厂区处理和6公里污水建设收集管网建设，通过省、市环保部门验收，正在运行；湘茗茶叶生产基地投入1800万元，立项完毕正在办理相关手续，前期土地整理工作正在进行；金河水库生态恢复项目投入2000万元，通过公开招投标，由湖南艾布鲁环保有限公司进行施工建设，年末按照治理方案正在分步实施；洁美二期建设投入1600万元，新建产品研发中心，已完成主体建设和室内装修；泓盛搅拌场投入1200万元，已正式投入生产。2014年，双凫铺镇以鞋业产业招商为重点，按照“筑巢引凤”和“引凤还巢”的招商工作思路，招商办人员先后到广州必登高鞋业有限公司、广东佛山鞋业园区、惠东鞋业企业集中区、浙江的嘉兴鞋业园区、温州、温岭鞋业集中区及本省的株洲、湘潭、长沙等地招商。在温岭招商时成效显著，召开大小招商引资座谈会、推介会议11次，参加会议的鞋企老板400多人次,组织鞋企老板260多人次到双凫铺镇鞋业园区实地考察,签订意向性投资合同32份。截至年底,全镇共引进企业17家,其中4家入驻园区,全部正式投产。

二、产业结构更趋优化,区域发展彰显新活力。第一,工业产业结构不断优化。重点支持洁美鞋业、博鑫烟花、中山佳捷、双顿金属、湘峰彩印等龙头企业,鼓励做大做强,打造鞋业、电子、烟花鞭炮、包装印刷等四大主导产业,促其上档次、上规模、树品牌、创效益;重点抓好三泓建材、水泥二厂、顺达水泥、双桥纸业等企业技术创新及节能减排工作,降低企业生产成本,增强发展的动力和活力,走健康快速可持续发展的道路。截至年底,水泥二厂、顺达水泥厂已申报淘汰落后产能补贴资金项目,洁美鞋业、睿之敏鞋业已在完善建立电子商务平台。第二,现代农业初具规模。积极探索现代农业生产方式和经营模式,大力支持发展农村专业合作社,推动土花猪、温氏鸡、优质稻、烤烟四大品牌组合发展。2014年,袁隆平院士全国万亩超级杂交稻攻关示范片落户双凫铺镇,以双凫、月华、双燕、双桂、余新、合轩等6个村为基地,建成超级杂交稻万亩高产攻关示范区。在稳定发展粮食生产的同时,双凫铺镇积极调整种植业结构,共发展烟农275户,种植烟叶379.07公顷,种植冬季油菜1200公顷,顺利完成县委政府下达的1.8万亩冬季农作物种植任务,并在双凫、双燕、双桂、余新、合轩、月华6村建设起133.33公顷的油菜示范基地。第三,旅游产业持续升温。坚持"文旅结合",加速品牌提升,打造"南楚灵山"旅游名片,建立"迴龙山的烛"品牌标志,完善景区管理,规范景区服务,把文化旅游新平台发展为产业结构调整新的增长极。积极对景区进行宣传推介,参与娄底旅游宣传、宁乡县"5·19"中国旅游节和"五养之乡·中国宁乡"旅游推介会等大型活动,进一步提高景区的知名度。

三、社会事业协调推进,人民群众和谐幸福。第一,城镇功能不断完善。双凫铺镇围绕建设"中部鞋都、十里鞋城"的奋斗目标,结合实际,聘请市、县规划设计院对镇区重新进行高起点科学规划,加速推进新型城镇化建设。完成对新老宁横公路的提质改造、绿道建设和阳光大道路灯亮化工程,同时启动世纪城休闲广场中心花园建设项目。开展双凫老街经营秩序集中整治,正式启动双凫农贸大市场运营,提升镇区形象。7月21日,住房和城乡建设部等7部委公布全国小城镇建设重点镇,双凫铺镇位于其中。第二,民生保障持续改善。继续加大民生工程投入,打造三医院、中心学校、百福敬老院为省、市、县民生工作品牌;积极推进低保核查和农村危房改造工作,全年共核减城市低保60户,农村低保83人,完成危房改造45户。全年共发放低保资金353万余元,发放双拥优抚经费160万元,发放大病救助资金51万余元。第三,科教文卫事业稳步发展。双凫小学进入全市薄弱学校改造工程,计划总投资1200万元,进行原址重建工作,年末,项目已完成前期征地、测绘、设计等前期工作,并正式动工建设;启动中心卫生院、双凫中学、中心小学公租房建设,年末主体工程建设完工。第四,计划生育工作扎实推进。按照镇党委、镇政府年初制定的"保优争模"的工作目标,镇、村、部门三级联动,全面完成县对双凫铺镇下达的各项指标任务。全镇符合政策生育率85.2%,完成结扎144例,完成上环195例,完成流引产56例,完成优生检测361对。第五,社会管理全面加强。坚持矛盾纠纷"一月一排调"制度,全镇共化解各类矛盾纠纷126起。禁毒工作得到全面加强,全年在各季度的综合考核中名列前茅。全面落实综合治理工作措施,特殊群体得到有效稳控,全年化解信访积案5起,综合治理民意调查工作进步明显,在四季度综合考核中双凫铺镇排名第11位。同时,狠抓生产安全、食品安全、校车安全、工业"打非治违"和"平安创建"工作,至12月,全镇共开展12次专项整治行动,对校园周边的食品安全和农村聚餐进行严格的审查和整治,并结合各类走访发放《平安手册》1.01万份。第六,生态环保有效改善。启动金河水库周边环境综合治理工程,项目得到当地群众的一致好评,水泥二厂(原麦田水泥厂)淘汰落后产能和设备,顺利实现关停,规范采石场开采作业行为,生态环保得到有效维护。

【中部鞋都十里鞋城建设】 2014年,双凫铺鞋业园在完善6栋6.2万平方米标准厂房和两栋8800平方米鞋业厂房建设的基础上,投入2000万元基础设施建设,园区道路硬化,电力、自来水和消防管道安装等已全部完善。投入3700万元,建设396套政府公租房,已正式投入使用。年内,通过招商引资和宣传推广,双凫铺镇鞋业园来势喜人,在广东佛山鞋业园区、惠东鞋业企业集中区、浙江的嘉兴鞋业园区、温州、温岭鞋业集中区及本省的株洲、湘潭、长沙等地具有了一定知名度。截至年底,全镇共引进企业17家,其中4家入驻鞋业园区。

【加强全国重点小城镇建设】 双凫铺镇依托"一环两桥三纵四横"的城镇格局,全力推动步行街、新农贸市场、综合市场的发展,启动世纪城休闲广场中心花园建设项目。完成对新老宁横公路的提质改造、绿道建设和阳光大道路灯亮化工程,提升镇区形象。完善教育、科技、文化、卫生等设施,发展旅游产业和配套设施。2014年7月21日,住房和城乡建设部、国家发展改革委、财政部、国土资源部、农业部、民政部、科技部(107)号文件公布，双凫铺镇被评为全国小城镇建设重点镇。

【“百千万”超级杂交稻高产攻关示范工程】 2014年，袁隆平院士的“百千万”超级杂交稻高产攻关示范工程落户双凫铺镇。“百千万工程”是袁隆平院士根据李克强总理“超级杂交稻攻关不仅要搞百亩，还要搞千亩、万亩”的指示提出来的又一粮食增产科技工程，即在南方水稻产区开展超级杂交稻百亩连片平均亩产1000公斤、千亩连片平均亩产900公斤、万亩连片平均亩产800公斤的高产攻关研究与示范。双凫铺镇作为全国仅有的三个示范片之一，以双凫、月华、双燕、双桂、余新、合轩等6个村为基地，建成707公顷的超级杂交稻万亩高产攻关示范区。示范区产量顺利完成年初制定的目标，通过县级统一测产，万亩亩产达到722.3公斤；千亩片产量分别为双凫村Y两优60公顷产达到815.6公斤，月华村湘两优2号亩产达803.8公斤，合轩村深两优1813亩产达804.2公斤，双桂村两优1129亩产达802.3公斤。

（李珮）

大成桥镇

党委书记 喻宏建
副书记、镇长 张平飞(女)
副书记、人大主席
吴 彪
(3月另任)
黄红卫
(3月任)
政协工作联络处主任
商利军(女)
副 书 记 文 献
邓 毅
党委委员、纪委书记
罗新华
党委委员、副镇长
莫华军
党委委员 贺达勋
副 镇 长 任 晖
李志光
人大副主席 黄光辉

【概况】 大成桥镇位于宁乡中部，沩江中游北岸，辖8个村民委员会、1个居民委员会，镇域面积58.79平方公里，人口3.4万，其中基层党组织25个，党员1981人。2014年，完成县域生产总值23.97亿元，完成固定资产投入21.09亿元，社会消费品零售总额2.61亿元；完成工业生产总值72.18亿元，其中规模工业产值60亿元。招商引资合同引进资金9.3亿元，到位资金2.78亿元；农民人均纯收达1.78万元。完成国税1909万，地税534万。

一、工业平台不断巩固。持续加大招商引资力度，支持地面企业转型升级，以艰苦创业的精神积极谋划“后煤炭时代”经济发展。第一，工业企业稳中求进。湘瑞重工、斯维尼无纺布等企业相继完成二期厂房建设，扩张产能；涌金铝业突破资金压力，奋进重生；特步鞋业、银意烟花、逸幸泓建材、涌金铝业等企业稳步发展，税收突破100万元。第二，招商引资成绩显著。全年引进1000万元以上招商项目共10个，其中1000万元—5000万元项目2个，5000万元以上项目8个，包括创宇机械、湘瑞工程、永盛电子等工业项目6个，湘都配送中心、制丰农机等农业项目3个，房地产建设项目1个。第三，项目建设加速推进。2014年冠瑞机械等10个项目竣工投产，创宇机械等6个项目启动建设。

二、农业经济突破创新。水稻种植面积共计3529.2公顷，烟叶面积361公顷，玉米种植面积达163.13公顷，油菜种植面积达633.33公顷，各项指标均比2013年年有较大幅度的增长。动物防疫工作扎实开展，全镇未发生重大动物疫情。发展农村专业合作社53家，初步形成“农业合作社＋深加工基地＋流通平台”特色农业产业链。鹊山村深化土地改革，全村一次性流转土地300公顷，创造全县瞩目的湘都模式和鹊山模式，获评全县特色农业发展特殊贡献乡镇，长沙市2014年度现代农业发展优秀单位。

三、集镇平台全面提质。有效提升集镇形象。巩固“长沙市集镇管理示范乡镇”创建成果，开展集镇经营秩序集中整顿，完成集镇规划修编，推行集镇标准化管理，大幅提升集镇形象。大力振兴第三产业。大成桥绿色生态农产品公社盛装开业，注重引导和规范经营户诚信经营，以农产品公社为平台，整合14家农业合作社资源，与长沙专业市场直接对接，拓宽本镇生态农产品销售渠道。全力打造城乡一体化示范镇。积极申请“百城千镇”县乡商贸流通项目试点，依托现有产业优势、地理位置优势和基础设施优势，形成三个平台并驾齐驱之势。

四、社会保障水平有力提升。城乡居民医疗保险和城乡居民养老保险缴存比例95%以上。2014年完成村级公路建设23公里，大石夔连接线竣工通车。永盛村石子塘组安全饮水等民生工程圆满解决，大成桥公办幼儿园如期开学，顺利通过教育强镇验收。争取到第一批小农水建设示范乡镇，启动3座小二型水库处险，疏通8年未通水的峡山渠道，农村田间水利工程扩容提质共完成山塘清淤88口、新建31口，改善和增加蓄水面66.67公顷，疏浚沟渠137公里，衬砌42公里，整治河道13公里，更新改造河坝14座，成为全县样板示范点，接受全县现场观摩。争取66.67公顷烟田平整项目，完成烟水烟路工程2处。稳妥推进安置区建设，实施集中安置与分散安置相结合的原则，2014年集中安置受灾群众23户，分散安置136户，拆除危房179户。完成农村危房改造21户，快速推进安全饮水工程建设,分步启动大胜桥处险加固、集镇雨污水管道改造、二泉村五组以及青泉社区泉塘组村级公路沉塌临时抢险、青泉社区向前支渠抢险性治理、奔地圣鞋业公租房100套等民生工程,切实解决群众反映突出的问题。镇敬老院获评全国农村五保供养综合先进单位,青泉社区创长沙市四星级明星社区,永盛村创省级“两型”创建村庄。

五、社会事业全面推进。党建工作扎实开展。精心组织并顺利完成了支村两委换届选举工作;深入推进“为官不为”“三超两乱”“干部走读”专项整治;民主评议、党员发展、党员春训、远程教育、结对共建、党费上缴、在职党员进社区等各项党建工作稳步推进。安全工作常抓不懈。多次召开各类安全工作专题会议,建立健全安全工作长效机制,始终加大对高危生产企业的日常安全监管;组织和配合有关职能部门开展专项整治活动,组织开展专项执法检查17次,消除重大安全隐患11处,严格落实特护期维稳预案,确保日常及重大节假日期间全镇的和谐稳定。紧抓安全生产不松懈,煤矿开采创造零死亡事故的记录,危险化学品、烟花爆竹等高危行业保持零事故记录,道路交通无较大及以上事故发生,其他行业无一般事故。扎实完善计划生育基础工作。认真组织开展孕检工作,全面清理更新档册7000份,完成孕前优生健康遗传检测274对,共施行四项手术260例,全年符合政策生育86.49%;全面推行人口信息网格化工作,计划生育信息化管理日趋完善。综治维稳实效明显。建立健全社会治安防控体系、矛盾纠纷排查调处、防范处理邪教组织、禁赌禁毒工作等网络,禁毒社会化管理全面启动,成功举办反邪教警示教育、“6·26”禁毒宣传、法制宣传活动,法制观念深入人心;禁赌禁毒、帮教转化工作积极开展,办理“三防三治”案件72起,为群众挽回损失200余万元,在全县各乡镇“春雷行动”中成效排名第一。全年刑事立案47起,破案21起,调解处理社会纠纷64起,梳理并妥善处置历史遗留问题40余项,回复群众信访63起,群访缠访现象明显改善。以优先保障农赔、房赔、民工工资和工伤理赔资金为前提,平稳关闭3家煤矿。文化工作亮点纷呈。文明创建工作顺利迎接省检;继续深入开展“倡树文明新风,展示大成形象”系列主题活动,构建“正义、诚信、文明、知恩”的核心价值体系,评选出”十星百名”先进典型95名,被多家媒体大力报道推介,赢得很好的社会反响。深入开展党的群众路线教育实践活动。根据县委和县实践办统一安排,深入开展党的群众路线教育实践活动。镇党委召开16次专题会议研究讨论教育实践活动工作,全体镇村干部先后4次组织集体学习活动,观看8场电影教育片,通读4本理论教育读本,确保高质量地完成必读内容的学习,全体镇村干部都撰写2篇以上的学习体会,镇党委班子成员分别与干部群众谈心交流达120余次,发放民意征求表1340余份,梳理意见建议890条,经合并归整梳理出针对班子高度凝练的“四风”意见44条,班子成员“四风”意见216条。对群众反映致富门路窄、惠农政策落实缩水、城乡环境卫生差、群众办事不方便、干部服务意识不强、地质沉陷区饮水难、安置区建设、无公办幼儿园等问题,及时制定13项整治方案,从严抓好整改落实;制定14各项规章制度。深入推行“片区化”工作机制,收集群众信访信息和建议意见130条,排查不稳定因素5个,化解群体性事件2起,答复信访信息和群众意见36条,2014年首次实现全年无群众进京上访,综合信访满意度从全市排名落后跃升至中游水平。党风廉政建设常抓不懈。镇党委始终将党风廉政建设责任制工作摆在十分突出的位置,围绕中心,服务大局,确保全镇党风廉政建设和反腐败工作顺利开展。全年处理违纪党员5人。

【大成桥煤矿与长凤煤矿关闭】 2014年11月10日大成桥煤矿根据关闭退出落后小煤矿政策要求关停。11月11日大成桥长凤煤矿根据关闭退出落后小煤矿政策要求关停。

【鹊山村探索土地流转】 2014年大成桥镇鹊山村在总支书记陈剑的带领下,试点探索土地改革,实行土地流转,整村一次性流转土地300公顷。初步探索出一条具有鹊山特色的“土地银行+专业合作社+种粮大户+服务企业”的新型土地经营模式,全年全村300公顷土地成建制全部实行“双种双收”,从根本上解决耕地抛荒和人地不平衡的问题。

【启动小农水项目建设】 2014年争取到第一批“小农水建设示范乡镇”项目,启动沿河6村的小农水建设。

【获评全国农村五保供养综合先进单位】 2004年9月,大成桥镇敬老院获评全国农村五保供养综合先进单位。大成桥镇敬老院位于大成桥镇永盛村,占地面积2.69公顷,建筑面积6000平方米,2012年镇人民政府投资320万元扩建镇敬老院,2013年又投资50万元完成旧舍改造,2014年有房屋112间,可供养五保老人150人,年底已入住人员107人。该敬老院连续7年被评为“长沙市示范敬老院”。 (胡浩)

喻家坳乡

党委书记 张四明(女,4月任)
副书记、乡长 张四明(女,4月免)

王　军
（9月任）

副书记、人大主席
张祖民

政协工作联络处主任
隆友鹏

副　书　记　谈江波

党委委员、纪委书记
龚文生

党委委员、副乡长
肖永忠

党委委员　张　燕

副　乡　长　戴碧峰
刘　涌

人大副主席　袁　欣

【概况】　喻家坳乡地处宁乡中北部，北邻煤炭坝，西接益阳桃江，南依双凫铺，东倚大成桥，辖10个行政村，总人口4万人，总面积96.64平方公里，其中耕地面积3126.5公顷，林地面积3892.8公顷，是宁乡县烟叶生产大乡。

2014年是全面深化改革的开局之年。喻家坳乡人民政府主动把握经济发展的新常态，着力落实转型创新的新要求，较好地完成乡五届人大四次会议所确定的各项目标任务。全乡实现乡域生产总值17.53亿元；完成工业总产值30.09亿元，其中规模工业产值15.12亿元。完成固定资产投资6.54亿元，社会消费品零售总额2.6亿元，农民人均纯收入19156元，完成国税地税2220万元，其中国税1281万元，地税939万元，超额完成全年税收任务。

一、工业经济做大做强。长宁炭素征地2公顷，投资8000万元进行新厂扩建，实现税收达1300万元，其常规碳棒产销总量已达亚洲第一、世界第三的生产规模。宏聚福建材投资5000多万元引入全县最大碎石洗砂生产线，年产达210万吨，实现税收约100万元。以招商引项目，以项目育财源，积极推行全员招商，政策招商，以商招商，促进项目入驻落地。全年引进农业项目4个，完成合同引进资金1.97亿元，实现到位资金1.062亿元。成功引进宁乡县吉佳机械和长沙湖晟机械两家企业入驻金玉工业园。继续坚持领导班子成员联系项目制，以项目建设为着力点，加快成果转化。全乡在建项目8个，新开工项目6个，完成全年目标任务的125%；1000万元—5000万元规模项目6个；已完工项目1个，实现建安营业税103万元。“两帮两促”活动天数105天，解决问题28个，问题解决率达到96.35%。

二、现代农业稳步推进。扎实抓好支柱产业。全乡烟叶移栽面积697.33公顷，收购烟叶87.87万公斤，均价13.28元，为农民创收2200万元。烟苗出苗率95%创历史最佳，烟叶盖膜率达94.5%，创历史新高，烟叶预检分级得到省、市、县行业领导的高度认可。烟叶烘烤质量、黄烟率成为全县最好的乡镇之一，成为宁乡县浙江中烟精选前移项目的唯一试点乡镇。成功承办全县2015年烟叶备耕生产现场推进会。稳步推进现代农业。全年种植水稻3266.67公顷，种植油菜1000公顷，新增油茶林100公顷，混交林73.33公顷，义务植树（涌泉山村）6.67公顷，河堤造林6处。中药材、油茶、花卉苗木和特色养殖等特色产业竞相迸发。持续改善基础设施。全乡山塘清淤117口，新建山塘12口，疏浚渠道81.95公里，清淤河道25.6公里，加固整修河坝5处，修复水毁工程6处，多次在县新闻媒体作为典型进行宣传推介。此外，动物防疫、农村调研工作、退出投肥养殖、农村土地承包经营权确权颁证试点等工作顺利推进。

三、民生事业卓有成效。计划生育不断加强。全年符合政策生育412人，征收社会抚养费205万元，成功创建长沙市流动人口优质服务示范乡镇和长沙市“阳光计生”示范乡镇。太平山村成功验收成为国家流动人口检测样本点。保障体系不断完善。全乡差额低保816人，五保464人，全年共计发放低保资金312.4万元；合作医疗参保34839人，参保资金210万元，全年报销农村合作医疗补助资金达1263万元；改建危房32户，其中重点援建9户，一般援建23户；沉陷治理工作稳步推进，与185户C、D级危房户签订合同，达成房屋拆迁补偿协议；残疾人工作获得市“明星乡镇”称号；喻家坳乡百福敬老院继续被评为“市级示范性敬老院”；南岭村、神武村“温馨之家”项目顺利通过县验收；神武村获评县级科普示范村。教育卫生事业不断发展。坚持优先发展教育，累计投入150万元改扩建校舍面积达5000平方米，投入330.8万元建立喻家坳中心幼儿园和湖溪幼儿园，教育教学质量整体提升，全乡考取宁乡一中人数达27人，教育强乡成功创建。医疗环境进一步优化、医疗水平进一步提高，公共卫生服务基本实现均等化。文化建设不断丰富。投入23万元实现全乡“村村响”广播工程全覆盖，喻家坳乡第二届群众文化艺术节成功举办。

四、安全稳定不断加强。安全生产有效加强。严格落实安全生产责任制，层层签订安全生产目标责任书，进一步完善各村安全监管机构。强化煤矿、非煤矿山、烟花爆竹、道路交通、建设施工、地质灾害、食品、消防等安全监管工作，开展安全生产隐患排查专项整治，全乡开展4次拉网式的安全生产大检查活动，有效减少和遏制各类安全生产责任事故，确保人民群众生命财产安全。矛盾纠纷有效化解。积极化解各类矛盾纠纷287起，群众来信来访117件，全部办理回复，接待来访群众206批次，全部处理答复，机关干部扎实开展群众工作，解决群众一般问题685起，全年基本做到小事不出村，大事不出乡。社会管理有效提升。加强社会治安综合治理，组织开展“红袖章巡防”“乡、所、村、组”联合巡逻防控,严厉打击违法犯罪活动,全年共破获各类案(入室盗窃)52起,刑事拘留10人,治安拘留18人,维护社会和谐稳定。

五、自身建设全面推进。深入开展党的群众路线教育实践活动,严格落实中央八项规定,大力整治“四风”问题,全乡领导班子及成员共接受并梳理问题126条,已整改到位126条,“三公”经费支出同比下降50%。认真办理议案建议。乡人民政府自觉接受人大监督,认真听取代表的意见,全年办理人大议案和代表建议22件,办复率为100%,办理质量进一步提高。全年处理县长热线和“12345”政府服务热线54条,办结率100%。第九次村民委员会换届选举圆满完成,第三次全国经济普查顺利推进。此外,统战、武装、宣传、工会、老干、关协、共青团、妇联、各办、各村、各部门围绕经济建设这个主战场,立足发展大局,履行服务职能,不断创造新亮点,为发展和稳定作出新的贡献。

【中国科协、中科院领导视察喻家坳乡】 12月16日,中国科协、中科院领导一行莅临喻家坳乡金醇烟叶合作社进行视察,高度评价喻家坳乡烟叶工作的科学化程度,并鼓励合作社在今后的工作中向更先进、更国际化的方向发展。

【朱崇州到喻家坳乡调研】 11月14日,省安全监督管理局副局长朱崇州到喻家坳乡涌泉山石灰厂和长沙湘宁水泥有限公司(石灰石矿)两座非煤矿山,就“一矿一策”整改落实情况进行专项调研。调研过程中对喻家坳乡非煤矿山的“一矿一策”工作给予很好评价。

【何寄华到喻家坳乡调研】 4月23日,长沙市副市长何寄华到喻家坳乡对长益石料厂进行露天矿山安全生产及防汛工作专项调研,充分肯定喻家坳乡对矿山矿区的管理。

【举办第二届群众文化艺术节】
11月7日,喻家坳乡成功举办第二届群众文化艺术节暨“敬老爱亲”“爱卫示范”、平安创建“优秀村民组长”表彰奖励活动。此次活动以“践行群众路线,建设幸福喻家”为主题,通过文艺会演、广场舞大赛、花鼓戏演出、表彰“敬老爱亲”模范、“爱卫示范”家庭、“爱卫示范”村民小组、平安创建“优秀村民组长”多种形式,多层次多角度展示喻家坳乡乡风乡貌。

【田间水利扩容提质】 2014年,喻家坳乡不断改善基础设施。全乡清淤山塘117口,新建山塘12口,疏浚渠道81.95公里,清淤河道25.6公里,加固整修河坝5处,修复水毁工程6处。稳步推进九龙峰村峡山口示范片、太平山村三枣塘示范片、湖溪塘村示范片的渠道、山塘、河道清淤疏浚。

(丑帅)

老粮仓镇

党委书记 蒋　宇
副书记、镇长 刘旺球(3月另任)
张学秋(3月任)
副书记、人大主席 钟建军
政协工作联络处主任 黄昆明
副书记 熊佑武
党委委员、纪委书记 卢　敏(女)
党委委员、副镇长 罗灿军
党委委员 贺湘锋
副镇长 罗君辉
蔡友良
人大副主席 李建伟

【概况】 2014年,老粮仓镇辖18个村民委员会,2个居民委员会,257个村民小组,总人口6.49万。全镇总面积121.99平方公里。

一、经济运行在奋力赶超下不断发展。2014年,全镇共实现县域生产总值14.8亿元,比2013年增长51.52%;完成工业总产值24.65亿元,增长196.38%;固定资产投资7.38亿元,增长15.13%;社会销售品零售总额4.11亿元,增长15.12%;招商引资到位资金7.7亿元;财税总收入635.3万元,超额完成县委、县政府下达目标任务。

二、“三仓共建”在精心培育下不断壮大。2014年老粮仓镇始终坚持把加快“三仓(金仓、粮仓、烟仓、)共建“作为工作的主要抓手,在原有的基础上继续做大做强,镇域经济持续健康发展。第一,珠宝产业稳步推进。珠宝产业园年内新引进企业2家,意向企业3家。10月,引进广州腾强机械首饰设备制造有限公司,实现黄金首饰从手工制作向机械化生产的转变,是老粮仓镇珠宝产业的一次工业革命;雅福珠宝有限公司顺利入规。第二,涉农项目多点开花。充分发动、依靠群众,搞好粮食生产,全镇无重大抛荒现象,确保粮食生产安全;打好田间水利扩容提质工程攻坚战,完成山塘清淤53.33公顷,新建山塘5公顷,渠道清淤174千米,整修农村河道158千米,改造河坝28座;大龙花猪成功打入麦德龙超市,成功创建湖南省著名商标,二期已竣工投产;投资400万元的长田、石梁高标准农田建设等项目顺利完工。第三,烤烟产业持续发展。实现烟叶移栽面积361.8公顷,在全县率先完成备耕,收购总金额1374万元,均价25.96元/公斤,是全县亩均收入最高的乡镇,也是唯一一个烟叶产量增加的乡镇。第四,其他项目同步推进。做好重点工程的服务工作,优化项目环境,益娄衡高速集中安置区投资1500万,集中安置150户,已完成仙洪坝、藕塘湾、新郑等村的选址工作；21天完成益娄高速217户拆迁协议的签订，拆迁房屋182栋，创造宁乡征拆史上的“老粮速度”；白益小学、卫生院公租房项目已完成主体建设；老粮中学新建厕所、插花大桥已经竣工并投入使用。

三、生态环境在精心打造下不断美化。第一，环境卫生工作基础不断夯实。对老粮仓、唐市两个集镇进行集中整治，使集镇的秩序和卫生有较大的提高，实现从二类乡镇向一类乡镇迈进；全镇各村对环境卫生工作进行月评比和季度评比。上半年老粮仓镇金石村成功创建长沙市环境卫生“十佳村”，下半年老粮仓镇进入长沙市环境卫生“十佳乡镇”的候选单位。第二，城镇建设速度不断加快。珠宝大道辅道建设、绿化、亮化及污水管网铺设工程2月全部完工；唐市农贸市场、商业街、大热门超市项目已经取得用地手续，6月13日顺利施工，年末完成主体建设；毛公路口500米排水工程和珠宝大道970米雨污排水管道延伸工程已全部完工；投资800万元的污水处理厂项目完成选址、报建、国土审批、环评手续及征地工作。第三，“绿道”打造初现雏形。绿道（楚江流域治理）项目全线动工，楚江村到唐市社区楚江河沿线全部植绿，全线护坡，规划沿河建立一个户外运动接待中心，建设钓鱼平台、烧烤基地、农家乐、野炊集中地。“游最美绿道，赏老粮山水，过惬意人生。”打造成西部最佳的户外运动通道，实现人与自然的最佳融合。

四、民生事业在倾心努力下不断改善。第一，认真做好社会事务工作。做强慈善特色，上半年，星光村喻建明成立“光明爱心会”、长田村周伟强成立“长田爱心之家”、回春堂村周冬良成立“残疾人爱心会”，均开展丰富多彩的慈善活动。“光明爱心会”在政法频道、《今日宁乡》《宁乡政府网》等相关媒体均有报道。深入开展“心连心”帮扶活动，机关干部职工、部门单位工作人员纷纷到村开展活动，送去慰问款和精神支持，仅机关支部帮扶资金2万余元，获得困难群众的一致好评。第二，社会治安综合治理卓有成效。信访积案治理情况效果明显，对全镇的重点人员逐一摸底，对重点信访户进行走访，做到有领导负责，有专人处理，有办理结果。加强与县信访法律援助部门的沟通协调，做好黄某、李某和青某的息访工作。宁乡电视台、市委组织部“先锋频道”多次对老粮仓镇息访工作予以采访报道，推介老粮仓经验。践行党的群众路线教育实践活动突破“最后一公里”，深入开展干部下村入户“大走访”活动，对群众反映突出的集镇环境卫生问题进行专项治理，统一美化、序化，对投肥养殖问题予以坚决治理，在全县率先完成青年水库养殖场拆除工作；“村村响”工程在9月15日前全部安装完毕，并投入使用，10月，全镇民意调查工作排名由年初的第26升至第3位。树立诚信政府的品牌形象，倡导务实肯干的工作作风，践行以人为本的民本情怀，干部群众关系实现和谐互动。第三，计划生育工作稳步前行。符合政策生育率81.2%，消除隐患107例，结扎109例，上环309例，免费孕前优生健康检查382对，全员人口数据质量得到进一步提升。倡导各村成立“计生民生爱心会”并积极开展关爱帮扶活动，成功创建市级流出人口优质服务示范镇。第四，安全监督工作扎实推进。严格落实安全生产“党政同责、一岗双责、齐抓共管”，对全镇消防安全、生产安全、道路安全、食品安全、校车安全工作进行大排查、大整改，全年无重大安全生产事故。

五、干部队伍素质在精细管理下不断提升。以党的群众路线教育实践活动为契机，实现基层队伍治理体系的创新，全面整合现有各类行政资源，以层级负责为基础，以细分区域为平台，以提高工作效能和公共服务水平为目标，全面推行网格化管理模式，实现社会管理由粗放向精细、静态到动态、局部到全面的转变，逐步实现管理的全覆盖与服务的全方位，更好更快地推动老粮仓镇经济的发展和各项事业地位的快速提升。通过建立以“三级网格”为主的社会管理新模式，实现老粮仓镇社会管理控制能力大增强，社会管理服务水平大提高。5月17日省道209老粮仓段山体滑坡，楚江村赵海东同志和双舞村总支书记李喜文同志调用挖机，当天就清理了2000多立方米的塌方，保障了省道畅通；爱卫办主任唐立军在全镇环境卫生整治工作中尽心尽力，党政办主任杨永常在“大走访”活动中勇当排头兵，全镇干部这种奋勇争先、乐于奉献的精神展现了老粮仓基层干部的崭新面貌。

【田间水利扩容提质全县第一】 2014年，老粮仓镇党委、镇政府重视田间水利扩容提质工程建设，充分发动群众，按照宣传到位抓示范，奖扶到位抓对现，聚力到位抓行动，考核到位抓奖惩的总方针措施，并在9月召开3次党政领导会议专题研究，召开2次村组干部会议进行部署。老粮仓镇农田水利基础设施建设在各村迅速掀起冬修水利高潮，截至2014年年末，全镇完成山塘清淤67口，16.45公顷；山塘新建51口，10.12公顷；渠道清淤119.31公里；渠道护砌38.79公里；河道清淤整治62.7公里；新建或整修河坝31座，稳居全县农田水利扩容提质工作先锋榜榜首，多次得到县领导及县水务局的肯定。

【优化村支委班子结构见成效】 2014年，老粮仓镇党委、镇政府在年初把村“两委”换届选举工作作为一项重要工作来抓。以此为契机，着力优化全镇村级班子结构，全面提升基层组织的凝聚力与战斗力，为镇域经济社会快速发展奠定坚实基础。在稳步推进各村支委换届选举过程中，老粮仓镇采取党政领导成员包片、机关干部包村的方式，实施系列扎实举措，收到良好成效。第一，采取“三抓”，稳步推进村级党组织换届工作。通过抓机构切实加强领导，成立以镇党委书记为组长的老粮仓镇村“两委”换届选举工作领导小组和老粮仓镇村“两委”换届选举工作派出指导组，各村都成立相应的工作机构；通过抓调查摸底实行分类指导，根据各村班子情况，有针对性地制定工作预案，做到“一村一策、一村一案”；通过抓教育引导广泛宣传发动，全镇培训选举骨干50余人，采取召开会议、张贴标语等形式进行宣传。第二，严把“入口”关，做好候选人的推荐工作。通过严把党员推荐关、群众推荐关、公示关与考察关，层层选拔，全镇确定村党总支委员正式候选人80名，其中优秀妇女党员12名，35岁以下年轻党员5名。第三，严格程序，确保各村选举大会成功举行。在落实统一印制选票、统一操作时间“两统一”的基础上，积极创造宽松严肃的投票环境，并进行公开唱票、计票，现场公布选举结果，确保选举的公正、公开、公平。最终选举产生党总支委员60名，平均年龄48岁，其中35岁以下3人，高中以上学历53人，大专以上学历11人。第四，做好思想工作，使新班子迅速进入角色。选举结束后，镇党委及时对换届选举结果进行批复，督促新旧班子及时办好交接手续，并对新上任的党总支书记进行岗前培训，使其尽快开展工作。

（党政办）

枫木桥乡

党委书记 张湘桥
副书记、乡长 陈　鑫
副书记、人大主席
周泽文
政协工作联络处主任
张　征
（3月另任）
郝德芳
（3月任）
副书记 刘肯登
党委委员、纪委书记
方国胜
党委委员、副乡长
谢志强
党委委员 周志华
副乡长 周建新（女）
尹拥军
人大副主席 谢　宇

【概况】 枫木桥乡地处宁乡西南，距宁乡50公里，距长韶娄高速11公里。辖11个行政村，100个村民小组，人口3.98万人，面积92.6平方公里。2014年，枫木桥乡党委、乡政府紧紧围绕“东进融入大灰汤，抢势而为新跨越，砥砺奋进新发展”的工作目标，以党的群众路线实践教育活动为契机，抓经济、重突破，抓事务、重落实，抓作风、重转变，谱写全乡经济社会事业发展的新篇章。

一、经济总量持续增长，综合实力明显增强。全年完成乡域生产总值7.19亿元；完成固定资产投资3.65亿元，社会消费品零售总额2.72亿元；完成财税收入633万元，财政税收按季入库全县前列；向上争资850万元；完成工业总产值5.72亿元，规模工业产值3.4亿元；合同引进县域外资金1.95亿元；招商引资到位资金6500万元；农民人均纯收17029元；飞地招商捕捉商业信息8条，有效招商项目2个，各项经济指标均实现持续健康快速发展。

二、主导产业蓬勃发展，支撑能力不断增强。立足资源禀赋和发展需求，积极探索现代农业发展模式，重点扶植“一园三品牌六基地”。一园即月白梨园，成为特色县域经济重点扶植项目。三品牌即惠元科技、雪皇粮油、雨杰农业。惠元科技2014年12月31日在湖南股交所正式挂牌上市；雪皇糯米粉成功打入北京农产品博览会湖南名优名品展，特色稻基地获评2014年度省、市巾帼英雄示范基地，人民论坛网、《长沙晚报》等予以报道；雨杰科技的五彩稻获中部农业博览会银奖并在中央七台致富经栏目推介报道。六基地是五千亩野漆树、五千亩药材、五千亩油茶、五千亩水果、一万亩油菜、一万五千亩红薯。

三、旅游产业平台构建，旅游线路初步形成。以国家级旅游度假区灰汤为核心，全力打造灰汤“后花园”。海南著名佛学大师寂行法师坐镇龙仙寺，亲自规划、亲力建设，主题打造宗教朝觐文化。新增投资1500多万元，完善大悲殿，新建成天王殿、四合院，逐步成为灰汤旅游的新名片。注重乌江源生态保护，持续巩固洞庭水库退投成果，适时引入金荞麦、樱花项目，打造原生态自然景点，对接王凌波故居重建项目，努力打造红色旅游文化景点。全乡旅游平台框架初步构建，“沐灰汤浴、朝龙仙寺、赏洞庭水”的文化旅游线路初步形成。

四、强力推进新镇建设，集镇面貌焕然一新。坚持一镇一特色的理念，全力打造“精致风情小镇”。枫木新镇引进长沙天和投资5000多万元，征地5.33公顷，一期开发建设提早完成。老集镇提质改造，注重功能完善。投资500多万元建设1.8公里全乡第一条改性沥青路面；投资30多万元完善集镇给排水、排污管网建设；投资100多万元建设沿河风光带；投资30多万元对临街258空门面统一制作蓝底白字的户外招牌，划好标准的交通标识及停车位，有效遏制店外经营及车辆无序停放。

五、基础设施不断夯实，人民生活不断改善。水利冬修再掀高潮，筹资400多万元，共清淤山塘162口，整修河坝31座，疏浚河道300多公里；公路管养创新机制，开展农村公路“养路、护路、爱路”主题年活动。龙仙寺线路整改、电网增容有力推进。环境卫生落实长效机制，全县二、三季度考核排名均为第8，牛角村被评为2014年上半年全市城乡环境卫生整洁行动“优胜村”。综合治理工作努力维护社会秩序，社会公众满意度调查排名全县第6，全市第14。加强计划生育管理与服务，全镇人口出生486人，符合政策出生率83.23%。农村危房改造工作被评为长沙市一等单位，残疾人事务工作再度蝉联市级明星乡镇。财政所成功达标省级标准化建设。“西部教育强乡”品牌持续做响，全乡13所中小学全部达标省级标准化学校建设。

六、践行党的群众路线，切实转变干部作风。以自省自查为重点，按程序开展实践教育活动。4月15日召开动员大会，9月15日召开党委班子民主生活会和组织生活会，11月5日召开总结大会。班子内部做到思想同心、目标同向、工作同步。以“一把手”讲党课为标志，多次请专家、学者开班授课，高标准推动党委中心组教育学习。以“市委书记抓基层党建”为纲领，全乡39个支部按程序开展实践教育活动，特别加强新风村、杏村两个软弱涣散班子的组织建设。以带头落实为标杆，完善机关制度建设。建立健全干部职工考核、公务接待、住勤值守、用餐用车等制度，班子成员带头落实按章办事，全乡全年“三公经费”比2013年下降30%，乡镇干部“走读”现象基本杜绝，机关作风民意调查四季度排名全县前列。

【“网格化”管理】 2014年，枫木桥乡推出“为民办实事八大工程”，即干部作风建设工程、干群连心纽带工程、民生政策阳光工程、爱路护路工程、美丽枫木共建工程、平安枫木和谐工程、党的建设纯洁工程、代表委员合力工程。全乡分为55个网格，工作包片，责任到人，打通“服务群众最后一公里”。农村社会大局稳不稳，群众对基层政府印象好不好，很大程度上取决于基层干部的管理水平高不高，为人民服务的意识强不强。这就好比是一场考试，合不合格，群众最有发言权。9月，《长沙晚报》专题报道。10月，《今日宁乡》、宁乡电视台连续四天系列报道枫木桥乡“赶考”记。

【财政消赤减债】 枫木桥乡以项目生财、产业聚财、节俭用财为手段，2012年至2014年，财政消赤减债995.4万元，剩余历史债务95万元，财政账面资金余额350万元，成为全县负债最少的乡镇之一，为后续发展奠定坚实的财政基础。

【飞地招商】 2014年，枫木桥乡在金玉工业园引进并成功落户项目2个，致尚木业投资1.5亿元，占地面积近2公顷。民德消防签约落户只用三天半时间，创造宁乡新速度，一期投资3000万元，占地面积1.33公顷。

【综治工作】 2014年，枫木桥乡综合治理工作以信访、维稳、安全生产为工作重点，开展“五清查一打击”(清查流动人口、清查出租房屋、清查重点对象、清查危爆物品、清查从业人员、打击流窜犯罪)和“五大整治”(整治环境卫生、户外广告、违法违章建筑、裸露地块、超限超载和非法营运)等专项行动，群防群治网络初步构建，矛盾纠纷得到及时化解，2014年被评为全市先进乡镇，全县红旗乡镇。 (杨超)

流沙河镇

党委书记 成 亮
副书记、镇长 张红斌
副书记、人大主席
欧保明
政协工作联络处主任
胡献堂
副书记 刘伟强
党委委员、纪委书记
尹红波
党委委员、副镇长
龙凤明
党委委员 刘爱军(女)
副镇长 张宁博
龚 峻
人大副主席 李 薇
(女，3月另任)

【概况】 流沙河镇辖18个村民委员会，2个居民委员会，349个村民小组，总面积140.60平方公里，其中耕地面积4988公顷，总人口6.92万人，其中城镇人口1.2万人。有县办高中1所，镇办中学3所，民办小学14所，镇办中心幼儿园1所，有中心医院一座，是标准一级甲等医院。

2014年，流沙河镇紧扣县委、县政府“打造省会次中心，构建幸福新宁乡”的发展目标，按照建设“农业强镇、花猪名镇、工业新镇、商贸重镇”的总体定位，抢抓全市试点中心镇一个机遇，突出跻身全县前十强一个目标，提升石材工业园和花猪生态园两个园区，壮大烟叶、水稻、特产种养三个产业，实现崛起赶超，打造宁乡西部经济、文化、商贸中心。全年实现镇域生产总值9.32亿元，完成社会固定资产投资6.4亿元，社会消费品零售总额4.79亿元，完成工商税收1097万元。

一、项目建设活力迸发，赶超崛起步伐有力。制定一系列优惠政策、服务机制和激励措施，创新思路方法，整合资源优势，始终把项目建设作为发展的重要引擎，加大招商引资力度，努力争取大上项目，备足经济发展后劲。项目经济不断提速。全镇共启动500万元以上的各类项目19个，其中投资过千万元的项目有16个，流沙河镇商业步行街进展顺利，宁乡花猪生态养殖园加快建设，污水处理厂完成建设进入试运行，楚源文化广场建设全面竣工，引进步步高家具商贸城、新沙大酒店、路通汽贸4S街区等项目。完成益娄衡高速公路红线范围内76户的拆迁工作,顺利启动高速公路连线建设项目。工业经济稳中有进。工业生产稳定增长,企业完成工业总产值7.67亿元,比2013年增长16%,完成增加值10.1亿元,增长5.2%;其中规模工业完成工业总产值3.2亿元,完成增加值3072.5万元。工业企业效益稳步提高。工业企业实现销售收入7.1亿元,实现利润9200多万元,其中规模工业实现销售收入3235万元,增长12.7%,实现利润1108.3万元,增长18.9%。

二、农业产业提质增效,农村面貌持续改观。镇党委、镇政府始终紧紧围绕"稳定农业调结构,发展产业增收入"这个核心,以农民增收为导向,以优化产业结构为抓手,深入扎实开展"三农"工作。花猪产业加快发展。以花猪产业为主导,不断调整农业产业结构。宁乡花猪生态养殖园已完成4个工区的建设、扶冲生猪保种场建设如火如荼。烟叶质量不断提升。坚持以烟叶为主导产业,切实解决发展中的难题和困难,制定切实可行的发展措施,坚持规模生产连片发展。2014年流沙河镇种植烟叶601.33公顷,实现收购产值2000多万元,均为历史新高。特色农业产业基地竞相发力。莲花桥村新建种桑养蚕基地,苏家亭村新建药材基地,种植淮山、玉竹和天麻等,罘罳村新建面积达10公顷的脆枣生产基地,合兴村新建占地40公顷的现代农业基地,种植草皮及蔬菜,瓦子坪村新建占地13.33公顷的金银花基地等等。田间水利工程成效显著。投入资金1500万元清淤山塘83.33公顷,其中新开山塘5.33公顷,河道疏浚72公里,特别是对镇内的三条河道进行清淤治理,河道防洪抗旱功能增强,得到广大群众积极参与和一致赞誉。全年完成农业总产值6.83亿元。

三、集镇建管齐头并进,中心镇建设日新月异。按照长沙市城乡一体化中心镇建设的总体思路要求,加大镇区重点项目、基础设施和生态绿化建设力度。商业步行街建设如火如荼。投入2.5亿元的商业步行街正式开工建设,该项目占地5.4公顷,总建筑面积达8万平方米,建设地下车库、商业与住宅及相关配套设施。年末,该项目已经完成前期的"三通一平"和市政工程建设工程。老集镇改造进一步深化。道路升级改造总投资3800万元,改性沥青道路总长近6公里,建设雨污管道、人行道、绿化、亮化等配套设施,群众生产生活条件得到切实改善。新区配套设施不断完善。惠民的楚源文化广场完成建设,污水处理厂投入运行,集镇新区大道及省道209两侧进行绿化升级,对楚江、杨华江、草冲河、瓦子河进行流域疏浚治理,高标准护砌两边河堤,栽植垂柳和水杉,建设沿河风光带。通过多项措施,集镇面貌发生了翻天覆地的变化。

四、民生事业扎实推进,人民生活不断改善。社会保障力度加大。发放城乡最低生活保障金1201万元,支持危房改建户111户,农村合管资金收缴工作全面完成,参合率达到96%;城乡居民养老保险参保率97%,绝大多数的群众享受到经济社会发展的果实。基础建设步伐加快。积极争取国家惠农政策和项目支持,完成农村3所中小学校公租房建设,完成20个村(社区)主要村级公路的硬化,提高农村基础设施建设,改善村民生产生活条件,特别是水利设施方面,修建或新建河坝56座,渠道清淤达280公里,其中高标准衬砌80公里,完善田间工程1000公顷。"三防"(防汛、防火、防疫)工作措施得力。防汛工作万无一失。完善责任机制,对全镇的危房户、山洪地质灾害易发区的农户进行统一排查,人员到岗到位,严防死守,发生情况,要求及时组织人员进行转移。抗旱工作赢得胜利。全镇上下同心同德、齐心协力共抗旱魔,组织干部全力以赴,轮流守水,保证各村引水灌溉工作有效实施;积极防火,出现火情积极应对。组织扑火16次,干部职工参加190多人次,确保全镇人民的生命财产安全。防疫工作落到实处,防疫密度达100%,对H7N9疫情进行重点防控,确保全镇无一例重大疫情发生。大力保护生态环境。对重点地段和区域不定期组织巡查,发现一起,处理一起,从重从严打击。多次与县执法队一道处理乱采乱挖的违法行为,全年巡查执法200多次,挖山卖土现象得到根本遏制,农田和河道得到有效保护。加大对各水库和骨干山塘的退出投肥养殖工作和各畜禽集中养殖点的污染治理工作,确保在产业发展的同时,环境不受影响,达到产业良性循环发展。

五、教科文卫全面进步、经济社会协调共进。教育医疗保驾护航。积极助推六医院整体搬迁,推进村卫生室和社区卫生服务中心标准化建设,切实提高医护人员素质和业务水平。进一步加大教育投入,完善教育基础设施,关爱教职员工,教师节期间,表彰一批流沙河镇内的优秀教育工作者。文化工作特色突出。充分发挥镇离退休总支和关工委的作用,以"倡孝明德"为指导,开展第五届"孝子评选",立"德孝门"于罘罳峰山脚,立"英烈纪念碑"于山腰,立"孝子碑墙"于山顶,成功将罘罳峰打造成流沙河镇的德孝文化教育基地。综治维稳常抓不懈。以创建"平安流沙河"活动为抓手,积极预防和妥善处置各类突发事件。通过点、线、面三位一体的治安防控体系,实现治安巡防的全覆盖;重拳打击各类违法犯罪行为,保障重点项目的有序建设和社会大局的和谐稳定;强化学校及周边环境的治理,维护学校、学生的安全;积极开展矛盾纠纷排查化解，有效解决群众的矛盾纠纷，营造全镇和谐、友好的民情氛围。计划生育国策贯彻有力。抓实计划生育工作，稳定低生育水平。全年出生826人，完成计划生育手术568例，优生检测467例，圆满完成县下达各项指标。统战、人武、群团、关工委等工作成效显著，为全镇发展稳定做出了重要贡献。

六、自身建设不断改进，履职能力不断提高。以党的群众路线教育实践活动为契机，积极适应作风建设新常态，坚决摒弃“山高皇帝远”的意识和作风，大力凝聚和弘扬后发赶超、争先进位的精神风貌。抓班子强领导力。坚持把党政领导班子建设作为党建“一号工程”抓，在勤政为民、开源节流等方面，要求干部做到的，党政班子先做到；要求党政班子做到的，党政主要负责人先做到。全镇“三公”经费下降32%，凝聚心齐气顺的和谐氛围。抓队伍强战斗力。认真制定机关日常管理制度，形成机关财务、会议、学习、干部职工上下班、住勤值班等一系列的规章制度，并认真落实，严格执行。镇纪委定期、不定期对全镇干部在岗在职、各项中心工作开展等情况展开专项检查，对在抽查中发现的违纪违规现象通报批评，限期整改，对好的典型通报表扬，总结经验推广，在全镇形成团结和谐、规范文明、廉洁高效的良好氛围。逐年提高基层干部经济待遇，创造宽松、舒心的工作生活环境，增强干部的责任感和归属感。抓基层强凝聚力。圆满完成村“两委”换届选举，把服务意识强、致富能力强、协调水平好的能人吸纳到农村党组织。处置7名党员，净化党员队伍。认真开展“双述双评”，严格落实“四议两公开”，村级重大事项实现阳光公正决策。保障远程教育、“七一”表彰、慰问帮扶困难党员等经费，夯实农村基层党建。

【赵白鸽到流沙河镇调研博爱家园项目实施情况】 8月13日，中国红十字会党组书记、常务副会长赵白鸽到流沙河镇合兴村调研博爱家园项目实施情况，县委书记黎春秋陪同调研。赵白鸽一行首先到流沙河镇合兴村村部现场观看博爱家园项目实施的相关资料和账目情况，高度肯定合兴村博爱家园项目建设账目清晰，均有据可查；然后又到集健身娱乐、防灾避险场所于一体的“合兴村博爱文化广场”和烤烟种植合作社、土花猪养殖、蔬菜种植专业户2个生计帮扶发展项目点现场调研。在调研过程中赵白鸽副会长与现场群众进行当面解说，具体介绍红十字会的发展历程和会标含义，并阐明红十字会现在承担的主要职能是应急救援、应急救护、人道救助、无偿献血、造血干细胞捐献、遗体和人体器官捐献、国际人道援助等，她提出：就是发展好更多像合兴村这样组织机构完善、服务项目多样的博爱家园基层组织项目，以打通服务群众的最后一公里问题，以达到当地群众能够自我管理、自我教育、自我服务，以发展更多的志愿服务和传递更多的爱心。

【张迎龙视察流沙河镇城乡一体化和农业产业化工作】 6月10日，长沙市委副书记张迎龙到流沙河镇视察城乡一体化和农业产业化工作。张迎龙一行人先后深入流沙河镇花猪生态产业园、流沙河社区农民文化广场、流沙河中心集镇新集镇开发、老集镇立面改造等城乡一体化中心镇建设重点项目工程实地调研考察。

【夏文斌等领导到流沙河镇交流学习城乡一体化建设】 6月17日，长沙市委副秘书长夏文斌携浏阳市委副书记吴震及镇头镇全体党政班子成员到流沙河镇交流学习城乡一体化建设。夏文斌一行人冒雨实地考察流沙河镇生态花猪养殖园、合兴小学、集镇开发建设、农民文化广场、楚江流域治理等城乡一体化建设项目工程。宁乡县人民政府副县长彭韬陪同考察。在学习考察过程中，流沙河镇与镇头镇深入交流城乡一体化建设的相关工作情况和各自经验。

【启动流沙河商业街建设】 10月14日，流沙河商业步行街举行开工典礼仪式。流沙河商业街位于流沙河集镇流沙河大道和宁涟路中间，东接星沙路，西临荷叶路，北为老集镇，南与新区相连，占地约5.87公顷，地上为商业和住宅综合性建筑，建筑面积约为8.1万平方米，商业按两层、局部按三层或多层设计，商业面积约4万平方米，约占建筑面积的1/2；建筑密度38.76%，容积率1.38，绿地率为34.8%。按照适当超前的设计原则，在人民路地下设计约5000平方米的地下商业街，在东部广场设计约4000平方米的地下停车场，同时配套建设农贸市场和公租房，并引进步步高商场和多家银行。项目借鉴外地现代商业街一些先进理念，实现商住分离、人车分流、功能分区。项目由国开发展（宁乡）城镇开发投资有限公司和宁乡新型城镇开发建设投资有限公司合作开发，计划投资超2亿元，分两期建设，流沙河商业街将致力打造成宁乡西部商贸中心、新型城镇示范项目和乡村生活魅力街区。

（罗欢）

青山桥镇

党委书记 彭力强
副书记、镇长 童志国
副书记、人大主席
杨 斌
政协工作联络处主任
喻胜祥
副 书 记 郝德芳
（3月另任）
胡志辉
（3月任）

党委委员、纪委书记 谢海军
党委委员、副镇长 李勇
党 委 委 员 任 纯(女)
副 镇 长 李 伟
李干群
人大副主席 王 科

【概况】 青山桥镇位于宁乡西南边陲，地处长沙、娄底、湘潭三市交界节点，镇域面积132.32平方公里，下辖16个村、1个社区，总人口5.25万人。省道311、209在此交汇，益娄衡高速、洛湛铁路穿境而过，长娄高速出口离青山桥集镇12公里。镇域山水环绕，400公顷水面的田坪水库风景优美，省级水利风景区芙蓉山风光秀丽。境内罗家冲新石器时代文化遗址已有近五千年历史，普济寺、芙蓉山文化源远流长，唐代诗人刘长卿曾路过此地并写下《逢雪宿芙蓉山主人》的名诗，“地花鼓”“唢呐”等传统民俗艺术流传至今。青山桥是一个交通优势明显，自然资源独特，人文底蕴深厚。

2014年，青山桥镇党委、政府紧紧围绕“主动对接长益娄、积极发展旅游业、着力扶持中药材、建好宜居新集镇、全面实现大跨越”这一宏伟目标，坚持“产业强镇、城建活镇、生态立镇、文化兴镇”的发展思路，团结带领全镇广大干群凝心聚力，科学发展，扎实工作，镇域经济社会发展迈上新的台阶。全年实现镇域生产总值11.45亿元，实现全社会固定资产投资4.58亿元，完成社会消费品零售总额3.39亿元，完成工商税收1344万元。2014年青山桥镇取得年度绩效考核全县第13名的好成绩；荣获五好领导班子、长沙市小城镇管理示范镇、长沙市统筹城乡融合发展先进单位、财源建设奖、项目工程先进单位、党委廉政建设工作优秀单位、依法行政工作先进单位、政务公开先进单位、宣传思想文化工作目标考核先进单位、县文明集镇、推进农业现代化先进乡镇等荣誉。

一、集镇建管展示新形象。青山桥始终坚持拓展新镇区和改造旧镇区并举，建设与管理并重。建筑风格展现“江南味”。按照江南小镇风格，全面启动老集镇立面改造工程，对外墙立面统一风格、统一修缮装饰；在楚江河道两侧建设4000米绿色走廊，形成一个具有“小桥流水”风韵的绿色生活圈。人居环境确保“便捷化”。对路面进行提质改造，增设人行道，划分停车位。对集镇区域内的排水系统进行全面改造，实现雨水污水分流。对楚江河集镇段的“五桥一坝”进行亮化，美化集镇环境。服务功能实现“配套化”。综合农贸市场和标准化示范性幼儿园建成。中心小学和中心卫生院条件得到改善。综合文化站和群众文化广场成为理想的活动场所。倡导文明风尚。制定《青山桥镇五年文化建设实施纲要》，编撰《青山桥地方文化名录》，建设全县首个民俗文化陈列馆和名人文化长廊等，设立孝悌文化奖励基金，开展“幸福家庭”“文明商铺”等评比活动，形成社会文明新风尚，凝聚推动发展正能量。

2014年12月26日全市集镇管理示范乡镇创建工作现场观摩会在青山桥镇召开，姚英杰副市长对青山桥镇的集镇建设管理给予高度评价。

二、产业发展取得新突破。青山桥镇坚持依托自身特色，发挥自身优势，大力培育壮大产业经济。第一，旅游产业强势起步。抢抓长韶娄高速、益娄衡高速带来的交通区位优势，充分挖掘利用青山桥得天独厚的山水资源和深厚的文化底蕴，大力推进旅游产业发展。2014年青山桥镇投入1000万元全面启动芙蓉山景区开发建设，年内已完成5公里景区公路建设和普济寺景区重修工程的规划设计。第二，中药材产业逐步做强。坚持市场化导向，成功引进5家中药材企业，支持企业实行“基地+市场”发展模式，打造133.33公顷中药材生态产业园，发展白洋、康源、竹峰等7家中药材种植专业合作社，辐射带动14个村7000余户农民种植中药材800多公顷，桥北中药材产业园和白洋中药材专业合作社已纳入全市重大农业产业项目，成为镇域经济的重要增长点。第三，桑蚕种养蓄势待发。借助长沙市现代农业与城乡融合发展重大项目投资洽谈会，成功引进海南九春教育产业股份有限公司投资1.4亿的桑蚕基地项目，2014年年底完成土地流转、小蚕房和基地水利道路等建设任务，120公顷桑苗全部完成栽种工作。

三、重大项目取得新进展。2014年，全镇共启动项目建设12个(其中完成1000万元以上规模项目8个)，主要项目有：青山桥集镇棚户区改造项目、齐磷祥管业项目、青山桥商业街建设项目、宁乡联筑环保新型建材有限公司青山桥分公司、青山桥镇公租房建设、青山桥镇中心幼儿园、人工湿地纳污等，完成建安税240万元。全镇项目工程投入达1.78亿元，新开工项目均依法依规进行建设，同时加强对各建设项目的督察、协调服务，所有项目达到工程质量要求，未发生一例工程安全事故，农民工工资及工程款匀按合同要求足额发放到位。

四、民生事业取得新成绩。一是大投入支持学校建设。2014年千方百计筹集1000万元投入教育基础设施建设。高标准建设中心幼儿园，完成田心完小教师公租房及附属工程、芙蓉小学综合楼及附属工程、心田中学田径场及附属工程建设，投资3600万元的田坪九年制学校项目建设，2014年底完成了招投标程序。二是多举措兴修田间水利。抢抓省市县大兴“五小”水利的机遇，大力推进田间水利扩容提质工程建设，实现“户户都参与、组组有项目、村村有重点”，共清淤扩容山塘258口，清淤面积866.5亩，疏浚河道水渠86.46米，河坝整修39座，河道整治46.2公里，水毁修复37个，田间沟渠5000亩，投工投劳41000个，超额完成县下达到镇的任务。三是大力度保护生态环境。宁可牺牲局部的财政收入，也坚决不要破坏环境的GDP。2014年大力推进生态文明建设，全力保育青山绿水。成立专门整治执法队伍，全面打击非法挖山取土行为。坚决不再新批石材加工企业，逐步退出原有石材加工企业。对矿山开采秩序进行专项治理，集中清理整顿，使原有采石洗砂的“重灾区”山复青、水复绿、河复畅。大力推进国家级生态乡镇创建，实施封山育林，开展植树造林，森林覆盖率逐步提高，呈现“显山、露水、透绿”的生态风貌。

五、自身建设取得新进步。以党的群众路线教育实践活动为契机，积极适应作风建设新常态，坚决摒弃“山高皇帝远”的意识和作风，大力凝聚和弘扬后发赶超、争先进位的精神风貌。第一，抓班子强领导力。坚持把党政领导班子建设作为党建“一号工程”抓，在勤政为民、开源节流等方面，要求干部做到的，党政班子先做到；要求党政班子做到的，党政主要负责人先做到。全镇“三公”经费下降50%，凝聚心齐气顺的和谐氛围。第二，抓队伍强战斗力。认真制定机关日常管理制度，形成机关财务、会议、干部职工上下班、住勤值班等一系列的规章制度，并认真落实，严格执行。镇纪委定期、不定期对全镇干部在岗在职、各项中心工作开展等情况展开专项检查，对在抽查中发现的违纪违规现象通报批评，限期整改，对好的典型通报表扬，总结经验推广，在全镇形成团结和谐、规范文明、廉洁高效的良好氛围。逐年提高基层干部经济待遇，修缮干部职工宿舍，创造宽松、舒心的工作生活环境，增强干部的责任感和归属感。第三，抓基层强凝聚力。圆满完成村“两委”换届选举，把服务意识强、致富能力强、协调水平好的能人吸纳到农村党组织。严格处置3名不合格党员，净化党员队伍。认真开展“双述双评”，严格落实“四议两公开”，村级重大事项实现阳光公正决策。保障远程教育、“七一”表彰、慰问帮扶困难党员等经费，夯实农村基层党建。

【创建长沙市小城镇管理示范镇】 青山桥镇按照片区开发理念，坚持拓展新镇区和改造旧镇区并举，建设与管理并重，实施绿化、亮化、净化工程，进一步完善集镇制度，规范集镇秩序，集镇面貌焕然一新。2014年成功创建长沙市小城镇管理示范乡镇。12月26日全市小城镇管理示范乡镇创建工作现场观摩会在青山桥镇镇成功召开。

【启动实施地域文化建设】 2014年，青山桥镇制定《青山桥镇五年文化建设实施纲要》，全面启动实施地域文化建设。加强对历史人文资源的挖掘、征集、考证和保存，编撰《水映青山——青山桥地方文化名录》，建设全县首个民俗文化陈列馆和名人文化长廊。设立孝悌文化奖励基金，开展“幸福家庭”“诚信门店”“文明商铺”等评比活动，倡导集镇居民文明之举，在全镇上下形成弘扬正气、尊崇典范、褒奖美德的良好氛围，形成社会文明的新风尚，凝聚推动发展的正能量。

【推进生态文明建设】 2014年，青山桥镇党委、镇政府坚决摒弃对资源型产业的依赖，大力推进生态文明建设，全力保育青山绿水。在全县率先成立治砂办公室，开展非法挖砂采砂整治，组成专门整治执法队伍，全面取缔非法挖山取土场。研究决定不再新批石材加工企业，逐步退出原有石材加工企业。对矿山开采秩序进行专项治理，集中清理整顿，使原有采石洗砂的“重灾区”山复清、水复绿、河复畅。大力推进国家级生态乡镇创建，实施封山育林，开展植树造林，森林覆盖率逐步提高，呈现“显山、露水、透绿”的生态风貌。　（党政办）

横市镇

党委书记　周泽秋
副书记、镇长　刘建兵
副书记、人大主席　何盛龙
政协工作联络处主任　蒋正科
副书记　宋国良
党委委员、纪委书记　张文兵
党委委员、副镇长　蔡志伏
党委委员　蔡运辉
副镇长　曾志超
　　姜　湘（女）
人大副主席　刘胜军

【概况】 2014年，横市镇实现镇域生产总值13.69亿元，实现工商税收1398万元，实现工业总产值21.35亿元（其中规模工业产值13亿元），完成社会固定资产投资11.13亿元，完成社会消费品零售额4.04亿元。

一、发展壮大产业凸显新成效。1.烟叶生产。紧紧围绕“转观念、稳产业、提质量、增效益”的思路，扎实推进烟叶生产精益管理，致力解决烟厂质量求生存与烟农产量保效益的矛盾，全年共发展烟农678户，落实种植面积1015.87公顷，送售烟叶118.32万公斤，实现收入3950万元。2.烟花鞭炮。横市镇是全县烟花鞭炮生产的重点乡镇，镇人民政府积极引导广大业主在抓安全生产的前提下做好产业，使2014年烟花鞭炮产销两旺。3.粮食生产。根据镇情，开展稻稻轮作、油稻轮作,烟稻轮作,全镇早稻、油菜、烟叶“三分天下”,冬季油菜生产获得全县第七名。

二、创新社会治理展现新形象。1. 安全转型。认真落实“安全第一、预防为主、综合治理”的工作要求,始终牢记安全生产工作责任状,将安全生产责任记在心里、担在肩上、抓在手里;切实加强安全生产工作责任感,建立健全高危企业黑名单制度、安全委员会成员单位述职制度、举报奖励制度等,全面强化企业主体责任,政府、部门监管责任,社会参与责任;全面落实安全生产责任制,强化不可脱节的责任链条,不准脱手的责任督查,不能脱身的责任追究,齐抓共管的安全生产工作局面逐步形成,安全生产形势持续好转,管理模式在全县安全生产工作大会上推介。2. 社情转稳。积极协调、主动作为,以解决省委书记徐守盛督办的信访积案为契机,领导牵头,综治部门在全镇扎实开展矛盾纠纷大调解处理活动,多起信访问题妥善处理;政务中心办复市长、县长热线和信箱、12345 市民热线、红网“问政湖南”与“百姓呼声”、宁乡论坛等 328 件;公安派出所以全县“春雷行动”第三名的成绩,严厉打击违法犯罪行为,全镇社会治安秩序明显好转。3. 环境转好。2014 年,镇村干部高度统一思想,全方位宣传发动,层层示范带动,组织开展全民爱国卫生运动。同时从治砂、治污、治堵、治乱等方面着手,全力打击国土资源违法行为,全年共拆除 2 处违法建筑,整改耕地开发项目顺利通过国家审计署的检查。注重添绿、添亮、添美,组织开展义务植树活动,完成宁横、向阳天坪公路 1.5 公里、金丰铁冲河沿线 4.5 公里等高标准绿道建设,完成荒山造林 45 公顷、裸露地块造林 13 公顷、义务植树 80 公顷。引导群众栽花种草、架设路灯,建设“干干净净、整整齐齐、漂漂亮亮”的美好家园,环境旧貌变新颜,成功摘除环境卫生“十差乡镇”帽子,县人民政府督查通报“后发赶超、进步显著”,充分肯定横市镇环境整治工作。

三、社会民生事业实现新突破。1. 项目建设强力推进。益娄高速拆迁腾地工作由于工作目标明确,补偿公开、公平、公正,镇、村齐心协力,4 个村、66 户 55 栋房屋在半个月内实现拆迁腾地,创造服务益娄高速项目拆迁腾地“横市速度”。敬老院主体建设、粮食仓储扩容、中心幼儿园及其他学校建设等项目顺利竣工。铁冲水库升型、铁冲水厂、横益公路和集镇建设项目加速推进。2. 民生基础不断夯实。以“镇村主导、村民自筹、以奖代补”的工作模式,大力推进田间水利扩容提质工程,全镇水利基础设施进一步完善。教育教学质量进入全县先进行列,全年全镇考取省重点中学 24 人,师生参加各类竞赛获得县级以上奖励 130 多项,横市中学创建为省级示范家长学校。卫生院强化内部医疗质量管理,提升医疗服务能力,医院业务稳步增长,全年实现医疗业务收入 644 万元,比 2013 年增长 7.64%,年住院人次 2061 人次,增长 30.77%;高标准完成卫生院公租房及云山、界头、仁桥、金丰 4 个村卫生室标准化建设。扎实开展危房改建工作,共完成新建 86 户(其中重点援建 32 户),拨付资金 236 万元,修缮加固 26 户,拨付资金 26 万元,经验收全部合格,农村危房改建工作连续两年获得市级一等单位。贴心服务残疾人,连续三年获市级残疾人工作明星乡镇。城乡居民医疗保险参保人数 48147 人,参保率 97%,收缴医保资金 433.32 万元,报销 1538.19 万元;养老保险缴费人数 23157 人。配合县交通运输局在危险路段安装防护栏、减速带,建设会车坪。逐步解决安全饮水问题。农村改水改厕 120 座。关闭河道砂场 5 家,取缔非法采砂 4 家。复兴寺水库退出投肥养鱼。劳动力资源信息完成采集。建成金棋全民健身工程点。“村村响”广播工程实现村级全覆盖。社区矫正实现全覆盖。耕地重金属污染治理全面启动。国防动员深入扎实,征兵工作走在前列。工会、共青团、妇联、关协、计划生育协会、老年科协等工作创造新的业绩。

四、政府自身建设取得新进步。畅通进出途径,机关全年通过调出、退休等方式减员 16 人,调入安置增加 6 人,纯化队伍,开除 1 人,辞退 4 人,消编 1 人,净减机关工作人员 16 名。镇人民政府自觉接受镇人大的法律监督及政协的民主监督,共办理人大代表建议 19 件,政协委员提案 2 件,办复率达 100%。深入开展党的群众路线教育实践活动,共列举问题 14 类 26 条,已整改到位 25 条,文风会风有效转变,四项费用下降 54%。配齐设备、配齐人员,按照标准化建设要求设立政务窗口,并将群众关系密切的全部业务带入窗口办公。政务中心成功通过市级标准化建设验收,并获评宁乡县文明窗口。第九次村民委员会换届选举圆满完成,第三次全国经济普查顺利推进。动物防疫、金融、农技、水管、电力、老干等工作取得新成绩。

【高危企业安全管理经验全县推广】 2014 年,横市镇加大高危企业安全的监管力度,强化安全工作管理述职制度,形成“属地管理、安监参与、公安推动、部门联动”的工作格局,扎实开展安全生产领域打非治违专项行动。设立高危企业黑名单制度,对违反相关条款的企业,坚决予以淘汰。坚持安全生产周调度制度、安全监管日志制度,坚持安全生产流动例会制度,例会开到企业,开到基层,企业现身说法,促企业规范化管理,全面提升安全生产水平,实现政府、部门与企业良性互动,企业与企业良性互动。在全县安全生产工作大会上,横市作为唯一代表作安全管理工作典型发言。

【危房改建获评市一等单位】 2014年，横市镇组织各村入户调查、民主评议，确保危房改建公平公正公开。全年对87户危房户进行危房改建(其中重点援建32户、支持新建55户)，对27户进行修缮加固，且验收合格率达100%，真正解决114户困难家庭的住房问题，获得上级领导和社会各界的好评，被评为“长沙市危房改建工作一等单位”。

【蝉联市残疾人工作明星乡镇】 2014年，横市镇对全镇残疾人家庭进行全面摸底，掌握残疾人基本情况，有针对性地开展免费技能培训，申请免费器材和免费康复治疗，申请重残补助和大病救助等资金，鼓励残疾人自强自立，为残疾人提供就业创业指导，引导残疾人创办合作社或养殖场。连续三年获评“长沙市残疾人工作明星乡镇”。 (党政办)

黄材镇

党委书记 黄岳君
副书记、镇长 朱文祥
副书记、人大主席 隆赛辉
政协工作联络处主任 黄 剑
党委副书记 张子亿
党委委员、纪委书记 卢果丰
党委委员、副镇长 贺军辉
党委委员 卢利平
副镇长 姚正端
夏晓红(女)
人大副主席 唐业华

【概况】 2014年，黄材镇辖24个行政村，1个社区居委会，276个村民小组，1.99万户，6.63万人，其中非农业人口6200人，总面积219.01平方公里，其中水田面积2713.33公顷。

是年，黄材镇紧紧围绕“传承青铜文化，建设经济强镇”的总体目标，坚持以“党的群众路线教育实践活动”为核心抓手，以优化经济结构、储蓄发展势能为主题，以转变干部作风、优化发展环境为主线，创新社会管理，落实惠民举措，奋力拼搏，埋头苦干，经济综合实力逐步壮大，基础设施更加夯实，镇村面貌日新月异，干部作风不断改善，干群关系日益紧密，社会大局和谐稳定。

一、项目招商共同发力，镇域经济持续增长。1. 经济总量不断壮大。2014年全镇：完成镇域生产总值13.26亿元，比2013年增长20%；完成固定资产投资9.64亿元，增长18.4%；完成社会消费品零售总额3.84亿元，增长12.5%；完成工业总产值12.77亿元，其中规模工业总产值8.2亿元；财政税收跃上千万元台阶，共完成国、地两税1279万元，增长45%。2. 项目建设高效推进。强力推动项目建设，切实优化项目环境，全年启动在建项目11个，其中新开工项目5个；竣工项目5个，完成1000万元—5000万元的规模项目4个，完成项目工程投入2.55亿元，实现项目建安税入库399.8万元。3. 招商引资成效显著。完成合同引资3.7亿元；新引进产业项目4个；实现到位资金2.9亿元。省青羊湖生态文化示范园、龙泉大峡谷户外运动基地、月山香榧森林公园等一批产业结构优、市场前景好的项目相继落户。

二、农旅结合互融共促，产业发展活力焕发。1. 旅游经济强势增长。全年推动重大旅游项目建设4个，完成旅游项目投入1.28亿元；全年接待游客5.7万人次，旅游收入再创新高。天紫漂流景区成功创建国家AAA级景区，千佛洞顺利通过国家AAA级景区复核。十八弯农庄被评为市四星级农庄，月山休闲度假山庄荣获县规模现代农庄三等奖。炭河里国家考古遗址公园建设和十八弯农庄分别被中央一台、中央二台录制和报道，青羊湖生态文化示范园项目、甘泗淇故居维修项目加速推进，龙泉漂流景区建成滑索、高空自行车等户外拓展项目。黄材旅游品牌日益彰显，发展后劲日前增强。2. 特色农业不断壮大。巩固发展从烟村13个，落实烟叶种植面积458.87公顷。古香榧群保护项目纳入县级财政预算支持，月山香榧森林公园启动建设。猕猴桃、油桃等特色小水果产销两旺，黄材干鱼、辣酱、香干等特色食品倍受青睐。3. 粮食生产保持稳定。全镇落实水稻种植面积3146.67公顷，黄材、松华等村建成133.33公顷高档优质稻示范片，胜溪国家农村调查点建设取得新成果，粮食生产安全得到切实保障。

三、发展平台拓展夯实，城乡统筹取得突破。1. 集镇建设不断完善。集镇总体规划和沿江风光带规划编制工作全面完成，生态水景步行街建设实质启动，黄材综合大市场提质达标，黄唐纪念碑修葺一新，街道亮化改造全面完成，集镇配套功能日趋完善，品味日益提升。2. 基础投入力度加大。宁峰村师合大桥、新桥村团山桥竣工通车，月山、胜溪、黄绢学校建设顺利推进，沙坪、龙溪、鹤塘等村完成土地整理。益娄高速高效完成拆迁腾地工作。镇村主要公路全面落实安全防护措施。农村田间水利扩容提质工程再掀热潮。发动群众义务投工3.8万多个，完成6座病险水库除险加固，45口骨干山塘扩容提质，156公里渠圳清淤整修，改造河坝20座，修复水毁工程12处，农业基础设施抵抗自然风险能力明显增强。3. 城乡环境日益改善。落实水库退出投肥养鱼，严厉打击采砂、挖石煤等乱采滥挖行为，完成月山河净化美化和老垃圾填埋场治理，投资120万元建设环保型生活垃圾处理场。扎实推进农村垃圾分类减量,崔坪片、月山片基本做到垃圾不出村。大力开展“五整治、五提升”活动,强力整治集镇店外经营、流动摊贩、乱停乱靠等违章行为,提质蒿溪、月山等村路边菜园围栏,组织各村进行大清理、大清扫行动,镇村卫生状况得到持续改观。

四、创新思维完善治理,以人为本普惠民生。1. 民生保障更加有力。农村“两保”参保筹资工作顺利完成,动态审批农村低保1381户,城镇低保164户,争取大病医疗救助267例,落实精神病药物救助332人次,122户危房改建户全部乔迁新居,“村村响”广播工程全面完成。集镇公租房和卫生院门诊大楼建设成功争取计划笼子。2. 社会管理不断创新。建立社会综合治理网格化管理模式,深入开展“大走访”活动,推进“一推行四公开”工作,畅通群众利益诉求渠道,构建现代群众工作服务体系。深入开展“平安黄材”创建,坚持落实“三调联动”机制,全年共受理矛盾纠纷398件,调解成功396件。集中开展“打非治违”和学校、企业周边环境专项整治,统筹构建交通、生产、食品、消防大安全、大防控格局,实现安全生产零事故发生目标,成功创建市级安全生产示范乡镇。开展计划生育集中服务活动,建立健全长效机制,狠抓工作落实,收效良好,获县合格单位,石龙洞获县先进村。3.“三防”工作全面加强。动物四项免疫均达100%。组建34人的护林员队伍,建设防火隔离带15公里,杜绝大面积森林火灾的发生。完善防汛抗旱预案,落实24小时值班制度,重大汛期内全镇未垮一堤一坝,未死伤一人,确保人民群众生命财产安全。

五、党的建设不断加强,队伍保障更加有力。1. 党的群众路线教育实践活动深入开展。组织全镇38个基层党组织、2275名党员,认真开展学习教育,深入听取意见建议,严肃认真召开专题民主生活会和组织生活会,扎实开展民主评议党员工作,切实增强党员干部贯彻群众路线的思想自觉和行动自觉。聚集“四风”问题,深入推进整改落实和专项整治,公务用车、公务接待、办公用房、会议控制、干部庸懒散以及“三超两乱”等问题得到有效清理和规范,一批关系群众切身利益问题得到有效解决。2. 班子和队伍建设全面加强。积极开展“五好”班子创建活动,制定机关干部职工实绩考核办法,推行机关干部全员联村、义务帮扶烟农、结对帮扶特困党员制度,有效激发干部队伍活力。在村“两委(村党支部、村委会)”换届工作中,从宏观上把住村班子的年龄结构、知识结构,取消候选人参选资格2人,新当选村党组织书记5名,安排4名大学生村官到村任职,进一步提高村班子的整体素质和履职能力。3. 基层基础工作不断夯实。认真开展“三级联述联评联考”,对基层党建工作情况进行全面调研核实。认真落实村级转移支付资金,保障村级工作正常运转,支持烟溪等4个村完成村部建设,推动月山、新桥等村建设扶贫,有力提升基层党建工作整体水平。坚持按程序发展党员21名,严肃处置不合格党员12名,按政策落实离任村主职干部困难补助标准,解决2014年换届退职村干部补助待遇。4. 党员干部作风建设从严从实。定期开展机关作风建设督查,全年共发出《机关作风建设督查通报》12期,机关内部批评教育25人次,约谈1人,辞退处理1人。要求镇纪委开展党员违法违纪专项整治,查处村、部门党员违纪案件8起,免去村党支部书记1名,开除党员3名。

【中央电视台到黄材录制节目】 2014年,中央电视台两次到黄材镇录制节目,推介黄材优质的旅游资源。CCTV－2消费主张栏目对十八弯农庄及黄材泉水煮鱼的制作进行专题报道。CCTV－4走遍中国栏目对炭河里遗址、博物馆及遗址公园建设进行专题报道。

【获市级安全生产示范乡镇称号】 2014年,黄材镇建立健全安全生产管理机制,强化责任落实,从严监管,严格执法,实现安全生产零责任事故目标,成功创建“长沙市安全生产示范乡镇”。

【获评长沙市绿化工作先进单位】 2014年,黄材镇制定实施“全民植树,美丽黄材”三年生态建设行动计划。建立义务植树基地,高标准种植樟树13.33公顷,深入推进绿色村庄、居民小组和庭院建设,完成月山河的绿化。全面实施封山育林,大力整治林业秩序,严厉打击乱砍滥伐行为。全面加强森林防火,强化森林防火“三基”建设,组建专职护林员队伍,在防火重点地区修建了50多公里长的防火隔离带,切实加强全镇护林防火工作力度。成功创建长沙市“绿化工作先进单位”。

【师合大桥建成通车】 师合大桥位于黄材镇龙溪村与宁峰村交界的沩江上,是沩江两岸群众出入和连接老粮仓镇、横市镇的主要通道。原桥建于二十世纪70年代,宽不到3米,只能容一辆汽车单向通过,且年代较久已成危桥。2013年7月启动在原址重建大桥。重新建设的师合大桥宽7米,长140米,投资490万元。该桥2014年5月初顺利竣工通车。

【庆祝第三十个教师节】 9月9日,黄材镇党委、政府在机关大会议室召开庆祝第30个教师节暨优秀教师表彰大会,全镇中小学校、中心校教职员工、村(社区)支部书记及镇党委、政府、人大、政协主要负责同志共310多人参加会议。大会表彰75位优秀教师。

(邓坤)

沩山乡

党委书记 蒋改平
乡　　长 曾含玲（女）
副书记、人大主席
杨望伟
政协工作联络处主任
姜仕强
副书记 肖立云
党委委员、纪委书记
刘为良
党委委员、副乡长
周宏斌
党委委员 郑光辉
（9月另任）
副乡长 胡　鹏
张湘华
人大副主席 刘　军

【概况】 2014年，沩山乡下辖8个行政村、1个社区，总人口1.77万人，总面积75.17平方公里，其中耕地面积533公顷。是年，沩山乡坚持以“禅都小镇、生态沩山”为定位，以“两带两为”活动为抓手，各项事业全面发展，致力“打造知名养心地，建设特色小城镇，构筑幸福新沩山”。荣获中华宝钢环境奖、湖南省生态旅游示范区、长沙市十快乡镇、长沙市“十佳”旅游景区、长沙市文明乡镇、县绩效考核第二名、县五好领导班子等40多项国家、省、市、县荣誉称号。

一、经济指标稳步增长。全年乡域生产总值5.25亿元，比2013年增长34.83%，实现农业总产值2.16亿元，工业总产值1.48亿元；财税收入1136万元；社会固定资产投资6.64亿元，增长23.63%；社会消费品零售总额1.18亿元，增长14.28%；农民人均纯收入达1.38万元，增长10.75%。招商引资圆满完成任务，全年完成招商引资合同资金18.94亿元，实际到位资金1.52亿元。全年启动项目17个，公租房、开福路延伸线、污水处理厂等项目基本完工；太阳庙安置区基础设施、农贸市场等项目完成前期准备。专门组织人员到外开展招商活动4次，先后对接PVC管道、风力发电项目、金属表面处理等项目30多个，重点联系招商项目14个，签约项目12个，其中飞地招商项目2个。

二、主导产业不断升级。1.茶叶产业。全乡共产干茶20万公斤，实现茶业产值首次过亿元，比2013年增长20%。维护茶叶市场秩序，组织召开春茶收购和产业发展会议，稳定春茶收购、发包价格；制定茶叶采摘标准，组织200多人次的农民实用技术培训和茶叶采摘技术培训，生产黄茶500公斤；支持湘茗茶业二期、茶叶产业园等项目建设；沩山茶业和湘茗公司成功在湘交所上市，获湖南省农业旅游示范点、长沙市农业产业化龙头企业等荣誉称号，沩山毛尖荣获湖南省茶博会金奖。2.旅游业。节假日自驾游形势喜人，带动餐饮、住宿等相关产业发展；开通宁乡至沩山旅游巴士专线；成立沩山避暑协会，开展避暑休闲游宣传，全年到沩山避暑常住的游客600余人，朝打造长沙西部避暑休闲示范区目标更进一步；完成500余人次的旅游从业人员培训。成功举办慈善旅游文化节、宁乡摄影协会摄影竞赛、民俗文化会演、湖南省青少年定向越野锦标赛、湘茗茶叶杯“茶仙子”立志大赛等活动10余次。密印寺景区游客量达30万人次，旅游收入过亿元。

三、环境保护。以“禅都小镇、生态沩山”为总体定位，全民参与，共创和谐，致力于打造“镇在林中、路在绿中、家在园中、人在景中”的良好人居环境，荣获长沙市“城乡环境卫生整洁行动”优胜乡镇，环境卫生工作连续四个季度居全县第一。“拒塑”行动深入开展，免费发放环保袋和环保竹篮，“拒塑”讲座进机关、进学校，拒绝塑料袋的口号逐步深入人心；百姓环境卫生参与度和主动性提高，全乡3700户以上主动缴纳卫生费，垃圾总量由上年的22吨减少到7吨；“五年绿色家园行动”不断深入，投入600余万元，建设梅花谷、樱花坡、桃花岭3个植树基地；发展9个村级植树基地；启动沩水源头生态保护工程，推进沩水河流域治理和生态修复；规范林业管理，制订完善巡查管理制度，推行群众举报奖励政策和村民建房补贴政策，打击各类违规违法行为；加强森林防火保护，建设15公里森林防火林带。全年完成林木种植20余万株，撒播草种花籽250余公斤。

四、民本民生保障。1.社会事业稳步发展。完成全乡407户危房户走访和信息采集，完成65户农村危房改建指标；完成8000多人次劳动力信息采集任务；医保、养保等民生工作全面完成，完成率均达98%。2.田间水利建设卓有成效。田间水利扩容提质走在全县前列，新修山塘27口8.53公顷，新建渠道8处15公里，新建小河坝29座、大河坝5座，总投入达200万元。3.社会管理机制创新。农业“三防”工作有条不紊；安全生产全年实现零事故，推行网络化全天候巡查式景区管理，购置巡逻车，组建巡逻队，每天固定巡查和宣传；开展集镇整治行动7次，整治流动商贩、招牌广告、占道经营的现象25起，调解各类纠纷60余起，查处各类案件10余起，排查安全隐患45处；开展打击地下六合彩、拆违控违、禁毒禁赌等专项行动。4.民生负债逐步减少。2012年至2014年，乡财政直接支付各类民生债务6700多万元。5.计生工作平稳推进。全乡年度计生率83.33%，免费孕情优生检测125对，获市县计划生育工作先进乡镇。

五、政府建设正本清源。自觉接受乡人大、政协的监督，主动回应人大代表提案、建议。结合党的群众路线教育实践活动开展“四比四看、四进四送”活动，设立213个意见收集箱，收集群众反映问题和意见545条，集中交办群众反映突出问题35个，打造服务型政府。每周组织学习，通过干部职工讲课、专题影片、实地考察等形式开展学习活动30余次，打造学习型政府。完善政府信息公开制度,梳理办事流程,依法依规办理事项,打造法治政府。实行干部竞聘上岗和双向选择制;年初在全县率先成立乡绩效考核办,制定干部职工考核方案,对干部职工绩效进行综合性考核;严格执行考勤制度,强化日常出勤督查;规范干部用餐行为,公务接待一律定点机关食堂,打造廉洁政府。开展“七问”活动:问个人形象佳不佳、问遵守纪律严不严、问看见垃圾捡不捡、问责任落实够不够、问工作照顾吃没吃、问为单位贡献多不多、问服务百姓好不好,强化作风专项整治,沩山干部形象在全县成为标杆。

【沩山公租房建设】 沩山公租房建设是2014年沩山乡新建项目,位于沩山社区金城组,占地面积1.33公顷,总投资800万元。占地0.36公顷,建筑面积4322.86平方米,建设101套公租房,并配套基础设施。2014年年末已完成主体建设,相关配套设施建设正在抓紧进行。

【开福路延伸线】 开福路延伸线是2014年沩山乡新建项目。该项目集公路建设、两边土地开发于一体,连接沩山社区至沩水村,作为集镇的延伸线路,是集镇纵向拓展和发展的主干道。全长2公里改性沥青道路,总投资4000万元,并对公路旁进行绿化和商业开发。

【太阳庙安置区基础设施】 太阳庙安置区基础设施是2014年沩山乡续建项目,涉及占地100公顷,总投资3000万元。2014年末完成安置区雨水、污水管网和道路、中央景观广场、道路两厢及小区绿化、路灯、保洁、电力等基础设施建设等。

【举行“湘茗茶业杯”2014中国(湖南)茶仙子立志大赛总决赛】 6月15日,“湘茗茶业杯”2014中国(湖南)茶仙子立志大赛总决赛在禅都小镇——沩山举行,前三名的得主分别是湖南益阳的刁琼、耒阳的陆遥,陕西咸阳的王世倩。沩山平均海拔780米,风景秀丽,云遮雾绕、灵秀所钟,素有“千山万山朝沩山,人在沩山不见山”之说。作为湖南著名旅游风景名胜区,沩山系佛教禅宗沩仰宗发祥地,古刹密印寺始建于唐宪宗元和年间,在佛教界享有崇高的地位,被誉为佛教界的“黄埔军校”。本次总决赛地点选择的特别之处更是对禅茶一味茶文化的致敬和追溯。

【建“全市海拔最高”的党代表工作室】 2014年是沩山乡的生态建设年和党建创新年,而党代表和广大党员是执行这“两年”战略的主体、主角。为激发每名党代表和党员的主动精神和主角意识,沩山乡率先试行党员管理“2+X”模式,建立党代表工作室和代表之家,乡村干部中的党代表率先在党代表工作室轮流值班服务。沩山乡位于长沙市西部,平均海拔780多米,这些党代表工作室和代表之家被老百姓亲切称为“全市海拔最高”的党代表工作室和代表之家。

【沩山乡荣获中华宝钢环境奖】 5月13日,第八届中华宝钢环境奖颁奖典礼在人民大会堂举行,宁乡县沩山乡荣获“中华宝钢环境奖城镇环境类优秀奖”。全国人大常委会副委员长沈跃跃、全国政协副主席马培华、环境保护部副部长吴晓青等领导出席颁奖典礼并为获得本届中华宝钢环境奖的单位和个人颁发奖杯及证书。沩山乡党委书记蒋改平代表沩山参加颁奖典礼。 (胡逖飞)

巷子口镇

党委书记	喻　晓(3月另任)
	邹志平(3月任)
副书记、镇长	张建元
副书记、人大主席	刘坚生
政协工作联络处主任	余树强
党委副书记	杨述红(女)
纪委书记	陈　勇
党委委员、副镇长	胡志辉(3月另任)
	唐　鹏(3月任)
党委委员	陶　浊(3月另任)
	郑海军(3月任)
副镇长	肖　滨
	戴凯军
人大副主席	黄勇华

【概况】 2014年,巷子口镇辖12个村,1个社区,25个部门单位,人口4.68万人,总面积105.73平方公里,其中水田面积1866.67公顷、山地面积5266.67公顷,森林面积5400公顷。境内自然风景优美,植被覆盖率达到67%。

一、经济总量显著提升。全年共实现财税收入973万元,完成县下达任务的124%;完成工业总产值11.36亿元完成县下达目标任务的109%;完成招商引资2.6亿元,完成县下达目标任务的130%。各项经济指标均超额完成,经济社会各项事业稳步推进。

二、农业产业提质升级。巷子口镇党委和镇政府立足镇情,始终围绕“产业富民”理念,充分发挥山区优势,挖掘山地潜力,不断夯实农业基础,大力发展特色农业、绿色农业和生态农业。1.小水果产业提质扩面树形象。2014年引进富硒优质李、黄桃、金秋枣、金钱橘等高端水果种植品种,新增种植面积80多公顷。黄鹤村抓住建设扶贫点的机遇,引导农民种植黄桃、金秋枣、金钱橘等特色小水果66.67公顷。苏家冲水果产业示范采摘园正在筹备建设中。2.多元产业全面发展。科鸿蔬菜专业合作社高标准新建蔬菜基地23.33公顷,进一步完善集生产、储藏、运输、销售于一体的产业链条，对巷子口镇蔬菜产业发展起到示范和推动的作用。晒黄烟产业步入良性发展轨道，全年共种植烟叶153.33公顷，生产晒黄烟25万公斤。2014年新成立农民专业合作社24家，腾飞养猪专业合作社、孙家洞中药材专业合作社、九龙山寨农庄等异军突起，引领巷子口镇农业产业呈现多元化发展。种粮大户邓纯飞等为巷子口镇粮食生产起到示范带头作用。

三、基础设施建设投入不断加大。1. 新型城镇化项目建设强力推进。加速新镇区建设，步行街主体及基础配套工程已全面完工，建成宁乡西部最大的乡村商业步行街；二期金湾商贸新城项目，在用地指标紧缩的情况下通过多方努力，6月，该项目顺利开工、并进展顺利；全面推进老镇区改造，完成县道104线镇区段的提质改造，包括全线沥青路面改造、地下管网铺设、道路亮化等工程已全面完工；通过积极争取，总投入达到5200万元的棚户区改造项目成功落户巷子口镇，其中第一期840户集镇老旧房屋立面改造已基本完工，使集镇形象和品位得到全面提升；投入近2000万元的状元大道建设已建成通车。2. 夯实农业基础。田间水利扩容提质，全年共完成山塘清淤95.47公顷，新建山塘8.47公顷，疏通田间渠系涉及灌溉面积1393.47公顷，清淤河道42公里，改造渠坝20处，疏浚修缮小Ⅰ型、小Ⅱ型水库灌渠12公里。继续推进生态建设三年计划，全年共植树造林80余公顷，完成县道104线巷子口镇境内全线绿化。动物防疫工作得到加强，进入全县先进行列。

四、各项民生事业全面发展。1. 计生工作争先进位。全年共组织育龄夫妇333对参加国家免费孕前优生遗传检测，完成目标任务的141%；共组织计生服务所与卫生院一道下村免费对育龄妇女查病治病3次；新增农村奖扶对象55人，发放奖扶资金5.28万元，新增特扶对象3人，发放补助资金1.44万元，审批放弃再生育家庭33户，发放奖励资金3.3万元。6月成功举办“关爱留守儿童．共筑幸福家庭”计生协会活动。2. 城管爱卫工作成效显著。2014年巷子口镇启动“千户示范·万户参与”评比活动，全力整治集镇和主干线公路沿线的环境卫生和秩序，成立巷子口城管中队，对步行街、农贸市场的脏、乱、差现象进行集中治理，加大对乱停、乱放、乱搭现象的整治力度，营造镇区经营有序、干净整洁的集镇新形象。投入80余万元用于全镇的日常保洁维护，投入30余万元用于添置垃圾储箱和运输车辆，共新建垃圾池158个，购买封闭式垃圾箱10个，配套拖运垃圾车辆一台，配套垃圾清运斗车5台，有效确保垃圾集中收集填埋。3. 社会治安综合治理大局稳定。2014年在全镇进行全面广泛的创建“平安巷子口”的宣传，先后在4所初、高中学校组织平安工作专业知识讲座，同时向学生群众发放平安手册1万多份；积极开展各种不稳定因素的排查和调处工作，对全镇所涉及的重点稳控人员进行走访、座谈，未出现群体性上访和非法上访事件。4. 全力扶贫助困、保障民生。2014年各项惠民政策全部落实到位，全镇共审批认定农村低保户1195户2064人，累计发放农村低保金522万余元，共审批认定城镇低保户43户63人，发放城镇低保金24.6万元，共审批大病医疗救助210人次，发放救助金41万余元；共落实危房改建119户，其中重点援建户60户，一般援建户59户，发放危房改建资金482万元。城乡居民养老保险参保人数达到17727人、参保率97.58%，享受养老保险待遇7517人、共发放养老金879万余元；城乡居民医疗保险参保人数40368人，参保率达到93%；镇残联认真组织第24届全国助残日活动，筹集善款3万余元，共走访慰问残疾人困难家庭50户，购置辅助器械10套免费赠送给残疾人使用。通过与市残联联系，确定由浏阳蜜蜂哥哥公司帮扶巷子口镇18户残疾人家庭发展养蜂产业；启动巷子口镇残疾人小水果种植“千人千亩工程”，2014年巷子口镇残疾人工作荣获“长沙市残疾人工作明星乡镇”荣誉称号。工会、共青团、妇联、老干、关协等组织积极作为，为巷子口镇的民生事业作贡献。

五、自身队伍建设不断强化。巷子口镇始终把加强干部队伍建设摆在突出位置，2014年结合党的群众路线教育实践活动，镇干部进村入户了解民情，通过开展“五访五问”“双融双联”“大走访、大排查”等主题活动，听取群众意见，切实解决民生问题；化解一系列重大矛盾。

【建设扶贫联系点】 黄鹤村是省委常委、市委书记易炼红的建设扶贫联系点，他提出“充分发挥建设扶贫作用，建设秀美、富裕、和谐、幸福之村”的总要求和“发展经济、改善民生、强化保障”三个重点。2014年，在市、县各级领导和部门单位的高度重视和大力支持下，通过镇村联动，黄鹤村坚持发展经济，促进农民增收。大力发展高效种植、生态养殖和乡村旅游三大产业，初步形成牛、羊、鸡三类规模养殖业，水果、蔬菜、水稻、烟叶四大种植基地，状元山庄、万军、薄荷田、黄金、九龙山寨5家农家乐，通过三大产业发展，全年全村人均增收1680元。坚持改善民生，提升公共服务。着力基础设施、环境卫生和公共事业三大建设，硬化公路14公里，完成31口山塘整建和15公里河道渠道整治，完成40公顷农田平整和沟渠配套，完成72户危房改造，大力实施环境整治专项行动，黄鹤现代化学校、农民科技卫生文化服务中心已完成主体建设。坚持强化保障，夯实发展基石。突出组织建设、农民培训和文明创建三个重点，圆满完成党支部、村委会换届，实现新老班子平稳过渡，先后多次组织支村两委干部、党员、村民组长外出学习环境卫生、产业发展、扶贫工作等先进经验；在宁乡县委组织部的支持下，11月26—29日组织黄鹤村60位致富带头人到湖南农大集中学习，先后请相关专家到村进行育婴师、养蜂、小水果、枣树种植等4期264人次的技术培训；积极开展“五户一家庭”评比活动，大力推进综合治理。村民文明素质提升，社会和谐稳定，村容村貌得到根本改变。8月19日易炼红书记到黄鹤村调研、参加支部组织生活会，并对建设扶贫工作充分肯定。

【推进新型城镇建设】 2014年，巷子口镇高标准编制巷子口集镇规划，全力推进四类重大项目建设。镇区项目加速推进，近300空门面的沩源里步行街主体及基础配套全面完成，为西部最大乡镇商业步行街；6月30日集镇二期金湾边贸新城顺利开业；镇区改造全线提质，投入800万元完成集镇提质改造，沥青路面、地下管网、亮化配套建设全面完工；投入4000万元对1560户进行棚户区改造，打造清新靓丽的仿宋风情小镇；投入200万元建成长600米高标准配套的宝塔路，投入2300万元建设长3公里的状元大道(横雷公路边接线)，形成人民路、枫坪路、状元大道、宝塔路“两横两纵”路网格局。2014年巷子口镇获长沙市小城镇建设先进单位。 (党政办)

沙田乡

党委书记 彭海华(3月另任)
徐志平(4月任)
副书记、乡长 叶刚毅
副书记、人大主席 黄荣国
政协工作联络处主任 贾命春
副书记 张建军
党委委员、纪委书记 高谷良
党委委员、副乡长 胡跃波
党委委员 陈敏
副乡长 左志华(9月另任)
张新华(9月任)
谢红(女)
人大副主席 肖正乾

【概况】 沙田乡位于宁乡西部山区，是中共“一大”代表何叔衡、共和国司法奠基人谢觉哉两位先贤的故乡，也是湖南量具生产基地之一，距离县城68公里。2014年辖13个行政村，总面积74.29平方公里，其中水田1399.1公顷，林地5407.4公顷。全乡共有1.07万户，人口3.52万人。

2014年，沙田乡上下凝心聚力，锐意进取，紧扣发展主题，加快创新转型，圆满完成全年目标任务，各项工作取得一定成绩。全年全乡实现县域生产总值5.8亿元；完成财政税收786万元，其中完成国税223万元、地税563万元；完成固定资产投入5.69亿元；社会消费品零售总额1.88亿元；完成工业总产值7.13亿元，其中规模工业产值5.5亿元；农村居民人均纯收增长16%。先后获市森林防火指挥部“长沙市森林防火规范化乡镇”、市农村危房改造工作领导小组“二〇一三年度农村危房改造工作先进单位”共青团市委“长沙市五四红旗团委”称号，获县“全民植树·美丽宁乡生态建设三年行动”一等乡镇。

一、创新管理模式，加强制度建设，工作效率明显提升。按照作风建设相关要求，乡党委、政府进一步加强制度建设，先后制定《沙田乡机关管理制度》《沙田乡财务管理制度》《沙田乡村干部管理暂行办法》《沙田乡网格化管理实施办法》等一系列文件，严格规范干部管理。同时结合党的群众路线教育实践活动的开展，在全乡开启网格化管理新模式。乡党政班子成员以身作则，与全体乡村干部、部门负责人深入各自负责的网格区域走访座谈，与群众沟通谈心，并结合乡党委、乡政府安排各项中心、重点工作，有针对性地加大宣传力度，抓工作推进和落实。乡党委、政府对网格化管理工作实行每月一会议总结通报、每季一点评考核，确保工作落到实处。全乡干部全年完成三轮走访，完成民意调查问卷8000多份，入户率达到100%。通过网格化管理和干部大走访，全体乡村干部责任明确上肩，社情民意掌握准确充分，牢牢把握工作的主动权；年轻干部在独立开展工作中得到成长锻炼。全体乡村干部严格遵守上班制度和纪律，村干部轮流在村部值班；乡村干部待遇得到规范，基层党建进一步强化，干群关系进一步融洽，群众反响良好。全乡各项工作效率明显提升，干部为民务实清廉形象充分展现。

二、凝聚改革共识，激发发展活力，招商引资和项目工程取得突破。全年全乡完成合同引资2.3亿元；实现到位资金8900万元。新签约招商引资项目6个，其中飞地招商项目2个。通过积极争取沙田籍领导和乡友牵线搭桥，8月，成功引进湖南佳滨机电设备再制造有限公司投资金玉工业园，该项目用地1.07公顷，一期总投资2000万元，年末竣工投产。10月，成功签约湖南山河美生物环保科技股份有限公司落户金玉工业园，项目总投资达到5500万元。全年全乡竣工项目6个，建安税入库163万元。六寨农副产品展示接待中心、六寨生态种养殖基地、五里村油茶林种植基地、沙田乡集镇棚户区改造、乡村教师公租房、沙田卫生院装修、永冠生态农业、佳滨电站核心部件项目、五里量具厂节能改造项目和沙田乡石笋村农牧科技综合开发等10个项目相继开工建设；何叔衡烈士纪念广场、涓水河治理、沙田卫生院装修、沙田乡集镇棚户区改造、乡村教师公租房、五里量具厂节能改造项目等6个项目年前全部建设竣工；晒烟站、加油站两个项目完成前期建设启动手续。

三、突出兴乡富民，强化基地建设，农业产业再上台阶。优化产业结构调整，继续做强烟叶、富硒稻、板栗等农业产业化基地。2014年，全乡落实烟叶种植面积233.33公顷。按上级部门优结构、控面积、提效益的要求，结合沙田乡实际，狠抓生产管理，实行全程标准化生产。县对乡的前三次考核沙田均为一类乡镇，其中大田生产管理经验被县烟办作为典型推广，全乡在大灾之年仍完成收烟叶购38.5万公斤。盛湘沙田富硒有机稻基地入列长沙市2014年重大现代农业项目，以六寨村为核心区连片种植20公顷，其他示范区总种植面积266.67公顷，取得全面丰收。沙田紫玉板栗基地被列为2013年长沙市农业产业标准化示范基地，2014年通过争取国土整理项目，正式启动产业标准化基地项目建设，进一步扩大板栗种植面积，对原有板栗树进行嫁接和移植改良，项目进展顺利，“沙田紫玉”品牌逐步做强做优。

四、坚持以民为本，注重统筹兼顾，各项事业全面发展。坚持以民为本，民本民生先行，各项工作齐头并进。村“两委”换届选举工作顺利完成，村干部进一步年轻化、知识化，结构更趋合理；人大立足本职，监督作用充分发挥；政协围绕中心，服务大局，积极建言献策；武装、统战工作扎实有效开展；纪检监察工作严格到位；共青团、妇联、工会、老干关协等工作争先进位。城乡社会救助体系建设日趋完善：低保把关严格，实现应保尽保；医疗救助全面落实；临时救济及时到位；危房改建成效显著；残疾人事业健康发展；城乡居民养老保险和医疗保险稳步扩面，2014年沙田养老保险缴费率98.1%；农民参合率提升到97.12%。高度重视安全生产、校车安全、食品安全、消防安全、交通安全等工作，通过主要领导带队检查，大力排查隐患，狠抓整改落实，全年未发生安全生产责任事故。田间水利建设掀起高潮，截至12月15号，共完成清淤山塘21.47公顷，118口，新建山塘10.6公顷58口，渠道疏浚和衬砌33.1公里，河道疏浚9.91公里，修复河坝7座，居县先锋榜第一名。社管综治通过多措并举，形成合力，信访积案大部化解，网络舆情有效控制。民意调查工作一直名列全县前茅，2014年度全市排名第三、全县第一。教育工作排名全县第二，五里中学“315”课改获长沙市课改样板学校，并已申报为省级课改样本学校；计划生育工作、义务献血超额完成全年任务，献血总量超过4万毫升；环境卫生建立长效机制，卫生状况进一步好转，顺利通过市、县检查；广播村村响实现全乡覆盖，投入使用效果良好；政务服务中心通过市级标准化验收，发展服务环境得到优化；“三防”（防火、防汛、防疫）工作、贫困户建档立卡、冬种油菜、公路建设、农网改造、能源、环保等工作都按照进度和工作要求圆满完成任务，全乡各项社会民生事业得到统筹推进。

【民意调查工作全县第一】 2014年，沙田乡将13个村划分为62个网格化区域，明确一名乡政府干部或部门负责人具体负责一个网格化责任区，以矛盾纠纷调解、烟叶生产、计划生育、防汛抗旱等中心工作为载体，深入农户问冷暖，帮助群众解忧难，进一步融洽干群关系。多措并举开展模拟民意调查和民意调查宣传工作，上半年沙田乡民意调查工作在全市排名第五，全县排名第二；2014年度排名全县第一，全市第三。

【招商引资和项目工程】 2014年，沙田乡完成合同引资2.3亿元，包括湖南佳滨制造项目（飞地招商），合同金额2000万元；湖南山河美生物环保治理生产基地项目（飞地招商），合同金额5500万元；石笋村农牧科技开发有限公司投资建设农业示范园项目，合同金额3000万元；沙田乡堆资生态农业种养基地建设项目，合同金额4500万元；沙田乡杨树经济林种植基地建设项目，合同金额5000万元；沙田工程机械加工项目，合同金额3000万元。实现到位资金8900万元，新引进产业项目5个，其中飞地产业项目2个；包括湖南佳滨制造项目（飞地招商），生物环保治理生产基地项目（飞地招商），石笋村农牧科技开发有限公司投资建设农业示范园项目，沙田乡堆资生态农业种养基地建设项目，沙田五里堆博兵寨油茶林基地项目。

全年项目工程完成建安税入库163万元，新开工项目10个，包括六寨农副产品展示接待中心、长沙永冠农业、六寨生态养殖种植基地、五里村油茶林种植基地、沙田乡石笋村农牧科技综合开发、沙田集镇棚改、乡村教师公租房建设、沙田卫生院维修、佳滨电站核心部件项目、五里量具厂节能改造，竣工项目6个，包括何叔衡烈士纪念广场项目、沙田乡涓水河治理、沙田卫生院维修、沙田集镇棚改和五里堆中学公租房建设、五里量具厂节能改造。

【突出安全生产】 2014年，沙田乡53名企业及烟花爆竹零售店负责人、12名校车安全管理人员、29名食品安全管理人员的手机号码统一输入中国移动沙田乡政府网，建立短信平台，在节假日或者重要安全生产时段发送安全温馨提示，以增进安全意识；发放联络员工作情况记录本，并定期抽查和召开会议点评，规范村级安全生产联络员管理；认真落实主要领导带队检查安全生产制度，消除沙田集镇两处交通及高压电线安全隐患、邹塘小学高压线路隐患、沙田中小校门口道路安全隐患等。食品安全获得县食安办肯定，三季度校园食品安全综合得分排名全县第二，乡中心校负责人在全县食安工作大会上作典型发言。

【开展红色旅游活动】 2014年，沙田乡加强红色旅游活动宣传，“永远的叔衡”在中央纪实频道播放5分多钟；组织编印“红色沙田诗集”、编写“沙田组歌”，组织“宁乡四髯”后代故里行活动，省、市县媒体相继报道，红色旅游品牌彰显；加强红色文化的规划，对乡旅游整体发展进行一个全面的规划，编印“红色印记”，邀请国家、省旅游局到沙田乡实地调研指导。

（周阳）

龙田镇

党委书记 宋　强
镇　　长 陈　庆（3月离任）
王万军（3月任）
副书记、人大主席 李旭东
政协工作联络处主任 陈天亮
副　书　记 徐海华
党委委员、纪委书记 喻拥军
党委委员、副镇长 黄腾飞
党委委员 张　炜
副　镇　长 舒　畅（女，12月离任）
邓智勇
人大副主席 荣　毅

【概况】 2014年，龙田镇辖9个村(社区)，人口2.37万人，总面积71.88平方公里。全年实现镇域生产总值5.13亿元，比2013年增加21%；农林牧渔业总产值2.00亿元，增长11%。全年完成财税收入1206万元，工业总产值12.69亿元，固定资产投资4.62亿元，招商引资到位县域外资金3.59亿元，农民人均纯收13358元。在县对乡的目标管理绩效考核中，龙田镇获得第七名的好成绩，进入全县先进。同时，荣获“五好领导班子”“财源建设奖”“项目工程建设先进单位”“市级综治维稳工作先进单位”“计生协会工作先进单位”“统战工作先进单位”等多项殊荣。

一、产业实现转型升级。工业方面，有效的利用龙田特有的资源储备，在加强协调沟通，全面服务白花萤石矿、新辉锰矿、天成矿业等既有矿产企业的基础上，成功引进锦湘锰业电解锰、湘电风能、楚湘药业中药材饮片加工厂等工业企业项目，为工业持续发展提供强力保障，投入2.6亿元完成七里量具厂等企业的技术升级改造，增强企业发展动力，楚湘药业入规申报成功，中药材饮片加工厂、倍特材料等2家飞地企业成功入驻金玉工业园，使全镇工业经济总量大幅提升。全年，完成工业总产值12.2亿元，其中规模工业产值10.9亿元；农业方面，以中药材种植加工为切入，全面调整农业产业结构，全镇发动群众3215户，种植中药材333.33公顷，成立15家中药材专业合作社，并建成湖南楚湘药业有限公司石屋竹山托基地、楚湘药业有限公司横岭兔子冲基地、隔山陈乐新屋里中药材种植基地、梦之康药业有限公司杉山冲基地等4家6.67公顷以上的精品示范基地。同时，在横岭、石屋等村打造200公顷油菜连片示范基地，落实优质稻种植893.33公顷，农业生产呈多点开花态势。三产业方面，充分利用龙田三市县交界的区位优势，边城大道、边城新区、边城商业街等项目正式投入使用，龙城大厦正式营业，涟源、安化等众多商家争相入驻，西部商贸流通业呈现出红火态势。精心考量，择优培育，实现商贸零售业入规破零，为三产活镇提供强大载体支撑。

二、项目取得重大突破。积极捕捉招商信息，全力做好沟通协调，全年完成新开工项目9个，包括锦湘锰业电解锰、金玉工业园楚湘药业饮片加工厂、石屋文教中心、龙田卫生院公租房、农商银行、敬老院、石屋村中药材加工厂、棠甘山锰矿、龙九校建设等工程，共计完成项目工程投入4.39亿元。龙田中药材加工厂、龙田敬老院已经建成投入使用，卫生院公租房、农商银行等项目主体已进入扫尾阶段，湘电风能、锦湘锰业等大型项目已经完成立项等前期手续，正在进行环评、能评等工作。冬修水利完成4座小(二)型水库除险加固和杨柳水库北干渠(隔山村段)清淤，完成山塘清淤94口，整修渠道105.4公里，改造河坝28座，受益面积超过613.33公顷。项目工程建设势头迅猛，进展顺利，多次荣登县“项目建设英雄榜”，并进入一类乡镇。

三、民生事业扎实推进。圆满完成全镇9个村(社区)换届选举工作，实现新老干部的稳步过度和后备力量的能量发挥，队伍结构得到优化提升。完成9个村45.2公里村级公路硬化，提高了农村基础设施建设，改善了村民生活生产条件；严厉打击非法采砂洗砂行为，对龙田所有砂场都依规关停，保护了生态环境，促进了经济可持续发展；发放城乡最低生活保障金288万元，支持危房改造户73户，全年共兑付大病医疗救助费用41万元，农村合管资金收缴工作全面完成，参合率达到96%；城乡居民养老保险参保率97%，使绝大多数的群众享受到经济社会发展的果实；投入数百万元改善学校、卫生院的办学、就医条件，全镇教育、医疗水平得到稳步提升；逐步加大城乡环境卫生投入力度，创新工作模式，完善工作措施，干部群众保护环境，注重卫生的理念逐步形成；克服“熟人环境”影响，协同周边乡镇开展联合执勤管理，有效维护集镇秩序；实现人口计生工作的精细化、法制化和人性化管理，完成157对育龄夫妇的优生检测，完成136对奖励扶助对象的复核年审工作，“百日行”活动排名跃居全县前列；强化宣传报道，打造正面影响，落实生育关怀，关爱失独家庭，计划生育工作渐入佳境。深入开展政法综治大走访、大排查活动，实现全年零事故、零上访、零民转刑、零重大刑事案件，群众满意度民意调查获得全市25名，全县第9名的好成绩，被县推荐为长沙市政法综治红旗单位的第一候选乡镇；工会、共青团、妇联、老干、残联等工作也迈出新步伐，得到上级与群众的一致好评。

四、自身建设不断深化。深入开展党的群众路线教育实践活动，扎实践行各项要求，认真查摆“四风”问题，列举清单，立行立改，一以贯之，活动开展成效得到县实践办的肯定。制定完善上下班制度、值班制度、财务制度等各类干部管理制度，建立健全去向公示、督查通报和信息公开制度，坚持制度化、常态化、长效化推进作风建设。全面开展干部教育培训，突出干部培养提升，将成熟干部引进来，将优秀干部推出去，拓展干部实现自我价值平台。狠抓基层组织建设，整顿软弱涣散党组织，开展基层党员和后备力量培训，提升基层党组织服务水平。转管理型政府为服务型政府，变单一的抓经济发展为经济、民生、生态三位一体统筹发展。建立机关行为规范的量化标准，将管理职能和服务要求分解到岗、到人，规范工作程序。建立健全岗位责任制、服务承诺制、限时办结制、首问责任制等制度，简化办事程序，缩短办事周期，提高办事效率，有效提升政府的公信力。组织实施“环境卫生一包五，共同建设新家园”“下村入户种药材，干民携手促发展”“五访五问、畅通服务最后一公里”“四爱四家、扶残助残”等专题活动，解决群众关心、关注热点、焦点、难点问题。在十月份干部作风满意率调查中，龙田镇满意度名列全县第一。

【李军调研龙田镇石屋村建设扶贫工作】 4月21日，市委常委、市纪委书记李军深入龙田镇石屋村调研建设扶贫工作，并实地察看石屋村联江小学、中药材基地、龙田镇“边城佳苑”廉租房、卫生院及中心学校等建设情况，深入当地群众家中了解生产生活情况，为困难群众送去慰问金。在调研座谈会上，李军指出，要切实提高思想认识，增强基层组织建设和建设扶贫工作的紧迫性。各级各部门要积极支持帮扶，弥补发展短板。要切实加强基层组织建设，打造一支作风务实、真心为民的基层干部队伍。工作中要深化责任意识、奉献意识、自律意识，沉下心来为群众办实事、真心为群众着想。要严格规范资金使用，推行村务公开。他强调，要切实加大支持力度，务求取得让群众满意的实效。要突出重点，大力支持基础设施建设、教育事业发展和产业项目发展，做到因地制宜、保护生态，让更多的群众受益。

【创新工作方法，环境卫生整治见成效】 2014年，龙田镇完善工作机制，创新工作方法，采取分片包户的方法进行环境卫生整治工作。镇政府开创性的将所有政府机关干部全部分片铺开到村小组，以“网格化”的形式开展工作。每个干部每月联系5户，负责所联系户整体环境卫生工作，并户户照相存档，实行痕迹化管理，工作开展得好，政府予以奖励，开展得不好，则扣除相应的奖金。此举大大地激发了政府干部参与群众环境卫生整治工作的积极性，干部群众齐动手，整治效果明显。

（党政办）

玉潭镇

党委书记　陈德奇
副书记、镇长　王海潮
副书记、人大主席　范春林
政协工作联络处主任　胡强辉
副书记　文再明　杨岸
党委委员、纪委书记　阳凤斌
党委委员、副镇长　邹铁军
党委委员　周国宁（女）　胡建云（兼）
副镇长　曾跃武　高建阳（3月另任）　黎灿辉（女）
人大副主席　蒋端明

【概况】 2014年，玉潭镇辖楚沩、八一、香山、南苑、文中、通益、学庵、花明、新城9个社区，镇域面积12.67平方公里，3.63万户，6.7万人。全年实现镇域生产总值76.93亿元，比2013年（下同）增长17%；实现全社会固定资产投资11.06亿元，增长11%；完成社会消费品零售总额76.08亿元，增长15%；完成工商税收10.03亿元，增长13.93%；完成工业总产值121.8亿元，增长25%，其中规模工业总产值完成87亿元，增长18.05%；实现农业生产总值3925万元，增长1.02%，城镇居民可支配收入达3.5万元，是“长沙市十强乡镇（街道）”“长沙市人口和计划生育工作模范乡镇”，列2014年度全国综合实力百强乡镇第41位。

一、经济基础夯实。鼓励居民和大中专毕业生不拘形式创业，精选新增的23家个体工商户和15家私营企业分箱孵化，楚天科技有限公司正式上市，长宇新型炭材料有限公司被评为“湖南省国防重点实验室”，水晶珠宝有限公司被评为“中国珠宝首饰协会水晶珠宝分会副会长单位”，完成500万元以上的固定资产投入12.07亿元，实现工业技改投入12.5亿元，工业税收突破3亿元。春城万象商业广场引进香港盛大百货集团，豪德大市场吸引力不断增强，人人乐、大润发等人气较旺，玉潭大商贸格局基本构建。玉潭新城以生态、宜居为定位，房产项目推进快、品质高，销售形势好。冬修水利投入23万元，整治农村道路8公里，种植粮食48公顷，动物防疫检疫按标准落实到位。

二、发展后劲增强。扎实推行招大引强招商战略，每月主动联系新客商5家以上，在长沙、深圳、广州等地举办玉潭镇招商项目发布会，全年招商到位资金20.6亿元，大河西汽车城、晟誉科技启动建设，凯莱国际大酒店、极太农业和光华电子正式落户。以营造良好的发展环境为目标，依照《玉潭项目帮促手册》，37个帮促小组经常为企业和项目帮扶解困。全年共启动建设项目24个，其中房地产项目15个、三产业项目2个、工业项目1个、基础设施项目6个，完成项目投入58亿元，建安综合税入库近1亿元。扎实推行“三榜公示”拆迁新政，打造南苑棚改区5天拆迁57户的玉潭新速度。严格落实失地农民养老保险政策，切实保障失地农民权益。积极开展土地取卷和报批工作，新增储备土地43.33公顷。全面对接银信部门，不断强化金融安全，长沙市“信用乡镇”得到全面巩固。

三、城市品质提升。围绕创建文明城市、提升居民素质主题，组织开展“邻里守望，志愿同行”等志愿服务活动，评选好婆婆、好媳妇等身边典型，设立政府公共信息平台，楚沩社区被评为“长沙市文明社区”和“湖南省雷锋号志愿者工作站”。完成杉木桥农贸市场、步行街、山塘巷等基础设施改造和安康西路、新康东路提质改造，启动玉兴西路、金龙路建设及亮月湖水景公园建设，城市基础设施不断完善。在全县率先成立镇城市管理委员会，打造玉潭路、八一路、沿河路三条示范路和22家“示范门店”，有效推进环卫市场化运作，通益社区成功创建为“长沙市卫生社区”。

四、民生幸福全面保障。编排记录480户困难群众基本情况的《民情手册》，全年发放低保金378.6万元，审核保障性住房申请158户，殡改火化率100%，为10户贫困残疾人家庭完成无障碍设施改造。网格化社会治理体系处置各类街面犯罪和群体性事件39起，清理、登记入网流动人口24809人次，清理出租房屋6983户。“一办两所(镇综治办、派出所、司法所)”联合调解室通过“三调联动”平台，成功调处矛盾纠纷344起，文中社区被评为长沙市“社会管理综合治理——平安和谐先进社区(村)”。生产安全、校车安全、食品安全和消防安全责任到位，发现并整改消防安全隐患326处。积极化解信访案件，防范和处理邪教工作得到省、市、县一致好评。积极开展优质计划生育服务，为2700余名城镇独生子女父母奖励对象申请登记，为347对新婚夫妇开展免费优生健康检查，楚沩社区被评为“湖南省计划生育协会工作先进单位”。扎实开展群众工作，全年收集问题270个，办结238个，其他问题得到妥善处理。严格落实入学政策，代表宁乡县通过省级教育强县检查。积极开展群众性娱乐活动，在全县的广场舞、柔力球、健身操比赛活动中都获得一等奖。

五、基层党建全面加强。深入践行党的群众路线教育活动，全镇12个党总支、88个党支部、3354名党员聚焦作风建设，突出玉潭特色，严格落实各环节、各步骤工作，活动成效明显。活动期间，始终坚持教育学习，镇领导班子成员组织6次集中学习，编印《三本必读书学习提纲》《党的群众路线教育实践活动“四篇文章”“八个典型”》和《党的群众路线基本知识应知应会50题》，深入开展“入党为什么、为党干什么”“做群众贴心人”“五项教育、五项反思”和“弘扬三气、提升三种境界”大讨论，为流动党员、部分残疾党员或行动不便的高龄党员进行“送学上门”，党员干部参学率100%。始终坚持问题导向，通过发放调查表格、走访党员群众、领导座谈调研等多种方式，收集镇班子意见和建议63条、群众反映问题62个，并结合县交办的548个问题和立行立改的20个问题中涉及玉潭镇的部分，梳理出6大方面、26项整改任务。通过扎实有效的整改工作，全镇八项规定落到实处，“四风”问题得到全面整改，“服务群众最后一公里”有效疏通，党员干部形象大幅提升。全年确定党员发展对象28名、转正37人，评出好党员2813名、一般的50名、差的3名。强化基层党组织书记培训和管理，在职党员深入开展“六送”“五帮”活动，基层党建不断夯实。组织“五老”宣讲90多场次，党管武装工作全面落实。健全机关管理和日常工作制度。镇作风建设领导小组对镇机关和各部门、各社区开展定期和不定期督查，全面清退超标办公用房和公车，“三公”经费大幅下降，内审站作用得到加强，大力推行阳光政务、打造阳光政府。人大、工会、共青团、妇联、老干关协等作用充分发挥，中心校、卫生院、派出所、国土所、市场服务中心、城管玉潭分局、建规所、地税、国税、农商银行玉潭支行、动物防疫站等部门成效显著。

【获“全国综合实力100强乡镇(街道)”】 玉潭镇按照“充当经济发展排头兵，争做社会管理示范镇”的定位，以率先建成全面小康、两型引领、秀美幸福乡镇为目标，立足新老城区三产平台、华夏中小企业园和金玉乡镇工业集中区二产平台，2013 年实现镇域生产总值 65.22 亿元、工业总产值 101.46 亿元、农业生产总值 3299 万元，全社会固定资产投资 92.18 亿元，社会消费品零售总额 65.68 亿元，工商税收 8.8 亿元，城镇居民可支配收入 2.8 万元。各大产业持续发力，城市品质不断提升，居民幸福指数不断提高，再次被评为“长沙市十强乡镇(街道)”，2014 年再次被评为“全国综合实力 100 强乡镇(街道)”，列第 41 位。

【工商税收突破 10 亿元】 2014 年，玉潭镇围绕“整合资源培植税源，阳光执法规范征管”的定位，着力培植重点税源、开展税收清理、深化税法宣传，依法治税氛围不断浓厚，全镇工商税收实现三年翻番，首次突破 10 亿元大关，达 10.03 亿元，占全县工商税收总量的五分之一强。

【完成第三次全国经济普查工作】 2014 年 1 月 1 日—3 月 31 日，玉潭镇以普查登记和数据上报为工作重点，扎实有效地完成第三次全国经济普查相关工作任务。玉潭镇成立第三次全国经济普查领导小组，通过从各线办、社区抽调和社会上招聘大学生的形式，成立 84 人的普查指导员和普查员队伍，对 9 个社区开展深入调查。为浓厚普查氛围，提高知晓率，玉潭镇利用电视、网络、报纸等平台宣传普查知识，确保广大市民对普查工作的认识和支持。此次经济普查工作，充分运用现代信息技术，采用手持电脑终端设备上门普查的形式，实现普查数据的采集、报送、处理等手段自动化和电子化，建立电子地图，全镇共上报个体户 23233 家、单位 1242 家，圆满地完成第三次全国经济普查各项工作任务。 (刘志坚)

城郊乡

党委书记 彭欣荣
副书记、乡长 石启明(3 月另任)
高建阳(3 月任)
副书记、人大主席 许立华
政协工作联络处主任 王国荣
副书记 彭志武
张凤超
党委委员、纪委书记 刘巡湘
党委委员、副乡长 黄勇强
党委委员 贺再春
副乡长 喻剑兵、陈立波、杨柳(女)
人大副主席 张爱群(女)

【概况】 城郊乡位于宁乡县城北部，辖 10 个社区、5 个村，下设 117 个村民小组和 108 个居民小组。总面积 47.59 平方公里，户籍人口 3.92 万人。2014 年，城郊乡党委、政府坚持以“党的群众路线教育实践活动”为统揽，紧紧围绕年初确定的各项目标任务，攻坚克难，负重奋进，立足转型创新发展，狠抓干部作风、基层组织建设，统筹推进各项社会事业，全乡经济社会事业继续保持又好又快发展。

一、抓重点领域，推进又好又快发展。1. 瞄准目标，强化征管，稳步推进财税工作。面对持续从紧的宏观制约和持续下行的经济压力，攻坚克难，主动作为，以创建省级标准化财政所为契机，继续坚持“盘点掌控抓税源、查漏补缺抓清理、勤征细管抓入库”的工作思路，强化对重点企业、重点行业主体税种的征管，做到足额入库；加强对房地产业各项税收清理，严格落实税收政策，做到及时征缴；加强对漏征漏管的清查工作，抓大不放小，做到应收尽收；积极组织税源摸底，实现动态监管，做到税源全掌控。标准化财政所建设顺利通过省级验收。全年完成财税总收入 2.37 亿元，其中国税完成 5000 万元，地税完成 1.87 亿元。2. 转型创新，强化服务，有效促进工业发展。坚持转型升级不动摇，加大有效投入，全力推进创新发展。康达瓶业投入约 500 万元用于旧生产线改造，效率大大提高；资源集团新增饲料生产线一条，产值过亿元；恒瀚纸业购买高光热敏纸新设备，进入安装调试阶段；双华纸业新引进鞭炮生产线一条，加大投产；子航农产品开发新型液态饮料，市场反响良好；三星集团狠抓机构调整与优化，订单大幅提升；西诚公司技改成功，实现产销两旺；东申电器开发电商模式，树立品牌标杆。至年末，全乡有高新技术企业 5 家，进入申报的高新技术企业 3 家；园区拥有自主专利证书企业 15 家，拥有专利产品近百个；三星集团、西诚公司分别获市级技术中心称号。年内，成功创建市级创新型乡镇。坚持优化服务不动摇，提供优质服务，努力创造健康稳定的发展环境。协助落户金玉工业园的东申电器和兆鸿新材完成相关规划评审手续；为全乡 10 多家企业争取中央、省、市、县各项资金近 300 万元；为企业排除具体困难和问题近 30 起。至 12 月，全乡完成乡域生产总值 34.11 亿元；固定资产投入 38 亿元；社会消费品零售总额 4.56 亿元；完成工业总产值 92.46 亿元，比 2013 年增长 15.2%，其中完成规模工业总产值 62.2 亿元，增长 11.3%；完成规模工业增加值 6.2 亿元，增长 12.5%；完成工业税收 4000 万元，工业投资 20.9 亿元；投资 500 万元以上建设工业项目 42 个，新入规企业 2 家。3. 帮促并举，克难攻坚，务实推进项目建设。深入扎实推进“两帮两促”，确保项目建设快速推进。实现机关综合办公用房整体搬迁；钢材物流园项目按计划有序推进，一期工程竣工营业；金星安居点门面销售7处，创收500多万元；三环西路绿化、亮化工程完成前期工作；启动玉城广场、城郊卫生院和滨江国际城项目前期工作；城郊乡老机关与城市建设投资集团有限公司完成交接；茆田制造园进行整体搬迁。全年全乡项目工程建设预计投入14亿元，新建项目13个(1000元—5000万元项目5个，5000万元—1亿元项目4个，亿元以上项目4个)，续建项目8个，前期准备项目9个，竣工项目8个；实现真情项目帮扶，累计对企业帮扶120余次，协调解决问题110余个，问题解决率92%。4. 立足高远，项目引领，全力拓展招商工作。立足"工业强乡、商贸活乡"的招商思路，以新一轮产业转移和园区企业提质挖潜为契机，实施项目带动战略，细化目标，分解任务，创新招商方式，优化投资环境，不断拓宽招商引资渠道，强化项目服务，招商工作取得新突破。全年实现新签约合同资金24亿元，到位资金11亿元；新签约项目4个，其中工业项目2个(宁乡金美纸业、长沙港美化工)，房地产项目2个(滨江国际城、嘉诚首府)；金玉工业园飞地招商项目4个(东申电器、天顺塑胶、康达瓶业、兆鸿新材)；组织和参加外出招商5次，已包装项目5个，捕捉招商信息25条。5. 群策群力，合力攻坚，强力推进征拆工作。坚持"和谐征拆、阳光征拆"的原则，积极主动服务各大开发主体，努力破解征拆难题。经开区"大征拆竞赛活动"有序推进，确保帝中农业、冷流物流园、正源、城中村等项目如期实施，玉城广场全部拆迁腾地，金洲西线全线贯通。举全乡之力强势推进五街国际征拆工作，解决历时五年的"拆迁难"问题，确保五街国际项目正常实施，极大地提振全乡推进征拆工作的信心和决心。至12月，全乡征地240公顷，拆迁安置460余户，协调处理因征拆引发的纠纷90余起。

二、抓队伍建设，切实强化发展保障。1. 着力推进群众路线教育，确保实践活动取得实效。严格贯彻落实县书记"严格程序、环环相扣、力创特色、务求实效"的活动推进要求，把开展教育实践活动作为首要政治任务来抓，全乡1678名党员，42个党支部紧紧围绕"为民务实清廉"的活动主题，严格按照"照镜子、正衣冠、洗洗澡、治治病"的总要求，聚焦"四风"突出问题，联系工作实际，扎扎实实完成学习教育、征求意见，查摆问题、开展批评，整改落实、建章立制三个环节的工作任务，达到预期目标，取得明显成效。2. 着力加强机关作风建设，不断提升工作执行能力。严格按照中央八项规定和省、市、县作风建设有关规定，以全面提升执行力为重点，以建设为民务实清廉的人民满意机关为目标，突出办事提速、服务提质、效能提升，不断完善相关制度，集中整治"走读风、赌博风、衙门风、慵懒风、滥办酒席风、优亲厚友风"，为全乡经济社会发展提供保障。表现出全乡干部作风严谨，服务意识、大局意识、自律意识明显提升，干事创业氛围浓厚。3. 着力加强基层组织建设，不断提升服务群众能力。严格换届纪律要求，科学制定实施方案，精心部署换届步骤，依法、依规、依程序完成第九次村级换届选举工作；社区规范化建设稳步推进，完成6个社区的公共服务中心建设，公开招聘招录社区干部8名。

三、抓民本民生，全面促进社会和谐。1. 强化民生保障，做实民生服务工作。农业农村方面：完成1058.73公顷的早、晚稻种植，发放农业补贴14.8万元，完成水稻保险参保946.17公顷，理赔10万元；完成新成立农业合作社任务17户；加强田间水利建设，清淤山塘24口，清淤渠道5条；发展200公顷冬季农业连片种植，完成13.33公顷冬季农业示范片建设；建设村级公路10公里；完成农业招商引资任务2000万元；完成81个单位、12799人劳动力就业调查；失地农民社保成功申报3000人，成功发放2200人；发放城乡低保累计1.4万户576.4万元；完成精神病强制住院48人，办理药物救助卡21张；完成大病救助73人19万元；完成危房改造1户，修缮2户。慈善助学21户4.5万元，自然灾害救助56户3.52万元；发放固定经费744人次，107万元，完成殡葬补助144人16万元；完成重残补助累计1176人次23万元，成立助残志愿者联络站，对20户家庭进行无障碍设施改造建设，被作为宁乡示范建设点接受国家残联副主席吕世明对城郊乡无障碍改造工作的调研。文教卫生方面：深入实施文化惠民工程，乡综合文化站、村文化室建设全面加强；坚持尊师重教，举力投资办学，投资3000多万元重建的三联学校新校区迎来开课，对檀树湾中学、万胜学校进行了整修翻新，全年累计投入600余万元；继续推进村级卫生服务室建设，有效开展防疫、防甲型流感防控工作。2. 强化安全意识，做好安全防控工作。坚持"安全第一，预防为主、综合治理"的原则，认真开展生产安全、校车安全、食品安全、消防安全等宣传整治行动100余次，通过出动宣传车、张贴标语、发放安全常识宣传册和递交责任状等方式进一步提高全民的安全意识，确保人民群众的生产生活安全，实现安全事故零目标。3. 强化基层基础，做实计生服务工作。以"百日行活动"为契机，全面深入推进计生村民自治，着力营造"全民参与，齐抓共管"的工作氛围。人口网格化管理试点工作有序推进，全乡计生率达89.5%，各项指标均达到县要求。其经验得到县计划生育局的高度肯定。锁匙社区、茆田社区成功创建国家级计划生育村民自治示范社区。4. 强化管理创新，抓实信访维稳工作。以创建"平安和谐城郊"为目标，结合“信访化解百日行”活动，强力推进网格化巡逻防控工作，构筑立体化防控体系，严格规范信访案件受理、办结责任制，全乡发展大局稳定。全年共接待群众上访76批次，收集群众信访诉求90件，全部处理完毕；受理重点信访案件16个，已终结处理信访积案5个，回复信访材料65个；对非正常上访信访人进行训诫谈话10人次，刑事拘留1人次，治安拘留6人次。调处纠纷28起，其中死亡纠纷5宗。开展消防宣传4次、禁毒宣传5次、防邪反邪宣传4次，抓获现行5人次。开展“平安摩托”专项行动，邀请县交警大队下村办“两证一保险”服务4次。在2014年5月召开的长沙市公安基层基础工作展示会上，东沩社区警务室作为展示推介点向全市作经验推广。5. 强化发展提升，深入推进文明创建。以“大城管”建设为统揽，坚持“在创建中发展，在发展中提升”的工作理念，着力于宣传氛围的浓厚、基础设施的完善、长效管理机制的健全、薄弱环节的集中整改，全力开展文明创建和城乡环境综合整治工作。年内成立城郊城市管理分局，在坚持日常整治维护的同时，集中开展对银海花园、山水华庭对面居民点，老宁朱路、群力安置区，主干道广场店外经营、破损广告等专项整治行动90余次，共拆除违法建筑面积6934.08平方米，户外广告409平方米。

【创建国家级生态乡镇】 2014年，城郊乡坚持把创建国家级生态乡镇作为实现乡域环境保护、生态建设和经济社会协调发展的结合点和突破口，积极开展乡村环境卫生整洁和生态环境建设工作，加大投入力度，大力推进交通、水利、饮水、绿化等基础设施建设，投入专项资金180多万元，建立压缩式垃圾站2个，新增垃圾中转站4个，新建垃圾池640个，添置斗车52台，配备垃圾桶8000多个；新聘保洁员55人，对各村（社区）环境卫生工作进行日常清洁；开展集中整治工作12次以上，整治经费做到现场落实；处理建筑垃圾、生产垃圾、交通垃圾、环境污染等重点问题50余个，使环境设施不断完善，城乡环境面貌进一步优化，城市形象明显提升，2014年成功创建“国家级生态乡镇”。

【创建省级安全生产示范乡镇】 2014年，城郊乡安全生产工作坚持“安全第一，预防为主、综合治理”的原则，通过出动宣传车、张贴标语、发放安全常识宣传册和递交责任状等方式进一步提高全民安全意识。全年投入经费55万元，开展各类专项检查10余次，日常检查400家次，确保人民群众的生产生活安全，实现安全事故零目标，成功创建省级安全生产示范乡镇。 （王文祺）

白马桥乡

党委书记 欧正坤
副书记、乡长 肖村安（4月另任）
乡长 张莹（女，4月任）
副书记、人大主席 易汉池
政协工作联络处主任 黄瑞兰（女）
副书记 易维
丁吉志
党委委员、纪委书记 易志华
党委委员、副乡长 胡艳红（女）
党委委员 熊灿辉
副乡长 唐志尧
张新灿
人大副主席 吴义军

【概况】 白马桥乡位于宁乡县城南端，总面积20.44平方公里，其中耕地面积669.13公顷；辖3个居委会、2个村，总人口2.44万人，其中农业人口12679人。2014年，白马桥乡党委、政府以党的群众路线教育实践活动和“四比四抓争先锋、忠诚履职争先进”活动为抓手，励精图治，务实进取，乡域经济社会稳健发展。获国家级生态乡镇、省安全生产示范乡镇、长沙市十强乡镇、县工作绩效考核一等乡镇、五好领导班子、县招商引资工作先进单位、县项目工程建设先进单位、县党风廉政建设工作优秀单位、县文明程度指数测评工作考核先进单位、县人口和计划生育工作目标考核红旗单位、县政务公开先进单位、县宣传思想文化工作目标考核先进单位等荣誉。

一、着眼转型创新，综合实力稳健提升。全年完成乡域生产总值36.4亿元，比2013年（下同）增长18.7%；固定资产投资28.9亿元，增长19%；社会消费品零售总额5.4亿元，增长15.2%；入库税收1.8亿元，增长18%，各项指标圆满或超额完成任务，乡域综合实力稳健提升。1. 工业经济运行平稳。完成工业总产值105.2亿元，其中规模工业总产值91亿元，增长15%。加加白马公司、织尚织造、振兴机械等企业产销两旺，瑞良电子（二期）、乐鲜面业、检测中心（二期）、大和机械等项目全面建设。2. 农业经济统筹发展。认真开展动物防疫、森林防火、防汛抗旱等工作，重点整治学校周边商贩、豆制品作坊、农村聚餐等食品安全，投资50多万元进行田间水利扩容提质，全力保障粮食生产，着力发展冬季农业，完成农技推广站房改造，巩固农业发展基础。认真推进水田重金属污染防治、农机年检年审、农村贫困户评定建档等工作，积极申报农机补贴，落实良种补贴496.87公顷130余万元，购买粮食保险266.67公顷，切实保障民权民利。提前如质完成370家法人单位、9450家个体户的经济普查任务。“天一饲料”被评为湖南省著名商标。三是房地产业稳健发展。乡域内在建房产项目13个,新建面积逾15万平方米。爱琴湾、金域蓝湾、皇庭尚品等大型楼盘顺利推进,县城西南片区品位逐步提升。3. 商贸旅游扩面提质。汽车特色街区规模不断壮大,新建现代、大众、福特等品牌汽车4S店,新增门店5家,珈同汽贸、华湘汽车等公司生意兴隆。联发物流、龙骧公司及其他酒店超市方兴未艾;白马湖、玉潭公园、正龙古街、沿江风光带成为市民休闲好去处,商贸旅游氛围渐浓。

二、强力帮促服务,项目建设顺利推进。1. 项目招商实现突破。接待省内外客商28批次,包装项目8个,精心培育汽车特色街区、五福广场、正龙古街、白马湖等项目,引进大和机械、致美科技等项目8个,缘美与大和成功入园并启动建设,合同引资18.2亿元,实际到位县外资金6.4亿元,增长15%。2. 项目建设成效显著。全程优质代办手续,实行项目形象进度上墙公示制、月初例会统一调度制、突出问题即时交办制,全面开展项目工程"百日会战"活动,深入推进帮促服务。着力完善征拆机制,大力倡导公正阳光,依法有序征地26.67公顷、拆迁房屋60多栋,有力保障宁乡一中白马桥中学、玉潭公园、凤凰新城等项目建设用地需求。全乡在建项目18个,其中新开工项目12个,竣工项目10个,完成投入20.5亿元。

三、突出清整提质,城乡面貌大为改观。1. 加速城乡建设。背街小巷改造(三处)、龙江路与南圣路维修、水果市场整修、公厕垃圾站建设、新建组、戴家安置区、陶家细屋以及龙江路排水等十大民生工程全面竣工,新金龙公路竣工通车,珍洲公路、玉煤大道两厢全面修复,烂坝子完成改造,白龙新型安置区、邮政宿舍楼水涝难题全面解决,仁福大道、白龙大道、龙江路"三路"绿化已完成设计,珍洲坝、拦水矮坝建设全面启动,城乡品质逐步提升。2. 加强市容秩序整治。坚持天天巡查,强力控建拆违,全年控违17处431.6平方米,拆违2.6万平方米,重点拆除了白马大市场618空1.21万平方米违章棚屋、仁福村石子塘组9户16栋1.24万平方米违章建筑,实现无大型违法违章建筑目标。集中力量,全面整治宁灰线白马桥段卫生秩序,成效明显。充分落实环境卫生长效工作机制,全面推行环境卫生信息管理,着力加大对二环南路、白马大道、人民南路等重点路段以及市场、车站、学校等重点区域的监管力度,加强店外经营、占道经营的整治与早市、夜市的管理,统一规范白马大道与白马市场广告牌,市容市貌全面改善。白龙村成功创评市环境卫生村,并着力打造环境卫生示范片区,受到各级好评。3. 加强文明创建。坚持一张图纸管到边、干部负责管到底工作制,强力整治五小门店,组建队伍经常性开展文明劝导、助残助学、学雷锋树新风等系列活动,切实加强社会主义核心价值观等文化宣传,积极推进"三城同创"工作,不断提升全乡文明程度。

四、全力改善民生,社会事业全面发展。1. 加快民生改善。积极开展渠道清整、畜禽禁养限退等工作,扎实推进"全民清整、全民植树、全民护水"三年行动。全面推进失地农民养老保险工作,全乡共计58个组,有2294人通过审批,另176人在审核中。城乡居民基本养老保险与基本医疗保险参保率均为100%。高效优质完成城乡低保半年度核查及"阳光行动"、劳动力资源信息采集等工作,按政策发放城乡低保132万元、民政优抚和救灾救济款20多万元、大病医疗救助7万元,获评市残疾人工作明星乡镇、充分就业乡镇等荣誉。2. 创新社会治理。坚持每周一主要领导接访制、联席会议制、干部联组责任制,有力推进民调、纠纷排调等工作;分批集中交办群众反映突出问题52个,妥善处理重大突发事件5起,积极调处矛盾纠纷177起,全力解决重大信访难题;突出加强消防、食品、交通、建筑等领域安全工作,实现零事故目标,切实加强禁赌禁毒,全乡大局和谐稳定。正农凤形两个社区网格化治理工作效果良好,社区警务室全市实时排名名列前茅。认真开展计划生育优质服务,扎实开展"百日行"活动,顺利完成全乡5万余人的计划生育网格化管理信息采集工作,计划生育率89.6%,持续稳定低生育水平。3. 统筹社会事务。健全规范村级财务监管与农村集体"三资"交易平台,认真清理村(居)级财务,扎实推进村(居)务公开。加大普法宣传,推进依法行政。组织开展篮球赛、广场舞等各类比赛,新建白马社区文体活动中心和白龙村文体广场,不断丰富群众文娱生活。积极开展医疗卫生服务,认真开展无偿献血活动,建立健全全民健康档案,公共服务水平不断提高。乡人大、政协积极履职行权,认真开展代表委员大走访、派出所、工商所行风评议等活动。老干关协深入开展宣讲活动,多次扶贫帮困。工会、共青团、妇联等群团组织主动服务,大胆作为,成效显著。

五、深化教育实践,队伍建设初显成效。1. 村级换届选举风清气正。仁福、白龙支村两委换届选举顺利完成,选优配强村级班子队伍。2. 党的群众路线教育实践活动扎实开展。坚持集中学习制度,乡村(社区)与部门单位党员干部、两新组织党员以及乡内流动党员全面参与,突出问题导向,查找交办问题101个,限时解决99个,乡域内37个基层党组织认真召开班子民主生活会和组织生活会,全部公示班子整改清单,党组织班子民主生活会与组织生活会实现理性回归,党员干部思想观念得到更新,群众反映突出问题逐步得到解决。3.

干部队伍建设创新加强。制定《机关干部职工绩效考核办法》《岗位职责》《作风建设》等制度，实行中层骨干竞争上岗，进一步激发干部活力。坚持“目标式管理、台账式推进、点评式督查、绩效式考核”，实施线办、村(社区)每月工作交办督查制，全面强化工作执行与考核，全面改造政务大厅，建立健全值班制度，全面落实党风廉政责任制，乡纪委问责办案 4 起，干部作风建设持续加强。

【启动建设宁乡一中白马桥中学】 宁乡一中白马桥中学项目位于白马桥乡仁福村仁福大道旁，预计总投资 1.01 亿元，征用土地 6.67 公顷、建筑面积 2.5 万平方米，建成一所 2400 个学位的品牌化示范性初级中学。2014 年 8 月，该项目全面启动建设，年内平整土方 10 多万方，完成教学楼 1 栋、2 栋主体、教师公租房 B 栋主体，科技楼主体建设。

【金龙公路建设竣工】 金龙公路(白马桥乡承建段)全长 545 米，建设双向四车道 20 米宽改性沥青路面，公路两旁建设人行道，下水道(雨污分流)，并且进行绿化。项目总投资近 800 万元。

【烂坝子改造】 烂坝子下水渠地处白马桥乡凤形社区金塘组。该渠道由于原设计流量不足造成塘基淤塞而改造，在县政府的指导下，由白马桥乡政府负责组织、长沙白马新兴建设投资有限公司具体承建。烂坝子改造项目于 2014 年 7 月启动建设，11 月竣工。项目耗资 100 多万元，铺排雨水污水等各类管涵 270 多米(渠道长)。 (郑志)

历经铺乡

党委书记 文 平
副书记、乡长 李锷华
副书记、人大主席 彭建兵
政协工作联络处主任 唐咏煌
副书记 杨国军
何泽波(女)
党委委员、纪委书记 黄向明
党委委员、副乡长 刘 超
党委委员 彭 丹(女)
副乡长 郭顺才
谭新华
人大副主席 周国强

【概况】 历经铺乡是宁乡县的一个近郊乡，西屏宁乡，东接长沙，三一九国道、金洲大道、省道 208 连接线贯穿境内，是宁乡县委、县政府实施“东进融城”战略的桥头堡，沩东新城的主阵地。乡辖 1 个社区、7 个行政村，94 个村(居)民小组，共有 1.01 万户、总人口 2.98 万人；乡域总面积 36.88 平方公里，其中耕地面积 1390 公顷。辖区内有沙河市场、喇叭口农贸市场和宁乡汽车东站。

2014 年，全乡完成地区生产总值 39.51 亿元，完成工业总产值 105 亿元，规模工业总产值 74 亿元，完成税收收入 8992 万元，社会消费品零售总额 19.8 亿元，农民人均纯收入达到 23317 元，比 2013 年增加 3220 元，首次跻身“长沙市经济社会发展十快乡镇”，工作绩效考核跃居全县第一。

一、一心一意谋发展，经济态势蓬勃向上。农业生产有序推进。全乡水稻种植面积达到 2566.67 公顷，新发展农民专业合作社 15 家，新增优质稻基地 2 个，面积 180 公顷，新增历经铺村、新宝塔村 2 个蔬菜基地，面积 92 公顷亩。引进总投资 6000 万元的农业招商项目(林盛科技)1 个，用于现代农庄建设，打造休闲农业品牌。工业经济规模壮大。2014 年末，全乡有工业企业 103 家，其中有建和建材、邦弗特新材料、爱晚亭家纺等各类规模企业 31 家，“双百工程”中(百名干部联百组，百名组长大竞赛)，年内申报规模企业三家，其中新增规模企业两家，分别是农顺生物、广联饲料；原规模以下企业转规模企业以上一家(建和建材)，基本形成机械、建材、农产品等主导产业，工业发展前景广阔。招商引资成效明显。2014 年，新引进由瀚德集团投资 24 亿元的茶籽油工业园、投资 2.13 亿元的南太湖水厂和投资 1.2 亿元的瑞海大酒店及长沙润通沥青科技新材料等 16 个项目，飞地招商金玉乡镇工业集中区 2 个项目(长沙墙威保温材料、湖南宏钰婴童服饰生产基地)。合同引资 28.6 亿元，到位资金 13.84 亿元，包装项目 5 个，捕捉信息 21 条。项目建设加速推进。年初举行的十大项目集中开工，打响全县项目攻坚的“第一枪”；年底实施的项目建设百日会战，再掀项目建设的新热潮，全年新开工项目 23 个，扩建和续建项目 12 个，竣工项目 19 个，年度完成规模项目 1000 万元－5000 万元的项目 20 个，5000 万元－10000 万元的 4 个，亿元以上的 4 个，完成固定资产投资 12.78 亿元。

二、精细建管树形象，城市品质稳步提升。城市建设加速推进。以交通建设为重点，逐步构建宽立面、多通道、全方位的融城大格局，年末，溜子洲大桥全面建成，岳宁大道启动建设，沩江大道、滨江大道部分建成，东城路网更加完善、更加通畅。坚持以项目完善城市功能配套，提升城市宜居水平。围绕喇叭口商业中心引进一批餐饮娱乐、商贸酒店为主导的高档服务项目，义乌小商品批发市场盛大开业，二期已启动拆迁前期工作；瑞海大酒店完成规划设计等前期工作；围绕幸福东城建设引进一批优质房产项目，印象东城、正大广场、宇业·东方红郡、利和兴业集团等强势进驻，计划投资达 100 亿元的宇业？东方红郡(一期)项目四栋主楼在建；正大广场正进行土方外运和售楼部的建设；印象东城综合体项目主体已经竣工。城市管理得到加强。强力整治城乡接合部脏乱差现象，完善基础配套。全年乡村两级共计投入达到293万元，发放垃圾分类宣传资料1.7万份，发放分类垃圾桶8500多个，统一更换宁韶线、319国道及工贸街广告4000多平方米，城乡面貌明显改观。投入200多万元，联合多部门对319国道沿线、宁韶线等路段开展为期4个月的全方位、深层次、高质量的集中整治行动，东城整体形象全面提升。控建拆违强势推进。建立违建台账，加强跟踪巡查，从严进行管控，全年拆违190户、1.9万平方米，维护城市良好秩序和形象，成功创建"国家级生态乡镇"。

三、全心全意保民生，群众生活不断改善。1. 社会保障水平有力提升。2014年共计发放惠农补贴资金34项、704万元；医疗保险和养老保险征缴到位，各项救灾救济款、优抚资金和老龄补助均足额发放到位；共计投入72万元对湾塘学校、历经铺中学和东城学校的教育硬件软件设施进行全面提升，各学校办学条件显著改善；投入4万元对历联河大湾岭地段及右干渠2处险段进行处险加固，对伏虎桥闸门进行处险维修，确保安全度汛；投入800多万元用于水利建设，义务投劳投工75798个，启动大小工程200余处，确保村村有重点，组组有工程，水利民生工程及时发挥效应。2. 社会事业全面推进。安全工作常抓不懈。乡政府多次召开各类安全工作专题会议，建立健全安全工作长效机制，落实重大隐患排查治理，始终加大对高危生产企业的日常安全监管；召集160家重点防火单位负责人召开安全生产工作会议，全面部署全乡安全生产大检查；向全乡各村(社区)、部门单位和企业发放新《中华人民共和国安全生产法》500册、《历经铺乡安全常识手册》1.4万册；在各村(社区)建立固定宣传栏，多次开展安全宣传活动，先后发放各类宣传资料1.5万余份。食品安全工作强力推进。为确保群众"舌尖上的安全"，明确乡食安站、乡卫生院、乡村医生、村食安专干的职能职责，与乡域内工矿企业、建筑工地签订食品安全责任状，定期组织对乡村厨师集中培训和体检。加强对全乡范围内农村100人以上集体聚餐的监管，全部进行申报备案。组织对全乡所有学校、幼儿园、餐饮门店、农家乐、超市、食品销售门店证照办理情况进行全面清查，确保监管到位，共收缴不合格食品2吨，取缔无证经营豆制品作坊11家。3. 计生工作保持先进。认真组织开展一月、五月、九月份的孕检工作，孕检到位率95%以上；2014年共查处计划生育违法案件47件，已立案查处47件，立案率达100%；计划生育信息化管理日趋完善，2014年县推行的人口信息网格化工作，历经铺乡启动最快、推进最快、完成最快、效果最好，得到上级的高度肯定；沙河市场代表市、县接受省定性检查，乡计生工作顺利通过省、市、县三级验收，获长沙市"人口计生工作模范单位。"4. 综治维稳实效明显。禁毒社会化管理全面启动，成功举办反邪教警示教育、"6.26"禁毒宣传、法制宣传活动，法制观念深入人心；禁赌禁毒、帮教转化工作积极开展，全年强制戒毒20人，社区戒毒19人，接纳安帮对象16人；及时调解矛盾纠纷，2014年共排查调处纠纷154起，纠纷调解率达100%，成功调处因工死亡、意外伤害事故4起，为当事人争取各项赔偿金共计80万元左右，确保全乡大局和谐稳定。5. 文化工作亮点纷呈。文明创建工作顺利迎接省检；广播"村村响"工作已搭建7个平台，建设48套终端设备，已全部通过相关部门的检查验收并发挥效应；举办"我们的节日·端午节"暨"好家风，好家训"宣传展示活动和以"传承文化，弘扬艺术"为主题的校园文化进社区的活动，被长沙新闻频道、《今日宁乡》、宁乡电视台大力报道推介。

四、尽职尽责树形象，行政效能得到提升。牢固树立"抓好党建是最大政绩"的理念，结合党的群众路线教育实践活动，切实加强队伍建设。1. 带头整改提能力。2014年，乡党委、乡政府一班人认真参与学教活动，收集整理的142个问题已全部整改到位，班子内部心更齐、气更顺，推动发展、改善民生的意识和能力不断提升。2. 科学管理增动力。实施工作责任追究制，做到既分工，又合作。积极推进机关中层骨干竞争上岗、干部双向选择等用人制度，广大干部干事创业的潜能与活力不断激发。3. 密切群众聚合力。创新开展"百名干部联百组，百名组长大竞赛"活动，全乡103名干部深入到2万多名群众家中调查走访；与全乡所有村民组长签订工作责任状，全乡形成干群合力、齐推发展的良好氛围。

【获"国家级生态乡镇"】 历经铺乡牢固树立"建设美丽历经铺，构筑幸福新东城"的宏伟目标，坚持上下联动、条块结合、多措并举、高效运作、稳步推进的原则，完善环保基础设施建设，积极推进节能减排，集中开展环境整治，生态环境不断改善，促进经济建设与环境保护的协调发展。2014年，历经铺乡以城乡环境综合治理为重点，针对城乡接合部的脏乱差现象，对症施治、强力整治，全年发放分类垃圾桶8500多个，统一更换宁韶线、319国道及工贸街广告4000多平方米，维护基础设施110多处，整治店外经营260多户。同时，按照严控增量、逐步减量的要求，完善巡查机制，建立违建台账，从严进行管控，城乡面貌明显改观，获"国家级生态乡镇"。

【首次跻身长沙市经济社会发展十快乡镇】 2007年—2013年，历经铺乡坚持走转型升级、科学发展道路，充分发挥区位、产业、人才和资源优势，全力构筑以工业为支柱，以农业为补充，以商贸为特色的新型产业体系，经济、社会发展逐步步入快车道。期间，全乡税收收入由3643万元上升到7411万元，实现税收收入翻一番；地区生产总值由8.8亿元提高到36.6亿元；工业总产值由23.4亿元提高到91.3亿元；农民人均纯收由7408元提高到19557元。2014年7月，获长沙市“经济社会发展十快乡镇”称号。

【历经铺乡财政所创建省级标准化财政所】 历经铺乡财政所紧扣“一流管理、一流服务、一流人才、一流业绩”工作目标，成立专门的省级标准化财政所创建领导小组，从组织机构、业务工作、基础管理、队伍和基础设施建设等五个方面着手，全面推进财政财务精细化管理，经过三年的努力，逐步建立按制度办事、以制度管人的基层财政管理体系，为更好地发展历经铺乡经济和服务广大群众创造了条件，乡财政所连续八年获得“宁乡县财政系统目标管理考核先进单位”“宁乡县会计基础工作先进单位”“会计报表先进单位”，2014年创建成为省级标准化财政所。

【举行“十大项目集中开工仪式”】 为促推项目建设，2月20日，历经铺乡举行十大项目集中开工仪式，投资达160亿元的10大项目于2月下旬同时开工，打响宁乡县2014年项目攻坚战“第一枪”，迅速掀起全乡项目建设的新高潮。这十大项目，涉及地产、批发采购、物流、基础设施建设等众多领域，尤其是商业地产来势喜人。外资企业利和兴业集团将湖南第一个投资地选定历经铺乡，计划投资30亿元，建设大型城市综合体。而香港的宇业集团也看好历经铺乡优越的地理位置，将其纳入大陆战略布局点，计划征地133.33公顷，总投资达100亿元，总建筑面积约300万平方米，建设宁乡品质最高的城市综合体，创下宁乡城市建设一个项目投资金额最多的纪录。十大项目还包括投资6亿元的江苏建工集团、投资5亿元的东城商业街、8亿元的东城首座、2.8亿元的印象东城、0.8亿元的瑞海大酒店、5亿元的义乌小商品城、分别投资2亿元的南太湖水厂和易达塑业。

【征拆工作再创“历经铺速度”】 历经铺乡项目拆迁工作坚持做到情况了解、工作推进和权益保障“三个到位”，积极稳妥地推进拆迁新政试点，依法公平公正推进征地拆迁，全乡上下齐心合力，2014年服务金洲新区、沩东新城、县城建投、县国资公司等主要开发平台新征储备土地23.588公顷、腾地71.867公顷，拆除房屋293栋，其中宇业集团122栋房屋15天完成拆迁，岳宁大道一期24户21栋房屋7天完成腾退，滨江棚改一期10天、二期5天完成拆迁，再创“历经铺速度”，没有一个项目因征地拆迁而影响进度，为项目的顺利推进提供强有力的保障。

【水利建设接受县现场观摩】 历经铺乡抢抓全县田间水利提质扩容工作有利契机，以农村河道整治、渠系清淤整修、山塘扩容增蓄和河坝更新改造为主要内容，扎实开展“农田水利建设提升”活动。通过两年的田间水利工程扩容提质工程建设，共计投入800多万元，义务投劳投工75798个，启动大小工程200余处，确保村村有重点，组组有工程，水利民生工程及时发挥效应.2014年历经铺乡作为全县农田水利提质扩容建设现场会三个点之一，接受县领导、科局、乡镇主要领导等200余人的现场检阅。 （仇晓）

先进人物

(按姓氏笔画排序)

周竟

周竟，男，1984年7月出生，汉族，本科文化，学士学位，中共党员，2006年7月至2014年在宁乡县安全生产监督管理局从事矿山安全监管工作，现任宁乡县安全生产监督管理局危化科科长。周竟从事安全生产监督管理工作尽职尽责，敢抓敢管。2007年，白马大市场有商家从醴陵非法进购两卡车烟花，计划存放在某人口密集的居民区，周竟得到举报，立即组织人员，冒着大雪，沿途盯梢，最终将车辆拦下，查获并转移烟花产品2000余件，及时消除安全隐患。2012年，某加油站油罐区内汽油罐受雨水浸泡上浮，罐区破裂，接油管线扭断，有漏油的现象，情况十分危急。周竟接到报告，立即赶赴现场处理。经过一天的奋战，问题得到解决。他全面加强整治矿山开采秩序，违规开采矿山的现象得到遏制。在全县危化品领域全面推行国家安全生产标准化创建和危险工艺自动化改造工作中，宁乡县危险化学品生产企业、加油站、仓储企业已全部取得国家二级或三级安全生产证书，企业危险工艺自动化改造完成验收。周竟负责全县乡镇安监员管理工作，根据宁乡的实际情况，认真落实《宁乡县乡镇安监员管理暂行办法》，组织乡镇安监员培训考核，使之迅速成长，开展"一个企业一堂课"送课下企业活动，乡镇安监员成为全县安全监管主要力量。周竟成了安全生产监督管理的带头人，服务企业的贴心人。他多次被评为宁乡县安监系统优秀共产党员和先进个人，2015年1月26日，被国家安全生产监督管理总局评为"全国安全监管监察先进个人"。

(《宁乡年鉴》编辑部编辑整理)

陶力成

陶力成，男，1962年出生，汉族，中共党员，本科学历，现任宁乡县人民法院党组副书记、副院长。陶力成从事基层政法工作35年，2008年至2014年分管办公室工作。他立足"服务、保障、管理、协调"职责，锐意进取、勤政敬业、尽责奉献，为法院审判执行及其他工作的全面进步做出了贡献。一是坚持加强制度化管理，使宁乡法院司法行政管理工作走向正规化、科学化、经常化的轨道。二是开源节流抓建设，想方设法实现人民法庭的标准化建设。至2014年末，已建成投入使用的有花明楼法庭、灰汤法庭、双凫铺法庭，这些是湖南省为数不多的标准化农村数字法庭。建成机关审判大楼与六个人民法庭、一个交通巡回法庭光纤联通的内部计算机局域网，集成资料传输、电子签章、审判管理三大功能，审判信息电子触摸查询、视频会议、远程提讯等功能。农村法庭开通的财务管理网络专线，与县财政网络联通，实现报账、开票、收款的就近化和刷卡支付，方便群众诉讼。三是精细作风保廉政，他严明财经管理纪律，严控各类资金支出，不乱批一张票据，不乱花一分钱。严格后勤事务管理，严抓办公用品的采购、保管、领用制度执行，倡导节约风。严把项目建设质量关，努力实现"少花钱、多办事、办好事"。坚持"正人先正己"，多次拒收或退还、上交他人所送的钱物，在基建工作中做到事事公开，处处透明。他多次被评为全县优秀公务员、宁乡县服务经济建设突出贡献人员等。2014年11月被最高人民法院评为"全国法院司法行政工作先进个人"。

(《宁乡年鉴》编辑部编辑整理)

徐进军

徐进军，男，1976年8月出生，1997年参加工作，中共党员，大专文化，现任大屯营镇人民政府综治办副主任、校车办主任、禁毒办主任等职，先后多次荣获省、县奖励。2013年6月2日，徐进军正在大屯营集镇上买菜，突然听到两名警察在呼喊"抓抢劫犯"，他二话不说，追上

小车，抢到车子前面，用身体加上随机应变的能力成功逼停小车并与干警们合力控制住嫌犯。在抓嫌犯中，徐进军不顾手臂被划伤有七、八厘米长的口，流血不止也奋不顾身与干警们抓嫌犯。经审讯，五名案犯原来是一个长期流窜在宁乡、湘潭、韶山等地进行飞车抢劫、入室盗窃等犯罪活动的团伙。徐进军曾多次协助公安机关破案，共抓获违法犯罪分子20多人次，他也为此受过4次伤。2014年10月17日，徐进军被湖南省人民政府评为“2013年度湖南省见义勇为先进个人，荣记一等功”，成为长沙市2013年度唯一获此殊荣的正义使者。（《宁乡年鉴》编辑部编辑整理）

荣誉在册

表 4　　获国家(部委)奖励(命名)单位名表

获奖单位	获奖(命名)	授奖(命名)单位
宁乡县	全国粮食生产先进县	中华人民共和国农业部
县政府公众信息网	中国政务网站优秀奖	中国信息化研究促进网 中国优秀政务平台推荐及综合影响力评估组
县公安局车管所	全国优秀县级车辆管理所	公安部
县公安局拘留所	全国监管场所社会矛盾化解工作先进单位	公安部监所管理局
县公安局经侦大队	一级经侦大队	公安部经侦局
县检察院	全国检察宣传先进单位	最高人民检察院检察日报社
县法院	全国司法宣传工作先进集体	最高人民法院
	全国法院人民法庭工作先进集体	
县司法局	人民调解宣传先进单位	中华人民共和国调解员协会
县物业管理服务中心	白蚁防治先进单位	中国物业管理协会白蚁防治专业委员会
县广播电视台	中国新闻奖一等奖	中华全国新闻工作者协会
县水务局	全国水利系统先进集体	人力资源和社会保障部 水利部
县价格认证中心	2013－2014 年全国价格认证工作先进机构	国家发展改革委员会价格认证中心
玉潭镇	2014 年度全国城镇综合实力百强	两岸城乡经济鄞结发展协作中心、中国城镇改革发展研究中心等 4 单位
大成桥镇	全国农村五保供养工作先进单位	民政部
双凫铺镇	全国小城镇建设重点镇	住房和城乡建设部等 7 部委
花明楼镇		
灰汤镇		
双凫铺镇文化站	国家一级综合文化站	文化部办公厅

表 5　获国家(部委)奖励(命名)个人名表

获奖人所在单位	获奖人	获奖名称	授奖单位
县法院	杨建强	荣誉天平奖章	最高人民法院
	欧建良		
	李亚辉		
	刘中明		
	张　示		
	陶力成	全国法院司法行政工作先进个人	
	刘海涛	全国网络宣传先进个人	人民法院报社中国法院网
县安全生产监督管理局	周　竟	安全生产监督监察先进个人	国家安全生产监督管理总局 国家煤矿安全监察局
县广播电视台	王敬仁 周　娉 刘志勇 周　丹 郭志光	中国新闻奖一等奖	中华全国新闻工作者协会

表 6　获省(厅局)奖励(命名)单位名表

获奖单位	获奖(命名)	授奖(命名)单位
宁乡县	全省重大动物疫病防控工作目标管理考核优胜县	省防治重大动物疫病指挥部
	养殖业工作目标管理先进县	省畜牧水产局
县人民政府	消防工作先进单位	省消防安全委员会
	湖南省慢性病综合防控示范县	省卫计委
县政府公众信息网	优秀县市区政府门户网站	省政府办公厅
县老干部局	全省老干部宣传工作红旗单位	省老干局
县总工会	第六届全国数控技能大赛	省人力资源和社会保障局
	湖南选拔赛优秀组织奖	省总工会
县妇联	湖南省宣传工作先进集体	省妇联
气象局	气象部门第二批廉政文化示范点	省气象局党组纪检组
城郊乡	2014 年度标准化财政所创建工作先进单位	省财政厅
南田坪乡		
历经铺乡		
青山桥镇		

续表

获奖单位	获奖(命名)	授奖(命名)单位
县房地产开发经营有限公司	湖南省“守合同重信用”单位	省工商行政管理局
	湖南诚信企业	省委宣传部
县城建投	湖南省“守合同重信用”单位称号	省工商行政管理局
	湖南诚信企业	省守合同重信用企业协会 省信用建设促进会
县公安局	2013年度全省公安机关命案侦破先进单位	省公安厅
	2014年度省春运道路交通安全工作成绩突出集体	
	全省道路交通安全管理评估工作先进单位	省公安厅交通管理局
县经管局	全省农村经营管理工作先进单位	省农村经营管理局
	农村土地承包经营权登记试点工作先进单位	
	农业社会化服务体系建设工作先进单位	
县农业局	农业政府网站工作先进单位	省农业委员会
县农广校	新型职业农民培训省级示范学校	省农民教育培训工作领导小组办公室 省农业广播电视学校
县农机局	全省农机购置补贴工作先进单位	省农业机械管理局
	全省农机系统行风建设先进单位	
	全省农机秋冬种工作先进单位	
	全省农机产业发展工作先进单位	
县畜牧兽医水产局	宁乡猪生产配套技术示范与推广一等奖	省农业委员会
县审计局	2013年全省政府性债务审计集体三等功	省审计厅
县物价局	全省价格成本调查工作优秀集体	省物价局
县统计局	省第三次全国经济普查先进集体	省第三次全国经济普查领导小组
县广播电视局	新闻奖一等奖	省委宣传部、省新闻工作者协会
	新闻奖三等奖	
	湖南广播电视奖一等奖	
县司法局夏铎铺司法所	湖南省模范司法所	省司法厅
县司法局流沙河司法所	湖南省规范化司法所	

续表

获奖单位	获奖(命名)	授奖(命名)单位
金洲镇人民政府	2013年湖南省新型城镇化建设明星单位	湖南省“四化两型”建设宣传展示活动组委会
双凫铺镇卫生院	2013年湖南省“四化两型富民强省明星单位”	
资福乡人民政府	2013年湖南省“四化两型建设明星乡镇、街道”	
玉潭镇楚沩社区	雷锋号志愿者工作站	共青团湖南省委、省文明办等5单位
	湖南省计划生育协会工作先进单位	省计划生育协会
玉潭镇花明社区	全民健康生活方式行动健康社区	省全民健康生活方式行动领导小组
@中国灰汤温泉国际旅游度假区	2013年度十大政务微博飞跃奖	省委宣传部等5单位

表7 获省(厅局)奖励(命名)个人名表

获奖人所在单位	获奖人	获奖名称	授奖单位
大屯营镇	徐进军	2013年度湖南省见义勇为先进个人,荣记一等功	省人民政府
县公路局	郑小兵	公路养护技能比赛沥青路面坑槽修补项目三等奖	省公路局
	张维良	公路养护技能比赛水泥路面清缝灌缝一等奖	
	黄新林	公路养护技能比赛装载机指定操作项目二等奖	
县农广校	郑谷云	新型职业农民培训先进个人	省农民科技教育培训中心 省农业广播电视学校
县统计局	闵爱辉	湖南省第三次经济普查先进个人	省第三次全国经济普查领导小组
县总工会	文　珍	“蓝结行动第四季——禁毒宣传进学校、进企业、进社区”活动先进个人	省禁毒办 省总工会
县司法局	喻友明	“三调联动化矛盾息诉息访促平安”先进个人	省司法厅

续表

获奖人所在单位	获奖人	获奖名称	授奖单位
县广播电视台	王敬仁 周　娉 刘志勇 周　丹 郭志光	湖南新闻奖一等奖	省委宣传部、省新闻工作者协会
	高大江 罗俊飞 潘红星	湖南新闻奖三等奖	
	王敬仁 周　娉	湖南广播电视奖一等奖	

表 8　获长沙市委、市政府奖励(命名)单位名表

获奖单位	获奖(命名)	授奖(命名)单位
宁乡县	长沙市人口和计划生育工作先进单位	市委、市人民政府
县人民政府	2014 年度长沙市加速推进新型工业化工作优秀单位	市政府
宁乡经济技术开发区管委会		
金洲新区管委会		
县卫生局	无偿献血工作先进单位	
加加集团	2014 年度长沙工业三十强	
县水务局	县农田水利建设优秀单位	市委、市政府
县城建投	县文明标兵单位	
县物业管理服务中心	县物业管理工作文明单位	
县武装部	安全工作先进单位	市警备区
	新闻报道工作先进单位	
县卫生局党委	全市学习型党组织建设示范点先进单位	市委

续表

获奖单位	获奖(命名)	授奖(命名)单位
夏铎铺镇	长沙市人口和计划生育工作"十佳"单位	市委、市人民政府
玉潭镇楚沩社区	文明社区	市委、市人民政府
煤炭坝镇	长沙市人口和计划生育工作先进单位	市委、市人民政府
城郊乡	长沙市人口和计划生育工作先进单位	市委、市人民政府
沩山乡	长沙市人口和计划生育工作先进单位	市委、市人民政府
双江口镇	长沙市人口和计划生育工作先进单位	市委、市人民政府
道林镇	长沙市人口和计划生育工作先进单位	市委、市人民政府
资福乡	长沙市人口和计划生育工作先进单位	市委、市人民政府
朱良桥乡	长沙市人口和计划生育工作先进单位	市委、市人民政府
偕乐桥镇	长沙市人口和计划生育工作先进单位	市委、市人民政府
南田坪乡	长沙市人口和计划生育工作先进单位	市委、市人民政府
流沙河镇	长沙市人口和计划生育工作先进单位	市委、市人民政府
双凫铺镇	长沙市人口和计划生育工作先进单位	市委、市人民政府
喻家坳乡	长沙市人口和计划生育工作先进单位	市委、市人民政府
沙田乡	长沙市人口和计划生育工作先进单位	市委、市人民政府
回龙铺镇	长沙市人口和计划生育工作模范单位	市委、市人民政府
历经铺乡	长沙市人口和计划生育工作模范单位	市委、市人民政府
玉潭镇	长沙市人口和计划生育工作模范单位	市委、市人民政府
金洲镇	长沙市人口和计划生育工作模范单位	市委、市人民政府
白马桥乡	长沙市人口和计划生育工作模范单位	市委、市人民政府
菁华铺乡	长沙市人口和计划生育工作模范单位	市委、市人民政府
煤炭坝镇	长沙市绿化工作先进单位	市人民政府
煤炭坝镇	长沙市"两型示范"先进乡镇	市人民政府
偕乐桥镇	长沙市 2014 年度文明村镇	市委、市人民政府
偕乐桥镇	长沙市 2014 年度经济社会发展综合实力十快乡镇	市委、市人民政府
偕乐桥镇	长沙市 2014 年度环境卫生优胜乡镇	市委、市人民政府
历经铺乡	长沙市 2013 年度经济社会发展十快乡镇	市委、市人民政府

表 9　　获长沙市委、市政府奖励(命名)个人名表

获奖人所在单位	获奖人	获奖名称	授奖单位
县卫生局	喻国军	无偿献血先进个人	市政府
	喻亮辉		
	李朝霞		

表 10　　获宁乡县委、县政府 2014 年度奖励的部分单位

一、五好领导班子(55 个)

县法院	县检察院	县编委办	县发改局
县工信局	县教育局	县科技局	县住建局
县公安局	县民政局	县财政局	县国土资源局
县水务局	县农业局	县林业局	县交通运输局
县文体广局	县审计局	县统计局	县安监局
县委党校	县委老干局	县信访局	县广播电视台
县粮食局	县民宗局	县畜牧局	县住保局
县招商局	县重点办	县项目办	县机关事务局
县城投集团	县公路局	团县委	县残联
沩东新城	道林镇	东湖塘镇	夏铎铺镇
金洲镇	双江口镇	菁华铺乡	煤炭坝镇
回龙铺镇	资福镇	偕乐桥镇	老粮仓镇
青山桥镇	沩山乡	巷子口镇	龙田镇
白马桥乡	历经铺乡	玉潭镇	

二、获得全国先进荣誉称号相关单位

县域经济基本竞争力五十强	县统计局
中国新闻奖一等奖(电视专题《把粮食存到银行》)	县广播电视台
全国义务教育发展基本均衡县	县教育局
全国产粮大县	县粮食局　县农业局
国家知识产权强县工程试点县	县科技局
全国综合实力百强乡镇	玉潭镇
全国水利系统先进集体	县水务局
全国优秀法院	县法院
第八届全国“中华宝钢环境优秀奖”	沩山乡

续表

全国重点镇	灰汤镇　花明楼镇 双凫铺镇
国家级生态乡镇	白马桥乡　城郊乡 历经铺乡　黄材镇 大屯营镇
全国示范刑事科学技术室	县公安局
全国一级公安经侦大队	县公安局
全国检察宣传先进单位	县检察院
全国检察机关文明接待室	县检察院
县关工委被评为中关委宣传工作先进集体	县委老干局
全国公共机构节能示范单位	县机关事务局
全国科普惠农兴村先进单位	县科协
全国司法宣传先进集体	县法院
全国优秀县级车管所	县公安局
天紫漂流国家 AAA 级景区	县旅游局
全国 AAA 级婚姻登记机关	县民政局

文件选登

中共宁乡县委　宁乡县人民政府
关于全面建成小康社会的实施意见(2014—2017年)

宁发〔2014〕13号

为贯彻落实党的十八大、十八届三中全会关于全面加快建成小康社会的战略部署,根据省委十届七次全会、市委十二届六次全体(扩大)会议和县委十一届四次全体(扩大)会议精神,结合我县实际,现就我县全面建成小康社会明确如下实施意见。

一、明晰我县全面建成小康社会的总体形势

(一)当前的宏观背景。党的十八大提出,到2020年全面建成小康社会;省委十届七次全会明确以分类指导、加快推进全面建成小康社会总揽发展全局工作,并要求长株潭地区2017年率先全面建成小康社会;市委十二届六次全会做出建成“三市”的重大部署,将加快建成“全面小康之市”置于首要位置。县委十一届四次全会确立了建设“三个宁乡”的发展定向,明确将全面小康考评指标体系确立为加快“三个宁乡”的阶段目标。根据湘办〔2014〕30号文件精神,从2014年度开始,全省将以全面小康考评统揽各类考评考核,全面小康考评、绩效评估和县域经济考核进行整合,统一部署实施,并对全省122个县市区年度考评结果进行排名通报,并设立两个综合奖和两个单项奖,分别为“十先进县”奖、“十快进县”奖和“全面小康经济强县”奖、“全面小康经济快进县”奖。全县各级各部门要充分认识全面建成小康社会的重大意义,切实增强使命感、责任感、紧迫感,加大工作力度,确保如期如质完成任务。

(二)工作的基础和优势。2013年度,全面建成小康社会五大类指标中,我县民主法治、生态文明类实现程度达90%以上,社会发展类实现程度近80%;32个分项指标中,有18项实现程度超过80%,其中基本医疗保险覆盖率等11个指标实现程度达100%,我县全面建成小康社会具有较好的现实基础。随着未来几年众多重大招商项目的逐步投产,长韶娄高速、宁梅大道、金洲西线等战略要道的陆续拉通,主体园区平台的不断壮大,宁乡经济社会发展积聚的势能将持续释放,全面建成小康拥有日益强劲的内生动力。

(三)面临的短板和压力。2013年度,我县全面建成小康社会实现程度为74.32%,排名落后于全市其他县区市。五大类指标中,经济发展、人民生活两类“硬指标”实现程度仅处于65%—70%区间,排名同样在全市落后;32小项指标中,仍有10项实现程度低于70%,其中人均地区生产总值、人均财政总收入、城镇化率、文化产业增加值占GDP比重、高新技术产业增加值占GDP比重、园区规模工业增加值占GDP比重、人均储蓄存款、居民文教娱乐服务消费支出占消费总支出比重等指标实现难度不小。全县全面建成小康社会既拥有基础和潜力,更需要“跳起来摘桃子”,如期全面建成小康社会任务繁重。

二、明确我县全面建成小康社会的总体要求

(一)指导思想:紧扣省委关于分类指导加快推进全面建成小康社会、市委关于加快建成“全面小康之市”的部署要求,坚持将加快全面建成小康社会作为一切工作的总揽,突出补齐短板,坚持统筹兼顾,强化科学考评,促进经济总量、发展质量、人均均量“三量齐升”,确保2017年全面建成小康社会。

(二)基本原则

1. 坚持以人为本。以践行幸福新宁乡“五民五感”的核心内涵为工作重点,以改善人民生活、促进人的全面发展为根本目的,切实增加城乡居民收入,切实提升城乡居民生产、生活质量;以群众认可为基本标准,让人民群众得到更多实惠、过上更加幸福美好的生活。

2. 坚持补齐短板。对照一类县的考评指标体系,明确薄弱环节,找准路径、创新思路、精准施策、突破瓶颈,科学高效地提升全面小康实现程度。

3. 坚持改革创新。坚定不移实施创新驱动战略,深入落实转型创新发展三年行动计划，统筹发展速度、质量和效益，努力实现经济社会好中求快发展，在全市率先走出一条转型创新发展的成功之路，使转型创新成为全面建成小康社会的最大动力，让转型创新的“红利”更多惠及全县人民。

4. 坚持协调推进。建立由县全面建成小康社会推进工作领导小组总体调度，县直单位部门牵头负责，园区、乡镇等载体单位具体实施的协同推进机制，坚持经济、政治、文化、社会和生态文明“五位一体”发展，构建城乡统筹、社会协同、全民参与的工作格局。

三、攻坚全面建成小康社会的薄弱环节

紧扣我县全面建成小康社会的薄弱环节精准施策，大力实施三大攻坚计划，集中力量突破难点、补齐短板。

(一)大力实施产业倍增与项目支撑发展计划

1. 加速新型工业化发展。坚定实施兴工强县战略，深入落实新型工业化三年行动计划，促进信息化与工业化深度融合，推动企业加快技术改造、提升精准管理水平，完善设备加速折旧等政策，增强宁乡工业的竞争力。提升园区平台，深入实施集群式项目的满园扩园行动和两型化管理的提标提档行动，推动宁乡经开区加快创建全国首家安全食品示范园区、全国再制造产业示范基地、智能家电制造示范基地，于2017年跻身千亿园区；推动金洲新区走“小企业大集群”“高科技快融合”和产城融合一体化发展之路，加快创建全国新材料新型工业化示范基地、国家新型工业化产业基地、省级高新区，将两大园区打造成为特色鲜明、宜居宜业的现代城市工业经济综合体；加快金玉乡镇工业集中区建设，狠抓飞地招商和项目推进，打造全省乡镇工业集聚集约发展的样板平台。其他乡镇园区原则上不新增工业项目。到2017年，园区规模工业增加值占规模工业增加值比重提升至90%。推动产业集聚升级，推动食品、先进装备制造、新能源新材料、光电信息等主导产业走高精深发展之路；提升珠宝、机械制造、鞋业等特色产业，形成支柱产业竞相发展、多业支撑的工业发展格局。

2. 促进农业产业化发展。扶持新型农业经营主体，大力发展订单农业，积极培育各类农业合作社和家庭农场，力争农户入社率突破60%；成立土地流转服务中心，进一步规范农村土地流转，探索农村集体经营性建设用地入市交易；做大做强农副产品加工特色产业，大力扶持全国超级杂交稻“百千万”高产攻关项目、烟叶基地单元、宁乡花猪原生态养殖基地等示范基地建设，力争培育产值过亿元企业20家以上、产值突破600亿元。支持农科园建设中国(长沙)农业产业化示范园，加快创建全国农产品加工业示范基地，推动农业主导产业优化升级。按照“产业发展集中区、农业高科推广区、生态农村样板区、综合改革试验区、现代农业示范区”定位，推进以金朱公路为轴线，以金洲、双江口、朱良桥为核心的现代农业综合配套改革试验区建设，突出以重大农业产业项目为支撑，连片发展为模式，强农惠农为根本，力争2016年创建国家级现代农业示范区。

3. 提升现代服务业比重。立足全国旅游强县优势，深度挖掘特色旅游资源、延伸文化内涵，抓好灰汤雅居乐项目建设、灰汤创建国家级旅游度假区等重点工作，组建全县旅游企业营销联盟，全面提升景区管理运营水平，打响“五养之乡·中国宁乡”旅游品牌。放大宁乡区位优势，抓好未来方舟城市综合体、利和城市综合体、大河西农产品批发市场、大河西汽车城等一批区域性商贸物流项目建设，致力打造“省会消费次中心”。大力发展品质房产，积极培育养老、工业、商务等综合地产，强力推进保障性住房建设。大力发展文化产业，培育和壮大文化旅游、包装印刷、演艺娱乐、民间工艺等传统文化产业，积极培育设计创意、节庆会展、移动多媒体等新兴产业，抓好绿城宁乡文化城、华强文化城等重大项目建设，做大做强宁乡经开区文化创意产业园、炭河里文化休闲旅游产业城等载体平台。到2017年，实现二、三产业增加值占GDP比重分别达到96%，文化产业增加值占GDP比重达到8%。

4. 强化科技创新驱动。坚定实施双轮驱动战略，推进“创新宁乡”建设，将新型工业化三年行动计划的扶持重点、工业发展基金的投入重点向科技型企业倾斜，进一步出台切实有效的科技创新扶持政策。深入实施企业对标升级工程，狠抓企业装备、管理、技术、质量四个要素的升级工作。大力支持企业科技创新平台建设，到2017年，创建市级以上工程技术中心20家，培育市级以上创新型企业20家以上，构建以企业为主体、市场为导向、产学研相结合的技术创新体系。完善政策，引进和培养一批关键紧缺型、行业领军型人才和各类技术骨干人才。加快建成湖南省大学科技产业园基地、湖南科技成果转化和知识产权交易服务中心、玉屏山科技城等重大项目，形成高新技术产业新的增长极点。到2017年，实现高新技术产业增加值占GDP比重达30%以上。

5. 狠抓重大项目建设。坚持将产业倍增和转型创新发展落实到具体项目上，抢抓湖南“一带一部”新定位、湘江新区建设等机遇，积极对上申报项目，争取各类支持。重点推进宁梅大道、长沙军民两用机场等一批战略性基础设施项目，突出抓好格力电器、洋河酒业、杉杉新材、康师傅、威蒙积泰、盼盼食品、湖南省粮食集团、好彩头等重大产业项目和重点教育工程、重点卫生工程等重大民生项目建设。强化项目调度，坚持对重大项目实行“六个一”的调度机制，将重点项目全部纳入“模拟审批”范围，继续实施“三查三比”竞赛和重点项目建设限时办结。狠抓招大引强，编制产业招商目录，建立重点项目信息库，突出抓好项目、大项目，每年确保新上1个投资50亿元以上或3个投资20亿元以上项目，新上9个投资10亿元以上项目，新上25个亿元以上项目。

责任领导：戴中亚、刘永红、刘亮、龚畅、王湘云、钟利仁、刘俊武、冯智君、彭韬

责任单位：经开区、金洲新区、县委宣传部、县发改局、县财政局、县工信局、县科技局、县农办、县经管局、县农业局、县林业局、县畜牧局、县商务局、县项目办、县招商局、县文体广局、县统计局、县金融证券办、县旅游局、县住保局及各乡镇

(二)大力实施居民收入倍加与生活质量提升计划

1. 推动城乡居民人均收入不断增长。健全城乡均等的公共就业创业服务体系，完善扶持创业的优惠政策，形成政府、公共就业服务机构及其他社会组织共同参与就业服务的新机制。大力开展就业服务、“校企合作”和订单培训，推动就业本地化。研究健全特困户、残疾人、退伍军人等主要人群的就业引导扶持机制，保持“零就业”家庭动态清零。构建劳动者终身职业培训体系和维权常态机制。改革机关事业单位工资和津补贴制度。逐步推行公务员职务与职级并行，职级与待遇挂钩制度。建立边远乡镇激励补贴制度。构建与经济、财政收入、物价水平联动的工资增长机制，引导企事业单位合理提高职工工资。到2017年，确保城镇居民人均可支配收入、农村居民人均纯收入分别超过5万元、2.5万元；人均储蓄存款突破3.2万元。

2. 提升城乡居民精神文化生活水平。加强公共文化服务设施建设，提高文体中心、玉潭公园等重点公共文化设施的开放率和共享率。加快打造乡村文化广场、乡村影院、乡村图书馆、乡村惠民书店、技能教育培训等一批文教娱乐消费新平台。培育高档文化娱乐用品消费、旅游休闲、体育健身、假日活动消费等新的文教娱乐消费热点。培育群众文化消费习惯，引导群众合理搭配精神文化消费比重。到2017年，居民文教娱乐消费支出占消费总支出比重提升至18%。

责任领导：王湘云、钟利仁、刘俊武、彭韬

责任单位：县委宣传部、县财政局、县发改局、县人社局、县农办、县文体广局、县教育局、县金融证券办、县统计局及各乡镇

(三)大力实施城乡品质倍升与城乡统筹发展计划

1. 提升新型城镇规划建设管理品质。坚定实施东进融城战略，拓展新型城镇平台，强力推进沩东新城建设，突出抓好策划规划、控建拆违、招商融资，抓好宁梅大道、长沙军民两用机场、城市轨道交通三个战略重点，加快打造生态沩东、智慧沩东和财富沩东。紧扣“一主两轴四中心多特色”的总体布局，重点抓好4个市级小城市、中心镇和特色镇建设，建设一批省级“美丽乡村”和“美丽乡镇”，探索对吸纳人口多、经济实力强的中心城镇赋予县级经济社会管理权，引领、带动和辐射周边乡镇积极探索旅游生态型、现代农业型、工业主导型、边界商贸型的小城镇发展之路。着力破解城乡之间和城市内部“两个二元结构”，在户籍、宅基地、社会保障等方面出台配套政策，努力实现人口就地城镇化，促进新型城镇化深入、可持续推进。大力推进棚户区改造工程，高质量实施净化、绿化、美化、亮化“四大工程”，显著提升城镇形象品质。到2017年，全县城镇常住人口达到78万人，中心城区常住人口达到38.5万人，力争城镇化率达65%。

2. 加快农村安全饮水等基础设施建设。继续推进农村田间水利工程扩容提质。加强沩水源头及农村饮水安全工程水源保护，整治企业违规排污、库区养殖污染，完成农村饮水管网扩容改造升级，做好中心城镇涉水工程及乡镇水厂扩容改造，改善农村自来水水质，提高农村自来水供水稳定率，到2017年，确保农村居民安全饮水比率达100%。加快水、电、路等基础设施建设向粮食、烟叶等示范基地延伸。完成城乡有线电视通达工程，“村村响”广播工程覆盖全县每个村(居)民小组，完成新一轮农网改造，加快推进城乡一体发展。

责任领导：龚畅、钟利仁、冯智君、彭韬

责任单位：县发改局、县财政局、县住建局、县环保局、县交通运输局、县水务局、县卫生局、县城管局、县城投集团、县国资公司、县城乡规划局、县国土资源局、县广播电视台、县电力局及各乡镇

四、提升全面建成小康社会的既有基础

加快推进全面小康建设，既需要集中力量突破难点，又需要巩固已有优势，确保各项工作不断提升，实现提升幅度的争先进位。

(一)深化两型配套改革

大力推进节能减排工作，完善企业环境信用评价、排污权交易等制度，严格控制重点用能单位能耗水平，指导重点能耗企业实施节能技术改造。加强大气污染监控与防治。划定森林、湿地的生态保护红线，对划定区域禁止开发。完成“全民护水、全民清整、全民植树”三个三年行动计划，全面创建全国生态文明建设示范县、全国绿化模范县、国家园林县城，创建国家级生态乡镇10个以上。到2017年，实现单位GDP能耗小于0.7吨标煤/万元；城镇污水处理率实现84.3%；空气质量达标率、地表水质达标率保持100%；森林资源蓄积量增长率、城镇建成区绿化覆盖率分别实现3%、30%。

责任领导：刘亮、龚畅、王湘云、冯智君、彭韬

责任单位：县委宣传部、县发改局、县财政局、县环保局、县林业局、县水务局、县城乡规划局、县爱卫办及各乡镇

(二)提升社会发展水平

1. 加强社会民生保障。坚持多予少取的民本型财政理念，与经济发展同步提升养老、失业、医疗、工伤等社会保障各项待遇水平。扎实做好城乡低保、困难家庭医疗救助、防灾减灾和灾后救济等工作，突出解决好困难职工、贫困农户、低收入群体的生产生活困难。不断扩大基本医疗保险覆盖面，健全全民医保

体系，不断提高城乡居民大病保障水平。加快启动基本养老服务补贴工作，到2017年，基本养老服务补贴覆盖率提升至50%以上。不断提高住房保障水平，从2015年起，结合全县人口资源环境承载能力和经济社会发展水平，综合轮候人群数量、居民收入、居住水平以及住房价格等因素，建立住房保障准入标准和保障标准的动态调整机制。

2. 统筹城乡教育均衡发展。全面推进义务教育标准化学校建设和薄弱学校提质改造，加强城区学校规划建设。加强公办幼儿园和民办普惠幼儿园建设，确保公办幼儿园和民办普惠性幼儿园在园幼儿占比达60%以上。创建国家中职改革发展示范校，扩充职业教育学位4000个以上，实现初中毕业生升入普高和中职比例大体相当的目标。逐步提高省示范性高中招生指标分配比例，严格控制择校生数量。坚持义务教育免试就近入学，落实进城务工人员随迁子女入学，取消重点班，治理“大班额”。加强中小学教师的专业发展培训，培养一批在全国全省有名的校长和教师。到2017年，县域15岁及以上人口平均受教育年限提升至11.5年。

3. 深化医药卫生体制改革。完成基层医疗卫生机构标准化建设三年行动计划，村(社区)卫生室全面设立便民药柜，努力实现“小病不出乡、大病不出县”。推动县人民医院、县中医院、县精神病医院、县妇幼保健院的公立医院综合改革试点工作，破除“以药养医”，建立科学补偿机制，实行基本药品零差率销售。加强城乡特困家庭医疗救助，健全重特大疾病医疗保险和救助制度。鼓励社会力量办医，优先支持举办非营利性医疗机构。

4. 构建现代公共文化服务体系。整合基层宣传文化、党员教育、科学普及、体育健身等设施，建设乡镇综合性文化服务中心。统筹实施好村(社区)文化活动室、公益电影规定放映点、农家书屋等惠民工程建设，提高公共文化服务能力与水平。持续开展“欢乐楚沩”“书香楚沩”“善行楚沩”系列活动，切实扩大群众的参与面。建立群众评价和反馈机制，推动文化惠民项目与群众文化需求有效对接。鼓励社会资本参与公共文化事业，推动公共文化服务社会化发展。到2017年，实现人均拥有公共文化体育设施面积3平方米以上。

责任领导：吴文海、王湘云、钟利仁

责任单位：县委宣传部、县文体广局、县广播电视台、县人社局、县财政局、县民政局、县发改局、县教育局、县卫生局及各乡镇

(三)推进民主法治建设

1. 加强和创新社会治理。进一步健全党委领导、政府负责、公众参与、法治保障的社会治理体制。积极稳妥推进县政府机构改革，细化依法行政建设指标和考核细则。健全重大决策社会稳定风险评估机制，扩大行政决策听证会的范围。推进信访源头治理和积案化解，健全信访终结机制。抓好全国文明县城创建等活动载体。完善社会治安“网格化”治理。建立隐患排查治理体系和安全预防控制体系。全面完成食品安全监管体制改革，完善统一权威的食品药品安全监管机构。到2017年，社会安全指数达到100%。

2. 提高基层民主水平。积极推进基层党务、政务和村务公开，完善建立村务监督机制，有效保障基层党员干部和群众的知情权、监督权和参与权。完善基层民主制度，健全村(居)民自治机制。开展民主管理、民主自治村(社区)示范创建活动，全面提升基层民主水平。实现城镇居委会依法自治达标率、农村村委会依法自治达标率保持100%。

责任领导：汤智斌、刘平、吴文海、钟利仁、漆曙光、冯智君

责任单位：县委组织部、县委政法委、县公安局、县法院、县检察院、县司法局、县安监局、县食安办、县食药监局、县信访局、县民政局及各乡镇

五、严格全面建成小康社会的考核评价

(一)责任分解。分年度制定下发《宁乡县全面建成小康社会指标计划及责任分解表》，32项考评指标逐项明确县级领导牵头包干负责，相关县直部门单位具体负责。责任县直部门单位收集、统计指标数据，形成单项指标监测结果，按季度提供给县统计局统一汇集处理，并全面承担所负责指标任务的细化分解落实、实施方案制定、对上协调推进等责任。各项考核指标具体责任单位明确如下：人均地区生产总值、二、三产业增加值占GDP比重、单位GDP能耗，由县发改局、县统计局共同负责；人均财政总收入、税收占财政总收入的比重，由县财政局负责；高新技术产业增加值占GDP比重由县科技局、县工信局共同负责；文化产业增加值占GDP比重由县委宣传部、县文体广局、县统计局共同负责；园区规模工业增加值占规模工业增加值比重由县工信局、县统计局共同负责；城镇化率由县住建局、县统计局共同负责；金融机构各项贷款增长率、人均储蓄存款，由县金融证券办负责；城镇居民人均可支配收入、基本医疗保险覆盖率，由县人社局、县统计局共同负责；农村居民人均纯收入由县农办、县统计局共同负责；人均住房使用面积由县住保局负责；居民文教娱乐服务消费支出占消费总支出比重、人均拥有公共文化体育设施面积，由县文体广局、县教育局、县统计局共同负责；农村居民安全饮水比率由县水务局负责；行政村客运班线通达率由县交通运输局负责；高中阶段毛入学率、平均受教育年限，由县教育局负责；每千人拥有床位数、5岁以下儿童死亡率，由县卫生局负责；基本养老服务补贴覆盖率、城镇居委会依法自治达标率、农村村委会依法自治达标率，由县民政局负责；社会安全指数由县委政法委、县食安办、县安监局负责；城镇污水处理率由县住建局负责；空气质量达标率、地表水质达标率，由县环保局负责；森林资源蓄积量增长率由县林业局负责；城镇

建成区绿化覆盖率由县城乡规划局负责。县小康办会同县统计局,负责对小康指标进行总体调度和协调。指标由多个单位共同负责的,排列第一的单位为牵头负责单位。

(二)考核奖惩。坚持以全面小康考评为“总指挥棒”,统揽各类考评考核,调整完善绩效考核办法。按照细化分解指标落实县直部门单位考核目标,责任县直部门单位按照分类考核原则向各乡镇、园区进行任务分解和考评。对承担全面小康考核任务的乡镇和县直单位根据日常工作表现与年终考核结果,分别设立5个“全面小康工作快进奖”和5个“全面小康工作先进奖”,县委、县政府将设立专项资金予以表彰奖励,对其主要领导在提拔任用时给予重点考虑。对工作不力,一年出现指标倒退或未完成序时进度的部门单位,由县委、县政府对其党政主要领导和相关负责同志给予黄牌警告;连续二年指标倒退或未完成序时进度的,对党政主要领导和相关负责同志进行诫勉谈话;连续三年指标倒退或未完成序时进度的,视情况对党政主要领导和相关负责同志进行交流、降职等处理。通过科学考评、严格奖惩,引导全县上下把主要力量、主要精力、主要资源投入到全面建成小康社会中来。

六、强化全面建成小康社会的各项保障

(一)加强组织领导。成立由县委主要领导任组长的全面建成小康社会推进工作领导小组,负责全面小康社会建设的组织、指导、协调、考评工作。领导小组下设办公室(简称“县小康办”),具体负责全县全面小康建设的综合协调、联络指导、考评监测等工作。各乡镇、各相关部门单位要成立相应的工作机构,主要领导要亲自挂帅,明确分管领导,保证工作力量,并制定具体工作计划和实施方案,确保全面建成小康工作顺利推进。

(二)加强舆论宣传。强化正面宣传引导,大力宣传全面建成小康社会的重要意义、目标任务、阶段成果等,提高全县干部群众对全面建成小康社会的知晓率、认同感和参与度。县内各新闻媒体单位要开设专栏,以群众喜闻乐见的形式广泛深入宣传全面小康建设进程中的成效、经验,推介先进典型,营造全县上下共同推进全面小康建设的浓厚氛围。

(三)加强分析监测。县全面建成小康社会推进工作领导小组每半年召开一次专题调度会议,研究部署全面建成小康工作。县小康办会同县统计局,每季度汇总分析全面小康指标体系相关数据,每半年发布一次统计监测报告,研究分析实现进程,对监测中发现的新情况新问题,及时发出预警信息,针对困难、差距和薄弱环节提出建议措施。县统计局和各责任单位要做好与上级相关部门在指标口径计算方法和监测结果等方面的沟通衔接,确保数据上下一致。

(四)加强督查指导。县小康办结合各项考评指标的调度与监测动态,对园区、乡镇和县直部门开展定期和不定期的督查指导和服务,重点针对未达标的指标,督促相关单位抓好落实,并协调解决有关重要问题,做到“已实现指标抓巩固、未实现指标抓推进、难点指标抓突破”,努力使各项指标任务按期按质完成。

中共宁乡县委

2014年8月15日

中共宁乡县委
关于全面深化改革的实施意见

宁发〔2014〕14 号

为深入贯彻落实《中共长沙市委关于全面深化改革的实施意见》(长发〔2014〕12 号),结合我县实际,提出如下实施方案:

一、明确全面深化改革的总体要求

1. 重大意义。党的十八届三中全会提出了全面深化改革的指导思想、目标任务、重大原则,是我们党在新的历史起点上全面深化改革的科学指南和行动纲领。省委、市委就全面深化改革工作进行了专题部署,相继出台了《中共湖南省委贯彻落实〈中共中央关于全面深化改革若干重大问题的决定〉的实施意见》,《中共长沙市委关于全面深化改革的实施意见》等一系列重要文件,明确了省、市全面深化改革的目标和任务,对全省、全市的改革发展具有重要的指导作用。全县上下要充分认识到坚定不移地推进全面深化改革工作是重大的政治任务和应有的责任担当,要把思想和行动统一到中央、省、市、县委的重要决策部署上来,奋力担当全面深化改革工作的先行者。

2. 指导思想。高举中国特色社会主义伟大旗帜,以马克思列宁主义、毛泽东思想、邓小平理论、“三个代表”重要思想、科学发展观为指导,深入学习贯彻习近平总书记系列重要讲话精神,以党的十八届三中全会《中共中央关于全面深化改革若干重大问题的决定》精神为总揽,坚持社会主义市场经济改革方向,以促进社会公平正义、增进人民福祉为出发点和落脚点,紧紧围绕市委、市政府“六个走在前列”和“三市三倍”要求,切实明晰建设“三个宁乡”的努力方向和阶段目标,全面深化经济、政治、文化、社会、生态文明和党的建设各领域改革,为加快实现“省会次中心、幸福新宁乡、全国一流现代经济强县”宏伟目标提供强大动力和制度保障。

3. 基本原则。坚持解放思想、先行先试,凝聚全县上下共推改革的共识。坚持市场主导、重点突破,以经济体制改革为牵引,着力解决市场体系不完善、政府干预过多和监管不到位问题。坚持聚焦问题、务求实效,从影响转型创新发展、“三个宁乡”建设和群众切身利益的深层次问题改起,着力破除体制机制障碍,最大限度地激发发展动力与活力。坚持人民主体、群众首创,始终践行党的群众路线,充分尊重基层和群众的首创精神,让全面深化改革的成果更广泛更公平地惠及全县人民。坚持分类指导、统筹实施,增强改革的系统性、整体性、协同性,坚决落实中央、省委、市委统一部署的重大改革。大力推进符合中央和省市委精神、各方面条件基本具备的重要改革,积极探索方向正确、影响深远的重点改革。

4. 总体目标。深入推进中国特色社会主义在宁乡的实践,推进治理体系和治理能力现代化。到 2020 年,全面完成市委赋予宁乡的改革任务,在重要领域和关键环节改革上取得决定性成果,力争在若干领域走在省、市深化改革工作前列,形成系统完备、科学规范、运行有效的制度体系,使各方面的制度更加成熟、更加定型。围绕发挥市场在资源配置中的决定性作用,深化经济体制改革,加快推进转型创新发展,打造宁乡经济升级版。

二、改革内容

(一)民主法制领域改革

1. 推动人民代表大会制度与时俱进。支持县乡两级人大依法开展工作,保障和支持各级人大代表依法履职。完善“一府两院”向本级人大及其常委会报告工作制度。加强对国民经济和社会发展计划的监督,加强对政府全口径预算决算、专项资金管理使用、政府性债务的审查监督及审计后问题整改情况的监督,加强对常委会决议决定、审议意见办理情况的监督,探索预算执行情况人大在线监督,通过询问、质询、特定问题调查、备案审查等积极回应社会关切。健全人大讨论、决定重大事项制度,建立各级政府重大决策、规划出台前向本级人大及其常委会报告制度。进一步规范人事任免工作。改进人大代表推荐提名产生机制,实行候选人情况向社会公开制度,严把代表结构关、素质关、入口关,切实防止破坏选举的各类行为。建立健全常委会领导领衔、挂牌、跟踪督办代表建议、批评和意见工作机制,不断增强代表建议、批评和意见的办理实效。探索代表履职评估和向选区选民述职制度,密切人大常委会同人大代表、人大代表同人民群众的联系,加强选民对代表的监督。

2. 推进协商民主广泛多层制度化发展。各级党委应按照“把政治协商纳入决策程序”的要求,制定支持政协政治协商相关工作制度,进一步完善议事规则和工作规程,把基层政协协商民主作为决策过程的基本环节，明确哪些重大决策的出台、哪些重大项目的实施、哪些重要人事方案必须先经政协民主协商。不断健全和完善协商民主程序，包括协商议题的提出确定程序、安排协商活动的程序、意见建议处理及反馈程序，以及沟通协调机制等，形成基层协商民主制度体系。政协要根据党委想什么，政协议什么；政府做什么，政协帮什么；群众盼什么，政协提什么的工作思路，围绕党委政府确立的发展战略，紧贴各项发展目标任务，利用全委会、常委会、主席会和专委会，认真协商讨论，提出具有前瞻性和建设性的意见建议，为党委、政府科学决策、民主决策提供参考。要推动协商成果进入党委、政府决策，党委、政府要切实把政治协商纳入决策程序；切实做好政治协商成果转化各项基础性工作。

3. 建立健全依法行政体制机制。深化综合执法改革，进一步分离行政审批权和行政处罚权，使部门的权力和利益相分离，形成相互独立、相互制约、相互促进的管理体制，进一步理顺执法部门与管理部门的职能归属。推进环境保护行政执法体制改革，从集中执法向常规化、常态化执法转变，坚持“统一执法”方针，将环保执法权统一到环保部门，加强对环保部门行政执法权的监督。扩大行政决策听证会的范围，在决策领域适度扩大听证会举行的范围，提高行政决策的公众参与度。增强依法行政主体责任意识，进一步分解细化依法行政建设指标和考核细则，使各项指标落实到各县直部门和乡镇，各部门行政执法工作均有考核评价。

4. 推进基层民主改革。规范完善村级议事决策机制，健全村(居)民议事会议制度，建立健全村(居)民监督机制，积极推进村级财务监督委员会制度建设，健全社会普法教育机制。

(二)纪律检查体制改革

5. 完善党风廉政建设责任落实机制。出台落实党风廉政建设党委主体责任和纪委监督责任的相关办法，明确“两个责任”的具体内容及工作措施。完善党风廉政建设责任制考核体系，出台科学管用的量化考评测评办法，形成责任分解、检查监督、倒查追究的完整链条。完善领导干部问责机制，健全从严管理干部制度体系。

6. 落实纪律检查体制改革要求。推进纪律检查工作双重领导体制的具体化、程序化、制度化改革。制定乡镇和县直单位纪委书记(纪检组长)、副书记(监察室主任)提名、考察、考核的具体办法，明确相关部门提名、考察、考核的职责权限和操作程序。制定案件线索和案件查办在向同级党委(党组)报告同时向上级纪委报告的操作办法。推进县纪委监察局内设机构和职责调整，突出执纪监督和案件查办。逐步推行县纪委监察局向县直单位派驻(出)纪检监察组织并实行统一管理制度。出台纪检监察干部适岗性评价办法。

7. 完善权力运行监督制约机制。探索加强纪委对同级党委及其成员监督的具体途径和办法，完善纪委书记参与和监督同级党委决策的相关保障机制。积极推进党务公开和党委权力公开透明运行工作。加强和改进对主要领导行使权力的制约和监督。完善廉政风险防控、防止利益冲突等预防腐败制度，开展以改革限权、依法确权、科学配权、阳光示权、全程控权为重点的“五权”工作。开展领导干部报告个人有关事项抽查核实工作，探索推行新提拔领导干部有关事项公开制度，探索建立领导干部电子廉政档案。严格执行厉行节约、反对浪费各项规定，严格执行公车改革、办公用房、公务接待、因公出国(境)等方面具体制度，对违反制度规定的行为严肃查处问责。完善并严格执行领导干部亲属经商办企业、担任公职、出国定居等相关制度规定。加快推进社会组织去行政化，推动政府与社会组织在人员、经费、职能、名称和办公场所方面彻底“五脱钩”。探索实施巡查制度，发现问题，形成震慑。

8. 强化在改革中惩治和预防腐败的要求。注重改革的系统协同，切实将惩治和预防腐败要求贯穿到全面深化改革过程之中。在设计和执行改革方案时，对可能产生腐败的问题进行预判研究，及时制订防范和治理措施，坚决惩治改革过程中伴生的腐败问题，进一步加强反腐倡廉法规制度建设。认真落实《中共宁乡县委关于贯彻落实〈建立健全惩治和预防腐败体系2013—2017年工作规划〉的实施意见》，为改革顺利推进提供坚强保障。

(三)经济体制改革

9. 深化财税体制改革。创新财源涵养模式，建立财政收入与经济协调增长机制。稳步推进税制改革，重点抓好营改增扩围、资源税从价计征试点等改革。清理规范财税优惠政策，着力治理影响公平竞争的税收返还，税收减免缓交、低价供地等行为。淡化收入任务考核，突出收入质量考评，防止财政收入虚增。完善综合治税平台，实现依法征收、应收尽收。健全口径预算管理体系，加强公共财政预算、政府性基金预算、国有资本经营预算、社会保险基金预算之间的相互衔接和资金统筹。稳妥推进财政预决算、“三公”经费预决算、重大民生项目资金公开。对接省、市财政部门跨年度预算平衡机制和项目预算机制，探索实行中长期财政规划管理。按要求清理规范重点支出同财政收支增幅或生产总值挂钩事项。建立规范合理的政府债务管理及风险预警机制。构建覆盖所有财政资金、贯穿预算编制、执行、监督全过程的预算绩效管理体系，推进预算支出绩效评价，强化绩效评价结果应用，建立绩效激励约束机制。扩大政府采购范围，探索集中采购代理模式。完善资产配置标准，加强资产预算管理，切实降低行政成本。严格控制经费支出总额，年度预算执行中一般不开新的支出口子。完善预算国库联动机制，平衡预算执行进度，盘活存量资金。

10. 健全重大开放平台发展机制。全力支持“三区”建设，推动“五园”错位发展、转型发展、特色发展，构建“多极发力”的一流承载平台。加快经开区建立现代企业制度，进一步完善园区国有资产管理体制和金融市场体系，深化园区建设投融资体制改革，适时推进县与经开区事权与支出责任的合理划分。加快推进金洲新区县级职能授权到位，争取提高省级园区政治待遇，推进“以区管园”，大胆探索“以园带乡（镇）”发展模式。按照“小企业、大产业，高科技、快融合”的路子，对金洲新区产业布局、功能定位进一步确定，建立完善的产业扶植体系。积极推进金玉乡镇工业集中区飞地招商、项目推进、融资运作等方面的配套改革，打造县域经济转型创新发展新平台。探索沩东新城在招商、融资、土地管理等方面的新模式，充分发挥沩东新城处于长株潭“两型”社会建设综合配套改革试验区的优势作用，重点对接长沙湘江新区。以金洲、双江口、朱良桥三个乡镇为核心，辐射周边9个乡镇520平方公里的地域开展现代农业综合配套改革试验，用5年时间建成国家级现代农业示范区。

11. 深化城建公共平台投融资体制改革。推动城建投、国资公司等融资平台发行企业债券，推动有条件的企业上市融资。鼓励社会资本以特许经营、租赁经营、股权投资等方式参与城市基础设施投资和运营。大力推动国有企业公司制和股份制改革，推进政府融资平台公司由政府任务型投资向“任务与经济效益并重”转型，加快建立现代企业制度，合理确定并明确规范管理人员薪酬水平、职务消费、职务待遇、业务消费，推动各级党政机关同所办经济实体和直接管理的企业在人、财、物等方面脱钩。按照“整合资源、增强协同、提高效益”的原则，推进国有企业整合，探索组建现代企业集团。规范政府融资平台公司举债融资制度，控制政府债务总额，探索建立以政府债券为主体的举债融资机制，剥离融资平台公司政府融资职能。建立健全债务风险预警及应急处置机制，防范和化解债务风险。

12. 加快构建现代产业体系。加速产业培育，壮大三大主导产业和光电信息等新兴产业，打造新的家电产业，提质发展传统产业及特色产业，逐步淘汰小水泥厂等落后产能。做好产业定位、努力实现园区主导产业比重超过80%的目标。全力培育一批品牌企业，尽早实现我县主导产业的品牌化。开展产业链招商，重点引进能促进我县产业升级的重大目标项目，引导产业链的两端发展，不断完善我县产业链的延伸性、丰厚性。

13. 完善企业转型升级体系。通过实施“对标升级工程”促进企业转型升级，狠抓企业“装备、管理、技术、质量”四个要素的升级工作，将传统型企业培育成装备先进化、管理规范化、技术高端化、产品优质化的新型现代企业。探索开展企业质效综合评价，对全县工业企业进行分类评估，进行动态管理服务。进一步推进产业集聚，引导品牌升级，优化企业结构。

14. 加强政府投资体制改革。加强项目进入计划的初审评估，开展项目建设经济社会环境等评价，加强重大项目监督检查。加强项目施工现场管理，探索推进政府性公益事业项目建设代建制。启动政府投资项目后评价工作，对重大政府投资项目实行审批前公示制度，对政府投资可研估算实行造价评估。

15. 推进招投标体制改革。统一招投标平台，实行招投标透明化管理。加强项目招标前期工作完成情况审查。加大对围标、串标的防范和处罚力度，探索建立黑名单制度。推进招投标监管。

16. 完善物价监管体系。减少政府性定价和政府指导价范围，加强市场价格监督管理。加强市场物价监测，防止市场物价大起大落，依法打击市场价格垄断。切实维护民生利益，加大重大节假日、重要涉农物资及教育、卫生等重大领域的收费检查力度。转变价格监管方式，开辟网上价格公示、价格举报等现代管理手段和方式，提升价格监督检查效率。

17. 全面实施商事登记制度改革。推进工商注册制度便利化，全面实行先照后证、注册资本认缴登记制、年度报告公示制，逐步推行全程电子化登记和电子营业执照。实行注册资本认缴登记制度，实行商事主体年报备案制度，实行工商登记注册与经营项目审批相分离的登记制，实行商事主体经营异常名录制。放宽住所登记条，放宽企业名称登记条。充分利用市政府统一构建的商事登记管理信息平台和商事主体信息公示平台，逐步推行网上登记服务。

18. 完善金融市场体系。力争2015年前，再引进银行2家，使银行总数达到17家，引进基金1支，基金总数达到4支。推动有条件的民间资本在我县依法设立中小金融机构。2014年县内金融机构新开发5个以上的创新型金融产品。建立健全银企政长效合作机制，推动种子基金，金洲新区风险补偿基金在企业免抵押融资方面发挥更大作用。推动设立产业引导基金，力争2015年前再发起设立1支注册资本不低于1亿元的产业投资基金。2015年前新增社区银行不少于2家。推动发展股权融资，打造企业上市梯队。加强政策扶持，助力宁乡金融产业大发展，健全金融风险防范机制，着力优化金融生态环境。鼓励政府开发平台担保体系建设。探索实施集体土地房屋抵押办法，鼓励林权抵押和农村土地使用权证抵押，激活农村金融市场。

19. 建立城乡统一的建设用地市场。深化征地制度改革试点工作。改革征地与拆迁补偿方式，完善征地制度，建立征地补偿与保障标准的动态调整机制。扩大国有土地有偿使用范围，减少非公益性用地划拨。在符合规划和用途管制的前提下，对所有使用集体经营性建设用地的非公益性项目，按照同地、同权、同价的原则，比照国有土地招、拍、挂的方式交易，建设统一的城乡建设用地市场。建立和健全农村土地交易中心。完善土地租赁、转让、抵押二级市场。

20. 深化科技体制改革。加快建立以企业为主体的技术创新体系,完善科技成果转化对接机制和科技成果处置权、收益权管理机制,促进科技成果资本化、产业化。深化产学研用合作,整合科技创新资源,建立协同创新体系,推进产业技术创新战略联盟、技术转移机构和科技企业孵化器建设。完善科技人才的培养、引进、激励和使用机制,健全科技人才创新创业的支撑服务体系。积极推动金洲新区申报省级高新区和创建湖南省大学科技产业园、湖南省科技成果转化与知识产权交易服务中心。创新和完善政府引导、企业主体、社会参与的研发投入机制,探索建立政府引导资金和社会共同支持初创科技型企业发展的风险投资机制。完善支持中小微企业技术创新和向中小微企业技术转移的公共技术服务平台,健全服务功能和服务标准,建立主要由市场决定技术创新项目和经费分配、评价成果的机制。加大知识产权保护力度,建立知识产权服务专业机构,建立知识产权评估体系,鼓励交易、探索知识产权抵押办法。

21. 深化投资体制改革。放宽外商投资准入条件,不设限额和领域,改进外商服务模式,优化精简外资审批程序,宽进严出,实行备案制。创新招商引资机制,编制产业招商目录,建立重点项目信息库,加强与外资招商对接,着力引进高端装备制造、光电信息、新材料新能源等高新技术产业项目及文化创意、旅游开发、商贸物流等现代服务业。推进引资、引智、引技有机结合,加大对先进技术、管理经验和高素质人才的引进力度。创新对外投资方式,完善对外投资促进体系,鼓励优势企业通过跨国并购、技术合作等方式,在海外建设生产、营销基地,打造宁乡本土跨国公司。探索民营企业以海外上市、引入风投等方式与外商合资合作,积极发展跨境投资。

22. 改革市场监管体系,构建开放型经济新格局。加快职能调节和转变,打造统一开放、竞争有序的现代市场公共服务体系,推进商务诚信建设,建立稳定、透明、可预期的营商环境。全面履行执法职责,加强综合执法,规范执法行为。制定商贸流通规划,加大政策扶持力度,促进产业发展。做好"百城千镇县乡流通再造工程试点县""长沙市中小商贸流通企业服务平台""农村商务信息服务工作省级试点县"工作。积极发挥电子商务在经济转型升级中的突出作用,支持宁乡本土电商企业宁爱商城网、易呼百应网、金道云商网做大做强。加强市场运行监测分析,完善应急调运机制。推动生产企业和大型商场自营进出口,建立并完善推动服务贸易和服务外包快速发展的机制体制,引导加工贸易集聚发展。加强境外经济贸易合作,做好外派劳务合作服务工作。加强外派劳务合作服务平台管理,建设外贸服务平台。

(四)行政机构改革

23.深化政府职能转变。优化政府机构设置、职能配置、工作流程,理顺部门职责关系,完善决策权、执行权、监督权,形成既相互制约又相互协调的行政运行机制。积极稳妥推进县政府机构改革,稳步推进政府机构优化组合,整合部门内设机构,降低行政成本。进一步清理部门职权,厘清权力边界,推行政府权力公开。严格控制机构编制,严格按规定职数配备领导干部,严格控制财政供养人员总量。全面实行机构编制实名制管理,推进机构编制管理科学化、规范化、法制化。探索中心城镇管理体制改革试点,对吸纳人口多、经济实力强的中心城镇赋予县级经济社会管理权。改革创新公共服务提供机制和方式,逐步将适应采取市场化方式提供、社会力量能够承担的公共服务,由政府直接提供转变为政府向社会力量购买。

24.深化行政审批制度改革。全面落实《宁乡县进一步深化行政审批制度改革工作方案》,深入开展行政审批事项"减、转、放、免"工作,实施行政审批权力清单,最大限度精简行政审批事项。取消市场机制能有效调节的经济活动的审批环节,进一步减少保留行政审批事项的审批环节、优化审批流程,推行"阳光"审批、网上审批,健全行政审批工作责任和考评体系。承接国家和省市下放审批权限,进一步精简行政审批事项,政府投资和特殊社会投资实行审批制、核准制,其他社会投资实行备案制,最大限度减少对微观事务管理。强化节能、两型等方面的固定资产投资审查。重大项目实行项目联审、项目公示制度,由招商、国土、规划、发改、环保、法制等相关职能部门对拟落户的重大项目实行"一事一议"项目联审制。把"模拟审批"模式推进到招商一线和关键节点,缩短项目评估时限,降低政府投资风险。强力推进"三集中三到位",加快建设非行政许可网上审批系统建设,完善行政许可网上审批平台。全面落实《关于进一步优化建设项目审批流程的实施意见》,进一步优化审批流程。推行"案例援引审批",杜绝审批乱象,实现行政审批效率整体提速50%。调整模拟审批适用范围,引导符合模拟审批条件的项目走模拟审批程序。

25. 加快事业单位改革。2014年在完成全县事业单位分类工作的基础上深化改革,2015年底之前完成承担行政职能事业单位和从事生产经营活动事业单位改革,2020年前全面完成分类推进事业单位改革任务。贯彻实施《事业单位人事管理条例》,落实基层事业单位公开招聘、岗位设置倾斜政策,激励人才向乡镇基层流动,向艰苦地区和岗位流动。建立事业单位现代化人事管理制度,实现由岗位用人向合同用人、由身份管理向岗位管理转变。深入推进事业单位收入分配制度改革,实行绩效工资制度。完善职称制度,落实评聘分开,单位聘任自主权。

26. 深化城管体制改革。健全城市管理运行机制,成立宁乡县城市管理委员会,进一步明确园区、乡镇、载体单位和相关职能单位城市管理职责,落实城市管理责任,加强城市管理。制定《宁乡县城市管理考核办法》，对县城管委成员单位采取暗访抽查与定期督查相结合的方式进行严格考核，并科学运用评比结果，进一步优化经济发展环境。

（五）党的建设制度改革

27. 强化党委在改革中的领导核心作用。全县各级党委要充分发挥总揽全局、协调各方的领导核心作用，坚定不移落实中央和省市委关于全面深化改革的重大决策部署。县委成立全面深化改革领导小组，负责全县改革总体设计、统筹协调、整体推进、督促落实。建立县领导牵头负责机制，按照各项改革任务和工作目标分年度确定改革事项，明确责任单位和责任主体。各级党委要切实履行对改革的领导责任，坚持问题导向，坚持实事求是，坚持真抓实干，把各项改革任务落到实处。健全工作责任落实、绩效考评、协调联动、问责追责机制。加强"五好"领导班子建设，不断提高领导班子和领导干部推动改革能力。推进基层服务型党组织建设，创新和优化基层党组织设置模式，健全基层党组织运转保障机制，创新和深化在职党员社会报到、网格化管理、组团式服务工作，建立健全基层党组织和党员服务群众机制。

28. 强化改革的组织保证和人才支撑。坚持党管干部原则和正确用人导向，严格落实市委"六用六不用"选任要求和好干部评定标准，加快构建公平合理、有效管用的选人用人机制，使各方面优秀干部充分涌现。完善干部考核评价制度，健全干部选拔任用机制，改进竞争性选拔干部办法，坚决纠正唯票取人、唯分取人、唯 GDP 取人、年龄层层递减等现象。改进优秀年轻干部培养选拔机制，用好各年龄段优秀干部。拓宽选人用人视野和渠道，加强干部跨条块跨领域交流。完善干部教育培训和基层艰苦岗位培养锻炼制度，全面提高干部队伍工作能力。健全干部管理制度，深入推进"为官不为"专项整治，推行"三评四查五找"调整不胜任现职干部办法，探索建立与任期制相结合的干部能上能下、能进能出机制。落实领导干部问责制，加大"为官不为"干部的整治力度，加大"三超两乱"专项治理力度，健全从严管理干部制度体系。推进公务员分类改革。深入推进人才强县战略，实施"四千"人才计划，落实党管人才责任，完善人才引进和人才培育政策，形成充满活力和竞争力的人才体制机制。

29. 形成推进全面深化改革的强大合力。认真践行党的群众路线，以维护和发展群众利益作为改革的出发点，坚持人民主体地位，尊重群众首创精神，改革举措广泛听取群众意见，改革成效让群众检验和评价，巩固和扩大全面深化改革的深厚群众基础。健全社会参与机制，加强与民主党派、无党派、工商联的合作共事，充分发挥工会、共青团、妇联等人民团体和社会组织的积极作用，引导社会各界理解改革、支持改革、参与改革。鼓励基层和群众大胆探索，积极开展重大改革试点，及时总结基层和群众创造的新鲜经验。加强对改革的正面宣传和舆论引导，形成支持改革者、鼓励干事者、宽容失误者、反对消极者的良好氛围，最大程度汇聚推进全面深化改革的强大正能量。

（六）生态文明体制改革

30. 完善两型社会建设体系。积极开展两型示范创建，打造省级两型社会建设综合示范片区。推进能源管理体制改革，优化能源供给结构，大力发展风能、太阳能等新能源。完善城乡能源管网，实现能源供给城乡一体化。加强节能监察，推广清洁低碳技术，严格控制重点用能单位能耗水平，确保全县节能降耗走在全省前列。深化资源性产品价格改革，推进阶梯价格制度。

31. 探索建立环境保护管理新机制。设立乡镇环保站，加强环保队伍能力建设，延伸环保监管触角。开展大气污染联防联控机制建设。探索建立乡镇污水处理厂第三方运营机制。完善企业环境信用评价、排污权交易等制度。

32. 健全林业生态资源保护机制。3 年内扶持林业专业大户 20 个、家庭林场 30 个、林业专业合作社 100 个及规模林业生产企业 10 个。划定森林、湿地的生态保护红线，对划定区域禁止进行开发。实行资源有偿使用和生态补偿机制，建立健全森林、湿地、林木生态效益评估机制，实行生态资源有偿使用。设立专项基金，加快建设和完善县内重点生态功能区、自然保护区、水源保护区的生态补偿机制。探索建立护林防火巡山队伍，有效预防和减少森林火灾。以林权制度改革为依托，深入开展集体林权配套改革。加快推进林权抵押贷款和政策性林业保险工作。

（七）农村改革

33. 改革创新现代农业发展机制。大力推进农业产业化经营，建设好回龙铺、双江口国家级现代粮食示范区，提质建设青龙寨养殖文化园、宁乡资源场等一批宁乡花猪生产基地。扶持沩山有机生态茶园和金洲外贸出口茶叶基地，加快建设宁韶线绿色标准化蔬菜产业走廊，不断提升开发赤龙岛湖泊水果庄园、青山桥中药材产业园等特色产业基地。大力培育农业新型经营主体，加速实现土地流转，发展具有一定规模的产业型现代农庄和家庭农场。实现农民专业合作组织从数量向质量的转变，进一步提高农民合作社覆盖率和带动率。大力推广"公司＋基地""公司＋合作社＋基地"的运作模式，支持农业龙头企业发展壮大。加大中央、省、市支农资金的整合统筹力度，重点向粮食、花猪等重要农产品、新型农业经营主体倾斜。积极争取按水稻实际面积或产量对生产者进行补贴试点。严格落实中央关于新增建设用地出让收益全部投向农村，保障农民公平分享土地增值收益。着力健全农产品安全保障机制，全面推进"三品一标"认证工作，确保认证面积达 90%以上。全面构建农产品质量追溯制度、农产品供应链营销机制和安全保障机制，形成覆盖全县的农产品质量检验检测网络体系。建立健全宁乡农业重点业态的政策扶持体系。

34. 健全城乡发展一体化体制机制，全面推进新型城镇化建设。建立县委城乡规划工作领导小组，谋划和启动城乡发展规划编制，实现城乡规划编制工作的有效衔接。建立公平公正、透明规范的城乡基础设施建设投融资机制，县财政及相关部门要统筹推进城乡资源要素配置，实现公共财政资金更多地倾向农村。继续深化农田水利工程运行管理改革。加快推进新型城镇化和“美丽乡村”建设，建设好花明楼、流沙河两个中心城镇，沩山特色镇，打造灰汤小城市，建设一批示范性村庄和美丽乡村示范带。有序推进农业人口转移和城乡基本公共服务均等化，将农业转移人口纳入城镇统一管理。

35. 加强农村土地管理，规范土地流转。推进和完善农村宅基地管理制度，加强耕地保护、健全土地节约集约使用制度。制订相关农村宅基地置换及复垦制度，县内解决农村村民占用耕地建房过程中占补平衡及年度计划指标问题。坚持和完善农村基本经营制度，保障农民对土地承包经营权的占有、使用、收益、流转、抵押、入股的权益。健全农村土地承包经营权流转市场，成立县乡土地流转管理中心，完善县乡村土地流转三级服务网络。鼓励和引导农村承包土地向专业大户、合作社、家庭农场流转，发展多种形式的适度规模经营。

36. 完善“三资”管理机制。在全县建立农村公共资源交易网络平台，实现开标、评标全过程网络化、规范化，便于对交易进行实时指导与全程监督。将乡(镇)农村公共资源交易纳入县对乡(镇)绩效考核内容，细化考核办法，并强化责任追究。

37. 深化交通领域改革。建设综合交通，坚持适度超前发展，适应经济社会发展需要，合理布局不同区域、不同层次、不同方式的运输网络，合理配置和优化整合交通运输资源，发挥各种运输方式的比较优势和整体效能。建设智慧交通，提升推进交通运输信息化、智能化水平，推动现代信息技术与交通运输管理和服务的全面整合，通过交通运输设备装备、运输组织的智能化，实现运营效率和服务质量的提升。建设绿色交通，贯穿绿色循环低碳发展理念加快建设资源节约型、环境友好型交通运输行业，实现经济效益、社会效益和环境效益的有机统一。建设平安交通，推进交通运输安全生产长效机制的建设，建立隐患排查治理体系、安全预防控制体系。

38. 加快农机系统改革。建立实现农业生产全过程机械化为主线的新型农业生产经营模式。大幅提高农业生产效率，探索财政资金支持农业机械化发展的新机制和以工补农的新途径。加快推进农机系统内部改革，启动从事生产经营活动的事业单位改革，把农机研究所、农机化服务中心等单位从局系统进行剥离改制。

(八)司法体制和社会体制改革

39. 增强司法公开透明度。加快数字法庭建设，依法公开审判执行流程信息，依法公开财产调查措施，建立和完善裁判文书公开上网机制。完善司法程序，优化审判资源配置，健全责任追究机制，完善爱民恤民制度。深化人民陪审工作，完成人民陪审员“倍增计划”。

40. 建立普遍的法律顾问机制。全县所有行政事业单位、企业、有条件的社会团体、村(社区)都聘请法律顾问，完善律师执业权利保障机制和违法违规执业惩戒制度。健全社区矫正制度。成立县社区矫正管理局，建立县社区矫正中心，建设社区矫正安置帮教工作一体化基地。按照一人一案建立矫正方案，全面实施分级分类管理。完善法律援助制度。提高法律援助工作知晓率，网络建设全方位、无死角覆盖。健全社会普法教育机制，建立好“三支队伍”。抓好法律“六进”工作。完善人民调解、行政调解、司法调解联动工作体系，建立“两代表一委员”、律师、专家和社会组织等第三方调处化解矛盾纠纷综合机制。

41. 改进社会治理方式。坚持系统治理、依法治理、综合治理、源头治理，推进社会治理体系和治理能力现代化。创新基层群众自治制度，实现民事民议、民事民办、民事民管。试点推进基层治理模式改革，探索建立新型社区服务管理模式。完善网格化管理、社会化服务机制，健全覆盖城乡的综合服务管理平台和综合治理信息系统。健全重在决策社会稳定风险评估机制。落实行政复议体制改革，健全行政复议案件审理机制。完善人民调解、行政调解、司法调解联动工作体系，建立“两代表一委员”、律师、专家和社会组织等第三方调处化解矛盾纠纷综合机制。改革信访工作制度，推广网上信访、视频接访等做法，强化首问首办责任制，健全信访终结机制。

42. 健全公共安全体系。深化安全生产管理体制改革，建立党政同责、一岗双责机制，强化属地管理、部门监管、企业主体责任，贯彻落实省安委办安全生产专项整治包干负责制和省委办公厅关于建立领导干部带队检查安全生产工作制度，采取领导带队包干负责的方式，开展安全生产检查和专项整治；落实重大安全隐患治理逐级挂牌督办制度，遏制重特大安全事故。坚持“四不两直”(不发通知、不打招呼、不听汇报、不用陪同和接待，直奔基层、直插现场)，开展安全生产暗访督查、突击检查、交叉检查、随机抽查复查；建立联合“打非”机制，推广火工产品、电力联审等制度；充分发挥各级安委会办公室统筹协调的平台作用，综合运用批评通报、警示约谈、“黄牌警告”“一票否决”等手段，严格督查考核。贯彻落实《创建平安宁乡三年行动计划(2014—2016)实施方案》。加强社会治安综合治理，创新社会化、网格化、信息化、立体化于一体的社会治安防控体系。加大依法管理网络力度，健全法律规范、行政监管、行业自律、技术保障、公众监督、社会教育相结合的网络管理体系，防范网络舆情危机，维护网络社会安全。落实国家安全战略，坚决防范和打击境内外敌对势力的渗透破坏颠覆活动，切实维护国家安全。

43. 加强计生工作改革。严格落实《“单独两孩”再生育证》审批制度。完成计划生育特殊困难家庭关怀扶助体系建设，实施人口网格化信息管理系统。

44. 创新食品药品安全管理机制。紧跟省、市要求，全面完成食品安全监管体制改革，完善统一权威的食品药品安全监管机构，建立健全乡镇、村（社区）食品药品监管网络，在乡镇设立食品药品监管机构。强化食品药品安全监管人员法律法规、业务技能、应急处置等方面教育培训，提高队伍综合素质和监管执法水平，强化基层监管力量。深入开展宣传教育，推行信息公开，畅通投诉举报渠道，建立舆情响应机制，推行行业诚信体系建设，建立食品原产地可追溯制度和质量标识制度，保障食品药品安全。组建新的县食品药品监督管理局，设立县食品药品执法监察大队，调整县食品安全执法中队的设置，调整食品检验检测机构的设置，设立县食品药品安全监测中心，设立县食品药品监督管理局乡镇分局，加快构建食品药品安全监管五大体系，进一步完善食品药品监管社会共治机制。

45. 创建医疗卫生机构新机制。建立健全基层医疗卫生机构药品采购配送机制，强力推进基层医疗卫生机构标准化建设三年行动计划和中医药能力提升工程。加强乡村卫生服务一体化管理，推行乡镇人民政府组织支村两委和乡镇卫生院共同管理与考核村卫生室的新模式，探索有执业资质的乡村医生由乡镇卫生院统一聘用、购买“五险一金”的管理模式。落实“十大免费”公共卫生服务项目，深入开展以“基本医疗服务、基本公共卫生服务、重点人群跟踪服务、提供规范的转诊服务”为主要内容的乡村医生签约服务制。启动县人民医院、县中医院等公立医院综合改革试点工作。改革“以药养医”机制，取消药品加成，药品实行全县集中统一采购。调整医疗服务收费价格，提高体现医务人员技术劳动价值的医疗服务价格，降低医院大型医用设备检查价格。调整医保支付政策，建立完善医疗保障支付制度。建立符合医疗行业特点的薪酬制度，建立公立医院决策、实施和监管新机制，实行院长任期目标责任制，实行会计集中核算制度。鼓励社会办医，加大民营资本准入，制订《宁乡县医疗机构设置专项规划（2015—2020年）》，优先支持社会资本举办医疗机构，促进医疗服务多元化。探索社会资本参股公立医院，争取上级三甲医院帮扶联办县级医院重点专科。

46. 深化教育领域综合改革。加强公办幼儿园和民办普惠幼儿园建设，确保公办幼儿园和民办普惠性幼儿园在园幼儿所占比例达60%以上。全面推进义务教育标准化学校建设和薄弱学校提质改造，加强城区学校规划建设。深入推进校长教师轮岗交流，确保年度交流比例10%以上。加强特色高中和综合高中建设。扩充职业教育学位4000个以上。创建国家中职改革发展示范校。推进考试招生制度改革，义务教育阶段划片招生、就近入学，试行九年一贯对口招生；落实初中毕业生普职分流大体相当目标，扩大省示范性高中文化择优指标生比例。创新普通高中和职业教育办学体制机制，加大学术型人才和技术技能型人才培养力度，推动人力资源大县向人力资源强县转变，推进“一校一品、一乡（镇）一特”建设。探索建立教育经费稳定增长的长效机制，确保“两个比例、三个增长”落实到位。健全政府补贴、政府购买服务、助学贷款、基金奖励、捐资激励等制度，支持民办教育发展。鼓励社会力量按照国家有关规定，以独立举办、合作举办等多种形式兴办民办学校。加强中小学教师的专业发展培训，建立教师5年360学时学分管理制度，培养一批在全国全省有名的校长教师。建立办学底线评价、办学绩效评价、办学实力综合评价、教育公众满意度评价相结合的学校评价体系。建立健全督政、督学、监测三位一体的教育督导评估体系，推进学校管、评、办分离。做好省教育信息化试点县工作，加快教育信息化带动教育现代化的进程。

47. 完善社会保障制度。紧紧围绕“保民生”这个核心，扎实做好城乡低保、困难家庭医疗救助、防灾减灾和灾后救济工作，切实保障好困难群众和灾民的基本生活；继续推进乡镇敬老院改造提升工程。重点抓好村民委员会换届选举及村民自治、撤县设市和社区建设、惠民公益殡葬建设等专项社会事务工作。认真落实好双拥优抚安置政策。做好事业单位养老保险制度改革测算和模拟运转，建立统账结合的基本养老保险制度。健全全民医保体系，完善职工医保支付制度，开展城镇职工补充医疗保险工作，不断提高城乡居民大病保障水平。健全残疾人社会保障机制，出台县残疾人扶助办法，规范《残疾人证》办理，依法征收残疾人就业保障金，建设好残疾人托养中心和康复中心，引进、扶持民办康复机构，推进社区康复，实现2020年人人享有康复服务。充分发挥县、乡、村残疾人法律救助工作中心（站、所）的作用。加强残疾人基层组织建设，逐步提高残疾人政治地位。

48. 制定贯彻落实扶持就业创业的政策，完善人才政策，大力引进高层次人才智力。推动扶持创业带动就业工作的快速发展。大力开展“校企合作”和订单培训，解决工业园区缺工问题。进一步加强人力资源市场和就业信息网络建设。建立高层次人才库，建立企业急需紧缺人才目录，主动组团引进人才。规范全县人力资源市场秩序，健全人才向基层流动、向艰苦地区和岗位流动的激励机制。

49. 建立劳资纠纷预警处置新机制。强力推进建设施工领域农民工工资保证金制度，开展劳动保障重大违法行为社会公布和企业诚信系统失信记录曝光制度。

50. 改革信访工作制度。畅通信访渠道，坚持领导干部接访下访，推广网上信访、视频接访等做法。全面夯实基层基础，落实工作责任，规范信访秩序。加大问题解决力度，大力化解信访积案，健全解决特殊疑难信访问题工作机制。

(九)文化体制改革

51. 完善文化管理体制机制。创新文化行政管理体制机制，认真履行“政策调节、市场监管、社会管理、公共服务”的职责，推动政府部门由办文化向管文化转变。进一步理顺党政部门与其所属和管理的文化企事业单位关系，探索国有文化资产新型经营模式，充分发挥国有文化资产的作用。加快文化事业单位分类改革，区分明确功能定位，建立法人治理结构。加强文化市场行政监管和综合执法，净化社会文化环境。建立党委和政府监管国有文化资产的管理机构，完善工作机制。健全基础管理、内容管理、行业管理以及网络违法犯罪防范和打击等工作联动机制。健全网络信息应急管理和突发事件处置机制，形成正面引导和依法管理相结合的网络舆论工作格局。整合新闻媒体资源，壮大主流媒体，推动传统媒体和新兴媒体的融合发展。推动新闻发布制度化和规范化。严格新闻工作者职业资格制度，探索新闻记者管理模式，实现对新闻工作者管理全覆盖。重视新型媒介运用和管理，规范传播秩序，构建现代传播体系。

52. 建立健全现代文化市场体系。发挥市场在资源配置中的决定作用，推进文化产业转型升级。大力促进电影产业发展，扶持网吧连锁经营，繁荣歌厅酒吧文化，推动印刷包装和文化旅游产业二次创业，“非遗”、古玩、艺术品交易等产业振兴。重点打造宁乡经开区文化创意产业园、炭河里文化休闲旅游产业园，强化园区支撑，优化园区功能。壮大市场主体，继续推进国有经营性文化事业单位转企改制，加快公司制、股份制改造，培育更多适应市场的文化企业。建立多层次文化产品和要素市场，吸引金融资本、社会资本、文化资源和国际国内文化企业、战略投资者以多种形式投资宁乡文化产业，鼓励非公有制文化企业发展，支持各种形式小微文化企业发展。推进业态融合，推动文化与创意、科技、旅游融合发展。立足文化旅游产业，大力发展创意设计、文化装备、影视娱乐等新兴文化业态。

53. 构建现代公共文化服务体系。建立公共文化服务体系建设协调机制，统筹服务设施网络建设，促进基本公共文化服务标准化、均等化。用三年时间，整合基层宣传文化、党员教育、科学普及、体育健身等设施，建设综合性文化服务中心。统筹实施好乡镇综合文化站、村(社区)文化活动室、文化信息资源共享、数字图书推广、公益电影规定放映点、公共电子阅览室以及农家书屋等惠民工程建设，提高公共文化服务能力与水平。研究制定并推广执行公共文化服务保障标准、公共文化设施建设和管理服务的技术标准、公共文化服务评价标准。创新公共文化服务方式，完善免费开放保障机制，推动图书馆、博物馆、文化馆等组建理事会，吸纳有关方面代表、专业人士、各界群众参与管理。改进文化产品评价和反馈机制，推动公共文化服务与群众文化需求有效对接。加大政府购买力度，引入竞争机制，推动公共文化服务社会化发展。鼓励社会力量、社会资本通过兴办实体、资助项目、赞助活动、提供设施参与公共文化服务体系建设，鼓励有条件的地方进行项目外包和设施委托管理，强化文化非营利组织的培育，推动公共文化服务社会化发展。推行社会创新管理，以网络化管理、社会化服务为方向，开展多种形式的市民教育活动，提升市民素质，形成人人学习的终身教育的良好氛围。

54. 创新文化交流合作机制。坚持政府主导、企业主体、市场运作、社会参与，大力实施文化走出去战略，扩大对外文化交流。加强文化开放平台建设，举办宁乡文化精品展览展示交易等活动，支持宁乡县域范围内文化企业外向发展。扩展交流渠道，组织具有宁乡特色和楚沩风情的节目、作品参加省市文艺赛事，增强宁乡文化影响力。探索市场化、商业化、产业化运作方式，构建以企业为主体的对外文化贸易平台。积极吸收借鉴国内外一切优秀文化成果，引进有利于我县文化发展的人才、技术、管理经验。

中共宁乡县委

2014 年 8 月 18 日

宁乡县人民政府
关于推进2014年市级农村土地整治项目的实施意见

宁政发〔2014〕5号

各乡、镇人民政府，县直各有关单位：

根据省人民政府《关于推进农村土地综合整治的意见》(湘发〔2009〕26号)等文件精神，现就推进我县2014年市级农村土地整治项目提出如下意见：

一、指导思想

坚持政府领导、部门协作原则，以土地整治专项资金为龙头，聚合相关涉农资金，形成共同投入项目建设的机制。按照“因地制宜、分类指导、先难后易、循序渐进”的要求，积极稳妥地推进农村土地整治工作，确保实现规划目标。

二、组织领导

成立推进2014年市级农村土地整治项目领导小组，由常务副县长任组长，县国土资源局、县财政局、县农业局、县林业局、县交通运输局、县水务局、县环保局、县城乡规划局和项目区乡镇政府行政负责人为成员。领导小组负责项目申报、实施管理全过程的指导、监督和检查。领导小组办公室设县国土资源局，负责项目申报、实施的日常工作，由县国土资源局分管土地整治项目的副局长任办公室主任。

三、工作措施

(一)明确工作职责。项目实施实行法人管理，由县人民政府对项目的申报和实施、验收全过程负总责。其中项目申报和土地整理部分实施工作由县土地整理中心负责；配套资金项目的实施由其责任单位负责；项目的权属管理工作由相关乡镇政府负责。各部门要紧密配合、团结协作，确保在规定的时间内完成项目的申报和实施工作。

(二)制定实施方案。项目实施要严格按照《湖南省土地开发整理条例》及各部门相关规定执行，实行公告制、法人制、合同制、招投标制、监理制等“五制”管理。由领导小组办公室制定项目实施方案，报领导小组审查通过后严格按方案执行，确保项目圆满完成。

(三)实行目标考核。项目实施纳入各相关单位、乡镇年终工作目标考核，对工作履职不到位而影响项目推进和验收的，实行严格考核扣分和问责机制。

附件：宁乡县2014年度市级农村土地综合整治项目表

宁乡县人民政府

2014年1月27日

附件

宁乡县2014年度市级农村土地综合整治项目表

序 号	乡镇名称	涉及村名	拟建规模(亩)	拟投资规模(万元)
1	金 洲	南洲村	3000	550
2	花明楼	靳沅村	3000	550
3	东湖塘	燕山村	2000	380
4	菁华铺	陈家桥村	2000	380
5	朱良桥	罗巷新村	3800	660
6	老粮仓	长田村	2300	423.97
7	资福	七星村	1000	200
8	流沙河	瓦子坪村	1000	200
9	流沙河	莲花桥村	4200	813.51
合 计			22300	4157.48

附 录

宁乡县2014年主要经济指标

表11 单位:万元

指标＼时间	2013年	2014年	±%
GDP总值(现行价)	8350486	9102255	12.4
一产业	932328	996413	5.2
二产业	5755171	6203310	13.7
其中:工业	5234725	5613931	13.9
三产业	1662987	1902532	11.0
全部工业总产值(现行价)	16458085	19290966	17.2
其中:规模以上	14792452	17425457	17.8
农业总产值(现行价)	1407559	1528769	5.3
财政总收入	483803	556802	15.1
其中:公共财政预算收入	306776	353082	15.1
财政总支出	580631	658353	13.4
社会消费品零售总额	1725149	1972711	14.4
全社会固定资产投资总额	5936067	7135153	20.2
金融部门存款余额	3240983	3990580	23.1
其中:城乡居民储蓄余额	2156573	2528933	17.3
金融部门贷款余额	2376492	2992909	25.9
农民人均可支配收入(元)	17894	19719	10.2
在岗职工年平均工资(元)	43287	48943	13.1
城镇居民人均可支配收入(元)	28528	31125	9.1
实际利用县域外资金	2400000	2538000	5.8

(县统计局)

表 12　2014 年乡镇基本情况和主要经济指标

乡镇名称	土地面积（平方公里）	总人口（人）	稻谷播种面积（公顷）	稻谷总产量（吨）	生产总值（GDP）（万元）	农业总产值（万元）	工业总产值（万元）	社会消费品零售额（万元）	全社会固定资产投资总额（万元）	财政总收入（万元）
总计	2905.92	1393528	121362.40	797222	5871611	1528769	11405436	1949746	4736042	192054
玉潭镇	12.67	67000	111.46	727	769317	3925	1218107	760470	1106000	100286
道林	135.11	55997	6356.77	41478	201179	47475	371700	39770	83136	1860
花明楼	113.56	49587	5798.55	37836	225654	52168	365467	39276	134884	2554
东湖塘	131.68	48863	5810.16	37911	102477	47928	147079	32762	51981	853
夏铎铺	103.25	40140	4476.94	29212	433446	48180	1437735	41672	306900	14280
双江口	72.62	47887	6425.94	42097	121886	62549	120315	36746	74655	1090
煤炭坝	72.60	50371	3106.47	20270	271136	49819	726968	58424	180000	7722
坝塘	99.35	42544	4729.17	30954	93514	58013	147459	26805	45980	879
偕乐桥	75.00	34201	3789.94	24729	94408	48900	98618	22372	31850	589
灰汤	43.30	24202	2271.44	14821	93122	45415		32952	217000	2911
双凫铺	87.98	40412	3757.95	24521	241013	54079	431324	38465	108110	2235
老粮仓	121.99	64879	5970.96	38961	147945	52249	246486	41148	73800	635
流沙河	140.60	69234	6005.95	39191	93201	68336	76700	47876	64016	1097
巷子口	105.73	46809	1716.27	12212	70703	33048	113620	27940	45476	973
龙田	71.88	23661	896.35	6773	51273	20040	126951	13554	46215	1206
横市	124.12	56129	4644.44	30305	136945	52216	213472	40399	111257	1398
回龙铺	71.89	39587	4546.92	29765	137387	60938	211041	32531	68460	1544
黄材	219.01	66328	2953.29	20055	132600	72812	127737	38416	96400	1279
大成桥	58.79	33959	3410.24	22252	239743	53975	721811	26123	210860	2444
青山桥	132.32	52475	4376.32	28555	114539	55308	144929	33918	45824	1344
大屯营	106.47	44423	6002.53	39166	162675	54819	206493	26976	150835	1129
金洲	61.31	32046	3500.28	22839	119833	44552	160799	20449	105327	5395
朱良桥	82.42	35885	4116.31	26859	92675	53027	102444	23954	67678	881
菁华铺	65.76	33370	3290.68	21472	121798	42531	247685	22812	88051	1573
南田坪	64.36	27882	3712.73	24322	71067	45309	73681	19939	39450	1025
资福	88.54	39638	4430.74	28911	74417	48733	57078	22712	47400	767
枫木桥	92.60	39761	4577.91	29991	71873	50825	57223	27204	36500	633
喻家坳	96.64	39955	3941.61	25719	175253	57831	300896	26033	65367	2220
沙田	74.29	35161	1675.08	12043	57539	26181	71275	18763	56850	786
白马桥	20.44	24385	993.68	6484	364329	26378	1089278	53935	289380	17964
历经铺	36.88	29799	2264.91	14779	395076	40721	1051644	197973	240000	8992
城郊	47.59	39230	1192.09	7834	341089	28857	924618	45573	380000	2374
沩山	75.17	17728	508.31	4178	52499	21632	14803	11804	66400	1136

索 引

说明：

一、本索引把年鉴的条目、表格、统计资料（特载、概述、大事记和各单位概况除外）用主题分析的方法，按照英文字母顺序排列。

二、分目标题用黑体字标明。

三、索引名称后的阿拉伯数字内容所在的页码，英文字母（a、b、c）表示栏别（从左至右）

A

安全生产职能职责督查工作 53b
安全稳定和"四反"工作 75a
安全生产监督 105a
安全生产标准化建设 106b
安全生产宣传教育 106b
爱国卫生 113c
安全用电宣传 142b
安全管理 150c
安全管控全省首创 195c
艾滋病防治 207c

B

本职工作有声有色 70c
部督"5·26"申博太阳城网站开设赌场案 86a
部督宋某某全国一级建造师考试舞弊案 86b
部督邓某某团伙生产、销售有毒有害食品案 86b
标准化战略 96c
不良反应监测 102b
百日大会战 115c
办学条件持续改善 195c
保障平安筑就新防线 198a
办学品位提升 199b
办报质量稳步提高 208b
办好新媒体 208c
百户幸福家庭获奖部分困难家庭受助 225b
避孕药具自助发放机"亮相"宁乡 225c
坝塘镇 248a
"百千万"超级杂交稻高产攻关示范工程 259a
白马桥乡 283b

C

财务老干工作 54b
参政议政 67a
创建"文明和谐家庭" 71c
残疾人工作 72c
参建参治 75b
参加宁乡县山火扑救任务 78b
从优待警 84a
从严治警 84b
查办和预防职务犯罪工作 88a
产业发展 93a
财政预算执行审计 98a
创新监管工作方式 105b
城乡建设 107a
城乡规划 111a
城乡规划编制 111a
城市管理 112a
创新项目管理机制 115b
长韶娄高速宁乡段 116c
城市建设投资开发 121a
促进项目效益新提升 121b
城乡一体化和美丽乡村建设 125b
楚天科技登陆创业板 144a
出台"产业扶持30条"政策 144b
车站服务管理 150b
创建全国农民专业合作社示范社 157c
CCTV财经频道《消费主张》宣传"五养宁乡" 166a
长韶娄高速通车宁乡借机推介旅游资源 166c
成功创建省级生态旅游示范区 169a
成功举办全国汽车场地越野锦标赛 169b
财政 172a
财政队伍建设 172c
促进信贷总量有效增长 177c
传导内生动力机制，推进"三个达标"，带动网点发展 185a
长沙银行宁乡支行 186b
参加中国（长沙）"科交会" 192c
产业发展 201c
采编设备 207b
成功创建省级慢性病综合防控示范县 217a
传染病防控 217b
残疾儿童抢救性康复项目 219c
创建市级标准化政务服务大厅 232a
创市级示范性敬老院 232a
长沙大河西农产品物流中心项目建设 240c
创建省级文明卫生单位 249b
创建市级示范性敬老院 249b
撤乡建镇 251b
撤销窑里村设立窑里社区 251b
创建湖南省"四化两型"明星乡镇 251b
创建长沙市集镇建设管理先进单位 251c
承办宁乡县禁毒工作社会化现场推进会 251c
创建长沙市2014年度文明村镇 255b
财政消赤减债 265b
创建长沙市小城镇管理示范镇 269b
创建国家级生态乡镇 283a
创建省级安全生产示范乡镇 283b
蝉联市残疾人工作明星乡镇 271a
创新工作方法，环境卫生整治见成效 279b
城郊乡 281b

D

党的群众路线教育实践活动扎实推进 38a
党校工作 41a
对外联络工作 56c
调研视察 62a
第十一届纪委第四次全会暨全县反腐败工作会议 64b
队伍建设 66c
搭建用工招录桥梁 69c
党管武装 75b
打击处置工作 82b
打击食品安全犯罪 85a
多途径服务群众 89c
地理标志产品 96c
打假治劣 97a
地灾防治 99c
“打非治违”专项行动 106a
动物防疫和检疫 131a
打造家庭农场示范片 137c
电力工业 141b
党风廉政建设 149b
党群建设 151a
电信 152a
电信市场经营 152a
电信网络建设 152b
电信网络维护 152c
电信企业服务 153a
地方税务 174b
地税干部队伍建设 174c
地税依法治税 175b
党的群众路线教育实践活动 194b
督导经验全省推介 195a
队伍建设成效突出 195a
德育管理成效明显 197a
德育工作领跑全省 197c
德育品牌彰显 199b
电视宣传 206a
电台发展 206c
队伍团结 战斗力强 207c
打造名医名科 212c
第九次村民委员会换届选举 222b
大屯营镇 229a
道林镇 230c
东湖塘镇 234a
打造国道 319 菁华铺段文明样板路 244a
大成桥镇 259a
大成桥煤矿与长凤煤矿关闭 260c

E

2014 年度督查工作概述 34c
2014 年度信息工作概述 36b
2014 年宁政发文件目录 56c
2014 年湖南省建筑施工安全质量标准化示范工程项目名单 109
2014 年度“长沙市建筑施工绿色工地”项目名单 110
2014 年宁乡县县级以上非物质文化遗产代表性项目名录 203

F

服务发展有新成效 44a
发挥平台作用 67c
妇女工作 71b
服务经济发展 81c
防范和处理邪教工作 82b
反邪教阵地建设 82c
反邪教基层基础工作 83a
服务经济社会大局 87a
法院工作 89a
发挥审判职能 89b
法制宣传教育 91a
法律服务管理 91b
法律援助 91b
发展和改革 92a
服务中药材产业 102c
房地产开发管理 108a
服务发展大局 113b
房产市场 119b
房政服务 119c
扶贫开发 125c
防灾减灾工作 134c
防汛抗旱 135b
服务经济发展 142a
扶贫助困 157b
服务项目见成效 170b
凤凰山国家森林公园 170b
反洗钱工作 178c
风险管控优中求进 188a
方正证券股份有限公司宁乡营业部 191a
服务园区助推发展 194b
服务群众 207b
发挥区域医疗中心作用 213b
妇幼保健工作 219a
妇幼保健专科建设 219c
妇幼保健院党建群团工作 220b
妇幼保健院基础项目建设 220c
服务中心有新进展 227b
范小新一行莅临龙凤山村开展建设扶贫工作 237b
枫木桥乡 264a
飞地招商 265b

G

干部素质提升“四五”工程深入实施 38b
干部培训 41a
关心下一代工作亮点纷呈 42c
公共机构节能 59a
筑牢工作抓手 68b
工会工作 69a
工会特色活动 69c
工会维权建设 70a
关爱妇女儿童群体 72b
公安工作 83a
国内安全保卫 84b
公证工作 91c
公共资源交易管理 93c
国土资源 99a
规划用地 99b
国土资源管理执法监察 100a
国土资源基础工作 100a
国土资源管理队伍建设 100a
规范执法行为 102a
工商行政管理 102c
工商行政管理服务 103a
工商行政管理基层基础建设 103c
规划信息化建设 111c
规范城市管理权力运行 113b
公积金资金管理 120b
公积金政策宣传 120c
公积金综合服务 120c
国家烟草质检专家到宁乡培训从烟干部 129c
工程建设 135c
灌区管理 136a
工业经济 140a
国家级宁乡经济技术开发区建设 143a
公共交通服务 147c
公路管理 148b
公路工程建设 148c
公路养护管理 149a
规范管理 150a
供销合作 157a
关山借力文化打造旅游名牌 166a
改革护林员管理制度 169c

改革管理 172c
国家税务 173a
国税收入 173c
国税依法治税 173b
国税税收征管 173c
国税纳税服务 173c
国税队伍建设 174a
工行综合业务 180c
工作亮点 180c
规范经营保险工作 188c
个险、团险、银保业务 190b
高新技术企业 192b
管理工作 196c
公共文化服务体系建设 201a
广播电视 206a
公共卫生服务 210c
国家级荣誉 213b
关山旅游景区 239a
高危企业安全管理经验全县推广 270c
工商税收突破10亿元 281a

H

婚姻家庭纠纷调解工作 72a
后勤保障 76a
化妆品市场流通规律 102b
环卫清扫保洁 113b
沪昆高铁宁乡段 116c
环境保护 121c
环保宣传教育 122a
环保队伍建设 122a
环境执法 122b
环保项目服务 122c
环境监测 123b
环保作风建设 123b
黄材水库灌区管理 135b
湖南省大学科技园和湖南科技成果转化和知识产权交易服务中心成功落户 146a
花明楼景区获国家AAAAA级授牌 165c
湖南电力职工温泉疗养院 167c
湖南宁乡农村商业银行股份有限公司 187b
红十字会工作 212a
花明楼镇 232c
回龙铺镇 244b
获全国离退休干部先进集体称号 245b
湖南黑金时代长沙矿业有限公司退出 247c
灰汤镇 255c
获评全国农村五保供养综合先进单位 260c
何寄华到喻家坳乡调研 262a
横市镇 269c
黄材镇 271a
获市级安全生产示范乡镇称号 272c
获评长沙市绿化工作先进单位 272c
获“全国综合实力100强乡镇(街道)” 280c
获“国家级生态乡镇” 286c

J

基层基础进一步夯实 38b
绩效考核指挥棒作用明显 39a
教学科研 41b
机关党建 41c
机构编制工作 43a
机构编制管理 43b
机构编制监督检查 43c
机构编制干部队伍建设 44a
经济研究工作 51b
机关事务 58c
机关文明创建 59b
机关服务管理 59c
机关综治安保 60a
举办第五届“廉政文化周”活动 64c
举办“三转”研讨班 64c
基层基础不断夯实 71a
基层妇女组织建设 72b
基层组织建设 73a
加强思想政治建设 74b
警示教育活动 82b
禁毒严打 84c
缉枪治爆 85a
交通管理 85a
基础设施建设 85c
检察工作 86c
加强法治队伍建设 90b
价格监督监测 93c
价格管理 94a
价格认证 94a
就业服务 95b
计量惠民 96c
经济责任审计 98a
建立健全责任体系 105b
建筑市场管理 107a
建设工程质量安全管理 107c
加强规划提升县城品质 111c
坚持城乡规划服务和民生保障工程 112a
建立招商经营新模式 121b
经济作物产业发展 127b
经建投公司12亿元企业债券成功发行 144b
晶弘冰箱生产基地项目入园 145a
金洲新区开发建设 145a
金洲新区工业集中区品牌建设 146a
金洲新区工业集中区2家企业成功上市 146b
交通运输 147a
交通项目建设 147b
交通党建工作 148a
节会招商引资 155b
举行宁乡首届名优农特产文化交流会 156b
举行宁乡第三届国际名车展暨汽车宝贝选拔赛活动 156c
卷烟营销 162a
加油站建设 163b
景区景点开发建设 165a
举办刘少奇同志诞辰116周年纪念活动 167c
精神文明建设成果丰硕 168a
教育实践活动收到实效 170a
进项目取得进展 170b
景区资源保护 171a
景区项目建设 171b
景区招商引资 171c
举办宁乡漂流文化节暨龙凤峡漂流首漂庆典 171c
金融创新大胆有为 177b
金融环境持续优化 177b
加强现金流通管理,优化货币流通环境 179a
践行群众路线活动,组织为民服务创新 179b
加强培训,提高素质 179c
加强后勤工作 180a
建行负债业务 181c
建行信贷业务 182a
建行内控管理 182a
建行优质服务 182a
建行团队建设 182b
建设文明窗口 183b

加强内控管理,落实安全保卫 185c
坚守安全保卫 187a
金融创新迈出新步伐 188a
教育 194b
教育强县率先创建 194c
教学质量省市领先 194c
教学工作 196b
教学质量再创新高 197c
教育质量提高 199c
教材发行 205a
教辅读物发行 205b
《今日宁乡》信息中心 207c
教育实践活动报道 208a
经济社会民生报道 208b
基层综合医改 210b
基层医疗卫生机构标准化建设 210c
加强专科对接 213a
加强科教研工作 213a
加强作风建设和职业道德教育 213b
健康教育 218a
绩效考核 218b
加强行风作风及医德医风建设 218c
举行计划生育“三结合”创业发展项目启动仪式 226c
教师公租房落地生根 232b
金洲镇 238a
加强水利建设工作 242b
举行文艺会演和温暖微行动 242c
建设教育强镇步伐加快 245c
举办第三届群众文化艺术节 247c
加强全国重点小城镇建设 258c
举办第二届群众文化艺术节 262b
举行“湘茗茶业杯”2014 中国(湖南)茶仙子立志大赛总决赛 274a
建“全市海拔最高”的党代表工作室 274b
建设扶贫联系点 275c
金龙公路建设竣工 285a
举行“十大项目集中开工仪式” 287b

K

开展“进百老门、知百老情、暖百老心”活动 42c
开展“农商情·爱在深秋”活动 42c
开展主题活动 68a
开展爱心“衣加衣”活动 72a
康复实事 73c
开展城乡环境卫生整治 114a
开展除害防病、健康教育工作 114b
康师傅湖南饮品及方便面生产基地项目签约 144c
开展党的群众路线教育实践活动 158c
开展党的群众路线教育实践活动 158c
开展“三送六进”活动 167b
开展清明主题教育 167b
开展金融综合执法 178c
开展“十看十查” 183a
开拓保险市场 188c
科技管理 192a
科技发展环境 192a
科技自主创新平台建设 192b
科技计划与成果工作 192b
科技特派员工作 192c
科技活动周 193a
科技统计工作 193b
科技普及 193c
科普示范村(社区)项目建设 193c
开展科普宣教活动 194a
科研课题国家奖励 194c
科研工作 196b
科研课改有突破 198b
开展党的群众路线教育实践活动 214a
开展党的群众路线教育实践活动 214a
开展宁乡县首次烈士纪念日公祭活动 222b
开展计划生育大型宣传活动 224b
开展“生育关怀·情暖万家”春节慰问活动 224c
开展国家流动人口卫生计生服务流出地监测调查 224c
开展党的群众教育路线实践活动 225a
开福路延伸线 274a
开展红色旅游活动 278a

L

领导班子和干部队伍建设全面加强 38a
老干部工作 41c
老干部工作地位不断提升 42a
老干部“两项待遇”从优落实 42a
老干部“两项建设”得到加强 42b
老年教育事业快速发展 42b
老干部活动丰富多彩 42b
联络联谊 62b
劳动竞赛享誉三湘 69a
李介德深入双江口派出所指导工作 83c
“两型社会”建设 92c
劳动监察维权 95c
落实征拆安置新政策 121b
粮食生产保障与服务 126c
林业 132a
林业服务 133b
林技推广及科研 133b
“蓝月谷之夏”食品饮料产业活动季 144b
路政管理 149b
联通通信 154a
联通综合管理 154b
联通客户服务及回馈活动 154c
粮食业 157c
旅游工作 165a
旅游宣传促销 165b
旅游市场管理 165b
刘少奇故里管理局 166c
落实金融服务理念,推进金融消保工作 179a
履行农发行职能 183b
临柜业务和团队建设 190a
落实便民措施和细节服务 212b
落实国家重大妇幼公共卫生服务项目 219b
亮之星“谷力新能源”在湖南股交所挂牌 237b
立体农业“五基地一走廊”特色彰显 255b
老粮仓镇 262b
流沙河镇 265b
龙田镇 278a
李军调研龙田镇石屋村建设扶贫工作 279b
烂坝子改造 285a
历经铺乡 285a
历经铺乡财政所创建省级标准化

财政所 287a

M

民主评议 62b
矛盾纠纷调解和信访问题化解 91a
名牌战略 96b
民生林业 133a
明确适应新常态的发展策略 181a
媒体经营 207a
免疫规划 217c
民政工作 221a
民族宗教 227a
民族团结有新亮点 227b
煤炭坝镇 245c
梅双公路及樊周公路路面改造 241a
民意调查工作全县第一 277b

N

宁乡县第十六届人民代表大会常务委员会会议 48c
宁乡县第十六届人民代表大会第四次会议 49b
农村妇女“两癌”检查 72a
内部单位保卫 85b
能源建设管理 93c
农村工作 124a
农业招商引资 125c
农产品加工业与休闲农业 127b
农业执法与农产品质量安全 127c
农业广播电视学校 127c
农业职业技能鉴定 128a
农业机械管理 136b
农机产业发展 136c
农机安全监管 137a
农机购置补贴 137a
农机技术培训 137a
农村经济经营管理 137a
农村能源 138a
农村沼气国债项目建设 138a
农业气象服务 139b
农电建设发展 142c
宁乡沩山旅游节再掀高潮 165c
农行队伍建设加强 181a
宁乡一中 197c
宁乡四中 199a
内部机制逐步完善 199c
农村广播 206c
内涵建设 214b
宁乡县再次破获一例“两非”典型案件 225c
南田坪乡 251c

P

平安建设 82a
平台运营水平有效提升 151c

Q

青年工作 70a
企业自律意识 102a
取得内部管理新成效 121c
气象 138b
气候综述 138c
气象现代化建设 139c
企业发展 140c
全县工业经济大会 141b
汽车客运 149c
企业文化建设不断推进 151c
切实解决农民“卖粮难” 158a
强化监督检查 159a
抢滩张家界市场 166b
企业管理水平持续提高 168c
取消风格保证金 169c
渠道建设增强 181b
青少年科技创新县长奖评选 193c
其它工作亮点纷呈 198c
区划调整 222c
启动爱心助孕行动 226b
全县 65 人获计生家庭大病医疗救助 226c
确保长韶娄高速道林段建设 232b
全力推进农业项目 242c
菁华铺乡 242c
全省水利现场会在菁华铺乡召开 244a
全县水库退出投肥养殖工作推进会在坝塘召开 249b
群众工作“三联十到户”模式 255c
鹊山村探索土地流转 260c
启动小农水项目建设 260c
启动流沙河商业街建设 267c
青山桥镇 267c
启动实施地域文化建设 269b
庆祝第三十个教师节 272c
启动建设宁乡一中白马桥中学 285a

R

人才强县战略稳步推进 38c
入选中国出版协会年鉴工作委员会 45a
人防工作 54c
人民武装 74a
人口与出入境管理 85b
人力资源和社会保障 94b
人事人才管理制度改革 95b
人行党风廉政建设 180a
人口和计划生育 223c
荣获湖南省新型城镇化建设明星单位称号 249a
荣获长沙市 2014 年度“十快乡镇” 255a

S

事业单位分类改革 43b
事业单位登记管理 43b
史志档案工作 44b
社会服务 67b
“双百”服务成效明显 69b
深化“创业富民 · 巾帼示范在行动”系列活动 71c
实施党的群众路线教育实践活动 73a
社会管理综合治理 81a
孙建国调研视察宁乡政法公安工作 83c
省、市离退休老领导莅临公安局 83c
扫黄禁赌 84c
诉讼监督工作 88b
司法行政工作 90c
社区矫正和安置帮教 91c
深化体制改革 92c
社会保障 94c
食品质量安全监管 97a
审计工作 97c
审计整改 98c
审计公告破冰前行 98c
食品药品监督管理 101b
食品药品市场秩序 101c
食品药品质量保证 102b
食品药品安全知识宣传 102b
市场监管 103a
商事登记制度改革 103c
食品安全管理 103c
食品安全体制建设 104a
食品安全综合监管 104a

食品安全宣传教育 104c
食品安全规范建设 105a
市政公用事业管理 108a
市政基础设施建设 111b
市容市貌整治 113a
石长铁路复线宁乡段 117a
实现融资工作新突破 121a
水产和渔政 131b
森林资源管护 132c
湿地公园验收筹备 133b
水务 133c
水利建设 134b
水生态治理 134c
水利经济 135c
水利改革 136a
三产业管理 150c
商务工作 155c
石油业 162c
石油综合服务 163a
石油安全监管 163a
省级生态文明风景名胜区试点工作取得阶段性成果 169b
设立村民建房指导员 169c
收入征管 172b
税费收入 174c
商行队伍素质持续提升 188b
实施“科普惠农兴村计划” 193c
实施城镇独生子女父母奖励 226b
双江口镇 239b
双公路及樊周公路路面改造 241a
省一级档案室通过验收 251c
山塘水库退出投肥养殖 252c
双凫铺镇 257b
师合大桥建成通车 272c
沙田乡 276a
首次跻身长沙市经济社会发展十快乡镇 287a
水利建设接受县现场观摩 287c

T

统战工作 40a
提案工作 62a
突出创业富民 68c
特色亮点精彩纷呈 70a
推进《规划》的贯彻实施 71c
推进军事斗争准备 74c
特种设备安全监管 97b
投资审计 98b
土地市场 99c
统计工作 100b
统计基础 100c
统计服务 101a
统计队伍建设 101a
统计执法 101b
推进农村改厕项目工程 114b
推进土地确权登记试点工作 137c
淘汰落后产能 141a
提升电力优质服务 141c
推进精深加工 158a
探索景点经营方式的创新 170a
推动信贷结构合理调整 178a
提高金融服务实体经济效能 178b
推进金融生态环境建设 178c
提升服务质量,改善窗口形象 179a
推进办公规范化 179b
提供基层央行履职保障 179c
提高保险队伍素质 189b
拓宽校企合作平台 197b
特色品牌更壮大 198b
图书发行 205a
提高员工素质和采写水平 208c
体现公立医院公益性 212c
突发公共卫生事件处置 217b
推进应用人口网格化信息系统试点工作 225a
推进“单独两孩”政策宣传 226a
田间水利扩容提质 262b
田间水利扩容提质全县第一 263c
推进生态文明建设 269b
太阳庙安置区基础设施 274a
推进新型城镇建设 276a
突出安全生产 277c
陶力成 288b

W

“五老四教”活动纵深推进 42c
网上信访 46b
外事侨务工作 54b
文史宣传 62c
为残疾人扶贫解困 73c
武装警察 76b
武警消防 78b
维护社会稳定 81c
文化育警 84b
完善内部审计机制 99a
污染减排 122c
维护农村稳定大局 137b
维护农民权益 137c
为民办实事工作 138b
五送服务 141a
“五养之乡中国宁乡”旅游推介会走进娄底 166a
物质文明建设成绩突出 168b
沩山风景名胜区开发管理委员会 169a
完成景区总体规划编制和申报工作 169b
完善考核机制 181b
完善信贷业务系统 182c
网点加快转型 186c
文化体育 201a
文体服务 201b
文化遗产保护 201c
文化市场 202a
文体党建和队伍建设 202b
文化用品销售 205b
网络覆盖 206b
卫生工作 210a
卫生队伍建设 211b
卫生服务能力 211c
卫生系统党建工作 212a
卫生行业作风建设 212a
文明创建 213c
卫生监测 218a
“网格化”管理 265a
危房改建获评市一等单位 271a
沩山乡 273a
沩山公租房建设 274a
沩山乡荣获中华宝钢环境奖 274b
完成第三次全国经济普查工作 281a

X

县委常委会会议综述 33a
县委十一届五次全会概述 34b
县委县政府接待办工作 36a
县委发文目录 37a
宣传工作 39a
县政府机构改革 43a
行政审批制度改革 43a
信访工作 45b
县级领导接访 45c
信访积案化解 45c
信访援助 45c
信访联席会议 46a
信访事项复查 46a
县政府常务会议研究事项 50a
县长办公会议研究事项 50c
校车安全工作 55c

县工商业联合会 67b
刑事侦查 84c
巡逻防控 85a
消防管理 85b
信息化建设应用 85c
刑事检察工作 87c
县检察院加强队伍建设 88c
行政审批服务 93b
消费维权 103b
新型城镇化建设 108c
项目工程建设 114c
项目建设 114c
项目督导与协调 114c
现代农业领军人才培训 125c
小瓦窑整治和投肥养殖整治工作 126a
畜牧水产执法 131c
畜牧水产特色工作 131c
新机具推广 136c
汛期气象服务 139a
信息化应用 153b
限时办结制得到落实 170a
县金融证券工作办公室 177a
信贷规模逆势扩张 177a
学习教育 183c
信贷投放呈现新特色 187c
项目建设与双百服务 194a
县职业中专学校 196a
新华书店内控管理 205c
新华书店队伍建设 205c
新媒体平台 207a
县级公立医院改革 210b
县人民医院 212b
县中医院 213c
县疾病预防控制中心 217a
县精神病医院 218b
项目工程建设及固定资产归档管理 219a
县妇幼保健院 219a
县民政局被评为国家AAA级婚姻登记机关 222c
项目投入加大 223b
县道宗准公路改造升级 232b
夏铎铺镇 235c
乡机关升级改造 244a
现代农业高位发展 245b
偕乐桥镇 253a
县委书记黎春秋调研偕乐桥镇 255b
夏文斌等领导到流沙河镇交流学习城乡一体化建设 267b
巷子口镇 274b
徐进军 288c

Y

"一推行四公开"工作 46b
应急管理工作 55a
预防未成年人性侵教育工作 72a
优化发展环境 72c
优化经济发展环境 85b
烟花鞭炮质量安全监管 97b
优化质监发展环境 97b
优化安全发展环境 105c
优化行政审批服务 111b
扬尘污染治理 112c
园林绿化管理 113b
益娄高速宁乡段 117a
烟叶生产 128b
烟叶生产保障与服务 128b
烟基工程 129b
烟草项目招商引资 129b
袁建尧督促检查宁乡烟叶工作 129c
养殖业 130a
养殖业生产 130b
引导新型农业经营主体健康发展 137b
园区建设 140b
玉屏山国际产业城开工 144c
运输市场监管 147b
运输生产管理 150b
邮政 151a
邮务类业务发展形势良好 151b
移动通信 153b
移动客户服务 153c
移动网络建设 153c
意大利品牌吉科菲拉落户宁乡 156c
引领产业发展 158b
烟草专卖 161c
烟叶生产 161c
烟草专卖市场整治 162b
烟草基础管理 162b
烟草队伍建设 162c
盐业 163c
盐务经营工作 163c
盐务市场管理 164b
优质服务水平不断提升 168c
优化地税征纳关系 175c
优质企业竞相挂牌上市 177a
银企对接成效明显 177b
业务发展快速推进 181a
业务发展情况 182c
业务稳步拓展 186b
严抓内控案防 187a
"一园、一中心"建设工作 193b
"一推行四公开"工作 194a
阳光服务全市推广 195b
一中党建与队伍建设 198a
一般图书发行 205b
医疗质量管理 218c
医疗管理工作 219c
医保农合 220a
移民开发 223a
移民后期扶持 223a
移民资金管理 223a
移民收入增长 223b
烟叶生产全县第一 230b
"1121"工程奠基 230c
易炼红调研灰汤旅游产业规划建设 257b
喻家坳乡 260c
优化村支委班子结构见成效 263c
玉潭镇 279c

Z

政研工作概述 35a
组织工作 37c
召开老干关协工作大会 42c
政务督查工作 51c
政府法制工作 52b
政务值班工作 53b
政务信息工作 54a
政务服务中心 57c
中心工作 60b
政协宁乡县第十一届委员会第三次会议 61b
政协宁乡县第十一届常务委员会会议 61c
中央纪委到宁乡县调研 64c
中国民主促进会长沙市委员会宁乡县工委 66a
中国农工民主党长沙市委员会宁乡县总支 66c
职工技术创新掀新高 69b
职工普惠服务 69c
做好日常维权工作 71c
抓好党委班子建设 74a
征兵工作 75c
政法综治工作 81a

政法队伍建设 82a
政治建警 84a
执法规范化建设 85c
自觉接受人大监督 90c
重大战略谋划 92b
政府投资管理 92c
质量技术监督 96a
质量兴县战略 96b
专项审计 98b
资源保护 99b
征地拆迁和群众利益 100a
专项整治工作 105c
住房和城乡建设服务 108c
重点项目观摩 115c
重点工程 116a
征地拆迁 117a
征地拆迁和社保安置工作 118c
住房保障 118c
住房保障 119c
住房公积金管理 120a
重大现代农业项目建设 125b
种植业 126a
职业农民培育 128a
造林绿化 132b
中国金洲锂电谷品牌打响 146c
招商合作 155a
中央储备粮宁乡直属库 159a
中国旅游日宁乡优惠多 166b
中国灰汤第一届神农生态旅游节开幕 166b
召开县旅游产业发展工作委员会第一次全会 166b
《周恩来风采》摄影展览在刘少奇同志纪念馆开展 167v
资源保护进一步加强 169b
支出保障 172b
组织体系逐步优化 177a
政府融资渠道拓宽 177b
中国人民银行宁乡支行 177c
中国工商银行股份有限公司宁乡支行 180b
中国农业银行股份有限公司宁乡支行 180c
中国建设银行股份有限公司宁乡支行 181b
中国农业发展银行宁乡县支行 182c
支持农业基础设施建设 183b
中国银行股份有限公司宁乡县支行 183c
中行业绩 184a
中行工作措施及成效 184a
中行自身建设 186a
中国人民财产保险股份有限公司宁乡支公司 188c
做好保险服务 189b
中国人寿保险股份有限公司宁乡支公司 190a
知识产权工作 193a
职教改革全国示范科 194c
招考改革稳步推进 195c
阵地建设 201b
资福乡撤乡建镇 222b
自身建设加强 223c
宗教管理有新突破 227c
宗教慈善有新建树 228a
宗教文化有新品牌 228b
中国残联调研夏铎铺镇无障碍设施建设工作 237c
招商引资项目喜人 239a
朱良桥乡 241a
助力金玉工业集中区增质增效 245b
中央纪委课题调研组到煤炭坝镇调研视察 247c
重金属污染耕地修复治理替代种植工作获经验推广 248a
资福镇 249c
召开村“两委”换届选举动员部署会议 256c
召开灰汤镇首届融资洽谈会 257a
召开镇第十五届人民代表大会第三次会议 257a
中部鞋都十里鞋城建设 258c
中国科协、中科院领导视察喻家坳乡 262a
朱崇州到喻家坳乡调研 262a
综治工作 265b
赵白鸽到流沙河镇调研博爱家园项目实施情况 267a
张迎龙视察流沙河镇城乡一体化和农业产业化工作 267b
中央电视台到黄材录制节目 272b
招商引资和项目工程 277c
征拆工作再创“历经铺速度 287b
周竟 288a